U0960169

泉州文庫

選堂題

（清）黄謙 著
王建設 張甘荔 校注

彙音妙悟校注新編

（上）

泉州文庫整理出版委員會 編

创于1897
商務印書館
The Commercial Press

前　言

泉州建制一千三百多年，爲中國歷史文化名城和古代海外交通的重要港口。“比屋弦誦，人文爲閩最”，素稱海濱鄒魯、文獻之邦。代有經邦緯國、出類拔萃之才，歐陽詹、曾公亮、蘇頌、蔡清、王慎中、俞大猷、李贄、鄭成功、李光地等一大批傑出人物留下了大量具有歷史、文學、藝術、哲學、軍事、經濟價值的文化遺産。據不完全統計，見載於史籍的著作家有一千四百二十六人，著作多達三千七百三十九種，其中唐五代二十九人三十二種，宋代二百人三百九十一種，元代二十一人四十種，明代五百三十六人一千五百八十五種，清代六百四十人一千六百九十一種；收入《四庫全書》一百一十五家一百六十四種，《四庫全書存目叢書》五十六家七十四種，《續修四庫全書》十四家十七種。二〇〇八年國務院頒布第一批國家珍貴古籍名録，屬泉人著述、出版者十三種。

遺憾的是，雖然泉州典籍贍富，每一時代都有一批重要著作相繼問世，但歷經歲月淘汰、劫難摧殘，加上庋藏環境不良，遺存至今十無二三，多成珍籍孤本。這些文化遺産，是歷史的見證，是泉州人民同時也是中華民族的寶貴文化財富，亟待搶救保護，古爲今用。

對泉州地方文獻的搜集與整理，最早有南宋嘉定年間的《清源文集》十卷，明萬曆二十五年《清源文獻》十八卷繼出，入清則有《清源文獻纂續合編》三十六卷問世。這些文獻彙編，或已佚失，或存本極少。二十世紀四十年代，泉州成立“晉江文獻整理委員會”，準備整理出版歷代泉人著作，因經費短缺未果。八十年代，地方文史界發起研究“泉州學”，再次計劃編輯地方文獻叢書，可惜後來也因爲各種條件的限制，其事遂寢。但是這兩次努力，爲地方文獻叢書的整理出版做了準備，留下了珍貴的文獻資料和書目彙編。

二〇〇五年三月，中共泉州市委、泉州市政府决定將地方文獻叢書出版工作列爲國民經濟和社會發展第十一個五年規劃的一項文化工程。翌年,正式成立“泉州地方典籍《泉州文庫》整理出版委員會”,着手對分散庋藏於全國各大圖書館及民間的古籍進行調查搜集,整理出《泉州文庫備考書目》二百六十七家六百一十四種,以後又陸續檢索出遺漏書目近百家一百八十餘種。經過省内外專家學者多次論證,最後篩選出一百五十部二百五十餘種著作,組成一套有一定規模、自成體系、比較完整,可以概括泉人著作風貌、反映泉州千餘年文化發展脉絡的地方文獻叢書,取名《泉州文庫》,二〇一一年起陸續出版發行。

整理出版《泉州文庫》的宗旨是:遵循國家的文化方針政策,保護和利用珍貴文獻典籍,以期繼承發揚中華民族優秀文化傳統,增進民族團結,維護國家統一,提高民族自信心和凝聚力,加强社會主義核心價值體系建設,增强文化軟實力,爲泉州的物質文明和精神文明建設服務。

《泉州文庫》始唐迄清,原著點校,收録標準着眼於學術性、科學性、文學性、地域性、原創性、權威性,具有全國重要影響和著名歷史人物的代表作優先。所録著作涵蓋泉州各縣(市、區),包括金門縣及歷史上泉州府屬同安縣,曾在泉州任職、寄寓、活動過的非泉籍人氏的作品,則取其内容與泉州密切相關的專門著作。文庫採用繁體字横排印刷,内容涉及政治、經濟、歷史、地理、哲學、宗教、軍事、語言文字、文化教育、文學藝術、科學技術等領域,其中不乏孤稀珍罕舊槧秘笈,堪稱温陵文獻之幟志。

值此《泉州文庫》出版之際,謹向各支持單位、個人和參加點校的專家學者表示誠摯的感謝!由於涉及的學科和内容至爲廣泛,工作底本每有蛀蝕脱漏,加之書成衆手,雖經反復校勘,但限於水平,不足或錯誤之處還是難免,敬請讀者批評指教。

泉州地方典籍《泉州文庫》整理出版委員會

二〇一一年三月

整理凡例

一、《泉州文庫》(以下簡稱“文庫”)收録對象爲有關泉州的專門著作和泉州籍人士(包括長期寓居泉州的著名人物)著作,地域範圍爲泉州一府七縣,即晋江(包括現在的晋江市、石獅市、鯉城區、豐澤區、洛江區)、南安、惠安(包括泉港區)、同安(包括金門縣)、安溪、永春、德化。成書下限爲一九四九年九月以前(個別選題酌情下延)。選題内容以文學藝術、歷史、地理、哲學、政治、軍事、科技、語言教育等文化典籍爲主,以發掘珍本、孤本爲重點,有全國性影響、學術價值高、富有原創性著作優先,兼及零散資料匯總。

二、每種著作盡量收集不同版本進行比較,選擇其中年代較早、内容完整、校刻最精的版本爲工作底本,并與有關史籍、筆記、文集、叢書參校,文字擇善而從。

三、尊重原著,作者原有注釋與説明文字概予保留。後來增加者,則視其價值取捨。

四、凡底本訛誤衍漏,增字以[　]表示,正字以(　)表示,難辨或無法補正的缺脱文字以□表示,明顯錯字徑直改正,均不作校記。

五、凡底本與其他版本文字差異,各有所長,取捨兩難,或原文脱訛嚴重致點讀困難,或史實明顯錯誤者,正文仍從底本,而於篇末校勘記中説明。

六、凡人名、地名、官名脱誤者,均予改正,訛誤而又查不到出處之人名、地名、官名及少數民族部落名同異譯者,依原文不予改動。

七、少數民族名稱凡帶有侮辱性的字樣,除舊史中習見的泛稱以外,均加引號以示區别,并於校記中説明。

八、標點符號執行一九九六年實施的國家《標點符號用法》。文庫點校循新版二十四史及《清史稿》例,一般不使用破折號和省略號。

九、原文不分段者,按文意自然分段。

十、凡異體字、俗體字、通假字,如非人名、地名,改動又無關文旨者,一般改爲通用字;異體字已經約定俗成、容易辨認者不改。個別著作爲保持原本文字語言風貌,其通假字則不校改。

十一、避諱字、缺筆字盡量改正。早期因避諱所産生的詞彙成爲習慣者不改正。

十二、古籍行文中涉及國家、朝廷、皇帝、上司、宗族等所用抬頭格式均予取消。

十三、文庫一般一册收録一種著作,篇幅小的著作由兩種或若干種組成一册,篇幅大的著作則分成兩册或若干册。

十四、文庫採用横排、繁體字印刷出版。每册前置前言、凡例。每種著作仿《四庫全書》提要之例,由編者撰寫《校點後記》,簡略介紹作者生平、著作内容及評價、版本情況,説明其他需要説明的問題。

泉州地方典籍《泉州文庫》整理出版委員會辦公室

二〇〇七年二月五日

彙音妙悟校注新編校注凡例

一、《彙音妙悟》的版本不下數十種，本書精選了刊刻、印刷品質相對較好的七個版本：日本學者樋口靖《新編擬音對照〈彙音妙悟〉》（臺灣語言與語文教育研究所二〇〇七年油印本，底本爲嘉慶六年［一八〇一］薰園藏版《彙音妙悟》，現藏福建省圖書館。簡稱“樋新編本”）、《新鐫彙音妙悟》大版式本（刊刻年代不詳，原藏泉州歷史文化中心，現存泉州華僑歷史博物館。簡稱“大版式本”）、董園［薰園］藏版《增補彙音妙悟》（道光辛卯年［即十一年，一八三一］，見洪惟仁：《閩南語經典辭書研究彙編》一，臺北：武陵出版有限公司，一九九三年版。簡稱“道光本”）、文德堂木刻本《增補彙音妙悟》（光緒甲午年［即二十年，一八九四］，見洪惟仁：《〈彙音妙悟〉與古代泉州音》附録二，臺北：文史哲出版社有限公司，一九九六年版。簡稱“文德堂本”）、厦門會文書莊薰園藏板石印本《增補彙音妙悟》（光緒乙巳年［即三十一年，一九〇五］，藏泉州歷史文化中心。簡稱“會文書莊本”）、泉州市圖書館善本《新鐫彙音妙悟全集》（刊刻年代不詳，藏泉州市圖書館。簡稱“市圖善本”）、廖木能《新校增彙音妙悟》（主要依據民國八年［一九一九］蔣春記書局印行本，中國文史出版社，二〇一五年版。簡稱“廖新校增本”）。

二、正文以樋新編本、大版式本爲主要依據，七個版本互校。因各種版本均有差錯，就是品質最好的樋新編本、大版式本，差錯也在幾百處以上，故不搞“從一而終”，而循“擇善而從”，但不妄改（若有校改，均作必要説明）。

三、原書爲豎排，爲閱讀、使用方便，現改爲横排。本書安排兩個開頁收録一個韻母，但因注釋、排版等限制，無法讓上平、上上、上去、上入，下平、下上、下去、下入八個聲調同時展示在一個平面上，可能給讀者的查閲、學習帶來不便，敬請諒解。

四、爲幫助讀者瞭解清代泉州話的聲、韻、調的讀音，表格中均使用國際音標注出編者的擬音。其中，聲母、韻母的擬音是當時的讀法，而聲調的調值難以推測，故標的是今泉州話的讀法，僅供參考。《彙音妙悟》的聲調從表格上看有八個：上平、上上、上去、上入、下平、下上、下去、下入，但上去和下去兩個調類的字常有錯置或一字兩見的混亂現象，可以推斷，當時單字調去聲已經不分陰陽，作者或許是爲整齊而湊足八聲。今泉州話單字調只有七個：陰平（上平）、陰上（上上）、去聲（包括上去、下去）、陰入（上入）、陽平（下平）、陽上（下上）、陽入（下入），但是根據連讀變調的差異，去聲實際還是可以清楚地分出陰去和陽去，故可認定今泉州話有八個調類：陰平、陰上、陰去、陰入、陽平、陽上、陽去、陽入。

五、在注釋方面，爲節省篇幅，没有問題的一般不注，只對那些讀音特殊、釋義不準確或不完整、意義較冷僻的作注。原書注解中出現的“土、解、土解、土話、土聲、土音、土腔、土姜（腔）、俗解、正”等説明文字性質和用法的標注，本書均用黑體字表示，並均在其後用“，”分隔，以免與原書釋義混淆。

六、本書所用字形爲繁體字，引自“繁體字與簡化字並用”的《漢語大詞典》的例子，統一改爲繁體字。凡是以“[《廣韻》七倫切，平諄，清。]”開頭的，均引自《漢語大詞典》，因量大不再一一注明。例如：[《廣韻》阻史切，上止，莊。]滓；沉澱的雜質。《周禮・天官・酒正》“一曰泛齊”，（漢）鄭玄注：“泛者，成而滓浮泛泛然，如今宜成醪矣。”此格式中的文字均引自《漢語大詞典》。

七、因考證需要，有較多引文。爲區别引文層次，避免過多使用冒號（：），特作如下規定：【】表示引用的第一層次，《》表示引用的第二層次，其後均不使用冒號。如：【集韻】竹律切。《説文》水皃。

八、符號説明：

1. □爲原書缺字符號。

2. 字前帶符號“㊫”的千餘條目均爲大版式本始增補（以後各版皆沿用），

大都是人名用字,故没有注解。該符號"㊗"除樋新編本外,其餘諸本均未出現。爲便於比較和研究,現根據樋新編本補上,如:㊗獮。

3. 下標並帶〔〕的文字爲原书的釋義,〔〕爲編者所加,如:麘〔香也〕。

4. [ ]爲國際音標專用符號,用於標注泉州音(《彙音妙悟》的讀音爲編者所構擬),如:"鰳"[but꜆],但表格中的注音省去該符號。

5. 表格中的調值標注採用5度標記法,如:"上平˧ 33"、"下平˩˧ 24",注釋中的調值標注則採用傳統的發半圈法,以便於鄰近方言的調類比較。如:꜀□(陰平)、꜂□(陰上)、□꜄(陰去)、□꜆(陰入)、꜁□(陽平)、꜃□(陽上)、□꜅(陽去)、□꜇(陽入)。

6. 下方帶雙橫線的音標爲文讀,帶單橫線的音標爲白讀,如:[꜀piau / ꜀pio]。

新鐫彙音妙悟序

韻學難言矣哉！此蓋出於天籟，非可强而致。故雖無知之童稚，矢口歌謡，自叶於韻，似不待學而能矣！然考之《周禮·大行人》，九歲諭書名[①]，而外史掌達書名於四方[②]，則又不能無待於學。夫《書》之有韻，寧獨《詩》爲然哉！即以五經之有韻者言之：《詩》備四始、六義，其間勞人、思婦、孝子、忠臣、燕享、贈答，其叶於韻，固不必言；若《書》之君臣交儆"明"、"良"[③]，興感"喜"、"起"[④]，載賡韻也；《易》之"有餘慶"、"有餘殃"[⑤]，《禮》之"儼若思，安定辭"[⑥]，亦韻也；至《春秋》言，"公入大隧之中，其樂融融"[⑦]，何莫非韻乎？齊、梁以來，定以四聲。至唐則專以詩賦試士，韻學自此而嚴。士子競相研究，皆守其韻。亦惟中州之士，清淑之氣爲得其正；僻處一方者，各囿於地，雜以土音，於四聲未能悉合。雖有韻書，聲吻互異，欲全憑天籟，謂不必學而能，有是理乎？

吾阿宜[⑧]思遜因念功令歲科兩試以及鄉會諸試，皆不能離韻學，著爲《彙音妙悟》，其苦心用功，閱幾寒暑而成，郵寄來興[⑨]以相質。置之座右，諸生見之，皆稱賞焉。余觀其平仄無訛，有互通而義同與不同者，各爲指出。至以類推之，有聲無字者，亦有字焉。蓋不獨學士大夫執筆爲詩，有所補益，即農工商賈閱之，於俗語俗字所不經見者，亦出其中。則是書之爲用，寔韻學之指南。雖云發於天籟，而尤不可以不學而能也。思遜心有所歉，欲梓以正於當代之鴻儒碩彦，用出數言以弁於首。

時嘉慶五年正月上元日，愚叔瞻二大振題於興安府學官署。

自序并例言

古無所爲韻也，音而已矣。《樂記》所謂“聲成文，謂之音”[10]也，蓋“均”字即古“韻”字，義取均調也。今所謂韻書者，自魏李登之韻書始，嗣是而《切韻》、《集韻》、《唐韻》、《廣韻》諸書，不能枚舉。然而疆域既分，鄉音各異，山陬海澨與中州之聲韻迥殊。況閩省喉齶嘁讁，加之輕脣、正齒、撮口之音並缺，故臨文操觚，聲律不諧，應酬失次。吾泉富知園先生，少熟《等韻》之書，壯遊燕遼之地，諸任既該，群音悉解，爰輯爲《閩音必辨》[11]一書，於脣喉齒舌，分别釐然，鄉里後生熟復之，可無爲方言之所域矣！乃客有曰：“是編以字而正音，何如因音以識字，使農工商賈按卷而稽，無事載酒問字之勞乎？”予喜其見解之闢，輯成一編：以五十字母爲經，以十五音爲緯，以四聲爲梳櫛。俗字土音，皆載其中，以便村塾事物什器之便。悉用泉音，不能達之外郡，固不免貽大方之誚也！藏之家塾，爲手姓[12]之用。親友見之，以爲有裨於初學不淺，慫慂付梓，以公同人。余不能辭，爰綴數言，而陳其例於左。

○反切之法，先讀熟五十字母、十五音。然後看某聲在何字母，以十五音切之，呼以平仄四聲。如“律”字是入聲，其平聲在“倫”字，“倫”與“春”同韻，屬“春”字，字母切以十五音，在“柳”字管下，然後呼以四聲，而“律”字得矣！餘類倣此。

○是編欲便末學，故悉用泉音，不復例。官韻如一東之東與七陽之當，同一字母。

○有音有字者，固不憚搜羅；即有音無字者亦以土音俗解增入，爲末學計也。高明之士，固無藉資於是。

○八音中，有聲無字者置空圈，有聲多字寡者以黑線爲界。

○《字類》[13]因字尋音,是編因音尋字,隨字注解,一覽瞭然。雖粗識字義者,亦爲有用,即以當一小本"字類補",無不可也。

柏山主人黄謙思遜氏題。

【校注】

①《周禮注疏》卷第三十七《大行人》:"九歲,屬瞽史諭書名、聽聲音。"

②《周禮注疏》卷第二十六《外史》:"外史……掌四方之志……掌達書名於四方。"

③"明"、"良"叶韻,語本《尚書注疏》卷第五《益稷》:"乃賡載歌曰:'元首明哉,股肱良哉,庶事康哉。'"

④"喜"、"起"叶韻,語本《尚書注疏》卷第五《益稷》:"[帝]乃歌曰:'股肱喜哉,元首起哉,百工熙哉。'"

⑤《周易·坤·文言》:"積善之家,必有餘慶;積不善之家,必有餘殃。"

⑥《禮記注疏》卷第一《曲禮上第一》:"毋不敬,儼若思,安定辭,安民哉。"

⑦《春秋左傳注疏》卷第二《鄭伯克段於鄢》:"公入而賦:大隧之中,其樂也融融!"

⑧"阿宜":侄之代稱。源於杜牧《冬至日寄小侄阿宜詩》:"小侄名阿宜,未得三尺長。"

⑨"興":興安府(今陝西省安康市)。

⑩《禮記注疏》卷第三十七《樂記第十九》:"聲成文,謂之音。"

⑪《閩音必辨》(二卷),清代晉江富允諧(字信和)著,已佚。

⑫"手姓":應爲"子姪"或"本姓"之形誤。

⑬"《字類》":即《字彙》,明代流行極廣的一部按部首編排的字書,梅膺祚撰。

目　録

1 春

聲 韻 調	1 春 un/ut			
	上平˧^{33}	上上˥^{55}	上去˥˩^{41}	上入˥$^{\underline{5}}$
柳 l	磿〔香也〕[1] 腀〔皮~〕[2] 籥〔~子：船具〕[3]	碖〔硱~；石~〕 愳〔行無廉隅〕[4] 焫〔~物：熱也〕[5] 稐〔束也〕 忍〔土解，~氣也〕	嫩〔弱也；好貌〕[6] 嫰〔細弱也〕[7]	訥〔難言也〕[8] 笍〔竹箭以射鳥〕[9] 吶〔~~：不輕言也〕[10]
邊 p	盆〔缶也；又姓〕 分〔土解，~物〕	本〔始也；根也〕 夲〔古本字〕 畚〔草器〕[11] 畚〔蒲器以盛種〕[12] 畚〔盛土器〕 輽〔車上篷〕	坌〔以草爲界〕[13] 坌〔並也〕[14]	不〔非也〕 扒〔土解，爬也〕[15]
求 k	君〔人主也；又~子〕 軍〔六~；三~〕 鷤〔~雞〕[16] 鈞〔三十斤；又平也〕 斤〔同上，俗字〕 麇〔楚小國〕 幝〔褻衣也〕	衮〔~衣有九章〕 衮〔同上，俗字〕 滚〔大水流貌〕[17] 硍〔聲高〕 箘〔竹名〕 稇〔耕種也〕 鯀〔同鲧〕 惃〔亂也〕 蓘〔壅苗曰~〕 綑〔稐~：束也〕 鲧〔禹父名〕 根〔再耕〕 緄〔織帶也；又縫也〕 丨〔上下通也〕 鯤〔大魚也〕[18] 莀〔香草〕 睔〔鄭伯名〕[19]	晹〔日光也〕[20] 菌〔香木之根〕[21]	骨〔肉核也〕 䯊〔~駘〕 榾〔枸~：木名〕 搰〔~~：用力貌〕
氣 k'	昆〔兄也；同也〕 坤〔乾~：地道也〕 埢〔人名〕 崑〔山名〕 崐〔同上，~崙〕 刓〔斫木枝也〕 琨〔美玉〕 猑〔大犬也〕 翼〔兄弟也〕 顛〔無髮〕 錕〔赤金〕 鵾〔鳥名〕 鯤〔大魚〕 髡〔人名〕 髨〔鬍髮〕	梱〔門橛也〕 壼〔宮中巷也〕 悃〔~愊：實情〕 捆〔叩拯也〕 窘〔迫也〕 稇〔束也；卷衣〕 硱〔~碖：石落〕 裍〔縛衣〕 閫〔宮~〕 閫〔宮中門也〕 綑〔織也〕 莙〔草生水底〕[22] 箘〔美竹〕[23] 箬〔同箘〕	困〔窮也〕	窟〔孔穴也〕 屈〔曲也；請也〕 蝠〔蛣~：蟲也〕 詘〔曲也；詞塞也〕 顝〔大頭；獨也〕 矻〔~窮極也〕[24] 赶〔走貌〕[25]

（續表）

聲韻調	1　春 un/ut			
	上平˧ ^{33}	上上˥ ^{55}	上去˦˩ ^{41}	上入˥ $^{\underline{5}}$
地 t	敦〔厚也;大也〕 諄〔懇至貌〕㉖ 迍〔~邅〕 墩〔平地;堆也〕 哼〔誨人~~〕㉗	掴〔推也〕　盾〔干櫓:人名〕 潡〔大水也〕　楯〔欄也〕 笹〔竹圜以盛穀〕	頓〔下首至地〕	柮〔榾~:短木〕 騇〔䯛~〕 腯〔肥貌〕㉘ 㵍〔谷也〕
普 p‘	奔〔疾走也〕㉙ 泍〔水急也〕㉚ 歕〔吐也〕　犇〔同奔〕	栩〔飛起也〕　呠〔潠也〕 撪〔車也〕㉛	噴〔鼓鼻嚏也〕	哱〔吹氣聲〕

【校注】

① 馨〔香也〕:[《廣韻》奴昆切,平魂,泥。]香氣。（唐）皮日休《奉和魯望玩金鸂鶒戲贈》:“鏤羽雕毛迴出群,温馨飄出麝臍熏。”[按]調不合,應歸下平。

② 腀〔皮~〕:[《集韻》龍春切,平諄,來。]表皮。[按]調不合,應歸下平。

③ 篇〔~子:船具〕:【廣韻】龍春切。篇子,船具。[按]調不合,應歸下平。

④ 惌〔行無廉隅〕:【集韻】魯本切。惌睡,無廉隅。[按]原注“行無廉隅”,除廖新校增本外,其餘諸本皆誤作“行無廉喁”。

⑤ 炳〔~物:熱也〕:【集韻】弩本切。《博雅》爓炳。煗也。又【集韻】奴困切。熱也。[按]“炳”有兩讀,此當讀上上。廖新校增本改作“爓~:煗也”,是;其餘諸本注均爲“~物:熟也”,誤。

⑥ 嫩〔弱也;好貌〕:【集韻】嫩,奴困切。少弱也;一曰好貌。[按]調不合,應歸下去。

⑦ 嫩〔細弱也〕:[《廣韻》奴困切,去慁,泥。]指物初生時的柔弱狀態。（南朝·梁）江淹《麗色賦》:“若夫紅華舒春,黄鳥飛時,紺蕙初嫩,頳蘭始滋。”[按]調不合,應歸下去。

⑧ 訥〔難言也〕:[《廣韻》内骨切,入没,泥。]出言遲鈍;口齒笨拙。《老子》:"大直若屈,大巧若拙,大辯若訥。"[按]調不合,應歸下入。

⑨ 竽〔竹箣以射鳥〕:【集韻】竽,劣戌切。竹管以射鳥也。【集韻】箣,訖岳切。【篇海】箣,竹㮳也。[按]調不合,應歸下入。

⑩ 吶〔~~:不輕言也〕:[《集韻》奴骨切,入没,泥。]言語遲鈍。《韓非子·八經》:"吶者言之疑,辯者言之信。"[按]調不合,應歸下入。

⑪ 奞〔草器〕:【字彙】布滾切,音本。草器,小筐。【康熙字典】奞,"畚"字之譌。

⑫ 畚〔蒲器以盛種〕:"畚"之異體。畚,[《廣韻》布忖切,上混,幫。]用草繩或竹篾編織的盛物器具。《周禮·夏官·挈壺氏》:"挈轡以令舍,挈畚以令糧。"(漢)鄭玄注引(漢)鄭司農曰:"畚,所以盛糧之器。"[按]原注"蒲器以盛種",道光本、文德堂本、會文書莊本、市圖善本均誤作"蒲器以盛裡",廖新校增本誤作"蒲器以盛梩"。

⑬ 坌〔以草爲界〕:【集韻】蒲悶切。以艸爲界。[按]調不合,應歸下去。

⑭ 坌〔並也〕:【集韻】坌,蒲悶切。並也。(唐)劉禹錫《楚望賦》:"四垂無蔽,万景坌入。"[按]調不合,應歸下去。

⑮ 扒〔土解,爬也〕:《廣韻》博拔切。破聲。[按]韻、調不合,應歸丹韻,實爲訓讀字。《普通話閩南方言詞典》第二三八頁用同音字"梻"(把東西扒摟並裝起來)。

⑯ 鶤〔~雞〕:【漢語大詞典】[《廣韻》古渾切,平魂,見。]鶤鷄。古代指像鶴的一種鳥。(南朝·宋)謝惠連《雪賦》:"對庭鶤之雙舞,瞻雲鴈之孤飛。"[按]另見氣母春韻上平。今普通話與泉州話均讀送氣的[꜀k'un]。

⑰ 滾〔大水流貌〕:[按]原注"大水流貌",樋新編本誤作"大小流貌"。

⑱ 鯤〔大魚也〕:【廣韻】公渾切。北溟大魚。[按]另見氣母春韻上平。今普通話與泉州話均讀送氣的[꜀k'un]。

⑲ 睔〔鄭伯名〕:【集韻】古本切。《説文》目大也。《春秋傳》有鄭伯睔。

[按]“睔”,除樋新編本及廖新校增本外,其餘諸本均誤作“睔”。

⑳ 睔〔日光也〕:【字彙】古鈍切,昆去聲。日光也。[按]“睔〔日光也〕”,道光本、文德堂本、會文書莊本、市圖善本誤作“睔〔目老也〕”,廖新校增本誤作“睔〔目大也〕”,大版式本漫漶不清。

㉑ 菌〔香木之根〕:【字彙】具隕切,音郡。地蕈之小者;又香木之根曰菌……○又區倫切,困平聲。義同。[按]調不合,應歸下上(具隕切);或聲、調不合,應歸氣母上平(區倫切)。今泉變讀[ᶜk‘un]。

㉒ 莙〔草生水底〕:【集韻】巨隕切。艸名。《説文》牛藻也。[按]調不合,應歸下上。

㉓ 箘〔美竹〕:【廣韻】巨殞切。竹名。[按]調不合,應歸下上。

㉔ 矻〔~窮極也〕:【字彙】苦骨切,音窟。矻矻,勞極也。[《廣韻》苦骨切,入没,溪。]參見“矻矻”。【矻矻】勤勞不懈貌。《漢書・王褒傳》:“器用利,則用力少而就效衆。故工人之用鈍器也,勞筋苦骨,終日矻矻。”(唐)顔師古注:“應劭曰:‘勞極貌。’如淳曰:‘健作貌。’如説是也。”[按]諸本原注“~窮極也”,實爲“~~:勞極也”之誤,廖新校增本則誤改作“~窮”。

㉕ 趷〔走貌〕:【集韻】九勿切。走貌。或作“趉”。[按]聲不合,應歸求母。

㉖ 諄〔懇至貌〕:【集韻】朱倫切……懇誠貌。或作“啍”。[按]聲不合,應歸争母。

㉗ 啍〔誨人~~〕:[《集韻》朱倫切,平諄,章。]通“諄”。多言貌。《荀子・哀公》:“孔子對曰:‘無取健,無取詌,無取口啍。’”【莊子・胠篋篇】釋夫恬淡無爲,而悦夫啍啍之意。【注】啍啍,多言者也。[按]聲不合,應歸争母。

㉘ 腯〔肥貌〕:[《廣韻》陀骨切,入没,定。]肥壯。多用以形容牲畜。《文選・左思〈吴都賦〉》:“草木節解,鳥獸腯膚。”(晉)劉逵注:“腯,肥也。”[按]調不合,應歸下入。

㉙ 奔〔疾走也〕:[《廣韻》博昆切,平魂,幫。]急走;跑。《詩・小雅・小弁》:“鹿斯之奔,維足伎伎。”[按]聲不合,應歸邊母。今泉有不送氣、送氣兩讀

[꜀pun / ꜀p'un]。

㉚ 沐〔水急也〕:[《集韻》逋昆切,平魂,幫。]水流湍急。[按]聲不合,應歸邊母。

㉛ 捹〔車也〕:【字彙】盆本切,盆上聲。上車捹。[《川篇》盆本切。]1. 車弓,古代用以支撐車篷。2. 上車捹。[按]調不合,應歸下上。

聲 韻 調	1　春 un/ut			
	下平˨˦^{24}	下上˨^{22}	下去˦˩^{41}	下入˨˦$^{\underline{24}}$
柳 l	倫〔五~;~理〕 綸〔經~;絲~〕 輪〔車~;~流〕　掄〔~元〕 淪〔没也〕　崙〔崑~〕 蒱〔~藸:草名〕　崘〔山~〕 圇〔囫~〕	惀〔思也〕	論〔議~:説也〕 閏〔積日:~月〕 嫩〔弱也〕① 潤〔土,淡~〕 淪〔水中曳船〕	律〔法~;~法〕　驈〔白跨馬〕② 䬈〔疾飛也〕③　㕯〔難言也〕 吹〔銓詞也〕　䔮〔花始生者〕④ 㕸〔不滑利也〕⑤　膟〔~膋〕 汩〔水流〕⑥　葎〔葛草〕⑦ 繘〔汲水綆索〕⑧　翻〔飛貌〕⑨ 遹〔~追來孝〕⑩　繂〔大繩也〕 鷸〔知天有雨〕⑪ 㤕〔憂悶也〕⑫　矞〔驚遽〕⑬ 硉〔~矹:厓也〕　飈〔~風〕⑭ 箻〔同等〕⑮
邊 p	噴〔土解,~火〕⑯ 吹〔土解,~簫〕⑰	笨〔竹裏;又粗率也〕⑱ 体〔性不慧也〕	湓〔水出貌〕 体〔劣也〕 糞〔土解,~以壅〕⑲	勃〔~然:變色貌〕　浡〔興起貌〕 渤〔~海:齊地〕　艴〔怒色也〕 孛〔彗星也;怪氣也〕 佛〔俗解,神~〕　騲〔獸似馬〕 焞〔煙起貌〕
求 k	群〔輩也;衆也〕　羣〔同上〕 帬〔裳也〕　裙〔同上,俗字〕 𢿱〔朋侵也〕　宭〔~居〕 麇〔鹿麞也〕　麕〔鹿屬〕 蚰〔蟲之總名〕　䪼〔楚子名〕	○	郡〔州~〕 棍〔木棒也〕⑳ 琨〔美玉也〕㉑ 箟〔美竹也〕㉒ 刻〔削也〕㉓	掘〔穿地〕　倔〔梗戾貌〕㉔ 堀〔突也〕　猾〔狡~;亂也〕 汩〔~亂〕㉕　滑〔利也,不澀也〕 瑁〔玉名〕㉖　淈〔~,盡也〕 磆〔~石:藥名〕
氣 k‘	困〔聚也〕㉗　悃〔勞倦也〕㉘ 硱〔~磳:石危〕㉙ 峮〔山相連也〕㉚ 靰〔鞍也〕㉛	稛〔~束〕㉜	睡〔土解,卧也〕㉝	屈〔盡也〕㉞

（續表）

聲韻調	1 春 un/ut			
	下平˨˦^{24}	下上˨˨^{22}	下去˦˩^{41}	下入˨˦$^{\underline{24}}$
地 t	屯〔聚也;卦名〕㉟ 唇〔口~〕 派〔水際也〕 涽〔土,水涯〕㊱ 臀〔腿臑〕㊲ 豚〔小豕〕㊳ 囤〔~貨〕 吨〔~~:不了〕 盹〔目藏也〕㊴ 臀㊵ 炖〔火盛赤色〕 閪〔闐門也〕㊶ 惇〔厚也〕㊷ 燉〔火盛貌〕 窀〔~穸:下棺也〕㊸ 芚〔愚也〕㊹	坉〔水不通也〕 沌〔渾~:不開〕	遁〔逃~〕 遯〔退也;隱也〕 鈍〔不利也;頑也〕㊺	湥〔流貌〕 凸〔~出〕 𠫓〔不孝之子〕㊻ 咄〔咨嗟,語也〕㊼ 嚉〔呵也〕㊽ 揬〔搪突:不順〕 窋〔空也〕㊾ 泏〔水出貌〕㊿ 笜〔筍也〕51 柮〔短木〕52 怞〔憂也〕53
普 p'	湓〔水名〕 盆〔土,缶也;又姓〕	○	呠〔吐氣〕54 噴〔同上〕 溢〔含水噀也〕55 唪〔噀水〕56 噃〔潠也〕57	竴〔按物聲也〕58 朏〔月未盛貌〕59

【校注】

① 嫩〔弱也〕:【康熙字典】嫩,俗"嫰"字。【玉篇・女部】嫰,與"嫩"同。【廣雅・釋詁下】嫰,弱也。

② 驈〔白跨馬〕:【集韻】允律切。驪馬白跨也。[按]聲不合,應歸英母。

③ 鴥〔疾飛也〕:古作"鴪"。鴪,【集韻】允律切。《説文》鸇飛皃。[按]聲不合,應歸英母。

④ 萃〔花始生者〕:【唐韻】吕卹切。【集韻】劣戌切。《博雅》始也。一曰艸孚甲出也。[按]"萃",唯樋新編本正確,其餘諸本皆錯作"葎"(大版式本漫漶不清)。

⑤ 敐〔不滑利也〕:【集韻】勒莫切。敐钗,不滑利。[按]“敐”(見廖新校增本),樋新編本誤作“敁”,其餘諸本均誤作“敮”(大版式本漫漶不清)。

⑥ 汩〔水流〕:[《廣韻》古忽切,入没,見。]象聲詞。參見“汩汩”。【汩汩】象聲詞。形容水或其他液體流動的聲音。《文選·木華〈海賦〉》:“崩雲屑雨,浤浤汩汩。”(唐)李善注:“浤浤汩汩,波浪之聲也。”[按]聲不合,應歸求母。

⑦ 葎〔葛草〕:【集韻】劣戌切。《説文》艸也,似葛有刺。[按]原注“葛草”,樋新編本、廖新校增本誤作“蔓草”,大版式本漫漶不清,道光本、文德堂本、會文書莊本、市圖善本則誤作“葽草”。

⑧ 繘〔汲水瓶索〕:[《廣韻》餘律切,入術,以。]井上汲水用的繩索。《禮記·喪大記》:“管人汲,不説繘,屈之,盡階不升堂,授御者。”(唐)孔穎達疏:“繘,汲水瓶索也。”[按]聲不合,應歸英母。原注“瓶”,即“瓻”。【廣韻】瓻,尺氏切。甑也。《詩·檜風·匪風》:“溉之釜鬵。”(唐)孔穎達疏引(三國·魏)孫炎曰:“關東謂甑爲鬵,涼州謂甑爲瓻。”“瓶”,樋新編本作“瓠”,廖新校增本則改作“繩”。

⑨ 翿〔飛貌〕:【字彙】以律切,音聿。飛貌。[按]聲不合,應歸英母。

⑩ 遹〔~追來孝〕:[《廣韻》餘律切,入術,以。]遵循;紹述。《書·康誥》:“今民將在祗遹乃文考,紹聞衣德言。”孔傳:“今治民將在敬循汝文德之父。”《詩·大雅·文王有聲》:“匪棘其欲,遹追來孝。”[按]聲不合,應歸英母。

⑪ 鷸〔知天有雨〕:【集韻】允律切。《説文》知天將雨鳥也。[按]聲不合,應歸英母。

⑫ 悴〔憂憫也〕:【集韻】昨律切。憂也。[按]聲不合,應歸争母。

⑬ 矞〔驚遽〕:【字彙】休筆切,熏入聲。驚遽。【類篇】休筆切。驚遽皃。又女律切。錐穿物。[按]音、義錯位,諸本皆然。原注“驚遽”,應作“錐穿物”。

⑭ 颶〔~風〕:【集韻】允律切。急風。[按]聲不合,應歸英母。

⑮ 箻〔同筭〕:【集韻】筭、箻,劣戌切。竹管以射鳥。[按]“箻”,樋新編本誤作“戢”。原注“同筭”,除樋新編本、廖新校增本外,其餘諸本均誤作“同筩”。

【集韻】笲,而琰切。竹弱。

⑯ 噴〔土解,~火〕:[《廣韻》普魂切,平魂,滂。](液體、氣體、粉粒狀物體等)受壓力而急速逸出。《莊子·秋水》:"子不見夫唾者乎?噴則大者如珠,小者如霧,雜而下者不可勝數也。"[按]聲、調不合,應歸普母上平,實爲"噏"(合攏嘴唇用力吹氣)的訓讀字(見《普通話閩南方言詞典》第一一六頁)。【集韻】噏,蒲奔切。吐也。原注"土解,~火",大版式本、道光本、文德堂本、市圖善本誤作"上解,~穴",會文書莊本、廖新校增本誤作"土解,~穴"。

⑰ 吹〔土解,~簫〕:[《廣韻》昌垂切,平支,昌。]撮口用力出氣。《老子》:"夫物或行或隨,或嘘或吹。"[按]聲、韻、調皆不合,應歸出母韻上平,實爲"噏"的訓讀字(已見⑯)。

⑱ 笨〔竹裹;又粗率也〕:【字彙】布充切,音本。竹裹。○又步悶切,盆去聲。粗率也。[《廣韻》蒲本切,上混,並。]1. 指竹中内層白色薄皮。《説文·竹部》:"笨,竹裹也。"(南唐)徐鍇繫傳:"〔笨,〕竹白也。"(清)段玉裁注:"謂其内質白也。又有白如紙者,《吴都賦》注謂之竹孚俞。"2. 愚魯;不聰明。《宋書·王微傳》:"小兒時尤粗笨無好,常從博士讀小小章句,竟無可得。"[按]原注"竹裹",諸本皆誤衍爲"竹裹貯物"。

⑲ 糞〔土解,~以壅〕:[《廣韻》方問切,去問,非。]屎。(漢)趙曄《吴越春秋·勾踐入臣外傳》:"今者臣竊嘗大王之糞。"[按]調不合,應歸上去。

⑳ 棍〔木棒也〕:[《正字通》古困切。]棍棒。(元)紀君祥《趙氏孤兒》第三折:"是那一個實丕丕將着麤棍敲,打的來痛殺殺精皮掉。"[按]調不合,應歸上去。

㉑ 琨〔美玉也〕:[《廣韻》古渾切,平魂,見。]玉石。《書·禹貢》:"厥貢惟金三品、瑶、琨、篠簜。"孔傳:"瑶、琨皆美玉。"(唐)孔穎達疏:"美石似玉者也……王肅云:'瑶、琨,美石次玉者也。'"[按]調不合,應歸上平。今普通話與泉州話均變讀送氣[꜀k'un]。

㉒ 箘〔美竹也〕:【集韻】巨隕切。《説文》箘簬也。[按]調不合,應歸下上。

㉓ 裀〔削也〕:【集韻】古困切。削也。[按]調不合,應歸上去。

㉔ 倔〔梗戾貌〕:【集韻】渠勿切。倔强;梗戾也。[按]原注"梗戾貌",道光本、大版式本、文德堂本、會文書莊本、市圖善本誤作"他戾貌"。

㉕ 汩〔~亂〕:[《廣韻》古忽切,入没,見。]亂;扰亂。《北史·后妃傳論》:"棄同即異,以夷亂華,汩婚姻之彝序,求豺狼之外利。"[按]調不合,應歸上入。

㉖ 琩〔玉名〕:[按]傳統辭書查無此字,疑爲"琚"之誤。【集韻】琚,渠物切。玉名。

㉗ 囷〔聚也〕:[《廣韻》去倫切,平真,清。]捆束;聚攏。[按]調不合,應歸上平。

㉘ 悃〔勞倦也〕:【字彙】區倫切,屈平聲。勞倦也。《龍龕手鑒》:"悃,俗;悃,正。音困。勞倦也。"[按]調不合,應歸上平或上去。"悃",除樋新編本、大版式本正確外,道光本、文德堂本、會文書莊本、市圖善本、廖新校增本均誤作"稛〔勞倦也〕"。

㉙ 硱〔~磳:石危〕:[《集韻》區倫切,平諄,溪。]參見"硱磳"。【硱磳】山石高聳危峻貌。《楚辭·淮南小山〈招隱士〉》:"嶔岑碕礒兮,硱磳磈硊。"[按]調不合,應歸上平。

㉚ 峮〔山相連也〕:[《廣韻》去倫切,平真,溪。]參見"峮嶙"。【峮嶙】山相連貌。(明)周梅墟《步步嬌·帶雨鳴柯》曲:"鳩藏樹鳴,遠岫峮嶙。"[按]調不合,應歸上平。

㉛ 輑〔鞍也〕:【字彙】區倫切,屈平聲。鞍也。[按]調不合,應歸上平。

㉜ 稛〔~束〕:[《廣韻》苦本切,上混,溪。]用繩捆紮。《説文·禾部》:"稛,豢束也。"(清)段玉裁注:"謂以繩束之。"[按]調不合,應歸上上(已見)。

㉝ 睡〔土解,臥也〕:[《廣韻》是僞切,去寘,禪。]睡覺。《莊子·列禦寇》:"夫千金之珠,必在九重之淵而驪龍頷下。子能得珠者,必遭其睡也。"[按]聲、韻、調皆不合,實爲"睏"的訓讀字(但調不合,應歸上去)。【漢語大詞典】睏(kùn),方言。睡。《老殘遊記》第五回:"我睏在大門旁邊南屋裏,你老有事,

來招呼我罷。"

㉞ 屈〔盡也〕:【字彙】屈……○又渠勿切,音倔。盡也;竭也。《漢志》天下大屈。(漢)賈誼曰:日用之無度,則物力必屈。【孫子·作戰】攻城則力屈。【漢書·食貨志上】生之有時,而用之亡度,則物力必屈。(唐)顏師古曰:屈,盡也。[按]"屈〔盡也〕",樋新編本、大版式本誤作"倔〔盡也〕"(此誤應源於《字彙》的釋義"音倔。盡也"),廖新校增本误改作"倔〔~促也〕",其餘諸本均作"倔〔盡也〕",音、形、義皆誤。

㉟ 屯〔聚也;卦名〕:[《廣韻》徒渾切,平魂,定。]聚集;積聚。《莊子·寓言》:"火與日,吾屯也。"(唐)成玄英疏:"屯,聚也。"[按]今泉變讀送氣[꜀t'un]。而"卦名"之"屯"([《廣韻》陟綸切,平諄,知]),不讀"徒渾切"。

㊱ 涽〔土,水涯〕:[《集韻》呼昆切,平魂,曉。]昏亂。《莊子·齊物論》:"置其滑涽,以隸相尊。"(唐)成玄英疏:"涽,闇也。"[按]音、義皆不合。"涽"疑爲"漘"之形誤。漘,同"漘"。【集韻】漘,船倫切。《説文》水厓也。漘,[《廣韻》食倫切,平諄,船。]亦作"漘"。亦作"漘"。水邊。《詩·魏風·伐檀》:"坎坎伐輪兮,寘之河之漘兮。"今泉讀[꜀sun/꜀tun]。

㊲ 臀〔腿臋〕:[《廣韻》徒渾切,平魂,定。]人體後面兩股上端和腰相連的部位。亦指高等動物後肢上端和腰相連的部位。《易·夬》:"臀無膚,其行次且。"[按]今泉變讀送氣[꜀t'un]。

㊳ 豚〔小豕〕:[《廣韻》徒渾切,平魂,定。]小猪。亦泛指猪。《國語·越語上》:"生丈夫,二壺酒,一犬;生女子,二壺酒,一豚。"[按]今泉變讀送氣[꜀t'un]。

㊴ 盹〔目藏也〕:【集韻】朱倫切。鈍目也。【篇海】目藏也。[按]聲、調不合,應歸争母上平。

㊵ 胥:[按]義缺。傳統辭書查無此字。疑應作"臋"(同"臀")。【類篇】臋,徒渾切。《説文》髀也。

㊶ 閪〔闐門也〕:【集韻】徒渾切。闐門也。【漢語大詞典】【闐門】充塞門庭。《史記·汲鄭列傳論》:"始翟公爲廷尉,賓客闐門。"[按]原注"闐門也"

(見於樋新編本,廖新校增本作"閴門"),大版式本作"閴門君子也言子~口~",道光本、文德堂本誤作"閴門君子也言子尹~",會文書莊本、市圖善本作"閴門君子也言子尹~","門"後諸字疑爲衍字。

㊷ 惇〔厚也〕:[《廣韻》都昆切,平魂,端。]敦厚;篤實。《書·舜典》:"柔遠能邇,惇德允元。"孔傳:"惇,厚也。"[按]調不合,應歸上平。除樋新編本、廖新校增本外,其餘諸本均不見"惇〔厚也〕"。

㊸ 窀〔~穸:下棺也〕:【集韻】徒渾切。瘗也;火見穴中也。[《廣韻》陟綸切,平諄,知。]【窀穸】亦作"窀夕"。埋葬。《左傳·襄公十三年》:"若以大夫之靈,獲保首領以歿於地,惟是春秋窀穸之事,所以從先君於禰廟者,請爲'靈'若'厲',大夫擇焉。"(晉)杜預注:"窀,厚也;穸,夜也。厚夜猶長夜。春秋謂祭祀,長夜謂葬埋。"[按]原注"~穸",除樋新編本、廖新校增本外,其餘諸本皆誤作"~究"。

㊹ 芚〔愚也〕:【集韻】敕倫切。無知貌。[按]聲、調不合,應歸他母上平。

㊺ 鈍〔不利也;頑也〕:[《廣韻》徒困切,去慁,定。]不鋒利。《韓非子·顯學》:"水擊鵠雁,陸斷駒馬,則臧獲不疑鈍利。"[按]今泉讀[tun⊇]或[⊆tun](俗讀)。

㊻ 𠫓〔不孝之子〕:【集韻】𠫓、㐬,他骨切。《説文》不順忽出也。從到(倒)子。引《易》"突如其來"。如不孝子突出,不容於内也,或從到(倒),古文"子"即《易》"突"字。又【集韻】㐬,陁没切。不順忽出也。

㊼ 咄〔咨嗟,語也〕:【集韻】當没切。《説文》相謂也。一曰呵也。或從"對"。[按]調不合,應歸上入。

㊽ 嚉〔呵也〕:同"咄"。[按]調不合,應歸上入。

㊾ 窋〔空也〕:【集韻】竹律切。將出穴皃;一曰空也。[按]調不合,應歸上入。

㊿ 泏〔水出貌〕:【集韻】竹律切。《説文》水皃。[按]調不合,應歸上入。

51 笜〔筍也〕:【集韻】竹律切。竹筍生皃。[按]調不合,應歸上入。

52 柮〔短木〕:【集韻】當没切。榾柮,短木。[按]調不合,應歸上入。

53 怞〔憂也〕:【集韻】竹律切。憂心皃。[按]調不合,應歸上入。

54 吩〔吐氣〕:【集韻】普悶切。吒也;一曰鼓鼻。[按]調不合,應歸上去。

55 溢〔含水噀也〕:【龍龕手鑒】溢,疋問反。含水噀也。[按]調不合,應歸上去。

56 啉〔噀水〕:【龍龕手鑒】普悶反。正作"噴"。潠水也。[按]調不合,應歸上去。

57 噴〔潠也〕:同"噴"。【字彙】噴,潠也。[按]調不合,應歸上去。

58 誖〔按物聲也〕:【集韻】普没切。按物聲。[按]聲調不合,應歸上入。

59 朏〔月未盛貌〕:【集韻】普没切。《説文》月未盛之明。[按]調不合,應歸上入。

聲韻調	1 春 un/ut			
	上平˧ 33	上上˥ 55	上去˦˩ 41	上入˥ 5
他 t‘	吞〔咽也〕 蘔〔黃色;人名〕 暾〔日始出貌〕 盹〔日欲出貌〕 椿〔木名:~萱〕 忶〔忽也〕① 焞〔明也〕	畽〔行無廉隅〕 䛐〔佷貌〕 黗〔黑色〕 氽〔水推物也〕② 稐〔束禾也〕③	褪〔花謝也;又卸衣〕	黜〔貶斥也〕 怢〔~忽:不悵〕④ 湥〔滑~也〕⑤ 宊〔出見貌〕 旻〔入水〕 絀〔退也;贏~〕⑥ 悈〔肆也;忘也〕 筴〔竹器〕
争 ts	尊〔貴也:~卑〕 蹲〔踞也〕⑦ 逡〔~巡;退也〕⑧ 遵〔循也〕 僎〔遵也〕⑨ 鱒〔魚名〕	凖〔~繩;平也;則也〕 準〔同上,法也〕 哊〔大口〕 撙〔裁抑也〕 隼〔鶻屬〕⑩ 噂〔聚語也〕	燇⑪	卒〔兵~;終也〕 夲〔同上〕
入 dz	㜛〔人名〕⑫	㖞〔吮也〕	朐〔~肕:蟲名〕⑬	㊢ 㕯〔言難〕⑭
時 s	孫〔子~;公~〕 飱〔熟食也〕 飧〔同上;夕食〕⑮ 湌〔水沃飯也〕	損〔減也;卦名〕 榫〔剡木入竅〕 笋〔芽也〕 筍〔竹~〕 簨〔以懸鐘簴〕 腞〔熟肉也〕	巽〔入也;卦名〕 鬊〔亂髮也〕 瞚〔目數搖也〕	窣⑯ 率〔循也〕 恤〔憂愍也〕 䘏〔搔摩也〕 欰〔~~:蟲鳴〕 帥〔倡~〕 卹〔周~〕 呩〔口吹也〕 蟀〔蟋~〕
英 Ø	温〔和厚也;習也〕 昷〔日暖〕 氳〔氤~〕 煴〔鬱煙也〕 昷〔仁也;和也〕 瑥〔人名〕 鰛〔~魚〕 馧〔香也〕 瘟〔~疫:病也〕	藴〔蓄也:~藉〕 醖〔釀也〕 穩〔安也:~妥〕 薀〔水草〕 殞〔歿也〕 賈〔雲轉起也〕	揾〔手撩物也〕 韞〔藏也〕 緼〔枲也〕	鬱〔~,氣也〕 鬱〔芳草:~鬯〕 膃〔肥也〕 殟〔心悶也〕 菀〔茂貌〕 頞〔納頭水中〕 欝〔俗鬱字〕

（續表）

聲韻調	1 春 un/ut			
	上平˧ 33	上上˥ 55	上去˩ 41	上入˥ 5
文 b	頣〔不曉也〕	吻〔口~〕 刎〔割也〕 物〔離也〕 悗〔廢忘也〕 潣〔瀎也〕⑰ 菞〔藴草〕⑱ 拉〔揩拭也〕	悶〔煩也；鬱~〕⑲ 紊〔亂也〕⑳ 們〔肥滿貌〕㉑ 裷〔服之輕者〕㉒ 絻〔同上〕	㊟鮂〔~魚〕㉓
語 g	㊟䨵〔人名〕㉔	㊟𦷸〔花名〕㉕	㊟鋆〔人名〕㉖	矹〔硉~：石崖〕㉗ 杌〔米粖也〕㉘ 阢〔山戴土〕㉙ 屼〔壛~〕㉚ 仡〔𩤈~：不安〕㉛

【校注】

① 㤐〔忽也〕：【集韻】他骨切。《説文》肆也。［按］聲、韻、調皆不合，應歸他母上入（見下）。疑因《字彙》注音所用“呑”字而誤。【字彙】他骨切，呑入聲。肆也；忽也。原注“忽也”，樋新編本、道光本誤作“怱也”。

② 氽〔水推物也〕：【字彙】吐綑切，呑上聲。水推物也。［按］該音、義唯見《字彙》。

③ 稐〔束禾也〕：［《廣韻》力準切，上準，來。］1. 束。2. 特指成束的木。3. 同“稐”。禾束。［按］聲不合，應歸柳母。

④ 㑄〔~忽：不悵〕：【字彙】他骨切，音禿。與“㤐”同。㑄忽，不悵。［按］原注“不悵”，道光本、文德堂本、會文書莊本、市圖善本、廖新校增本皆誤作“不張”。

⑤ 涋〔滑~也〕：【集韻】他骨切。流也。［按］傳統辭書查不到“滑涋”一詞，疑即“鶻鶟”。【漢語大詞典】【鶻突】亦作“鶻鶟”。模糊；混沌。（唐）孟郊《邊城吟》：“何處鶻突夢，歸思寄仰眠。”

⑥ 絀〔退也;贏~〕:【集韻】絀,敕律切。《説文》縫也。【字彙】與“黜”同。《禮記·王制》不孝者,君絀以爵。○又縫也。[按]原注“贏~”,大版式本漫漶,廖新校增本誤作“贏也”。

⑦ 蹲〔踞也〕:【集韻】徂昆切。《説文》踞也。[按]調不合,應歸下平。

⑧ 逡〔~巡;退也〕:【集韻】七倫切……《爾雅》退也。一曰逡巡,行不進。[按]聲不合,應歸出母。

⑨ 僎〔遵也〕:[《廣韻》將倫切,平諄,精。]通“遵”。贊禮。即典禮飲宴時輔佐主人行儀節的人。《禮記·少儀》:“介爵、酢爵、僎爵,皆居右。”(漢)鄭玄注:“古文《禮》‘僎’作‘遵’,遵爲鄉人爲卿大夫來觀禮者。”【字彙】租昆切,音遵。《鄉飲酒禮》輔主人者。或作“遵”,爲其降席而遵法者。[按]原注“遵也”,道光本、會文書莊本誤作“道也”,大版式本漫漶不清,樋新編本作“遵法”,“法”疑爲衍字。

⑩ 隼〔鶻屬〕:【集韻】聳尹切。《説文》祝鳩也。[按]聲不合,應歸時母。

⑪ 燇:[《集韻》祖寸切,去恨,精。]同“焌”。燃火。

⑫ 幓〔人名〕:【龍龕手鑒】奴回切。以巾拭堳。又乃昆切。[按]聲、調不合,應歸柳母下平。

⑬ 朐〔~䏰:蟲名〕:【康熙字典】《唐韻》如順切,音閏。【説文】朐䏰,蟲名。借地名。漢中有朐䏰縣,地下多此蟲,因以爲名。

⑭ 㕯〔言難〕:【集韻】奴骨切。丁聲。又【集韻】女黠切。《説文》言之訥也。[按]聲不合,應歸柳母。

⑮ 飧〔同上;夕食〕:[按]“飧”,樋新編本注解作“夕食”,其餘諸本作“夕~”(即“夕飧”),皆可通。(明)李東陽《後東山草堂賦》:“吾儕細人,朝饔夕飧,觀山而不窮其巔,望海而不極其源。”《六書故·工事四》:“飧,夕食也。”

⑯ 窣:【集韻】蘇骨切。《説文》從穴中卒出。

⑰ 潣〔瀖也〕:【字彙】母本切,門上聲。瀖也;又水盈貌。

⑱ 莇〔藞草〕:【字彙】無粉切,音吻。藞草。【集韻】武粉切。鉤莇,草名。

⑲ 悶〔煩也：鬱~〕：[《廣韻》莫困切，去慁，明。]煩憂；憤懣。《易·乾》："不易乎世，不成乎名，遯世無悶，不見是而無悶。"[按]調不合，應歸上去。

⑳ 紊〔亂也〕：[《廣韻》亡運切，去問，微。]亂。《書·盤庚上》："若網在綱，有條而不紊。"孔傳："紊，亂也。"[按]調不合，應歸上去。

㉑ 們〔肥滿貌〕：【集韻】莫困切。們渾，肥滿貌。[按]調不合，應歸上去。

㉒ 裞〔服之輕者〕：【字彙】文運切，音問。喪服五服外之最輕者。亦作"絻"。[按]調不合，應歸上去。

㉓ ㊚鮇〔~魚〕：[《集韻》莫葛切，入末，明。]魚尾。（明）李時珍《本草綱目·鱗四·魚魫》："魚尾曰鮇，曰丙。"[按]音、義不合，"鮇"[but꜄]應爲地方俗字，"鮇（仔）魚"特指一種小魚，今沿用。

㉔ ㊚覃〔人名〕：【篇海】火頑切。劣也。[按]音、義不合。

㉕ ㊚痨〔花名〕：[按]傳統辭書查無此字。

㉖ ㊚鋆〔人名〕：[按]傳統辭書查無字義。

㉗ 矹〔硉~：石崖〕：【漢語大詞典】【硉矹】亦作"硉兀"。高聳；突出。（唐）李白《明堂賦》："挐金龍之蟠蜿，挂天珠之硉矹。"

㉘ 粈〔米粖也〕：[按]傳統辭書查無此字。

㉙ 阢〔山戴土〕：[《集韻》五忽切，入没，疑。]上面覆蓋着土的石山。《説文·阜部》："阢，石山戴土也。"（清）段玉裁注："《釋山》曰：'石戴土謂之崔嵬。'然則崔嵬一名阢也。"[按]調不合，應歸下入。

㉚ 屼〔㟴~〕：【廣韻】五忽切。㟴屼，禿山貌。[按]調不合，應歸下入。

㉛ 仉〔䠍~：不安〕：【集韻】五忽切。《博雅》危也。【字彙】五忽切，音兀。䠍仉，不安。[按]調不合，應歸下入。

聲韻調	1 春 un/ut			
	下平ʎ[24]	下上˧[22]	下去˨[41]	下入ʎ[24]
他 t‘	(增)獼①	○	瘖〔病善食〕 飩〔厚味〕	○
争 ts	存〔恤問也;在也〕 船〔解,用以載人〕	拵〔推也〕②	俊〔秀也:~人〕③ 駿〔良馬也〕 畯〔勸農之官〕 餕〔所食之餘〕 焌〔然火〕 峻〔高大也〕 圳〔俗解,水~〕④ 浚〔深也,衛邑〕⑤ 濬〔深也:~哲〕⑥ 竣〔退也,事~〕⑦ 悛〔改也,止也〕⑧	捽〔持頭髮也〕 猝〔倉遽貌〕⑨ 朮〔白~:藥名〕 炪〔煙出貌〕⑩
入 dz	(增)瞤〔目動〕	○	潤〔澤也;濕也〕 閏〔~月〕	(增)呐⑪
時 s	純〔~粹;全也;又絲也〕 惇〔實心〕 徇〔以身從物〕⑫ 鶉〔鳥名〕 珣〔玉名〕 犉〔黄牛黑脣〕 楯〔木名〕 紃〔絛條也〕 詢〔咨~〕 醇〔美酒也〕 醇〔厚也〕 旬〔十日爲~〕 殉〔從也〕⑬ 恂〔信也〕 狥〔行示也〕⑭ 焞〔明也〕 荀〔姓也〕 洵〔信也〕 揗〔拊~〕 巡〔~視〕 淳〔~質〕 惇〔厚也〕 郇〔~伯〕 循〔有序〕 馴〔漸致也〕	○	順〔不逆也;從也〕 遜〔謙~:順也〕⑮ 舜〔堯~:聖帝〕⑯ 蕣〔木槿〕⑰ 瞬〔~息〕⑱	術〔道~;心~〕 述〔傳~〕 沭〔水名〕 秫〔稷之黏者〕
英 ∅	云〔説也〕 芸〔香草;去草〕 匀〔徧也;齊也〕 鄖〔地名〕 昀〔墾田〕 筠〔竹青皮〕 坛〔水~也〕⑲ 沄〔水轉流也〕 耘〔去草也〕 熉〔黄貌〕 紜〔紛~:亂也〕	○	運〔轉~;~會〕 慍〔含怒也〕⑳ 鄆〔地名〕 腪〔膜也〕 顒〔秃也〕㉑ 韗〔爲鼓之人〕 暈〔日月傍氣〕 韻〔音~;詩~〕㉒ 韻〔聲~;詩~〕㉓ 煇〔日光氣也〕 僨〔戲也〕㉔ 韵〔音~〕	越〔土解,~過〕㉕

(續表)

聲韻調	1 春 un/ut			
	下平˨˦^{24}	下上˨˨^{22}	下去˦˩^{41}	下入˨˦$^{\underline{24}}$
文 b	文〔~章：美也〕 門〔兩户爲~〕 聞〔耳受聲也〕 穈〔赤粱粟也〕 玟〔玉也〕㉖ 䎽〔聽也〕㉗ 璺〔器破未離〕㉘ 蚡〔~泉：魯地〕㉙ 蟁〔嚙人飛蟲〕㉚ 汶〔水出瑯邪；~~：玷辱也〕 亹〔水流峽中如門〕 璊〔玉赤色〕 琝〔同上〕 捫〔撫持也〕 雯〔雲成章也〕 紋〔織文也〕 澶〔地名〕 蚊〔同蟁〕 旻〔~天〕㉛ 㦖〔~然不覺〕㉜	㧴〔離也〕	問〔訊也；咨也〕	勿〔禁止也〕 物〔事~；庶~〕 坳〔埋~〕 歾〔終也〕 殁〔死也〕 沕〔~穆：深微〕 㕚〔手也〕㉝ 没〔沉~；終也〕 玫〔玉屬〕 芴〔菲也〕
語 g	㊚ 㪼㉞	○	㊚ 穦〔穩~〕㉟	䅪〔秦人語〕㊱

【校注】

① ㊚ 豲：【集韻】拘云切。豕也。[按]聲、調不合，應歸求母上平。

② 捘〔推也〕：【集韻】祖寸切。《説文》推也。[按]調不合，應歸上去。

③ 俊〔秀也：~人〕：【集韻】祖峻切。《説文》材千人也。【北史·蘇綽傳】萬人之秀曰俊。【漢語大詞典】【俊人】風度高雅的人；才德超卓的人。《南史·王規傳》："王威明風韻遒上，神峰標映，千里絶迹，百尺無枝，實俊人也。"[按]聲不合，應歸上去。該韻的後五字"駿、畯、餕、焌、峻"均屬"《集韻》祖峻切"，故亦應歸入上去調。原注"秀也：~人"，大版式本誤作"秀也：~又"，道光本、文德堂本、會文書莊本、市圖善本、廖新校增本則均誤作"香也：~人"。

④ 圳〔俗解，水~〕：[《觚賸》子鴆切。]水溝；水渠。《朱子語類》卷二三："如一大圳水，分數小圳去，無不流通。"[按]韻、調不合，應歸金韻上去。此處所讀

[tsun⊇](下去調),與今泉所讀[tsun⊃](上去調)聲、調不同。

⑤ 浚〔深也,衞邑〕:[《廣韻》私閏切,去稕,心。]疏浚;深挖。《春秋·莊公九年》:"冬浚洙。"《公羊傳·莊公九年》:"洙者何?水也。浚之者何?深之也。"[按]聲、調不合,應歸時母上去。這樣的變讀與今普通話和泉州話一樣,但應讀上去調[tsun⊃]。

⑥ 濬〔深也:~哲〕:[《廣韻》私閏切,去稕,心。]疏通水道;挖掘井、池。《書·益稷》:"予决九川,距四海。濬畎澮,距川。"[按]聲、調不合,應歸時母上去。這樣的變讀與今普通話和泉州話一樣,但應讀上去調[tsun⊃]。

⑦ 竣〔退也,事~〕:[《廣韻》七倫切,平諄,清。]1. 退;返回。《國語·齊語》:"有司已於事而竣。"(三國·吴)韋昭注:"竣,退伏也。"《文選·張衡〈東京賦〉》:"千品萬官,已事而竣。"(三國·吴)薛綜注:"竣,退也。"2. 完成;結束。《三國演義》第六一回:"便差軍數萬築濡須塢,曉夜併工,刻期告竣。"[按]聲、調不合,應歸出母上平。這樣的變讀與今普通話和泉州話一樣,但應讀上去調[tsun⊃]。

⑧ 悛〔改也,止也〕:[《廣韻》此緣切,平仙,清。]悔改;停止。《左傳·隱公六年》:"長惡不悛,從自及也。"[按]聲、韻、調皆不合,應歸出母川韻上平,當屬誤讀。

⑨ 猝〔倉遽貌〕:【字彙】蒼没切,村入聲。犬從草中暴出逐人;又倉遽也。[按]聲、調不合,應歸出母上入。

⑩ 炢〔煙出貌〕:【字彙】直律切,音术。《廣韻》煙出貌。[按]聲不合,應歸地母(因《字彙》同音字"术"而致誤)。

⑪ (增)呐:[按]傳統辭書查無此字,當爲"吶"的形誤。【集韻】奴骨切。《説文》言難也。又[按]聲不合,應歸柳母。

⑫ 徇〔以身從物〕:【字彙】松閏切,音殉。《説文》行示也……又自衒名行也;又以身從物曰徇。與"殉"同。[按]原注"以身從物",除樋新編本外,其餘諸本均作"以身從"。

⑬ 殉〔從也〕：【字彙】松閏切，音徇。偶人殉葬，亂世以人。又從也。

⑭ 狥〔行示也〕：【字彙】俗"徇"字。又【字彙】徇，詳倫切，音循。與"循"同。［《廣韻》辭閏切，去稕，邪。］亦作"狥"。1. 巡視；巡行。《書·泰誓中》："王乃徇師而誓。"（唐）陸德明釋文引《字詁》："徇，巡也。"2. 宣示於衆。《左傳·僖公二十八年》："殺顛頡以徇于師。"

⑮ 遜〔謙～；順也〕：［《廣韻》蘇困切，去慁，心。］謙虛；恭順。《書·舜典》："百姓不親，五品不遜。"孔傳："遜，順也。"［按］調不合，應歸上去。

⑯ 舜〔堯～；聖帝〕：［《廣韻》舒閏切，去稕，書。］人名。五帝之一，傳説中我國父系氏族社會後期部落聯盟的賢明首領。姚姓，有虞氏，名重華，史稱虞舜或舜。相傳受堯禪讓，後禪位於禹，死在蒼梧。［按］調不合，應歸上去。

⑰ 蕣〔木槿〕：［《廣韻》舒閏切，去稕，書。］木名。又名木槿。夏季開花，有白、紅、淡紫等色，早開晚落，僅榮一瞬，故名。［按］調不合，應歸上去。

⑱ 瞬〔～息〕：［《廣韻》舒閏切，去稕，書。］一眨眼工夫。極言時間短暫。［按］調不合，應歸上去。

⑲ 坛〔水～也〕："壇"的異體字。【集韻】唐干切。《説文》祭場也。【佛學大詞典】水壇，密教護摩壇之一種。密教之護摩法本須在七日之中擇地、擇時、掘地、治地，灑香水而加持之，然若於急病或兵亂等災變起時，僅須灑水浄地，於一日中即可建壇，稱爲水壇；又以土築壇，故亦稱土壇。此外，木壇亦行灑水加持，且無場所限制，能自由持行，如水之流動自在，故亦稱水壇。［按］聲、韻不合，應歸地母歡韻。疑誤讀。

⑳ 愠〔含怒也〕：［《廣韻》於問切，去問，影。］含怒；怨恨。《詩·邶風·柏舟》："憂心悄悄，愠于群小。"毛傳："愠，怒也。"《論語·學而》："人不知而不愠，不亦君子乎？"［按］調不合，應歸上去。

㉑ 顐〔秃也〕：【字彙】胡困切，魂去聲。秃也。［按］聲不合，應歸喜母。

㉒ 韻〔音～；詩～〕：［《廣韻》王問切，去問，云。］指詩賦中的韻脚或押韻的字。（南朝·梁）劉勰《文心雕龍·聲律》："異音相從謂之和，同聲相應謂之韻。"范

文瀾注:“同聲相應謂之韻,指句末所用之韻。”[按]今泉常有人變讀上去[un⊃]。

㉓ 韻〔聲~;詩~〕:[按]重見,僅注解略微不同,誤收。

㉔ 僫〔戲也〕:【字彙】胡困切,魂去聲。戲也。[按]聲不合,應歸喜母。【康熙字典】按“僫”字,《玉篇》、《廣韻》、《集韻》諸書皆不載,疑即“翫”字之譌。翫,[《廣韻》五換切,去換,疑。]戲弄。《左傳·昭公二十年》:“夫火烈,民望而畏之,故鮮死焉;水懦弱,民狎而翫之,則多死焉。”二字義近音不合,不可信。

㉕ 越〔土解,~過〕:[《廣韻》王伐切,入月,云。]度過;跨過。《楚辭·天問》:“阻窮西征,巖何越焉?”(漢)王逸注:“越,度也。”[按]韻不合,應歸春韻下入。疑爲“聿”[ut⊇]的訓讀字。[《廣韻》餘律切,入術,以。]疾貌。參見“聿越”。【聿越】迅速地跨越。《文選·左思〈吴都賦〉》:“陵絶嶛嶕,聿越巉嶮。”(唐)吕向注:“聿,疾也。疾越於嶮峻之所。”【字彙】雨月切,員入聲……走也;逾也……○又叶以律切,音聿。《易·繫辭》其稱名也,雜而不越,於稽其類,其衰世之意邪?

㉖ 玟〔玉也〕:【集韻】無分切。玉文。

㉗ 䎽〔聽也〕:【康熙字典】《玉篇》古文“聞”字。(唐)虞世南《孔子廟堂碑》怡然動色,似䎽《簫韶》之響。《正字通》从采。采,古“辨”字。聲入耳能辨之也。

㉘ 璺〔器破未離〕:【集韻】文運切。罅坼也。《周禮·春官·大卜》:“一曰玉兆,二曰瓦兆,三曰原兆。”(漢)鄭玄注:“兆者,灼龜發于火,其形可占者,其象似玉瓦原之璺罅。”[按]調不合,應歸下去。

㉙ 蚡〔~泉;魯地〕:【集韻】符分切。鼠名,行地中者。【康熙字典】又地名。《春秋·昭公五年》:“叔弓帥師敗莒師于蚡泉。”注:蚡泉,春秋魯地。[按]聲不合,應歸喜母。

㉚ 蟁〔嚙人飛蟲〕:【集韻】無分切。《説文》嚙人飛蟲。【玉篇】古文“蚊”字。

㉛ 旻〔~天〕:[《廣韻》武巾切,平真,明。][《集韻》眉貧切,平真,明。]1. 秋天。《文選·謝靈運〈永初三年七月十六日之郡初發都〉詩》:“秋岸澄夕陰,火

旻團朝露。”（唐）劉良注：“火，心星，爲秋候。”參見“旻天”。2. 天；天空。（晉）陶潛《自祭文》：“茫茫大塊，悠悠高旻，是生萬物，余得爲人。”【旻天】1. 泛指天。《書·多士》：“爾殷遺多士，弗弔旻天，大降喪于殷。”（唐）孔穎達疏：“天有多名，獨言旻天者，旻，愍也。”2. 特指秋天。《爾雅·釋天》：“秋爲旻天。”（晉）郭璞注：“旻，猶愍也，愍萬物彫落。”［按］今泉讀［꜀bin］，不讀［꜀bun］。

㉜ 悶［~然不覺］：【字彙】與“懣”同。○又莫奔切，音門。悶然不覺。

㉝ 叟［手也］：【集韻】莫勃切。《説文》入水有所取也。从又在回下……回，淵水也。【字彙】莫勃切，音没。入水有所取也。○《説文》从又在回下。又，手也。［按］除廖新校增本注作“同上”（“上”指“没”字）正確外，其餘諸本原注均爲“手也”，誤。“叟”即“叟”，實同“没”。

㉞ ㊟䎺：［按］傳統辭書查不到音、義。

㉟ ㊟穦［穩~］：【集韻】部本切。穩穦，穀未簸皃。［按］聲、調不合，應歸疑母下上。原注“穩~”，除廖新校增本正確外，樋新編本、大版式本誤作“隱~”，其餘諸本均誤作“臨~”。

㊱ 稐［秦人語］：【集韻】吾困切。《説文》饐饐也，謂相謁食麥。秦人語。［按］聲、調不合，應歸疑母下去。原注“秦人語”，不確，諸本皆然。

<table>
<tr><th rowspan="2">聲
韻
調</th><th colspan="4">1 春 un/ut</th></tr>
<tr><th>下平ʎ[24]</th><th>下上˨[22]</th><th>下去˦˩[41]</th><th>下入ʎ[24]</th></tr>
<tr><td>出 ts‘</td><td>春〔四時之首〕 旾〔古春字〕
萅萶〔並古春字〕 鶞〔鳥名〕
輴〔載柩車〕① 鰆〔魚名〕
鶥〔鳩～〕② 椿〔木名〕③
村〔鄉～〕 檲〔木名〕④
瑃〔玉名〕⑤
杶〔似樗可爲弓榦〕⑥</td><td>蠢〔蟲動也〕
忖〔度也;思也〕
唻〔吹也〕 惷〔愚～〕
萶〔草名;雜也〕
腮〔胸～:蟲名〕⑦
睶〔白也〕 箺〔竹名〕
舛〔乖也;背也〕⑧
敊〔亂也〕 賰〔厚也〕⑨
踳〔雜也〕</td><td>寸〔尺～〕</td><td>出〔～入〕</td></tr>
<tr><td>喜 h</td><td>分〔與也;判也〕 勳〔王功曰～〕
塤〔～篪:樂器〕⑩ 壎〔同上〕
婚〔～姻〕 昏〔日冥:～昧〕
煙〔解〕⑪</td><td>忿〔恨也;怒也〕
粉〔米粖;花～〕</td><td>訓〔誨也:～誥〕
分〔職～〕
糞〔穢也,用以壅田〕</td><td>弗〔休也〕 笏〔玉～〕
忽〔倏～;～然〕
拂〔逆也;除也〕
惚〔恍～〕</td></tr>
<tr><td>喜 h</td><td>芬〔香草也〕
熏〔煙出也:～物〕
氛〔祥氣也〕 惛〔心不明也〕
獯〔～鬻:夷號〕 痻〔病也〕
燻〔火盛也〕 薰〔芳草:～風〕
纁〔玄～:淺絳色〕
葷〔蔥蒜之屬:五～,不茹～〕
曛〔日暗也〕 毴〔毳也〕
紛〔～紜:亂也〕 棼〔亂也〕
饙〔再烝飯也〕 焄〔灼也〕
緡〔土,絲緒也;錢貫也〕
緍〔土,同上〕
矄〔黃昏;昧也〕⑫ 葷〔臭菜〕
閽〔守門隸也〕 隫〔墳籍〕⑬
勛〔古勳字〕 臐〔羊羹〕
惛〔亂也〕 睧〔目暗也〕
臐〔同臐〕⑭ 焄〔香氣也〕</td><td>憤〔～懣;發～〕
扮〔握也〕
黺〔綵也〕
緫〔結也〕
膹〔肉羹也〕⑮</td><td>僨〔仆也;敗也〕
衅〔冤～〕
慁〔悶亂也;污辱也〕⑯
惛〔同上〕</td><td>咈〔違也;戾也〕⑰
黻〔黼～〕 乀〔古戾也〕
髴〔髣～〕
祓〔除惡;祭也〕
祓〔潔也;除也〕
紼〔引柩也〕 囫〔～圇〕
痦〔多睡〕
茀〔福也;治也〕
紱〔印紐也:朱～〕
甶〔鬼頭〕 袚〔蔽膝也〕
彿〔彷～〕 炥〔火盛也〕
帗〔舞器〕 紼〔大索也〕
萃〔疾也〕 𪗋〔寢熟也〕
祓〔灑也〕 匢〔日出未明〕
跰〔跳也〕 韍〔赤～〕</td></tr>
</table>

【校注】

① 輴〔載柩車〕:[《廣韻》丑倫切,平諄,徹。]古代載柩車。《禮記・喪服大記》:"君殯用輴,欑至于上,畢塗屋。"[按]聲不合,應歸他母。因《字彙》注音而誤。【字彙】樞倫切,音春。載柩車。

② 鶞〔鳻~〕:【集韻】敕倫切。鳥名。《爾雅》春扈,鳻鶞。[《廣韻》丑倫切,平諄,徹。]【鳻鶞】亦作"鳻盾"。亦作"分循"。春扈的别稱,一種候鳥。參見"鳻鶞"。[按]聲不合,應歸他母。因《字彙》注音而誤。【字彙】樞均切,音春。春扈,名鳻鶞。

③ 槆〔木名〕:[《集韻》敕倫切,平諄,徹。]木名。即香椿。《左傳・襄公十八年》:"孟莊子斬其槆以爲公琴。"(晉)杜預注:"槆,木名。"[按]聲不合,應歸他母。因《字彙》注音而誤。【字彙】樞均切,音春。木名。

④ 櫄〔木名〕:同"杶"、"槆"或"椿"。椿,[《廣韻》丑倫切,平諄,徹。]亦作"櫄"。椿樹。通稱香椿。《太平御覽》卷九六一引《左傳・襄公十八年》:"孟莊子斬其椿以爲公琴。"按:今本《左傳》作"槆"。[按]聲不合,應歸他母。因《字彙》注音而誤。【字彙】樞倫切,音春。木似樗而可爲弓榦。《禹貢》所謂杶也。

⑤ 瑃〔玉名〕:【集韻】敕倫切。玉名。[按]聲不合,應歸他母。

⑥ 杶〔似樗可爲弓榦〕:古同"椿",香椿。[按]聲不合,應歸他母。

⑦ 脪〔胸~;蟲名〕:【康熙字典】《唐韻》尺尹切。《説文》胸脪也。

⑧ 舛〔乖也;背也〕:【類篇】對臥也。從夕𡳿,相背。凡舛之類皆從舛。昌兖切,又尺尹切。雜也。

⑨ 賰〔厚也〕:【字彙】尺允切,音蠢。厚也;富也。[《廣韻》式允切,上準,書。]富有。《玉篇・貝部》:"賰,富有也。"[按]聲、調不合,應歸時母上上。

⑩ 塤〔~箎:樂器〕:同"壎"。【集韻】壎、塤,許元切。《説文》樂器也。以土爲之,六孔。又【集韻】壎,許云切。樂器。

⑪ 煙〔解〕:[《廣韻》烏前切,平先,影。]物質燃燒時産生的混合氣狀物,呈黑、白

等色。《國語・魯語上》:“既其葬也,焚,煙徹于上。”[按]聲、韻不合,應歸母韻,實爲“熏”的訓讀字。熏,[《廣韻》許云切,平文,曉。]火煙;火煙上出。《墨子・節葬下》:“秦之西有儀秉之國者,其親戚死,聚柴薪而焚之,燻上,謂之登遐。”《説文・中部》:“熏,火煙上出也。”

⑫ 矄〔黄昏;昧也〕:【集韻】許云切。目暗也。[按]傳統辭書查無“矄”之“黄昏”義,疑音、形、義張冠李戴,原注“黄昏;昧也”應作“目暗也”。諸本皆誤。大版式本作“矄〔黄昏;昧也〕”,均與上面的“矄〔日暗也〕”重;而廖新校增本將上面的“矄〔日暗也〕”改作“矄〔目暗也〕”,而將“矄〔黄昏;昧也〕”改作“矄〔黄昏時也〕”,失據,不妥。

⑬ 隫〔墳籍〕:[《集韻》符分切,平文,奉。]同“墳”。三墳的簡稱。亦以泛稱古代的典籍。(晉)潘尼《贈陸機出爲吴王郎中令》詩之一:“顯允陸生,於今尠儔。振鱗南海,濯翼清流。婆娑翰林,容與《墳》《丘》。”【墳籍】古代典籍。《後漢書・郭太傳》:“〔郭太〕就成皋屈伯彦學,三年業畢,博通墳籍。”[按]調不合,應歸下平。

⑭ 臐〔同臐〕:【玉篇】臐,呼雲切。臛也。羊曰臐。[按]“臐”,除大版式本漫漶不清外,其餘諸本皆誤作“腫”。

⑮ 膹〔肉羹也〕:【集韻】膹,父吻切。《説文》臛也。[按]調不合,應歸下上。

⑯ 慁〔悶亂也;污辱也〕:[《廣韻》胡困切,去慁,匣。]1. 憂慮。《左傳・昭公六年》:“舍不爲暴,主不慁賓。”(晉) 杜預注:“慁,患也。”……4. 污辱。《禮記・儒行》:“不慁君王,不累長上,不閔有司。”(漢) 鄭玄注:“慁,猶辱也。”[按]調不合,應歸下去。

⑰ 咈〔違也;戾也〕:[《廣韻》符弗切,入物,奉。]違背;違逆。《書・微子》:“乃罔畏畏,咈其耇長舊有位人。”(宋) 蔡沈集傳:“紂惟不畏其所當畏,故老成舊有位者,紂皆咈逆而棄逐之。”[按]調不合,應歸下入。

1 春 un/ut

聲韻調	下平˨˦ 24	下上˨˨ 22	下去˦˩ 41	下入˨˦ <u>24</u>
出 ts‘	悿〔~敬〕①	瘁〔~打〕②	○	怵〔恐也;惕也〕③
喜 h	雲〔山川氣也〕 魂〔~魄〕 焚〔燒也〕 墳〔~墓;大防也〕 鼖〔大鼓〕 濆〔水涯;水名〕	混〔~沌〕 坋〔塵埳也〕	奮〔揚也:~發〕④ 釁〔~隙也〕⑤ 焝〔火貌〕⑥	核〔果中實也〕 狘〔飛貌〕⑦ 颵〔風也〕⑧ 敇〔破也〕
喜 h	羵〔大首羊〕⑨ 幩〔鑣之飾也〕 蚡〔地名〕 汾〔水名〕 渾〔水流貌〕 濆〔水涯;水名〕⑩ 豶〔犗也:~豕之牙〕⑪ 鼖〔大鼓〕 馚〔香氣也〕 蕡〔草木之實〕⑫ 枌〔白榆,木名〕 炃〔同焚〕 篔〔竹名〕⑬	渾〔~~〕⑭ 睴〔大目〕⑮	坌〔跳躍自撲〕⑯ 溷〔亂也〕	佛〔神~;戾也〕 沸〔泉湧出貌〕⑰ 狘〔狂也〕⑱ 肰〔牛肉〕⑲

【校注】

① 悿〔~敬〕:俗“怪”字。《可洪音義》:“無悿:古壞反。悿異也。正作恠也。又音涉監切。人名。朱悿。見《新唐書》。”[按]音、義均不合。“悿”應爲自造方言字,表示“尊”或“敬”,《普通話閩南方言詞典》第一二八頁寫作“存”[⊆ts‘un]。今泉除了用“悿敬”(尊重、敬重)外,還有“尊悿”(尊重)。

② 瘁〔~打〕:[按]傳統辭書查無此字。“瘁”應爲自造方言字,表示“準備”或“準備接受”,《普通話閩南方言詞典》第一二八頁寫作“存”[⊆ts‘un](下平調連讀變調後同下上)。瘁打,即“存拍”(準備接受挨打),今泉仍沿用。此外還有“存死”(冒死)、“存否”(做最壞的打算)等。

③ 怵〔恐也;惕也〕:[《廣韻》丑律切,入術,徹。]恐懼;害怕。《文選·張衡〈西京賦〉》:“將乍往而未半,怵悼慄而慫兢。”(三國·吴)薛綜注:“怵,恐也。”[按]聲、調不合,應歸他母上入。

④ 奮〔揚也:~發〕:[《廣韻》方問切,去問,非。]1. 鳥張開翅膀。《詩·邶風·

柏舟》："静言思之，不能奮飛。"2. 揚起；翹起。（唐）韓愈《三星行》："我生之辰，月宿南斗。牛奮其角，箕張其口。"［按］調不合，應歸上去。

⑤ 璺〔~隙也〕：［《廣韻》許覲切，去震，曉。］縫隙；裂痕。《左傳·宣公十二年》："會聞用師，觀璺而動。"（唐）孔穎達疏："璺是間隙之名。今人謂瓦裂、龜裂皆爲璺。"［按］調不合，應歸上去。

⑥ 焝〔火貌〕：［《集韻》呼困切，去圂，曉。］火焰；火焰貌。［按］調不合，應歸上去。

⑦ 狘〔飛貌〕：【字彙】休筆切，熏入聲。【龍龕手鑒】許聿反。飛皃。［按］調不合，應歸上入。

⑧ 颫〔風也〕：【集韻】曲勿切。風也。［按］聲、調不合，應歸氣母上入。疑因《字彙》注音而誤。【字彙】颫，休筆切，熏入聲。風也。又［按］調不合，應歸上入。

⑨ 羵〔大首羊〕：【廣韻】符分切。土中怪羊。

⑩ 濆〔水涯；水名〕：［按］重見。

⑪ 豶〔犗也；~豕之牙〕：【字彙】符分切，音焚。犗也。○《易》豶豕之牙。

⑫ 蕡〔草木之實〕：［《廣韻》符分切，平文，奉。］草木果實繁盛碩大貌。《詩·周南·桃夭》："桃之夭夭，有蕡其實。"（清）俞樾《群經平議·毛詩一》："蕡者，大也。'有蕡其實'，言其實之大也。"［按］原注不確。

⑬ 篔〔竹名〕：［《廣韻》王分切，平文，云。］竹名。（清）厲鶚《醉太平·看梅宿西溪山莊》詞："掩篔笆野橋，護莎砌田坳。"［按］聲不合，應歸英母。

⑭ 渾〔~~〕：［《廣韻》户昆切，平魂，匣。］1. 大水湧流聲。《説文·水部》："渾，溷流聲也。"2. 渾浊。《老子》："敦兮其若樸，曠兮其若谷，渾兮其若濁。"

⑮ 睴〔大目〕：同"睔"。【集韻】睔、睴，户衮切。日（注："目"之誤。）大皃。【字彙】胡本切，音混。大目。

⑯ 犿〔跳躍自撲〕：【集韻】芳問切。跳躑也。【山海經】依軲之山有獸焉，其狀如犬，虎爪，有甲，其名曰獜。善駚犿，食者不風。注：郭璞曰：駚犿，跳躍自

撲也。[按]調不合,應歸上去。

⑰ 沸〔泉湧出貌〕:【字彙】敷勿切,音拂。觱沸,泉湧出貌。《詩·大雅·瞻卬》:“觱沸檻泉,維其深矣。”[按]調不合,應歸上入。

⑱ 狘〔狂也〕:【字彙】休筆切,熏入聲。狂也,齊人語。【集韻】休必切。狂也。齊人語。[按]韻、調不合,應歸賓韻上入。

⑲ 肷〔牛肉〕:【字彙】休律切,熏入聲。牛肉。[按]調不合,應歸上入。

2 朝

聲韻調	2 朝 iau/iauʔ			
	上平˧33	上上˥55	上去˦˩41	上入˥5
柳 l	○	鳥〔飛禽之總名〕① 了〔決也;物~〕 蓼〔軟好也〕 瞭〔目睛明也〕 憭〔照察也〕 褭〔軟美也〕② 嬲〔戲相擾也〕③ 繚〔繞也〕 暸〔明也〕 擾〔搦也〕④ 舠〔小船也〕 蔦〔寄生草〕⑤ 蓼〔辛苦之菜〕 醶〔面白也〕 鄝〔國名〕 敹〔長貌〕 嫋〔~娜〕⑥	炓〔火光也〕⑦ 燎〔祡祭天也〕⑧	○
邊 p	標〔木杪;舉也〕 蔈〔香草〕 杓〔斗~〕 摽〔麾也〕	表〔外也;明也:旌~〕 殍〔餓死人也〕 苞〔草名,可爲履也〕⑨ 莩〔同殍〕⑩ 受〔上下相付〕⑪ 蔈〔草名〕	俵〔~散〕	○
求 k	驕〔矜誇:~傲〕 嬌〔妖~:美色〕 鷮〔雉名〕 獢〔短喙犬〕 簥〔樂器〕 憍〔矜也〕 梟〔不孝鳥〕 徼〔求也;要也〕 嬈〔妖~〕⑫	矯〔強貌〕 皎〔潔也,明也〕 晈〔光明也〕 皦〔明也〕 蟜〔姓也〕 撟〔手動也〕 儌〔行也〕 鱎〔白魚〕 敿〔連也;繫也〕⑬ 繳〔纏也;絲以著箭〕 䀏〔目重皮〕⑭ 敫〔繫也〕⑮ 皛〔自重也〕 狢〔獪也〕⑯	叫〔呼也〕	○

（續表）

<table>
<tr><th rowspan="2">聲韻調</th><th colspan="4">2 朝 iau/iauʔ</th></tr>
<tr><th>上平˧^{33}</th><th>上上˥^{55}</th><th>上去˩^{41}</th><th>上入˥^{5}</th></tr>
<tr><td>氣 k‘</td><td>蹺〔~蹊：不直〕 墝〔土不平也〕
蹻〔舉足行高〕 趫〔捷也〕
撬〔舉也〕 橇〔禹泥行所乘〕</td><td>頵〔高也〕 巧〔不癡也〕</td><td>竅〔穴也；空也〕</td><td>○</td></tr>
<tr><td>地 t</td><td>雕〔章明也；刻琢也〕 凋〔~落〕</td><td>倜〔獨立也〕⑰ 嬥〔直好也〕⑱</td><td>弔〔~死〕
吊〔俗弔字〕</td><td>○</td></tr>
<tr><td>地 t</td><td>貂〔毛溫暖也〕 朝〔旦也：~夕〕
芀〔葦花可作帚也〕⑲
苕〔淩霄花也〕⑳ 㓮〔琢也〕</td><td>掉〔搖動也〕㉑ 敁〔撲也〕㉒
杓〔禾垂穗也〕 晀〔橙~〕㉓</td><td>釣〔~魚〕</td><td>○</td></tr>
<tr><td>普 p‘</td><td>飄〔~風：吹也〕
麃〔舞貌；耘也〕㉔ 儦〔衆貌〕㉕
猋〔犬疾〕 熛〔火飛也〕
嫖〔擊也〕㉖ 慓〔急性也〕
穮〔耘也〕㉗ 藨〔耕也〕㉘
驃〔馬銜也〕㉙ 鑣〔馬銜也〕㉚
瀌〔雨雪貌〕㉛ 颷〔狂風也〕㉜
嘌〔疾吹；不安〕㉝ 飃〔風聲〕㉞
磦〔~碽：藥名〕㉟ 漂〔浮也〕㊱
飆〔暴風下而上也〕㊲
縹〔輕舉也；~緲〕㊳</td><td>漂〔水中洗絮〕 剽〔末也〕㊴
皫〔鳥無潤澤〕㊵
鰾〔魚~：可作膠〕㊶ 醥〔清酒〕
摽〔落也〕 膘〔髀前肉也〕</td><td>票〔搖也〕㊷</td><td>○</td></tr>
</table>

【校注】

① 鳥〔飛禽之總名〕：［《廣韻》都了切，上篠，端。］古指尾羽長的飛禽。今爲脊椎動物的一綱。［按］聲不合，應歸地母。今泉亦不讀“都了切”［ᶜtiau］，也不

讀[ᶜliau],而讀[ᶜliãu]。

② 裊〔軟美也〕:[《字彙》尼了切。]同"褭"。柔弱細長貌。(唐)許渾《和常秀才寄簡歸州鄭使君借猿》:"謝守攜猿東路長,褭藤穿竹似瀟湘。"[按]今泉讀[ᶜliãu],不讀[ᶜliau]。

③ 嬲〔戲相擾也〕:[《廣韻》奴鳥切,上篠,泥。]糾纏;煩擾。《文選·嵇康〈與山巨源絶交書〉》:"足下若嬲之不置,不過欲爲官得人,以益時用耳。"[按]今泉讀[ᶜliãu],不讀[ᶜliau]。

④ 㠡〔搦也〕:【字彙】乃了切,音裊。搦也。[按]今泉讀[ᶜliãu],不讀[ᶜliau]。

⑤ 蔦〔寄生草〕:[《廣韻》都了切,上篠,端。]常緑寄生灌木名。莖蔓生,寄生於桑、楓等樹上。秋初結實如豆,可入藥。《詩·小雅·頍弁》:"蔦與女蘿。"毛傳:"蔦,寄生也。女蘿,菟絲松蘿也。"[按]今泉讀[ᶜliãu],不讀[ᶜliau]。

⑥ 嫋〔~娜〕:[《廣韻》奴鳥切,上篠,泥。]亦作"嬝"。纖長柔美貌。【嫋娜】亦作"嬝娜"。細長柔美貌。(南朝)梁簡文帝《贈張纘》詩:"洞庭枝嬝娜,澧浦葉參差。"[按]今泉讀[ᶜliãu],不讀[ᶜliau]。

⑦ 炓〔火光也〕:[《廣韻》力弔切,去嘯,來。]火光貌;火光。[按]調不合,應歸下去。

⑧ 尞〔柴祭天也〕:【字彙】力弔切,音料。柴祭天也。[按]調不合,應歸下去。

⑨ 苞〔草名,可爲履也〕:【集韻】被表切。艸名。《説文》鹿藿也。【漢語大詞典】草名。即席草,可製席子和草鞋。《漢書·司馬相如傳上》:"其高燥則生葴析苞荔,薜莎青薠。"(唐)顔師古注:"張揖曰:'苞,藨也……'藨即今所用作席者也。"[按]調不合,應歸下上。

⑩ 莩〔同殍〕:【集韻】被表切。餓死。[按]調不合,應歸下上。

⑪ 受〔上下相付〕:【集韻】被表切。《説文》物落上下相付也。[按]調不合,應歸下上。

⑫ 嬈〔妖~〕:[《音韻闡微》日遥切,平蕭。]妍媚。[按]聲、調不合,應歸柳

母下平,實爲"嬌"的訓讀字。【漢語大詞典】【妖嬌】1. 嬌美。(唐) 司馬逸客《雅琴篇》:"窈窕樓臺臨上路,妖嬌歌舞出平陽。"2. 借指嬌美的女子。《天雨花》第六回:"毛成接了心如醉,眼看妖嬌不轉睛。"[按]原注"妖~",除樋新編本、廖新校增本外,其餘諸本皆誤作"怨~"。

⑬ 敽〔連也;繫也〕:同"敿"。敿,[《廣韻》居夭切,上小,見。]亦作"敽"。繫結。《書·費誓》:"敿乃干。"(唐) 孔穎達疏引(漢) 鄭玄曰:"敿,猶繫也。"(清) 方以智《東西均·顛倒》:"必敹甲敝,敿戈鋋。"[按]"敽",樋新編本誤作"敿",原注"連也;繫也",大版式本漫漶不清,道光本、文德堂本、會文書莊本、市圖善本誤作"迪也;擊也",唯廖新校增本改作"繫連"。"擊也"系"繫也"之形誤,源於《字彙》。【字彙】敽,吉了切,音皎。連也;擊也。

⑭ 䀕〔目重皮〕:【字彙】居小切,音絞。目重皮。

⑮ 敿〔繫也〕:【說文】繫連也。居夭切。[按]同"敽"(參見⑬敽)。原注"繫也",除了樋新編本、廖新校增本改作"繫也"外,其餘諸本皆誤作"擊也"。

⑯ 猺〔獪也〕:【集韻】巨夭切。獪也。[按]調不合,應歸下上。

⑰ 㑿〔獨立也〕:【集韻】徒了切。獨立也。[按]調不合,應歸下上。

⑱ 嬥〔直好也〕:【集韻】徒了切。《說文》直好貌。[按]調不合,應歸下上。

⑲ 芀〔葦花可作帚也〕:【廣韻】都聊切。葦華也。【韻會】通作"苕"……今人取之爲帚,曰笤帚是也。[按]"芀",樋新編本誤作"芍"。

⑳ 苕〔淩霄花也〕:[《廣韻》徒聊切,平蕭,定。]陵苕。亦名淩霄、紫葳。蔓生草。《爾雅·釋草》:"苕,陵苕。黄華蔈,白華茇。"《詩·小雅·苕之華》:"苕之華,芸其黄矣。"毛傳:"苕,陵苕也,將落則黄。"[按]調不合,應歸下平。

㉑ 掉〔搖動也〕:【集韻】徒了切。搖動也。[按]調不合,應歸下上。

㉒ 敁〔撲也〕:【集韻】徒了切。撲也。[按]調不合,應歸下上。

㉓ 朓〔橙~〕:同"牀"。【集韻】牀,徒了切。牀版。[按]調不合,應歸下上。橙朓,即"凳牀"(橙爲凳之異體),帶踏凳之牀。

㉔ 麃〔舞貌;耘也〕:【集韻】悲嬌切。麃麃,武皃。[按]聲不合,應歸邊母。原

注“舞貌”,應作“武貌”,因《字彙》而誤。【字彙】卑遥切,音標。舞貌。《詩·鄭風》駟介麃麃。又耘也。

㉕ 儦〔衆貌〕:【集韻】悲嬌切。《説文》行貌。引《詩》“行人儦儦”。[按]聲不合,應歸邊母。

㉖ 㯹〔擊也〕:【集韻】卑遥切。擊也。[按]聲不合,應歸邊母。

㉗ 穮〔耘也〕:【集韻】悲嬌切。《説文》耕禾間也。[按]聲不合,應歸邊母。

㉘ 藨〔耕也〕:[《集韻》悲嬌切,平宵,幫。]通“穮”。耕耘。(隋)王通《中説·關朗》:“是藨是蓘,則有豐年。”參見“藨蓘”。【藨蓘】穮蓘。耕耘和培育。藨,通“穮”。《文選·張華〈勵志〉詩》:“藨蓘致功,必有豐殷。”(唐)李善注引(晉)杜預曰:“藨,耘也,壅苗爲蓘。”[按]聲不合,應歸邊母。

㉙ 驃〔馬銜也〕:【字彙】卑遥切,音標。與“鑣”同。馬銜也。[按]聲不合,應歸邊母。

㉚ 鑣〔馬銜也〕:【集韻】悲嬌切。《説文》馬銜也。[按]聲不合,應歸邊母。原注“馬銜也”(“馬銜”即“馬嚼子”)見於大版式本、道光本,樋新編本、廖新校增本作“馬銜鐵也”,因《字彙》而誤。【字彙】卑遥切,音標。馬銜外鐵也。其餘諸本均作“馬釘鐵也”,誤。

㉛ 瀌〔雨雪貌〕:【集韻】悲嬌切。《説文》雨雪瀌瀌。[按]聲不合,應歸邊母。

㉜ 飈〔狂風也〕:【字彙】布遥切,音標。狂風。[按]聲不合,應歸邊母。

㉝ 嘌〔疾吹;不安〕:【集韻】悲遥切。疾也;聲也。【字彙】批招切,音飄。無節度也;又疾吹之貌。○又卑遥切,音標。漂摇不安之貌。[按]將【字彙】二音二義并爲一音,不妥。

㉞ 飃〔風聲〕:【字彙】紕招切,音飄。風聲;又旋風。

㉟ 磦〔~碽:藥名〕:【集韻】卑遥切。山峰出貌。[按]聲不合,應歸邊母。查不到“磦碽”一詞。

㊱ 瀌〔浮也〕:【集韻】漂、瀌,紕招切。《説文》浮也。

㊲ 飆〔暴風下而上也〕:【集韻】卑遥切。《説文》扶揺風也。[按]聲不合,應歸邊母。

㊳ 縹〔輕舉也;~緲〕:【漢語大詞典】1. 同“飄”。飛揚。《史記・司馬相如列傳》:“縹乎忽忽,若神仙之仿佛。”2. 見“縹緲”。【縹緲】亦作“縹眇”。高遠隱約貌。《文選・木華〈海賦〉》:“群仙縹眇,餐玉清涯。”(唐) 李善注:“縹眇,遠視之貌。”

㊴ 剽〔末也〕:【字彙】匹沼切,飄上聲。末也。《莊子》:“有長而無本剽者,宙也。”

㊵ 皫〔鳥無潤澤〕:【集韻】滂表切。鳥毛變色。【字彙】普照切,飄上聲。禽毛色變而無潤澤也。

㊶ 鰾〔魚~:可作膠〕:【廣韻】符少切。魚鰾,可作膠。[按]聲、調不合,應歸邊母下上。今泉常變讀邊母陰平[꜀piau/꜀pio]。

㊷ 票〔摇也〕:【字彙】批招切,音飄。揺動也;輕舉也。○又去聲匹妙切。義同。

聲韻調	2　朝 iau/iauʔ			
	下平ʎ^{24}	下上⊣^{22}	下去√^{41}	下入ʎ$^{\underline{24}}$
柳 l	寮〔~寀：官名〕　廖〔人名，~姓〕 鷯〔鷦~：鳥名〕　寥〔空虛也〕 僚〔朋也：官~〕　敹〔持也；擇也〕 嶛〔險也〕　遼〔遠也〕 橑〔簷前~椽〕　豂〔姓也〕 燎〔庭~：大燭〕　嘹〔~亮：鳴也〕 撩〔理也；挑弄〕　尞〔~火祭天〕 僇〔恨也〕　獠〔宵田曰~〕 簝〔盛食器〕　聊〔助語也；又且也〕 翏〔高飛也〕　漻〔水清也〕	㊢撩〔取物〕①	料〔度也；計也〕　嫽〔好也〕 廖〔姓也〕　療〔治病也〕② 窌〔穿也〕　尿〔小便也〕 屎〔同上〕　禶〔燔柴祭天〕 尥〔行脛相交〕	㊢炓③
邊 p	㊢俵④	摽〔落也；又拊心也〕⑤	裱〔領巾袖端〕	㊢尌⑥
求 k	橋〔水梁也〕　喬〔高也〕 僑〔旅遇也；又人名〕　莜〔茈芺：紫色〕 蕎〔俗莜也〕　藠〔連~：藥名〕 翹〔企也；尾起也〕⑦　嶠〔山高也〕⑧	嶠〔山鋭而高〕⑨ 敿〔繫也〕⑩	噭〔~應〕⑪　彳〔行也〕⑫ 轎〔肩行之車〕 窌〔静也〕⑬　獥〔狼子〕⑭	㊢犹⑮
氣 k‘	毃〔擊也〕⑯	○	鼽〔仰鼻〕⑰　撽〔擊也〕⑱	㊢碻⑲
地 t	潮〔海之喘息〕　鯈〔魚名〕 庣〔去草田器〕⑳	兆〔卜~；吉也〕㉑ 肇〔始也；正也〕	召〔呼也；地名〕 蓧〔去草器〕 肁〔開也；始也〕	○
地 t	蜩〔鳴~：蟬也〕　迢〔遠也〕 刐〔斷也〕㉒　晁〔姓也〕 鰷〔白~：魚也〕　髫〔少兒垂髮〕 齠〔始毀齒也〕　笤〔~箒〕 條〔~幹；枯~〕　鞗〔~革〕㉓ 調〔和也〕	趙〔利也；又姓〕 肈〔敏也；戟也〕㉔ 晀〔畷田中穴〕㉕ 旐〔旐也〕 鮡〔鱯之小者〕	銚〔鈇~：燒器〕㉖ 藋〔藜~：草名〕	㊢垗㉗
普 p‘	瓢〔瓠也〕　薸〔萍也〕	殍〔餓死也〕	勡〔剥也；截也〕　皫〔白也〕㉘ 瞟〔行聽〕　嫖〔輕也〕	○

【校注】

① ㊇撩〔取物〕:【集韻】朗鳥切。抉也;取也。[按][˓liau]屬白讀。"撩"又見上平。

② 療〔治病也〕:【集韻】力照切。《説文》治也。[按]調不合,應歸下去。此變讀同普通話。今泉沿用,讀下平[˓liau]。

③ ㊇炓:【廣韻】力弔切。火光。[按]調不合,該字無入聲讀法。

④ ㊇俵:【集韻】彼妙切。分與也。[按]調不合,該字無平聲讀法。

⑤ 摽〔落也;又拊心也〕:[《廣韻》符少切,上小,並。]捶胸;擊。《詩·邶風·柏舟》:"静言思之,寤辟有摽。"毛傳:"摽,拊心貌。"[按]原注"拊心",唯大版式本、廖新校增本無誤,其餘諸本均誤作"付心"。

⑥ ㊇勡:【集韻】匹妙切。《説文》劫也。[按]調不合,該字無入聲讀法。

⑦ 翹〔企也;尾起也〕:[《廣韻》渠遥切,平宵,羣。]舉起。《莊子·馬蹄》:"齕草飲水,翹足而陸。"《淮南子·修務訓》:"夫馬之爲草駒之時,跳躍揚蹏,翹尾而走,人不能制。"(漢)高誘注:"翹,舉也。"【集韻】祁堯切。《説文》尾長毛也。一曰企也。一曰翹翹,高皃。又【集韻】祁要切。尾起也。【正字通】祁堯切。《説文》鳥尾長毛也。又高皃……又秀起皃。[按]原注樋新編本爲"企也;秀起也",大版式本漫漶不清,其餘諸本均作"仚也;秀起也";廖新校增本改作"企也;尾起也",是。

⑧ 嶠〔山高也〕:【集韻】渠妖切。《爾雅》山鋭而高。嶠,或書作"嶠"。[按]原注"山高"(大版式本漫漶不清),樋新編本、道光本、會文書莊本誤作"嵩"。

⑨ 嶠〔山鋭而高〕:【集韻】渠廟切。山鋭而高也。[按]調不合,應歸下去。重見(已見下平⑧嶠)。

⑩ 敿〔繫也〕:同"敿"。[按]此字及字義已見上上。原注"繫也"(大版式本漫漶不清),樋新編本誤作"擊也",道光本、文德堂本、會文書莊本、市圖善本均誤作"舉手也"。廖新校增本直接改作"撟〔舉手也〕",音、形皆誤。

⑪ 嗷〔~應〕:【集韻】吉弔切。《説文》吼也。一曰呼也。【字彙】與"叫"同。《曲禮》毋嗷應。[按]調不合,應歸上去。

⑫ 䒔〔行也〕:【字彙】巨小切,音叫。行也。[按]調不合,應歸下上。

⑬ 窌〔静也〕:【集韻】吉弔切。窌窱,深遠也。[按]調不合,應歸上去。

⑭ 獥〔狼子〕:【集韻】吉弔切。獸名。《爾雅》狼其子獥。[按]調不合,應歸上去。

⑮ ㊀甡:【集韻】疏臻切。《説文》進也。[按]該字傳統辭書無入聲讀法,聲、韻、調皆不合。

⑯ 敫〔擊也〕:【字彙】牽幺切,竅平聲。擊也。[按]調不合,應歸上平。

⑰ 鼽〔仰鼻〕:【集韻】丘召切。鼻仰也。【字彙】苦弔切,音竅。仰鼻。[按]調不合,應歸上去。

⑱ 撽〔擊也〕:【集韻】口教切。擊也。[按]韻、調不合,應歸郊韻上去。

⑲ ㊀碻:【集韻】克角切。堅也。[按]韻不合,應歸江韻上入。

⑳ 甋〔去草田器〕:【集韻】田聊切。《説文》田器也。

㉑ 兆〔卜~;吉也〕:【集韻】直紹切。《説文》灼龜坼也。【字彙】吉也。卜者以求吉爲主,故以兆言吉也。

㉒ 刐〔斷也〕:【集韻】丁聊切。《博雅》斷也。[按]調不合,應歸上平。

㉓ 鞗〔~革〕:[《廣韻》徒聊切,平蕭,定。]參見"鞗革"。【鞗革】馬絡頭的下垂裝飾。《詩·小雅·蓼蕭》:"既見君子,鞗革忡忡。"(唐)孔穎達疏:"鞗革,轡首垂也。"[按]原注除大版式本漫漶不清、廖新校增本改作"~革"外,樋新編本誤作"~草",其餘諸本則誤作"~葦"。

㉔ 肇〔敏也;戟也〕:【廣韻】治小切。始也;正也;敏也。【字彙】同上(肇),戟屬。

㉕ 眺〔䝤田中穴〕:【集韻】徒了切……一曰䝤田中穴。䝤,[《廣韻》力求切,平尤,來。]火耕。《説文·田部》:"䝤,燒穜也。"(清)段玉裁注:"謂焚其草木而下種,蓋治山田之法爲然。"[按]原注諸本均作"田中穴",缺"䝤",疑因《字

彙》而誤。【字彙】徒了切，條上聲。田中穴。

㉖ 銚〔銕～：燒器〕：【集韻】徒弔切。燒器。［按］原注“銕～”，樋新編本誤作“挑～”。

㉗ ㊧垗：【集韻】徒了切。埒也。又【集韻】直紹切。《説文》畔也。［按］該字無入聲讀法。

㉘ 皫〔白也〕：【玉篇】毗照切。白色。【字彙】毗照切，瓢去聲。白色。又彌笑切，音妙。義同。

聲 韻 調	2　朝 iau/iauʔ			
	下平˨˦ 24	下上˨ 22	下去˦˩ 41	下入˨˦ 24
他 tʻ	挑〔杖荷也;取也〕 佻〔獨行也;偷薄也〕　輖〔輕~〕 刁〔~~:微動也〕①　祧〔宗~〕 恌〔偷薄也〕②　剫〔剔也〕 炤〔犬短尾〕③	窕〔窈~也;嫺静也〕 篠〔同上,深遠〕　窕〔放肆也〕 晀〔明也〕	眺〔望也〕	○
争 ts	昭〔明也:~穆〕　招〔手招呼也〕 嘲〔言相調也〕④　蕉〔芭~〕 膲〔三~〕　爨〔火傷也〕 釗〔勉也;人名〕	沼〔池~〕　勦〔殺也;絶也〕 剿〔同上〕　剿〔絶也〕 爪〔覆手取物〕　烑〔變色也〕 鳥〔解,飛禽也〕	照〔明所燭也〕 炤〔同上〕 醮〔飲盡〕 醮〔冠禮也〕	○
入 dz	饒〔豐也;餘也〕⑤　襓〔劍衣也〕⑥ 蕘〔采薪〕⑦	擾〔煩也;亂也〕　抓〔亂搔〕⑧ 芅〔菜名;藥草〕⑨ 爪〔土,手~〕⑩　繞〔纏也〕 遶〔環~〕	㊔繞〔~紗〕⑪	○
時 s	燒〔火然也〕　逍〔~遥遊也〕 消〔減也;~息〕　蕭〔荻也;~條〕 銷〔爍金〕　翛〔羽聲敝也〕 蠨〔小蜘蛛也〕　綃〔生絲,繒也〕 箾〔舜樂〕　瀟〔風雨暴疾;又~湘〕 硝〔硭~〕　焇〔爍也:~金〕 簫〔乐器:洞~〕　玿〔美玉〕⑫ 縿〔縑也〕　霄〔雲近天氣〕 韶〔舜樂〕⑬　磬〔大~〕⑭ 宵〔夜也〕	小〔微也;細也〕　少〔不多也〕 苂〔~草:遠志〕　謏〔~聞;小也〕 篠〔竹小爲箭〕　筱〔小竹可作箭〕	笑〔喜也〕 咲〔同上〕	○
英 Ø	夭〔~~:和舒也;又少好貌〕 妖〔~嬌;~孽〕　喓〔~~:蟲聲〕 葽〔草盛〕　祆〔地反物爲~〕 吆〔~~:聲也〕　嫑〔妖嬌〕 枵〔玄~:星名〕⑮ 邀〔招也;求也〕　憢〔懼也〕⑯ 腰〔身~〕	杳〔冥也;深~〕　窈〔~窕:幽静〕 鷕〔雌雉聲〕　葯〔草長貌〕 皛〔明也;顯也〕⑰　窅〔深目也〕 窅〔冥也〕　歖〔出氣也〕 蒀〔草名〕⑱　夭〔~壽〕 溔〔~溟〕　殀〔壽促〕 窀〔户樞聲〕　舀〔抒臼也〕 窔〔室東南隅〕⑲	要〔切~;~會〕 窔〔深也〕⑳	○

（續表）

聲韻調	2 朝 iau/iauʔ			
	下平˨˦^{24}	下上˨˨^{22}	下去˦˩^{41}	下入˨˦$^{\underline{24}}$
文 b	㊓淼㉑	杪〔木末〕 邈〔遠也〕 淼〔大水也〕 吵〔雉鳴〕 藐〔輕視也〕 秒〔禾芒也〕 緲〔微也：縹~〕 渺〔水貌冥也〕 仯〔小貌〕 眑〔視也；幽静〕㉒	玅〔精微也〕㉓	○
語 g	㊓譊㉔	㊓撟〔強貌〕㉕	○	
出 tsʻ	超〔~越；邁也〕 柖〔人名〕 弨〔弓弛也〕	悄〔憂也；急也〕 愀〔~~：憂也〕 愀〔色變也〕 麵〔糗也〕	鈔〔正，錢~也〕㉖	
喜 h	驍〔猛也〕 鴞〔鴟~：惡鳥〕 僥〔僞也〕㉗ 儌〔土，求也〕㉘ 幺〔小也〕㉙ 膮〔禮豕肉羹〕㉚ 囂〔喧也〕 歊〔人名〕㉛ 儌〔土，~幸〕㉜ 嘵〔恐懼也〕 熇〔炎氣，熱也〕 膮〔豕臘〕㉝ 憿〔~倖〕㉞	曉〔明也；悟也〕	孝〔正，善事父母〕㉟	○

【校注】

① 刁〔~~：微動也〕：［《廣韻》都聊切，平蕭，端。］無賴；狡詐。《西遊記》第八三回："天王那裏敢去，怕他没的説做有的，放起刁來，口裏胡説亂道，怎生與他折辨。"【刁刁】動摇貌。多用以形容草木。《莊子·齊物論》："厲風濟，則衆竅爲虚。而獨不見之調調之刁刁乎？"（晉）郭象注："調調刁刁，動摇之貌也。"［按］聲不合，應歸地母。但今泉仍沿用，故有［꜀tiau］、［꜀tʻiau］兩讀。

② 恌〔偷薄也〕：［《廣韻》吐彫切，平蕭，透。］輕薄；輕佻。《詩·小雅·鹿鳴》："視民不恌，君子是則是傚。"（宋）朱熹集傳："恌，偷薄也。"

③ 犳〔犬短尾〕：【集韻】丁聊切。犬之短尾者。［按］聲不合，應歸地母。

④ 嘲〔言相調也〕：［《廣韻》陟交切，平肴，知。］嘲笑；譏笑。（漢）揚雄《解

嘲》:“今子乃以鴟梟而笑鳳皇,執蝘蜓而嘲龜龍,不亦病乎?”[按]聲不合,應歸地母郊韻。因《字彙》同音字而誤。【字彙】陟交切,爪平聲。言相調也。該字今泉讀[꜁tiau]。原注“言相調也”,道光本、會文書莊本誤作“高相調也”。

⑤ 饒〔豐也;餘也〕:【集韻】如招切。《説文》飽也。[按]調不合,應歸下平。

⑥ 襓〔劍衣也〕:【集韻】如招切。《博雅》袟襓,劍衣。[按]調不合,應歸下平。

⑦ 蕘〔采薪〕:【集韻】如招切。《説文》薪也。【字彙】蕘,如招切,音饒。薪也;又刈草曰芻,采薪曰蕘。芻,飼馬牛之草;蕘,供燃火之草。[按]調不合,應歸下平。

⑧ 抓〔亂搔〕:【集韻】側絞切。[《廣韻》側絞切,上巧,莊。]搔,用指甲或帶鈎齒的東西在物體上劃過。《廣雅·釋詁二》:“抓,搔也。”(唐)杜牧《讀韓杜集》詩:“杜詩韓集愁來讀,似倩麻姑癢處抓。”[按]聲不合,應歸争母。今泉讀[꜀tsau]、[꜀tsua](俗)。

⑨ �〔菜名;藥草〕:【集韻】側絞切。菜名,生水中。[按]聲不合,應歸争母。

⑩ 爪〔土,手~〕:【集韻】側絞切。《説文》丮也。覆手曰爪。[按]今泉讀[꜂tsau/꜂liau]。

⑪ ㊕縐〔~紗〕:[《廣韻》側救切,去宥,莊。]皺縮。《史記·司馬相如列傳》:“襞積褰縐。”(唐)司馬貞索隱引(三國·魏)蘇林曰:“褰縐,縮蹙之。”(宋)毛滂《生查子·春日》詞:“寶炷暮雲迷,曲沼晴漪縐。”參見“縐紗”。【縐紗】織出皺紋的絲織品。《宋史·地理志四》:“亳州,貢縐紗、絹。”[按]聲、韻、調皆不合,應歸争母鈎韻上去(已見争母鈎韻下去)。實爲訓讀字。今泉讀[꜁liau],《普通話閩南方言詞典》第六五二頁寫作“饒”。

⑫ 玿〔美玉〕:【集韻】時饒切。美玉。[按]調不合,應歸下平。

⑬ 韶〔舜樂〕:【集韻】時饒切。《説文》虞舜樂也。[按]調不合,應歸下平。

⑭ 磬〔大~〕:【字彙】與“韶”同。《周禮》大磬祀四望。[按]調不合,應歸下平。

⑮ 枵〔玄~：星名〕：[《廣韻》許嬌切，平宵，曉。]1. 木大而中空。引申爲空虚。《左傳·襄公二十八年》："歲在星紀，而淫於玄枵……玄枵，虚中也。枵，秏名也。"《爾雅·釋天》："玄枵，虚也。"……5. 十二星次之一"玄枵"的省稱。（南朝·齊）謝朓《侍宴華光殿曲水奉敕爲皇太子作》詩："能官民秀，利建天跗，枵、鶉列野，營、絳分區。"十二星次之一"玄枵"的省稱。[按]聲不合，應歸喜母。今泉州話讀白讀[꜀iau]時，表示"肚子餓"。"玄枵"之"玄"應讀文讀[꜀hiau]。

⑯ 憢〔懼也〕：【集韻】馨幺切。《説文》懼也。[按]聲不合，應歸喜母。

⑰ 皛〔明也；顯也〕：【集韻】胡了切。《説文》顯也。[按]聲、調不合，應歸喜母下上。

⑱ 蔦〔草名〕：【集韻】胡了切。艸名。[按]聲、調不合，應歸喜母下上。

⑲ 窔〔室東南隅〕：同"官"或"窔"。【集韻】官、窔，伊鳥切。《説文》户樞聲也。室之東南隅。[按]除樋新編本作"窔"外，其餘諸本均作"窔"。

⑳ 窔〔深也〕：【集韻】一叫切。《説文》窅窔，深也。[按]除樋新編本作"窔"外，其餘諸本均誤作"宎"，二者音同義不同。【集韻】宎，一叫切。竅聲。《莊子》宎者，咬者。

㉑ ㉹淆：【集韻】謨交切。大水貌。[按]韻、調不合，應歸郊韻下平。

㉒ 眑〔視也；幽靜〕：【集韻】伊鳥切。幽靜也；視皃。[按]聲不合，應歸英母。樋新編本、大版式本、道光本、文德堂本誤作"呦"。

㉓ 玅〔精微也〕：[《廣韻》彌笑切，去笑，明。]同"妙"。精美；精采。（南朝·齊）丘巨源《咏七寶扇》詩："玅縞貴東夏，巧媛出吴閩。"玅，一本作"妙"。[按]調不合，應歸下去。

㉔ ㉹譊：[《廣韻》女交切，平肴，娘。]争辯；喧囂。《文子·上禮》："世俗之學，擢德攓性，内愁五藏，暴行越知，以譊名聲之世，此至人所不爲也。"[按]聲、韻、調皆不合。

㉕ ㉹撟〔强貌〕：[《廣韻》居夭切，上小，見。]剛强。《荀子·臣道》："忠信而不諛，諫争而不諂，撟然剛折端志而無傾側之心。"（唐）楊倞注："撟，彊貌。"

【字彙】吉了切,音皎。強貌。[按]聲不合,應歸求母。

㉖ 鈔〔正,錢~也〕:[《廣韻》初教切,去效,初。]紙幣名。(明)陶宗儀《輟耕録·不苟取》:"趙松雪嘗爲羅司徒奉鈔百錠,爲先生(胡汲仲)潤筆,請作乃父墓銘。"[按][tsʻiau⊃]爲帶有方言腔的官話讀法。今泉變讀陰平調[⊂tsʻau],俗讀[tsʻa⊃]。

㉗ 僥〔僞也〕:【集韻】堅堯切。僞也。[按][⊂hiau]爲白讀,今泉沿用,如"僥[⊂hiau]幸"。

㉘ 徼〔土,求也〕:【字彙】古堯切,音驕。求也;要也。[按]聲不合,應歸求母。

㉙ 幺〔小也〕:[《廣韻》於堯切,平蕭,影。]小;細。(漢)蔡邕《短人賦》:"其餘尫幺,劣厥僂窶。"[按]聲不合,應歸英母。

㉚ 膮〔禮豕肉羹〕:【集韻】馨幺切。《説文》豕肉羹也。[按]"禮"疑衍或誤省。【字彙】呼驕切,音鴞。豕羹也。《儀禮》羊曰膷,豕曰膮,皆羹之香美之名。[《廣韻》許幺切,平蕭,曉。]豬肉羹。《儀禮·公食大夫禮》:"膷以東,臐、膮、牛炙。"(漢)鄭玄注:"膷、臐、膮,今時臛也。牛曰膷,羊曰臐,豕曰膮。皆香美之名也。"

㉛ 歊〔人名〕:[《廣韻》許嬌切,平宵,曉。]氣蒸發貌。《文選·班固〈東都賦〉》:"嶽脩貢兮川效珍,吐金景兮歊浮雲。"(唐)李善注引《説文》:"歊,氣上出貌。"

㉜ 儌〔土,~幸〕:[《廣韻》古堯切,平蕭,見。]參見"儌倖"。【儌倖】亦作"儌幸"。謂希求獲得意外的成功。《莊子·盜跖》:"使天下學士,不反其本,妄作孝弟,而儌倖於封侯富貴者也。"(唐)成玄英疏:"儌倖,冀望也。"

㉝ 膮〔豕膗〕:[按]重收,已見㉚(朝韻喜母下平)。豕膗,即"豕羹"。

㉞ 憿〔~倖〕:【集韻】堅堯切。《説文》幸也……通作"僥"、"徼"。

㉟ 孝〔正,善事父母〕:[《廣韻》呼教切,去效,曉。]孝順;善事父母。《左傳·隱公三年》:"君義、臣行、父慈、子孝、兄愛、弟敬,所謂六順也。"[按][hiau⊃]爲帶有方言腔的官話讀法。今泉讀[hau⊃/ha⊃]。

聲韻調	2 朝 iau/iauʔ			
	下平˨˦ 24	下上˨ 22	下去˦˩ 41	下入˨˦ 24
他 tʻ	鮡〔土解,花~〕①	柱〔土解,椽~〕	跳〔躍也〕 糶〔賣米穀也〕 頫〔俯首而聽〕 覜〔視也〕 䪒〔低頭聽也〕	㊌硑②
争 ts	樵〔取薪之人〕 焦〔傷於火也〕 譙〔~~:殺也〕 鷦〔~鷯:小鳥〕 僬〔明察貌〕 噍〔聲趣也〕 顦〔~顇:憂患〕 椒〔似茱萸辛而香〕 梂〔同上,俗字〕 憔〔~悴;憂也〕	潐〔釃酒也〕	卲〔卜問也〕 潲〔漆也〕 鍫〔取魚籠〕 誚〔以言相責〕	㊌㫐③
入 dz	嬈〔妍媚貌〕	○	笊〔~籬〕④	○
時 s	㊌沼⑤	○	紹〔繼也;續也〕 詔〔告也〕 肖〔似也;頌也〕 佋〔介行也〕⑥ 邵〔邑名;又姓〕 卲〔高也〕 芀〔草名〕⑦	㊌杪⑧
英 ø	遥〔遠也〕 瑶〔美玉〕 姚〔舜姓也〕 蘨〔草盛貌〕 珧〔蜃屬〕 鰩〔飛魚〕 銚〔羊桃〕 暚〔明也〕 謡〔歌~〕 匋〔瓦灶〕 愮〔惑也〕 陶〔皋~〕 洮〔湖名〕 摇〔撼也;動也〕 颻〔飄~〕 繇〔同謡;茂也〕 窑〔瓦~〕 窯〔同上〕 軺〔小車〕 烑〔光也〕	暚〔美目〕	耀〔光也〕 曜〔日光也〕 燿〔光;照;熠~〕 曶〔光也〕 嶢〔高也〕⑨ 盄〔器中不平〕	㊌䢓⑩
文 b	苗〔禾也;凡草始生曰~〕 貓〔捕鼠之獸〕 猫〔同貓〕 樠〔~師〕⑪	眇〔一目少也〕	妙〔神化不測〕 廟〔~宇;宗~〕 庙〔同廟,俗字〕	㊌逳⑫
語 ɡ	堯〔土,陶唐氏〕 嶢〔高也〕 橈〔船~〕⑬	鼼〔土〕⑭	獟〔土,狂也〕 嘄〔叫也〕⑮ 澆〔寒浞之子〕⑯	㊌獡⑰

（續表）

聲韻調	2 朝 iau/iauʔ			
	下平˩[24]	下上˧[22]	下去˨[41]	下入˩[24]
出 ts‘	𪐀〔舌也：舚～也〉⑱	○	覞〔普視貌〕⑲ 俏〔好貌〕⑳ 笑〔土，喜也〕㉑ 誚〔立貌〕㉒ 陗〔峻也；險也〕㉓	㊇踿㉔
喜 h	㊇ 嫚〔妖也；不貞正〕㉕ 嫖〔女不工〕㉖	○	歊〔悲意〕㉗	㊇ 訬〔厚〕㉘

【校注】

① 鮡〔土解，花～〕：【集韻】田聊切。《説文》魚名。［按］今泉亦讀送氣［t‘］。

② ㊇硗：【集韻】徒了切。［按］聲、調不合，該字無入聲讀法。

③ ㊇咟：【廣韻】敕宵切。鳴也。［按］聲、調不合，應歸他母上平，該字無入聲讀法。

④ 笊〔～籬〕：【集韻】側絞切。笊籬，竹器。今泉讀［ᶜtsau/ᶜtsuã］。

⑤ ㊇炤：【集韻】時饒切。牀別名。［按］調不合，應歸下平。

⑥ 佋〔介行也〕：【集韻】市沼切。介行也。［《廣韻》市沼切，上小，禪。］通"紹"。［按］調不合，應歸下上。

⑦ 苕〔草名〕：【集韻】始沼切。草也。［按］調不合，應歸上上。

⑧ ㊇杪：【集韻】彌沼切。《説文》木標末也。【集韻】楚教切。木末。［按］聲、調不合，該字無入聲讀法。

⑨ 嶢〔高也〕：【集韻】倪弔切。竨䠬，高危也。［按］"䠬"爲"嶢"之異體。

⑩ ㊇遥：【字彙補】於招切，音遥。見《篇韻》。［按］調不合，該字無入聲讀法。

⑪ 檤〔～師〕：［按］除了廖新校增本改作"描〔～師〕"外，其餘諸本皆作"檤"，然傳統辭書查無此字，亦查無"描師"一詞。

⑫ ㊪逍:【集韻】伊堯切。遠貌。[按]聲、韻、調皆不合。

⑬ 橈〔船~〕:【集韻】如招切。《方言》楫謂之橈。[按]聲不合,應歸入母。

⑭ 剈〔土〕:【集韻】魚小切。鼻折也。

⑮ 嗥〔叫也〕:同"嘷"。【廣韻】呼到切。熊虎聲。[按]聲、韻、調皆不合,應歸喜母郊韻上去。

⑯ 澆〔寒浞之子〕:[《廣韻》五弔切,去嘯,疑。]人名。即"過澆"。傳説爲夏代寒浞之子。《文選·屈原〈離騷〉》:"澆身被服强圉兮,縱欲而不忍。"(唐)李善注:"澆,寒浞子也。"[按]原注"寒浞",除廖新校增本外,其餘諸本皆誤作"寒促"。

⑰ ㊪獢:【集韻】虚嬌切。犬名。[按]聲、調不合,該字無入聲讀法。

⑱ 鍫〔臿也:畚~也〕:【集韻】千遥切……亦書作"鍬"。【玉篇】七消切。臿也。【字彙】此遥切,悄平聲。臿也。《方言》畚鍫也。江、淮、南楚間謂之臿。[按]調不合,應歸上平。原注"臿也:畚~也",樋新編本、大版式本誤作"臿也:畚也",廖新校增本改作"臿也",其餘諸本皆誤作"重也;蓋也"。

⑲ 覞〔普視貌〕:【集韻】昌召切。普視皃。[按]調不合,應歸上去。

⑳ 俏〔好貌〕:【集韻】七肖切。好皃。[按]調不合,應歸上去。

㉑ 笑〔土,喜也〕:【集韻】仙妙切。喜也。[按]調不合,應歸上去。

㉒ 竨〔立貌〕:【集韻】七肖切。立皃。[按]調不合,應歸上去。

㉓ 陗〔峻也;險也〕:【集韻】七肖切。《説文》陖也。[按]調不合,應歸上去。

㉔ ㊪踧:【字彙】子六切,音足。迫急也;又近也。[按]聲、韻、調皆不合,該字無入聲讀法。

㉕ ㊪㛹〔妖也;不貞正〕:[按]傳統辭書查無此字,應爲方言字,實爲"嬈"的白讀[꜀hiau],表示"婦女舉止輕佻;騷"(見《普通話閩南方言詞典》第六五二頁)。"㛹〔妖也;不貞正〕"見樋新編本;大版式本"㛹"同,但無注;其餘諸本均作"㛹",無注,但傳統辭書亦查無此字。

㉖ 嫨〔女不工〕:【集韻】奴困切。少弱也;一曰好皃。[按]音、義均不合。該

字及注,樋新編本未見。

㉗ 黻〔悲意〕:同"歔"。【集韻】馨叫切。悲意。[按]調不合,應歸上去。

㉘ ㊢訒〔厚〕:【集韻】如蒸切。《説文》厚也。[按]聲、韻、調皆不合。原注"厚",諸本皆誤作"者"。

3 飛

聲韻調	3 飛 ui/uiʔ			
	上平˧^{33}	上上˥^{55}	上去˦˩^{41}	上入˥^{5}
柳 l	蘈〔土〕①	蘽〔土,花~〕 壘〔軍壁也〕 儡〔傀~:木戲〕 藟〔葛屬〕 蔂〔盛土器〕 櫐〔土,花心〕 磊〔衆石;~落〕 惢〔聚也;叢生〕 蕋〔俗蕊字〕 餒〔餵也〕	彙〔字~;茂也〕② 累〔事相~也〕③ 纇〔絲節也〕④	○
邊 p	吡〔訾也〕⑤	彼〔正〕⑥ 髀〔正〕⑦	㊗痱⑧	○
求 k	規〔~矩〕 歸〔還也〕 窺〔小視〕⑨ 龜〔甲蟲:神~〕 閨〔宮中小門〕 闚〔邪視〕⑩ 瑰〔瓊~〕	詭〔詐也〕 跬〔~步〕⑪ 蘬〔香草〕 氿〔~泉〕 傀〔~儡〕 匭〔匣也〕 垝〔毀垣也〕 揆〔度~;百~;舜官也〕	貴〔尊也:富~〕 蹶⑫	○
求 k	嬀〔~汭〕 溈〔水名〕 帰〔俗歸字〕 圭〔~璧〕 亀〔俗龜字〕 機〔解,用以織布〕	厬⑬ 鬼〔~神〕	癸〔十干名,屬水〕⑭	○
氣 k‘	虧〔缺也;失也〕 魁〔斗首星名;大~;又科頭〕 開〔解,花~;~門〕	軌〔法也;車~〕 宄〔姦~〕 簋〔盛黍稷器〕⑮ 磈〔~磊〕 晷〔日影也〕⑯ 頍〔弁貌〕	愧〔慙也〕⑰	○
地 t	追〔逐也〕 堆〔聚土爲~〕 磓〔聚石也〕 塠〔聚~〕 搥〔擊也〕⑱ 槌〔擲也〕 𠂤〔積土〕 厜〔聚土〕 隹〔鳥短尾之總名〕⑲	竨〔磊~〕 捶〔以杖擊也〕⑳ 甀㉑	懟〔怨也〕㉒ 對〔答也;揚也〕	○

（續表）

聲韻調	3 飛 ui/uiʔ			
	上平˧ 33	上上˥ 55	上去˩ 41	上入˥ 5
普 pʻ	○	○	唾〔土解，口～〕㉓	○
他 tʻ	推〔進之也；又排也〕 梯〔解，階～〕	腿〔股也〕	退〔進～〕㉔	○
争 ts	椎〔張良鐵～〕 錐〔鋭也〕 樶〔木節〕㉕ 朘〔赤子陰也〕㉖ 雔〔鳥名〕	觜〔鳥喙也〕 沝〔二水名〕	悴〔憔～：憂愁〕㉗ 顇〔顦～〕㉘ 贅〔以物而質錢；又進～〕 蕞〔～爾：小也〕㉙ 醊〔重祭也〕㉚	○
入 dz	甤〔正，草木實～～也〕㉛ 緌〔冠之纓絲〕㉜ 蕤〔～賓：律名〕㉝ 萎〔萓～〕㉞	蘂〔正，花心鬚〕	芮〔正，草生貌〕㉟	○

【校注】

① 蕤〔土〕：【集韻】儒隹切。《説文》艸木花垂皃。［按］調不合，應歸下平。

② 彙〔字～；茂也〕：［《廣韻》於貴切，去未，云。］類；族類。《易·泰》："拔茅茹，以其彙，征吉。"（唐）孔穎達疏："彙，類也；以類相從。"［按］聲、調不合。今沿用，讀下去調［lui˨］，如"彙音妙悟"。

③ 累〔事相～也〕：【集韻】力僞切。事相延及也。［按］調不合，應歸下去。

④ 纇〔絲節也〕：【集韻】盧對切。《説文》絲節也。［按］調不合，應歸下去。

⑤ 吡〔訾也〕：［《廣韻》匹婢切，上紙，滂。］通"諀"。詆毁。《莊子·列禦寇》："中德也者，有以自好也，而吡其所不爲者也。"（晉）郭象注："吡，訾也。"［按］聲、韻、調皆不合，應歸普母基韻上上。

⑥ 彼〔正〕：【集韻】補靡切。《説文》往有所加也。一曰對此之稱。

⑦ 髀〔正〕:【集韻】補彌切。《説文》股也。

⑧ ㊕痱:【集韻】方未切。熱瘍也。【廣韻】方未切。痱子。【玉篇·疒部】熱生小瘡。

⑨ 窺〔小視〕:【集韻】缺規切。《説文》小視也。[按]聲不合,應歸去母。

⑩ 闚〔邪視〕:【集韻】缺規切。《説文》閃也。謂傾頭門中視也。[按]聲不合,應歸去母。

⑪ 跬〔~步〕:【集韻】犬縈切。《説文》半步也。[按]聲不合,應歸去母。

⑫ 蹶:【集韻】姑衛切。僵也;一曰跳也。[按]韻不合,應歸杯韻。

⑬ 厬:【説文】厬,仄出泉也。[《廣韻》居洧切,上旨,見。]1.(泉流)側出。2.涸竭。

⑭ 癸〔十干名,屬水〕:[《廣韻》居誄切,上旨,見。]天干的第十位。《爾雅·釋天》:"太歲……在癸曰昭陽。"又:"月……在癸曰極。"舊時與地支組合,用以紀年、月、日。[按]調不合,應歸上上。

⑮ 簋〔盛黍稷器〕:[《廣韻》居洧切,上旨,見。]古代祭祀宴享時盛黍稷的器皿。一般爲圓腹,侈口,圈足。[按]聲不合,應歸居母。

⑯ 晷〔日影也〕:[《廣韻》居洧切,上旨,見。]日影;日光。《文選·張衡〈西京賦〉》:"白日未及移其晷,已獮其什七八。"[按]聲不合,應歸居母。

⑰ 愧〔慙也〕:[《廣韻》俱位切,去至,見。]羞慚。《詩·大雅·抑》:"相在爾室,尚不愧於屋漏。"[按]聲不合,應歸求母。但今沿用送氣讀法[k'ui⊃]。

⑱ 搥〔擊也〕:[《字彙》直追切。]敲擊。《後漢書·袁紹傳》"馥自懷猜懼,辭紹索去",(唐)李賢注引(漢)王粲《英雄記》:"〔朱漢〕收得馥大兒,搥折兩腳。"[按]聲不合,應歸地母。

⑲ 隹〔鳥短尾之總名〕:[《廣韻》職追切,平脂,章。]短尾鳥。《説文·隹部》:"隹,鳥之短尾總名也。"[按]聲不合,應歸争母,因《字彙》注音而誤。【字彙】朱惟切,音追。鳥之短尾總名。

⑳ 捶〔以杖擊也〕:【集韻】主縈切。《説文》以杖擊也。【字彙】之蘂切,追上

聲。《説文》以杖擊也。[按]聲不合,應歸争母,因《字彙》同音字而誤。

㉑ 騆:同“騅”。【字彙】之壘切,追上聲。馬小;重騎也。[按]聲不合,應歸争母,因《字彙》同音字而誤。

㉒ 懟〔怨也〕:【集韻】徒對切。《説文》怨也。[按]調不合,應歸下去。

㉓ 唾〔土解,口~〕:【集韻】吐臥切。《説文》口液也。[按]聲、韻、調皆不合,實爲“啡”的訓讀字。【集韻】啡,滂佩切。臥息;一曰唾聲。

㉔ 退〔進~〕:【集韻】吐内切。《説文》卻也。[按]韻不合,應歸杯韻,因《字彙》同音字而誤。【字彙】吐内切,推去聲。該字今泉讀[t‘ueᵓ/t‘əᵓ]。

㉕ 樶〔木節〕:【集韻】祖回切,櫛。[按]韻不合,應歸杯韻,因《字彙》同音字而誤。【字彙】尊綏切,醉平聲。木節也。

㉖ 朘〔赤子陰也〕:[《廣韻》臧回切,平灰,精。]男孩的生殖器。[按]韻不合,應歸杯韻。

㉗ 悴〔憔~:憂愁〕:【集韻】秦醉切。《説文》憂也。[按]調不合,應歸下去。

㉘ 顇〔顦~〕:【集韻】秦醉切。[按]調不合,應歸下去。

㉙ 蕞〔~爾:小也〕:【集韻】祖外切。《説文》小貌。[按]韻、調不合,應歸杯韻下去。

㉚ 裰〔重祭也〕:【集韻】株衛切。重祭也。[按]聲、韻不合,應歸地母杯韻。

㉛ 甤〔正,草木實~~也〕:《集韻》儒隹切。《説文》艸木實甤甤也。[按]調不合,應歸下平。

㉜ 緌〔冠之纓緌〕:【集韻】儒隹切。《説文》繫冠纓也。[按]調不合,應歸下平。

㉝ 蕤〔~賓:律名〕:【集韻】儒隹切。《説文》艸木花垂皃。一曰蕤賓:律名。[按]調不合,應歸下平。

㉞ 萎〔蕫~〕:【玉篇】汝隹切。蕫萎。[按]調不合,應歸下平。

㉟ 芮〔正,草生貌〕:【集韻】儒税切。《説文》芮芮,草生貌。[按]韻、調不合,應歸杯韻下去。該字今泉讀[lueᵓ̱]。

聲韻調	3 飛 ui/uiʔ			
	下平˨˦ 24	下上˨ 22	下去˦˩ 41	下入˨˦ 24
柳 l	雷〔陰陽薄震之氣〕 擂〔研物〕 罍〔酒器〕 櫑〔同上〕 纍〔聯絡貌〕 欙〔同樏〕 樏〔似錐，禹所乘者〕 瀿〔水出厲門〕 縲〔黑索也〕 櫑〔酒尊〕 畾〔田間也〕 虆〔盛土器〕 橊〔木名〕 礧〔磈~〕 蘽〔土籠〕	○	類〔等也；似也〕 酹〔以酒沃地〕 淚〔目液〕 蘱〔草名〕 䉂〔~稻米𥗬〕 黵〔黑色〕 洡〔相漬染也〕 耒〔耕田曲木〕 絫〔十黍爲~〕①	○
邊 p	肥〔油也〕	○	吠〔犬~〕	拔〔~起也〕②
求 k	葵〔菜名：~花〕 夔〔木石之精〕 戣〔戟屬〕 逵〔通道也〕 騤〔馬強盛也〕 馗〔九交之道〕 蘷〔人名；又䳏〕	跪〔~拜〕	匱〔匣也；乏也〕 蕢〔草器〕 季〔四~〕③ 桂〔~花清香〕④ 琗〔玉也〕⑤ 肖〔物~也〕⑥ 餽〔送也；貽也〕 饋〔餉也〕 簣〔土籠也〕 撅〔揭衣也〕 劸〔力乏也〕⑦ 櫃〔水~；~仔〕	○
求 k	頄〔面顴〕	○	攱〔放也〕⑧ 劊〔土，~子手〕⑨ 瞶〔人名〕⑩	○
氣 k‘	○	○	媿〔羞~〕⑪	○
地 t	穨〔暴風也〕⑫ 搥〔~打〕	○	隊〔~伍〕 碓〔舂具〕 墜〔隕落也〕 鐓〔戈戟柄底平者〕 錞〔同上〕 兑〔交易；通也〕⑬ 靐〔雲貌〕⑭ 鋭〔利也；矛也〕⑮ 駾〔突也；疾行〕⑯ 磙〔礧~也〕 縋〔以繩懸也〕 碓〔~臼〕⑰ 膇〔胖疼〕 硾〔鎮也〕 霴〔雲貌〕 譈〔怨也〕 憞〔惡也〕⑱	○

（續表）

聲韻調	3　飛 ui/uiʔ			
	下平˨˦ ^{24}	下上˨˨ ^{22}	下去˦˩ ^{41}	下入˨˦ $^{\underline{24}}$
普 pʻ	○	○	屁〔放~〕⑲	○
他 tʻ	槌〔木~〕　椎〔春~〕 錘〔秤~〕　鎚〔鐵~〕	○	磙〔下落也〕	○
争 ts	厜〔山顛也〕⑳　檇〔地名〕㉑ 摧〔折也〕	○	萃〔聚也；卦名〕　醉〔酒~〕㉒ 誶〔訴也〕㉓　最〔凡要勝也〕㉔ 瘁〔焦~：勞也〕　崒〔山危也〕 惴〔憂懼也〕㉕　祽〔月祭也〕㉖ 竅〔塞也〕㉗	○
入 dz	○	蘂〔花~〕㉘ 縈〔垂也；茸也〕㉙ 蕋〔荆木也〕㉚	○	○

【校注】

① 絫〔十黍爲~〕：【集韻】魯水切。《説文》增也。絫，十黍之重也。［按］調不合，應歸上上。原注"十黍"，除了廖新校增本外，其餘諸本皆誤作"十絲"。

② 拔〔~起也〕：【集韻】蒲八切。【説文】擢也。［按］該字今泉白讀爲［<u>pueʔ</u>⊇］，不讀［<u>puiʔ</u>⊇］。

③ 季〔四~〕：【集韻】居悸切。《説文》少稱也。［按］調不合，應歸上去。

④ 桂〔~花清香〕：【集韻】涓惠切。［按］調不合，應歸上去。

⑤ 琗〔玉也〕：【集韻】居悸切。玉名。［按］調不合，應歸上去。

⑥ 肖〔物~也〕：【集韻】歸謂切。《説文》物不賤也。［按］聲調不合，應歸上去。肖，"貴"之異體。

⑦ 尯〔力乏也〕：［《集韻》居僞切，去寘，見。］困疲。《三國志・魏志・蔣濟傳》："今其所急，唯當息耗百姓，不至甚弊。弊尯之民，儻有水旱，百萬之衆，不

爲國用。"[按]聲調不合,應歸上去。

⑧ 鈙〔放也〕:【集韻】涓惠切。放也。[按]聲調不合,應歸上去。

⑨ 劊〔土,~子手〕:【集韻】古外切。《説文》斷也。[按]聲調不合,應歸上去。該字今泉讀[kue⊇],不讀[kui⊇]。

⑩ 瞶〔人名〕:【集韻】歸謂切。極視;一曰目無精也。[按]聲調不合,應歸上去。

⑪ 媿〔羞~〕:[《廣韻》俱位切,去至,見。]亦作"謉"。慚愧。《荀子·儒效》:"邪説畏之,衆人媿之。"[按]聲調不合,應歸上去。

⑫ 颓〔暴風也〕:【字彙】杜回切,音魋。暴風也。《詩·小雅》維風且颓。[按]該字今讀[⊆tue],不讀[⊆tui]。

⑬ 兑〔交易;通也〕:[《廣韻》杜外切,去泰,定。]通達。《詩·大雅·緜》:"柞棫拔矣,行道兑矣。"毛傳:"兑,成蹊也。"(宋)朱熹集傳:"兑,通也,始通道於柞棫之間也。"【集韻】徒外切。[按]該字今讀[tue⊇],不讀[tui⊇]。

⑭ 靅〔雲貌〕:【康熙字典】《玉篇》徒罪切。雲貌。[按]韻、調不合,應歸杯韻下上。該字今應讀[⊆tue]。

⑮ 鋭〔利也;矛也〕:[《廣韻》杜外切,去泰,定。]古兵器之一。矛屬。一説"鈗"之訛字。《書·顧命》:"一人冕,執鋭,立於側階。"(唐)孔穎達疏引(漢)鄭玄曰:"鋭,矛屬。凡此七兵,或施矜,或著柄。《周禮》戈長六尺,其餘未聞長短之數。"(清)孫星衍疏:"鋭,譌字也,當從《説文》作'鈗'。"[按]韻不合,應歸杯韻。該字今應讀[tue⊇]。

⑯ 駾〔突也;疾行〕:【集韻】吐外切。《説文》馬行疾來皃。[按]韻、調不合,應歸他母杯韻上去。該字今應讀[t'ue⊃]。

⑰ 碓〔~臼〕:【集韻】都内切。《説文》舂也。[按]調不合,應歸上去。

⑱ 懟〔惡也〕:[《廣韻》徒對切,去隊,定。]憎惡;怨恨。(漢)揚雄《法言·重黎》:"漢屈群策,群策屈群力。楚懟群策,而自屈其力。"(唐)李軌注:"懟,恶。"

⑲ 屁〔放~〕:【集韻】匹寐切。《字林》下出氣也。[按]調不合,應歸上去。

⑳ 厜〔山顛也〕:【集韻】津垂切。《説文》厜㕒,山巔。[按]調不合,應歸上平。

㉑ 檇〔地名〕:[《廣韻》醉綏切,平脂,精。]參見"檇李"。【檇李】1. 果名。李子的一種。果皮紅紫色,肉多漿質,味甘美。浙江省嘉興、桐鄉一帶所産最有名。2. 古地名。在今浙江省嘉興西南。《左傳・定公十四年》:"五月,於越敗吴于檇李。"(晉)杜預注:"檇李,吴郡嘉興縣南醉李城。"[按]調不合,應歸上平。

㉒ 醉〔酒~〕:[《廣韻》將遂切,去至,精。]飲酒過量;神志不清。《詩・小雅・賓之初筵》:"賓既醉止,載號載呶,亂我籩豆,屢舞僛僛。"[按]調不合,應歸上去。

㉓ 誶〔訊也〕:[《廣韻》雖遂切,去至,心。]責駡。《國語・吴語》:"吴王還自伐齊,乃誶申胥。"[按]聲、調不合,應歸時母上去。

㉔ 最〔凡要勝也〕:[《廣韻》祖外切,去泰,精。]指居於首要地位的人或事物。《燕丹子》卷上:"今秦王反戾天常,虎狼其行,遇丹無禮,爲諸侯最。"[按]韻、調不合,應歸杯韻上去。該字今讀[tsue˒]。

㉕ 惴〔憂懼也〕:【集韻】之瑞切。《説文》憂懼也。[按]調不合,應歸上去。

㉖ 祽〔月祭也〕:【集韻】取内切。祭也。[按]調不合,應歸上去。

㉗ 竅〔塞也〕:【集韻】取外切。《説文》塞也。[按]調不合,應歸上去。

㉘ 蕊〔花~〕:[《廣韻》如壘切,上旨,日。]亦作"蘂"。花蕊,植物的生殖器官。有雄、雌之分,雌蕊受雄蕊之粉,結成果實。《文選・張衡〈蜀都賦〉》:"敷蘂葳蕤。"(唐)張銑注:"蘂,花心也。"[按]調不合,應歸上上。

㉙ 桑〔垂也;茸也〕:[《集韻》乳捶切,上紙,日。]參見"桑桑"。【桑桑】垂落貌。《文選・盧諶〈時興〉詩》:"摵摵芳葉零,桑桑芬華落。"(唐)李善注引《字書》:"桑,垂也。"[按]調不合,應歸上上。

㉚ 菙〔荊木也〕:[《廣韻》時髓切,上紙,禪。]木名。荊屬。古人占卜時,用以燒炙龜殼。《周禮・春官・序官》"菙氏",(漢)鄭玄注:"燋焌用荊菙之類。"[按]聲不合,應歸時母。

聲韻調	3 飛 ui/uiʔ			
	下平˨˦ 24	下上˨ 22	下去˦˩ 41	下入˨˦ 24
時 s	綏〔安也;登車索也〕 雖〔設兩之辭〕 濉〔水名〕 簑〔棕~〕	水〔五行之首;北方卦屬〕 髓〔骨中脂也〕 滷〔滑也〕	歲〔正,~月〕① 睟〔清和潤澤之貌〕 瓗〔玉名〕② 穗〔禾~〕③	○
時 s	荽〔胡~:香菜〕 睢〔~陽:縣名〕	箠〔馬策也;又杖也〕④	稅〔租也;~觸〕⑤ 繐〔布細而疏〕 璲〔瑞玉也〕⑥ 襚〔贈終衣也〕⑦	○
英 ∅	威〔~武:尊嚴〕 萎〔靈仙藥草〕 葳〔草木盛也〕 痿〔濕病也〕 頍〔女隨人也〕 蝼〔水精如蛇〕 蝛〔蛜~:鼠婦〕 逶〔~迤〕 喂〔恐也〕	偉〔奇也;大也〕 喟〔歎聲也〕⑧ 委〔~曲;任也〕 鮪〔鱣屬〕 煒〔盛赤也;光明也〕 葦〔大葭也〕 襀〔紐也;衣系〕⑨ 寫〔姓也〕 洧〔水名〕 蔿〔草名〕 磈〔~磊:石貌〕 瑋〔美玉〕 韡〔草盛貌〕 芛〔花初生也〕 薳〔姓也;大葭〕 蓮〔同上〕 韙〔美意也〕 唯〔應聲〕 濻〔魚盛貌〕 諉〔推~〕	穢〔惡也;蕪也〕 磑〔磨也;積也〕	挖〔土解,~空〕
文 b	㊌輩〔紛也〕⑩	脓〔脊側肉〕⑪ 蓖〔藥名〕	㊌豿〔獸名〕⑫	○
語 ɡ	㊌粿〔稻名〕⑬	磈〔衆石貌〕	僞〔不真也;詐也〕⑭	○
出 ts'	催〔促也〕 吹〔~嘘;~簫〕 炊〔爨也:~飯〕 崔〔齊邑;又姓〕 萑〔益母草〕 嗺〔呼也〕 推〔土,移也〕⑮	漼〔水深貌〕 趡〔動也;地名〕 毴〔毛髮貌〕 夊〔火久也〕 璀〔~璨:玉光〕 揣〔度也;量也〕 綷〔~縩:衣聲〕	翠〔鮮明也;又鳥名;又平〕 毳〔獸毛褥細〕 竁〔穿壙也〕	○

（續表）

聲韻調	3 飛 ui/uiʔ			
	下平˨˦ 24	下上˨˨ 22	下去˦˩ 41	下入˨˦ 24
喜 h	非〔不是也；責也〕 飛〔禽鳥之~〕 馡〔香也〕 輝〔光~〕 灰⑯	匪〔竹器；非也〕 篚〔箱屬〕 斐〔文貌〕 菲〔薄也〕	廢〔棄也〕⑰ 肺〔肝~：屬金〕 芾〔木盛貌〕 翽〔鳥飛聲〕⑱ 潰〔逃散；又遂也〕⑲ 繢〔畫也〕⑳ 噦〔車聲；又深廣〕㉑	血〔土解〕
喜 h	徽〔美也〕㉒ 妃〔后~〕 扉〔户扉〕 騑〔驂~〕 霏〔雨雪貌〕 暉〔日光也〕 旛〔旌~〕㉓ 揮〔~毫；振也〕 剕〔刖足也〕㉔ 撝〔~謙〕 麾〔旌旂之屬〕 翬〔鷹隼大飛〕	棐〔輔也〕 毀〔壞也；謗~〕㉕ 悱〔欲言而未能〕 翡〔~翠：鳥名〕 諀〔別也〕 蟲〔鱗介總名〕㉖ 蜚〔阜螽蝗子〕 匯〔水回合也〕㉗ 尾〔首~〕㉘ 誹〔~謗〕 燬〔火焚也〕 霏〔雲飛〕㉙ 朏〔初三日曰~〕	緯〔經~〕㉚	○

【校注】

① 歲〔正，~月〕：［《廣韻》相鋭切，去祭，心。］年；一年爲一歲。《爾雅·釋天》："載，歲也。夏曰歲，商曰祀，周曰年，唐虞曰載。"（宋）邢昺疏："取歲星行一次。"［按］今泉讀［sue˒］，不讀［sui˒］。

② 瓗〔玉名〕：【玉篇】似睡切。玉名。［按］調不合，應歸下去。

③ 穗〔禾~〕：［《廣韻》徐醉切，去至，邪。］稻麥等禾本科植物的花或果實聚生在莖上頂端部分。《詩·小雅·大田》："彼有遺秉，此有滯穗，伊寡婦之利。"［按］調不合，應歸下去。

④ 箠〔馬策也；又杖也〕：［《廣韻》之累切，上紙，章。］鞭子；棍杖。《管子·形勢

解》："弱子下瓦，慈母操箠。"《列子·楊朱》："百羊而群，使五尺童子荷箠而隨之，欲東而東，欲西而西。"［《集韻》是爲切，平支，禪。］［按］該字無此讀音，或聲不合（應歸争母），或調不合（應歸下平）。今泉讀［꜀sui／꜀ts'ə］。

⑤ 税〔租也；~彲〕：［《廣韻》舒芮切，去祭，書。］賦税；税收。《老子》："民之饑，以其上食税之多，是以饑。"［按］今泉讀［sue꜄］，不讀［sui꜄］。

⑥ 璲〔瑞玉也〕：［《廣韻》徐醉切，去至，邪。］瑞玉。《詩·小雅·大東》："鞙鞙佩璲，不以其長。"毛傳："璲，瑞也。"（漢）鄭玄箋："佩璲者，以瑞玉爲佩。"［按］調不合，應歸下去。

⑦ 襚〔贈終衣也〕：［《廣韻》徐醉切，去至，邪。］古弔喪之禮。向死者贈送衣衾等。停柩前弔喪者爲死者穿衣；或停柩後將送死者之衣置於柩東，皆謂之"襚"。《儀禮·士喪禮》："君使人襚，徹帷，主人如初，襚者左執領，右執要，入升致命。主人拜如初，襚者入衣屍出，主人拜送如初。"（漢）鄭玄注："襚之言遺也，衣被曰襚。"［按］調不合，應歸下去。

⑧ 喟〔歎聲也〕：［《廣韻》丘愧切，去至，溪。］歎息；歎聲。［按］聲、調不合，應歸氣母上去。今泉讀［k'ui꜄］。

⑨ 襀〔紐也；衣系〕：【集韻】丘媿切。紐也。［按］聲、調不合，應歸氣母上去。

⑩ ㊫䎷〔紛也〕：【玉篇】妨非切。紛也。［按］聲不合，應歸喜母。

⑪ 脄〔脊側肉〕：［《廣韻》莫杯切，平灰，明。］背脊肉。《禮記·内則》："擣珍，取牛羊麋鹿麕之肉，必脄。"（漢）鄭玄注："脊側肉也。"［按］調不合，應歸下平。"脄〔脊側肉〕"，除樋新編本正確外，大版式本作"□〔夾□樂，□也~□〕"（部分漫漶），道光本、會文書莊本、文德堂本、廖新校增本誤作"脥〔夾答樂，他也~尾〕"，市圖善本誤作"脥〔夾答樂，他也~蓖〕"。

⑫ ㊫豜：【玉篇】豜，魚容切。獸，似豕。［按］聲、韻、調皆不合。

⑬ ㊫粸〔稻名〕：【康熙字典】《海篇》同粺，惡米也。而【集韻】粊、粺，兵媚切。《説文》惡米也。［按］聲、韻、調皆不合。

⑭ 僞〔不真也；詐也〕：［《廣韻》危睡切，去寘，疑。］虚僞；虚假。《易·繫辭下》：

“情僞相感而利害生。”(唐) 孔穎達疏:“情爲實情,僞爲虚僞。”[按]調不合,應歸下去。今泉常讀[꜁ui](俗讀)。

⑮ 推〔土,移也〕:[《廣韻》他回切,平灰,透。][《廣韻》尺隹切,平脂,昌。]向外用力使物體移動。《左傳・襄公十四年》:“夫二子者,或輓之,或推之,欲無入,得乎?”[按]今泉“推”有多讀[꜀t‘ui/꜀t‘ə/꜀tu/꜀t‘ue]、[꜀ts‘ui]。

⑯ 灰:[《廣韻》呼恢切,平灰,曉。]物質充分燃燒後殘留的粉狀物。《周禮・地官・掌炭》:“掌灰物炭物之徵令,以時入之,以權量受之,以共邦之用。”[按]今泉讀[꜀hue],不讀[꜀hui]。

⑰ 廢〔棄也〕:[《廣韻》方肺切,去廢,非。]房屋傾圮無用。《説文・廣部》廢,屋頓也。[按]今泉讀[hue꜄],不讀[hui꜄]。

⑱ 翽〔鳥飛聲〕:[《廣韻》呼會切,去泰,曉。]鳥飛聲;亦指鳥飛。(唐) 裴潾《奉寄前相國贊皇公》詩之五:“有風自南,亦翽其羽。”[按]今泉讀[hue꜄],不讀[hui꜄]。“翽”,除了樋新編本、大版式本、廖新校增本外,其餘諸本均誤作“劌”。

⑲ 潰〔逃散;又遂也〕:[《廣韻》胡對切,去隊,匣。]水衝破堤防。《國語・周語上》:“川壅而潰,傷人必多。”[按]調不合,應歸下去。該字今泉俗讀[k‘ui꜄],不讀[hui꜅]。

⑳ 繢〔畫也〕:[《廣韻》胡對切,去隊,匣。]繪畫。《周禮・考工記・畫繢》:“畫繢之事,雜五色。”[按]調不合,應歸下去。

㉑ 噦〔車聲;又深廣〕:【字彙】呼對切,音誨。車鑾聲徐有節也。《詩・小雅》鸞聲噦噦。又室深廣貌。《詩・小雅》噦噦其冥。[《廣韻》呼會切,去泰,曉。]象聲詞。參見“噦噦”。【噦噦】1. 有節奏的鈴聲。《詩・魯頌・泮水》:“其旂茷茷,鸞聲噦噦。”毛傳:“噦噦,言其聲也。”高亨注:“噦噦,有節奏的鈴聲。”《文選・張衡〈東京賦〉》:“鑾聲噦噦,和鳴鉠鉠。”(三國・吴) 薛綜注:“噦噦,和鳴聲。”《水滸傳》第八二回:“九重門啟,鳴噦噦之鸞聲。”2. 深暗貌。《詩・小雅・斯干》:“噲噲其正,噦噦其冥。”(清) 馬瑞辰通釋:“噦噦,猶昧昧,是狀其室之深闇。”[按]今泉讀[hue꜄],不讀[hui꜄]。原注“車聲;又深廣”,除樋新編

本外，會文書莊本誤作“童聲；又保廣”，道光本、文德堂本、市圖善本誤作“童聲；又深廣”，大版式本漫漶不清，廖新校增本改作“鳥鳴也”，亦誤。

㉒ 㣲〔美也〕：俗“徽”字。[《廣韻》許歸切，平微，曉。]美；善。亦謂使完美、完善。《書·舜典》：“慎徽五典，五典克從。”（唐）陸德明釋文：“徽，王云美，馬云善也。”

㉓ 旛〔旌~〕：【康熙字典】《正字通》俗“旟”字。旟，【廣韻】許歸切。動旗。【集韻】吁韋切。《説文》幟也。

㉔ 剕〔刖足也〕：[《集韻》父沸切，去未，奉。]斷足。古代五刑之一。[按]調不合，應歸下去。

㉕ 毀〔壞也；謗~〕：[《廣韻》許委切，上紙，曉。]毀壞；破壞。《論語·季氏》：“虎兕出於柙，龜玉毀於櫝中，是誰之過與？”[按]原注“壞也；謗~”，除樋新編本、大版式本正確外，道光本、文德堂本、會文書莊本、市圖善本、廖新校增本皆誤作“壞也；誘~”。

㉖ 蟲〔鱗介總名〕：[《廣韻》許偉切，上尾，曉。]毒蛇名。後寫作“虺”。

㉗ 匯〔水回合也〕：[《廣韻》胡罪切，上賄，匣。][《廣韻》苦淮切，平皆，溪。]河流會合。《書·禹貢》：“東匯澤爲彭蠡。”（宋）蘇轍《遊太山·嶽下》詩：“喧闐六師合，洶湧衆流匯。”[按]調不合，應歸下上。今泉讀作[ᶜhue]。

㉘ 尾〔首~〕：[《廣韻》無匪切，上尾，微。]尾巴。動物軀幹末端突出的部分。《易·履》：“履虎尾，不咥人，亨。”[按]聲不合，應歸文母。今泉讀[ᶜb̳i̳/ᶜb̲ə̲]，不讀[ᶜbui]。

㉙ 霏〔雲飛〕：【字彙】古文“霏”字。【廣韻】霏，芳非切。雪皃。【集韻】霏，芳微切。雰也。《詩》雨雪霏霏。或从飛。（漢）揚雄《河東賦》雲霏霏而來迎。[按]調不合，應歸上平。

㉚ 緯〔經~〕：[《廣韻》於貴切，去未，云。][《集韻》羽鬼切，上尾，云。]織物的橫線。與“經”相對。《左傳·昭公二十四年》：“嫠不恤其緯，而憂宗周之隕，爲將及焉。”[按]聲不合，應歸英母下去或上上。今泉讀[ᶜui]，不讀[huiᵓ]或[uiᵓ]。

聲韻調	3 飛 ui/uiʔ			
	下平˨˦ 24	下上˨ 22	下去˦˩ 41	下入˨˦ 24
時 s	隨〔從也;卦名〕 垂〔自上縋下〕 誰〔孰也;何也〕 陲〔邊陲〕 脽〔臀也〕	揣①	遂〔成也;因也〕 㒸〔從意也〕 燧〔烽~;火爐也〕 粹〔不雜也〕② 睡〔坐寐也〕 隧〔墓道也〕 㥞〔意思深也〕	○
時 s	錘〔秤錘〕③ 𠂹〔花葉~也〕 隋〔從也;落也〕	○	穟〔禾秀也〕 邃〔深遠也〕④ 彗〔掃竹〕 瑞〔以玉爲信曰~;又祥~〕 檖〔赤羅也〕 篲〔竹掃帚〕	○
英 ø	韋〔姓也;草也〕 違〔離也;違背〕 遺〔棄也;遺失〕 囗〔古圍字〕 闈〔宮中相通小門〕 帷〔帷幄〕 幃〔單帳也〕 褘〔婦人之~〕⑤ 湋〔水回曰~〕 圍〔守也;範圍〕 爲〔創造也;作也〕	胃〔土,脾~〕⑥	位〔正也;坐~;~次;列~〕⑦ 慰〔愜心也〕⑧ 尉〔安也〕⑨ 謂〔與之言也〕 壝〔壇~〕⑩ 渭〔水出陝西〕 熨〔以火申物〕⑪ 叞〔同上〕 薈〔草多貌〕⑫ 蔚〔茂也〕 胃〔穀府;宿名〕 聵〔耳聾〕⑬ 褽〔薦也〕⑭ 尉〔~帖〕⑮ 慰〔安也〕⑯ 薉〔惡也;汙也〕⑰ 畏〔怯也;怖也〕⑱ 罻〔捕鳥網〕⑲	○
文 b	㊇增 薇〔菜名〕	○	○	○
語 g	巍〔~~:高大〕 嵬〔崔~:高峻〕 危〔危殆:不安〕	隗〔高也〕⑳	魏〔國名;又姓〕	○
出 tsʻ	㊇增 𩞀〔飯也〕㉑	○	碎〔破碎;細碎〕㉒ 倅〔副也〕 淬〔滅火器;染也〕㉓ 稡〔重擣也〕 啐〔咄~:呼也〕㉔ 脃〔小耎物易斷也〕㉕ 脆〔同上〕㉖ □〔俗解〕㉗ 䃀〔磓也〕 脺〔面貌潤澤〕㉘ 嘴〔牛~龍〕㉙	○

（續表）

聲韻調	3 飛 ui/uiʔ			
	下平˨˦[24]	下上˨˨[22]	下去˦˩[41]	下入˨˦[24]
喜 h	肥〔瘦肥〕 扉〔隱也〕 痱〔風病也〕 蜚〔鳥名〕	膭㉚	吠〔犬~〕 諱〔隱~；~名〕㉛ 費〔用也〕㉜ 喙〔獸口；鳥~〕㉝ 嘒〔微貌〕㉞ 芔〔草之總名〕㉟ 卉〔草也〕㊱ 剕〔刖足也〕 暳〔小星〕㊲ 柹〔削下木片〕㊳ 誨〔教~；訓也〕㊴ 會〔聚也〕	○
喜 h	腓〔倚庇也；又病也〕 磁〔土字，土器之屬〕	○	惠〔恩也；愛也〕 蕙〔似蘭而香〕 憓〔愛也〕 慧〔性通解也〕 袚〔蠻夷衣也〕㊵ 屝〔草履〕 聵〔耳聾〕㊶ 譓〔覺悟也〕 茷〔草盛〕 湏〔潹面〕㊷ 恚〔怒恨也〕 市〔小貌〕㊸	○

【校注】

① 擠：［《廣韻》羊捶切，上紙以。］同“揞”。拋棄；撫摸。［按］聲、調不合，應歸英母上上。

② 粹〔不雜也〕：［《集韻》蘇對切，去隊，心。］通“碎”。［按］調不合，應歸上去。

③ 錘〔秤錘〕：【玉篇】直危切。稱錘也。【康熙字典】《博雅》權謂之錘，其形垂也。《類篇》是捶切。《博雅》“錘謂之權”。

④ 邃〔深遠也〕：［《廣韻》雖遂切，去至，心。］深；深遠。《尉繚子·兵談》：“治兵者若祕於地，若邃於天。”［按］調不合，應歸上上。

⑤ 褘〔婦人之~〕：［《廣韻》許歸切，平微，曉。］繪有野雞圖紋的王后祭服。古禮規定在從王祭祀先王時所服。《周禮·天官·內司服》：“掌王后之六服，褘衣、揄狄、闕狄、鞠衣、展衣、緣衣。”（漢）鄭玄注：“褘衣，畫翬者……從王祭先

王時服褘衣。”又《類篇》于非切。

⑥ 胃〔土,脾～〕:[《廣韻》於貴切,去未,云。]動物容納和消化食物的器官。《靈樞經·五味》:“胃者,五藏六府之海也,水穀皆入於胃,五藏六府皆稟氣於胃。”[按]調不合,應歸下去。今泉讀[ui⊇],或譌變[꜀ui]。

⑦ 位〔正也;坐～;～次;列～〕:[《廣韻》於愧切,去至,云。]位置;方位。《書·召誥》:“越三日庚戌,太保乃以庶殷攻位於洛汭。越五日甲寅,位成。”[按]今常譌讀爲[ui⊃]。

⑧ 慰〔愜心也〕:[《廣韻》於胃切,去未,影。]安慰;慰撫。《詩·邶風·凱風》:“有子七人,莫慰母心。”毛傳:“慰,安也。”[按]調不合,應歸上去。

⑨ 尉〔安也〕:[《廣韻》於胃切,去未,影。]“慰”的古字。安撫;慰問。《漢書·韓安國傳》:“且縱單于不可得,恢所部擊,猶頗可得,以尉士大夫心。”(唐)顏師古注:“尉安之字正如此,其後流俗乃加‘心’耳。”[按]調不合,應歸上去。

⑩ 壝〔壇～〕:【漢語大字典】《廣韻》壝,以水切。又以追切。《玉篇》壝,猶壇也。[按]調不合,應歸上上。

⑪ 熨〔以火申物〕:[《廣韻》於胃切,去未,影。]熱敷。中醫一種外科療法。《韓非子·喻老》:“病在腠理,湯熨之所及也。”[按]調不合,應歸上去。

⑫ 薈〔草多貌〕:[《廣韻》烏外切,去泰,影。]草木繁盛貌。《詩·曹風·候人》:“薈兮蔚兮,南山朝隮。”(宋)朱熹集傳:“薈,蔚,草木盛多之貌。”[按]調不合,應歸上去。今泉讀[ue⊃](俗讀[hue⊇]),不讀[ui⊇]。

⑬ 聵〔耳聾〕:[《廣韻》五怪切,去怪,疑。]生而耳聾者。後泛指耳聾。《國語·晉語四》:“嚚瘖不可使言,聾聵不可使聽。”(三國·吴)韋昭注:“生而聾曰聵。”[按]聲不合,應歸語母。

⑭ 褽〔薦也〕:[《廣韻》於胃切,去未,影。]墊。《左傳·哀公十一年》:“公使大史固歸國子之元,寘之新篋,褽之以玄纁,加組帶焉。”(晉)杜預注:“褽,薦也。”楊伯峻注:“此謂以紅黑色與淺紅色之帛作墊。”[按]調不合,應歸上去。

⑮ 尉〔~帖〕：同“尉”。［按］調不合，應歸上去。

⑯ 慰〔安也〕：同“慰”。［按］調不合，應歸上去。

⑰ 薉〔惡也；汙也〕：［《廣韻》於廢切，去廢，影。］雜草。《周禮·考工記序》“粵之無鏄也”，（漢）鄭玄注：“粵地塗泥，多草薉，而山出金錫。”［按］調不合，應歸上去。

⑱ 畏〔怯也；怖也〕：［《廣韻》於胃切，去未，影。］害怕；恐懼。《詩·大雅·烝民》：“不侮矜寡，不畏彊禦。”［按］調不合，應歸上去。

⑲ 罻〔捕鳥網〕：［《廣韻》於胃切，去未，影。］捕鳥的小網。《文選·張華〈鷦鷯賦〉》：“鷹鸇過猶俄翼，尚何懼於罿罻。”（唐）李善注：“罿罻，皆網也。”［按］調不合，應歸上去。

⑳ 隗〔高也〕：［《廣韻》五罪切，上賄，疑。］傾頹；倒塌。（晉）戴逵《酒贊》：“有客乘之，隗若山頹。”［按］調不合，應歸上上。

㉑ ㊕餽〔飯也〕：【集韻】蘇回切。飯也。［按］聲、調不合，應歸時母上平。

㉒ 碎〔破碎；細碎〕：［《廣韻》蘇内切，去隊，心。］完整的東西破成零片、零塊；碎裂。［按］調不合，應歸上去。

㉓ 淬〔滅火器；染也〕：［《廣韻》七内切，去隊，清。］鍛造時，把燒紅的鍛件浸入水中，急速冷却，以增强硬度。《戰國策·燕策三》：“於是太子預求天下之利匕首，得趙人徐夫人之匕首，取之百金，使工以藥淬之。以試人，血濡縷，人無不立死者。”［按］調不合，應歸上去。

㉔ 啐〔咄~：呼也〕：［《廣韻》七内切，去隊，清。］2. 謂發出唾声。表示鄙棄或憤怒。《二刻拍案驚奇》卷三：“桂娘啐了一啐道：‘虧你不羞！’”3. 歎詞。表示輕蔑、斥責。《西遊補》第十一回：“〔小童〕手中拿着一封書，一頭走，一頭嚷道：‘啐！吾家作頭好笑，天大家裏事，與你一人甚麽相干，多生疑惑。又拿甚麽書札到王四老官處去！’”［按］調不合，應歸上去。原注“咄~：呼也”，除樋新編本、大版式本正確外，道光本、文德堂本、會文書莊本、市圖善本、廖新校增本皆誤作“出~：呼也”。

㉕ 脃〔小耎物易斷也〕:【集韻】此芮切。《説文》小耎易斷也。[按]調不合,應歸上去。

㉖ 脆〔同上〕:[《廣韻》此芮切,去祭,清。]亦作“脃”。脆弱;單薄;容易折斷破碎。《管子·事語》:“且無委致圍,城脆致衝。”[按]調不合,應歸上去。

㉗ 口〔俗解〕:[按]聲、韻、調皆不合,實爲“喙”的訓讀字。喙,[《廣韻》許穢切,去廢,曉。]1. 鳥獸等的嘴。《易·説卦》:“艮……爲黔喙之屬。”《戰國策·燕策二》:“蚌方出曝而鷸啄其肉,蚌合而拑其喙。”2. 人嘴。《莊子·秋水》:“今吾無所開吾喙,敢問其方。”[按]調不合,應歸上去。

㉘ 脺〔面貌潤澤〕:[《集韻》雖遂切,去至,心。]臉色有光澤。[按]調不合,應歸上去。

㉙ 嘴〔牛~龍〕:[按]聲、調不合,實爲“喙”的訓讀字。例子已見㉗。

㉚ 膹:[《廣韻》浮鬼切,上尾,奉。]切成塊的熟肉或生肉。《急就篇》卷三:“膹膾炙胾各有形,酸鹹酢淡辨濁清。”(唐)顔師古注:“膹,切生肉也。”[按]調不合,應歸上上。

㉛ 諱〔隱~;~名〕:[《廣韻》許貴切,去未,曉。]隱諱;隱瞞。《左傳·昭公十六年》:“十六年春王正月,公在晉,晉人止公。不書,諱之也。”[按]調不合,應歸上去。

㉜ 費〔用也〕:[《廣韻》芳未切,去未,敷。]用財多;靡費。《荀子·議兵》:“若是則戎甲俞衆,奉養必費。”[按]調不合,應歸上去。

㉝ 喙〔獸口;鳥~〕:[《廣韻》許穢切,去廢,曉。]鳥獸等的嘴。《易·説卦》:“艮……爲黔之屬。”[按]調不合,應歸上去。

㉞ 嘒〔微貌〕:[《廣韻》呼惠切,去霽,曉。]形容星光微小而明亮。《詩·召南·小星》:“嘒彼小星,三五在東。”毛傳:“嘒,微貌。”[按]調不合,應歸上去。

㉟ 芔〔草之總名〕:[《廣韻》許貴切,去未,曉。]“卉”的古字。草的總稱。《方言》第十:“芔、莽,草也。東越、揚州之間曰芔,南楚曰莽。”[按]調不合,應歸上去。

㊱ 卉〔草也〕：［《廣韻》許貴切，去未，曉。］草的總稱。《詩・小雅・四月》："山有嘉卉，侯栗侯梅。"毛傳："卉，草也。"［按］調不合，應歸上去。

㊲ 嘒〔小星〕：［《廣韻》呼惠切，去霽，曉。］小星。《詩》亦作"嘒"。一説小星微閃貌。［按］調不合，應歸上去。

㊳ 柿〔削下木片〕：【集韻】芳廢切。［按］調不合，應歸上去。

㊴ 誨〔教～；訓也〕：［《廣韻》荒内切，去隊，曉。］教導；訓誨。《詩・小雅・緜蠻》："飲之食之，教之誨之。"［按］調不合，應歸上去。

㊵ 袆〔蠻夷衣也〕：【集韻】祓，方未切。蠻夷衣也；一曰蔽膝。或作"袆"。【類篇】同"祓"。［按］調不合，應歸上去。

㊶ 聵〔耳聾〕：【集韻】五怪切。《説文》聾也。［按］聲、韻、調皆不合。

㊷ 湏〔滌面〕：［《集韻》呼内切，去隊，曉。］洗臉。［按］調不合，應歸上去。

㊸ 巿〔小貌〕：【玉篇】甫未切。蔽巿，小貌。［按］調不合，應歸上去。

4 花

聲韻調	4 花 ua/uaʔ			
	上平˧ 33	上上˥ 55	上去˩ 41	上入˥ 5
柳 l	巒〔瓦器〕①	藒〔~薩：不中；又泥不熟〕②	○	㊉增 揦〔手拔也〕③
邊 p	㊉增 嶀〔人名〕④	㊉增 墢⑤	○	撥〔擺~〕 鉢〔温器〕 砵〔土話，罌~〕
求 k	瓜〔地名〕 顝〔短頸〕 媧〔女~〕 蝸〔~牛〕	寡〔少也〕 冎〔剔人肉而置其骨〕	○	割〔土解，刀~〕 葛〔解，~布〕
氣 k‘	誇〔矜~〕 侉〔同上〕 夸〔大也〕 姱〔好也〕 胯〔地名〕⑥	丯〔跨步〕	跨〔踞也〕	闊〔俗解，~大〕 渴〔口乾也〕
地 t	○	○	帶〔解，織~；衣~〕	○
普 p‘	○	○	○	潑〔~水〕 撒〔解，~網〕⑦
他 t‘	捺〔解，筆~去〕⑧ 拖〔~欠；衣~地〕	○	○	獺〔食魚~〕 輟〔土解，窻~〕
争 ts	撾〔擊鼓〕 髽〔髻~〕	紙〔解，~筆〕 帋〔同上〕⑨	○	簪〔滿口也〕⑩ 窭〔面短也〕⑪ 竅〔穴中見也〕⑫ 帘〔帘也〕⑬
入 dz	○	○	○	
時 s	砂〔解，~石〕 沙〔~泥〕	耍〔戲~〕 顡〔面醜〕	○	煞〔止也：事~〕 殺〔解，~死也〕 止〔解，已也〕⑭

（續表）

聲韻調	4 花 ua/uaʔ			
	上平˧[33]	上上˥[55]	上去˥˩[41]	上入˥[5]
英 ∅	蛙〔水蟲〕 騧〔白馬黑喙〕 哇〔吐也〕 洼〔水名〕 鼃〔人名〕 呱〔小兒聲〕 娃〔吴宫名〕 䵷〔蝦蟇也〕⑮ 洿〔濁水不流〕⑯ 窊〔汙下也〕 溛〔同上〕 [illegible]〔深也〕 漥〔牛蹄跡水〕⑰ 窐〔溝也;深也〕	骻〔髀骨〕 掗〔手~物也〕⑱ 瓦〔土器；屋~〕⑲ [illegible]〔行不正也〕⑳ 搲〔手爬物也〕㉑	搲〔牽也〕	㊈[illegible]㉒
文 b	㊈[illegible]㉓	○	㊈[illegible]㉔	抹〔解,~塗〕
語 g	○	我〔解,自己也〕㉕	○	㊈[illegible]㉖
出 ts‘	㊈髿㉗	㊈[illegible]㉘	㊈[illegible]〔相~〕㉙	掇〔土解,菜~〕㉚
喜 h	花〔草木之葩〕 苍〔同上,俗字〕 雩〔草木之花〕 譁〔喧~〕	蘳〔黃花〕 觟〔牝羊角〕	化〔變~;造~〕 [illegible]〔橫木不入也〕㉛	[illegible]〔地名〕㉜

【校注】

① [illegible]〔瓦器〕:【康熙字典】《五音集韻》力華切。瓦器也。[按]調不合,應歸下平。

② 藞〔~蓙:不中;又泥不熟〕:[《廣韻》盧下切,上馬,來。]參見“藞苴”。【藞苴】猶邋遢。不整潔;不利落;不端莊。(宋)羅大經《鶴林玉露》卷十:“面目皺瘦,行步藞苴。”[按]韻不合,應歸嘉韻。

③ ㊈揦〔手披也〕:【集韻】郎達切。撥攋,手披也。[按]韻、調不合,應歸丹韻下入。

④ ㊈[illegible]〔人名〕:【集韻】眉波切。山名。[按]韻不合,應歸高韻或刀韻。

⑤ ㊈墢:[《集韻》房越切,入月,奉。]耕地翻起的土塊。亦用作量詞。

《國語·周語上》:"王耕一墢,班三之,庶民終于千畝。"(三國·吴)韋昭注:"王耕一墢,一耜之發也。"[按]韻不合,應歸川韻下入。

⑥ 胯〔地名〕:[按]傳統辭書查無"地名"之出處。

⑦ 撒〔解,~網〕:[《集韻》桑曷切,入曷,心。]放開;張開。《警世通言·福禄壽三星度世》:"這官人用手拿起網來,就江心一撒,連撒三網,一鱗不獲。"[按]聲不合,當爲訓讀字。

⑧ 捺〔解,筆~去〕:[《廣韻》奴曷切,入曷,泥。]漢字向右斜下的筆畫。(宋)董逌《廣川書跋·〈陰符經〉序》:"尖如錐,捺如鑿。不得出,只得卻。"[按]聲、韻、調皆不合,當爲"拖"的訓讀字。

⑨ 昬〔同上〕:[按]"昬",大版式本、道光本、文德堂本、會文書莊本、市圖善本均誤作"昏"。

⑩ 䶆〔滿口也〕:【集韻】張滑切。《説文》口滿食。[按]聲不合,應歸地母,因《字彙》同音字而誤。【字彙】張滑切,音札。口滿食。又丁滑切,撾入聲。口滿食。原注"滿口也"(樋新編本、大版式本),道光本、文德堂本、會文書莊本、市圖善本、廖新校增本均誤作"滿口也";廖新校增本改作"口滿食也",是。

⑪ 窡〔面短也〕:【集韻】張刮切。面短皃。[按]聲不合,應歸地母,聲母因《字彙》同音字而誤。【字彙】丁滑切,撾入聲。短面也。樋新編本"窡"誤歸下入。

⑫ 窡〔穴中見也〕:【集韻】張滑切。《説文》穴中見也。[按]聲不合,應歸地母,聲母因《字彙》同音字而誤。【字彙】丁滑切,撾入聲。穴中見也。

⑬ 簭〔帘也〕:[按]傳統辭書查無此字。"簭〔簾也〕"僅見於會文書莊本,廖新校增本將"簾"改作"帘",市圖善本誤作"窶〔簾也〕",大版式本、道光本、文德堂本誤作"窶〔穴中也〕",樋新編本未收"簭"字。

⑭ 止〔解,已也〕:[《廣韻》諸市切,上止,章。]停止;終止。《易·蒙》:"山下有險,險而止。"[按]聲、韻、調皆不合,當爲"煞"的訓讀字。

⑮ 䵷〔蝦蟇也〕:【字彙】烏瓜切,音哇。蝦蟇也。[按]"蟇",樋新編本誤作

“暮”，道光本、文德堂本、市圖善本誤作“墓”。

⑯ 洿〔濁水不流〕：[《廣韻》哀都切，平模，影。] 1. 水不流。2. 指渟滯不流的水。【康熙字典】《正字通》污、洼、㳇、漥並通。

⑰ 漥〔牛蹄跡水〕：【玉篇】烏華切。牛蹄跡水也。【字彙】漥，屋瓜切，音哇。牛蹄跡水。[按]“漥〔牛蹄跡水〕”，樋新編本、道光本、會文書莊本作“𨂝〔牛路跡也〕”，大版式本、文德堂本、市圖善本作“漥〔牛路跡也〕”，均有誤。

⑱ 搲〔手~物也〕：[《集韻》倚下切，上馬，影。] 舀取。《西遊記》第五十回：“果然那鍋裏氣騰騰的，煮了半鍋乾飯。就把鉢盂往裏一搲，滿滿的搲了一鉢盂，即駕雲回轉。”[按]韻不合，應歸嘉韻。

⑲ 瓦〔土器：屋~〕：[《廣韻》五寡切，上馬，疑。] 古代陶製器物的總稱。《荀子·性惡》：“夫陶人埏埴而生瓦。”[按]聲不合，應歸語母。今泉文讀爲[꜂gua]，白讀爲[꜀hia]，俗讀爲[꜂ua]。

⑳ 𨂝〔行不正也〕：【集韻】烏瓦切。𨂝跨，行不正。

㉑ 搲〔手爬物也〕：【集韻】烏瓦切。手捉物。吳俗謂手爬物曰搲。

㉒ ㊔瞎：【集韻】忽麥切。目病。[按]聲、韻不合，應歸喜母卿韻上入。

㉓ ㊔絉：【集韻】勿發切。足衣也。[按]韻、調不合，應歸川韻下入。

㉔ ㊔奴：同“貫”。【玉篇·貝部】貫，古玩切。裝具也，穿也。今作貫。[按]聲、韻、調皆不合。

㉕ 我〔解，自己也〕：[按]原注“自己也”，道光本、會文書莊本誤作“冐也”，文德堂本、市圖善本誤作“白日也”，廖新校增本則改作“自謂也”。

㉖ ㊔嘛：【集韻】户瓦切。䍧大口曰嘛。[按]聲、韻、調皆不合。

㉗ ㊔髽：[《廣韻》莊華切，平麻，莊。] 古代婦女喪髻。以麻綫束髮。《儀禮·喪服》：“布總、箭笄、髽，衰三年。”(漢) 鄭玄注：“髽，露紒也，猶男子之括髮。斬衰括髮以麻，則髽亦用麻，以麻者，自項而前，交於額上，卻繞紒，如著幓頭焉。《小記》曰：‘男子冠而婦人笄，男子免而婦人髽。’”[按]聲不合，應歸爭母。

㉘ ㊅𧄼:【集韻】竹下切。蕏𧄼,不中皃。[按]聲、韻不合,應歸地母嘉韻。

㉙ ㊅𣭖〔相~〕:[按]方言專用字。1. 引導;帶路。2. 娶。見《普通話閩南方言詞典》第七一三頁。[按]聲調不合,應歸下去。

㉚ 掇〔土解,菜~〕:[《廣韻》丁括切,入末,端。]拾取。《詩·周南·芣苢》:"采采芣苢,薄言掇之。"毛傳:"掇,拾也。"[按]音、義不合,當爲音近借用字。今泉州話用"𥗥"[ts'uaʔ꜆](見《普通話閩南方言詞典》第六四頁)。菜𥗥,即"𥗥牀兒"(刨果蔬成絲的器具)。原注"菜~",除樋新編本、大版式本外,其餘諸本皆誤作"棄~"。

㉛ 䆪〔横木不入也〕:【集韻】胡化切。横木不入也。[按]調不合,應歸下去。

㉜ 䏊〔地名〕:【集韻】胡瓦切。地名。[按]調不合,應歸上上。

聲韻調	4 花 ua/uaʔ			
	下平˨˦ 24	下上˨˨ 22	下去˦˩ 41	下入˨˦ 24
柳 l	㊇籮	○	賴〔姓也〕 瀨〔溪~〕	辛〔土解，味~〕① 辣〔~乇〕
邊 p	㊇擽〔人名〕②	○	簸〔土話，~箕〕	跋〔解，~倒〕 鈸〔解〕
求 k	柯〔土解，~樹〕	篙〔~仔：收絲具〕③	卦〔八~〕 掛〔懸也〕 蓋〔掩也〕 罣〔礙也〕 掛〔~意〕	㊇砉④
氣 k‘	○	○	跨〔足過騎也〕 踤〔越也〕 跬〔一步也〕	○
地 t	○	舵〔土解，船~〕 柁〔同上，~工〕	大〔解，~小〕⑤	○
普 p‘	○	○	破〔解，物~〕⑥	○
他 t‘	○	○	泰〔土解，長~〕	○
争 ts	蛇〔山~，水~〕	磋〔蕃~：不中貌〕⑦	誓〔土話，呪~〕	
入 dz	○	○	○	熱〔日~〕 暑〔~天〕⑧
時 s	○	○	暑〔~天〕 續〔俗解，相連接~〕⑨	○
英 ø	㊇呱⑩	○	宄〔泥~屋〕⑪ 槬〔鐘横大也〕⑫	活〔解，死~〕
文 b	磨〔解，~刀〕 勞〔努力：着~〕⑬	○	○	末〔細~〕 粖〔粉~〕⑭
語 g	㊇琟⑮	○	外〔解，出~；内~〕	㊇蠘⑯
出 ts‘	○	○	蔡〔解，姓也〕⑰ 娶〔俗話，~ム〕⑱	斜〔土解，不正〕⑲

（續表）

聲韻調	4 花 ua/uaʔ			
	下平˩[24]	下上˧[22]	下去˨[41]	下入˩[24]
喜 h	華〔榮~〕 找〔撥進船也〕⑳ 驊〔駿馬名〕	踝〔足骨也〕㉑ 瓦〔厝~〕㉒	話〔與人説話〕 畫〔繪也〕 畫〔同上,俗字〕 畫〔圖~〕 擭〔機檻也〕㉓ 佸〔古化字〕㉔ 譮〔古字,談~〕 吳〔譁也〕㉕ 摦〔寬也〕	㊟趏㉖

【校注】

① 辛〔土解,味~〕：[《廣韻》息鄰切,平真,心。]五味之一。辣味。《書・洪範》："曲直作酸,從革作辛。"[按]聲、韻、調皆不合,實爲"辣"的訓讀字。辢,[《廣韻》盧達切,入曷,來。]同"辣"。辣味,如薑、蒜等所帶的刺激性的味道。《本草綱目・菜一・芥》〔集解〕引(南朝・梁)陶弘景曰："芥似菘而有毛,味辣。"

② ㊟檠〔人名〕：[按]傳統辭書查無此字。

③ 筁〔~仔：收絲具〕：【集韻】古瓦切。籆筁,收絲具。[按]調不合,應歸上上。

④ ㊟砉：[《廣韻》呼狊切,入錫,曉。][《廣韻》虎伯切,入陌,曉。]象聲詞。形容雷聲、水聲、斷裂聲、關門聲等。(唐)獨孤及《仙掌銘》："砉如剖竹,騞若裂帛。"[按]聲、韻、調、義皆不合。

⑤ 大〔解,~小〕：[按]除樋新編本、大版式本外,其餘諸本該條均缺。

⑥ 破〔解,物~〕：[《廣韻》普過切,去過,滂。]破壞;損壞;使碎裂。《詩・豳風・破斧》："既破我斧,又缺我斨。周公東征,四國是皇。"[按]調不合,應歸上上。

⑦ 蒫〔藸~：不中貌〕：【集韻】竹下切。[按]聲、韻、調皆不合,應歸地母嘉韻上去。

⑧ 暑〔~天〕:[《廣韻》舒吕切,上語,書。]炎熱;炎熱的夏季。《易·繫辭下》:"寒往則暑來,暑往則寒來。"[按]聲、韻、調皆不合,實爲"熱"的訓讀字。熱,[《廣韻》如列切,入薛,日。]温度高。與"冷"相對。《孟子·梁惠王下》:"如水益深,如火益熱。"

⑨ 續〔俗解,相連接~〕:[《廣韻》似足切,入燭,邪。]連屬;連接。《禮記·深衣》:"續衽鉤邊,要縫半下。"(漢)鄭玄注:"續,猶屬也。"[按]韻、調不合,實爲"世"的訓讀字(見《普通話閩南方言詞典》第七一〇頁)。

⑩ ㊔呱:【集韻】姑華切。割也。[按]聲、調不合,應歸求母上平。

⑪ 宂〔泥~屋〕:【玉篇】五化切。泥宂屋也。[按]聲不合,應歸語母。

⑫ 槬〔鐘横大也〕:[《字彙》胡卦切。]洪大。《左傳·昭公二十一年》:"天子省風以作樂,器以鐘之,輿以行之。小者不窕,大者不槬,則和於物。"(晉)杜預注:"槬,横大不入。"楊伯峻注:"此謂大樂器而音不洪大難入耳。"[按]聲不合,應歸喜母。

⑬ 勞〔努力:着~〕:[《廣韻》魯刀切,平豪,來。]操勞;勞動。《書·金縢》:"昔公勤勞王家,惟予沖人弗及知。"[按]聲、韻、調皆不合,實爲"磨"的訓讀字(見《普通話閩南方言詞典》第五四三頁)。

⑭ 粖〔粉~〕:[《廣韻》莫撥切,入末,明。]粥糜。[按]音合義不合。

⑮ ㊔瑦:【集韻】五乎切。琨瑦,美石。[按]韻不合,應歸高韻。

⑯ ㊔蛂:【集韻】王伐切。《類篇》蛪蛂,似蟹而小。[按]聲、韻不合,應歸英母川韻下入。

⑰ 蔡〔解,姓也〕:[《廣韻》倉大切,去泰,清。]姓。[按]調不合,應歸上去。

⑱ 娶〔俗話,~厶〕:[《廣韻》七句切,去遇,清。]男子結婚。把女子接過來成親。《書·益稷》:"娶於塗山。"[按]韻、調不合,實爲"悉"的訓讀字(見《普通話閩南方言詞典》第七一三頁)。

⑲ 斜〔土解,不正〕:[《廣韻》似嗟切,平麻,邪。]不正;歪斜。(漢)王延壽《魯靈光殿賦》:"芝栭欑羅以戢孴,枝樘杈枒而斜據。"[按]韻、調不合,實爲"趨"

的訓讀字。【龍龕手鑒·走部】䟢,才結反。傍出前也。

⑳ 找〔撥進船也〕:【集韻】劃、找,胡瓜切。舟進竿謂之劃,或從手。

㉑ 踝〔足骨也〕:[《廣韻》胡瓦切,上馬,匣。]小腿與脚之間,左右兩側突起部分。由脛骨和腓骨下端的膨大部分形成。《素問·氣穴論》:“踝上橫二穴,陰陽蹻四穴。”

㉒ 瓦〔厝~〕:[《廣韻》五寡切,上馬,疑。]古代陶製器物的總稱。《荀子·性惡》:“夫陶人埏埴而生瓦。”[按][⊆hua]應爲“瓦”的白讀(文讀爲[ᶜgua]),今泉讀[⊆hia]。

㉓ 擭〔機檻也〕:【集韻】胡化切。機檻。[《廣韻》胡郭切,入鐸,匣。]裝有機關的捕獸木籠。《書·費誓》:“杜乃擭,敜乃穽,無敢傷牿。”孔傳:“擭,捕獸機檻。”

㉔ 呰〔古化字〕:古文“化”字。【集韻】化、呰,火跨切。《説文》教行也。[按]調不合,應歸上去。

㉕ 吴〔譁也〕:【集韻】胡化切。口大皃。【玉篇】胡罵切。大聲也。

㉖ ㊇趌:【集韻】犬縈切。《説文》半步也。[按]聲、韻、調皆不合,實爲“伐”[huaʔ⊇]的訓讀字(見《普通話閩南方言詞典》第二〇二頁)。

5 香

聲韻調	5 香 iɔŋ/iɔk			
	上平˧ 33	上上˥ 55	上去˨˩ 41	上入˥ 5
柳 l	㊌鏧①	兩〔二也;斤~〕 蜽〔木石之怪〕 魎〔魍~：水神〕 倆〔伎~：巧也〕 㒳〔二人也〕 黷〔黑也〕 掚〔整飾也〕	喨〔嘹~：嗁也〕②	搙〔搐~：不申〕③
邊 p	㊌㓏④	㊌洸〔人名〕⑤	㊌種⑥	○
求 k	宮〔~室〕 躬〔身也〕 恭〔謙遜也〕 恭〔敬也〕 㺬〔病也〕⑦ 栱〔大杙〕⑧ 供〔~給;奉也〕 龔〔給也;又姓〕⑨ 疆〔界也;境也〕 硇〔水邊大石〕⑩ 芎〔川~：藥名〕⑪ 畺〔界也〕 薑〔味辛,多食損智;藥名〕 穹〔~蒼：天也〕⑫ 弓〔屈竹爲~〕	拱〔叉手也〕 繈〔~褓：以負小兒〕⑬ 拲〔兩手共一木〕 弜〔彊也〕⑭ 鞏〔以皮束物〕 珙〔璧也〕	○	菊〔秋花〕 鞠〔曲身也〕 鞫〔推窮罪也〕 椈〔木名,柏也〕 蹻〔履也〕 梮〔治水具也〕 麴〔酒~〕⑮ 屩〔履也〕 巩〔持也〕 匊〔兩手捧物〕 郹〔蔡邑〕⑯ 臼〔斂手臼~〕 諊〔窮究罪也〕 麯〔酒媒〕⑰ 鞽〔窮理罪人〕 暈〔載物之車〕 麹〔酒母〕⑱ 腳〔脛也〕 脚〔同上,俗字〕 擨〔持也〕 蘜〔~有黃花〕⑲ 淗〔水文〕 樺〔禹所乘車〕 掬〔兩手所捧〕

（續表）

聲韻調	5 香 iɔŋ/iɔk			
	上平˧ ^{33}	上上˥ ^{55}	上去˦˩ ^{41}	上入˥ ^{5}
氣 k‘	羌〔夷名;猶乃也〕 姜〔齊姓〕 昔〔幬帳〕⑳ 穹〔天形〕 銎〔釜空受柄之處〕	恐〔懼也〕 㷃〔好也〕㉑ 恟〔怕也〕 繈〔錢貫〕	○	曲〔不真也〕 却〔退也;止也〕 卻〔不受也〕 礐〔山多大石〕㉒ 脚〔脛也〕㉓ 埆〔地不平也〕㉔ 郄〔從阝,音隙〕㉕ 搉〔擊也〕㉖
地 t	中〔不偏不倚〕 忠〔盡己爲~〕 洤〔水名〕㉗ 獐〔麋屬〕㉘ 樟〔木名〕㉙ 張〔開~;設也;又姓〕 諹〔誑也〕	長〔尊也,上聲〕	漲〔水泛溢也〕	竹〔冬生也〕 筝〔以手~物〕 築〔擣也〕 竺〔天~:西域〕 瘃〔手足凍瘡〕 筑〔古樂〕 茿〔萹草可食〕㉚
普 p‘	㊮松㉛	○	○	㊮偅〔人名〕㉜
他 t‘	衷〔俗字〕 衷〔土,中正也〕 衷〔同上,正也〕	寵〔愛也;得~〕 冢〔高墳;~宰〕 塚〔墓~〕 腫〔脹也;鍾也〕㉝	鬯〔鬱也;香酒〕	畜〔土,止也;養也〕 慉〔養也〕 琡㉞ 蓄〔聚也;積~〕 豖〔~~:行也〕 歜〔人名〕㉟ 矷〔小石〕㊱ 竌〔等也〕㊲

【校注】

① ㊮鑨:［《集韻》盧東切,平東,來。］同"礱"。（清）黄宗羲《張元岵先生墓志銘》:"卒後幾年,葬於某原。訒鑨墓石,再拜求銘。"《國語·晉語八》:"趙文子爲室,斲其椽而礱之。"（三國·吴）韋昭注:"礱,磨也。"［按］韻、調不合,應歸東韻下平。

② 哴〔唴~：啼也〕：[《廣韻》力讓切，去漾，來。]象聲詞。【唴哴】古方言詞。謂悲哭過度而無聲。《方言》第一："平原謂啼極無聲謂之唴哴。"[按]調不合，應歸下去。

③ 抐〔搐~：不申〕：【集韻】女六切。搐抐，不申也。[按]調不合，應歸下平。

④ ㊇㓕：【康熙字典】《篇海》之容切，音鍾。刮削物也。[按]聲不合，應歸争母。

⑤ ㊇冼〔人名〕：[《集韻》色拯切，上拯，生。]寒冷的樣子。[按]聲、韻不合，應歸時母卿韻。

⑥ ㊇穜：【康熙字典】《搜真玉鏡》音重。[按]聲、調不合，應歸地母下上。

⑦ 卭〔病也〕：[《字彙》其凶切。]同"邛"。毛病；弊病。《詩·小雅·巧言》："匪其止共，維王之卭。"（漢）鄭玄箋："卭，病也。"[按]調不合，應歸下平。

⑧ 栱〔大杙〕：[《廣韻》居悚切，上腫，見。]在立柱與横梁交接處向外伸出成弓形的承重結構。（三國·魏）何晏《景福殿賦》："櫼櫨各落以相承，欒栱夭蟜而交結。"又【集韻】渠容切。[按]調不合，應歸上上或下平。

⑨ 龔〔給也；又姓〕：[《廣韻》九容切，平鍾，見。]供給。《說文·共部》："龔，給也。"[按]該字今泉習慣讀上聲[ᶜkiɔŋ/ᶜkiŋ]。

⑩ 碧〔水邊大石〕：【集韻】古勇切。《説文》水邊石也。又【集韻】渠容切。[按]調不合，應歸上上或下平。

⑪ 芎〔川~：藥名〕：[《廣韻》去宮切，平東，溪。]參見"芎藭"。《楚辭·劉向〈九歎·愍命〉》："莞芎棄於澤洲兮，瓟蠡蠹於筐簏。"（漢）王逸注："莞，夫離也；芎，芎藭也。皆香草也。"又《韻會》居雄切。[按]該字今泉亦讀陰平[꜀kiɔŋ]。

⑫ 穹〔~蒼：天也〕：【集韻】丘宮切。《說文》窮也。《爾雅》穹蒼，蒼天。[按]聲不合，應歸氣母。

⑬ 繈〔~褓：以負小兒〕：[《廣韻》居兩切，上養，見。]通"襁"。背小兒用的布帶。

⑭ 弜〔彊也〕：[《廣韻》其兩切，上養，羣。]倔强。《說文·弜部》："弜，彊

也。”[按]調不合,應歸下上。

⑮ 麴〔酒~〕:[《廣韻》驅匊切,入屋,溪。]亦作“麯”。酒麯。《列子·楊朱》:“朝之室也聚酒千鍾,積麴成封,望門百步,糟漿之氣逆於人鼻。”[按]聲不合,應歸氣母。

⑯ 郹〔蔡邑〕:[《廣韻》古闃切,入錫,見。]春秋蔡邑。在今河南省新蔡縣境。《左傳·昭公十九年》:“楚子之在蔡也,郹陽封人之女奔之,生大子建。”(晉)杜預注:“郹陽,蔡邑。”[按]韻不合,應歸卿母上入。

⑰ 麯〔酒媒〕:同“麴”。[按]聲不合,應歸氣母。

⑱ 鞠〔酒母〕:同“麴”。[按]聲不合,應歸氣母。

⑲ 蘜〔~有黄花〕:【廣韻】居六切。《説文》曰:日精也,似秋華。

⑳ 旹〔幬帳〕:【漢語大詞典】旹,“時”的古字。《楚辭·九章·思美人》:“遷逡次而勿驅兮,聊假日以須旹。”(宋)朱熹集注:“旹,古‘時’字。”[按]音、義不合,疑字形有誤。“旹〔幬帳〕”(據樋新編本),大版式本作“㕯〔口象〕”,其餘諸本皆作“㕯〔偉象〕”,均誤。【中華字海】㕯,同“旨”。見《宋元以來俗字譜》。該條音、形、義均不合,存疑,有待高明。

㉑ 羿〔好也〕:【字彙】苦礦切,音恐。好也。【龍龕手鑒·天部】苦礦反。好也。[按]韻不合,應歸東韻。

㉒ 嶨〔山多大石〕:[《廣韻》苦角切,入覺,溪。]多大石的山。《爾雅·釋山》:“多大石,嶨。”(宋)邢昺疏:“山多此盤石者名嶨。”[按]韻不合,應歸江韻上入。

㉓ 脚〔脛也〕:[《廣韻》居勺切,入藥,見。]人與動物腿的下端,接觸地面、支持身體和行走的部分。《墨子·明鬼下》:“羊起而觸之,折其脚。”[按]聲不合,應歸求母。

㉔ 埆〔地不平也〕:[《廣韻》苦角切,入覺,溪。]土地不平而貧瘠。(宋)楊億《受詔修書述懷感事三十韻》:“講學情田埆,談經腹笥虚。”[按]韻不合,應歸江韻上入。

㉕ 郄〔從阝,音隙〕:[《廣韻》綺戟切,入陌,溪。]通“隙”。孔隙;縫隙。《管子·度地》:“當冬三月,天地閉藏,暑雨止,大寒起,萬物實熟,利以填塞空郄,繕邊城,塗郭術。”[按]韻不合,應歸卿韻上入。

㉖ 搉〔擊也〕:[《廣韻》苦角切,入覺,溪。]敲擊;壓榨。《漢書·五行志中之上》:“先是高后鴆殺如意,支斷其母戚夫人手足,搉其眼,以爲人彘。”(唐)顏師古注:“搉,謂敲擊去其精也。”[按]韻不合,應歸江韻上入。

㉗ 洚〔水名〕:[《集韻》之戎切,平東,章。]古代水名。在今湖北省襄陽市。[按]聲不合,應歸争母。

㉘ 獐〔麋屬〕:[《廣韻》諸良切,平陽,章。]亦作“麞”。即獐子。古代叫麕。《吕氏春秋·士容》:“此良狗也,其志在獐麋豕鹿,不在鼠。”[按]聲不合,應歸争母。

㉙ 樟〔木名〕:[《廣韻》諸良切,平陽,章。]木名。常緑喬木。廣布我國長江以南各地,以臺灣地區爲最多。(晉)干寶《搜神記》卷十八:“吴先主時,陸敬叔爲建安太守,使人伐大樟樹,不數斧,忽有血出。”[按]聲不合,應歸争母。

㉚ 茿〔萹草可食〕:【集韻】張六切。艸名。《説文》萹,茿也。[按]原注“萹”,樋新編本誤作“篇”。

㉛ ㊫松:[《廣韻》祥容切,平鐘,邪。]木名。松科植物的總稱。[按]聲不合,應歸時母。

㉜ ㊫偅〔人名〕:[《廣韻》之用切,去用,章。][按]聲、韻不合,應歸争母香韻。

㉝ 腫〔脹也;鍾也〕:[《廣韻》之隴切,上腫,章。]脹痛;痈。《吕氏春秋·盡數》:“形不動則精不流,精不流則氣鬱,鬱處頭則爲腫爲風。”(漢)高誘注:“腫與風,皆首疾。”又《釋名·釋疾病》:“腫,鍾也。寒熱氣所鍾聚也。”[按]聲不合,應歸争母。

㉞ 琂:[《廣韻》初六切,入屋,初。]齊;整齊。[按]聲不合,應歸出母。

㉟ 歜〔人名〕:【廣韻】尺玉切。怒氣;亦人名。[按]聲不合,應歸出母。

㊱ 碇〔小石〕:【集韻】初六切。小石。[按]聲不合,應歸出母。

㊲ 娖〔等也〕:【集韻】初六切。等齊也。[按]聲不合,應歸出母。

聲韻調	5　香 iɔŋ/iɔk			
	下平˩˧ 24	下上˨ 22	下去˥˩ 41	下入˩˧ 24
柳 l	良〔尤~：善也〕 隆〔盛也;豐也〕 梁〔棟~：屋脊〕 龍〔鱗蟲之長〕　樑〔棟~〕 靇〔豐~：雷師〕①　涼〔寒~〕 糧〔粮穑之屬;穀也〕 糧〔同上：~草〕 竜〔古龍字〕 窿〔穹~：天勢〕 涼〔薄也;助也〕　癃〔罷病〕 礱〔磨穀也〕② 瓏〔玲瓏：玉聲〕 曨〔曈~：日出貌〕 朧〔月出貌〕　瀧〔沾漬也〕 聾〔耳無所聞也〕	○	諒〔信也;誠也〕 量〔斗~;分~;度~〕 亮〔明朗也〕 釀〔~酒〕 剠〔奪也〕 倞〔索也〕 喨〔嘹~〕	六〔老陰數也〕 陸〔高平曰~;又姓〕　僇〔辱也〕 戮〔殺也;并力也〕　恧〔心愧也〕 坴〔梁越地〕　蓤〔蔏~：藥名〕 簶〔圖書〕　禄〔見也〕 掠〔劫~也〕　勠〔并力也〕 略〔簡也：大~〕　琭〔玉貌〕③ 録〔循常也;記也〕 穋〔重~：同稑〕 磟〔~碡：平田器〕　菉〔~竹;~豆〕 稑〔後種先熟曰~〕 緑〔色也;結~：草名〕 騄〔駿馬名〕　甪〔獸名〕④ 剹〔削也〕
邊 p	㊫緟〔人名〕⑤	○	○	㊫恧〔人名〕⑥
求 k	強〔弱之反也〕 窮〔盡也;竟也〕 窮〔極也;究也〕 僵〔偃也〕⑦　埾〔~佩〕 彊〔暴也〕　邛〔勞也〕 擅〔扶持也〕　蕅〔即百合也〕	○	共〔公也;合也〕 弶〔罟也〕	局〔成~促也〕　侷〔~促〕 臄〔口上肉〕　跼〔曲也：~蹐〕 劇〔煩~〕
氣 k‘	㊫梁⑧	○	躬〔曲躬也〕⑨ 伷〔寒也;屈也〕 呻〔訊罪也〕 哫〔兒泣不止〕 眹〔目病〕⑩ 湾〔水急貌〕⑪	㊫患⑫

（續表）

聲韻調	5 香 iɔŋ/iɔk			
	下平˨˦^{24}	下上˨^{22}	下去˦˩^{41}	下入˨˦$^{\underline{24}}$
地 t	長〔短之反也〕 埸〔~圃〕 腸〔腹~〕 镸〔古文〕 镸〔俗字〕 萇〔~楚：羊桃〕	重〔厚也；不輕〕 丈〔十尺曰~〕 杖〔几~〕 扙〔傷也〕 仗〔倚~〕	仲〔伯~〕 帳〔幃~〕⑬ 悵〔土，惆~：失意〕⑭ 脹〔膨~〕⑮ 障〔隔也；壅蔽〕⑯ 瘴〔熱也；癘也〕⑰ 漲〔水滿也〕⑱ 嶂〔屏~〕⑲	着〔然也〕 逐〔追逐〕 妯〔~娌：兄弟之妻〕 軸〔杼~；抽也〕 躅〔躑~：行貌〕 舳〔船後曰~〕 蓫〔惡菜〕⑳
普 p‘	㊈桌〔人名〕㉑	㊈礲〔人名〕㉒	○	㊈轐㉓
他 t‘	蟲〔土，鱗介總名〕	○	暢〔長也；充也〕㉔ 暘〔長也〕㉕ 瞕〔目生~翳〕㉖	○

【校注】

① 靇〔豐~：雷師〕：［按］原注“雷師”，樋新編本誤作“雷飾”。

② 礱〔磨穀也〕：［《廣韻》盧紅切，平東，來。］磨。《國語・晉語八》：“趙文子爲室，斲其椽而礱之。”（三國・吴）韋昭注：“礱，磨也。”［按］韻不合，應歸東韻。以下五字（瓏、曨、朧、瀧、聾）讀音均爲“盧紅切”，情形一樣，也都應歸東韻。

③ 琭〔玉貌〕：［《廣韻》盧谷切，入屋，來。］玉名。（漢）張衡《思玄賦》：“昭綵藻與琱琭兮，璜聲遠而彌長。”［按］韻不合，應歸東韻下入。

④ 甪〔獸名〕：［《字彙》盧谷切。］1. 傳説中的獸名。《字彙》甪，獸名。2. 地名用字。古代有甪里。現代有甪直，在江蘇省；甪堰，在浙江省。［按］韻不合，應歸東韻下入。

⑤ ㊪緟〔人名〕:[《廣韻》直容切,平鍾,澄。]重復。《説文・糸部》:"緟,增益也。"[按]聲不合,應歸地母。

⑥ ㊪恧〔人名〕:[《廣韻》女六切,入屋,娘。][《廣韻》女力切,入職,娘。][按]聲不合,應歸柳母。

⑦ 僵〔偃也〕:[《廣韻》居良切,平陽,見。]倒下。《吕氏春秋・貴卒》:"管仲扞弓射公子小白,中鉤,鮑叔御公子小白僵。"(漢)高誘注:"僵,猶偃也。"[按]調不合,應歸上平。

⑧ ㊪粱:【集韻】渠容切。精米也。[按]聲不合,應歸求母。

⑨ 躬〔曲躬也〕:【集韻】去仲切。曲躬也。[按]調不合,應歸上去。

⑩ 眹〔目病〕:【集韻】眼,丘亮切。目病。或作"晾"、"眹"。[按]調不合,應歸上去。

⑪ 湾〔水急皃〕:【集韻】去仲切。水急皃。[按]調不合,應歸上去。

⑫ ㊪恐:【集韻】丘勇切。《説文》懼也。[按]韻、調不合,應歸香韻上上。

⑬ 帳〔幃~〕:[《廣韻》知亮切,去漾,知。]一種張挂或支架起來作爲遮蔽用的器物。通常用布帛毡革製成。用途不同,質料亦異。常指帷幔。[按]調不合,應歸上去。

⑭ 悵〔土,惆~:失意〕:[《廣韻》丑亮切,去漾,徹。]怨望;失意。《楚辭・九歌・山鬼》:"怨公子兮悵忘歸,君思我兮不得閒。"[按]聲、調不合,應歸他母上去。

⑮ 脹〔膨~〕:[《廣韻》知亮切,去漾,知。]身體内壁受到壓迫而産生的不適之感。亦泛指充塞難受的感覺。《素問・平人氣象論》:"〔脈〕盛而緊曰脹。"(唐)王冰注:"寒氣否滿,故脈盛緊也。盛緊,盛滿。"[按]調不合,應歸上去。

⑯ 障〔隔也;壅蔽〕:[《廣韻》之亮切,去漾,章。]阻塞;阻隔。《管子・法法》:"令而不行,謂之障。"[按]聲、調不合,應歸争母上去。

⑰ 瘴〔熱也;瘧也〕:[《廣韻》之亮切,去漾,章。]瘴氣。(唐)劉恂《嶺表録異》卷上:"嶺表山川,盤鬱結聚,不易疏泄,故多嵐霧作瘴。人感之,多病腹脹成

蟲。”[按]調不合,應歸争母上去。

⑱ 漲〔水滿也〕:[《廣韻》知亮切,去漾,知。]彌漫;充滿。《三國志·吴志·周瑜傳》:“頃之,煙炎漲天,人馬燒溺死者甚衆。”[按]調不合,應歸上去。

⑲ 嶂〔屏~〕:[《廣韻》之亮切,去漾,章。]聳立如屏障的山峰。《文選·沈約〈鍾山詩應西陽王教〉》:“鬱律構丹巘,崚嶒起青嶂。”(唐)吕向注:“山横曰嶂。”[按]聲、調不合,應歸争母上去。

⑳ 蓫〔惡菜〕:[《廣韻》丑六切,入屋,徹。]植物名。又叫羊蹄菜。似蘿蔔,莖赤,多吃令人下痢。《詩·小雅·我行其野》:“我行其野,言采其蓫。”[按]聲、調不合,應歸他母上入。

㉑ ㊫桌〔人名〕:【集韻】力質切。《説文》木也,其實下垂。【玉篇】古文“栗”字。[按]聲、韻、調皆不合。

㉒ ㊫龓〔人名〕:【集韻】盧東切。《説文》兼有也。[按]聲、韻、調皆不合。

㉓ ㊫轐:【集韻】博木切。絡髮謂之轐;一曰牛絡頭。[按]調不合,應歸上入。

㉔ 暢〔長也;充也〕:[《廣韻》丑亮切,去漾,徹。]通暢;通達。《易·坤》:“美在其中,而暢於四支。”(唐)孔穎達疏:“有美在於中,必通暢於外。”[按]調不合,應歸上去。

㉕ 暘〔長也〕:[《廣韻》丑亮切,去漾,徹。]田荒蕪不生穀物。睡虎地秦墓竹簡《秦律》:“雨爲澍,及誘粟,輒以書言澍稼、誘粟及豤田暘毋稼者頃數。”[按]調不合,應歸上去。

㉖ 瞕〔目生~翳〕:【字彙】之亮切,音障。目生瞕翳。[按]聲、調不合,應歸争母上去。

聲 韻 調	5　香 iɔŋ/iɔk			
	下平˩˦ 24	下上˨ 22	下去˦˩ 41	下入˩˦ 24
争 ts	章〔明也;文章〕 鍾〔當也;酒器〕 將〔欲然也;送也〕 鐘〔樂器:黄~〕 漳〔水名;州名〕　刣〔削物也〕 終〔窮也;盡也〕 螽〔~斯;阜~〕　璋〔半圭曰~〕 鄣〔壅塞〕　漿〔酒~〕 粻〔糧也〕①　彰〔明也〕 樟〔木名〕	掌〔主也;手心〕 獎〔~勸;~勵〕 奬〔褒~〕 仉〔姓也〕 尰〔同瘇〕 撐〔~船〕② 種〔穀~;~~:短髮〕 不〔巩持也〕 槳〔櫓~〕③ 蔣〔姓也〕	○	足〔人~;滿也〕　酌〔斟酌;取也〕 勺〔挹取;舞也〕　燭〔蠟~;玉~〕 爵〔禄爵;又鳥〕　嘱〔俗字,託也〕 妁〔媒也〕　囑〔托也;付也〕 灼〔燒也;~~:花盛〕 喌〔呼雞,重言〕　雀〔小鳥〕④ 柷〔樂器〕　爑〔爐火〕 嚼〔咀嚼〕　杓〔杯~〕 祥〔齊地〕　焯〔~爍:光貌〕 爝〔火炬也〕　汋〔~陵:宋地〕 祝〔饗神之辭〕　穛〔禾皮也〕 摵〔打甚也〕⑤ 芍〔土,芍藥;白芍〕
入 dz	攘〔推也;竊也〕⑥ 皾〔剥皮也〕⑦ 禳〔除癘殃也〕⑧ 穰〔豐也〕⑨	宂〔散也;繁也〕 冗〔俗字〕 壤〔柔土無塊〕 嚷〔喧~〕	○	㊔褥⑩
時 s	商〔金音;度也〕　相〔共也;質也〕 箱〔竹篋容物〕　廂〔東西室也〕 葙〔青~子:藥名〕 傷〔痛也:憂~〕　觴〔酒器〕 殤〔未成年人死曰~〕 襄〔贊也;駕也;成也;除也〕 驤〔馬騰躍也〕　娀〔~氏生契〕 湘〔水名;烹也〕　搶〔擣也〕 惷〔冥也;愚也〕　饟〔饋也〕 舂〔擣米也〕　蔏〔~蓙:常山〕⑪ 滳〔~~:水流也〕　惕〔直疾貌〕 烪〔火坑也〕　禓〔強鬼之名〕	賞〔嘉也;欣賞〕 想〔思也;相~〕 竦〔~動;敬也〕 扄〔户耳也〕 鯗〔魚乾〕 摤〔挺也〕 悚〔懼也〕	上〔尊也;~下〕	叔〔伯~;~父〕 縮〔直也;收也;退也〕 俶〔善也;始也〕⑫ 淑〔和也;善也〕 削〔剥~;侵~〕　粟〔米~〕 尗〔同叔〕　玊〔琢玉工也〕⑬ 夙〔早也〕　蹜〔~~:迫也〕 宿〔止也〕　尗〔豆也〕 稤〔嘉穀實也〕⑭ 淑〔俗字〕⑮　歗〔喠也〕⑯ 喠〔吸也〕　菽〔豆之總名〕 菽〔同上〕　蹴〔~踖:敬也〕⑰

（續表）

<table>
<tr><th rowspan="2">聲
韻
調</th><th colspan="4">5 香 iɔŋ/iɔk</th></tr>
<tr><th>下平˨˦ ^{24}</th><th>下上˨ ^{22}</th><th>下去˦˩ ^{41}</th><th>下入˨˦ $^{\underline{24}}$</th></tr>
<tr><td>英 ∅</td><td>雍〔和也〕　雝〔~~聲和〕
嗈〔鳥聲〕　央〔中央〕
鴦〔鴛~〕　殃〔咎也；天~〕
癰〔~疽〕　泱〔深廣也〕
饔〔朝食也〕　灉〔水名〕
秧〔禾苗；~針〕　硦〔石名〕
噰〔聲和〕　滃〔水名〕
廱〔辟~：學名〕</td><td>養〔育也；畜也〕
勇〔猛也；武~〕
俑〔木偶人〕
湧〔~泉〕
悀〔心喜也〕
怏〔不服也〕
涌〔泉上溢也〕⑱
炴〔火光也〕
甬〔~出也〕⑲
癢〔痛~〕
踴〔~躍〕
踊〔跳也；辟~〕</td><td>暎〔照也〕⑳
瞌〔~瞢〕㉑
盎〔大罌〕</td><td>約〔~束；~信也〕
葯〔白芷〕㉒　龠〔量名〕㉓</td></tr>
</table>

【校注】

① 粻〔糧也〕：［《廣韻》陟良切，平陽，知。］米糧。《詩・大雅・崧高》："以峙其粻，式遄其行。"（漢）鄭玄箋："粻，糧。"［按］聲不合，應歸地母。

② 撐〔~船〕：［《廣韻》丑庚切，平庚，徹。］用篙行船。（唐）錢珝《江行無題》詩之五二："撐開小漁艇，應到月明歸。"［按］聲、韻、調皆不合，當屬誤讀。

③ 槳〔櫓~〕：【字彙】子兩切，音獎。縱曰櫓，橫曰槳。［按］原注"櫓~"（櫓槳，見廖新校增本），不辭，當因"縱曰櫓，橫曰槳"之苟簡而致誤。"櫓~"，大版式本形誤，作"橧~"，其餘諸本皆誤作"檜~"。

④ 雀〔小鳥〕：［《廣韻》即略切，入藥，精。］1. 麻雀的别稱。《詩・召南・行露》："誰謂雀無角，何以穿我屋？"2. 泛指小鳥，鳥。《左傳・襄公二十五年》："〔然明〕對曰：視民如子。見不仁者，誅之，如鷹鸇之逐鳥雀也。"［按］今泉讀［tsiɔk꜀/ts'iɔk꜀/tsiaʔ꜀］。

⑤ 揪〔打甚也〕：【集韻】就六切。極擊也。［按］調不合，應歸下入。

⑥ 攘〔推也;竊也〕:[《廣韻》汝陽切,平陽,日。]1. 止。2. 驅逐;排斥;抵禦。《公羊傳・僖公四年》:"桓公救中國而攘夷狄。"……4. 盜竊;竊取。《墨子・非攻上》:"取人牛馬者,其不仁義又甚攘人犬豕雞豚。"[按]調不合,應歸下平。

⑦ 皾〔剥皮也〕:【字彙】如羊切,壤平聲。剥裂也。[按]調不合,應歸下平。據《字彙》,原注"剥皮也"應爲"剥裂也"。但【正字通】皾,"皾"字之譌。《唐史・武后贊》:敚皾神器。《舊注》引作"皺皾",非;別訓"剥裂",亦非。

⑧ 禳〔除癘殃也〕:[《廣韻》汝陽切,平陽,日。]祭名。古代除邪消灾的祭祀。《周禮・天官・女祝》:"掌以時招、梗、禬、禳之事,以除疾殃。"(漢) 鄭玄注:"卻變異曰禳。"[按]調不合,應歸下平。

⑨ 穰〔豐也〕:[《廣韻》汝陽切,平陽,日。]莊稼豐收。《管子》:"歲有凶穰,故穀有貴賤。"[按]調不合,應歸下平。

⑩ ㊪㑋:【集韻】乳隴切。不肖也。[按]韻、調不合,應歸香韻上上。

⑪ 蔏〔~蓙:常山〕:【字彙】尸羊切,音商。蔏蓙,藥也,根曰常山。[按]原注"常山"應爲"根曰常山"的誤省(諸本皆誤)。

⑫ 俶〔善也;始也〕:[《廣韻》昌六切,入屋,昌。]1. 善;美好。《詩・大雅・既醉》:"令終有俶,公尸嘉告。"《説文・人部》:"俶,善也。从人,叔聲。《詩》曰:'令終有俶。'"(清) 段玉裁注:"按《釋詁》、《毛傳》皆曰'淑,善也',蓋假借之字,其正字則'俶'也。"2. 始,開始;最早,最初。《北史・李崇傳》:"嵩都創構,洛邑俶營,雖年跨十稔,根基未就。"[按]聲不合,應歸出母。

⑬ 王〔琢玉工也〕:【集韻】息六切。琢玉工。[按]諸本"王"均誤作"玉",原注"琢玉工也",大版式本、道光本、文德堂本、會文書莊本、市圖善本誤作"琢玉三也"。

⑭ 桌〔嘉穀實也〕:【集韻】須玉切。《説文》嘉穀實也。[按]桌,同"栗"。

⑮ 泍〔俗字〕:同"淑"。[按]"泍"及以下"歗"、"咮"、"菽"、"茮"、"踧"(共六字),樋新編本缺,疑漏。原注"俗字",大版式本、道光本、文德堂本、市圖善本誤作"浴字"。

⑯ 歗〔啸也〕：［按］音、義均不合，“歗”應同“嘯”。［《廣韻》蘇弔切，去嘯，心。］同“嘯”。“歗”疑爲“欶”之形誤，諸本皆誤。【集韻】欶，所六切。吮也。

⑰ 踧〔～踖：敬也〕：［《廣韻》子六切，入屋，精。］恭敬貌。［按］聲不合，應歸争母。

⑱ 涌〔泉上溢也〕：【字彙】尹竦切，音勇。泉上溢也……俗作“湧”，非。［按］“涌〔泉上溢也〕”，樋新編本誤作“湧〔泉上溢也〕”，道光本、文德堂本、會文書莊本、市圖善本誤作“浦〔泉土溢也〕”。

⑲ 甬〔～出也〕：【字彙】尹竦切，音勇。《説文》草木華甬甬然也。徐曰：“甬之言湧也。若泉湧出也。”［按］原注“～出也”，當作“湧出也”。

⑳ 暎〔照也〕：【集韻】映、暎，於慶切。隱也。【字彙】映，於命切，英去聲。明相照也。［按］韻不合，應歸卿韻。

㉑ 暡〔～曫〕：【集韻】於浪切。暡曫，日無光。［按］韻不合，應歸東韻。

㉒ 葯〔白芷〕：【廣韻】於略切。白芷葉。《山海經 · 西山經》：“其木多漆、椶，其草多葯、虈、芎藭。”（晉）郭璞注：“葯，白芷别名。”［按］調不合，應歸下入。

㉓ 龠〔量名〕：［《廣韻》以灼切，入藥，以。］古量器名。（唐）李商隱《太倉箴》：“問龠、合、斗、斛，何以用銅？取寒暑暴露，不改其容。”［按］調不合，應歸下入。

聲韻調	5　香 iɔŋ/iɔk			
	下平˨˦ ^{24}	下上˨ ^{22}	下去˦˩ ^{41}	下入˨˦ $^{\underline{24}}$
争 ts	從〔隨也；順也〕　从〔向陽爲～〕	○	醬〔豉～〕①　牆〔醢也〕 種〔蓺也；植也〕 麞〔如小鹿〕② 衆〔多也〕	㊢咔③
入 dz	戎〔兵屬；汝也〕　毧〔細毛〕 氄〔鳥獸幼毛〕　絨〔熟絲；綢布〕 勷〔劻～；急遽〕　儴〔因也〕 慵〔懶也〕④　狨〔獸名〕 瀼〔～～：露多〕　茸〔草生貌〕 茸〔鹿～〕	○	讓〔謙遜也〕 懹〔憚也〕	若〔如也；汝也〕 辱〔恥也：～臨〕 褥〔藉也；裀～〕 肉〔骨肉〕　朒〔肌～〕 鄏〔郟～：邑名〕 縟〔～節：細也〕 箬〔～笠〕 弱〔劣也：強～〕 溽〔濕熱：～暑〕 鄀〔邑名〕 芍〔花名：白芍〕⑤ 叒〔若也〕
時 s	常〔久也；庸也〕 祥〔福也：祥瑞〕 詳〔審也：細～〕　徜〔徜～〕 裳〔衣～〕　嘗〔試也；口味〕⑥ 嫦〔嫦娥〕　償〔還也；報也〕⑦ 松〔木名〕　庠〔庠序：學名〕 嵩〔高也〕⑧　崧〔山大也〕⑨ 翔〔回飛也〕　菘〔木名〕⑩ 甞〔探味也〕⑪　淞〔江名〕⑫ 鱨〔黄頰魚也〕	像〔形～〕 象〔大獸〕	尚〔上也；加也〕 頌〔歌頌；稱述也〕 訟〔争辯也〕　誦〔～讀〕 愓〔憂也〕⑬ 相〔君～；宰～〕⑭	孰〔誰也〕　熟〔生之反也〕 蜀〔巴邑〕 俗〔風俗；世俗〕 蠋〔桑蟲〕⑮ 塾〔夾門堂也〕 續〔繼也：連～〕 藚〔水舄草〕 贖〔取回也；買也〕 屬〔類也；親屬〕 属〔俗字〕　璹〔玉器〕

（續表）

<table>
<tr><td rowspan="2">聲
韻
調</td><td colspan="4">5　香 iɔŋ/iɔk</td></tr>
<tr><td>下平˨˦ 24</td><td>下上˨˨ 22</td><td>下去˦˩ 41</td><td>下入˨˦ 24</td></tr>
<tr><td>英 ∅</td><td>容〔容貌;從容〕　陽〔陰陽;太陽〕
庸〔平常〕　揚〔顯揚;鉞也〕
瑢〔瑽~：玉聲〕　楊〔木名;又姓〕
榕〔木名〕　氜〔~氣〕
羊〔牛~柔毛〕　蓉〔芙~：荷花〕
煬〔爍金;融也;又去〕
鎔〔銷也;鑄也〕　鏞〔大鐘〕
瘍〔瘡痍〕　样〔~椎〕⑯
融〔和也;明盛也〕
颺〔大言而疾〕
鍚〔鏤~：當馬額〕⑰
阦〔俗字〕⑱　佯〔詐也;假狀〕
鄘〔國名〕　旸〔日出也〕
墉〔城也〕　昜〔太~〕
洋〔~~：盛大也〕　癢〔病也〕⑲
肜〔商祭名〕　彣〔善也;美也〕
溶〔~~：水盛〕　徉〔彷~〕
傭〔雇役於人〕　禓〔道神〕⑳</td><td>○</td><td>用〔施行也;使也〕
鞅〔~掌：言爲王事所拘也〕㉑
映〔照也〕㉒
擁〔土,衛也;群從〕㉓
壅〔塞也〕㉔
樣〔法也;式也〕㉕
漾〔水摇動也〕</td><td>欲〔情也;愛也〕
育〔養也〕
毓〔鍾~;~秀〕
昱〔日光也〕
慾〔淫~;嗜~〕
浴〔洗身也〕　煜〔耀也〕
爚〔光明也〕
瀹〔水名;疏通也〕
礿〔春祭;薄也〕
鵒〔鴝~：即八哥〕
鬻〔賣也〕　萑〔葦也〕
躍〔~貌〕　藥〔治病草〕
粥〔賣也;糜也;柔弱〕
蘥〔風吹水貌〕
䢞〔~且：邾定公名〕㉖
禴〔薄祭也〕
籥〔似笛：南~〕
鑰〔鎖~〕　淯〔水名〕</td></tr>
</table>

【校注】

① 醬〔豉~〕：［《廣韻》子亮切，去漾，精。］用鹽醋等調料腌製而成的肉醬。《周禮·天官·膳夫》："凡王之饋，食用六穀……醬用百有二十甕。"（漢）鄭玄注："醬，謂醢醢也。"［按］調不合，應歸上去。該欄中的"牄、種、衆"都應歸上去。

② 麞〔如小鹿〕：［《廣韻》諸良切，平陽，章。］（晉）崔豹《古今注·鳥獸》："麞有牙而不能噬。鹿有角而不能觸。麞，一名麢，青州人謂麢爲麞。"［按］調不

合，應歸上平。

③ ㊇哷：[《類篇》時利切。]同“嗜”。[按]聲、韻、調皆不合。

④ 慵〔懶也〕：[《廣韻》蜀庸切，平鍾，禪。]懶惰；懶散。（唐）杜甫《王十七侍御掄許携酒至草堂奉寄此詩便請邀高三十五使君同到》：“老夫卧穩朝慵起，白屋寒多暖始開。”[按]聲不合，應歸時母。

⑤ 芍〔花名：白芍〕：[《廣韻》市若切，入藥，禪。]參見“芍藥”。【芍藥】多年生草本植物。五月開花，花大而美麗，有紫紅、粉紅、白等多種顏色，供觀賞。根可入藥。[按]聲不合，應歸時母或争母。今泉讀[siɔk꜀/tsiɔk꜀/sioʔ꜀]。

⑥ 嘗〔試也；口味〕：[《廣韻》市羊切，平陽，禪。]辨别滋味；吃一點兒試試。《詩·小雅·甫田》：“田畯至喜，攘其左右，嘗其旨否。”[按]該字今泉常俗讀爲[꜂siɔŋ]，如“嘗試”。

⑦ 償〔還也；報也〕：[《廣韻》市羊切，平陽，禪。]賠償；償還。《左傳·定公三年》：“君以弄馬之故，隱君身，棄國家。群臣請相夫人以償馬，必如之。”[按]該字今泉讀[꜂siɔŋ]，如“賠償”。【集韻】始兩切。報也。

⑧ 嵩〔高也〕：[《廣韻》息弓切，平東，心。]山高。（漢）蔡邕《太尉喬玄碑陰》：“如淵之浚，如嶽之嵩。”[按]調不合，應歸上平。

⑨ 崧〔山大也〕：[《廣韻》息弓切，平東，心。]山高大貌。[按]調不合，應歸上平。

⑩ 菘〔木名〕：[《廣韻》息弓切，平東，心。]蔬菜名。通常稱白菜。《南史·周顒傳》：“文惠太子問顒菜食何味最勝，顒曰：‘春初早韭，秋末晚菘。’”[按]調不合，應歸上平。

⑪ 甞〔探味也〕：同“嘗”。

⑫ 淞〔江名〕：[《廣韻》息恭切，平鍾，心。]水名。淞江。發源於江蘇省太湖，流經上海市，入長江。通稱吴淞江。[按]調不合，應歸上平。

⑬ 慯〔憂也〕：[《廣韻》式亮切，去漾，書。]憂傷；哀痛。《廣雅·釋詁二》：“慯，痛也。”[按]調不合，應歸上去。

⑭ 相〔君~;宰~〕:[《廣韻》息亮切,去漾,心。]古官名。百官之長。後通稱宰相。《荀子·王霸》:"相者,論列百官之長,要百事之聽,以飾朝廷臣下百事之分,度其功勞,論其慶賞,歲終奉其成功以效於君。"[按]調不合,應歸上去。

⑮ 蠋〔桑蟲〕:[《廣韻》之欲切,入燭,章。]鱗翅目昆蟲的幼蟲。色青,形似蠶,大如手指。《詩·豳風·東山》:"蜎蜎者蠋,烝在桑野。"[按]聲、調不合,應歸争母上入。

⑯ 柈〔~槌〕:【廣韻】與章切。槌也。【方言】懸蠶柱,自關而東謂之槌,齊謂之柈。

⑰ 鍚〔鏤~:當馬額〕:【當盧】亦作"當顱"。馬首的鏤金飾物。因飾於馬額中央,故稱。《詩·大雅·韓奕》"鉤膺鏤鍚",(漢)鄭玄箋:"眉上曰鍚,刻金飾之,今當盧也。"(唐)孔穎達疏:"鍚,馬面當盧,刻金爲之。所謂鏤鍚當盧者,當馬之額,盧在眉眼之上,所謂鏤鍚指此文也。"

⑱ 陎〔俗字〕:【漢語大詞典】同"陽"。(清)阮元《疇人傳·宋一·周琮》:"日周四時,無所不照,君道也;星分行列宿,臣道也。陎陎進退于此,取儀刑焉。"

⑲ 癢〔病也〕:[《廣韻》餘兩切,上養,以。]皮膚或黏膜受刺激,需要搔擦的感覺。《禮記·内則》:"以適父母舅姑之所。及所,下氣怡聲,問衣燠寒,疾痛苛癢,而敬抑搔之。"[按]調不合,應歸上上。

⑳ 禓〔道神〕:【集韻】餘章切。《説文》道上祭。【字彙】移章切,音羊。道神。[按]諸本"禓"均誤作"禰"。

㉑ 鞅〔~掌:言爲王事所拘也〕:【集韻】於亮切。馬駕之具也。[按]調不合,應歸上去。

㉒ 映〔照也〕:[《廣韻》於敬切,去映,影。]照;照耀。《文選·郭璞〈江賦〉》:"青綸競糾,縟組争映。"[按]韻、調不合,應歸卿韻上去。

㉓ 擁〔土,衛也;群從〕:[《集韻》於容切,平鍾,影。]抱;擁抱。《禮記·玉藻》:"肆束及帶,勤者有事則收之,走則擁之。"(唐)孔穎達疏:"擁,謂抱之於懷

也。"[按]調不合,應歸上去。該字今泉俗讀[iɔŋ˅]。

㉔ 壅〔塞也〕:【集韻】於用切。塞也。[按]調不合,應歸上去。該字今泉讀[iɔŋ˅/iŋ˅]。

㉕ 様〔法也;式也〕:[《集韻》弋亮切,去漾,以。]形狀。(清)王謨輯(漢)崔寔《四民月令》:"齊人呼寒食爲冷節,以麵爲蒸餅様,團棗附之,名曰棗糕。"[按]該字今泉俗讀[iɔŋ˅]。

㉖ 玃〔~且:郕定公名〕:[《集韻》局縛切,入藥,羣。][按]聲、調不合,應歸求母上入。原注"~且:郕定公名",諸本皆誤作"郕定公名"。【中華大字典】【玃且】春秋時郕定公名。

聲韻調	5 香 iɔŋ/iɔk			
	下平˨˦ ^{24}	下上˨ ^{22}	下去˦˩ ^{41}	下入˨˦ $^{\underline{24}}$
文 b	㊪肱〔人名〕①	○	㊪雖〔人名〕②	○
語 g	㊪鉚〔美金〕③	仰〔望也;仰慕〕 卬〔瞻~〕	峅〔山名〕	㊪庰〔人名〕④
出 ts‘	昌〔日光也〕 充〔長也;滿也〕 沖〔搖動也〕 猖〔倡狂〕 菖〔~蒲〕 冲〔幼小也〕 忡〔憂也〕 倡〔優~:女樂;又去〕 創〔刀~;又去〕⑤ 鯧〔鯧魚〕 盅〔器虛〕⑥ 窜〔穿也〕⑦ 罿〔罬也:鳥網〕 种〔稚也〕⑧ 笁〔竹也〕⑨ 琉〔珥玉〕 愴〔悲惻貌〕 憧〔意不定也〕 倀〔~~:無見也〕 閶〔~闔:天門〕 茺〔益母草〕⑩ 翀〔直上飛貌〕⑪ 徸〔~~:征也〕	聳〔高也;驚也〕⑫ 衵〔日長也〕⑬ 儆〔寬也〕 惝〔~惘:失意〕 搶〔爭取;又平〕 聳〔耳高〕⑭ 竦〔懼也〕⑮ 懒〔~怳〕 悚〔懼也〕⑯ 敞〔高也;開也〕	倡〔倡和〕 韔〔弓衣〕⑰	綽〔寬也;緩也〕 碏〔人名〕 誀〔姓也〕⑱ 觸〔觸犯〕 犨〔牛~也〕 鵲〔喜鵲〕 捉〔捕也;~獲也〕 卓〔高也〕⑲ 擋〔牽制〕⑳ 蹴〔躡也〕 蹙〔土,~急也〕 浞〔土,寒~:讒人〕㉑ 臭〔小兔〕㉒ 涿〔流下滴也〕㉓ 猎〔良犬〕㉔ 膕〔臆中膏也〕 踖〔驚也〕 斮〔斬也〕 鳥〔鳥名;又音島〕㉕ 矗〔高起也〕 穛〔穀也〕㉖ 踀〔廉謹〕㉗ 趞〔不安也〕 齪〔齷齪〕
喜 h	香〔芳也〕 鄉〔~里〕 胷〔膺也〕 胸〔心胸〕 匈〔匈奴:夷名〕 恟〔懼也〕 洶〔~~:水勢〕 凶〔吉~〕 兇〔惡暴也〕 皀〔穀~〕 舡〔吴船名〕㉘ 薌〔~合;香也〕 褈〔增益也〕㉙ 麘〔麝~〕 滰〔水勢〕㉚ 肛〔腫也〕㉛ 膷〔牛羹〕	享〔獻也;受也〕 饗〔享也;飲也:燕~〕 響〔應聲也〕	餉〔饁也;饋也〕㉜	旭〔日出〕 郁〔~~:文盛貌〕 勖〔勉也〕 勛〔同上〕 謔〔戲~〕 緎〔有文章也〕㉝ 薁〔~李也〕㉞ 彧〔黍稷成也〕㉟ 燠〔煖也〕㊱ 稶〔茂盛也〕 隩〔地近水涯者〕㊲ 墺〔同上〕㊳ 澳〔同上〕㊴ 頊〔顓~〕

【校注】

① ㊂肱〔人名〕：[《廣韻》古弘切，平登，見。]手臂。《詩·小雅·無羊》："麾之以肱，畢來既升。"毛傳："肱，臂也。"[按]聲、韻、調皆不合。

② ㊂雗〔人名〕：【集韻】蠢勇切。鷯飛皃。[按]聲、韻、調皆不合。

③ ㊂銎〔美金〕：【字彙】求龍切。釧也。[按]聲、調不合。

④ ㊂庰〔人名〕：【集韻】昌石切。《説文》郤屋也。【玉篇】充夜切。義同。[按]聲、韻、調皆不合。

⑤ 創〔刀~；又去〕：[《廣韻》初良切，平陽，初。]創傷。《戰國策·燕策三》："秦王復擊軻，被八創。"[按]今泉讀[꜀ts'ɔŋ]，不讀[꜀ts'iɔŋ]。

⑥ 盅〔器虛〕：【集韻】敕中切。器虛曰盅。[按]聲不合，應歸他母。

⑦ 穼〔穿也〕：【集韻】敕中切。穿也。[按]聲不合，應歸他母。

⑧ 种〔稚也〕：【集韻】持中切。稚也。[按]聲、調不合，應歸他母下平。

⑨ 笁〔竹也〕：【集韻】敕中切。竹名。[按]聲不合，應歸他母。

⑩ 茺〔益母草〕：[按]除廖新校增本外，其餘諸本"茺"均誤作"莌"。

⑪ 翀〔直上飛貌〕：【集韻】敕中切。上飛也。[按]聲不合，應歸他母。

⑫ 聳〔高也；驚也〕：[《廣韻》息拱切，上腫，心。]2. 高起；矗立；生長。（晉）陶潛《和郭主簿》之二："陵岑聳逸峰，遥瞻皆奇絶。"……8. 通"悚"。恐懼；驚動。《左傳·襄公四年》："邊鄙不聳，民狎其野。"（晉）杜預注："聳，懼也。"[按]聲不合，應歸時母。

⑬ 昶〔日長也〕：[《廣韻》丑兩切，上養，徹。]日長。（明）沈鯨《雙珠記·月下相逢》："流離彼此如迷瘴，誰料陽烏仍昶！"[按]聲不合，應歸他母。

⑭ 耸〔耳高〕：【字彙】"聳"本字。《六書正譌》耳聾曰聳。又借爲高。[按]聲不合，應歸時母。傳統辭書查無"耳高"義，疑爲"耳聾曰聳。又借爲高"之誤省。

⑮ 竦〔懼也〕：[《廣韻》息拱切，上腫，心。]通"悚"。恐懼；驚懼。《詩·商

頌·長發》:"不震不動,不戁不竦。"毛傳:"竦,懼也。"[按]聲不合,應歸時母。

⑯ 悚〔懼也〕:[《廣韻》息拱切,上腫,心。]恐懼;惶恐。《孔子家語·弟子行》:"不戁不悚。"(晉)王肅注:"悚,懼。"[按]聲不合,應歸時母。

⑰ 韔〔弓衣〕:【集韻】丑亮切。《説文》弓衣也。[按]聲不合,應歸他母。

⑱ 諿〔姓也〕:【集韻】竹角切。闕。人名。[按]聲、韻不合,應歸地母東韻上入。

⑲ 卓〔高也〕:[《廣韻》竹角切,入覺,知。]高超;超絶。(漢)揚雄《法言·先知》:"不膠者卓矣。"[按]聲、韻不合,應歸地母東韻上入。

⑳ 搐〔牽制〕:[《集韻》敕六切,入屋,徹。]肌肉或筋抽縮牽動。《漢書·賈誼傳》:"天下之勢方病大瘇,一脛之大幾如要,一指之大幾如股,平居不可屈信,一二指搐,身慮亡聊。"[按]聲不合,應歸他母。

㉑ 浞〔土,寒~:讒人〕:[《廣韻》士角切,入覺,崇。]沾濕;浸漬。《説文·水部》:"浞,小濡貌也。"(清)段玉裁注:"《小雅》曰'既霑既足',蓋足即浞之假借也。"【寒浞】上古傳説中的人物。本爲寒國宗族,輔寒國君伯明氏,被廢棄。后羿奪帝相位以代夏,號有窮,任浞爲相。浞殺羿自立。後夏遺臣靡輔帝相子少康滅浞。[按]聲、韻、調不合,應歸争母東韻下入。今泉讀[tsak꜊/ts'iɔk꜊]。

㉒ 㕙〔小兔〕:【集韻】敕略切。小兔也,獸名。[按]聲不合,應歸他母。"㕙〔小兔〕",樋新編本誤作"㝵〔小貌〕",道光本、文德堂本、會文書莊本、市圖善本誤作"㝵〔小兒〕",大版式本誤作"㝵〔小兔〕"。

㉓ 涿〔流下滴也〕:【集韻】竹角切。《説文》流下滴也。[按]聲、韻不合,應歸地母東韻上入。

㉔ 猎〔良犬〕:【集韻】七約切。宋良犬名。

㉕ 鳥〔鳥名;又音島〕:【康熙字典】《字彙补》子削切,音爵。【漢語大詞典】鳥(què),地名用字。參見"鸞鳥"。【鸞鳥】地名。漢代武威郡有鸞鳥縣,在今甘肅省武威縣南。《漢書·地理志下》:"〔武威郡〕鸞鳥。"(清)王先謙補注:"《舊唐志》鸞鳥讀曰鸛雀。"[按]原注"又音島",樋新編本、大版式本、文德堂

本、市圖善本均誤作“又音昔”；道光本誤作“久音昔”；會文書莊本誤作“又音夕”；廖新校增本改作“舄〔鳥名；又音夕〕”，誤甚。舄，［《集韻》覩老切，上晧，端。］《漢書·揚雄傳下》：“譬若江湖之雀，勃解之鳥，乘雁集不爲之多，雙鳧飛不爲之少。”（唐）顏師古注：“鳥字或作‘島’。島，海中山也，其義兩通。”

㉖ 穛〔穀也〕：［《廣韻》側角切，入覺，莊。］早熟的穀物。《禮記·内則》：“飯：黍稷、稻粱、白黍、黃粱、稰穛。”（漢）鄭玄注：“熟穫曰稰，生穫曰穛。”［按］聲不合，應歸争母。

㉗ 踧〔廉謹〕：【集韻】初六切。齊謹也。【正字通】廉謹也。

㉘ 舡〔吳船名〕：［《廣韻》許江切，平江，曉。］船。《商君書·弱民》：“濟大川，而無舡楫也。”［按］韻不合，應歸東韻。

㉙ 褈〔增益也〕：【集韻】傳容切。《説文》增益也。［按］聲、調不合，應歸地母下平。

㉚ 洶〔水勢〕：【正字通】俗“洶”字。

㉛ 肛〔腫也〕：【集韻】虛江切。《博雅》胮肛，腫也。［按］韻不合，應歸東韻。

㉜ 餉〔饁也；饋也〕：【字彙】式亮切，商去聲。饋也；饁也。［按］聲不合，應歸時母。

㉝ 彧〔有文章也〕：【廣韻】於六切。有文章也。［按］［hiɔk꜆］爲該字白讀（文讀爲［iɔk꜆］）。

㉞ 薁〔~李也〕：［《廣韻》於六切，入屋，影。］1. 蘡薁。又稱野葡萄。果可釀酒，根葉可入藥。《詩·豳風·七月》：“六月食鬱及薁。”毛傳：“薁，蘡薁也。”2. 酸李。《漢書·司馬相如傳上》：“隱夫薁棣。”（唐）顏師古注：“薁，即今之郁李也。”［按］［hiɔk꜆］爲該字白讀（文讀爲［iɔk꜆］）。

㉟ 彧〔黍稷成也〕：［《廣韻》於六切，入屋，影。］茂盛貌。《尚書大傳》卷一下：“夏伯之樂，舞謾彧。”（漢）鄭玄注：“彧，長貌。言象物之滋曼彧然也。”［按］［hiɔk꜆］爲該字白讀（文讀爲［iɔk꜆］）。

㊱ 燠〔煖也〕：［《廣韻》於六切，入屋，影。］暖；熱。《書·洪範》：“八，庶徵：

曰雨,曰暘,曰燠,曰寒,曰風,曰時。"(唐)孔穎達疏:"《釋言》云:'燠,煖也。'"[按][hiɔk꜆]爲該字白讀(文讀爲[iɔk꜆])。

㊲ 隩〔地近水涯者〕:[《廣韻》於六切,入屋,影。]水邊深曲處。《説文·阜部》:"隩,水隈厓也。"(清)段玉裁注:"厓,山邊也。引申之爲水邊,隈厓謂曲邊也。"[按][hiɔk꜆]爲該字白讀(文讀爲[iɔk꜆])。

㊳ 墺〔同上〕:[《廣韻》於六切,入屋,影。]可以定居的地方。《玉篇·土部》引《書·禹貢》:"四墺既宅。"今本《書·禹貢》作"隩"。[按][hiɔk꜆]爲該字白讀(文讀爲[iɔk꜆])。

㊴ 澳〔同上〕:[《廣韻》於六切,入屋,影。]亦作"灣"。水邊彎曲處。《禮記·大學》:"《詩》云:'瞻彼淇澳,菉竹猗猗。'"按,今本《詩·衛風·淇奥》作"奥"。[按][hiɔk꜆]爲該字白讀(文讀爲[iɔk꜆])。

聲 韻 調	5 香 iɔŋ/iɔk			
	下平˨˦ ^{24}	下上˨ ^{22}	下去˦˩ ^{41}	下入˨˦ $^{\underline{24}}$
文 b	○	○	○	○ ㊪鸀①
語 g	顒〔頭大;仰也〕 喁〔魚口向上〕②	○	○	玉〔寶~〕 鈺〔堅金〕 虐〔酷也;殘也〕③ 獄〔牢~:拘囚〕 砡〔齊也〕 瘧〔~病〕 𧸘〔珍貝〕
出 tsʻ	牆〔垣墉也〕 墻〔俗字〕 鏘〔鏗~:金玉聲〕④ 戕〔傷也;殘也〕 摐〔打也〕⑤ 廧〔姓也〕	○	匠〔~人:工也〕⑥ 唱〔歌~;道也〕⑦ 縱〔放也;發語也〕⑧ 銃〔火~;鳥~〕⑨ 敤〔不請自來曰~食〕⑩ 揰〔推擊也〕⑪ 惷〔禮~而患〕⑫	擉〔以杈刺泥中取物也〕⑬
喜 h	雄〔羽屬之父〕 熊〔獸名~掌〕 獇〔獸似豕〕	○	向〔對也;地名〕⑭ 嚮〔上下~應;相~〕⑮ 珦〔玉名〕⑯ 曏〔往時也〕⑰	㱿〔嘔吐也〕⑱

【校注】

① ㊪鸀:[《廣韻》之欲切,入燭,章。]參見"鸀瑦"。[《廣韻》直角切,入覺,澄。]山烏。即紅嘴山鴉……《爾雅·釋鳥》:"鸀,山烏。"(晉)郭璞注:"似烏而小,赤觜,穴乳,出西方。"[《集韻》樞玉切,入燭,昌。][按]聲、韻、調皆不合。

② 喁〔魚口向上〕:[《廣韻》魚容切,平鍾,疑。]魚口露出水面唖動貌。《説文·口部》:"喁,魚口上見也。"《韓詩外傳》卷一:"水濁則魚喁,令苛則民亂。"[按]諸本原注"魚口向上"均誤作"衆口向上"。

③ 虐〔酷也;殘也〕:[《廣韻》魚約切,入藥,疑。]1. 殘害;侵凌。《書·洪範》:"無虐煢獨,而畏高明。"孔傳:"單獨者不侵虐之。"2. 殘暴;凶殘。《書·泰誓上》:"今商王受,弗敬上天,降災下民,沈湎冒色,敢行暴虐。"孔傳:"沈湎嗜酒,

冒亂女色,敢行酷暴,虐殺無辜。”[按]樋新編本“虐”誤作“謔”。

④ 鏘〔鏗~:金玉聲〕:[《廣韻》七羊切,平陽,清。]形容金、玉等撞擊聲。(元)周權《夏日偕友晚步飲聽泉軒》詩:“石根瀉幽泉,戛戛鏘琳球。”[按]調不合,應歸上平。

⑤ 摐〔打也〕:【字彙】七容切,促平聲。打也。[按]調不合,應歸上平。

⑥ 匠〔~人:工也〕:[《廣韻》疾亮切,去漾,從。]木工。亦泛指工匠。《孟子·告子上》:“大匠誨人必以規矩,學者亦必以規矩。”《説文·匚部》:“匠,木工也。从匚,从斤。斤,所以作器也。”[按]該字的文讀今泉仍有不送氣[tsiɔŋ⊇]及送氣[ts‘iɔŋ⊇]兩讀。

⑦ 唱〔歌~;道也〕:[尺亮切,去漾,昌。]領唱;領奏。《韓非子·解老》:“竽也者,五聲之長者也,故竽先則鍾瑟皆隨,竽唱則諸樂皆和。”[按]調不合,應歸上去。該字及其後的“縱”、“銃”均應歸上去。樋新編本、文德堂本“歌唱”誤作“敬唱”。

⑧ 縱〔放也;發語也〕:[《廣韻》子用切,去用,精。]1. 發;放。(唐)韓愈《秋懷詩》之六:“有如乘風船,一縱不可纜。”2. 釋放。《漢書·高帝紀上》:“自度比至皆亡之,到豐西澤中亭,止飲,夜皆解縱所送徒。”[按]調不合,應歸上去。

⑨ 銃〔火~;鳥~〕:[《廣韻》充仲切,去送,昌。]用火藥發射彈丸的管形火器。《元史·達禮麻識理傳》:“糾集丁壯苗軍,火銃什伍相聯。”[按]調不合,應歸上去。

⑩ 敊〔不請自來曰~食〕:【康熙字典】《訂正篇海》與“敤”同。【字彙·攴部】敤,丑用切。不請自來曰敤食。【集韻】敤,粗送切。不迎自來也。[按]聲、調不合,應歸他母上去;或韻、調不合,應歸東韻上去。

⑪ 揰〔推擊也〕:[《集韻》昌用切,去用,昌。]推擊。[按]調不合,應歸上去。

⑫ 惷〔禮~而患〕:【集韻】丑用切。《説文》亂也。[按]聲、調不合,應歸他母上去。

⑬ 擉〔以杈刺泥中取物也〕:[《廣韻》測角切,入覺,初。]戳;刺。《莊子·則陽》:“冬則擉鼈於江,夏則休乎山樊。”(唐)陸德明釋文:“擉……司馬云:刺也。”

[按]韻、調不合,應歸東韻上入。

⑭ 向〔對也;地名〕:[《廣韻》許亮切,去漾,曉。]朝北的窗。《詩·豳風·七月》:“十月蟋蟀入我牀下,穹窒熏鼠,塞向墐户。”毛傳:“向,北出牖也。”[按]調不合,應歸上去。

⑮ 嚮〔上下~應;相~〕:[《廣韻》許亮切,去漾,曉。]朝向;對着。《孟子·滕文公上》:“〔門人〕入揖於子貢,相嚮而哭。”[按]調不合,應歸上去。

⑯ 珦〔玉名〕:[《廣韻》許亮切,去漾,曉。]玉名。[按]調不合,應歸上去。

⑰ 曏〔往時也〕:[《廣韻》許亮切,去漾,曉。]不久以前;以往。《儀禮·士相見禮》:“曏者,吾子辱使某見,請還摯於將命者。”(漢)鄭玄注:“曏,曩也。”[按]調不合,應歸上去。

⑱ 㱿〔嘔吐也〕:[《廣韻》呼木切,入屋,曉。][《廣韻》許角切,入覺,曉。]嘔吐。[按]韻、調不合,應歸東韻或江韻上入。

6 歡

聲韻調	6 歡 uã/uãʔ(uaʔ)			
	上平˧33	上上˥55	上去˦˩41	上入˥5
柳 l	灘〔土音,水~〕	○	○	○
邊 p	搬〔解,搬運〕	阪〔解,水邊浮土〕①	○	砵〔解,缸~〕② 缽〔同上〕③
求 k	官〔解,~府〕 菅〔~草〕 乾〔解〕 竿〔竹~〕	趕〔解,~過〕	○	割〔解,~草〕④ 刈〔解,~禾〕⑤ 葛〔解,~布〕⑥
氣 k'	寬〔土音,~~〕	○	○	渴〔土音,口~〕⑦
地 t	單〔解,孤~〕	○	○	○
普 p'	潘〔土音,姓也〕	○	○	潑〔~水〕⑧
他 t'	攤〔解,土話,~照〕	○	○	○
争 ts	煎〔解,土話,用火~之〕	盞〔解,酒~〕 笊〔俗語,~籬〕⑨	賤〔土字,~油〕⑩	簽〔土字,~仔〕⑪
入 dz	○	○	○	○
時 s	山〔草木生〕	産〔土話,~米〕	散〔解,四~〕	煞〔止也〕⑫
英 ø	安〔土話,~落;又姓〕	碗〔解,磘~〕	○	○
文 b	○	滿〔解〕	○	抹⑬
語 g	○	○	○	○
出 ts'	○	○	○	○
喜 h	歡〔解,~喜〕 欣〔解,同上〕⑭	○	○	○

【校注】

① 阪〔解,水邊浮土〕:[《廣韻》府遠切,上阮,非。]山坡;斜坡。《詩·秦風·車鄰》:"阪有漆,隰有栗。"毛傳:"陂者曰阪。"【字彙】甫阪切,音返。《爾雅》陂者曰阪。又澤障也。[按]"水邊浮土",樋新編本、市圖善本、大版式本作"水邊浮上",誤。"水邊浮土"當指堤岸。

② 砵〔解,缸~〕:同"鉢"。鉢,[《廣韻》北末切,入末,幫。]盛器。形似盆而小,用來盛飯、菜、茶水等。《南齊書·良政傳·虞愿》:"帝素能食,尤好逐夷,以銀鉢盛蜜漬之,一食數鉢。"[按]韻不合,應歸花韻上入。

③ 鉢〔同上〕:同"鉢"。[按]韻不合,應歸花韻上入。

④ 割〔解,~草〕:[《廣韻》古達切,入曷,見。]用刀分解牲畜的骨肉。[按]韻不合,應歸花韻上入。

⑤ 刈〔解,~禾〕:[《廣韻》魚肺切,去廢,疑。]割取。《詩·周南·葛覃》:"葛之覃兮,施于中谷。維葉莫莫,是刈是濩。"(唐)孔穎達疏:"葛既成就,已可采用,后妃於是刈取之。"[按]聲、韻、調皆不合,實爲"割"的訓讀字。刈,今泉讀[gue⊇]。

⑥ 葛〔解,~布〕:[《廣韻》古達切,入曷,見。]多年生草本植物。莖蔓生。塊根含澱粉,供食用,亦可入藥,能發汗解熱。莖皮可製葛布。[按]韻不合,應歸花韻上入。

⑦ 渴〔土音,口~〕:[《廣韻》苦曷切,入曷,溪。]口乾想喝水。《詩·王風·君子于役》:"君子于役,苟無飢渴。"[按]韻不合,應歸花韻上入。

⑧ 潑〔~水〕:[《集韻》普活切,入末,滂。]將液體向外傾洒,使散開。(北魏)賈思勰《齊民要術·造神麯並酒》:"汲水二十斛,勿令人潑水。"[按]韻不合,應歸花韻上入。

⑨ 笊〔俗語,~籬〕:[《廣韻》側絞切,上巧,莊。]參見"笊籬"。【笊籬】用竹篾或鐵絲、柳條編成蛛網狀供撈物瀝水的器具。(北魏)賈思勰《齊民要術·餅

法》:"揀取均者,熟蒸,曝乾。須即湯煮,笊籬漉出,別作矡澆。"[按]該字讀音特殊,文讀[ᶜtsau](應歸郊韻),白讀[ᶜtsuã](歡韻),今泉仍沿用。

⑩ 𤈦〔土字,~油〕:[按]傳統辭書查無此字,當爲自造方言字。今泉讀[tsuãᵓ],如"𤈦油"(熬猪油)。

⑪ 篸〔土字,~仔〕:[按]傳統辭書查無此字,當爲自造方言字,指蒸食物的竹箅子。今泉讀[tsuaʔ꜀],應歸花韻上入。

⑫ 煞〔止也〕:[《廣韻》所八切,入黠,生。]結束;停止。(宋)周密《齊東野語·降仙》:"年年此際一相逢,未審是甚時結煞。"[按]韻不合,應歸花韻上入。原注"止也",唯廖新校增本無誤,其餘諸本均誤作"上也"。

⑬ 抹:[《廣韻》莫撥切,入末,明。]塗敷;塗抹。(唐)杜甫《北征》詩:"學母無不爲,曉粧隨手抹。"[按]韻不合,應歸花韻上入。

⑭ 欣〔解,同上〕:[《廣韻》許斤切,平欣,曉。]喜悦;欣幸。《左傳·昭公元年》:"諸侯其誰不欣焉望楚而歸之,視遠如邇。"[按]韻不合,實爲"歡"的訓讀字。

聲韻調	6 歡 uã/uãʔ(uaʔ)			
	下平ʎ^{24}	下上˧^{22}	下去˥˩^{41}	下入ʎ$^{\underline{24}}$
柳 l	攔〔解,~人〕 欄〔~禽獸〕	液〔解,口~也〕	○	辣〔味~〕①
邊 p	盤〔解,所以盛物〕	○	絆〔解,繫也〕②	跋〔解,仆也〕③
求 k	寒〔解,~熱〕	○	汗〔解,流~〕 觀〔解,佛殿也〕④	○
氣 kʻ	○	○	曠〔土話,~~〕⑤ 看〔~見〕⑥	○
地 t	壇〔解,佛~〕 彈〔解,~琴〕	○	旦〔土話,~占〕⑦	○
普 pʻ	⿺辶般〔土話,~山〕⑧	伴〔解,~行〕	判〔~事〕⑨	○
他 tʻ	○	○	炭〔解,火~〕⑩	○
争 ts	泉〔解,山下出~〕	濺〔~尿〕⑪	賤〔解,土話,物~〕	○
入 dz	○	○	○	熱〔寒~〕⑫
時 s	○	○	線〔解,針線〕⑬ 傘〔雨笠〕⑭	○
英 ∅	○	旱〔土音,苦~〕	晏〔解,土話,早~〕⑮ 換〔~物〕	活〔生~〕⑯
文 b	瞞〔解,遮~人〕 麻〔解,楊~〕 鰻〔~魚〕	○	○	末〔幼~〕⑰
語 g	○	○	○	○
出 tsʻ	○	○	擐〔門~〕⑱ 閂〔~門〕⑲	○
喜 h	○	○	岸〔田~〕 埢〔同上〕⑳	○

【校注】

① 辣〔味~〕：同"辢"。辢，[《廣韻》盧達切，入曷，來。][按]韻不合，應歸花韻下入。

② 絆〔解,繫也〕:[《廣韻》博慢切,去换,幫。]拴縛馬足的繩索;拴縛。《詩·周頌·有客》"言授之縶,以縶其馬",(漢) 鄭玄箋:"縶,絆也。"[按]調不合,應歸上入。

③ 跋〔解,仆也〕:[《廣韻》蒲撥切,入末,並。]跌倒。《説文·足部》:"跋,蹎也。"(清) 段玉裁注:"跋,經傳多叚借沛字爲之,《大雅》、《論語》'顛沛'皆即'蹎跋'也。"[按]韻不合,應歸花韻下入。

④ 觀〔解,佛殿也〕:[《廣韻》古玩切,去换,見。]道教的廟宇。《史記·封禪書》:"公孫卿曰:'仙人可見,而上往常遽,以故不見。今陛下可爲觀,如緱城,置脯棗,神人宜可致也。'"(唐) 孟棨《本事詩·事感》:"居十年,詔至京師,人人皆言有道士手植仙桃滿觀,盛如紅霞。"[按]調不合,應歸上去。

⑤ 曠〔土話,~~〕:[《廣韻》苦謗切,去宕,溪。]1. 明白;明朗;明亮。2. 空曠;開闊。3. 指廣大,寬廣。[按]今音、義均對不上,疑爲訓讀字。今泉無此説法。

⑥ 看〔~見〕:[《廣韻》苦旰切,去翰,溪。]1. 探望;問候。《韓非子·外儲説左下》:"梁車爲鄴令,其姊往看之。"(南朝·宋) 劉義慶《世説新語·德行》:"荀巨伯遠看友人疾。"2. 以視綫接觸人或事物。(南朝·宋) 劉義慶《世説新語·規箴》:"殷覬病困,看人政見半面。"[按]調不合,應歸上去。

⑦ 旦〔土話,~占〕:[《廣韻》得按切,去翰,端。]戲曲中扮演女子的角色。[按]調不合,應歸上去。原注"~占"(旦占)疑爲"占旦"的誤倒。【漢語大詞典】占(tiē),戲曲角色行當。次要的旦角。原爲"貼"字的簡寫,如(明)沈采所作傳奇《千金記》第六齣扮演漂母的角色,富春堂刊本作"貼旦",或簡作"貼",《六十種曲》本寫作"占旦",或作"占"。【貼旦】戲劇角色名。指同一劇中扮演次要角色的旦角。(清)李斗《揚州畫舫録·新城北録下》:"小旦謂之閨門旦。貼旦謂之風月旦,又名作旦。"道光本、文德堂本、會文書莊本、市圖善本、廖新校增本"旦〔土話,~占〕"均誤作"日〔土話,占〕"。

⑧ �〔土話,~山〕:[按]傳統辭書查無此字,當爲自造方言字,翻越義,今作"盤"[꜀p'uã](見《普通話閩南方言詞典》第五八〇頁)。

⑨ 判〔~事〕:[《廣韻》普半切,去换,滂。]謂對獄訟的審理和判决。《宋書·許昭先傳》:"叔父肇之,坐事繫獄,七年不判。"[按]調不合,應歸上去。

⑩ 炭〔解,火~〕:[《廣韻》他旦切,去翰,透。]木炭。由木材燒成的黑色燃料。《禮記·月令》:"〔季秋之月〕草木黄落,乃伐薪爲炭。"[按]調不合,應歸上去。

⑪ 濺〔~尿〕:[《廣韻》子賤切,去線,精。]液體迸射。《史記·廉頗藺相如列傳》:"相如曰:'五步之内,相如請得以頸血濺大王矣!'"[按]調不合,應歸上去。今表此義的"濺",泉仍讀下上調[ᶜ̬tsuã]。

⑫ 熱〔寒~〕:[《廣韻》如列切,入薛,日。]温度高。與"冷"相對。《孟子·梁惠王下》:"如水益深,如火益熱。"[按]韻不合,應歸花韻下入。

⑬ 線〔解,針線〕:同"綫"。綫,[《廣韻》私箭切,去線,心。]用棉、毛、絲、麻、金屬等材料製成的細縷。《周禮·天官·縫人》:"縫人掌王宫之縫線之事。"(漢)鄭玄注引(漢)鄭司農曰:"線,縷也。"[按]調不合,應歸上去。

⑭ 傘〔雨笠〕:【集韻】先旰切。蓋也。[按]調不合,應歸上去。

⑮ 晏〔解,土話,早~〕:[《廣韻》烏旰切,去翰,影。]晚;遲。《論語·子路》:"冉子退朝。子曰:'何晏也?'"[按]調不合,應歸上去。

⑯ 活〔生~〕:[《廣韻》户括切,入末,匣。]生命存在。與"死"相對。《詩·周頌·載芟》:"播厥百穀,實函斯活。"(漢)鄭玄箋:"活,生也。"[按]韻不合,應歸花韻下入。

⑰ 末〔幼~〕:[《廣韻》莫撥切,入末,明。]碎屑;粉末。《晉書·石崇傳》:"豆至難煮,豫作熟末,客來,但作白粥以投之耳。"[按]韻不合,應歸花韻下入。

⑱ 攂〔門~〕:【集韻】數還切。閉門機也。[按]聲、韻、調皆不合,實爲"串"的訓讀字。該義今泉讀[ts'uãᵓ](上去)。

⑲ 閂〔~門〕:[《字彙補》數還切。]1. 門關上後,横插在門内使門推不開的木棍或鐵棍。《兒女英雄傳》第三一回:"只見那水濕的地方從窗櫺兒裏伸進一隻手來,先摸了摸那横閂,又摸了摸那上閂的鐵環子。"2. 插上門閂(使門推不

開)。《老殘遊記》第五回:“此地有酒,你閂了大門,可以來喝一杯吧。”[按]聲、韻、調皆不合,實爲“串”的訓讀字。該義今泉讀[ts‘uã⊃](上去)。

⑳ 塍(同上):[《集韻》神陵切,平蒸,船。]田埂;畦田。[按]聲、韻、調皆不合,實爲“岸”的訓讀字。

7 高

聲 韻 調	7 高 ɔ/ɔʔ			
	上平˧^{33}	上上˥^{55}	上去˦˩^{41}	上入˥$^{\underline{5}}$
柳 l	猱〔猴屬,善升木〕① 麳〔~麴: 麥粥〕② 憹〔劣也〕③ 犪〔獸似牛也〕④ 挪〔搓也〕⑤ 峱〔山名〕⑥ 獿〔同猱〕⑦	魯〔鈍也;國名〕 虜〔掠也;獲也〕 鹵〔~奔〕 塷〔沙也〕 擼〔動也〕 擄〔搖動也〕 裸〔赤體也〕 嚧〔~~: 呼豬〕 嚕〔語也〕 憹〔憐~: 心惑也〕 滷〔鹹~〕 潦〔路上流水〕 櫓〔大盾〕 擄〔掠也〕 澛〔鹹~也;又縣名〕 摇〔搖也〕 砢〔衆石貌〕 咾〔聲也〕 瑙〔瑪瑙〕 腦〔頭腦〕 老〔七十曰老〕 蠃〔果~: 栝樓也〕 蓏〔果~: 木實曰果,草實曰~〕 笯〔篣~: 屈竹爲之〕 艣〔所以進船〕	潞〔水名〕 臑〔肩髆也〕	○
邊 p	褒〔褒貶〕 褎〔大衣也〕 波〔~浪;~池〕 皤〔白也〕 玻〔~瓈: 西國玉名〕 晡〔日~了〕 埔〔草~〕 菠〔~薐菜〕 埔〔山~〕	保〔抱也: ~守〕 寶〔~玉: 珍也〕 補〔填~;~綴〕 堡〔隄也〕 蔀〔草名: 障蔽光明〕 緥〔小兒衣〕 補〔~綴〕 褓〔繈~: 以負小兒〕 㚘〔相次也〕 鴇〔鳥也〕 鴇〔鳥雜毛〕 葆〔草盛也;繈~〕 珤〔珍~〕 玵〔玉器〕 簿〔手版也〕⑧ 爸〔羌人呼父〕	佈〔徧也〕	㊇ 痡⑨
求 k	高〔崇~也〕 孤〔獨也;公~〕 餻〔粉餈〕 觚〔酒器〕 軲〔姓也〕	果〔木實;~決〕 古〔遠代也〕 賈〔土聲,商賈〕 詁〔訓~〕 槁〔木枯〕 鼓〔鐘鼓〕 牯〔牡牛〕 杲〔日出明也〕 股〔脾~〕⑩ 稾〔禾稈〕 稿〔同上〕 鈷〔溫器〕 暠〔白貌〕 嘏〔福也;大也〕 盬〔盤也〕 皷〔俗鼓字〕 槀〔幹魚曰~〕	誥〔告也;訓~〕	㊇ 啩〔咽也〕⑪

【校注】

① 猱〔猴屬，善升木〕：【字彙】奴刀切，惱平聲。猴屬，性善升木。【詩·小雅·角弓】毋教猱升木。［按］調不合，應歸下平。原注"善升木"，除樋新編本、大版式本正確外，廖新校增本作"善登木"，其餘諸本皆誤作"善棄"。

② 麳〔～麱：麥粥〕：【集韻】盧臥切。麳麱，粟粥。［按］調不合，應歸下去。

③ 悇〔劣也〕：【集韻】奴刀切。劣也。［按］調不合，應歸下平。

④ 㹘〔獸似牛也〕：【字彙】奴多切，音那。獸似牛，白尾。［按］調不合，應歸下平。"㹘"，樋新編本誤作"牣"。

⑤ 挪〔搓也〕：［《廣韻》諸何切，平歌，泥。］兩手搓摩。［按］調不合，應歸下平。

⑥ 峱〔山名〕：［《廣韻》奴刀切，平豪，泥。］山名。在今山東省淄博市南。［按］調不合，應歸下平。

⑦ 獿〔同猱〕：［《集韻》奴刀切，平豪，泥。］亦作"獶"。同"猱"。獸名，猿屬。［按］調不合，應歸下平。

⑧ 簿〔手版也〕：［《廣韻》裴古切，上姥，並。］1. 册籍；記載用的本子。《漢書·張釋之傳》："〔釋之〕從行，上登虎圈，問上林尉禽獸簿，十餘問，尉左右視，盡不能對。"（唐）顏師古注："簿，謂簿書也。"……5. 手板；朝笏。《三國志·蜀志·秦宓傳》："宓以簿擊頰。"（南朝·宋）裴松之注："簿，手版也。"［按］調不合，應歸下上。

⑨ ㊇痡：【集韻】蒲故切。復病也。［按］韻、調不合，該字無入聲讀法。

⑩ 胋〔髀～〕：【集韻】果五切。《説文》髀也。［按］原注"髀～"，諸本均誤作"脾～"。

⑪ ㊇㖼〔咽也〕：【字彙】古沃切，音穀。㗂㖼，咽也。［按］原注"咽也"，樋新編本誤作"固也"，文德堂本誤作"梱也"，會文書莊本誤作"因也"。

聲韻調	7 高 ɔ/ɔʔ			
	下平˨˦[24]	下上˨˨[22]	下去˦˩[41]	下入˨˦[24]
柳 l	盧〔田犬;又姓〕 勞〔勤~;疲也〕 孥〔妻子也〕 帑〔國~:貯財〕① 鑼〔銅~:樂器〕 蘿〔女~:兔絲〕 醪〔汁滓爲酒〕 蠃〔蚌屬〕 駑〔~駘:下乘〕 撈〔水底取物曰~〕 欏〔~落:籬也〕 艫〔船頭刺櫂:舳~〕 壚〔土黑而疏〕 奴〔~婢〕 傚〔戮也〕 螺〔蚌屬〕 爐〔火~〕 炉〔俗字〕 澇〔水名;淫雨〕 嘐〔~嘈:聲也〕 蘆〔~菔也〕 嚧〔~~:呼豬〕 鑪〔酒器;又火牀〕 罹〔憂也〕 氌〔氆~:西洋布〕② 瀘〔水名〕 牢〔所以拘罪人;又太~〕 旅〔~弓矢:黑色〕 甗〔酒器〕 籮〔竹器:米~〕 纑〔布縷也〕 羅〔以絲罟鳥〕 膋〔脂也〕 膋〔腸間脂也〕③ 臚〔鴻~傳也〕 蠃〔魚身鳥翼〕 鱸〔~魚〕	弩〔弓~〕④ 努〔用力也〕⑤ 砮〔石可爲矢鏃〕⑥ 滷〔解,鹽~〕	路〔道~〕 輅〔大車之名〕 賂〔贈也:受~〕 露〔夜氣爲~,陰液也〕 嫪〔吝物也;戀惜也〕 鷺〔白~:鳥也〕 璐〔美玉〕 怒〔憤也〕 簵〔竹箭〕 簬〔竹可爲箭〕 罶〔~罶:取魚也〕 瘵〔~痢惡人〕⑦	○
邊 p	蒲〔水草可爲席〕 葡〔菖~:藥名〕 莆〔~田;菖~〕 匍〔~匐:手行也〕 袍〔~衣〕 逋〔逃也〕⑧ 鄱〔~陽:地名〕 餔〔食也〕⑨ 菩〔~薩:佛號〕 婆〔老媪之稱〕 蔢〔古婆字〕	部〔屬也〕	布〔~帛;散也〕⑩ 報〔答也;復也〕⑪ 虣〔虐也;強侵也〕 暴〔猛也;横也〕⑫ 播〔種也;布也〕⑬ 哺〔食在口也〕 簸〔揚米去糠〕⑭ 捕〔擒捉也〕⑮ 颮〔風台也〕⑯ 捬〔散也〕⑰ 步〔舉足曰~〕 玻〔~瑤:美玉〕 沛〔地名〕⑱ 瀑〔疾雨也〕⑲	○

（續表）

聲韻調	7 高 ɔ/ɔʔ			
	下平˨˦ 24	下上˨ 22	下去˦˩ 41	下入˨˦ 24
求 k	糊〔解，粘也〕 粘〔米~；麥~〕	㊪ 𥻵⑳	告〔啓也；命也〕㉑ 顧〔回視也；思念也；又發語辭〕㉒ 故〔固爲之也；事已舊也〕㉓ 痼〔久病也〕㉔ 罟〔罛~：取魚具〕㉕ 箇〔數也；枚也〕㉖	○

【校注】

① 帑〔國~：貯財〕：[《廣韻》他朗切，上蕩，透。]財帛。《韓非子·亡徵》："羈旅僑士，重帑在外，上閒謀計，下與民事者，可亡也。"又[《廣韻》乃都切，平模，泥。]通"孥"。兒女的通稱。《詩·小雅·常棣》："宜爾室家，樂爾妻帑。"毛傳："帑，子也。"[按]音、義錯位，"國帑"的"帑"應讀"他朗切"。

② 毲〔氆~：西洋布〕：【正字通】郎何切，音羅。氆毲，西番羢毛織者。吐蕃貢霞氎，即今紅氆毲。

③ 膋〔腸間脂也〕：[《廣韻》落蕭切，平蕭，來。]脂肪。《詩·小雅·信南山》："執其鸞刀，以啟其毛，取其血膋。"（漢）鄭玄箋："膋，脂膏。"[按]韻不合，應歸朝韻。

④ 弩〔弓~〕：[《廣韻》奴古切，上姥，泥。]用機械發箭的弓。《周禮·夏官·司弓矢》："司弓矢掌六弓四弩八矢之灋，辨其名物，而掌其守藏，與其出入。"[按]調不合，應歸上上。

⑤ 努〔用力也〕：[《廣韻》奴古切，上姥，泥。]勉力；用力。（元）王惲《挽漕篇》："硬拖泥水行，奚異鼻盪努。"[按]調不合，應歸上上。今泉常讀作下平調[꜀lɔ]，如"努力"。

⑥ 砮〔石可爲矢鏃〕：[《廣韻》奴古切，上姥，泥。]可製箭鏃的石頭。《書·禹

貢》:"厥貢羽毛齒革,惟金三品,杶榦栝柏,礪砥砮丹。"(唐)孔穎達疏引(漢)賈逵曰:"砮,矢鏃之石也。"[按]調不合,應歸上上。

⑦ 癆〔~瘌惡人〕:【廣韻】郎刀切。癆瘌惡人。【字彙】郎到切,勞去聲。癆瘌惡人。[按]樋新編本原注"癆瘌也;惡人也"中兩個"也"爲衍字;大版式本、文德堂本、會文書莊本、市圖善本、廖新校增本則均誤作"~病也;惡人也"。

⑧ 逋〔逃也〕:[《廣韻》博孤切,平模,幫。]逃竄;逃亡。《左傳·僖公十五年》:"六年其逋,逃歸其國。"(晉)杜預注:"逋,亡也。"[按]調不合,應歸上平。

⑨ 餔〔食也〕:[《廣韻》博孤切,平模,幫。]吃。《莊子·盜跖》:"盜跖乃方休卒徒太山之陽,膾人肝而餔之。"(唐)成玄英疏:"餔,食也。"[按]調不合,應歸上平。

⑩ 布〔~帛;散也〕:[《廣韻》博故切,去暮,幫。]1. 用麻、葛、絲、毛及棉花等纖維織成的可製衣物的材料。《論語·鄉黨》:"齊,必有明衣,布。"……15. 傳播;擴散。《楚辭·九辯》:"願沇滯而不見兮,尚欲布名乎天下。"[按]調不合,應歸上去。

⑪ 報〔答也;復也〕:[《廣韻》博耗切,去號,幫。]9. 復命。奉命辦事完畢,回來報告。《禮記·郊特牲》:"祭之日,王皮弁以聽祭報,示民嚴上也。"《史記·樗里子甘茂列傳》:"甘羅還報秦,乃封甘羅以爲上卿。"10. 泛稱報告;告知。(唐)杜甫《秦州雜詩》之十三:"船人近相報,但恐失桃花。"[按]調不合,應歸上去。該字今泉一般衹讀[po꜄],不讀[pɔ꜆]。

⑫ 暴〔猛也;横也〕:[《廣韻》薄報切,去號,並。]急驟;猛烈。《詩·邶風·終風》:"終風且暴,顧我則笑。"毛傳:"暴,疾也。"(唐)孔穎達疏:"《釋天》云:'日出而風爲暴。'孫炎曰:'陰雲不興而大風暴起。'然則爲風之暴疾,故云疾也。"[按]該字用在"風暴"一詞中今泉一般讀[pɔk꜇]([《廣韻》蒲木切,入屋,並]),讀[pɔ꜆/po꜆]時表示"北風",如"十二月南風現暴"。

⑬ 播〔種也;布也〕:[《廣韻》補過切,去過,幫。]布種;撒種。《書·益稷》:"暨

稷播，奏庶艱食鮮食。”孔傳：“與稷教民播種之。”[按]調不合，應歸上去。

⑭ 簸〔揚米去糠〕：[《廣韻》補過切，去過，幫。]揚米去糠。《詩·大雅·生民》：“或舂或揄，或簸或蹂。”（宋）朱熹集傳：“簸，揚去糠也。”[按]調不合，應歸上去。

⑮ 捕〔擒捉也〕：[按]今泉習慣用俗讀[꜀pɔ]，如“逮捕”，少用[pɔ꜖]。

⑯ 颶〔風台也〕：[《集韻》衢遇切，去遇，羣。]颶風。（唐）劉恂《嶺表録異》卷上：“南中夏秋多惡風，彼人謂之颶。”除了樋新編本外，其餘諸本均誤作“颶”；“風台也”，會文書莊本、廖新校增本誤作“風也”。[按]聲、韻、調皆不合，實爲“暴”的訓讀字（詳見⑫暴）。

⑰ 捬〔散也〕：[《廣韻》博孤切，平模，幫。]散佈；分佈。章炳麟《訄書·訂文附正名雜義》：“繇是言之，捬於文俗者，亦逾萬字。”[按]調不合，應歸上去。

⑱ 浦〔地名〕：【集韻】博故切。地名。[按]調不合，應歸上去。

⑲ 瀑〔疾雨也〕：[《廣韻》薄報切，去號，並。]急雨。[按]該字今泉一般讀[pɔk꜖]（[《廣韻》蒲木切，入屋，並]），不讀[pɔ꜖]。

⑳ ㊕㘸：【字彙】在果切，音坐。《玉篇》兀坐也。[按]聲不合，應歸争母。

㉑ 告〔啓也；命也〕：[《廣韻》古到切，去號，見。]上報；報告。《史記·孟嘗君列傳》：“〔齊王〕使人至境候秦使。秦使車適入齊境，使還馳告之。”[按]調不合，應歸上去。

㉒ 顧〔回視也；思念也；又發語辭〕：【集韻】古慕切。《説文》還視也。[《廣韻》古暮切，去暮，見。]顧惜；眷念。《管子·明法》：“明主者，使下盡力而守法分，故羣臣務尊主而不管顧其家。”樋新編本“思念也”誤作“恩念也”。[按]調不合，應歸上去。

㉓ 故〔固爲之也；事已舊也〕：【集韻】古慕切。《説文》使爲之也。[按]調不合，應歸上去。

㉔ 痼〔久病也〕：【集韻】古慕切。《説文》久病也。[按]調不合，應歸上去。

㉕ 罛〔罟~：取魚具〕：【集韻】古慕切。罟罛，取魚具。[按]調不合，應歸上去。

原注除廖新校增本外,均缺“具”字。

㉖ 箇〔數也;枚也〕:【集韻】居賀切。《説文》竹枚也。[按]調不合,應歸上去。原注“枚也”,除大版式本、樋新編本、廖新校增本外,其餘諸本均誤作“故也”。

聲韻調	7 高 ɔ/ɔʔ			
	下平˨˦ 24	下上˨ 22	下去˦˩ 41	下入˨˦ $\underline{24}$
求 k	姑〔父之姊妹曰~;又公~〕 歌〔~咏;~曲〕 哥〔兄~〕 夃〔買也〕 橰〔山榆〕 櫜〔弓衣〕 媧〔女~:神女〕① 辜〔罪也〕 㤋〔知也〕 罛〔魚罟〕 膏〔脂也;丹~〕 皋〔進也〕 呱〔泣聲〕 臯〔俗皋字〕 辜〔怯也〕 苽〔彫~〕 菰〔同上,香~〕 鼛〔役事車鼓〕 笟〔以篾束物〕 臯〔澤也;岸也〕 戈〔戟也〕 薅〔拔去田草〕② 菏〔澤名〕 沽〔買也〕 糕〔同餻〕 羔〔小羊:羊~〕 戨〔杙也:船~〕③ 泒〔水名〕 舠〔小船:~仔〕④ 鮕〔~鯝〕 箍〔以篾~桶〕 鴣〔鷓~〕	顆〔物~;珠~〕⑤ 粿〔米~也〕 股〔髀幹:~肱〕 羖〔牡羊也〕 盬〔不堅固也〕 酤〔買也〕 瞽〔無明也;又樂師〕 灉〔水~〕 罟〔網之總名〕 蠱〔亂也;卦名〕 藁〔木枯;草~〕 蜾〔~蠃:細腰蜂〕 裹〔包也;纏也〕 縞〔~衣:白色〕 鎬〔~京〕 估〔公~:論計〕 菒〔枯草也〕 菓〔俗果字〕	過〔失誤也;越也〕	○
氣 kʻ	科〔等也;~甲〕 柯〔枝~;斧柄〕 枯〔槁也;朽也〕 箬〔竹名〕 軻〔孟子名也〕 刳〔判也〕 珂〔玉名〕 箍〔解,~桶〕 葪〔~藤〕 窠〔鳥巢在穴曰~〕 蝌〔~蚪:蝦蟆子〕 箶〔篾也〕 尻〔脽也〕 薖〔草名〕 粿〔豆~;麻~〕⑥	苦〔困~;勞~〕 許〔解,姓也〕 敤〔研治也〕	犒〔~勞〕 課〔試也;文~〕	㊫梏⑦

（續表）

聲韻調	7 高 ɔ/ɔʔ			
	下平˩˦24	下上˨˨22	下去˦˩41	下入˨˦24
地 t	都〔皇~;~圖〕 多〔大有也;衆也〕 刀〔兵也〕 闍〔城上之臺〕 桗〔木枝四布〕⑧ 忉〔~~：憂也〕 㝵〔古多字〕	覩〔見也〕 禱〔祈神也;求福也〕 島〔山~〕 賭〔~博〕 躲〔~避也〕 垜〔射~也〕 堵〔垣也〕 睹〔詰朝欲明也〕⑨ 搗〔~物〕 陎〔射~也〕 幬〔覆~：被也〕⑩ 睹〔視也〕 珆〔玉名〕 坻〔甑別名〕⑪ 塢〔壁~〕⑫ 隝〔同上〕⑬ 皶〔桑白皮〕 倒〔仆也〕 擣〔手椎也〕⑭ 睡〔耳~也〕 鬌〔髮留不翦〕	蠹〔蛀蟲;白魚〕 縚〔人名〕⑮ 隋〔山名〕⑯	㊇ 篰⑰
普 pʻ	鋪〔設也;陳也〕 痡〔疲不能行之病〕 波〔水~〕	普〔徧也〕 頗〔差多曰~〕 㕯〔~耐〕 譜〔~牒：系也〕 叵〔不可也〕 溥〔大也;徧也〕 浦〔水濱;大水〕 圃〔種蔬菜也〕 普〔博也;大也〕	○	㊇ 䋠⑱

【校注】

① 媧〔女~：神女〕：[《廣韻》古蛙切，平佳，見。]女媧，神話傳説中的女帝名。《説文・女部》："媧，古之神聖女，化萬物者也。"[按]韻不合，應歸花韻。

② 薅〔拔去田草〕：[《廣韻》呼毛切，平豪，曉。]除去雜草。《詩・周頌・良耜》："其鎛斯趙，以薅荼蓼。"（宋）朱熹集傳："薅，去也。"[按]聲不合，應歸喜母。

③ 戨〔杙也：船~〕：【字彙】居何切，音歌。杙也，所以繫舟。○本从弋，見弋部。俗从戈。【康熙字典】《韻會》居何切，音歌。杙也。[按]原注"杙也"，除

廖新校增本外,其餘諸本皆誤作"栈也"。

④ 舠〔小船:~仔〕:[《廣韻》都牢切,平豪,端。]小船。(南朝・梁)劉勰《文心雕龍・夸飾》:"是以言峻則嵩高極天,論狹則河不容舠。"[按]聲不合,應歸地母。疑爲"舸"。【集韻】舸,居何切。船名。【字彙】舸,同舸。舸,[《廣韻》古我切,上哿,見。]小船或一般的船。《三國志・吴志・周瑜傳》:"又豫備走舸,各繫大船後。"

⑤ 顆〔物~;珠~〕:[《廣韻》苦果切,上果,溪。]泛指粒狀物。(唐)白居易《題郡中荔枝》詩:"燕脂掌中顆,甘露舌頭漿。"[按]聲不合,應歸氣母。今泉俗讀陰平[꜀k'ɔ]。

⑥ 籸〔豆~;麻~〕:[《廣韻》所臻切,平臻,生。]亦作"粃"。1. 粉滓;麻子(即芝麻)榨油後之枯滓。(元)許有壬有《籸麴》詩。(明)李時珍《本草綱目・穀一・胡麻》:"此(麻枯餅)乃榨去油麻滓也,亦名麻籸(音辛)。荒歲人亦食之,可以養魚肥田。"2. 凝結的粥塊。(清)李調元《卍齋瑣録》卷七:"凡粥凝曰籸。"[按]聲、韻不合,應爲"餂"的訓讀字。【集韻】餂,空胡切。糗餅。

⑦ ㊥楛:[《字彙》孔五切。]器物粗劣不堅。《荀子・議兵》:"械用兵革窳楛不便利者弱。"(唐)楊倞注:"楛,濫惡,謂不堅固也。"[按]該字無入聲讀法。

⑧ 梚〔木枝四布〕:【玉篇】達胡切。木枝四布。[按]調不合,應歸下平。

⑨ 睹〔詰朝欲明也〕:【廣韻】當古切。詰朝欲明。[按]原注"詰朝",除廖新校增本外,其餘諸本均誤作"誥朝"。

⑩ 幬〔覆~:被也〕:[《廣韻》徒倒切,去號,定。]覆蓋。《禮記・喪大記》:"大夫殯以幬。"(漢)鄭玄注:"幬,覆也。"(唐)孔穎達正義:"謂棺衣覆之也。"【覆幬】亦作"覆燾"。猶覆被。謂施恩,加惠。《禮記・中庸》:"辟如天地之無不持載,無不覆幬。"[按]調不合,應歸下去。

⑪ 坬〔甑別名〕:【字彙】徒古切,度上聲。甑別名;又瓶也。[按]調不合,應歸下上。除樋新編本作"坬"外,其餘諸本皆誤作"瓬"(大版式本漫漶不清)。

⑫ 塢〔壁~〕:[《廣韻》安古切,上姥,影。][《集韻》烏故切,去暮,影。]小型

城堡。《後漢書·皇甫規傳》:"後先零諸種陸梁,覆没營塢。"(唐)李賢注:"《説文》曰:'塢,小障也,一曰庳城也。'"[按]聲不合,應歸英母。

⑬ 隖〔同上〕:同⑫塢。

⑭ 擣〔手椎也〕:【集韻】覩老切。《説文》手椎也。[按]原注"手椎也",除廖新校增本外,其餘諸本均誤作"手推也"。

⑮ 縚〔人名〕:[《廣韻》土刀切,平豪,透。]同"絛"。絲繩;絲帶。(前蜀)李珣《渔父》詞:"櫂警鷗飛水濺袍,影隨潭面柳垂縚。"[按]聲、調不合,應歸上平。

⑯ 隋〔山名〕:[《廣韻》徒果切,上果,定。]山形狹而長。《詩·周頌·般》:"隋山喬嶽,允猶翕河。"(唐)陸德明釋文:"郭云:山狹而長也。"[按]調不合,應歸下上。

⑰ ㊉筯:[《廣韻》遅倨切,去御,澄。]同"箸"。(南朝·宋)劉義慶《世説新語·忿狷》:"王藍田性急。嘗食雞子,以筯刺之,不得,便大怒,舉以擲地。"[按]韻、調不合。

⑱ ㊉餔:【集韻】蒲故切。餹餔,餌也。[按]該字無入聲讀法。

聲 韻 調	7 高 ɔ/ɔʔ			
	下平˨˦ ^{24}	下上˨˨ ^{22}	下去˦˩ ^{41}	下入˨˦ ^{24}
求 k	湂〔澤水名〕①	怙〔~人〕②	錮〔禁~;~幣〕③ 固〔堅~;~陋〕④ 顧〔俗顧字〕⑤ 雇〔傭貸人也〕⑥ 郜〔國名〕⑦	○
氣 k'	㊪痦⑧	○	庫〔倉~:貯藏〕⑨ 袴〔股衣也〕⑩ 誥〔告也〕⑪ 絝〔衣~〕⑫ 靠〔倚~;~實〕⑬ 敂〔擊也〕⑭	○
地 t	徒〔空也;卒~〕 圖〔謀也;~畫〕 逃〔避也:~亡〕 迯〔同上〕 屠〔殺也;宰豬〕⑮ 廜〔~穌草菴〕 他〔彼也;誰也〕⑯ 駝〔馲~〕 陀〔陂~:不平也〕 鞉〔小鼓有柄〕 鞀〔~鼓〕 峹〔~山〕 迤〔逶~:行貌〕 塗〔旅途也〕 紽〔數也〕 濤〔波~〕 裪〔福也;神也〕 它〔誰也〕 淘〔淅米也〕 碢〔磚也〕⑰ 碃〔同上〕 柁〔正船木設於船尾〕 舵〔同上〕⑱ 鞀〔小鼓兩旁有耳〕 綯〔絞切索也〕 荼〔苦菜〕 萄〔蒲~〕 翿〔纛也〕 佗〔倭~〕 牠〔牛無角〕 檮〔~杌:惡名〕 沱〔滂~:大雨〕 沲〔同上〕 馱〔騾~負物也〕 塗〔泥也〕 砣〔碾輪石也〕 梌〔刺木也〕 稌〔折~〕 瘏〔困病也〕 稌〔禾穗也〕	杜〔木名;塞也〕 道〔猶路也;~理〕 肚〔腹~〕 塢〔~鵰:鳥也〕⑲ 芏〔草名〕 糯〔黏也〕⑳ 惰〔怠也〕 衟〔古文道字〕	度〔法~;尺也〕 導〔引也;化~〕 墮〔落也;墜也〕 斁〔敗也〕 悼〔傷也;哀也〕 燾〔溥覆照也〕 受〔姓也〕 盜〔賊也〕 剁〔斫也〕㉑ 蹈〔足也〕 稻〔水田所種〕㉒ 柘〔桑~〕㉓ 妬〔~忌〕㉔ 渡〔濟~〕 秅〔禾百秉〕㉕ 到〔至也〕㉖	○
普 p'	坡〔阪也〕	簿〔解,手版;數~〕	破〔剖也;裂也〕㉗ 鋪〔~站;~分〕㉘	○

【校注】

① 菏〔澤水名〕:[《集韻》寒歌切,平歌,匣。]古水名。在今山東省境內。《書·禹貢》:"導沇水,東流爲濟,入于河,溢爲滎,東出于陶丘北,又東至于菏。"[按]聲不合,應歸喜母。

② 怙〔~人〕:[《廣韻》侯古切,上姥,匣。]依賴;憑恃。《詩·小雅·蓼莪》:"無父何怙,無母何恃。"(唐)陸德明釋文:"《韓詩》云:'怙,賴也。'"[按]聲不合,應歸喜母。

③ 錮〔禁~;~幣〕:[《廣韻》古暮切,去暮,見。][按]調不合,應歸上去。

④ 固〔堅~;~陋〕:[《廣韻》古暮切,去暮,見。][按]調不合,應歸上去。

⑤ 頋〔俗顧字〕:[《廣韻》古暮切,去暮,見。][按]調不合,應歸上去。

⑥ 雇〔傭貸人也〕:[《廣韻》古暮切,去暮,見。][按]調不合,應歸上去。

⑦ 郜〔國名〕:[《廣韻》古到切,去號,見。]古國名。春秋時爲宋所滅。《左傳·桓公二年》:"夏四月,取郜大鼎于宋 。"楊伯峻注:"郜,國名, 姬姓。據僖公二十四年《傳》,初封者爲文王之子,國境在今山東省成武縣東南。"[按]調不合,應歸上去。

⑧ (增)瘔:[《集韻》苦故切,去莫,溪。]困。[按]調不合,應歸上去。

⑨ 庫〔倉~:貯藏〕:[《廣韻》苦故切,去暮,溪。]儲藏戰車兵甲的屋舍。《管子·七患》:"庫無備兵。"[按]調不合,應歸上去。

⑩ 袴〔股衣也〕:[《廣韻》苦故切,去暮,溪。][按]調不合,應歸上去。

⑪ 誥〔告也〕:[《廣韻》古到切,去號,見。][按]聲、調不合,應歸求母上去。

⑫ 絝〔衣~〕:[《廣韻》苦故切,去號,見。][按]調不合,應歸上去。

⑬ 靠〔倚~;~實〕:[《廣韻》苦到切,去號,溪。][按]調不合,應歸上去。

⑭ 吱〔擊也〕:【集韻】口箇切。《博雅》擊也。[按]調不合,應歸上去。

⑮ 屠〔殺也;宰豬〕:[《廣韻》同都切,平模,定。]宰殺(牲畜)。《逸周書·程典》:"牛羊不盡齒,不屠。"[按]今泉俗讀[ᶜtɔ]。

⑯ 他〔彼也;誰也〕:[《廣韻》託何切,平歌,透。]别的;另外的。《詩·鄭風·褰裳》:"子不我思,豈無他士?"(漢)鄭玄箋:"他士,猶他人也。"[按]調不合,應歸上平。

⑰ 碢〔磚也〕:【字彙】同"砣"。【字彙】砣,唐何切,音駝。碾輪石也。【漢語大字典】砣,同"堶"。【集韻】堶,徒禾切。飛甎戲也。或作"砣"。【正字通】舊注同"砣"。又飛磚戲。[按]原注疑有誤,諸本皆然。

⑱ 舵〔同上〕:[《廣韻》徒可切,上哿,定。]船上或飛行器上用以控制方向的裝置。(元)無名氏《馮玉蘭》第三折:"船呵,在風中簸蕩任東西,水上漂浮,又無人把舵推篷。"[按]調不合,應歸下上。

⑲ 鳽〔~鶋:鳥也〕:【集韻】動五切。鳽鶋,鳥名。通作"杜"。

⑳ 糦〔黏也〕:【集韻】大到切。黏也。[按]調不合,應歸下去。

㉑ 剁〔斫也〕:[《廣韻》都唾切,去過,端。]砍。(唐)杜甫《閿鄉姜七少府設鱠戲贈長歌》:"無聲細下飛碎雪,有骨已剁觜春葱。"[按]調不合,應歸上去。

㉒ 稻〔水田所種〕:[《廣韻》徒皓切,上皓,定。]植物名。一年生草本植物。有水稻、旱稻兩類,通常多指水稻。《詩·豳風·七月》:"十月穫稻,爲此春酒,以介眉壽。"[按]調不合,應歸下上。

㉓ 柘〔桑~〕:[《廣韻》之夜切,去禡,章。]1. 木名。桑科。落葉灌木或小喬木。《詩·大雅·皇矣》:"攘之剔之,其檿其柘。"《周禮·考工記·弓人》:"弓人爲弓,取六材必以其時……凡取幹之道七:柘爲上,檍次之,檿桑次之。"2. 指柘葉。《新唐書·南蠻傳上·南詔上》:"自曲靖州至滇池,人水耕,食蠶以柘。"(宋)趙以夫《二郎神·次陳唯道》詞:"莫怨春歸,莫愁柘老,蠶已三眠將醒。"【桑柘】桑木與柘木。《禮記·月令》:"〔季春之月〕命野虞無伐桑柘,鳴鳩拂其羽,戴勝降於桑。"[按]誤讀,"柘"無"都故切"一讀。

㉔ 妬〔~忌〕:【集韻】妒、妬,都故切。《説文》婦妬夫也。《左傳·襄公二十一年》:"叔向之母妬叔虎之母美而不使。"[按]調不合,應歸上去。

㉕ 秅〔禾百秉〕:[《廣韻》當故切,去暮,端。]古時禾稼的計數單位。四百把

爲一秅。《周禮·秋官·掌客》:"車三秅,芻薪倍禾。"(漢)鄭玄注:"《聘禮》曰:'四秉曰筥,十筥曰稯,十稯曰秅。'每車三秅,則三十稯也。稯猶束也。"[按]調不合,應歸上去。

㉖ 到〔至也〕:[《廣韻》都導切,去號,端。]至;來到;到達。《論語·季氏》:"民到於今稱之。"[按]調不合,應歸上去。

㉗ 破〔剖也;裂也〕:[《廣韻》普過切,去過,滂。]破壞;損壞;使碎裂。《詩·豳風·破斧》:"既破我斧,又缺我斨。周公東征,四國是皇。"[按]調不合,應歸上去。

㉘ 鋪〔~站;~分〕:[《廣韻》普故切,去暮,滂。]驛站。(宋)周密《齊東野語·祥瑞》:"所在奏貢芝草者,動二三萬本,蘄黄間至有一鋪二十五里之間,遍野而出。"(清)顧炎武《日知録·驛傳》:"今時十里一鋪,設卒以遞公文。"[按]調不合,應歸上去。

聲韻調	7 高 ɔ/ɔʔ			
	下平˨˦ ^{24}	下上˨ ^{22}	下去˦˩ ^{41}	下入˨˦ ^{24}
他 tʻ	韜〔文~;又劒衣〕 叨〔忝也;~倖〕 滔〔漫也;大水也〕 瑫〔玉名〕 悇〔懷憂也〕 駣〔耳鳴〕 夲〔往來見〕 拕〔引也〕 慆〔悅也;久也〕 �ީ〔日陰也〕 拖〔~紳〕 謟〔疑也〕 韜〔藏也〕 饕〔貪財爲~〕 瑹〔美玉〕 搯〔師乃~搯〕	土〔~地;后~〕 討〔治也;~罪〕 妥〔土,帖也;~當〕	套〔長也〕	㊫蕢[1]
争 ts	租〔田賦也〕 糟〔酒滓也〕 遭〔遇也:~逢〕 徂〔往也〕[2] 殂〔死也〕[3] 雛〔鳥子也〕[4] 瘥〔病也〕[5] 鄒〔邑名〕[6]	左〔~右〕 祖〔~考;~宗〕 阻〔隔也:險~〕 澡〔洗滌〕 棗〔果名〕 俎〔~豆:祭器〕 蚤〔早也〕 璪〔玉飾〕 珇〔美好也〕 早〔先也;晨也〕 藻〔草生水底〕 ナ〔左也〕 組〔~綬〕 齟〔~齬〕[7] 皁〔~隸;穀實未堅〕[8]	竈〔可炊飯也〕	㊫筰
入 dz	㊫貎[9]	㊫畮〔田名〕[10]	㊫僣[11]	㊫髿〔~髮〕[12]
時 s	蘇〔復生也;又姓〕 騷〔~人〕 梭〔織具〕 搔〔手爬〕 酥〔酒名〕 梳〔木~〕 慅〔動也;憂也〕 唆〔~使〕 蔬〔草菜通號〕 甦〔死而復生〕 疎〔土,稀也〕 繅〔繹繭爲絲〕 娑〔婆~〕 疏〔親~;通也〕 莎〔挼~:香附子〕 綀〔紵屬〕 篗〔織具〕 穌〔息也〕 臊〔急躁者其肉~惡〕 溞〔淅米聲〕 延〔通也〕 眘〔偷視也〕 摵〔摸~也〕 繰〔同繅〕 簑〔草名,可爲雨衣〕	所〔指物之辭;方~:處也〕 掃〔除糞也〕 嫂〔兄之妻也〕 鎖〔~鑰〕 損〔動也〕 瑣〔細也;又繁碎〕 磧〔小石〕 篠〔竹名〕 埽〔同掃〕 嫂〔兄妻也〕	燥〔乾也〕	○

（續表）

聲韻調	7 高 ɔ/ɔʔ			
	下平˩˦ 24	下上˨ 22	下去˦˩ 41	下入˨˦ 24
英 ø	烏〔黑也〕 痾〔病也〕 嚂〔鴉鳴〕 融〔黏也〕⑬ 雓〔鳥名〕 阿〔曲也〕 剮〔草器〕 嗚〔~呼〕 疴〔病也〕 苛〔~政：虐也〕⑭	隖〔山阿也〕 襖〔裘屬〕 鄔〔地名〕 欕〔枝垂也〕⑮ 髮〔髮長〕⑯ 婀〔~娜：美貌〕⑰ 滆〔水名〕 媪〔女老之稱〕 瑦〔石之似玉者〕	護〔助也〕	㊫蜑⑱
英 ø	荷〔土，芙蕖；負~〕⑲ 痾〔疾病〕 婯〔~娜：弱態〕⑳	昈〔明也〕	○	○
文 b	○	某〔~者，未定之辭〕 姆〔女師也〕 媽〔父母之母〕 馬〔馬行貌〕 母〔父~〕 畝〔畎~〕 厶〔~人；又作私字〕 姥〔老母也〕 牡〔畜父〕 拇〔足大指也〕 扗〔手指也〕	○	○

【校注】

① ㊫萮：【集韻】居何切。萮母，草名，出嶺南。［按］聲、韻、調皆不合，該字無入聲讀法。

② 徂〔往也〕：［《廣韻》昨胡切，平模，從。］往；去。《詩・豳風・東山》："我徂東山，慆慆不歸。"（漢）鄭玄箋："我往之東山，既久勞矣。"［按］調不合，應歸下平。

③ 殂〔死也〕：［《廣韻》昨胡切，平模，從。］死亡。《説文・歺部》"殂"字下引《虞書》："勛乃殂。"今本《書・舜典》作"帝乃殂落"。［按］調不合，應歸下平。

④ 鶵〔鳥子也〕：［《廣韻》仕于切，平虞，崇。］小鷄。泛指幼禽或幼獸。《禮記・内則》："魴鱮烝，鶵燒。"（唐）孔穎達疏："鶵是鳥之小者。"［按］調不合，

應歸下平。

⑤ 瘥〔病也〕:[《廣韻》昨何切,平歌,從。]病;疫病。《詩·小雅·節南山》:"天方薦瘥,喪亂弘多。"(漢)鄭玄箋:"天氣方今又重以疫病。"[按]調不合,應歸下平。

⑥ 鄒〔邑名〕:[《廣韻》側鳩切,平尤,莊。]春秋邾國。曹姓,子爵。武王時始受封。戰國時魯穆公改爲鄒。唐爲鄒縣,歷代因之。故地在今山東省鄒縣一帶。《國語·鄭語》:"曹姓鄒莒,皆爲采衛。"(三國·吴)韋昭注:"陸終第五子曰安,爲曹姓,封於鄒。"[按]今泉習慣讀白讀[꜀tso]。

⑦ 齟〔~齬〕:[《廣韻》牀吕切,上語,崇。]【齟齬】上下齒不相對應。(明)徐渭《秦望山花蕊峰》詩:"宛如齒齟齬,張吻訟所苦。"[按]調不合,應歸下上。

⑧ 阜〔~隸;穀實未堅〕:同"皂"。[《廣韻》昨早切,上晧,從。]1. 古代賤等人之稱。《左傳·昭公七年》:"人有十等……故王臣公,公臣大夫,大夫臣士,士臣皂,皂臣輿,輿臣隸,隸臣僚,僚臣僕,僕臣臺,馬有圉,牛有牧,以待百事。"2. 專稱下吏或雜役。(南朝·宋)鮑照《謝秣陵令表》:"臣負鍤下農,執羈末阜。"……6. 穀物尚未堅實。《詩·小雅·大田》:"既方既阜,既堅既好,不稂不莠,去其螟螣。"毛傳:"實未堅者曰阜。"[按]調不合,應歸下上。

⑨ ㊮貙:【玉篇】市照切。獸名也。【字彙】側鳩切,音鄒。獸名。[按]聲、韻、調不合,或聲不合。

⑩ ㊮嘈〔田名〕:[按]傳統辭書查無此字。

⑪ ㊮傑:[《廣韻》瘡據切,去御,初。]不滑。[按]聲不合,應歸出母。

⑫ ㊮髿〔~髮〕:【集韻】杜皓切。髮長。又【集韻】大到切。長也。[按]聲、韻、調皆不合,該字無入聲讀法。原注中的"髮"俗同"髮"。"髿",會文書莊本、廖新校增本誤作"鬘",大版式本、文德堂本、市圖善本誤作"鬘"。

⑬ 融〔黏也〕:[按]除廖新校增本改作"䴻"外,其餘諸本皆作"融",但音、義明顯不合。融,當爲"䴻"之形誤。䴻,【集韻】䴻、糊,洪孤切。《説文》黏也。一曰煮米及麵爲鬻。然調不合,應歸下平。鬻,同"粥"。

⑭ 苛〔~政：虐也〕：[《廣韻》胡歌切,平歌,匣。]1. 小草。《説文·艸部》:“苛,小艸也。从艸,可聲。”2. 煩瑣;繁細。參見“苛法”、“苛細”。[《集韻》虎何切,平歌,曉。]譴責;詰問。《周禮·夏官·射人》:“不敬者,苛罰之。”[按]聲、調不合,或聲不合。

⑮ 檂〔枝垂也〕：【集韻】乃了切。木長弱貌。[按]聲、韻不合。

⑯ 髮〔髮長〕：[按]傳統辭書查無此字。大版式本作“髮〔髮美〕”,文德堂本作“髮〔髮兵〕”,會文書莊本作“髮〔髮長美〕”,其餘諸本均作“髮〔髮長〕”,但均查無出處。

⑰ 妸〔~娜：美貌〕：【字彙】烏可切,阿上聲。妸娜,美貌。[按]大版式本誤作“妸〔~祁：美,美貌〕”,道光本、文德堂本、市圖善本誤作“河〔~祁：美,美貌〕”,會文書莊本誤作“河〔~祁：美貌〕”。廖新校增本改作“髮〔好髮髻也〕”,無據,不可取。

⑱ ㊜堊：[《龍龕手鑒》烏各切。]白色的玉。[按]韻不合,應歸東韻上入。

⑲ 荷〔土,芙蕖;負~〕：1.[《廣韻》胡歌切,平歌,匣。]植物名。蓮。多年生水生宿根草本。夏天開花,色淡紅或白,有清香,供觀賞。2.[《廣韻》胡可切,上哿,匣。]肩負;扛。《逸周書·克殷》:“及期,百夫荷素質之旗于王前。”[按]據1,聲、調不合,應歸喜母下平,今泉習慣讀[꜁hɔ/꜁ho];據2,聲、調不合,應歸喜母下上,今泉讀[꜅hɔ]。

⑳ 娿〔~娜：弱態〕：[《廣韻》烏何切,平歌,影。]亦作“婀”。【婀娜】亦作“妸娜”。輕盈柔美貌。(三國·魏)曹植《洛神賦》:“含辭未吐,氣若幽蘭。華容婀娜,令我忘餐。”[按]今泉“婀娜”讀作[꜀o꜅lo](稱讚)。

聲韻調	7 高 ɔ/ɔʔ			
	下平˨˦ 24	下上˨ 22	下去˦˩ 41	下入˨˦ 24
他 tʻ	桃〔果名：~花〕	土〔解，~脚〕	吐〔出也；口~〕① 兔〔淫鼠〕② 兎〔同上〕 菟〔~絲：草名〕③ 唾〔口液也〕④	○
争 ts	曹〔輩也；衆也〕 槽〔馬~；酒~〕 漕〔衛邑〕 螬〔蠐~：蟲名〕 艖〔鹹也〕 矬〔身短〕 痤〔小腫；人名〕	坐〔~起；行~〕 脞〔小也〕	助〔輔~；相~〕 阼〔東階〕 詛〔咒~〕⑤ 做〔作也〕⑥ 祚〔福也〕 撸〔手攪也〕 座〔坐位也〕 挫〔折~〕 嫅〔拜失容也〕⑦ 胙〔祭肉〕 躁〔急進也〕⑧ 佐〔輔~〕⑨ 懆〔愁不伸也〕⑩ 趮〔疾也〕⑪	○
入 dz	㊇皺⑫	○	○	○
時 s	傞〔~~：醉舞貌〕	○	數〔算也；技也〕⑬ 愬〔~冤也〕⑭ 瘙〔疥~〕⑮ 躁〔急也〕⑯ 素〔白也；情~〕⑰ 訴〔告也〕⑱ 傃〔向也〕⑲ 喿〔鳥群鳴〕⑳ 琗〔玉名〕㉑ 愫〔真情也〕㉒ 噪〔鳥~〕㉓ 溯〔逆流而上〕㉔ 泝〔逆流而上〕㉕	○
英 ∅	胡〔土，牛頷下；懸肉也〕 湖〔土，五~〕 渦〔水回〕㉖ 楜〔~椒〕 壺〔酒器〕 壷〔瓦器：水~〕 瑚〔土音，正音乎，~璉：祭器〕㉗	岵〔山無草木曰~〕㉘ 怙〔~恃；倚也〕㉙	奥〔室西南隅曰~〕㉚ 恴〔堅也〕㉛ 惡〔怨也〕㉜ 堊〔~室之地〕㉝ 懊〔悔恨也；~惱也〕㉞ 澳〔深也〕㉟ 芋〔解，葉似荷可食〕	○
英 ∅	餬〔口~：寄食〕 蝴〔~蝶〕 窩〔藏也；穴居也〕㊱ 弧〔弓也：懸~〕 瓠〔器也，瓦爲之也〕 猢〔~猻〕 猧〔犬名〕㊲ 葫〔人名〕 葫〔大蒜〕	祜〔福也〕	隩〔氣寒而聚室〕㊳	㊇唷㊴

（續表）

聲韻調	7　高 ɔ/ɔʔ			
	下平˨˦ ^{24}	下上˨˨ ^{22}	下去˦˩ ^{41}	下入˨˦ $^{\underline{24}}$
文 b	謨〔謀也;典~〕　模〔形~;~範〕 蟆〔蝦~〕　鏌〔鼎~〕㊵ 摸〔以手~也〕　摹〔同上〕	舞〔解〕㊶	慕〔思也;係戀也〕　暮〔日晚也〕 戊〔十干名〕　募〔廣求也〕 墓〔塚也：墳~〕　莫〔旦~也〕	○

【校注】

① 吐〔出也;口~〕：[《廣韻》湯故切，去暮，透。]嘔吐。《後漢書·方術傳下·華佗》："又有一郡守篤病久，佗以爲盛怒則差……留書罵之。太守果大怒，令人追殺佗，不及，因瞋恚，吐黑血數升而愈。"[按]調不合，應歸上去。

② 兔〔淫鼠〕：[《廣韻》湯故切，去暮，透。]動物名。通稱兔子。头部略似鼠，耳長，上唇中部裂豁，尾短而上翹，前肢较後肢短，能跑善躍。《詩·王風·兔爰》："有兔爰爰，雉離于羅。"[按]調不合，應歸上去。

③ 菟〔~絲：草名〕：[《廣韻》湯故切，去暮，透。][按]調不合，應歸上去。

④ 唾〔口液也〕：[《廣韻》湯臥切，去過，透。]口液；唾沫。《説文·口部》："唾，口液也。"[按]調不合，應歸上去。

⑤ 詛〔咒~〕：[《廣韻》莊助切，去御，莊。]詛咒；咒駡。《詩·小雅·何人斯》："及爾如貫，諒不我知。出此三物，以詛爾斯。"（唐）陸德明釋文："以禍福之言相要曰詛。"[按]調不合，應歸上去。

⑥ 做〔作也〕：【字彙】臧祚切，租去聲。作也。○又子賀切，音佐。義同。【正字通】俗"作"字。[按]調不合，應歸上去。今泉讀[tso⊃/tsue⊃]。

⑦ 娎〔拜失容也〕：【集韻】祖卧切。詐拜也。【漢語大詞典】跪而膝不至地。經典多作"蓌"。《禮記·曲禮上》："介者不拜。爲其拜而蓌拜。"（漢）鄭玄注："蓌則失容節，蓌猶詐也。"[按]調不合，應歸上去。

⑧ 躁〔急進也〕：[《廣韻》則到切，去號，精。]1. 急疾；迅速。《易·説卦》："爲決躁。"（清）王引之《經義述聞·周易下》："決、躁皆疾也。象雷之迅，故爲決

躁。《説文》:'趮,疾也。'趮與躁同。"2. 急躁;浮躁。《論語·季氏》:"侍於君子有三愆:言未及而言謂之躁,言及之而不言謂之隱,未見顔色而言謂之瞽。"[按]調不合,應歸上去。今泉讀[tsʻɔ^ɔ/sɔ^ɔ]。

⑨ 佐〔輔~〕:[《廣韻》則箇切,去箇,精。]輔助;幫助。《詩·小雅·六月》:"王于出征,以佐天子。"[按]調不合,應歸上去。

⑩ 慅〔愁不伸也〕:【集韻】采早切。《説文》愁不安也。[按]聲、調不合,應歸出韻上上。

⑪ 趮〔疾也〕:【字彙】則到切,音竈。疾也。《考工記》矢人羽殺則趮。注:翮少則矢輕而去太疾也。[按]調不合,應歸上去。

⑫ ㊫皺:[《集韻》甾尤切,平尤,莊。]栗蓬,包在栗子外面的多刺殼斗。(前蜀)貫休《湖头别墅》詩:"飢鼠掀菱殼,新蟬避栗皺。"[按]聲不合,應歸争母。

⑬ 數〔算也;技也〕:[《廣韻》色句切,去遇,生。]數目;數量。《左傳·隱公五年》:"公問羽數於衆仲。"[按]調不合,應歸上去。

⑭ 愬〔~冤也〕:[《廣韻》桑故切,去暮,心。]訴説;告發。《詩·邶風·柏舟》:"薄言往愬,逢彼之怒。"(宋)朱熹集傳:"愬,告也。"[按]調不合,應歸上去。

⑮ 瘙〔疥~〕:[《廣韻》蘇到切,去號,心。]古代指疥瘡。《廣雅·釋詁一》:"瘙,創也。"《廣韻》:"瘙,疥瘙。"[按]調不合,應歸上去。

⑯ 躁〔急也〕:[按]此爲白讀,文讀已見本韻争母下去⑧躁。

⑰ 素〔白也;情~〕:[《廣韻》桑故切,去暮,心。]白色生絹。《禮記·雜記下》:"純以素,紃以五采。"(唐)孔穎達疏:"素,謂生帛。"[按]調不合,應歸上去。原注"白也;情~",道光本作"帛;情~",會文書莊本、廖新校增本誤作"帛~;情~"。

⑱ 訴〔告也〕:[《廣韻》桑故切,去暮,心。]告訴;訴説。《左傳·僖公五年》:"晉侯使士蔿爲二公子築蒲與屈,不慎,寘薪焉。夷吾訴之。公使讓之。"[按]

調不合,應歸上去。

⑲ 傃〔向也〕:【字彙】蘇故切,音素。向也。[按]調不合,應歸上去。

⑳ 喿〔鳥群鳴〕:[《廣韻》蘇到切,去號,心。]"噪"的古字。《説文·品部》:"喿,鳥羣鳴也,从品,在木上。"(清)段玉裁注:"俗作'噪'。"[按]調不合,應歸上去。

㉑ 玾〔玉名〕:【廣韻】桑故切。玉名。[按]調不合,應歸上去。

㉒ 愫〔真情也〕:【集韻】蘇故切。誠也。【字彙】蘇故切,音素。真情。[按]調不合,應歸上去。樋新編本作"傃〔直情也〕",其他本均作"愫〔直情也〕",皆有誤。

㉓ 噪〔鳥~〕:[《廣韻》蘇到切,去號,心。]蟲鳥喧叫。(晉)王嘉《拾遺記·魯僖公》:"僖公十四年,晉文公焚林以求介子推。有白鴉遶煙而噪,或集子推之側,火不能焚。"[按]調不合,應歸上去。今泉讀[sɔ˒/ts'ɔ˒]。

㉔ 溯〔逆流而上〕:同"泝"。[按]調不合,應歸上去。

㉕ 泝〔逆流而上〕:[《廣韻》桑故切,去暮,心。]逆水而上。《左傳·文公十年》:"〔楚子西〕沿漢泝江,將入郢。"[按]調不合,應歸上去。

㉖ 渦〔水回〕:[《廣韻》烏禾切,平戈,影。]水的旋流。(晉)郭璞《江賦》:"盤渦谷轉,淩濤山頹。"(唐)薛能《龍門八韻》:"沸沫歸何處,盤渦傍此中。"[按]調不合,應歸上平。

㉗ 瑚〔土音,正音乎,~璉:祭器〕:[《廣韻》户吴切,平模,匣。]語氣助詞。表疑問。《論語·八佾》:"管仲儉乎?"[按]樋新編本"正音乎"誤作"正音呼"("户吴切"與"瑚"文讀音同音)。

㉘ 岵〔山無草木曰~〕:[《廣韻》侯古切,上姥,匣。]多草木的山。《宋書·謝靈運傳》:"山匪砠而是岵,川有清而無濁。"[按]今泉讀[˥hɔ]。

㉙ 怙〔~恃;倚也〕:[《廣韻》侯古切,上姥,匣。]依賴;憑恃。《詩·小雅·蓼莪》:"無父何怙,無母何恃。"(唐)陸德明釋文:"《韓詩》云:'怙,賴也。'"[按]今泉讀[˥hɔ]。

㉚ 奥〔室西南隅曰~〕:同"奧"。[《廣韻》烏到切,去號,影。]室内西南隅。古時

祭祀設神主或尊長居坐之處。《儀禮·少牢饋食禮》:“司宫筵于奥,祝設几于筵上,右之。”(漢) 鄭玄注:“室中西南隅謂之奥。”[按]調不合,應歸上去。

㉛ 忢〔堅也〕:【集韻】固、忢,古慕切……一曰堅也。[按]聲、調不合,應歸求母上去。

㉜ 惡〔怨也〕:[《廣韻》烏路切,去暮,影。]討厭;憎恨。《易·謙》:“人道惡盈而好謙。”[按]調不合,應歸上去。

㉝ 堊〔~室之地〕:[《廣韻》烏各切,入鐸,影。]1. 白色泥土。《莊子·徐無鬼》:“郢人堊慢其鼻端,若蠅翼,使匠石斲之。匠石運斤成風,聽而斲之,盡堊而鼻不傷。”……3. 用白色塗料粉刷。《管子·輕重丁》:“皆堊白其門,而高其間。”[按]韻、調不合,應歸東韻上入。

㉞ 懊〔悔恨也;~惱也〕:[《廣韻》烏到切,去號,影。]悔恨;惱恨。《晉書·王羲之傳》:“嘗詣門生家,見棐几滑净,因書之,真草相半。後爲其父誤刮去之,門生驚懊者累日。”[按]調不合,應歸上去。

㉟ 澳〔深也〕:[《廣韻》烏到切,去號,影。]深。[按]調不合,應歸上去。

㊱ 窩〔藏也;穴居也〕:【字彙】烏禾切,音倭。藏也;窟也;穴居也。[按]調不合,應歸上平。原注“藏也;穴居也”見於樋新編本、大版式本,其餘諸本均作“藏也;居也”。

㊲ 猧〔犬名〕:[《集韻》烏禾切,平戈,影。]小狗。(清) 陳維崧《傾杯樂·正月十三夜預卜元宵月》詞:“絲雨如酥,小窗似夢,睡猧難穩。”[按]調不合,應歸上平。

㊳ 隩〔氣寒而聚室〕:[《廣韻》烏到切,去號,影。]1. 通“奥”。室内西南隅。引申爲内室,内宫。《楚辭·王逸〈九思·逢尤〉》:“念靈閨兮隩重深,願竭節兮隔無由。”原注:“隩,一作奥。”2. 通“奥”。深;深奥。《莊子·天下》:“弱於德,强於物,其塗隩矣。”(唐) 成玄英疏:“自言道理異常深隩也。”【康熙字典】《書·堯典》厥民隩。傳:隩,室也。民改歲入此室處,以避風寒。[按]調不合,應歸上去。

㊴ (增)唷:[《廣韻》于六切,入屋,云。]呻吟聲。(晉) 干寶《搜神記》卷十

四:“乃闔以杖撾之,良久……便聞呻吟之聲曰:‘呴,呴,宜死。’”[按]韻、調不合。

⑩ 鏌〔鼎~〕:[《廣韻》慕各切,入鐸,明。]指鏌鋣。王闓運《彭壽頤哀詞》:“況復鏌剛必折,瓦全無恥。”[按]韻、調不合,應歸東韻下入。

⑪ 舞〔解〕:[《廣韻》文甫切,上麌,微。]舞蹈。《詩·小雅·賓之初筵》:“籥舞笙鼓,樂既和奏。”[按]此爲“舞”之白讀[ᶜbɔ],今不見於口語,衹存於南戲或南音中。《南音套曲·雜相思·撲燈蛾》:“燈今亦孤,虧得阮亦孤,畏看枕上雙鳳舞。”

聲韻調	7 高 ɔ/ɔʔ			
	下平˨˦^{24}	下上˨˨^{22}	下去˦˩^{41}	下入˨˦$^{\underline{24}}$
語 g	○	伍〔參~;行~〕 午〔辰名;中~〕 玝〔人名〕 五〔~行中數也〕 迕〔逆也〕 牾〔逢也〕① 頨〔頭巾〕② 仵〔偶也;敵也〕	○	○
出 tsʻ	初〔始也〕 粗〔~大;~略〕 麤〔物不精也〕 磋〔磨治也〕 糙〔米不精也〕 操〔持也〕 瑳〔玉也〕 皻〔皮皻惡〕 耡〔耕~:治田〕 鉏〔去穢助苗〕	楚〔叢木高起也〕 艸〔百卉總名〕 草〔~木;~創〕 屮〔~初生也〕 嘈〔~嘐〕③ 瑳〔俗字〕④ 瑳〔玉色鮮白;又笑貌〕	糙〔米穀〕	○
喜 h	呼〔叫也:嗚~〕 乎〔語之餘也;又疑辭〕 虖〔嗚~:歎辭〕 幠〔大也〕 憮〔同上〕 滹〔~沱:水名〕 糊〔粘也;米麵爲之〕⑤ 嘑〔咄嘑〕 虍〔虎文也〕 蒿〔多種不一類:蓬~;杜~〕	虎〔猛獸山君〕 晧〔光也;白也〕⑥ 户〔杼也〕⑦ 虍〔~豆〕 滸〔水涯〕 琥〔~珀〕	鑊〔鼎~〕⑧ 矱〔度也〕⑨	○

【校注】

① 牾〔逢也〕:[《廣韻》五故切,去暮,疑。]遇;相逢。[按]調不合,應歸下去。

② 頨〔頭巾〕:【集韻】於五切。首巾謂之嶋。或作"頨"。【字彙】安古切,音伍。頭巾。[按]聲不合,應歸英母(因《字彙》同音字"伍"而誤)。

③ 嘈〔~嘐〕:【集韻】采早切。嘈嘐,寂静也。

④ 瑳〔俗字〕:[按]傳統辭書查無此字。

⑤ 糊〔粘也;米麵爲之〕:[《廣韻》户吴切,平模,匣。]1. 同"餬"。稠粥。(宋)梅堯臣《次韻和景仁對雪》:"奕奕將如舞,漫漫欲似糊。"2. 塗附;黏合。(南朝·宋)鮑照《蕪城賦》:"製磁石以禦衝,糊頳壤以飛文。"【字彙】洪孤切,音乎。

粘也;又煮米及麵爲粥。[按]調不合,應歸下平。

⑥ 晧〔光也;白也〕:[《廣韻》胡老切,上晧,匣。]1. 光明。《楚辭·劉向〈九歎·遠遊〉》:"服覺晧以殊俗兮,貌揭揭以巍巍。"(漢)王逸注:"晧,猶明也。"2. 潔白。《史記·司馬相如列傳》:"晧齒粲爛,宜笑旳皪。"[按]調不合,應歸下上。

⑦ 戽〔杼也〕:【龍龕手鑒】音户。杼也。【字彙】俗"戽"字。【廣韻】戽,侯古切。抒也。杼,[《廣韻》神與切,上語,船。]通"抒"。汲出;排泄。《管子·禁藏》:"當春三月,萩室熯造,鑽燧易火,杼井易水,所以去兹毒也。"(唐)尹知章注:"春時之井,又當復杼之,以易其水。"[按]調不合,應歸下上。

⑧ 鑊〔鼎~〕:[《廣韻》胡郭切,入鐸,匣。]無足鼎。古時煮肉及魚、腊之器。《周禮·天官·亨人》:"亨人掌共鼎鑊以給水火之齊。"[按]調不合,應歸下入。

⑨ 矱〔度也〕:[《集韻》鬱縛切,入藥,影。]尺度;法度。《楚辭·離騷》:"勉陞降以上下兮,求榘矱之所同。"(漢)王逸注:"榘,法也;矱,度也。"《後漢書·崔駰傳》:"協準矱之貞度兮,同斷金之玄策。"(唐)李賢注:"準,繩也;矱,尺也。"[按]聲、韻、調皆不合,應歸英母香韻上入。

聲韻調	7 高 ɔ/ɔʔ			
	下平˨˦ 24	下上˨˨ 22	下去˦˩ 41	下入˨˦ 24
語 g	吴〔大言也;又姓〕 浯〔~溪〕 吾〔我自稱也〕 蜈〔~蚣〕 郚〔~,邑名〕 齬〔齟~:語不相值也〕① 吴〔俗字〕 梧〔~桐〕 珸〔琨~:美玉〕 牾〔逆也〕②	五〔解,數名〕	誤〔謬也:相~〕 寤〔~寐:覺而有言〕 晤〔明也:~對〕 逜〔相干~也〕 悮〔欺也;失也〕 忢〔悦也〕 悟〔覺~:曉也〕 聕〔聽也〕 愕〔倉卒也:錯~〕③ 捂〔抵觸也〕 忤〔逆也;違戾也〕	○
出 ts‘	蹉〔~跎:失時也〕④	造〔至也;詣也〕⑤	剉〔折也;剁斫也〕⑥ 銼〔折也;摧也〕⑦ 慥〔言行相顧〕⑧ 措〔處置~備〕⑨ 菱〔失容也;詐也〕⑩ 莝〔斬草〕⑪ 鄛〔鄭邑〕⑫ 脞⑬ 酢〔酸漿也〕⑭ 醋〔酒~〕⑮ 挫〔折~;摧~〕⑯ 蕠〔鳥巢〕⑰	○
喜 h	和〔順也;平也〕 何〔曷也;奚也〕 蠔〔生海石相連爲~〕 豪〔英也:~傑〕 河〔水出石積〕 狐〔~狸:性淫多疑〕 禾〔嘉穀也〕 楜〔~椒〕 胡〔何也〕 濠〔水名〕 毫〔長毛:絲~〕	顥〔大也;天邊〕 灝〔夷曠水勢遠〕 扈〔尾也;後從;桑~:鳥名〕 昊〔~天〕 户〔一扇曰~〕 鳸〔桑~〕 皓〔潔白也〕 皞〔白貌〕 浩〔大水龐大貌〕 禍〔殃也;害也〕 楛〔木枸〕 怙〔倚也〕 滬〔水名〕	頀〔大~:湯樂〕 互〔交~〕 沍〔寒凝也〕 號〔~令也;稱名也〕 号〔教令〕 穫〔刈禾也;焦~〕⑱ 護〔救也〕 濩〔煮也〕⑲ 絙〔差~:以收絲〕⑳ 耗〔敗也;虚也〕㉑ 戽〔~斗:抒水器〕㉒ 夥〔物多而盛〕㉓ 瓠〔甘~〕 呵〔~~:笑聲〕㉔	○

【校注】

① 齬〔齟~:語不相值也〕:［按］原注“齟~”,樋新編本誤作“齟”。

② 牾〔逆也〕:【集韻】訛胡切。獸名。【字彙】五故切,音誤。與"忤"同,逆也。

③ 愕〔倉卒也:錯~〕:【集韻】五故切。倉卒也。《後漢書》錯愕不能對。

④ 蹉〔~跎:失時也〕:[《廣韻》七何切,平歌,清。]失誤;差錯。(漢)揚雄《并州牧箴》:"宗周罔職,日用爽蹉。"[按]調不合,應歸上平。

⑤ 造〔至也;詣也〕:[《廣韻》七到切,去號,清。]到;去。《周禮·地官·司門》:"凡四方之賓客造焉,則以告。"(漢)鄭玄注:"造,猶至也。"(清)孫詒讓正義:"注云'造,猶至也'者,《大司寇》注義同此引申之義。《廣雅·釋言》云:'造,詣也。'《文選·洞簫賦》李注引《蒼頡篇》云:'詣,至也。'蓋造訓爲詣,詣則有所至,故造亦訓至矣。"[按]調不合,應歸上去。

⑥ 剉〔折也;剁斫也〕:[《廣韻》麤卧切,去過,清。]1. 折傷;挫折。《吕氏春秋·必已》:"大則衰,廉則剉。"(漢)高誘注:"剉,缺傷。"《淮南子·詮言訓》:"行未固於無非而急求名者,必剉也。"2. 鍘切;斬剁。(漢)趙曄《吴越春秋·勾踐入臣外傳》:"夫斫剉養馬。"[按]調不合,應歸上去。

⑦ 銼〔折也;摧也〕:[《廣韻》麤卧切,去過,清。]損傷;挫折。馬王堆漢墓帛書乙本《老子·德經》:"銼(挫)其兑(鋭)而解其紛。"[按]調不合,應歸上去。

⑧ 慥〔言行相顧〕:[《廣韻》七到切,去號,清。]篤誠貌。參見"慥慥"。【慥慥】篤實貌。《禮記·中庸》:"言顧行,行顧言,君子胡不慥慥爾。"(宋)朱熹集注:"慥慥,篤實貌。"[按]調不合,應歸上去。

⑨ 措〔處置~備〕:[《廣韻》倉故切,去暮,清。]治理;安排。《墨子·尚賢中》:"故雖昔者三代暴王桀、紂、幽、厲之所以失措其國家,傾覆其社稷者,已此故也。"[按]調不合,應歸上去。

⑩ 蓌〔失容也;詐也〕:[《集韻》祖卧切,去過,精。]蹲。《禮記·曲禮上》:"介者不拜,爲其拜而蓌拜。"(唐)陸德明釋文:"蓌,盧本作'蹲'。"按,因甲胄在身,不能折腰,故不拜,而作蹲拜狀。[按]聲、調不合,應歸争母上去。

⑪ 莝〔斬草〕:[《廣韻》麤卧切,去過,清。]1. 切碎的草。《史記·范雎蔡澤

列傳》:“范雎大供具,盡請諸侯使,與坐堂上,食飲甚設。而坐須賈於堂下,置莝豆其前,令兩黥徒夾而馬食之。”2. 鍘草(喂馬)。《漢書·尹翁歸傳》:“豪强有論罪,輸掌畜官,使斫莝,責以員程,不得取代。”[按]調不合,應歸上去。

⑫ 鄵〔鄭邑〕:【集韻】七到切。地名,在鄭。[按]調不合,應歸上去。“鄵”,樋新編本誤作“剿”。

⑬ 脞:[《廣韻》倉果切,上果,清。]細碎。[按]調不合,應歸上上。

⑭ 酢〔酸漿也〕:[《集韻》倉故切,去莫,清。]同“醋”。《說文·酉部》:“酢,醶也。”(清)段玉裁注:“酢本截漿之名,引申之凡味酸者皆謂之酢。”《說文·酉部》:“今俗皆用‘醋’,以此爲酬酢字。”[按]調不合,應歸上上。

⑮ 醋〔酒~〕:[《廣韻》倉故切,去暮,清。]一種酸味的液體調料。多以糧食經發酵釀製而成。(北魏)賈思勰《齊民要術·作酢法》:“酢,今醋也。”[按]調不合,應歸上上。

⑯ 挫〔折~;摧~〕:[《廣韻》則臥切,去過,精。]摧折;折斷。《周禮·考工記·輪人》:“凡揉牙,外不廉而內不挫。”(漢)鄭玄注:“挫,折也。”[按]聲、調不合,應歸争母上去。

⑰ 菆〔鳥巢〕:同“菆”。菆,[《廣韻》芻注切,去遇,初。]鷹巢。(唐)段成式《酉陽雜俎·肉攫部》:“鷹巢一名菆,鷹呼菆子者,雛鷹也。”[按]調不合,應歸上去。

⑱ 穫〔刈禾也;焦~〕:[《廣韻》胡郭切,入鐸,匣。]收割莊稼。《書·金縢》:“秋,大熟,未穫,天大雷電,以風,禾盡偃。”(唐)孔穎達疏:“其秋大熟,未及收穫。”[按]韻、調不合,應歸東韻下入。

⑲ 濩〔煮也〕:[《廣韻》胡郭切,入鐸,匣。]煮。《齊民要術·五穀果蓏菜茹非中國物産者》引《異物志》:“芭蕉,葉大如筵席。其莖如芋,取,濩而煮之,則如絲,可紡績,女工以爲絺綌,則今‘交阯葛’也。”[按]韻、調不合,應歸東韻下入。

⑳ 絚〔差~:以收絲〕:【集韻】胡故切。《說文》可以收繩也。【漢語大字典】同

“笠”,一種收繩的器具。【正字通】呼誤切,音互。差互,所以收絲。可見,“絚”、“差絚”或“差互”同指一物。

㉑ 秏〔敗也;虚也〕:[《廣韻》呼到切,去號,曉。]虧損;消耗。《莊子·達生》:“臣將爲鐻,未嘗敢以秏氣也,必齊以静心。”[按]調不合,應歸上去。

㉒ 戽〔~斗:抒水器〕:[《廣韻》荒故切,去暮,曉。]戽斗。《玉篇·斗部》:“戽,抒水器也。”[按]調不合,應歸上去。

㉓ 夥〔物多而盛〕:[《廣韻》胡果切,上果,匣。]聚集;聯合;糾合。(晉)張協《七命》:“鳴鳳在林,夥於黄帝之園。”……衆多;盛多。(漢)司馬相如《上林賦》:“魚鼈讙聲,萬物衆夥。”[按]調不合,應歸下上。

㉔ 呵〔~~:笑聲〕:[《廣韻》呼箇切,去箇,曉。]笑聲。(宋)范成大《春日覽鏡有感》詩:“烏兔兩惡劇,不滿一笑呵。”參見“呵呵”。【漢語大詞典】【呵呵】笑聲。《晉書·石季龍載記下》:“宣乘素車,從千人,臨韜喪,不哭,直言呵呵,使舉衾看屍,大笑而去。”[按]調不合,應歸上去。

8 卿

<table>
<tr><th rowspan="2">聲
韻
調</th><th colspan="4">8 卿 iŋ/ik①</th></tr>
<tr><th>上平˧ 33</th><th>上上˥ 55</th><th>上去˦˩ 41</th><th>上入˥ 5</th></tr>
<tr><td>柳 l</td><td>盗〔安也〕②
薴〔草亂也〕③
濘〔泥滓也;又滑也〕④</td><td>領〔項後也;受也;統理也〕
嶺〔山~也〕 冷〔寒~〕</td><td>另〔分居也〕⑤</td><td>栗〔樹名;嘉穀〕⑥ 鏍〔銷也〕⑦
阞〔地之脈理〕⑧
軛〔駕馬之具〕⑨
仂〔數之餘也〕⑩ 剌〔削也〕⑪
泐〔水聲也〕⑫ 艻〔香草〕⑬
鑠〔銷也;盛也〕⑭ 厄〔木節〕⑮
朸〔功大也〕⑯ 勒〔抑也;刻也〕⑰
扼〔捉也;持也〕⑱
摞〔以手理物〕⑲
沕〔石解散也〕⑳ 肋〔脅骨也〕㉑
躒〔人名〕㉒ 搤〔持也;握也〕㉓
扼〔同上〕㉔ 爍〔灼~：光貌〕㉕
秝〔穀~〕㉖ 瞝〔視明〕㉗
戹〔小門〕㉘ 慄〔懼也〕㉙
㮚〔古栗字：實~〕㉚
扐〔筮者著蓍於指間也〕㉛</td></tr>
<tr><td>邊 p</td><td>冰〔陰氣所聚〕
氷〔俗字〕 兵〔戎器〕
掤〔箭筩蓋也〕
駢〔並駕也;邑名〕
仌〔水凍爲~〕
帡〔幄也：~幪〕㉜</td><td>秉〔禾~;~執〕
餅〔粉麵之餈〕 餠〔俗字〕
鞞〔佩刀之鞘〕 鞸〔同上〕
炳〔明也〕 怲〔憂盛滿也〕
併〔並也〕㉝
倂〔相竝也〕
蠯〔蜂也〕㉞
丙〔十干名〕 抦〔持也〕
邴〔姓也〕</td><td>柄〔本也;柯也〕㉟</td><td>百〔十十爲~〕 迫〔急~〕
伯〔長也〕 佰〔仟~〕
柏〔~掬也〕
腷〔~臆：意不泄也〕㊱
蔔〔栀花〕㊲ 擘〔分也;手指也〕
偪〔~近〕 湢〔浴室也〕
捭〔~肉〕 捭〔同上〕
壁〔墻~〕 栢〔俗柏字〕
逼〔兵至也;迫也;驅也〕</td></tr>
</table>

（續表）

聲 韻 調	8　卿 iŋ/ik[1]			
	上平˧^{33}	上上˥^{55}	上去˥˩^{41}	上入˥^{5}
求 k	經〔~緯;常也;過也〕 耕〔犁田也：~種〕 競〔僵~〕[38]	耿〔介也;光也〕 景〔光~;仰也〕 境〔界也〕　炅〔煙氣〕 褧〔禪衣以襲錦〕[39] 警〔戒也〕[40]	敬〔恭也;謹也〕	戟〔兵器〕 革〔皮生曰~;又卦名;除也〕 隔〔塞也;障也〕　激〔感~;相~〕 悈〔急性也〕[41]　棘〔荊~：有刺〕 鬲〔塞也;人名〕
求 k	驚〔~惶〕 兢〔~~：戒慎〕 勍〔彊也〕[42]　肱〔股~〕 鯨〔~鯢：大魚〕 擎〔持高也〕[43] 扃〔關户之木〕 矜〔~持〕[44] 涇〔水出陝西〕 冋〔郊野地也〕 耕〔~田〕　畊〔~田〕 駉〔駿馬也〕　賡〔~歌〕 羹〔五味和~〕 郠〔邑名〕 弓〔解,~矢〕 莖〔土,草木幹也〕 冂〔林外曰~〕 硜〔~~：猶碌碌也〕[45] 巠〔水脈〕 宮〔解,~室〕 瞢〔惑也〕[46] 黥〔~面之法〕[47] 京〔大也;城也〕 秔〔禾之不粘〕 坰〔郊外之地〕	儆〔~戒〕　璟〔玉光〕 綆〔汲水索也〕 熲〔火光也;小明也〕 頸〔頭~〕　剄〔割頸〕 絅〔禪衣〕 迥〔土,寥遠也〕 鑛〔~鐵〕[48] 磺〔銅鐵璞石〕[49] 憬〔覺悟〕　炯〔炎熱〕 耿〔憂也〕 檠〔弓器;又平〕[50]	竟〔究~;窮也〕	亟〔急也;速也〕　襋〔衣領〕 骼〔骨~〕　翮〔羽莖也〕[51] 湨〔水出河内〕　鮫〔吹器〕 擊〔扣也;打也〕　膈〔胸~〕 赦〔揚也〕　觡〔角~〕 瓎〔垂~：出玉〕　觳〔相敲也〕 翱〔翅也〕　闃〔門中橛〕[52] 格〔至也;來也〕　殛〔誅也〕 敫〔敬也〕　狊〔犬視〕 挌〔擊也〕　瞑〔閉目也〕

【校注】

① [ik]：該入聲韻今泉大多變讀[iak]。

② 寍〔安也〕：[《廣韻》奴丁切，平青，泥。]亦作“寧”。安寧。《書·大禹謨》：“野無遺賢，萬邦咸寧。”孔傳：“賢才在位，天下安寧。”[按]調不合，應歸下平。

③ 儜〔草亂也〕：[《廣韻》女耕切，平耕，娘。]散亂貌。[按]調不合，應歸下平。

④ 濘〔泥淖也；又滑也〕：[《廣韻》乃定切，去徑，泥。][《廣韻》乃挺切，上迥，泥。]泥漿；爛泥。《國語·晉語三》：“晉師潰，戎馬濘而止。”（三國·吴）韋昭注：“濘，深泥也。止，戎馬陷焉。”【字彙】乃挺切，甯上聲。泥淖也；又水貌；又滑也。○又去聲，乃定切。義同。[按]調不合，應歸下去或上上。

⑤ 另〔分居也〕：【五音集韻】郎定切，音令。分居也；割開也。[按]調不合，應歸下去。

⑥ 栗〔樹名；嘉穀〕：[《廣韻》力質切，入質，來。]1. 木名。落葉喬木。果實爲堅果，包在多刺的球狀殼斗内。果實可以吃，亦可入藥。木材堅實，可供建築與製器具用。《詩·鄘風·定之方中》：“樹之榛栗，椅桐梓漆，爰伐琴瑟。”2. 栗樹的果實，又叫栗子、板栗。（唐）韓愈《送張道士序》：“霜天熟柿栗，收拾不可遲。”[按]韻、調不合，應歸賓韻下入。今泉讀[l̳i̳t꜊/l̲a̲t꜊]（[liak꜊]應屬俗讀）。“栗”，除了樋新編本、廖新校增本外，其餘諸本皆誤作“果”。

⑦ 爍〔銷也〕：【字彙】式灼切。銷爍。[按]聲、韻、調皆不合，應歸時母香韻上入。誤收。

⑧ 阞〔地之脈理〕：[《廣韻》盧則切，入德，來。]地的脈理。《周禮·考工記·匠人》：“凡溝逆地阞，謂之不行。”（漢）鄭玄注：“溝，謂造溝；阞，謂脈理。”[按]調不合，應歸下入。

⑨ 軛〔駕馬之具〕：[《龍龕手鑒》於格切。]牛馬拉物件時駕在脖子上的器具。

《楚辭·卜居》:“寧與騏驥亢軛乎?”(宋) 朱熹集注:“軛,車轅前衡也。”[按]聲不合,應歸英母。

⑩ 仂〔數之餘也〕:[《廣韻》盧則切,入德,來。]餘數;零數。[按]調不合,應歸下入。

⑪ 朸〔削也〕:【玉篇】力一切。斷也,削也。[按]調不合,應歸下入。

⑫ 氻〔水聲也〕:[《集韻》歷德切,入德,來。]泉聲;流水聲。[按]調不合,應歸下入。

⑬ 艻〔香草〕:[《廣韻》盧則切,入德,來。]通“扐”。手指之間。古人占卜時數蓍草以卜吉凶,占筮者以數剩零餘蓍草挂於手指之間稱爲“艻”。(漢) 揚雄《太玄·太玄數》:“并餘於艻,一艻之後而數其餘。”(晉) 范望注:“其所餘者并之於左手兩指間,故謂之艻,蓋以識出蓍之數也。”[按]調不合,應歸下入。

⑭ 鑠〔銷也;盛也〕:[《廣韻》書藥切,入藥,書。]1. 熔化;銷鑠。《墨子·經説下》:“火鑠金,火多也。”……5. 美;美盛。《詩·周頌·酌》:“於鑠王師,遵養時晦。”(宋) 朱熹集傳:“鑠,音爍,盛。”[按]聲、韻不合,應歸時母香韻上入。表示“銷”義的“鑠”實爲“搦”[liɔk꜊]的訓讀字,方言中表示“熔鑄(金銀等飾物)”。

⑮ 厄〔木節〕:【集韻】吾禾切。木節。【唐韻】五果切。《説文》科厄,木節也。又【集韻】乙革切。《説文》隘也。[按]義可合,但音不合,疑誤收。諸本皆誤。

⑯ 仂〔功大也〕:[《玉篇》盧得切。]1. 功勞大。2. 思。[按]調不合,應歸下入。“仂”,諸本均誤作“功”。

⑰ 勒〔抑也;刻也〕:[《廣韻》盧則切,入德,來。]1. 帶嚼子的馬絡頭。《儀禮·既夕禮》:“皮弁服,纓轡貝勒,縣于衡。”《東觀漢記·馬皇后傳》:“上望見車騎鞍勒,皆純黑,無金銀采飾。”2. 拉緊繮繩以止住牲口。《楚辭·九章·思美人》:“勒騏驥而更駕兮,造父爲我操之。”……8. 雕刻。《禮記·月令》:“〔孟冬之月〕物勒工名,以考其誠。”(漢) 鄭玄注:“勒,刻也。”[按]今泉亦讀上入(陰入)[liak꜆]。

⑱ 扼〔捉也;持也〕:同“扼”。[《集韻》乙革切,入麥,影。]掐住;握住。(漢)

班固《西都賦》:"掎僄狡,扼猛噬,脱角挫脰,徒搏獨殺。"[按]聲不合,應歸英母,疑誤收。諸本皆然。

⑲ 摞〔以手理物〕:[《廣韻》力質切,入質,來。]用手理物。[按]該音[liak˩]應爲白讀,但調不合,應歸下入。

⑳ 泐〔石解散也〕:[《廣韻》盧則切,入德,來。]石頭因風化、遇水而形成的紋理;石頭依其紋理而裂開。《周禮·考工記序》:"石有時以泐。"(漢)鄭玄注引(漢)鄭司農曰:"泐,謂石解散也,夏時盛暑大熱則然。"[按]調不合,應歸下入。

㉑ 肋〔脅骨也〕:[《廣韻》盧則切,入德,來。]肋骨;胸部的兩側。《後漢書·五行志二》:"桓帝建和三年秋七月,北地廉雨肉似羊肋,或大如手。"[按]今泉亦讀上入(陰入)[liak˩]。

㉒ 躒〔人名〕:[《廣韻》郎擊切,入錫,來。]跨越;躍動。《大戴禮記·勸學》:"騏驥一躒,不能千里;駑馬無極,功在不舍。"(清)孔廣森補注:"躒,跨也。"春秋時晉大夫荀躒,六卿之一。[按]調不合,應歸下入。

㉓ 搤〔持也;握也〕:[《廣韻》於革切,入麥,影。]同"扼"。1. 捉住;掐住。《史記·劉敬叔孫通列傳》:"夫與人鬬,不搤其亢,拊其背,未能全其勝也。"《陳書·始興王叔陵傳》:"長沙王叔堅手搤叔陵,奪去其刀。"2. 握;持。《史記·周本紀》:"養由基怒,釋弓搤劍,曰:'客安能教我射乎?'"[按]聲不合,應歸英母,疑誤收。諸本皆然。

㉔ 扼〔同上〕:同㉓搤。

㉕ 爍〔灼~:光貌〕:[《廣韻》書藥切,入藥,書。]發光貌。《説文·火部》新附:"爍,灼爍,光也。"[按]聲、韻不合,應歸時母香韻上入。

㉖ 秲〔穀~〕:[《廣韻》直里切,上止,澄。]稻名。[按]聲、韻、調皆不合,誤收。

㉗ 曆〔視明〕:《廣韻》郎擊切……視明貌。[按]調不合,應歸下入。

㉘ 戹〔小門〕:[《廣韻》於革切,入麥,影。]險要之處。《説文·户部》:"戹,

隘也。”徐曰：户小門也。［按］聲不合，應歸英母，疑誤收。

㉙ 慄〔懼也〕：［《廣韻》力質切，入質，來。］1. 恐懼。《詩・秦風・黄鳥》：“臨其穴，惴惴其慄。”毛傳：“慄，懼也。”（唐）韓愈《燕河南府秀才》詩：“鄙夫忝縣尹，愧慄難爲情。”2. 戰栗。《素問・瘧論》：“瘧之始發也，先起於毫毛，伸欠，乃作寒慄鼓頷。”（唐）王冰注：“慄，謂戰慄。”［按］韻、調不合，應歸賓韻下入。今泉俗讀亦爲上入（陰入）［liak$_{\supset}$］。

㉚ 㮚〔古栗字；實~〕：【玉篇】古文“栗”字。見本韻柳母上入⑥栗。

㉛ 扐〔筮者著蓍於指間也〕：［《廣韻》盧則切，入德，來。］同“艻”。見本韻柳母上入⑬艻。［按］調不合，應歸下入。

㉜ 帡〔幄也；~幪〕：［《集韻》旁經切，平青，並。］1. 見“帡幃”、“帡幪”。2. 謂加頂，棚住。（清）魏源《默觚下・治篇一》：“彼馭而我軒之，彼匠搆而我帡之。”參見“帡幪”。【帡幪】本指帳幕。後亦引申爲覆盖。（漢）揚雄《法言・吾子》：“震風陵雨，然後知夏屋之爲帡幪也。”［按］調不合，應歸下平。

㉝ 併〔並也〕：［《廣韻》畀政切，去勁，幫。］［《廣韻》必郢切，上静，幫。］［《廣韻》蒲迥切，上迥，並。］並排；並列。《禮記・祭義》：“行肩而不併。”（唐）孔穎達疏：“行肩而不併者，謂老少並行，言肩臂不得併行，少者差退在後。”

㉞ 䗬〔蜂也〕：［按］傳統辭書查無此字。疑爲“蠭”（即蜂）之形誤。【廣韻】蠭，敷容切。《説文》曰：螫人飛蟲也。但聲、韻不合。

㉟ 柄〔本也；柯也〕：［《廣韻》陂病切，去映，幫。］［《集韻》補永切，上梗，幫。］斧柄。引申爲器物的把兒。《墨子・備城門》：“長斧，柄長八尺。”

㊱ 腷〔~臆：意不泄也〕：［《廣韻》符逼切，入職，並。］鬱結。參見“腷臆”。【腷臆】因憤怒或哀傷而情緒鬱結。（漢）王延壽《夢賦》：“於是夢中驚怒，腷臆紛紜。”［按］調不合，應歸下入。

㊲ 葍〔梔花〕：【字彙】步黑切，音匐。薝葍，梔花。［按］調不合，應歸下入。今泉“葍”讀［pɔk$_{\supseteq}$］（《廣韻》葍，蒲北切），“梔花”則作“嬋葍（花）”［$_{\subseteq}$siampɔk$_{\supseteq}$］（即大梔子花）。

㊳ 競〔僵~〕:【中華大字典】通“傹”。【字彙】傹,與“僵”同。《荀子》可吹而傹也。注:傹當爲“僵”,言可以氣吹之而僵僕也。【集韻】傹,渠映切。[按]調不合,應歸下去,該字今泉有兩讀[kiŋ⊇]、[kiŋ⊃]。原注,樋新編本、大版式本、文德堂本、會文書莊本、市圖善本均作“僵~”,但傳統辭書查無“僵競”一詞;廖新校增本改作“彊也”,【字彙】競,具映切,鯨去聲。盛也;彊也。道光本作“~~”。【漢語大詞典】【競競】小心謹慎貌。(晉)葛洪《抱朴子·刺驕》:“恂恂以接物,競競以御用。”(明)張居正《請稽查章奏隨事考成以修實政疏》:“百執事亦皆競競務修其職業,無敢以玩愒弛廢者,蓋庶幾乎‘率作興事’矣。”

㊴ 褧〔禪衣以襲錦〕:【字彙】丘潁切,音頃。禪縠也。《詩·衛風》:“衣錦褧衣。”[按]聲不合,應歸氣母。原注“禪衣以襲錦”,廖新校增本改作“禪衣,衣錦~衣”,其餘諸本均誤作“禪衣以襲錦”,均誤。

㊵ 警〔戒也〕:[《廣韻》居影切,上梗,見。]1. 警告;告誡。《左傳·莊公三十一年》:“凡諸侯有四夷之功,則獻于王,王以警于夷。”(晉)杜預注:“以警懼夷狄。”(唐)陸德明釋文:“警,戒懼也。”2. 戒備。《左傳·宣公十二年》:“且雖諸侯相見,軍衛不徹,警也。”[按]該字今泉俗讀[kiŋ⊃]。

㊶ 憼〔急性也〕:[按]原注“急性也”,樋新編本誤作“急姓也”。

㊷ 勍〔彊也〕:[《廣韻》渠京切,平庚,羣。]强;有力。《左傳·僖公二十二年》:“且今之勍者,皆吾敵也。”[按]調不合,應歸下平。

㊸ 擎〔持高也〕:[《廣韻》渠京切,平庚,羣。]舉起;向上托。(南朝·宋)劉義慶《世説新語·紕漏》:“婢擎金澡盆盛水,瑠璃盌盛澡豆。”[按]調不合,應歸下平。

㊹ 矜〔~持〕:[《廣韻》居陵切,平蒸,見。]自誇;自恃。《書·大禹謨》:“汝惟不矜,天下莫與汝争能;汝惟不伐,天下莫與汝争功。”孔傳:“自賢曰矜,自功曰伐。”(唐)孔穎達疏:“矜與伐俱是誇義。”[按]今泉讀[⊂kiŋ/⊂kin]。

㊺ 硜〔~~:猶碌碌也〕:【集韻】丘耕切。硜硜,小人皃。[按]聲不合,應歸氣母。

㊻ 瞢〔惑也〕:【集韻】維傾切。惑也。[按]聲、調不合,應歸英母下平。

㊼ 黥〔~面之法〕:[《廣韻》渠京切,平庚,羣。]黥刑;墨刑。《書・吕刑》:"爰始淫爲劓、刵、椓、黥。"[按]調不合,應歸下平。

㊽ 鑛〔~鐵〕:[《廣韻》古猛切,上梗,見。]同"礦"。礦石、礦床等的統稱。(唐)司空圖《二十四詩品・洗煉》:"如鑛出金,如鉛出銀。"[按]此爲舊讀,今變讀[k'ɔŋ ᵓ]。

㊾ 磺〔銅鐵璞石〕:[《集韻》古猛切,上梗,見。]同"礦"。《説文・石部》:"磺,銅鐵樸石也。"(清)段玉裁注:"銅鐵樸者,在石與銅鐵之間,可爲銅鐵而未成者也。不言金玉者,舉㸌以該精也。"[按]此爲舊讀。今專指硫磺,讀[꜀hɔŋ]([《集韻》胡光切,平唐,匣]硫磺)。

㊿ 檠〔弓器;又平〕:[《廣韻》渠京切,平庚,羣。]矯正弓弩的器具。《韓非子・外儲説左上》:"夫工人張弓也,伏檠三旬而蹈弦,一日犯機。"《淮南子・修務訓》:"弓待檠而後能調,劍待砥而後能利。"[按]調不合,應歸下平。

51 翮〔羽莖也〕:[《廣韻》下革切,入麥,匣。]鳥羽的莖。中空透明,俗稱"羽管"。《周禮・地官・羽人》:"掌以時徵羽翮之政。"(漢)鄭玄注:"翮,羽本。"[按]聲、調不合,應歸喜母下入。

52 闃〔門中橛〕:【集韻】求獲切。静也。又【集韻】苦狊切。静也。[按]原注因《字彙》而誤。【字彙】闃,居胃切,音貴。門中橛。○又苦狊切,傾入聲。寂静。《易・豐》上爻:闃其無人。實際上,"闃"並無"門中橛"義,原注應改作"寂静"。據《集韻》"闑,九芮切。門中橛"可知,"闃"與"闑"實爲音義無涉的兩個字。《字彙》因"闃"與"闑"形近而張冠李戴。原注"門中橛",樋新編本作"門中檻",大版式本、道光本、文德堂本、會文書莊本、市圖善本作"門中相",均誤;廖新校增本改作"静也",是。

聲韻調	8 卿 iŋ/ik			
	下平˨˦^{24}	下上˨˨^{22}	下去˦˩^{41}	下入˨˦$^{\underline{24}}$
柳 l	靈〔神也;寵也〕 陵〔大阜也;犯侮也〕 鈴〔似鐘而小〕 零〔落也〕 霝〔雨零〕 蛉〔螟~:小蟲〕 鴒〔鶺~〕 稜〔神靈之威曰~〕 寧〔願詞也;安也〕 崚〔山~〕 淩〔冰也;冰室〕 夌〔越也〕 灵〔小熱貌〕.① 苓〔茯~:藥名〕 甯〔俗寧字〕 玲〔~瓏〕 齡〔年也〕 獳〔犬名〕 伶〔~俐〕 鯪〔~鯉:穿山甲〕② 蔆〔菜名〕 囹〔~圄:獄名〕 棱〔窻格子〕 軨〔車轄〕 羚〔~羊〕 能〔有才〕 狑〔良犬〕 泠〔水出丹陽〕 淩〔水名;犯也〕 菱〔芰二角曰~〕 蘦〔~落:草曰~,木曰落〕 聆〔聽也〕 甯〔安也〕 翎〔鳥羽〕 綾〔帛繒也〕 伶〔弄臣也;樂工也〕		令〔善也;律~〕	力〔氣~;心~〕 曆〔歲時之數〕 壢〔玉名〕 惄〔饑意;憂也〕 歷〔傳也;經~〕 愵〔憂也〕 搦〔按也〕 慝〔患也〕 犳〔犬争也〕 瀝〔滴~:點~也〕 瓅〔玓~:明珠色也〕 磿〔石聲〕 靂〔霹~〕 礫〔小石〕 羃〔羃~:煙貌〕 蒚〔草木疏貌〕 蒚〔山蒜〕 擽〔打也;掮也〕③ 匿〔藏也;隱也〕 櫪〔馬牛皁〕④ 鬲〔去滓也〕 轣〔~轆〕 飈〔颸~:風聲〕 緑〔色也〕 櫟〔山樗也;鬼〕⑤
邊 p	平〔成也;正也〕 並〔一樣也〕⑥ 竝〔併也;比也〕⑦ 泙〔谷也〕 凭〔隱幾也〕 凴〔同上〕 萍〔浮生水上;又青~:劍名〕 呯〔~~:聲也〕 玶〔玉名〕 坪〔地平處〕 苹郱〔邑名〕 枰〔版牀〕		幷〔皆也;又也〕⑧ 病〔患也;苦也〕 掽〔撞也〕⑨ 痱〔疾甚曰~〕⑩	白〔潔也:正~〕 帕〔白色〕 皕〔二百也〕⑪ 砶〔石聲也〕⑫ 闢〔開也;啓也〕
求 k	貧〔解,急也〕⑬ 埂〔堤封〕⑭		鏡〔鑑也〕⑮ 徑〔小路也〕⑯ 脛〔足骨也〕 逕〔~庭〕⑰	極〔至也;窮也〕 鵙〔伯勞也〕⑱ 剠〔倦也〕

（續表）

聲 韻 調	8　卿 iŋ/ik			
	下平˩˧ 24	下上˨ 22	下去˦˩ 41	下入˩˧ 24
求 k	○	○	撓〔擊也〕⑲ 勁〔健也〕⑳ 痙〔清也〕㉑	屐〔木~〕 劇〔增也;戲也〕㉒ 噱〔戲~〕㉓

【校注】

① 灵〔小熱貌〕:【廣韻】郎丁切。《字類》云:小熱貌。

② 鯪〔~鯉:穿山甲〕:【漢語大詞典】【鯪鯉】穿山甲。又名龍鯉、石鯪魚。《楚辭·天問》“鯪魚何所”,(漢)王逸注:“一云鯪魚,鯪鯉也,有四足,出南方。”[按]原注“~鯉:穿山甲”(見樋新編本),大版式本作“~鯉:川山甲”,道光本、文德堂本誤作“~鯉:出甲”,市圖善本誤作“鯉~:川山甲”,會文書莊本未見“鯪”字條。“穿山甲”今泉習慣説成“蟟[꜀la]鯉”。

③ 擽〔打也;捎也〕:【集韻】狼狄切。《博雅》擊也。【字彙】郎狄切,音力。捎也;舒也……○又盧各切,音落。打也。

④ 櫪〔馬牛皁〕:[《廣韻》郎擊切,入錫,來。]馬槽。亦指關牲畜的地方。(三國·魏)曹操《步出夏門行》:“老驥伏櫪,志在千里。烈士暮年,壯心不已。”【字彙】郎狄切,音力。馬牛皁。[按]原注“馬牛皁”,會文書莊本作“馬牛皁~”(皁櫪:馬廄,養馬之所),亦可通,廖新校增本误改作“同櫟”。

⑤ 櫟〔山樗也;鬼〕:原注“山樗也;鬼”見於道光本、文德堂本、市圖善本,樋新編本作“山樗也;鬼石”,大版式本漫漶不清,會文書莊本作“山樞也;鬼”。以“櫟”表示“鬼”或“鬼石”,傳統辭書查不到出處;廖新校增本改爲“麻櫟”,釋義雖無誤,但無據。

⑥ 並〔一樣也〕:[《廣韻》蒲迥切,上迥,並。]平列。《左傳·昭公二十六年》:“禮之可以爲國也久矣,與天地並。”[按]調不合,應歸下上。

⑦ 竝〔倂也;比也〕:同⑥並。

⑧ 幷〔皆也;又也〕:“并”的舊字形。[《廣韻》畀政切,去勁,幫。]合併;聚合。《韓非子·初見秦》:“軍乃引而退,并於李下,大王又并軍而至。”[按]調不合,應歸上去。

⑨ 掽〔撞也〕:[《字彙》蒲孟切。]同“碰”。碰撞。[按]調不合,應歸下去。今泉俗讀[p'ɔŋ⊃]。

⑩ 痭〔疾甚曰~〕:【字彙】同上(注:即“病”)。又【字彙】病,皮命切,音竝。疾甚曰病。

⑪ 皕〔二百也〕:【集韻】筆力切。《説文》二百也。[按]調不合,應歸上去。

⑫ 砳〔石聲也〕:[《集韻》力摘切,入麥,來。]象聲詞。石塊撞擊聲。[按]聲不合,應歸柳母。誤收。

⑬ 貧〔解,急也〕:[按]聲、韻、調皆不合,實爲“窮”或“竆”的訓讀字。原注“急也”(諸本皆然),則可能爲“極也”之誤。【集韻】窮、竆,渠弓切。《説文》極也。

⑭ 埂〔堤封〕:[《廣韻》古杏切,上梗,見。]田塍;小土堤。(元)方回《歲除夜田家地卧四十韻》:“埂塍或斷缺,下有不測淤。”[按]調不合,應歸上上。

⑮ 鏡〔鑑也〕:[《廣韻》居慶切,去映,見。]鏡子。《莊子·天下》:“其動若水,其静若鏡,其應若響。”[按]調不合,應歸上去。

⑯ 徑〔小路也〕:[《廣韻》古定切,去徑,見。]步道;小路。《説文·彳部》:“徑,步道也。”[按]調不合,應歸上去。

⑰ 逕〔~庭〕:[《廣韻》古定切,去徑,見。]步道;小路。《莊子·徐無鬼》:“夫逃虚空者,藜藋柱乎鼪鼬之逕。”[按]調不合,應歸上去。

⑱ 鵙〔伯勞也〕:[《龍龕手鑒》古覓切。]鳥名。即伯勞。《詩·豳風·七月》:“七月鳴鵙,八月載績。”毛傳:“鵙,伯勞也。”[按]調不合,應歸上入。

⑲ 撓〔擊也〕:[《廣韻》於丙切,上梗,影。]擊中;擊傷。[按]聲、調不合,疑誤收。

⑳ 勁〔健也〕：[《廣韻》居正切，去勁，見。]强健有力。《孫子·軍争》："百里而争利，則擒三將軍。勁者先，疲者後。"[按]調不合，應歸上去。

㉑ 濸〔清也〕：[《玉篇》居詠切。]水清。[按]調不合，應歸上去。

㉒ 劇〔增也；戲也〕：[《廣韻》奇逆切，入陌，羣。]雜戲；戲劇。（唐）李德裕《奉宣令更商量奏來者》："雜劇丈夫兩人。"[按]今泉通常讀[kiɔk꜆]。

㉓ 噱〔戲~〕：同㉒劇。

聲韻調	8 卿 iŋ/ik			
	下平˨˦ ^{24}	下上˨ ^{22}	下去˦˩ ^{41}	下入˨˦ $^{\underline{24}}$
氣 k‘	輕〔不重也〕 傾〔側也〕 卿〔公~〕 硘〔石聲〕 崆〔石谷也〕 坑〔溝也〕 筐〔解，菜~〕	頃〔萬~；~刻〕 謦〔~欬〕 高〔小堂也〕 洴〔小水貌〕 漀〔側水貌〕 熲〔火乾出也〕	慶〔福也；~賀〕	隙〔孔也；閑~〕 虢〔國名〕 嵱〔吐聲〕 郄〔姓也〕 郤〔地名〕 綌〔粗葛〕 闃〔寂静也〕 聝〔斷耳〕① 虩〔心懼〕② 殺〔長矛也〕③
地 t	丁〔十干名；當也〕 釘〔鐵~〕 澂〔水静而清〕④ 澄〔同上〕 玎〔~玲：玉聲〕 疔〔㾐~：瘦也〕 懲〔創也；戒也〕⑤ 徵〔驗也〕 燈〔解，~火〕 呈〔下陳情於上也〕⑥ 叮〔~嚀〕 筳〔筵也〕⑦	頂〔頭顛〕 鼎〔寶~三足〕 鼑〔同上，俗字〕 鋌〔鏖~〕⑧ 耵〔耳垢也〕 町〔田區畔埒〕⑨ 珽〔玉名〕 鉦〔受錢器也〕⑩	定〔安也；決也〕⑪	的〔明也；實也〕 德〔恩也；福也〕 菂〔蓮中子也〕 罥〔繫也〕 嫡〔正室爲~〕 的〔明也〕 得〔有所得也〕 粍〔黏也〕 靮〔~以控馬〕 馰〔馬白額也〕 摘〔手取也〕 滴〔涓~：水點也〕 窒〔塞也〕⑫ 扚〔梳也；治髮〕⑬ 商〔本也；獸蹄〕 靮〔~以控馬〕 適〔專主也〕 竹〔解〕 豴〔豚蹄〕 猲〔犬張耳〕 鏑〔矢之鋒鏃〕 厇〔狹也〕⑭ 讁〔責也〕 玓〔~瓅：明珠色也〕
普 p‘	騂〔聲衆盛也〕 訇〔~訇大聲〕	頩〔美貌〕	聘〔訪也；問也〕	僻〔陋也；偏也〕 璧〔圭~：子男所執〕⑮ 壁〔牆~也〕⑯ 劈〔剖也；破也〕 躄〔跛也；不行也〕⑰ 拍〔~版；打也〕 愊〔悃~：至誠〕 襞〔~攞：疊衣〕⑱
普 p‘	砯〔水擊石聲〕 砰〔砯~：石聲〕 輧〔車馬聲也〕 苹〔草名〕 䴵〔面色黄也〕 閛〔閉門聲也〕 烹〔煮也〕 棚〔棧也；閣也〕⑲ 甹〔俠也〕⑳ 鴨〔同上〕 淜〔水貌〕 抨〔彈也〕 崩〔壞也〕㉑	○	騁〔馳~〕㉒	珀〔琥~〕 霹〔~靂：迅雷〕 魄〔魂~〕 逼〔迫也〕㉓ 楅〔~衡〕㉔ 擗〔開也〕㉕ 魄〔同魄〕 湢〔浴室〕㉖ 躃〔兩足俱廢〕㉗ 澼〔漂絮〕 癖〔嗜好之病〕

（續表）

聲韻調	8 卿 iŋ/ik			
	下平˨˦ ^{24}	下上˨ ^{22}	下去˦˩ ^{41}	下入˨˦ $^{\underline{24}}$
他 tʻ	汀〔水際平地〕 耓〔耒下木也〕 矴〔玉~也〕 廳〔屋内中~〕 汀〔冰貌〕 朾〔木根也〕	逞〔快也〕 梃〔杖也：~然〕㉘ 挺〔直也；超拔也〕 悜〔意不盡也〕 壬〔善也；成也〕㉙ 脡〔脯肉〕 娗〔小貌〕㉚ 艇〔小船〕㉛ 珽〔笏也〕	聽〔從也〕	惕〔敬也；懼也〕 飭〔整備也：修~〕 陟〔土，登也；升也〕㉜ 趯〔~~：跳貌〕 踢〔以足蹵物〕 斥〔大也；擯也〕 聽〔欲臥貌〕 逖〔遠也〕 剔〔解骨〕 忒〔失常也〕 聴〔~瞽：臥貌〕 侙〔惕也〕 坼〔裂也；分開也〕 鬄〔削髮〕 忑〔忐~；怯也〕 勅〔同飭〕 倜〔~儻〕 忒〔差也〕 惿〔快也；得也〕 慝〔惡也：淑~〕㉝ 搨〔拳打也〕 徏〔升也〕㉞ 敕〔擊馬也〕㉟ 揚〔挑~也〕 擿〔挑發也〕

【校注】

① 聝〔斷耳〕：[《廣韻》古獲切，入麥，見。]古代戰爭中割取所殺敵俘的左耳。亦泛指斷割。《説文・耳部》："聝，軍戰斷耳也。《春秋傳》曰：'以爲俘聝。'"[按]調不合，應歸求母。

② 虩〔心懼〕：[《廣韻》許郤切，入陌，曉。]恐懼。（唐）柳宗元《招海賈文》："巨鼇頷首丘山頽，猖狂震虩翻九垓。"[按]聲不合，應歸喜母。

③ 殸〔長矛也〕：【集韻】馨激切。《博雅》矛也。[按]調不合，應歸喜母。

④ 澂〔水静而清〕：[《廣韻》直陵切，平蒸，澄。]水清而静。亦謂澄清，把事情弄清楚。《楚辭・九章・惜往日》："君含怒而待臣兮，不清澂其然否。"[按]調不合，應歸下平。

⑤ 懲〔創也；戒也〕：[《廣韻》直陵切，平蒸，澄。]懲罰。《詩・魯頌・閟宫》：

“戎狄是膺,荆舒是懲。”(唐)孔穎達疏:“荆楚羣舒叛逆者,於是以此懲創之。”[按]調不合,應歸下平。

⑥ 呈〔下陳情於上也〕:[《廣韻》直貞切,平清,澄。]顯現;顯露。《列子·天瑞》:“味之所味者嘗矣,而味味者未嘗呈。”(唐)殷敬順釋文:“呈,示見也。”[按]調不合,應歸下平。

⑦ 筳〔筵也〕:【廣韻】直貞切。筵也。[按]調不合,應歸下平。

⑧ 鋌〔麀~〕:[《集韻》他頂切,上迥,透。]疾走貌。(清)顧炎武《答徐甥公肅書》:“于是强者鹿鋌,弱者雉經。”[按]聲不合,應歸他母。

⑨ 町〔田區畔埒〕:[《廣韻》他鼎切,上迥,透。]田界;田間小路。[按]聲不合,應歸他母。

⑩ 缿〔受錢器也〕:[《廣韻》胡講切,上講,匣。]古代的儲錢器。睡虎地秦墓竹簡《秦律十八種·關市》:“爲作務及官府市,受錢必輒入其錢缿中。”[按]義對音不合,疑誤。

⑪ 定〔安也;決也〕:[《廣韻》徒徑切,去徑,定。]1. 安定;平定。《易·家人》:“正家而天下定矣。”……6. 確定;規定。《書·大禹謨》:“朕志先定,詢謀僉同,鬼神其依,龜筮協從。”[按]調不合,應歸下去。

⑫ 窒〔塞也〕:[《廣韻》陟栗切,入質,知。]堵塞;閉塞不通。《詩·豳風·七月》:“穹窒熏鼠,塞向墐户。”毛傳:“窒,塞也。”[按]韻不合,應歸賓韻上入。

⑬ 扻〔梳也;治髮〕:【集韻】子結切。治髮也。又【集韻】側瑟切。《説文》梳比之總名也。[按]聲、韻不合,或聲不合。

⑭ 笮〔狹也〕:【正字通】菑格切。狹也。俗作“窄”。[按]聲不合,應歸争母。

⑮ 璧〔圭~:子男所執〕:[《廣韻》必益切,入昔,幫。]玉器名。扁平、圓形、中心有孔。邊闊大於孔徑。古代貴族用作朝聘、祭祀、喪葬時的禮器,也作佩帶的裝飾。《詩經·衛風·淇奧》:“有匪君子,如金如錫,如圭如璧。”[按]今泉仍有[piak꜀]、[p‘iak꜀]兩讀。

⑯ 壁〔牆~也〕:[《廣韻》北激切,入錫,幫。]牆壁。《儀禮·特牲饋食禮》:“饎爨在西壁。”(漢)鄭玄注:“西壁,堂之西牆下。”[按]聲不合,應歸邊母。

⑰ 壁〔跛也;不行也〕:【廣韻】必益切。《説文》人不能行也。

⑱ 襞〔~擢:疊衣〕:[《廣韻》必益切,入昔,幫。]折叠衣物。《漢書·揚雄傳上》:“芳酷烈而莫聞兮,不如襞而幽之離房。”(唐)顔師古注:“襞,疊衣也。”[按]聲不合,應歸邊母。

⑲ 棚〔棧也;閣也〕:【字彙】蒲庚切,音彭。棧也;閣也。[《廣韻》薄庚切,平庚,並。][《廣韻》步崩切,平登,並。]棧;閣。《説文·木部》“棚,棧也”,(清)朱駿聲通訓:“今蘇俗諺語曰‘搭棚’,蓋空中樓閣之謂。”《隋書·柳彧傳》:“高棚跨路,廣幕陵雲,袨服靚粧,車馬填噎。”[按]調不合,應歸下平。原注“棧也;閣也”,樋新編本誤作“板也;閣也”,大版式本作“棧也;閤也”(“閤”義同“閣”),道光本、會文書莊本誤作“板也;門也”,文德堂本、市圖善本誤作“枝也;間也”。

⑳ 甹〔俠也〕:【集韻】滂丁切。《説文》亟詞也……或曰:甹,俠也。三輔謂輕財者爲甹。[按]原注“俠”,諸本皆作“使”,當因形近而誤。

㉑ 崩〔壞也〕:[《廣韻》北滕切,平登,幫。]1. 倒塌。《詩·小雅·十月之交》:“百川沸騰,山冢萃崩。”……2. 敗壞。《論語·陽貨》:“君子三年不爲禮,禮必敗;三年不爲樂,樂必崩。”[按]今泉仍有[꜀piŋ]、[꜀pʻiŋ]兩讀。

㉒ 騁〔馳~〕:[《廣韻》丑郢切,上静,徹。]奔馳;奔跑。《詩·小雅·節南山》:“我瞻四方,蹙蹙靡所騁。”[按]聲、韻不合,誤。

㉓ 逼〔迫也〕:[《廣韻》彼側切,入職,幫。]迫近。《尉繚子·攻權》:“男女數重,各逼地形而攻要塞。”[按]聲不合,應歸邊母。

㉔ 楅〔~衡〕:[《廣韻》彼側切,入職,幫。]加在牛角上用以控制牛的横木。參見“楅衡”。【楅衡】加在牛角上的横木。用以控制牛以防觸人。一説楅設於角,衡設於鼻。《詩·魯頌·閟宫》:“秋而載嘗,夏而楅衡。”(宋)朱熹集傳:“嘗,秋祭名。楅衡,施於牛角,所以止觸也。”[按]聲不合,應歸邊母。

㉕ 擗〔開也〕：[《廣韻》房益切，入昔，並。]分開；裂開；劈。（三國·魏）曹植《送應氏》詩之一："垣牆皆頓擗，荆棘上參天。"[按]聲、調不合，應歸邊母下入。

㉖ 湢〔浴室〕：【廣韻】彼側切。湢㳂，水驚起勢也。【漢語大詞典】浴室。《禮記·内則》："外内不共井，不共湢浴。"（漢）鄭玄注："湢，浴室也。"[按]聲不合，應歸邊母上入。

㉗ 躄〔兩足俱廢〕：[《廣韻》房益切，入昔，並。]足不能行。《素問·痿論》："故肺熱葉焦，則皮毛虚弱急薄著，則生痿躄也。"（唐）王冰注："躄，謂攣躄，足不得伸以行也。"[按]聲不合，應歸邊母上入。

㉘ 梃〔杖也：~然〕：[《廣韻》徒鼎切，上迥，定。]1. 植物的幹、莖。《説文·木部》："梃，一枚也。"（清）王筠句讀："謂一枚曰一梃也。下文'材，木梃也'，《竹部》'竿，竹梃也'，但指其幹，不兼枝葉而言。"2. 棍棒。《孟子·梁惠王上》："殺人以梃與刃，有以異乎？"[按]聲、調不合，應歸地母下上。

㉙ 壬〔善也；成也〕：【集韻】他頂切。《説文》善也。[按]"壬"，樋新編本、會文書莊本誤作"壬"，道光本誤作"王"。

㉚ 娗〔小貌〕：【集韻】研領切。㛪娗，小皃。[按]聲不合，應歸語母。

㉛ 艇〔小船〕：[《廣韻》徒鼎切，上迥，定。]輕便的小船。《淮南子·俶真訓》："越舲蜀艇，不能無水而浮。"（漢）高誘注："蜀艇，一版之舟。"[按]聲、調不合，應歸地母下上。但今泉仍沿用[ᶜt'iŋ]。

㉜ 陟〔土，登也；升也〕：[《廣韻》竹力切，入職，知。]由低處向高處走。與"降"相對。《詩·周南·卷耳》："陟彼崔嵬，我馬虺隤。"[按]聲不合，應歸地母上入。但今泉仍有[tiak꜀]、[t'iak꜀]兩讀。

㉝ 慝〔惡也：淑~〕：【集韻】惕德切。惡也。【字彙】惕德切，音忒。惡也。《周書》旌别淑慝。[按]原注"淑~"，樋新編本、會文書莊本誤作"淑也"。

㉞ 徏〔升也〕：古同"陟"，見㉜陟。[按]"徏"，樋新編本誤作"徙"。

㉟ 敕〔擊馬也〕：【中華大字典】蓄力切，音勅。鞭撻也。《唐書·李景讓傳》：

"母鄭,治家嚴,雖老,猶加箠敕。"【字彙】敕,恥格切,音策。擊馬也。[按]據《集韻》"敕,先侯切。攴也"可知,"敕"有"攴"(擊)義,但聲、韻、調皆不合,且不宜作"擊馬"解(此解來自《字彙》,諸本皆然。"擊馬也",樋新編本作"擊馬")。廖新校增本改作"飭也",不妥。

聲韻調	8 卿 iŋ/ik			
	下平˨˦^{24}	下上˨^{22}	下去˦˩^{41}	下入˨˦^{24}
氣 k‘	㝢〔孤獨也〕① 嬛〔~~在疚〕② 惸〔憂也;獨也〕 瓊 煢〔憂也〕③ 睘〔無所依也〕	柏〔解,土音,~珠:木名〕④	磬〔樂器;石聲〕⑤ 罄〔空也;又樂器〕⑥ 殸〔樂器〕⑦ 产〔石聲〕⑧ 声〔俗作聲字〕	喫〔食也〕
地 t	廷〔朝~〕 庭〔門屏之內〕 霆〔雷~〕 重〔解,千~萬~〕 層〔解,千~餅〕		訂〔議也〕 躑〔~躅〕⑨ 擲〔投也;拋也〕⑩ 矴〔鎮舟石也〕⑪ 碇〔碇舟石也〕⑫ 錠〔錫屬〕 鄭〔國名〕	狄〔北~;遠也〕 澤〔水鍾聚曰~〕 笛〔七孔籥也〕 滌〔洗也;除也〕 篴〔~~:長竿〕 檡〔木名,棘也〕 糴〔買穀也〕 翟〔雉曰~羽;舞也〕 蹢〔~躅〕 宅〔田~:居也〕 苗〔蓨草也〕 敵〔匹也;拒也〕 直〔正也;平也〕⑬ 荻〔蘆屬〕
普 p‘	評〔~文;~品〕		聘〔視也〕⑭	愎〔戾也;咈也〕⑮
普 p‘	彭〔行也;道也〕 伻〔使也〕⑯ 澎〔水名;地名〕	增 掽〔搕撞也〕⑰	騁〔馬~也〕⑱	煏〔火乾物也〕⑲ 甓〔甀甎〕⑳
他 t‘	程〔章~;品也;又姓〕 裎〔裸~:露體〕 亭〔~檄:調也〕 酲〔酒未醒也〕 停〔土,止也;息也〕		忊〔不得志貌〕㉑ 鐙〔踏~〕㉒	趯〔~~:躍也〕㉓ 逷〔遠也〕㉔ 逖〔同上〕㉕

【校注】

① 㝢〔孤獨也〕:【玉篇】居先切。孤獨也……又音瓊。義同。

② 嬛〔~~在疚〕:[《廣韻》渠營切,平清,羣。]参見"嬛嬛"。【嬛嬛】孤獨無依貌。(清)吴定《王節母傳贊》:"劉氏一嬛嬛女子,無衣食以鞠其孤。"【集

韻】嬛,葵營切。獨也……通作“煢”。《詩經・大雅・閔予小子》:“閔予小子,遭家不造,嬛嬛在疚。”(漢)鄭玄箋:“家道未成嬛嬛然,孤特在憂病之中。”

③ 檾〔憂也〕:[《字彙》渠營切。]木名。[按]“檾”當爲“惸”之形誤。【集韻】葵營切。惸惸,憂也。

④ 桕〔解,土音,~珠:木名〕:【正字通】巨九切,音舅。烏桕,木名。[按]聲、韻、調皆不合,實爲“虹”的訓讀字。烏桕,今閩南俗稱“虹仔樹”。

⑤ 磬〔樂器;石聲〕:[《廣韻》苦定切,去徑,溪。]古代打擊樂器。狀如曲尺。用玉、石或金屬製成。懸挂于架上,擊之而鳴。《詩・商頌・那》:“既和且平,依我磬聲。”[按]調不合,應歸上去。

⑥ 罄〔空也;又樂器〕:[《廣韻》苦定切,去徑,溪。]器中空。《詩・小雅・蓼莪》:“缾之罄矣,維罍之恥。”[按]調不合,應歸上去。

⑦ 殸〔樂器〕:【唐韻】苦定切。【説文】磬,籒文省作“殸”。[按]調不合,應歸上去。

⑧ 声〔石聲〕:【康熙字典】《六書正譌》古文“磬”字。[按]調不合,應歸上去。

⑨ 躑〔~躅〕:[《廣韻》直炙切,入昔,澄。]參見“躑躅”。【躑躅】以足擊地,頓足。《荀子・禮論》:“今夫大鳥獸,則失亡其羣匹,越月踰時,則必反鉛過故鄉,則必徘徊焉,鳴號焉,躑躅焉,踟躕焉,然後能去之也。”(清)王先謙集解:“躑躅,以足擊地也。”[按]韻、調不合,除廖新校增本外,其餘諸本皆誤收在下去,應歸下入。躑,同“蹢”。

⑩ 擲〔投也;抛也〕:[《廣韻》直炙切,入昔,澄。]投;抛。《後漢書・吕布傳》:“布嘗小失卓意,卓拔手戟擲之。”[按]韻、調不合,除廖新校增本外,其餘諸本皆誤收在下去,應歸下入。

⑪ 矴〔鎮舟石也〕:[《廣韻》丁定切,去徑,端。]亦作“碇”。亦作“椗”。停船時沉入水底用以穩定船身的石塊或繫船的石礅。《三國志・吴志・董襲傳》:“祖(黄祖)横兩蒙衝挾守沔口,以栟閭大紲繫石爲矴。”[按]調不合,應歸上去。

⑫ 磸〔硾舟石也〕：同⑪“矴”。

⑬ 直〔正也；平也〕：［《廣韻》除力切，入職，澄。］不彎曲。《詩・小雅・大東》：“周道如砥，其直如矢。”［按］此爲文讀。

⑭ 聘〔視也〕：【集韻】匹正切。視也。［按］調不合，應歸上去。

⑮ 愎〔戾也；咈也〕：［《集韻》弼力切，入職，並。］任性；執拗。《左傳・哀公二十六年》：“君愎而虐，少待之，必毒于民，乃睦于子矣。”［按］今泉讀送氣［p‘iak⊇］。

⑯ 伻〔使也〕：［《廣韻》普耕切，平耕，滂。］［《集韻》悲萌切，平耕，幫。］使。《書・立政》：“帝欽罰之，乃伻我有夏，式商受命，奄甸萬姓。”孔傳：“乃使我周家王有華夏 。”［按］調不合，應歸上平。

⑰ ㊎掽〔搕撞也〕：［《字彙》蒲孟切。］同“碰”。碰撞。（清）鄭觀應《盛世危言・商務》：“歷觀輪船之壞，非盡沈於颶風大霧中，多有因中酒脱略，剛愎自用，或藝術不精，擱沙掽石，水鍋炸裂等弊。”［按］調不合，應歸下去。

⑱ 騁〔馬～也〕：【康熙字典】《玉篇》古文“騁”字。【說文】騁，直馳也。从馬甹聲。丑郢切。［按］聲、調不合，應歸他母上上。

⑲ 煏〔火乾物也〕：［《集韻》弼力切，入職，並。］用火烘乾。《玉篇・火部》：“煏……火乾也。”［按］今泉讀［piak⊇］。

⑳ 甓〔甋甎〕：［《集韻》蒲歷切，入錫，並。］磚。《詩・陳風・防有鵲巢》：“中唐有甓，卬有旨鷊。”（清）馬瑞辰通釋：“甓爲磚。”

㉑ 忊〔不得志貌〕：【集韻】他定切。忊憕，不得志皃。［按］調不合，應歸上去。原注“不得志貌”，樋新編本誤作“不得去貌”。

㉒ 鐙〔踏～〕：［《廣韻》都鄧切，去嶝，端。］挂在鞍子兩旁的脚踏。多用鐵製成。《南齊書・廬陵王子卿傳》：“純銀乘具，乃復可爾，何乃作鐙亦是銀？可即壞之。”［按］調不合，應歸上去。

㉓ 逷〔～～；躍也〕：【集韻】他歷切。躍也。與“趯”同。［按］調不合，應歸上入。

㉔ 逷〔遠也〕：見㉕逖。

㉕ 逖〔同上〕：［《廣韻》他歷切，入錫，透。］亦作“逷”。遠；不近。《書·牧誓》：“逖矣，西土之人。”孔傳：“逖，遠也。”［按］調不合，應歸上入。

<table>
<tr><td rowspan="2">聲
韻
調</td><td colspan="4">8　卿 iŋ/ik</td></tr>
<tr><td>下平˨˦^{24}</td><td>下上˨^{22}</td><td>下去˦˩^{41}</td><td>下入˨˦$^{\underline{24}}$</td></tr>
<tr><td>争 ts</td><td>貞〔正也〕　偵〔問也〕
迊〔行也〕①
征〔同上〕
楨〔~幹：剛木〕
蜻〔~蜓〕②　寘〔人名〕
鉦〔鐃也；鐲也〕
晶〔水~〕
徵〔驗也；召也〕
蒸〔薪~細曰~；又衆也；進也〕
菉〔同上〕
精〔正也；細也〕
旌〔析羽爲~；又~表〕
烝〔薰也；衆也〕
菁〔盛貌：~茅〕
睛〔目~〕
禎〔~祥：正也〕</td><td>井〔水~；~田〕
整〔齊也；飭也〕
憖〔同上〕
種〔~子〕</td><td>浄〔潔~：無垢〕</td><td>積〔累也；聚也〕　責〔誚也：誅~〕
跡〔蹤~〕　隻〔單曰~〕　襀〔襞~也〕
跡〔足~；舊~〕　鶺〔~鴒：水鳥〕
勣〔事業功也〕　嘖〔大呼聲也〕
笮〔狹也〕　簀〔牀棧；簞也〕③
蹟〔循道也〕　脊〔背~也；又~令〕
蹠〔盜~〕　蹐〔跼~〕
聻〔鬼死爲~。書此字於門邊能除百鬼〕
織〔組~：布帛之總名〕　陟〔升也〕④
灼〔香~〕　職〔主之常也：~分；官~〕
乇〔草葉也〕　磔〔裂牲謂~〕
稷〔黍~；社~〕　磧〔水渚有石曰~〕⑤
卽〔就也；此也〕　即〔俗字〕
嘰〔鼠聲〕　績〔緝麻也；功業也〕
杔〔~櫨：壓酒器〕　粷〔白米也〕
犵〔似騾而小〕　騭〔陰~〕</td></tr>
<tr><td>入 dz</td><td>○</td><td>○</td><td>○</td><td>○</td></tr>
<tr><td>時 s</td><td>星〔列宿之總名〕
聲〔~氣；~音〕
升〔量名：~斗〕
昇〔日上也〕
陞〔登也；躋也〕
胜〔不熟也〕
腥〔生肉曰~〕
猩〔獸能主也〕
惺〔静也〕</td><td>省〔視也；~察〕
醒〔覺也〕
眚〔赦也；過也〕
惺〔悟也〕</td><td>性〔天~：理也〕
剩〔益也；餘也〕⑥</td><td>昔〔前代也；往也〕　瑟〔琴~〕
色〔顏~；女~〕　熄〔蓄火也；火滅也〕
晳〔白色；人名〕　穡〔稼~〕
篞〔捎~：除耳垢〕⑦　索〔求也；取也〕
舄〔履也〕　緆〔衣緣〕　釋〔~米〕
奭〔盛也；赤色〕　牘〔版也〕⑧
腊〔乾肉〕　式〔法也；用也〕　室〔宮~〕
軾〔車~〕　錫〔鉛類；賜也〕　颸〔風聲〕
褲〔襏~：雨衣〕　蟋〔~蟀〕　蝨〔蟣~〕⑨
踖〔踐也〕　識〔知也〕　螫〔蟲行毒〕
葸〔~菜〕　息〔止也；喘~〕　澀〔不滑也〕</td></tr>
</table>

（續表）

聲 韻 調	8 卿 iŋ/ik			
	下平˨˦ 24	下上˨ 22	下去˦˩ 41	下入˨˦ 24
時 s				悉〔盡也;知也〕 慽〔敬也〕 憎〔悲恨也〕 惜〔吝也;愛也〕 淅〔汰~;~瀝也〕 拭〔潔也〕 僪〔吝也〕 釋〔放也;解也〕 嗇〔慳吝也〕 媳〔子婦爲~〕 晳〔明也〕 晰〔同上〕 栻〔木局〕 析〔剖~: 分也〕 噺〔鳥聲〕 飾〔脩~;文~〕 裼〔袒~;~衣〕⑩

【校注】

① 延〔行也〕:【玉篇】古文“征”字。

② 蜻〔~蜓〕:《廣韻》有“子盈切”、“倉經切”兩讀,今習慣讀“倉經切”。

③ 簀〔牀棧;簟也〕:【字彙】側格切,音謫。牀棧……又簟也。[按]原注“簟也”,除廖新校增本外,其餘諸本均誤作“簞也”。

④ 陟〔升也〕:[按]重見(已見卿韻他母上入),誤入争母。

⑤ 磧〔水渚有石曰~〕:[《廣韻》七迹切,入昔,清。]淺水中的沙石;沙石淺灘。《唐律疏議·雜律下·茹船不如法》:“激水爲湍,積石爲磧。”[按]聲不合,應歸氣母。

⑥ 剩〔益也;餘也〕:[《廣韻》實證切,去證,船。]多餘;餘下。《魏書·前廢帝廣陵王紀》:“剩員非才,他轉之。”[按]調不合,應歸下去。

⑦ 箟〔捎~: 除耳垢〕:【字彙】思積切,音息。捎箟子,除耳中垢者。

⑧ 牘〔版也〕:【字彙】仕革切,音賾。版也。[按]調不合,應歸下入。

⑨ 蝨〔蟣~〕:【集韻】色櫛切。《説文》齧蟲。[按]韻不合,應歸丹韻上入。蟣蝨,指蝨卵和蝨子,泛指微小的生物。(漢)劉安《淮南子·説林訓》:“湯沐具而蟣蝨相吊,大厦成而燕雀相賀。”

⑩ 裼〔袒~;~衣〕:[《廣韻》先擊切,入錫,心。]袒開或脱去上衣,露出身體。《孟

子·公孫丑上》:"爾爲爾,我爲我,雖袒裼裸裎於我側,爾焉能浼我哉?"《史記·張儀列傳》:"秦人捐甲徒裼以趨敵。"(唐)司馬貞索隱:"裼,袒也,謂袒而見肉也。"

[按]原注"袒~;~衣",樋新編本誤作"祖~;~衣",大版式本、道光本、文德堂本、市圖善本則衹有"~衣",會文書莊本、廖新校增本誤作"小衣"。

聲韻調	8 卿 iŋ/ik			
	下平˨˦^{24}	下上˨˨^{22}	下去˦˩^{41}	下入˨˦$^{\underline{24}}$
争 ts	情〔性之動處〕 晴〔人之陰氣所欲〕 晴〔雨止也〕 蹭〔高貌〕 鄫〔姒姓也〕	彰〔清飾也〕① 靖〔安也;審也〕 静〔寂也;安也;息也〕 竫〔亭安也〕②	証〔質~;諫也〕 證〔驗也〕 正〔定也;平也〕 阱〔陷也〕③ 政〔正~;國~;~事〕 穽〔陷也;坑也〕④ 眔〔解,~人〕	寂〔~静:安也〕 樴〔繫牛杙也〕⑤ 瘠〔瘦也〕 籍〔典~;~~:語聲也〕⑥ 家〔楚辭:野~漠其無人〕⑦
入 dz	○	○	○	褥⑧
時 s	成〔就也:~功〕 陾〔築牆聲〕⑨ 蠅〔飛蟲:蒼~〕 宬〔屋所受容〕 乘〔駕也;登也〕 城〔~郭〕 汞〔奉~〕 礽〔福也〕⑩ 珹〔玉名〕 誠〔實也;信也〕 譝〔譽也〕 永〔奉也;受也〕 承〔下載上也〕 丞〔助也〕 鱦〔~魚〕 畻〔田畔〕 郕〔國名〕 箴〔~筐:織具〕 塍〔田中畦埒〕⑪ 晟〔飯匱〕⑫ 繩〔~直:索也〕		聖〔大而化謂~〕 盛〔茂也;多也〕 勝〔克也:~負〕 姓〔~氏;~名〕 曌〔明~〕	石〔沙~〕⑬ 席〔莞蒲爲~〕 殖〔滋生也:種~〕 碩〔大也〕 蚚〔~郎:螳螂也〕 袥〔石室〕 蓆〔大也〕 穸〔窀~〕 鼫〔田鼠〕 汐〔潮~〕

【校注】

① 彰〔清飾也〕:【廣韻】疾郢切。清飾。

② 竫〔亭安也〕:【集韻】疾郢切。《説文》亭安也。

③ 阱〔陷也〕:【集韻】疾正切。《説文》陷也,所以取獸者。一曰穿地陷獸也。又[《廣韻》疾郢切,上静,從。]陷坑。用以捕獸或擒人。《孟子·梁惠王下》:"臣聞郊關之内有囿方四十里,殺其麋鹿者如殺人之罪,則是方四十里爲阱於國中。"[按]今聲調變讀上上[ͨtsiŋ]。

④ 穽〔陷也；坑也〕：同③“阱”。

⑤ 檝〔繫牛杙也〕：［按］原注“杙”，樋新編本、會文書莊本誤作“栈”。

⑥ 籍〔典~；~~：語聲也〕：［《廣韻》秦昔切，入昔，從。］書册；書籍。《史記·伯夷列傳》：“夫學者載籍極博，猶考信於六藝。”《文選·班固〈答賓戲〉》：“劉向司籍，辨章舊聞。”（唐）李善注：“項岱曰：‘籍，書籍也。’”今泉變讀［tsip꜀］。

⑦ 宨〔楚辭：野~漠其無人〕：【字彙補】與“寂”同。［按］“宨”，大版式本、道光本、文德堂本、會文書莊本、市圖善本誤作“家”；原注“漠”，樋新編本誤作“漢”。

⑧ 褥：［《廣韻》而蜀切，入燭，日。］坐卧的墊具。《後漢書·張禹傳》：“乃詔禹金宫中，給帷帳牀褥。”［按］韻不合，應歸香韻入母下入（已見）。

⑨ 陾〔築牆聲〕：［《集韻》如蒸切，平蒸，日。］参見“陾陾”。【陾陾】衆多貌。《詩·大雅·緜》：“捄之陾陾，度之薨薨。築之登登，削屢馮馮。”毛傳：“陾陾，衆也。”（清）陳奂傳疏：“陾陾，當依《玉篇》引《詩》作‘陑陑’。《廣雅》：‘仍仍、登登、馮馮，衆也。’《毛詩》：‘陑陑，《三家詩》作仍仍。’”一説爲築墻聲。（元）王惲《玉堂嘉話》卷三：“爰構爰締，築之陾陾。”［按］聲不合，應歸入母。此讀來自《字彙》。【字彙】時征切，音成。

⑩ 礽〔福也〕：［《廣韻》如乘切，平蒸，日。］福。《玉篇》：“礽，福也，就也。”［按］聲不合，應歸入母。此讀來自《字彙》。【字彙】時征切，音成。福也；又就也。

⑪ 塍〔田中畦埒〕：［按］“塍”，道光本、文德堂本、會文書莊本、市圖善本誤作“滕”；原注“畦埒”，會文書莊本誤作“畔將”。

⑫ 晟〔飯匱〕：【集韻】時征切。飯匱也。

⑬ 石〔沙~〕：【集韻】常隻切。《説文》山石也。［按］該字今泉習慣讀作［sit꜀］。

聲韻調	8 卿 iŋ/ik			
	下平⅄24	下上⊣22	下去⅃41	下入⅄24
英 ø	英〔~華;~俊〕 鶯〔黃~也〕 鷹〔猛鳥〕 鸚〔~鵡〕 嬰〔~兒〕 孾〔孩兒〕 瑛〔玉光〕 纓〔冠系〕 煐〔人名〕 罌〔瓶之總名〕 甖〔同上〕 賏〔貝飾〕 櫻〔~花〕 楧〔雀梅〕 膺〔胸也;擊也〕 譻〔小聲〕 嚶〔~~:聲和〕	汞〔長也;久也〕 影〔形~;~響〕 潁〔~水:州名〕 穎〔同上;~悟〕 永〔同汞〕 浧〔沈也〕 撍①〔喚牛子〕 儤②〔會越也〕	映〔照也〕 應〔答也〕 甕③〔解,~菜〕	益〔增也〕 億〔十萬曰~〕 鎰〔二十兩也〕 憶〔記也;思也〕 意〔憶本字〕 臆〔胸~〕 肊〔胸肉也〕 繶〔以黃赤絲逢履〕 抑〔反語;遏也〕 嗌〔悲塞也〕 溢〔滿也〕 搤
文 b	盲〔目無童子〕	猛〔勇也;威也〕 皿〔食器盤盂之屬〕 鄳〔句~:魯邑〕 慏〔~惺:意不盡也〕 黽〔蟲也;怒鳴〕	孟〔長也;又姓〕	㊫蛨④
語 g	㊫皏⑤〔白貌〕	猂⑥〔狩也〕 馱⑦〔短小貌〕	〇	額⑧〔顙也;~~:不休息〕

【校注】

① 撍〔喚牛子〕:【中華字海】wěng,喚牛聲。

② 儤〔會越也〕:【集韻】巴校切。越也。[按]聲、韻、調皆不合,疑誤。

③ 甕〔解,~菜〕:[《廣韻》烏貢切,去送,影。]【甕菜】即空心菜。《淳熙三山志·物産·菜蓏》引(宋)范正敏《遯齋閑覽》:"甕菜本生東夷,人用甕載其種歸,故以爲名。"[按]"烏貢切"今泉州話應讀[ɔŋ˒/aŋ˒],韻不合。今一般寫作"蕹菜"。

④ ㊫蛨:[《廣韻》莫白切,入陌,明。]參見"蛨蚱"。【蛨蚱】方言。即蚱蜢。(清)郝懿行《證俗文》卷十七:"蚱蜢,今聲轉爲蛨蚱,音陌窄。"章炳麟《新方言·釋動物》:"《説文》:蝗,螽也。今通言謂之蝗,或謂之蛨蚱,或謂之

蚝蜢。《方言》作‘蟅蟒’。”

⑤ ㊣䫄〔白貌〕：［《廣韻》普幸切，上耿，滂。］淡白色。《素問・風論》：“岐伯曰：‘肺風之狀，多汗惡風，色䫄然白，時欬短氣。’”（唐）王冰注：“䫄，謂薄白色也。”［按］義對音不准，聲、調不合，應歸普母上上。

⑥ 㹞〔狩也〕：【康熙字典】《篇海》五郢切。狩也。［按］調不合，應歸上上。

⑦ 㚎〔短小貌〕：［《廣韻》五到切，上迥，疑。］矮小貌。［按］調不合，應歸上上。

⑧ 頟〔額也；～～：不休息〕：［《廣韻》五陌切，入陌，疑。］參見“頟頟”。【頟頟】不休息之貌。《書・益稷》：“慢遊是好，傲虐是作，罔晝夜頟頟。”孔傳：“無晝夜常頟頟肆惡無休息。”【康熙字典】《說文》顙也。《揚子・方言》中夏謂之頟，東齊謂之顙。《六書故》髮下眉上謂頟。

<table>
<tr><td rowspan="2">聲
韻
調</td><td colspan="4">8 卿 iŋ/ik</td></tr>
<tr><td>下平˨˦^{24}</td><td>下上˨^{22}</td><td>下去˦˩^{41}</td><td>下入˨˦$^{\underline{24}}$</td></tr>
<tr><td>英 ∅</td><td>榮〔~華：茂也〕
營〔~寨；經~〕 盈〔滿也〕
熒〔灯燭之光〕 塋〔墳~〕
螢〔火~〕 瀠〔~洄〕
瀯〔水回貌〕 滎〔水名〕
瑩〔~惑；石似玉〕 罃〔人名〕
縈〔繞也〕 贏〔輸~；餘也〕
嬴〔秦姓〕 濴〔水迴旋〕
瀛〔~州〕 籯〔箸籥〕
籝〔箱籠之屬〕 楹〔柱也〕</td><td>郢〔地名〕</td><td>咏〔吟~〕①
詠〔謳~〕
禜〔禳風祭雨〕
泳〔潛行水底曰~〕</td><td>易〔卦書變~〕 亦〔又也〕
弋〔射也；取也〕 役〔~使；行也〕
帟〔幕也〕 弈〔圍棋〕 液〔津~〕
焬〔火光〕 畫〔計策也；截止也〕②
燡〔火甚〕 疫〔~疾〕 埸〔疆~〕
蜴〔毒蟲〕 垼〔塊灶〕
熠〔人名〕③ 瑢〔玉采〕
襗〔祭之明日〕 腋〔肘脅之間〕
翌〔明日〕 睪〔伺視〕
劃〔以刀破物〕 佚〔不勞〕④
懌〔悅~〕 泆〔放~〕⑤ 掖〔挾持〕
逸〔失也〕⑥ 奕〔~葉〕
譯〔轉告也；重~〕 驛〔遞馬：絡繹〕
佾〔舞列〕⑦ 杙〔橜也〕⑧
忕〔心動〕 嶧〔~陽〕
�〔拭也〕⑨ 幦〔~幕〕⑩
繹〔尋究〕</td></tr>
<tr><td>文 b</td><td>明〔光也〕 明〔視也〕
暝〔夕也；晦也〕
溟〔小雨：杳~〕
螟〔~蛉：小蟲〕 甍〔屋棟也〕
萌〔草芽〕 莔〔貝母：藥名〕
名〔命~；功~〕 鳴〔鳥~〕
蓂〔~莢：瑞草〕
瞑〔~睛：不悅貌〕
冥〔昏也；暗也〕 洺〔水名〕
銘〔志也；明旌〕 絡〔紝紩〕⑪
眳〔閉目也〕 皿〔同也〕⑫
盟〔歃血以結信也〕 盟〔同上〕</td><td>茗〔茶晚取者〕⑬</td><td>命〔天~也；~名〕
觬〔閉目也〕</td><td>覓〔求也〕 脈〔血理分腋於四肢也〕
脈〔血~；氣~〕 霡〔~霂：小雨〕
冪〔巾覆物也〕 糸〔細絲也〕
鼏〔覆也〕 幦〔覆軾之皮〕
幭〔淺~〕 塓〔塗也〕
羃〔覆食也〕 冪〔《周禮》：巾~〕
簚〔白狗皮也〕⑭ 冖〔覆也〕
熐〔燒~鑑也〕⑮ 幕〔帷~〕⑯
覭〔邪視也〕 簚〔車覆〕
驀〔上馬也；又越也〕⑰</td></tr>
</table>

（續表）

聲韻調	8 卿 iŋ/ik			
	下平˨˦ 24	下上˨ 22	下去˦˩ 41	下入˨˦ $\underline{24}$
語 g	凝〔冰堅也;成也〕 迎〔~接也〕	晊⑱	硬〔強也;堅也〕 鞕〔同上〕	額〔顙也〕 逆〔不順也;迎也〕⑲ 鷁〔水鳥:《春秋》六~退飛〕 鷊〔綬鳥也;又草也〕 玉〔解,寶~〕 鶃〔鵝聲〕⑳ 獄〔解,牢~〕 鶂〔水鳥〕

【校注】

① 咏〔吟~〕:［《廣韻》爲命切,去映,云。］1. 曼聲長吟;歌吟。《禮記·檀弓下》:"人喜則斯陶,陶斯咏。"（漢）鄭玄注:"咏,嘔也。"（唐）許堯佐《柳氏傳》:"喜談謔,善謳咏。"2. 特指歌頌。《漢書·東方朔傳》:"彈琴其中,以咏先王之風。"［按］今通常採用俗讀［ᶜiŋ］,下面的"詠〔謳~〕"與"泳〔潛行水底曰~〕",情形相同。

② 畫〔計策也;截止也〕:［《廣韻》胡卦切,去卦,匣。］［《廣韻》胡麥切,入麥,匣。］亦作"畵"。1. 劃分。《書·畢命》:"申畫郊圻,慎固封守,以康四海。"孔傳:"郊圻雖舊所規畫,當重分明之。"《左傳·襄公四年》:"芒芒禹迹,畫爲九州。"（晉）杜預注:"畫,分也。"2. 截止;停止。《論語·雍也》:"力不足者,中道而廢,今女畫。"（三國·魏）何晏集解引（漢）孔安國曰:"畫,止也……今女自止耳,非力極。"……5. 指計策;計謀。《史記·淮陰侯列傳》:"臣事項王……言不聽,畫不用,故倍楚而歸漢。"（明）張居正《承天大志紀贊·聖孝紀》:"我皇上睿思英斷……羣臣稟聖謨,受成畫,奉而行之。"［按］此讀法［ik꜇］（今泉讀［iak꜇］）爲"畫"的白讀。

③ 熠〔人名〕:［《廣韻》羊入切,入緝,以。］光耀;閃耀。（唐）李白《明堂賦》:"熠乎光碧之堂,炅乎瓊華之室。"［按］韻不合,應歸金韻下入。

④ 佚〔不勞〕:［《廣韻》夷質切,入質,以。］安逸;安樂。《墨子·尚同中》:

“夫建國設都，乃作後王君公，否用泰也；卿大夫師長，否用佚也。”［按］［ik⊇］應屬白讀（今泉讀［iak⊇］）。

⑤ 泆〔放~〕：［《廣韻》夷質切，入質，以。］放蕩；放縱。《書・酒誥》：“誕惟厥縱，淫泆于非彝。用燕喪威儀，民罔不衋傷心。”［按］韻不合，應歸賓韻下入。

⑥ 逸〔失也〕：［《廣韻》夷質切，入質，以。］2. 逃亡；逃跑。《左傳・桓公八年》：“隨侯逸，鬬丹獲其戎車，與其戎右少師。”（晉）杜預注：“逸，逃也。”……10. 閑適；安樂。《國語・吴語》：“今大夫老，而又不自安恬逸，而處以念惡。”（三國・吴）韋昭注：“逸，樂也。”［按］［ik⊇］屬白讀（今泉讀［iak⊇］）。

⑦ 佾〔舞列〕：［《廣韻》夷質切，入質，以。］古代樂舞的行列。［按］韻不合，應歸賓韻下入。

⑧ 杙〔槩也〕：［《廣韻》與職切，入職，以。］一頭尖的短木，木樁。《左傳・襄公十七年》：“齊人獲臧堅。齊侯使夙沙衛唁之，且曰：‘無死！’堅……以杙抉其傷而死。”［按］韻不合，應歸賓韻下入。

⑨ 扻〔拭也〕：【康熙字典】《正字通》“栻”字之譌。《字彙》音亦，訓拭。非。

⑩ 帣〔~幕〕：【字彙】盧官切，音鑾。帣，帶也。［按］聲、韻、調皆不合，疑誤。

⑪ 絡〔絚絿〕：【集韻】忙經切。細絲也。［按］該字查無“絚絿”義。【康熙字典】絚……《説文》乘輿馬飾也。（清）朱駿聲通訓定聲：“絿，絚絿也，乘輿馬飾。”

⑫ 覀〔同也〕：【康熙字典】《篇韻》莫靈切，音冥。《玉篇》同也。

⑬ 茗〔茶晚取者〕：［《廣韻》莫迥切，上迥，明。］1. 茶芽。一説指晚采的茶。《説文・艸部》：“茗，茶芽也。”《爾雅・釋木》“檟，苦荼”，（晉）郭璞注：“今呼早采者爲荼，晚取者爲茗。”……2. 泛指茶。（唐）皎然《山居示靈澈上人》詩：“晴明路出山初暖，行踏春蕪看茗歸。”［按］調不合，應歸上上。該字今泉讀［⊆biŋ］。

⑭ 幦〔白狗皮也〕：［《集韻》莫狄切，入錫，明。］車軾上的覆蓋物。《禮記・曲禮下》：“鞮屨，素幦。”（漢）鄭玄注：“幦，覆笭也。”（元）陳澔集説：“幦，車覆闌

也。”【康熙字典】《正韻》莫狄切，音覓。覆笭也。《禮記・曲禮下》鞮屨，素篾。注：篾，覆笭也。正義：素篾者，素白狗皮也。篾，車覆闌也。

⑮ 煤〔燒～蠡也〕：[《集韻》莫狄切，入錫，明。]參見“煤蠡”。【煤蠡】匈奴村落。《文選・揚雄〈長楊賦〉》：“驅橐駝，燒煤蠡。”（唐）吕向注：“煤蠡，聚落也。”

⑯ 幕〔帷～〕：【康熙字典】《正韻》莫狄切，音覓。盧仝《思君吟》：“我心爲風兮淅淅，君身爲雲兮幕幕。”又【漢語大詞典】[《廣韻》慕各切，入鐸，明。]亦作“幙”。懸空平遮在上面的帷幔。《周禮・天官・幕人》：“掌帷、幕、幄、帟、綬之事。”（漢）鄭玄注：“在旁曰帷，在上曰幕。”[按]今泉白讀[bɔ̃⊇]。

⑰ 驀〔上馬也；又越也〕：[《廣韻》莫白切，入陌，明。]1. 上馬；騎。《文選・左思〈吴都賦〉》：“驀六駮，追飛升。”……3. 跳躍。《敦煌變文集・燕子賦》：“人急燒香，狗急驀牆。”……5. 忽然。（金）董解元《西廂記諸宫調》卷三：“恰正張生悶加轉，驀見紅娘歡喜煞，叉手奉迎他。”

⑱ 睨：【集韻】研領切。直視也。[按]調不合，應歸上上。

⑲ 鷁〔水鳥：《春秋》六～退飛〕：[《廣韻》五歷切，入錫，疑。]水鳥名。形如鷺而大。羽色蒼白，善高飛。《左傳・僖公十六年》：“六鷁退飛，過宋都，風也。”

⑳ 鶂〔鵝聲〕：[《廣韻》五歷切，入錫，疑。]【鶂鶂】亦作“鶃鶃”。鵝鳴聲。亦借指鵝。（宋）梅堯臣《放鶂》詩：“公只知魚之洋洋，鵝之鶂鶂，噫兮噫兮。”

<table>
<tr><th rowspan="2">聲韻調</th><th colspan="4">8　卿 iŋ/ik</th></tr>
<tr><th>下平˨˦^{24}</th><th>下上˨^{22}</th><th>下去˦˩^{41}</th><th>下入˨˦$^{\underline{24}}$</th></tr>
<tr><td>出 ts‘</td><td>清〔潔也;澈也〕
青〔東方木色〕
䝼〔青黑色也〕
蟶〔蚌屬也〕①
稱〔揚也;舉也〕
穪〔同上〕
赬〔魚勞則尾赤〕②
竀〔赤色;又正視也〕③
净〔俗字〕④
檉〔河柳〕⑤
頳〔再染之謂~;又赤色〕⑥
淨〔冷也〕⑦</td><td>請〔~謁:問也〕</td><td>倩〔假借;使人〕
稱〔愜也;秤也〕
銃〔解,鳥~〕</td><td>七〔正,數名〕⑧　赤〔色也〕
策〔簡~;計~〕　膝〔脛骨節;又牛~〕
膝〔同上,俗字〕　敕〔戒~;誡也〕⑨
測〔度也〕　磔〔裂牲謂~;又張也〕⑩
嬰〔~~:利器進也〕　漆〔水名:膠~〕
榛〔木名〕　尺〔量名:~寸〕
側〔旁也;歪也〕　赤〔色也〕⑪
灻〔同上〕⑫　撼〔擊也〕
昃〔日側西也〕⑬　忕〔惕也〕⑭
咋〔大聲也〕⑮　敕〔擊馬也〕⑯
彳〔~亍:小步也〕　斥〔擯~〕
藤〔牛~:藥名〕⑰　窄〔迫也;狹也〕⑱
拆〔開也〕⑲　粟〔解,米~〕
戚〔親~;憂~〕　惻〔~隱:愴也〕
冊〔典~;籌~〕　柵〔編木爲之以欄豚〕
慼〔痛也;憂也〕　叱〔~咤:發怒也〕⑳</td></tr>
<tr><td>喜 h</td><td>亨〔通民〕
興〔作也;起也〕
兄〔~弟〕
馨〔香遠聞也〕
䅽〔~薌:即黍稷〕㉑</td><td>悻〔狠也;怨也〕㉒
擤〔捻鼻中齈〕㉓
泂〔遠也〕㉔
炯〔光也;明也〕㉕
迥〔寥遠也〕㉖</td><td>䣆〔面酖~也〕
見〔日中風也〕㉗
眖〔目轉也〕㉘
行〔品~;言~〕㉙</td><td>赫〔~~:明也〕　赩〔大赤也〕
嚇〔以口拒人〕　虩〔恐懼貌〕
洫〔築城溝也〕㉚　洫〔溝~〕
忔〔喜也〕㉛　衋〔痛也〕㉜
侐〔清靜也〕　殈〔鳥卵破也〕</td></tr>
</table>

【校注】

① 蟶〔蚌屬也〕:［《廣韻》丑貞切,平清,徹。］蟶子。（明）李時珍《本草綱目·介二·蟶》〔集解〕引陳藏器曰:“蟶生海泥中。長二三寸,大如指,兩頭開。”［按］聲不合,應歸他母。今泉讀［$_{\subset}$t‘iŋ/$_{\subset}$t‘an］。

② 赬〔魚勞則尾赤〕:詳見⑥“頳”。［按］原注“則”,樋新編本誤作“列”。

③ 竀〔赤色;又正視也〕:［《廣韻》丑貞切,平清,徹。］淺赤色。《左傳·哀公十七

年》:"如魚竀尾。"(晉)杜預注:"竀,赤色。"[按]聲不合,應歸他母。

④ 净〔俗字〕:詳見⑦"淨"。

⑤ 檉〔河柳〕:[《廣韻》丑貞切,平清,徹。]木名。即檉柳。《詩·大雅·皇矣》:"啓之辟之,其檉其椐。"(宋)朱熹集傳:"檉,河柳也,似楊,赤色,生河邊。"[按]聲不合,應歸他母。

⑥ 赬〔再染之謂~;又赤色〕:[《廣韻》丑貞切,平清,徹。]亦作"頳"。1. 紅。(南朝·梁)江淹《雜三言·悦曲池》:"北山兮黛柏,南江兮頳石。"(清)陸淹《秋懷》詩:"魚悔尾赬思溟北,豖誇頭白笑遼東 。"2. 指顔色變紅。(宋)陸游《養疾》詩:"菊穎寒猶小,楓林曉漸赬。"[按]聲不合,應歸他母。

⑦ 淨〔冷也〕:[《廣韻》楚耕切,平耕,初。]寒冷貌。

⑧ 七〔正,數名〕:【集韻】戚悉切。《説文》陽之正也。[按]今泉通常衹用文讀[ts'it꜀],白讀[ts'iak꜀]已基本消失。

⑨ 敕〔戒~;誡也〕:[《廣韻》恥力切,入職,徹。]誡飭;告誡。《史記·樂書序》:"余每讀《虞書》,至於君臣相敕,維是幾安,而股肱不良,萬事墮壞,未嘗不流涕也。"【説文】敕,誡也。[按]聲不合,應歸他母。除廖新校增本外,其餘諸本原注"誡"皆因形近誤作"誠"。

⑩ 磔〔裂牲謂~;又張也〕:[《廣韻》陟格切,入陌,知。]1. 古代祭祀時分裂牲畜肢體。《禮記·月令》:"〔季春之月〕九門磔攘。"(清)孫希旦集解:"磔,磔裂牲體也……磔牲以祭國門之神,欲其攘除凶災,禦止疫鬼,勿使復入也。"……6. 張開。《晉書·桓温傳》:"温眼如紫石棱,鬚作蝟毛磔。"[按]聲不合,應歸地母。

⑪ 烾〔色也〕:同"赤"。

⑫ 灻〔同上〕:同"赤"。

⑬ 昃〔日側西也〕:[《集韻》札色切,入職,莊。]指日西斜。《易·離》:"日昃之離,何可久也!"[按]聲不合,應歸争母。

⑭ 恜〔惕也〕:[《廣韻》恥力切,入職,徹。]驚恐不安。《集韻·入職》:"恜,

《説文》:‘愓也。’或从心。”

⑮ 咋〔大聲也〕:[《廣韻》側革切,入麥,莊。][《廣韻》鋤陌切,入陌,崇。]大聲呼叫;喊叫。《周禮·考工記·梟氏》“侈則柞”,(漢)鄭玄注:“柞,讀爲咋咋然之咋,聲大外也。”[按]聲不合,應歸争母。

⑯ 敇〔擊馬也〕:【康熙字典】《正字通》“敇”字之譌。[按]聲不合,應歸他母。原注亦不確,詳見他母卿韻上入“敇”。

⑰ 膝〔牛~:藥名〕:【康熙字典】《唐韻》息七切,音膝。藥名,牛膝。[按]今通常寫作“膝”,白讀作[ts‘iak ͻ]。

⑱ 窄〔迫也;狹也〕:[《廣韻》側伯切,入陌,莊。]狹隘;狹小。(唐)白居易《題新昌所居》詩:“院窄難栽竹,牆高不見山。”[按]聲不合,應歸争母。

⑲ 拆〔開也〕:[《集韻》恥格切,入陌,徹。]裂開;綻開。《詩·大雅·生民》:“誕彌厥月,先生如達,不拆不副,無菑無害。”[按]聲不合,應歸他母。

⑳ 叱〔~咤:發怒也〕:[《廣韻》昌栗切,入質,昌。]責駡;呵斥。《公羊傳·莊公十二年》:“手劍而叱之。”(漢)何休注:“手劍,持技(拔)劍叱駡之。”[按]韻不合,應歸賓韻上入。

㉑ 羶〔~薌:即黍稷〕:[《廣韻》式連切,平仙,書。]【羶薌】五穀的香氣。因以指祭祀所用的黍稷等穀物。羶,通“馨”;薌,通“香”。《禮記·祭義》:“建設朝事,燔燎羶薌,見以蕭光,以報氣也。”

㉒ 悻〔狠也;怨也〕:[《集韻》下耿切,上耿,匣。]惱怒;怨恨失意。[按]調不合,應歸下上。

㉓ 擤〔捻鼻中軆〕:【康熙字典】《篇海》呼梗切,亨上聲。手捻鼻膿曰擤。【字彙】虎梗切,亨上聲。捻鼻中軆。

㉔ 泂〔遠也〕:[《廣韻》户頂切,上迥,匣。]遠。[按]調不合,應歸下上。

㉕ 炯〔光也;明也〕:[《廣韻》户頂切,上迥,匣。]火光。《文選·木華〈海賦〉》:“熺炭重燔,吹炯九泉。”(唐)李善注:“炯,光也。言火之光,下照九泉。”[按]調不合,應歸下上。

㉖ 迥〔寥遠也〕：[《廣韻》户頂切，上迥，匣。]遥遠；僻遠。（漢）班彪《北征賦》："野蕭條以莽蕩，迥千里而無家。"[按]調不合，應歸下上。

㉗ 晃〔日中風也〕：【康熙字典】《玉篇》許詠切，薰去聲。日中風也。

㉘ 䀀〔目轉也〕：【字彙】扶泛切，音梵。大目。[按]韻不合，應歸川韻；義亦不對。

㉙ 行〔品～；言～〕：[《廣韻》下更切，去映，匣。]1. 行爲。《禮記·樂記》："禮以道其志，樂以和其聲，政以一其行，刑以防其姦。"2. 品行；德行。《書·酒誥》："天降威，我民用大亂喪德，亦罔非酒惟行。"[按]調不合，應歸下去。

㉚ 淢〔築城溝也〕：[《廣韻》況逼切，入職，曉。]同"洫"。溝渠；護城濠。《詩·大雅·文王有聲》："築城伊淢，作豐伊匹。"毛傳："淢，成溝也。"（漢）鄭玄箋："方十里曰成；淢，其溝也，廣深各八尺。"[按]原注"築城溝"，諸本皆誤作"注城溝"。

㉛ 忔〔喜也〕：[《廣韻》許訖切，入迄，曉。]喜愛。《玉篇·心部》："忔，喜也。"（元）王伯成《貶夜郎》第三折："若是忔摟定舌尖上度與喫，更壓著王母蟠桃會，更做果木叢中占了第一。"[按]韻不合，應歸賓韻上入。

㉜ 衋〔痛也〕：【集韻】迄力切。《説文》傷痛也。

聲韻調	8 卿 iŋ/ik			
	下平˨˦ 24	下上˨˨ 22	下去˦˩ 41	下入˨˦ 24
出 ts‘	㊗剬〔~土〕	○	掅〔捽也〕① 秤〔~物輕重〕② 稱〔同上〕③ 凊〔《曲禮》：冬温而夏~〕④	㊗趩⑤
喜 h	衡〔權~：平也〕 行〔往也;步也〕 形〔~容~;影〕 侀〔成也〕 荆〔法也〕 刑〔刑罰;戮也〕 邢〔邑名;又姓〕 型〔鑄金模也;典~〕 訇〔訇~：大聲〕⑥ 姮〔~娥也〕 竑〔量度也〕 紘〔冠冕之繫〕 綋〔維也〕⑦ 桁〔横木〕 恆〔久也;常也〕 轟〔群車聲〕⑧ 恒〔俗恆字〕 恆〔同上〕 鋐〔鐘聲〕 泓〔水際也〕⑨ 横〔縱~〕 鉶〔羹器〕 軦〔車飾衡木〕 珩〔佩首也;横玉〕 宏〔大也〕 陘〔楚地〕 翃〔飛貌〕 閎〔巷門〕 弘〔廣也;大也〕 薨〔亡也;衆也〕⑩	幸〔不常得而得曰~;又愛也〕 倖〔徼~〕 杏〔果名：~花〕 荇〔接餘也;根生水底〕	興〔起也〕⑪ 瞍〔直視貌〕⑫ 騜〔馬怒也〕⑬ 瀇〔小津也〕⑭	或〔疑辭;迷也〕 域〔界局也〕 惑〔疑也：迷~〕 棫〔白桵也;柞也〕 閾〔門限也〕 馘〔斷首也;截耳也〕⑮ 獲〔得也;臧~〕 罭〔罟也;取魚〕⑯ 畖〔古字〕⑰ 緎〔裘之界~〕 肉〔解,魚~〕⑱ 鞻〔縫也〕⑲ 咟〔吐聲〕⑳ 蜮〔短狐：能射人〕 瑊〔人名〕 懎〔乖戾也〕㉑ 覡〔能事神明者〕

【校注】

① 掅〔捽也〕：【集韻】千定切，青去聲。《博雅》持也。一曰捽也。[按]調不合，應歸上去。

② 秤〔~物輕重〕:[《廣韻》昌孕切,去證,昌。]亦作“稱”。利用杠杆原理量物體輕重的器具。《魏書·張普惠傳》:“依今官度官秤計其斤兩,廣長,折給請俸之人。”[按]調不合,應歸上去。

③ 稱〔同上〕:同②“秤”。

④ 清〔《曲禮》:冬温而夏~〕:[《廣韻》七政切,去勁,清。]凉。《墨子·辭過》:“古之民,未知爲衣服時,衣皮帶茭,冬則不輕而温,夏則不輕而清。”《禮記·曲禮上》:“凡爲人子之禮,冬温而夏清,昏定而晨省。”(唐)陸德明釋文:“七性反。字從冫。冰,冷也。本或作水旁,非也。”[按]調不合,應歸上去。此處之“清”爲文讀,其白讀見賓韻出母上去。

⑤ ㊜趯:[《廣韻》恥力切,入職,徹。]行走聲。《説文·走部》:“趯,行聲也。”

⑥ 訇〔訇~:大聲〕:[《廣韻》呼宏切,平耕,曉。]形容大聲。《文選·張衡〈東京賦〉》:“軯礚隱訇。”(唐)李善注:“軯礚隱訇,鍾鼓之聲也。”[按]調不合,應歸上平。

⑦ 紘〔維也〕:【字彙】户萌切,音宏。維也;又冠卷也。【康熙字典】《篇海》紘,譌作“紘”。紘,[《廣韻》户萌切,平耕,匣。]1. 古代冠冕上的帶子。由頜下向上繫於笄,垂餘者爲纓。《禮記·禮器》:“管仲鏤簋,朱紘,山節,藻棁,君子以爲濫矣。”(唐)孔穎達疏:“紘,冕之飾,用組爲之,以其組從下屈而上屬之於兩旁,垂餘爲纓。”

⑧ 轟〔群車聲〕:[《廣韻》呼宏切,平耕,曉。]群車行進聲。《説文·車部》:“轟,轟轟,羣車聲也。”[按]調不合,應歸上平。

⑨ 泓〔水際也〕:[《廣韻》烏宏切,平耕,影。]1. 水深廣貌。(晉)郭璞《江賦》:“極泓量而海運,狀滔天以淼茫。”……6. 量詞。用於清水,相當於“片”、“道”。(唐)李賀《夢天》詩:“遥望齊州九點煙,一泓海水杯中瀉。”[按]聲、韻、調皆不合,應歸英母卿韻上平。今泉讀[꜀hɔŋ]。

⑩ 薨〔亡也;衆也〕:[《廣韻》呼肱切,平登,曉。]死的别稱。自周代始,人之死

亡,有尊卑之分,“薨”以稱諸侯之死。《禮記·曲禮下》:“天子死曰崩,諸侯曰薨,大夫曰卒,士曰不禄,庶人曰死。”[按]調不合,應歸上平。

⑪ 興〔起也〕:[《廣韻》許應切,去證,曉。]2.《詩》六義之一。乃先言他物以引起所咏之詞的一種寫作手法。《〈詩〉·大序》:“故詩有六義焉:一曰風,二曰賦,三曰比,四曰興,五曰雅,六曰頌。”(宋)羅大經《鶴林玉露》卷十:“蓋興者,因物感觸,言在於此而意寄於彼。”3. 喜歡。《禮記·學記》:“不興其藝,不能樂學。”(漢)鄭玄注:“興之言喜也,歆也。”[按]調不合,應歸上去。

⑫ 瞁〔直視貌〕:[《廣韻》休正切,去勁,曉。]眼直視。[按]調不合,應歸上去。

⑬ 騬〔馬怒也〕:【五音集韻】呼正切。音敻。馬怒也。[按]調不合,應歸上去。

⑭ 濴〔小津也〕:【集韻】下孟切。《説文》小津也。

⑮ 馘〔斷首也;截耳也〕:[《廣韻》古獲切,入麥,見。]古代戰爭中割取所殺敵人或俘虜的左耳以計數獻功。《詩·大雅·皇矣》:“執訊連連,攸馘安安。”[按]聲、調不合,應歸求母上入。

⑯ 罭〔罟也;取魚〕:[《廣韻》雨逼切,入職,云。]捕小魚的細眼網。通稱“九罭”。《詩·豳風·九罭》:“九罭之魚鱒魴。”毛傳:“九罭,緵罟,小魚之網也。”

⑰ 𡋯〔古字〕:【字彙】古文“域”字。

⑱ 緎〔裘之界~〕:[《廣韻》雨逼切,入職,云。]衣縫。《詩·召南·羔羊》:“羔羊之革,素絲五緎。”毛傳:“緎,縫也。”

⑲ 䩄〔縫也〕:同⑱“緎”。

⑳ 呾〔吐聲〕:【字彙】霍國切,音獲。吐聲。[按]韻、調不合,應歸東韻上入。

㉑ 愽〔乖戾也〕:【集韻】胡麥切。乖剌也。

9 杯

聲 韻 調	9 杯 ue/ueʔ			
	上平˧[33]	上上˥[55]	上去˦˩[41]	上入˥[5]
柳 l	○	誄〔~文：以禱神〕① 餒〔饑也；爛也〕 餧〔土，同上〕	○	○
邊 p	杯〔酒器〕 桮〔飲器〕 篦〔土，竹~〕② 狉〔群走貌〕 盃〔器也：酒~〕	○	○	八〔解，數名〕
求 k	瓜〔解，葉~；生~〕		檜〔木名，似柏〕 襘〔帶所結也〕 獪〔狡~〕 澮〔水注溝也〕	○
氣 k'	魁〔斗首：~星〕 盔〔盂器〕 悝〔悲也；大也；人名〕 詼〔詼諧〕	㊥跬	○	○
地 t	○	○	○	○
普 p'	抔〔披也〕③ 炋〔火也〕 批〔土音，~札〕 鎞〔~鑿〕	○	○	○
他 t'	○	倭〔弱也；魯宣公名〕	○	○
争 ts	○	○	○	○
入 dz	○		○	○
時 s	衰〔微也；弱也〕 榱〔椽也〕	○	○	○

（續表）

聲韻調	9　杯 ue/ueʔ			
	上平˧ 33	上上˥ 55	上去˥˩ 41	上入˥ 5
英 Ø	灰〔過火爲~〕④ 煨〔~爐〕⑤ 隳〔毁滅也〕⑥ 隈〔水曲隩也〕 倭〔回遠之貌〕⑦ 葨〔草也〕 撝〔裂也〕⑧ 瘣〔病也〕⑨ 揮〔振也〕⑩ 偎〔愛也〕 楎〔杙也〕⑪	賄〔財也〕	○	○
文 b	煤〔煙墨也〕⑫	買〔解，~賣〕	○	○
語 g				
出 tsʻ				
喜 h				

【校注】

① 誄〔~文：以禱神〕：［《廣韻》力軌切，上旨，來。］古代列述死者德行，表示哀悼並以之定謚（多用於上對下）。《禮記·曾子問》："賤不誄貴，幼不誄長，禮也。"（漢）鄭玄注："誄，累也。累列生時行迹，讀之以作謚，謚當由尊者成。"［按］韻不合，應歸飛韻上上。

② 箆〔土，竹~〕：［《廣韻》邊兮切，平齊，幫。］［《集韻》頻脂切，平脂，並。］1. 捕蝦竹器。《集韻·平脂》："箆……取鰕具。"……3. 打人的刑具。《水滸傳》第四回："但凡和尚破戒吃酒，決打四十竹箆，趕出寺去。"

③ 抔〔披也〕：［《廣韻》薄侯切，平侯，並。］［《廣韻》芳杯切，平灰，滂。］1. 手捧。（清）蒲松齡《聊齋志異·河間生》："翁自下樓，任意取案上酒果，抔來供生。"參見"抔飲"。2. 量詞。相當於"捧"、"把"。《史記·張釋之馮唐列傳》："假令愚民取長陵一抔土，陛下何以加其法乎？"

④ 灰〔過火爲~〕：[《廣韻》呼恢切，平灰，曉。]物質充分燃燒後殘留的粉狀物。《周禮·地官·掌炭》："掌灰物炭物之徵令，以時入之，以權量受之，以共邦之用。"【字彙】呼回切，音麾。火過爲灰。[按]聲不合，應歸喜母。廖新校增本改注作"死火爲灰"。

⑤ 煨〔~爐〕：[《廣韻》烏恢切，平灰，影。]熱灰。《説文·火部》："煨，盆中火。"

⑥ 隳〔毁滅也〕：[《廣韻》許規切，平支，曉。]毁壞；廢棄。《老子》："故物或行或隨，或歔或吹，或强或羸，或載或隳。"（唐）陸德明釋文："隳，毁也。"[按]聲不合，應歸喜母。

⑦ 倭〔回遠之貌〕：【字彙】烏魁切，音煨。倭遲，回遠之貌。《詩·小雅》周道倭遲。

⑧ 撝〔裂也〕：[《廣韻》許爲切，平支，曉。]剖裂；破開。《後漢書·馬融傳》："脰完羝，撝介鮮。"（清）王念孫《讀書杂志餘編·後漢書》："脰、撝，皆裂也。"[按]樋新編本"撝"誤作"揋"。

⑨ 虺〔病也〕：[《廣韻》呼恢切，平灰，曉。]參見"虺隤"。【虺隤】疲極致病貌。《詩·周南·卷耳》："陟彼崔嵬，我馬虺隤。"毛傳："虺隤，病也。"[按]聲不合，應歸喜母。

⑩ 揮〔振也〕：[《廣韻》許歸切，平微，曉。]舞動；摇動。（晉）郭璞《山海經圖贊下·夔牛》："西南巨牛……雖有逸力，難以揮輪。"[按]聲、韻不合，應歸喜母飛韻。

⑪ 楎〔杙也〕：[《廣韻》許歸切，平微，曉。]釘在牆上，用來懸挂衣服的木橛。《爾雅·釋宫》："樴謂之杙，在牆者謂之楎。"（晉）郭璞注："橜也。"[按]聲、韻不合，應歸喜母飛韻。

⑫ 煤〔煙墨也〕：[《廣韻》莫杯切，平灰，明。]煙熏所積的黑灰，即煙塵。（唐）劉禹錫《畬田行》："紅焰遠成霞，輕煤飛入郭。"[按]調不合，應歸下平。今泉讀[⊆mui]，不讀[⊂bue]。

聲 韻 調	9 杯 ue/ueʔ			
	下平ʎ[24]	下上˧[22]	下去˩[41]	下入ʎ[24]
柳 l	酘〔~飯〕①	○	内	㊗唔②
邊 p	陪〔重也：~臣〕 裴〔衣長也;又姓〕 頠〔曲頤也〕 坏〔益也〕③ 賠〔~補〕 坯〔益也〕④ 培〔益也;助也〕 棓〔姓也〕 徘〔~徊〕	倍〔加也〕	輩〔等也：同~〕 軰〔同上,俗字〕 背〔身後曰~〕 犎〔兩壁耕〕⑤ 珮〔~玉〕 貝〔寶~〕 焙〔熇也〕 狽〔狼~：相依〕⑥ 䟺〔白肉〕⑦ 鄁〔邑名〕 背佩〔大帶也;玉~〕 悖〔背也：~逆〕 倍〔~師;相~〕 邶〔國名〕 苜〔~母：藥名〕 孛〔土,~星〕⑧ 禙〔繻也〕⑨ 琨〔~飾〕⑩ 旆〔旆飛揚也〕⑪	拔〔~起〕
求 k	㊗㛮⑫	○	鄶〔國名〕⑬ 旝〔旂也〕⑭ 穭〔麤糠〕⑮ 襘〔除殃之祭〕⑯ 怪〔解,土語,~人〕 憒〔心亂也〕⑰ 𢡊〔恨也〕⑱ 鱠〔魚~〕⑲ 膾〔牛羊魚腥聶而切之爲~〕⑳ 糩〔粗糠也〕㉑ 薈〔土,草多貌〕㉒	㊗𣅝㉓
氣 k'	㊗瘔㉔	○	凷〔墣也〕㉕	
地 t	魋㉖ 隤〔摧也;病也〕㉗ 穨〔暴風也;又病也〕 頹〔穨之譌〕	○	敓〔土,卦名;~物〕㉘ 遞〔傳~〕	㊗烇㉙
普 p'	○	○	配〔對也;合也〕㉚ 霈〔雨貌〕㉛ 稗〔土姜,~子〕㉜	○
他 t'	煺〔~,燖毛也〕㉝	○	退〔御也：進~〕㉞ 蜕〔蟬解皮也〕㉟	○
争 ts	摧〔傷也〕㊱ 摧〔挫也;折也〕㊲ 糚〔精米也〕㊳	罪〔辠也：犯~〕	最〔土,尤也;勝也〕㊴ 嘬〔齧也〕㊵ 贅〔土,進~〕㊶	○

（續表）

聲韻調	9 杯 ue/ueʔ			
	下平˨˦ 24	下上˨˨ 22	下去˦˩ 41	下入˨˦ $\underline{24}$
入 dz	羸〔弱也;病也〕㊷ 蚋〔蠅屬〕㊸ 汭〔水相入也〕㊹ 蜹〔蠛蠓〕㊺ 蕤〔土,~賓：律名〕 緌〔土,冠之瓔結於領下〕	○	睿〔深明;通達〕 叡〔同上〕 芮〔細貌;水涯〕 枘〔木耑入鑿〕㊻	○
時 s		○	歳〔年~;~序〕㊼ 税〔租也〕㊽ 帥〔主也；將~〕㊾ 帨〔用以拭手〕㊿ 涚〔過水清也〕(51) 祟〔神禍也〕(52)	○
英 ∅		○	衛〔捍~;防~〕 衞〔同上,俗字〕 話〔解,説~〕 畫〔解,~花〕 穢〔惡也;汙也〕 薉〔同上〕 濊〔汪濊貌〕(53) 懀〔心惡也〕(54)	畫〔解,字~〕
文 b	枚〔幹曰~;又箇也〕(55) 梅〔果也;~花〕(56)	○	賣〔解,買~〕	○

【校注】

① 酶〔~飯〕：【集韻】奴回切。《字林》一酶飯。

② ㊔唈：［《廣韻》烏八切，入黠，影。］象聲詞。吞飲聲。（清）和邦額《夜譚隨録・回煞》：“燈忽驟暗，隱隱見一物如象鼻，就器吸酒，唈唈有聲。”［按］聲、韻、調皆不合。

③ 坏〔益也〕：［《集韻》蒲枚切，平灰，並。］通“培”。用泥土封塞空隙。《禮記・月令》：“〔孟秋之月〕修宫室，坏墻垣，補城郭。”（漢）鄭玄注：“坏，益也。”

④ 坯〔益也〕：【集韻】貧悲切。瓦未燒。

⑤ 犇〔兩壁耕〕：【集韻】補妹切。《廣雅》耕也。一曰兩壁耕。［按］調不合，應歸上去。

⑥ 狽〔狼~：相依〕：[《廣韻》博蓋切，去泰，幫。]傳説中的獸名。前腿特别短。(唐) 段成式《酉陽雜俎・毛篇》："或言狼、狽是兩物，狽前足絶短，每行常駕兩狼，失狼則不能動，故世言事乖者稱狼狽。"[按]調不合，應歸上去。

⑦ 胈〔白肉〕：【字彙】蒲貝切，音佩。白肉。

⑧ 孛〔土，~星〕：[《廣韻》蒲昧切，去隊，並。]彗星的别稱。《左傳・文公十四年》："秋，七月，有星孛入于北斗。"(晉) 杜預注："孛，彗也。"

⑨ 褙〔襦也〕：[《集韻》補妹切，去隊，幫。]褙子。《宣和遺事》後集："〔徽宗〕將龍袍卸却，把一領皂褙穿着，上面著一領紫道服。"[按]調不合，應歸上去。

⑩ 琲〔~飾〕：[《集韻》博蓋切，去夳，幫。]貝飾。[按]調不合，應歸上去。

⑪ 旆〔旆飛揚也〕：[《廣韻》蒲盍切，去泰，並。]古代旐末狀如燕尾的垂旒。《詩・小雅・六月》："織文鳥章，白旆央央。"《詩・小雅・出車》："彼旟旐斯，胡不旆旆。"毛傳：旆旆，旒垂貌。(宋) 朱熹集傳："旆旆，飛揚之貌。"[按]韻不合，應歸開韻。

⑫ ㊫奒：【字彙】枯回切，音魁。大也；多也。

⑬ 鄶〔國名〕：【廣韻】古外切。國名，在滎陽。[按]調不合，應歸上去。

⑭ 旝〔旃也〕：[《廣韻》古外切，去泰，見。]古代作戰時用的一種令旗。《左傳・桓公五年》："旝動而鼓。"(晉) 杜預注："旝，旃也。通帛爲之，蓋今大將之麾也，執以爲號令。"[按]調不合，應歸上去。

⑮ 穭〔麤糠〕：【集韻】苦會切。《説文》糠也。[按]聲、調不合，應歸氣母上去。

⑯ 禬〔除殃之祭〕：[《廣韻》古外切，去泰，見。]古指消除災病。也指爲消除災病而舉行的祭祀。《周禮・天官・女祝》："掌以時招、梗、禬、禳之事，以除疾殃。"(漢) 鄭玄注："梗，禦未至也。除災害曰禬，禬猶刮去也。"[按]調不合，應歸上去。原注"祭"，樋新編本誤作"際"。

⑰ 憒〔心亂也〕：[《廣韻》古對切，去隊，見。]昏亂；神志不清。《戰國策・齊策四》："〔孟嘗君〕謝曰：'文倦於事，憒於憂而性懧愚，沉於國家之事，開罪於先

生。'"(宋) 鮑彪注:"憒,亂也。以憂思昏亂。"[按]調不合,應歸上去。

⑱ 憪〔恨也〕:【集韻】古對切。《埤蒼》恨也。[按]調不合,應歸上去。

⑲ 鱠〔魚~〕:[《廣韻》古外切,去泰,見。]1. 魚名。參見"鱠魚"。2. 同"膾"。切得很細的魚或肉。(漢) 趙曄《吴越春秋・闔閭内傳》:"吴王聞三師將至,治魚爲鱠。"[按]調不合,應歸上去。

⑳ 膾〔牛羊魚腥聶而切之爲~〕:[《廣韻》古外切,去泰,見。]細切的魚肉。《論語・鄉黨》:"食不厭精,膾不厭細。"[按]調不合,應歸上去。

㉑ 糩〔粗糠也〕:[《集韻》苦會切,去夳,溪。]糠。[按]聲、調不合,應歸氣母上去。

㉒ 薈〔土,草多貌〕:[《廣韻》烏外切,去泰,影。]草木繁盛貌。《詩・曹風・候人》:"薈兮蔚兮,南山朝隮。"(宋) 朱熹集傳:"薈,蔚,草木盛多之貌。"[按]聲、調不合,應歸英母上去。今泉俗讀[hui꜄]。

㉓ ㊓咼:[按]傳統辭書查無此字,辭書衹見"歌"。【字彙補】歌,與"歌"同。但音不合。

㉔ ㊓瘏:【康熙字典】《廣韻》巨員切。手屈病也。(漢) 程曉《嘲熱客詩》:"疲瘏向之久,甫問君極那。"[按]韻不合,應歸川韻。

㉕ 甴〔墣也〕:[《集韻》苦怪切,去怪,溪。]同"塊"。土塊。《禮記・喪服大記》:"父母之喪,居倚廬,不塗,寢苫枕甴。"《國語・晉語四》:"〔重耳〕過五鹿,乞食於野人,野人與塊以與之。"(三國・吴) 韋昭注:"塊,墣也。"[按]調不合,應歸上去。

㉖ 魋:[《廣韻》杜回切,平灰,定。]獸名。似小熊。《爾雅・釋獸》:"魋如小熊。"(晉) 郭璞注:"俗呼爲赤熊,即魋也。"

㉗ 隤〔摧也;病也〕:[《廣韻》杜回切,平灰,定。]1. 崩頹;墜下。《文選・宋玉〈高唐賦〉》:"磐石險峻,傾崎崖隤。"(唐) 李善注:"《廣雅》曰:'隤,壞也。'"《漢書・史丹傳》:"天子自臨軒檻上,隤銅丸以擿鼓,聲中嚴鼓之節。"……11. 通"穨"。馬病。跛蹷。《詩・周南・卷耳》:"我馬虺隤。"(清) 馬瑞辰通

釋:"'隫'者,'積'之假借……《爾雅》:痡、瘏、虺頹,玄黄,病也,皆病之通稱。"【字彙】杜回切,音頹。摧也。

㉘ 敓〔土,卦名;~物〕:【漢語大詞典】通"對"。對答。《晏子春秋·問上五》:"〔晏子〕敓曰:'請卑辭重幣,以説于諸侯。'"吴則虞集釋引(清)洪頤煊曰:"此假借作對字,是古字之廑存者。"對,[《廣韻》都隊切,去隊,端。]應答。《詩·大雅·桑柔》:"聽言則對,誦言如醉。"(漢)鄭玄箋:"對,答也。貪惡之人見道聽之言,則應答之。"[按]韻、調不合,應歸飛韻上去。

㉙ ㊢烓:[《集韻》犬蘂切,上紙,溪。]火貌。見《玉篇·火部》。亦作人名用字。[按]聲、韻、調皆不合。

㉚ 配〔對也;合也〕:[《廣韻》滂佩切,去隊,滂。]配合。《易·繫辭上》:"廣大配天地,變通配四時,陰陽之義配日月,易簡之善配至德。"[按]調不合,應歸上去。

㉛ 霈〔雨貌〕:[《廣韻》普蓋切,去泰,滂。]雨雪充沛貌。《初學記》卷二引《孟子》:"油然作雲,霈然下雨。"[按]調不合,應歸上去。今泉讀[p'aiᵓ]。

㉜ 稗〔土姜,~子〕:泉州話中作爲姓氏的"姜"與"腔"白讀同音,均爲[꜀k' iũ],故"土姜"即"土腔"。

㉝ 煺〔~,燖毛也〕:【集韻】通回切。以湯除毛。[按]調不合,應歸上平。

㉞ 退〔卻也;進~〕:[《廣韻》他内切,去隊,透。]退却;後退。《易·大壯》:"羝羊觸藩,不能退,不能遂。"[按]調不合,應歸上去。

㉟ 蜕〔蟬解皮也〕:[《廣韻》他外切,去泰,透。]蟬、蛇等脱皮。《荀子·大略》:"君子之學如蜕,幡然遷之。"[按]調不合,應歸上去。

㊱ 摧〔傷也〕:[《廣韻》昨回切,平灰,從。]1. 退;抑制。《易·晉》:"初六,晉如摧如,貞吉。"(唐)孔穎達疏:"何氏云:摧,退也。"……3. 墜毁;毁壞。《詩·大雅·雲漢》:"胡不相畏,先祖于摧。"

㊲ 摧〔挫也;折也〕:[《廣韻》昨回切,平灰,從。]挫敗;挫損。《韓非子·存韓》:"今伐韓未可一年而滅,拔一城而退,則權輕於天下,天下摧我兵矣。"《史

記·樂毅列傳》:"當是時,齊滑王彊,南敗楚相唐眜於重丘,西摧三晉於觀津。"[按]"摧"與㉟"摧"實爲同一字。

㊳ 粺〔精米也〕:【集韻】徂回切。精米。

㊴ 最〔土,尤也;勝也〕:[《廣韻》祖外切,去泰,精。]2. 古代考核政績或軍功時劃分的等級,以上等爲最。跟"殿"相對。睡虎地秦墓竹簡《厩苑律》:"有里課之,最者,賜田典日旬。"3. 指居於首要地位的人或事物。《燕丹子》卷上:"今秦王反戾天常,虎狼其行,遇丹無禮,爲諸侯最。"……8. 副詞。表示某種屬性超過所有同類的人或事物。《墨子·經上》:"端,體之無序而最前者也。"[按]調不合,應歸上去。

㊵ 嘬〔齧也〕:[《廣韻》楚夬切,去夬,初。]1. 一口吃下去,吞食。《禮記·曲禮上》:"濡肉齒決,乾肉不齒決,毋嘬炙。"(漢)鄭玄注:"嘬,謂一舉盡臠。"……3. 咬,叮。《孟子·滕文公上》:"蓋上世嘗有不葬其親者,其親死,則舉而委之於壑。他日過之,狐狸食之,蠅蚋姑嘬之。"[按]聲、調不合,應歸出母上去。

㊶ 贅〔土,進~〕:[《廣韻》之芮切,去祭,章。]指贅婿。(宋)陸游《老學庵筆記》卷二:"乃肯不卑於作贅,何辭可拒於盟言。"[按]調不合,應歸上去。

㊷ 羸〔弱也;病也〕:[《廣韻》力爲切,平支,來。]衰病;瘦弱;困憊。《國語·魯語上》:"饑饉薦降,民羸幾卒。"(三國·吳)韋昭注:"羸,病也。"[按]聲不合,應歸柳母。

㊸ 蚋〔蠅屬〕:[《集韻》儒税切,去祭,日。]亦作"蜹"。蚊類害蟲。體形似蠅而小,吸人畜血液。《國語·晉語九》:"蜹、蟻、蜂、蠆,皆能害人。"[按]調不合,應歸下去。

㊹ 汭〔水相入也〕:[《廣韻》而鋭切,去祭,日。]河流會合或彎曲的地方。《書·禹貢》:"東過洛汭。"孔傳:"洛汭,洛入河處。"[按]調不合,應歸下去。

㊺ 蜹〔蠛蠓〕:參見㊸"蚋"。

㊻ 枘〔木耑入鑿〕:[《廣韻》而鋭切,去祭,日。]器物的榫頭。《莊子·天下》:

“鑿不圍枘。”（唐）成玄英疏：“鑿，孔也；枘者，内孔中之木。”【字彙】儒税切，音芮。木耑所以入鑿。［按］“枘〔木耑入鑿〕”，會文書莊本誤作“䄲〔米耑入鑿〕”；原注“入”，樋新編本誤作“人”；“耑”，大版式本誤作“黑”；“木”，道光本誤作“米”。

㊼ 歲〔年~；~序〕：［《廣韻》相鋭切，去祭，心。］年；一年爲一歲。《爾雅·釋天》：“載，歲也。夏曰歲，商曰祀，周曰年，唐虞曰載。”（宋）邢昺疏：“取歲星行一次。”［按］調不合，應歸上去。

㊽ 税〔租也〕：［《廣韻》舒芮切，去祭，書。］賦税；税收。《老子》：“民之饑，以其上食税之多，是以饑。”［按］調不合，應歸上去。

㊾ 帥〔主也；將~〕：［《廣韻》所類切，去至，生。］軍隊中主將、統帥。《左傳·宣公十二年》：“命爲軍帥，而卒以非夭，唯羣子能，我弗爲也。”［按］調不合，應歸上去。

㊿ 帨〔用以拭手〕：［《廣韻》舒芮切，去祭，書。］佩巾。古代女子出嫁時，母親所授。用以擦拭不潔。在家時挂在門右，外出時繫在身左。《詩·召南·野有死麕》：“無感我帨兮，無使尨也吠。”毛傳：“帨，佩巾也。”［按］調不合，應歸上去。

51 涚〔過水清也〕：［《廣韻》舒芮切，去祭，書。］過濾；濾清。《禮記·郊特牲》：“醆酒涚于清。”（漢）鄭玄注：“謂泲醆酒以清酒也。”［按］調不合，應歸上去。

52 祟〔神禍也〕：［《廣韻》雖遂切，去至，心。］鬼神的禍害。古人以爲想象中的鬼神常出而禍人。《戰國策·東周策》：“及王病，使卜之。太卜譴之曰：‘周之祭地爲祟。’”（宋）鮑彪注：“神禍也。”［按］韻、調不合，應歸飛韻上去。

53 濊〔汪溢貌〕：【集韻】烏外切。汪濊，深廣也。［按］調不合，應歸上去。

54 獪〔心惡也〕：【集韻】烏外切。獪懶，嫌惡也。［按］調不合，應歸上去。

55 枚〔幹曰~；又箇也〕：［《廣韻》莫杯切，平灰，明。］1. 樹幹。《詩·周南·汝墳》：“遵彼汝墳，伐其條枚。”毛傳：“枝曰條，榦曰枚。”……8. 量詞。相當於箇、隻。《墨子·備高臨》：“用弩無數，出人六十枚。”［按］今泉讀［꜀mui］，不讀［꜀bue］。

56 梅〔果也；~花〕：【集韻】謀杯切。果名。［按］今泉讀［꜀mui］，不讀［꜀bue］。

聲韻調	9 杯 ue/ueʔ			
	下平˨˦ ^{24}	下上˨ ^{22}	下去˦˩ ^{41}	下入˨˦ ^{24}
語 ŋ	○	○	○	○
出 ts‘	○	○	○	○
喜 h	花〔解,~草〕	悔〔知過能改:愧~;反~〕 㤺〔心自疚也〕①	廢〔不舉也;衰也〕 晦〔不明也;月盡也〕 匯〔水會合也;~書〕② 滙〔俗字〕③ 靧〔洗面〕 頮〔~水〕	

【校注】

① 㤺〔心自疚也〕:同上“悔”。

② 匯〔水會合也;~書〕:[《廣韻》胡罪切,上賄,匣。]河流會合。《書·禹貢》:“東匯澤爲彭蠡。”[按]調不合,應歸下上。

③ 滙〔俗字〕:同上“匯”。

聲 韻 調	9 杯 ue/ueʔ			
	下平˨˦ ^{24}	下上˨˨ ^{22}	下去˦˩ ^{41}	下入˨˦ $^{\underline{24}}$
語 g	○	○	外〔遠也;内~〕 䯜〔人名〕①	○
出 ts‘	○	○	○	○
喜 h	回〔避也;往~〕 冋〔律也〕 廻〔同回〕 廽〔同上〕 鮰〔埔~〕② 洄〔逆流而上〕 徊〔徘~〕 郈〔鄉名〕③ 茴〔~香〕 佪〔徘~〕	輠〔迴也〕④	誨〔訓~〕⑤ 會〔總也;聚也〕 䕇〔蘆~〕⑥ 岃〔古字〕⑦ 鉞〔車鑾聲〕⑧ 絵〔畫文〕	○

【校注】

① 䯜〔人名〕:【玉篇】五拜切。人名。

② 鮰〔埔~〕:【字彙】呼回切,音灰。金鮰。[按]原注諸本皆作“埔~”,但查無出處,疑爲“金~”之誤。

③ 郈〔鄉名〕:【篇海】户恢切,音回。義闕。【字彙】鄉名,在睢陽。

④ 輠〔迴也〕:[《廣韻》胡罪切,上賄,匣。]轉動。《禮記·雜記下》:“叔孫武叔朝,見輪人以其杖關轂而輠輪者。”

⑤ 誨〔訓~〕:[《廣韻》荒内切,去隊,曉。]教導;訓誨。《詩·小雅·緜蠻》:“飲之食之,教之誨之。”[按]調不合,應歸上去。

⑥ 䕇〔蘆~〕:【集韻】放吠切。籧篨也。[按]調不合,應歸上去。義亦不合,籧篨指粗竹席或有醜疾不能俯身的人。《方言》第五:“簟,其粗者謂之籧篨。”《詩·邶風·新臺》:“燕婉之求,籧篨不鮮。”毛傳:“籧篨,不能俯者。”蘆䕇,今作“蘆薈”。

⑦ 岃〔古字〕:【玉篇·山部】岃,古文“會”字。

⑧ 鉞〔車鑾聲〕:【集韻】呼外切。《説文》車鑾聲也。引《詩》“鑾聲鉞鉞”。[按]調不合,應歸上去。

10 商

聲韻調	10 商〔正〕iaŋ/iak			
	上平˧33	上上˥55	上去˦˩41	上入˥5
柳 l	娘〔正,女~〕①	兩〔斤~〕　攮〔撞也〕②	亮	○
邊 p	○	○	○	○
求 k	江〔正〕	講〔正〕	○	○
氣 k‘	鏘〔正〕③	○	○	○
地 t	○	○	○	○
普 p‘	○	○	○	○
他 t‘	○	○	○	○
争 ts	○	掌〔管~;~守〕	○	○
入 dz	○	○	○	○
時 s	先〔正,~後〕④	賞〔正,~給〕　想〔思~〕	○	○
英 ∅	○	勇〔正,有力〕⑤	○	○
文 b	○	○	○	○
語 g	○	○	○	○
出 ts‘	清〔正〕⑥	○	○	○
喜 h	香〔正,花~〕　鄉〔~里〕	響〔影~〕　响〔~亮〕	○	○

【校注】

① 娘〔正,女~〕:［《廣韻》女良切,平陽,娘。］年輕女子。《樂府詩集·清商曲辭四·黄竹子歌》:"一船使兩槳,得娘還故鄉。"［按］調不合,應歸下平。

② 攮〔撞也〕:［《集韻》匿講切,上講,娘。］冲撞。［按］今泉無此讀。

③ 鏘〔正〕:[《廣韻》七羊切,平陽,清。]1. 形容金、玉等撞擊聲。(元)周權《夏日偕友晚步飲聽泉軒》詩:"石根瀉幽泉,戛戛鏘琳球。"2. 指發出響亮清越的優美之聲。[按]聲不合,應歸出母。

④ 先〔正,~後〕:[《廣韻》蘇前切,平先,心。]謂時間或次序在前。與"後"相對。《易·蠱》:"先甲三日,後甲三日。"[按]韻不合,應歸軒韻。

⑤ 勇〔正,有力〕:[《廣韻》余隴切,上腫,以。]勇敢;勇猛。《書·仲虺之誥》:"天乃錫王勇智,表正萬邦。"[按]韻不合,應歸香韻。

⑥ 清〔正〕:[《廣韻》七情切,平清,清。]水明澈。與"濁"相對。《詩·鄭風·溱洧》:"溱與洧,瀏其清矣。"[按]韻不合,應歸卿韻。

聲韻調	10 商〔正〕iaŋ/iak			
	下平˨˦ 24	下上˨˨ 22	下去˦˩ 41	下入˨˦ 24
柳 l	涼	○	喨①	○
邊 p	○	○	○	○
求 k	○	○	○	○
氣 k‘	○	○	○	○
地 t	○	○	○	○
普 p‘	○	○	○	○
他 t‘	○	○	○	○
争 ts	○	○	○	○
入 dz	○	○	○	褥
時 s	○	○	○	○
英 ø	○	○	用〔正，應~〕② 映〔~照〕③	○
文 b	○	○	○	○
語 g	○	○	○	○
出 ts‘	○	○	唱〔正，~曲〕④ 倡〔夫隨婦~〕⑤	○
喜 h	○	○	○	○

【校注】

① 喨：[《集韻》力讓切，去漾，來。]聲音高亢清遠。（宋）趙長卿《鶱山溪・早春》詞："幽禽弄舌，花上訴春光，高一餉，低一餉，清喨圓還碎。"

② 用〔正，應~〕：[《廣韻》余頌切，去用，以。]使用；任用。《詩・大雅・公劉》："執豕于牢，酌之用匏。"[按]韻不合，應歸香韻。

③ 映〔~照〕：[《廣韻》於敬切，去映，影。]照；照耀。《文選・郭璞〈江賦〉》："青綸競糾，縟組争映。"（唐）劉良注："糾，亂；争，交也。言多而交亂爲暉映也。"[按]韻不合，應歸卿韻。

④ 唱〔正,~曲〕:[《廣韻》尺亮切,去漾,昌。]領唱;領奏。《韓非子·解老》:“竽也者,五聲之長者也,故竽先則鍾瑟皆隨,竽唱則諸樂皆和。”[按]今泉仍保留[ts‘iaŋ⊃]的讀法,如“明唱”(事先或公開約定好)。

⑤ 倡〔夫隨婦~〕:[《廣韻》尺亮切,去漾,昌。]發聲先唱;領唱。《詩·鄭風·蘀兮》:“叔兮伯兮,倡予和女。”[按]此説法今泉没保留。

11 東

聲韻調	11 東 ɔŋ/ɔk			
	上平˧ 33	上上˥ 55	上去˥˩ 41	上入˥ 5
柳 l	攏〔擁也〕① 巃〔山峻〕②	朗〔明也〕 曩〔昔也〕 烺〔爣~：火貌〕③ 穠〔果子總名〕 壠〔塚也〕 攮〔推~〕④ 朧〔肥貌〕⑤	浪〔波~〕⑥	掿〔手~〕⑦ 搦〔按也〕⑧ 摝〔搖也;撈也〕⑨ 傉〔虜姓〕⑩ 溽〔淋也;竭也〕⑪
邊 p	幫〔襯~：治鞋〕	榜〔甲名;標~〕 椖〔同上〕 膀〔同上〕 氆〔~氌：邪文〕⑫ 綁〔~笞〕 [illegible]〔小兒皮履〕⑬	謗〔謗也;毀也〕	北〔朔方也〕 卜〔~筮〕 駁〔馬雜色;又木名〕 濮〔水名;地名〕 媄〔昌意妻〕
求 k	光〔明也〕 公〔無私〕 綱〔~領〕 功〔勳也：~勞〕 攻〔治也〕 杠〔橋也〕 侊〔大也〕 剛〔堅強;勁也〕 洸〔武貌〕 玒〔玉名〕 掆〔對舉也〕 扛〔同上〕 岡〔山~〕 犅〔特牛〕 珖〔玉名〕 矼〔聚石渡水〕 胱〔膀~〕 蚣〔蜈~〕 甌〔大甕〕 缸〔同上〕 鋼〔同上〕 亢〔人名〕 工〔官也;石~〕 阬〔墟也〕 崗〔山脊也〕	廣〔~闊〕	誑〔詐昧〕 迋〔往也;欺也〕	國〔~家〕 郭〔外城〕 閣〔樓~〕 各〔異辭〕 谷〔山~〕 槨〔外棺〕 槨〔同上〕 蟈〔螻~〕 牿〔閑牛馬〕⑭ 穀〔五~;善也〕 袼〔袖與衣接〕 轂〔車~〕 咯〔鳥鳴〕 鶩〔布~〕 幗〔巾~〕

（續表）

聲 韻 調	11　東 ɔŋ／ɔk			
	上平˧ 33	上上˥ 55	上去˩ 41	上入˥ 5
氣 k‘	康〔安也;樂也〕 空〔太~;虛也〕　匡〔正也〕 洭〔水名〕　劻〔~勷〕 椌〔器物朴也〕　穅〔穀之皮〕 漮〔虛也〕　糠〔米皮〕 悾〔~~:無知〕　筐〔方曰~〕 崆〔~峒:山名〕　腔⑮	孔〔甚也;又姓〕 慷〔~慨〕　忼〔竭誠也〕	控〔引也;告也〕 亢〔過也〕 炕〔火~〕 抗〔~拒〕	廓〔開~〕　酷〔殘也〕 恪〔恭也;謹也〕 愙〔敬也〕　哭〔哀聲也〕 擴〔大也;充也〕 嚳〔帝~〕　梏〔手械也〕 鵠〔鴻~:鳥也〕⑯ 鞹〔皮去毛〕　鞟〔同上〕
地 t	當〔合如是也;又抵~〕 鐺〔金聲〕　苳〔草名〕	黨〔里~:類也〕 党〔同上,俗字〕 灙〔水名〕	哢〔言不高也〕⑰ 洞〔~澈;佛寺〕⑱	篤〔厚也;實也〕 督〔責也;正也〕 琢〔擊也〕　椓〔同上〕 沰〔滴也〕　桌〔高也〕 卓〔特立也〕 裻〔新衣聲〕⑲ 管〔厚也〕⑳　倬〔明貌〕

【校注】

① 攏〔擁也〕:【字彙】力公切,籠平聲。攏;擁。[按]調不合,應歸下平。

② 巃〔山峻〕:[《廣韻》盧紅切,平東,來。]山勢高峻貌。（漢）司馬相如《上林賦》:"於是乎崇山矗矗,巃嵸崔巍。"[按]調不合,應歸下平。

③ 烺〔爣~:火貌〕:【字彙】力黨切,音朗。爣烺,火貌。

④ 攮〔推~〕:[《字彙》乃黨切。]推。《醒世姻緣傳》第一回:"計氏趕將來踩打,或將計氏乘機推一交,攮兩步;漸漸至於兩相對罵,兩相對打。"

⑤ 朧〔肥貌〕:[《集韻》魯孔切,上董,來。]參見"朧腫"。【朧腫】猶臃腫。行動不靈活的樣子。《西遊補》第六回:"今大王鬢雪飄揚,朧腫萬狀,妾雖不敏,竊恐大王生爲孤獨之人,死作無嗣之鬼。"

⑥ 浪〔波~〕:［《廣韻》來宕切,去宕,來。］波浪。（晉）左思《吴都賦》:“長鯨吞航,修鯢吐浪。”（唐）杜甫《鄭城西原送李判官兄等赴成都府》詩:“遠水非無浪,他山自有春。”［按］調不合,應歸下去。

⑦ 搦〔手~〕:［《龍龕手鑒》音搦。］握;握持。《水滸傳》第七三回:“李逵從客店裏搶將出來,手搦雙斧,要奔城邊劈門。”［按］調不合,應歸下入。

⑧ 搦〔按也〕:【字彙】奴各切,音諾。按也。［《廣韻》女角切,入覺,娘。］按壓。《史記·扁鵲倉公列傳》:“因五藏之輸,乃割皮解肌,訣脈結筋,搦髓腦,揲荒爪幕,湔浣腸胃,漱滌五藏,練精易形。”［按］調不合,應歸下入。

⑨ 摝〔摇也;撈也〕:［《廣韻》盧谷切,入屋,來。］1. 振動;摇動。《周禮·夏官·大司馬》:“三鼓摝鐸,羣吏弊旗,車徒皆坐。”（漢）鄭玄注:“掩上振之爲摝。”2. 撈取。（晉）葛洪《抱朴子·至理》:“又以炁禁沸湯,以百許錢投中,令一人手探摝取錢,而手不灼爛。”［按］調不合,應歸下入。原注“摇”,大版式本、道光本、文德堂本、會文書莊本、市圖善本誤作“搖”,廖新校增本誤作“振”,亦可。

⑩ 傉〔虜姓〕:【字彙】奴篤切,農入聲。虜三字姓,庫傉官氏。［《廣韻》内沃切,入沃,泥。］庫傉官,鮮卑族複姓。［按］調不合,應歸下入。

⑪ 溽〔淋也;濕也〕:［《廣韻》而蜀切,入燭,日。］濕潤。《文選·郭璞〈江賦〉》:“林無不溽,岸無不津。”（唐）李善注引《廣雅》:“溽,濕也。”［按］聲、韻、調不合,應歸入母香韻下入。

⑫ 氆〔~氌:邪文〕:【字彙】比朗切,音榜。氆氌;又毛氆,邪文。［《龍龕手鑒》匹古切。］參見“氆氌”。【氆氌】藏語音譯,爲我國西北少數民族手工生産的一種羊毛織品。可以做床毯、衣服等。（明）湯顯祖《紫釵記·河西款檄》:“俺帽結朝霞,袍穿氆氌。”［按］原注誤省,正確應作:“~氌。又毛~,邪文。”

⑬ 䩬〔小兒皮履〕:【集韻】補孔切。《説文》枲履也。一曰小兒皮屨。［按］原注“小兒皮履”（各本皆然）,疑當作“小兒皮屨”。屨,［《廣韻》九遇切,去遇,見。］單底鞋。多以麻、葛、皮等製成。後亦泛指鞋。《周禮·天官》:“屨人掌王

及后之服屨。”（漢）鄭玄注：“複下曰舄，襌下曰屨。”

⑭ 牿〔閑牛馬〕：【集韻】姑沃切。《説文》牛馬牢也。【字彙】古禄切，音谷。閑牧牛馬也。［按］“閑牛馬”应爲“閑牧牛馬”之誤。大版式本誤作“閑土馬”，道光本、會文書莊本、廖新校增本誤作“閑也馬～”，文德堂本、市圖善本誤作“閑也～馬～”。

⑮ 腔：【集韻】枯江切。《説文》内空也。［《廣韻》苦江切，平江，溪。］1. 人體或牲體内部空的部分。2. 物體内的空處。3. 曲調；曲譜。［按］今泉讀［꜀k‘aŋ／꜀k‘iɔŋ／꜀k‘iɔ］，不讀［꜀k‘ɔŋ］。

⑯ 鵠〔鴻～：鳥也〕：［《廣韻》胡沃切，入沃，匣。］［《集韻》姑沃切，入沃，見。］通稱天鵝。似雁而大，頸長，飛翔甚高，羽毛潔白。亦有黄、紅者。《莊子・天運》：“夫鵠不日浴而白。”（唐）韓愈《琴操・别鵠操》：“雄鵠銜枝來，雌鵠啄泥歸。”［按］聲似不合，應歸求母。但今泉仍讀［k‘ɔk꜆］。

⑰ 哢〔言不高也〕：【字彙】徒弄切，音洞。《玉篇》言不高也。［按］調不合，應歸下去。

⑱ 洞〔～澈；佛寺〕：【漢語大詞典】【洞徹】亦作“洞澈”。透明，清澈。（南朝・梁）沈約《新安江至清淺深見底貽京邑游好》詩：“洞徹隨清淺，皎鏡無冬春。”（唐）歐阳詹《智達上人水精念珠歌》：“良工磨拭成貫珠，泓澄洞澈看如無。”［按］調不合，應歸下去。原注“～澈”，大版式本、道光本、文德堂本、會文書莊本、市圖善本、廖新校增本均誤作“～激”。

⑲ 裻〔新衣聲〕：【字彙】都毒切，音篤。《説文》新衣聲。

⑳ 管〔厚也〕：【集韻】都毒切。《説文》厚也。［按］“管”，道光本、會文書莊本誤作“篙”。

聲韻調	11 東 ɔŋ/ɔk			
	下平 ˨˦ 24	下上 ˨˨ 22	下去 ˦˩ 41	下入 ˨˦ 24
柳 l	農〔耕田也〕 郎〔官名,又稱〕 稂〔莠屬〕 穠〔花木多也〕 狼〔豺~〕 儂〔我也〕 瑯〔~邪：郡名〕 憹〔憂悶也〕 廊〔~舍〕 襛〔衣厚貌〕① 瀼〔泱~：濁也〕 琅〔~玕：似珠〕 榔〔檳~：藥名〕 閬〔高門也〕 濃〔厚也〕 螂〔螳~〕 膿〔血~〕 莨〔草害苗〕 籠〔土器〕② 蜋〔螳~〕 囊〔有底曰~〕 莨〔~尾：草也〕③ 筤〔幼竹也〕 㝗〔甚也〕④ 硠〔石聲〕 朧〔月出貌〕	隴〔大坂〕	弄〔戲也;玩也〕 誏〔譊也〕	祿〔俸也;福~〕 洛〔水名〕 鹿〔多壽有角〕 濼〔地名〕 麓〔山足也〕 駱〔白馬黑鬣〕 雒〔水名;鳥名〕 樂〔喜~〕 酪〔醋也〕 㦡〔喜也〕 諾〔應辭〕 烙〔燒灼：紂作炮~〕 駱〔~駝〕 爈〔煉也〕 淥〔水也〕 殆〔殂也〕⑤ 簬〔籠~〕 箈〔籬~〕 落〔衰謝也;隕墜也〕 絡〔脈~;筋也〕 犖〔卓~：超絶也〕 珞〔瓔~〕 碌〔~碡：田器〕 攎〔撈~〕
邊 p	房〔室也〕 龐〔高屋也〕 㝑〔側也〕 旁〔~邊〕 彷〔~徨〕 徬〔同彷〕 膀〔~胱〕 螃〔~蟹〕 㥬〔~惶：恐貌〕 蒡〔牛~：藥名〕	唪〔瓜多實〕⑥ 棒〔杖也〕⑦ 琫〔佩刀上飾也〕 玤〔石次玉〕⑧ 鞛〔佩刀飾〕⑨	㑂〔倚也〕 傍〔同上〕	薄〔厚~;迫也〕 泊〔止息也〕 亳〔湯都〕⑩ 僕〔~從;奴~〕 襮〔繡黼爲領〕⑪ 匐〔匍~〕 雹〔雨冰：陰包陽爲~〕 箔〔簾也〕 菐〔煩瀆〕 礴〔磅~混同〕 懪〔悶也〕 縛〔束也〕 窇〔土室也〕 蔔〔蘿~〕
求 k	狂〔志高也〕 汪〔大水〕	逛〔走也〕	貢〔獻也：進~〕⑫ 贛〔端木賜〕⑬ 𤝞〔飛至也〕⑭ 碽〔龍~〕⑮ 焵〔堅也〕⑯	鄺〔鄉名〕⑰

（續表）

聲韻調	11 東 ɔŋ/ɔk			
	下平ʎ^{24}	下上˧^{22}	下去˩^{41}	下入ʎ$^{\underline{24}}$
氣 k‘	荅〔大也〕⑱	㊪砊〔石聲〕⑲	伉〔~儷：配偶〕⑳ 曠〔空也；大也〕㉑ 壙〔墓穴也〕㉒ 纊〔絮之細者〕㉓ 鞚〔馬勒〕㉔ 砊〔~硠：石聲〕㉕	钁〔大鉏也〕㉖ 趯〔大步也〕㉗ 攫〔爪持也〕㉘ 矍〔視遽也；又健貌〕㉙ 躩〔盤辟貌〕㉚
地 t	唐〔國名；又姓〕 銅〔赤金〕 餹〔飴也〕 糖〔同上〕 憧〔不定也〕㉛ 篛〔截竹爲~〕㉜ 童〔未冠之稱〕 筒〔竹~也〕 哃〔妄語〕㉝ 慲〔憂也〕㉞	蕩〔~~：廣遠〕	礑〔底也〕㉟ 盪〔滌器推~〕㊱ 擋〔摒~〕㊲ 燙〔滌~也〕 閤〔門不開也〕	獨〔孤也；單也〕 讟〔怨謗也〕 匵〔匱也〕 瀆〔溝~〕 韣〔弓衣〕㊳

【校注】

① 灢〔泱~：濁也〕：［《廣韻》奴朗切，上蕩，泥。］參見“泱灢”。【泱灢】水渾濁；濁。［按］調不合，應歸上上。樋新編本、大版式本“決~”爲“泱~”之誤，道光本、文德堂本、會文書莊本、市圖善本誤作“犬~”。

② 籠〔土器〕：【説文】舉土器也。一曰笭也。从竹龍聲。盧紅切。【字彙】盧東切，弄平聲。舉土器。［按］諸本原注皆作“土器”，實爲“舉土器”之缺文。

③ 莨〔~尾：草也〕：【字彙】魯當切，音郎。莨尾草也。（晉）郭璞云：莨尾似茅。

④ 殦〔甚也〕：【字彙】魯堂切，音郎。死物。［按］原釋義“甚也”，大版式本、文德堂本、會文書莊本、市圖善本作“其也”，但均查無出處，疑誤。或當爲“良”，但韻不合。《説文》：“良，善也。从畗省，亡聲。吕張切。”注：徐鍇曰：

“良,甚也。”《漢書·馮唐傳》:“上既聞廉頗、李牧爲人,良説。”(清) 王先謙補注引(宋) 劉攽曰:“良説者,甚喜也。”

⑤ 殆〔殂也〕:【字彙】歷各切,音洛。殂也。[按]“殆〔殂也〕”,大版式本、道光本、文德堂本、會文書莊本、市圖善本誤作“殆〔砠也〕”,廖新校增本誤作“硌〔砠也〕”。

⑥ 唪〔瓜多實〕:[《廣韻》扶隴切,上腫,奉。]大聲吟誦。(清) 褚人穫《堅瓠八集·十空曲》:“梵策無須唪,公案何勞頌。”【唪唪】結實累累貌。《詩·大雅·生民》:“麻麥幪幪,瓜瓞唪唪。”毛傳:“唪唪然,多實也。”

⑦ 棒〔杖也〕:【字彙】步項切,旁上聲。杖也;打也。

⑧ 玤〔石次玉〕:【字彙】邊孔切,卜上聲。《説文·玉部》:“玤,石之次玉者,以爲系璧。”(清) 段玉裁注:“系璧,蓋爲小璧,系帶間,縣左右佩物也。”[按]調不合,應歸上上。

⑨ 鞛〔佩刀飾〕:【集韻】補孔切。《説文》佩刀下飾。《詩·小雅》鞞琫有珌。《釋文》:琫,又作“鞛”,必孔切。佩刀鞘上飾。[按]調不合,應歸上上。

⑩ 亳〔湯都〕:[按]“亳”,樋新編本、道光本、文德堂本、會文書莊本、市圖善本誤作“毫”。

⑪ 襮〔繡黼爲領〕:【説文】黼領也。从衣暴聲。蒲沃切。《詩·唐風·揚之水》:“素衣朱襮,從子于沃。”毛傳:“襮,領也。諸侯繡黼丹朱中衣。”

⑫ 貢〔獻也,進~〕:[《廣韻》古送切,去送,見。]進貢;進獻方物於帝王。《書·禹貢》:“任土作貢。”(唐) 孔穎達疏:“貢者,從下獻上之稱。”[按]調不合,應歸上去。

⑬ 贛〔端木賜〕:[《廣韻》古送切,去送,見。]賜給。《淮南子·精神訓》:“今贛人敖倉,予人河水,飢而餐之,渴而飲之。”(漢) 高誘注:“贛,賜也。”《説文·貝部》“贛,賜也”,(南唐) 徐鍇繫傳:“故端木賜字子贛也。”[按]調不合,應歸上去。

⑭ 玒〔飛至也〕:[《廣韻》古送切,去送,見。]到達。《漢書·揚雄傳上》:“登

椽欒而狃天門兮，馳閶闔而入淩兢。”（唐）顔師古注引（三國·魏）蘇林曰：“狃，至也。”[按]調不合，應歸上去。

⑮ 碽〔龍~〕：方言詞，大炮。龍碽，臺灣傳説中鄭成功的大炮，由水中打撈出兩門，一門化爲龍飛走。此炮威力大，不比紅夷大炮大，但裝填彈藥多。傳龍碽會預知戰事勝敗，勝則數人就可以拉動它，敗則幾百人也擡不動。康熙年間，劉國軒準備進攻泉州，龍碽不肯動，炮射不出，劉國軒打了它八十杖後一炮炸裂。[按]調不合，應歸上去。如“碽子”[kɔŋ˧ ˨tsi]（炮彈）。

⑯ 焵〔堅也〕：今之“鋼”。【字彙】古浪切，綱去聲。堅刃也。凡兵器經燒則堅。[按]調不合，應歸上去。

⑰ 鄺〔鄉名〕：【集韻】局縛切。鄉名，在聞喜縣。[按]韻不合，應歸香韻下入。

⑱ 夼〔大也〕：【集韻】口䒝切。大也。[按]調不合，應歸上平。原注除廖新校增本作“大也”外，其餘諸本誤作“大聲”，道光本誤作“犬聲”。此誤源於《字彙》。【字彙】口黄切，曠平聲。大聲。

⑲ ㊢砊〔石聲〕：【集韻】口浪切。砊硠，石聲。[按]調不合，應歸上去。

⑳ 伉〔~儷：配偶〕：[《廣韻》苦浪切，去宕，溪。]【伉儷】妻子；配偶。《左傳·昭公二年》：“晉少姜卒。公如晉，及河，晉侯使士文伯來辭曰：‘非伉儷也，請君無辱。’”（唐）孔穎達疏：“言少姜是妾，非敵身對耦之人也。”[按]調不合，應歸上去。

㉑ 曠〔空也；大也〕：[《廣韻》苦謗切，去宕，溪。]2. 空曠；開闊。《老子》：“曠兮其若谷，混兮其若濁。”3. 指廣大，寬廣。（晉）陸機《五臣論》：“帝業至重，天下至曠。”[按]調不合，應歸上去。

㉒ 壙〔墓穴也〕：[《廣韻》苦謗切，去宕，溪。]墓穴。（唐）曹鄴《始皇陵下作》詩：“壘壘壙中物，多於養生具。”[按]調不合，應歸上去。

㉓ 纊〔絮之細者〕：[《廣韻》苦謗切，去宕，溪。]古時指新絲綿絮。後泛指綿絮。《書·禹貢》：“厥篚纖纊。”[按]調不合，應歸上去。

㉔ 鞚〔馬勒〕：[《廣韻》苦貢切，去送，溪。]馬籠頭。《太平御覽》卷三五八引（晉）傅玄《良馬賦》："縱銜則往，攬鞚則止。"

㉕ 硿〔~礲：石聲〕：詳見⑲增硿。

㉖ 钁〔大鉏也〕：[《廣韻》居縛切，入藥，見。]钁头。《淮南子·精神訓》："繇者揭钁臿。"[按]韻不合，應歸香韻上入。

㉗ 趯〔大步也〕：【集韻】屈縛切。《説文》大步也。[按]韻、調不合，應歸香韻上入。

㉘ 攫〔爪持也〕：[《廣韻》居縛切，入藥，見。]鳥獸以爪抓取。《荀子·哀公》："鳥窮則啄，獸窮則攫。"[按]聲、韻、調皆不合，應歸求母香韻上入。

㉙ 矍〔視遽也；又健貌〕：[《廣韻》居縛切，入藥，見。]驚視貌。（宋）蘇軾《湖上夜歸》詩："睡眼忽驚矍，繁燈鬧河塘。"[按]聲、韻、調皆不合，應歸求母香韻上入。

㉚ 躩〔盤辟貌〕：[《廣韻》丘縛切，入藥，溪。]疾行貌。《論語·鄉黨》："君召使擯，色勃如也，足躩如也。"楊伯峻注："皇侃《義疏》引江熙云：'不暇閒步，躩，速貌也。'"[按]韻、調不合，應歸香韻上入。

㉛ 憧〔不定也〕：【類篇】徒東切……《説文》意不定也。（南朝·宋）顏延之《祭弟文》："六親憧心，姻朋浩泣。"

㉜ 筩〔截竹爲~〕：[《廣韻》徒紅切，平東，定。]管；竹筒。《韓非子·説疑》："御觴不能飲者，以筩灌其口。"

㉝ 哃〔妄語〕：[《廣韻》徒紅切，平東，定。]妄言；大言。《玉篇·口部》："哃……妄語也。"

㉞ 爞〔憂也〕：【集韻】徒冬切。《博雅》爞爞，憂也。【楚辭·九歌】極勞心兮爞爞。

㉟ 碭〔底也〕：【字彙】丁浪切，音擋。底也。[按]調不合，應歸上去。

㊱ 盪〔滌器推~〕：[《廣韻》徒朗切，上蕩，定。]移動；搖動。《易·繫辭下》："剛柔相摩，八卦相盪。"（晉）韓康伯注："相推盪也，言運之推移。"[按]調不合，應歸下上。

㊲ 擋〔摒~〕:[《廣韻》丁浪切,去宕,端。]參見"摒擋"。【摒擋】1. 除去。(五代)玄應《一切經音義》卷十六引(漢)服虔《通俗文》:"除物曰摒擋。"2. 收拾料理;籌措。(清)錢謙益《太原府推官唐君墓志銘》:"卒之日,摒擋箱篋,敝衣數襲而已。"[按]調不合,應歸上去。

㊳ 韣〔弓衣〕:【集韻】殊玉切。弓衣。[按]聲、韻不合,應歸時母香韻下入。

聲韻調	11　東 ɔŋ/ɔk			
	下平˨˦ 24	下上˨ 22	下去˦˩ 41	下入˨˦ 24
地 t	東〔~方屬木〕　冬〔~季屬水〕 瓓〔充耳之珠〕　涷〔暴雨〕	董〔正也；又姓〕① 儻〔倜~：卓異〕②	凍〔冰~〕 棟〔~宇〕 詷〔�~：言急〕③	琢〔治玉也；選擇也〕④ 斵〔削也〕⑤　啄〔鳥食物也〕 啅〔同上〕　豥〔推也〕⑥ 启〔尾下竅也〕　斵〔雕也〕 棹〔椅~〕
普 pʻ	膖〔腹脹滿也〕	覫〔視物也〕 掬〔~物〕⑦	酺〔面腫也〕	愽〔廣也〕　鎛〔去草田器〕 撲〔擊也〕　膊〔肩~：磔也〕 粕〔糟~〕　剥〔裂也；削也〕 擈〔擊也〕　爆〔火裂〕⑧ 搏〔手擊也〕　樸〔質~；~素〕 墣〔塊也〕　糛〔米~〕 攴〔擊也〕　扑〔杖也〕 矴〔~硝：藥名〕　樸〔~實〕
他 tʻ	通〔達也；明也〕 湯〔商王號；又熱水〕　湧〔水聲〕 蓪〔木~：藥名〕 侗〔無知也〕⑨　恫〔呻吟也〕 痌〔痛也〕	統〔緒也；系也〕 統〔同上，俗字〕 桶〔木器〕 倘〔忽止貌〕 儻〔~慌：失意也〕 敲〔搏擊〕	痛〔隱也；傷也〕	禿〔無髮也〕⑩　託〔寄~也〕 托〔人相~也〕　玨〔玉名〕 柝〔夜行所擊也〕 蘀〔草木皮葉落也〕　橐〔無底曰~〕 袥〔開衣領也〕　突〔卒相見也〕⑪ 籜〔竹笋皮〕 拓〔手承物也；又開~〕
争 ts	宗〔主也：祖~〕　莊〔嚴也：端~〕 妝〔女~：飾也〕　裝〔裹也；飾也〕 棕〔木名〕 椶〔木高無枝葉重疊，可爲雨衣〕 豵〔一歲豕〕　嵏〔鳥飛斂足〕 騣〔馬鬣〕　減〔同臧，俗字〕 稯〔束也〕　臧〔善也；~獲〕	總〔皆也；束也〕 惚〔不悦也〕 緫〔同總〕 摠〔領也；合也〕 穗〔禾聚束也〕 奘〔彊犬也〕⑬ 奘〔大也；盛也〕	壯〔彊也；大也〕 葬〔埋也；藏也〕 葬〔同上〕 塟〔同上〕	作〔造也；興~〕　昨〔昔日也〕⑭ 柞〔櫟也：~薪〕 怍〔慙也：愧~〕⑮ 砦〔水激石也〕⑯ 醋〔酬~；今作酸~〕⑰

（續表）

聲韻調	11　東 ɔŋ/ɔk			
	下平ʎ^{24}	下上˧^{22}	下去˥˩^{41}	下入ʎ$^{\underline{24}}$
争 ts	髲〔釜屬;衆也〕　妝〔畫飾〕 葼〔木細葉青〕　庄〔堡~〕 牂〔母羊也〕　汖〔船大杙也〕 牀〔榻也〕⑫　粧〔粉飾也〕			
入 dz	㊟䜰⑱	㊟瑽〔玉器〕⑲	㊟靗〔視不明〕⑳	㊟玐〔玉器〕㉑

【校注】

① 董〔正也;又姓〕:[按]原注"姓",樋新編本誤作"性"。

② 儻〔倜~:卓異〕:【集韻】坦朗切。倜儻,卓異也。【韻會】通作"黨"。

③ 詷〔謥~:言急〕:【集韻】徒弄切。謥詷,急言。[按]調不合,應歸下去。

④ 琢〔治玉也;選擇也〕:[按]原注"治玉也",大版式本、道光本、文德堂本、市圖善本誤作"洽玉也"。

⑤ 斲〔削也〕:[按]原注"削也",樋新編本誤作"消也"。

⑥ 拯〔推也〕:【集韻】竹角切。擊也;推也。

⑦ 掬〔~物〕:[《廣韻》居六切,入屋,見。]兩手相合捧物。《左傳・宣公十二年》:"桓子不知所爲,鼓於軍中曰:'先濟者有賞。'中軍、下軍争舟,舟中之指可掬也。"[按]聲、韻、調皆不合,實爲"捧"的訓讀字。

⑧ 爆〔火裂〕:[《廣韻》北角切,入覺,幫。][《廣韻》補各切,入鐸,幫。][《玉篇》步角切。]1. 猛然破裂;迸出。(漢)班固《白虎通・蓍龜》:"龜曰卜,蓍曰筮何? 卜,赴也,爆,見兆。筮也者,信也,見其卦也。"2. 燃燒。(宋)范成大《苦雨》詩之四:"潤礎纔晴又汗,濕薪未爆先煙。"[按]聲不合,應歸邊母。今泉讀[pɔk$_{\supset}$/pɔk$_{\supseteq}$]。

⑨ 侗〔無知也〕:[《廣韻》徒紅切,平東,定。]1. 童子。亦指幼稚無知的人。

《書·顧命》:“在後之侗,敬迓天威。”孔傳:“在文武後之侗稚。成王自斥。”2. 幼稚無知。《論語·泰伯》:“狂而不直,侗而不愿,悾悾而不信,吾不知之矣。”[按]聲、調不合,應歸地母下平。

⑩ 禿〔無髮也〕:[《廣韻》他谷切,入屋,透。]頭無髮。《穀梁傳·成公元年》:“季孫行父禿。”[按]今泉俗讀[tʻut꜀]。

⑪ 突〔卒相見也〕:[《廣韻》陀骨切,入没,定。]忽然;猝然。《詩·齊風·甫田》:“婉兮孌兮,總角丱兮,未幾見兮,突而弁兮。”[按]聲、韻、調不合,應歸地母春韻下入。

⑫ 牀〔榻也〕:[《廣韻》士莊切,平陽,崇。]亦作“床”。供人睡卧的家具。《詩·小雅·斯干》:“乃生男子,載寢之牀。”(漢)鄭玄箋:“男子生而卧於牀,尊之也。”[按]聲、調不合,應歸争母下平。

⑬ 奘〔彊犬也〕:【字彙】徂朗切,藏上聲。彊犬也。[按]調不合,應歸下上。

⑭ 昨〔昔日也〕:[《廣韻》在各切,入鐸,從。]前一天;隔天。《莊子·外物》:“周昨來,有中道而呼者。”[按]調不合,應歸下入。

⑮ 怍〔慙也:愧~〕:[《廣韻》在各切,入鐸,從。]羞慚。《論語·憲問》:“其言之不怍,則爲之也難。”[按]調不合,應歸下入。

⑯ 砦〔水激石也〕:【字彙】子各切,音作。水激石貌。

⑰ 醋〔酬~;今作酸~〕:[《集韻》疾各切,入鐸,從。]同“酢”。謂客人以酒回敬主人。《儀禮·士虞禮》:“祝酌授尸,尸以醋主人。”[按]調不合,應歸下入。

⑱ ㊉逬:【字彙】普蒙切,㯰平聲。虚脹也。[按]聲不合,應歸普母。

⑲ ㊉瑽〔玉器〕:[按]有形無音、義。

⑳ ㊉覙〔視不明〕:【廣韻】丑絳切。視不明也。[按]義對音不合。直視也。

㉑ ㊉玔〔玉器〕:【集韻】匹角切。玉素也。[按]音不合。

聲韻調	11 東 ɔŋ/ɔk			
	下平˨˦ 24	下上˨˨ 22	下去˦˩ 41	下入˨˦ 24
地 t	同〔共也;合~〕 鏜〔鼓聲〕① 峒〔崆~:山名〕② 螗〔蜩~:蟬也〕 螳〔~螂〕 僮〔頑也:~奴〕 彤〔赤色也〕 堂〔殿寢正也〕 獞〔犬名〕③ 瞳〔目~子〕 潼〔水名〕 瑭〔玉也〕 疼〔痛也〕④ 侗〔童蒙〕 烔〔熱氣~~〕 煻〔煨也〕 桐〔梧~:美材〕 穜〔先種後熟曰~〕 瓺〔牡瓦〕⑤ 膛〔胸~〕 羶〔羊無角也〕⑥ 溏〔池~〕 曈〔日出貌〕 塘〔聚水曰~〕 仝〔相~〕 棠〔甘~:木名〕 朣〔~朧:月欲明貌〕 艟〔~艨:戰船〕	動〔~静;~作〕 揀〔打也〕⑦ 碭〔石之有文〕⑧ 簜〔大竹〕 愓〔放也〕 漡〔潒動也〕⑨	宕〔放也;排~〕 窞〔地~:窟穴〕 慟〔哀過也〕 儅〔正中也〕⑩ 湩〔乳汁;又水濁〕⑪ 蝀〔虹也〕⑫	鐲〔鉦也〕 濁〔水不清也〕⑬ 牘〔簡~:書版〕 犢〔牛子〕 犡〔同上〕 罜〔魚網〕 藋〔~菭:藥名〕⑭ 毒〔害也;育也〕 纛〔馬~;旂~〕 襡〔韜藏也〕 碡〔碌~:田器〕 覿〔見也〕⑮ 韣〔弓衣〕 騳〔馬走〕 黷〔垢也;濁也〕 鐸〔木~〕 獃〔同獨〕 殰〔胎病〕 韇〔盛弓矢〕⑯
普 p'	磅〔隕石聲〕 滂〔~沱大雨〕⑰ 髈〔虛脹也〕⑱	叿〔土音,~耐〕⑲	咔〔反聲也〕 肨〔脹臭貌〕 炐〔火聲〕	炇〔火烈也〕 炦〔同上〕 暴〔日~也〕⑳
他 t'	膛〔~~:肥貌〕㉑	○	搗〔排~〕㉒ 鍚〔平木器〕㉓	讀〔誦也:~册〕
争 ts	崇〔高也;山名〕 叢〔聚也〕 蕺〔同上〕 潀〔小水入大水〕 藏〔隱也;蓄也〕 蘽〔灌木曰~〕 琮〔瑞玉:黄~〕 篻〔取魚器〕 悰〔樂也〕 灇〔水會也〕 藂〔草~生貌〕	○	狀〔形象也;類也〕 粽〔角黍也〕㉔ 糉〔同上〕 臟〔五~;九~〕㉕ 撞〔擣也;~突〕㉖ 綜〔機縷〕㉗ 欉〔叢生曰~〕 巑〔返~〕㉘	族〔宗~〕 擢〔拔也;抽也〕㉙ 濯〔浣也:洗~〕 濁〔土,水不清也〕 鏃〔利也:箭~〕
入 dz	㊫狪〔獸名〕㉚	○	○	㊫韇〔入日〕㉛

【校注】

① 鏜〔鼓聲〕：[《廣韻》吐郎切，平唐，透。]鼓鐘之聲。《詩·邶風·擊鼓》："擊鼓其鏜，踊躍用兵。"毛傳："鏜然，擊鼓聲也。"[按]調不合，應歸上平。

② 峒〔崆~：山名〕：[按]原注"崆~"，大版式本、道光本、文德堂本、市圖善本誤作"啌~"。

③ 獞〔犬名〕：[按]原注"犬名"，大版式本、文德堂本、市圖善本誤作"大名"，道光本誤作"大"。

④ 疼〔痛也〕：[《廣韻》徒冬切，平冬，定。]痛。《宋書·顏延之傳》："頭齒眩疼，根痼漸劇。"[按]今泉無此讀法，表示"疼痛"用"痛"[tʻ iã⊃]。

⑤ 瓬〔牡瓦〕：【集韻】徒東切。小牡瓦也。[按]原注"牡瓦"，文德堂本、會文書莊本、市圖善本、廖新校增本均誤作"特瓦"。

⑥ 羶〔羊無角也〕：【字彙】徒紅切，音同。羊無角也。[按]原注"羊無角也"，樋新編本誤作"羊無肉也"。

⑦ 揀〔打也〕：【集韻】覩動切。擊也。[按]調不合，應歸上上。

⑧ 碭〔石之有文〕：[《廣韻》徒浪切，去宕，定。]有花紋的石頭。《文選·何晏〈景福殿賦〉》："墉垣碭基，其光昭昭。"（唐）張銑注："碭，文石，以爲牆根，其光照照然。"[按]調不合，應歸下去。

⑨ 潒〔潒動也〕：【字彙】徒黨切，音蕩。潒動也。[按]原注"潒動也"，大版式本、道光本、文德堂本、市圖善本誤作"潒動山"，會文書莊本誤作"潒~。動心"，廖新校增本誤作"~潒。動也"。

⑩ 儅〔正中也〕：【字彙】丁浪切，當去聲。正中。[按]調不合，應歸上去。

⑪ 湩〔乳汁；又水濁〕：[《廣韻》多貢切，去送，端。]乳汁。《穆天子傳》卷四："因具牛羊之湩，以洗天子之足。"（晉）郭璞注："湩，乳也，今江南人亦呼乳爲湩。"[按]調不合，應歸上去。

⑫ 蝀〔虹也〕：[《廣韻》多動切，上董，端。]"蝃蝀"的簡稱。即虹。（明）徐

弘祖《徐霞客遊記·遊白岳山日記》:"巖之右,一山横跨而中空,即石橋也。飛虹垂蝀,下空恰如半月。"[按]調不合,應歸上上。

⑬ 濁〔水不清也〕:[《廣韻》直角切,入覺,澄。]液體渾濁。與"清"相對。《詩·小雅·四月》:"相彼泉水,載清載濁。"[按]今泉有多種讀法:[tak⊇/tɔk⊇]、[tsak⊇/tsɔk⊇]。

⑭ 藋〔~萿:藥名〕:[按]原注"~萿",大版式本、文德堂本、市圖善本誤作"~沾",道光本、會文書莊本誤作"~沽",廖新校增本作"~活"。

⑮ 覿〔見也〕:【集韻】徒谷切。見也。

⑯ 韇〔盛弓矢〕:【集韻】徒谷切。《説文》弓矢韇也。[按]"韇",大版式本、道光本、文德堂本、會文書莊本、市圖善本、廖新校增本誤作"韣〔盛弓矢〕";原注"盛弓矢",樋新編本誤作"盛弓衣"。

⑰ 滂〔~沱大雨〕:[按]原注"~沱大雨",大版式本、道光本、誤作"~沱大而",文德堂本、市圖善本誤作"~沱大面"。

⑱ 誷〔虚脹也〕:【字彙】普蒙切,撲平聲。虚脹也。[按]今泉無此讀,表示"虚脹"用"胖風"[p'ɔŋ⊃ ꜀hɔŋ]。

⑲ 叵〔土音,~耐〕:[《字彙》普火切。]【叵奈】叵耐。(元)無名氏《昊天塔》第四折:"叵奈楊六兒無禮,將他令公骨殖偷盜去了。"[按]該字注明"土音",當是因爲常與"耐"連用,產生連讀音變所致([ᶜp'ɔ]+[nai⊇]→[ᶜp'ɔn]+[nai⊇])。

⑳ 暴〔日~也〕:[《廣韻》蒲木切,入屋,並。]曬。《周禮·天官·染人》:"凡染,春暴練,夏纁玄。"(唐)賈公彦疏:"以春陽時陽氣燥達,故暴曬其練。"[按]今泉讀[pɔk⊇、p'ɔk⊇/p'ak⊇]。

㉑ 膛〔~~:肥貌〕:【字彙】他郎切,音湯。膛膛,肥貌。

㉒ 搊〔排~〕:【集韻】他浪切。排搊也。[按]調不合,應歸上去。"搊",樋新編本誤作"場"。

㉓ 鍚〔平木器〕:【集韻】他浪切。治木器。[按]調不合,應歸上去。

㉔ 粽〔角黍也〕:[《廣韻》作弄切,去送,精。]亦作"糉"。粽子。[按]調不合,

應歸上去。

㉕ 臟〔五~;九~〕:【字彙】在浪切,藏去聲。五臟……又《周禮·疾醫》九臟謂正臟。[按]原注"五~;九~",大版式本、道光本、市圖善本誤作"五~;□~",文德堂本誤作"五~~",會文書莊本、廖新校增本作"五~;腑~"。

㉖ 撞〔擣也;~突〕:【字彙】直降切,濯去聲。擣也;擊也……又撞突也。[按]今泉讀[tɔŋ⊇、tsɔŋ⊇/tŋ⊇]。原注"擣",諸本均誤作"持"。

㉗ 綜〔機縷〕:[《廣韻》子宋切,去宋,精。]織機上使經綫上下交錯以便梭子通過的裝置。(漢)劉向《列女傳·魯季敬姜》:"推而往,引而來者,綜也。"[按]調不合,應歸上去。

㉘ 幢〔返~〕:[按]傳統辭書查無此字,屬方言詞,亦可寫作"轍",系用竹篾和紙紮糊而成的圓柱狀三層平頂塔,用於爲死者招魂。"返(轉)幢"系閩南喪葬習俗之一,就是在做功德(道場)時由死者的孝眷們牽著幢的邊緣,一邊如轉蓬轉動,一邊嚎哭,呼喚死者來享受功德,借此把亡魂從地獄中超度出來。臺灣至今仍有"牽水轍"的習俗活動。

㉙ 擢〔拔也;抽也〕:[《廣韻》直角切,入覺,澄。]拔取;抽出。《莊子·駢拇》:"枝于仁者,擢德塞(搴)性以收名聲。"(唐)陸德明釋文引(晉)司馬彪曰:"擢,拔也。"[按]聲不合,應歸地母。

㉚ ㊗狪〔獸名〕:【集韻】他東切。獸名。[按]聲、調不合,應歸他母上平。

㉛ ㊗韣〔入日〕:[《廣韻》徒谷切,入屋,定。]盛箭筒。[按]聲不合,應歸地母。查無原注的"入日"義,疑爲"入矢曰~"之誤省,諸本皆然,唯廖新校增本改作"箭箙"。

聲韻調	11 東 ɔŋ/ɔk			
	下平˨˦ 24	下上˨˨ 22	下去˦˩ 41	下入˨˦ 24
時 s	雙〔偶也〕 双〔同上〕 霜〔凝露爲~〕 孀〔嫠婦〕 桑〔木名〕 桒〔蠶葉〕 鬆〔薄也〕① 鬆〔髮亂也〕② 櫻〔棹船羽也〕 喪〔居服曰~〕	爽〔清快;失也〕 顙〔額也〕 磉〔柱下石〕 悚〔性明〕 㥮〔懼也〕	送〔餞也;隨也〕	速〔疾也〕 束〔縛也：約~〕 溭〔風聲〕 溯〔逆流而上〕 餗〔鼎實〕 鋉〔金也〕 肅〔恭敬也〕③ 欶〔口嗡〕 朔〔旦也;北方〕 簌〔篩也〕 觫〔懼貌〕 遡〔迎也〕 樕〔小木〕 誎〔促也〕④ 嗽〔口嗡也〕 謖〔興起也〕 蔌〔菜茹總名〕 槊〔矛屬〕
英 ∅	汪〔~洋：深廣〕 翁〔老者之稱;又姓〕 尪〔弱也〕 㳹〔深廣〕⑤ 尢〔曲脛〕 尩〔瘠病之人暴之祈雨〕⑥	往〔去也;過也〕 枉〔屈也;冤~〕 湼〔池不流也〕 勜〔屈强貌〕⑦ 塕〔塵起貌〕 滃〔室中暗也〕 蓊〔盛貌〕 攡〔抱也〕	王〔致~天下〕	屋〔房舍〕 沃〔灌溉也〕 鋈〔白金〕 惡〔醜也;善~〕 璗〔白玉〕 堊〔~室：在中門外屋下〕 翯〔潔白〕⑧ 蠖〔尺~〕 矆〔明也〕
文 b	鄸〔地名〕⑨	網〔~罟取魚〕 惘〔~然失意〕 莽〔草~〕 莽〔草深貌;又鹵~〕 茻〔衆草〕 罔〔無也〕 蛧〔~蜽：山川之精〕 網〔結繩以漁之具〕 魍〔~魎：水神〕 蟒〔龍~〕 輞〔~川〕	夢〔眠~〕⑩	末〔正,本~〕⑪
語 g	㊪駹〔馬頭高也〕⑫	㊪駹〔人名〕⑬	○	○

【校注】

① 鬆〔薄也〕：【集韻】蘇叢切。髮亂。[按]傳統辭書查無原注的“薄”義。

② 鬆〔髮亂也〕：【廣韻】與“鬆”同。

③ 肅〔恭敬也〕:【字彙】蘇谷切,音速。恭欽也。[《廣韻》息逐切,入屋,心。]恭敬。《書・洪範》:"恭作肅,從作乂,明作哲,聰作謀,睿作聖。"孔傳:"心敬。"[按]今泉亦讀"蘇谷切"[sɔk꜀]。

④ 諫〔促也〕:[《廣韻》七玉切,入燭,清。]謹敕之貌。《説文・言部》:"諫,餔旋促也。"(清)段玉裁注:"未聞,疑有誤字。"【玉篇】且録切。從也。【集韻】蘇谷切。《説文》餔旋促也。[按]【字彙】桑谷切,音速。促也;從也。樋新編本作"促也",大版式本、道光本、文德堂本、會文書莊本、市圖善本、廖新校增本作"從也"。

⑤ 浬〔深廣〕:【集韻】浬、汪,烏光切。《説文》深廣也。

⑥ 尪〔瘠病之人暴之祈雨〕:【集韻】烏光切。《説文》尯,曲脛也。注:尯,同"跛"。【康熙字典】《禮・檀弓》:"歲旱,穆公召縣子。曰:'吾欲暴尪而奚若?'曰:'天則不雨而暴人之疾子,虐。毋乃不可與?'"注:尪者,疾病之人。其面向天暴之,冀天之哀其病而雨也。

⑦ 勜〔屈强貌〕:【集韻】鄔孔切。勜尣,屈强皃。[按]大版式本、道光本、文德堂本、會文書莊本、市圖善本"屈強貌"誤作"屈窮貌"。

⑧ 翯〔潔白〕:[《廣韻》許角切,入覺,曉。]潔白而有光澤貌。《史記・司馬相如列傳》:"灝溔潢漾,安翔徐徊,翯乎滈滈,東注太湖,衍溢陂池。"(唐)司馬貞索隱:"翯音鶴……郭璞云'水白光貌'。"[按]聲不合,應歸喜母。

⑨ 鄸〔地名〕:[《廣韻》莫鳳切,去送,明。]古地名,春秋曹邑。在今山東省菏澤市北。[按]調不合,應歸下去。

⑩ 夢〔眠~〕:[《廣韻》莫鳳切,去送,明。]亦作"㝱"。睡眠時局部大腦皮質還没有完全停止活動而引起的腦中的表象活動。《墨子・經上》:"夢,卧而以爲然也。"[按]調不合,應歸下去。

⑪ 末〔正,本~〕:[《廣韻》莫撥切,入末,明。]樹梢。《易・繫辭下》:"其初易知,其上難知,本末也。"高亨注:"蓋初爻如樹之本,上爻如樹之末,僅見其本,難知全樹;既見其末,易知全樹也。"[按]韻不合,應歸川韻下入。今泉讀[buat꜆]。"末〔正,本~〕",會文書莊本、廖新校增本作"末〔正,木~〕",亦可;而大版式

本、道光本、文德堂本、市圖善本作“未〔正,木~〕”,則誤。

⑫ ㊇駫〔馬頭高也〕:【字彙】語党切,卬上聲。馬頭高也。[按]調不合,應歸上上。

⑬ ㊇駫〔人名〕:【集韻】語朗切。馬驚謂之……駫。

聲韻調	11 東 ɔŋ/ɔk			
	下平˨˦ 24	下上˨˨ 22	下去˦˩ 41	下入˨˦ 24
時 s	㊮傖〔~儜〕①	○	宋〔國名;又姓〕 灀〔殺物也〕 喪〔失也〕	㊮粠②
英 ∅	王〔天下主也;又姓〕	㊮尪③	旺〔光美;興~〕 瓮〔罌也〕 甕〔汲水缾〕 罋〔同上〕 泩〔大水〕 盎〔盛貌〕	籰〔收絲具〕
文 b	蒙〔覆也;冒也〕④ 忘〔失志;忽也〕⑤ 饛〔盛器滿貌〕 蝱〔貝母草〕⑥ 嵻〔山名〕 尨〔犬也〕 邙〔山名〕 麫〔麥~〕 盳〔仰視貌〕 幪〔~氏湅絲〕 肓〔病人膏~〕⑦ 茫〔~洋〕 忙〔心迫也〕 朦〔~朧:月欲入也〕 矇〔~瞍:樂侶〕 蘉〔勉也〕 哤〔語雜亂也〕 盚〔豐~:滿也〕 冡〔冒也〕 艨〔艟~:戰船〕 朾〔禾~〕 硭〔~硝:藥名〕 濛〔涳~:細雨〕 亾〔失也〕 亡〔逃~〕 茫〔滄~:水貌〕 宋〔大樑也〕 黱〔冥暗〕 芒〔草端;句~〕 苎〔同上〕 幪〔帲~:覆也〕⑧ 幏〔同上〕 恾〔憂貌〕 懵〔~~:無知〕 懞〔同上〕 懜〔慙也〕 盲〔無目〕	蠓〔蠛~:飛蟲〕	望〔瞻~;又祭名〕 朢〔月滿,與日相~〕 梦〔同夢,俗字〕 夢〔交神爲~〕 妄〔誣也;誕也〕 溕〔微雨〕	木〔草~〕 莫〔無也;不可〕 睦〔親也;和也〕 苜〔草名〕 膜〔肉間~〕⑨ 晶〔美目〕 瘼〔病也〕 牧〔~民;~養〕 漠〔淡~〕 霂〔霡~:小雨〕 寞〔寂~〕 穆〔和~;昭~〕⑩ 穆〔同上〕 □〔見海篇〕 沐〔治也;~浴〕 縶〔車歷録束文也〕⑪ 目〔條~;眼也〕⑫ 䀝〔古目字〕

(續表)

聲 韻 調	11 東 ɔŋ/ɔk			
	下平ʎ24	下上˧22	下去˩41	下入ʎ24
語 g	昂〔昇也〕 峁〔山高貌〕 卬〔我也〕 茚〔菖蒲也〕	○	峁〔山名〕⑬	萼〔花下柎也〕 蕚〔俗字〕⑭ 咢〔國名〕 鍔〔刀劍鋒也〕 鱷〔~魚〕 頟〔聲也〕⑮ 諤〔~~：直言〕 噩〔嚴肅〕 咢〔擊鼓曰~〕⑯ 蘁〔逆也〕 愕〔倉卒；驚懼〕

【校注】

① ㊛傖〔~儜〕：[《集韻》千剛切，平唐，清。]粗俗；鄙陋。《初學記》卷十九引（漢）王褒《責鬚髯奴辭》："汗垢流離，污穢泥土，傖囁穰擩，與塵爲侶。"《太平御覽》卷八三二引（南朝·宋）劉義慶《幽明録》："有一傖小兒，放牛野中，伴輩數人。見一鬼，依諸叢草間，處處設網，欲以捕人。設網後未竟，傖小兒竊取前網，仍以罨之，即縛得鬼。"（唐）段成式《酉陽雜俎續集·貶誤》："因天寶中，進士有東西棚，各有聲勢，稍傖者多會於酒樓食䭔饠。"【傖儜】1. 雜亂貌。（唐）劉禹錫《〈竹枝詞〉序》："歲正月，余來建平，里中兒聯歌《竹枝》，吹短笛，擊鼓以赴節……卒章激訐如吴聲，雖傖儜不可分，而含思宛轉，有淇、澳之豔。"2. 粗野貌；粗惡貌。（唐）劉禹錫《祭興元李司空文》："夷風傖儜，獷俗悍害。"[按]聲、調不合，應歸出母上平。大版式本、道光本、文德堂本、會文書莊本、市圖善本、廖新校增本均誤作"寧~"。

② ㊛粽：【集韻】丑玉切。糲粽，損米也。[按]聲、韻、調皆不合。

③ ㊛恇：【集韻】于放切。【方言】獪也。[按]調不合，應歸下去。

④ 蒙〔覆也；冒也〕：[《廣韻》莫紅切，平東，明。]1. 草名。2. 覆蓋；遮蔽。《詩·鄘風·君子偕老》："蒙彼縐絺，是紲袢也。"毛傳："蒙，覆也。"……6. 引

申爲冒着；頂着。《左傳·襄公十四年》："乃祖吾離被苫蓋、蒙荆棘以來歸我先君。"（晉）杜預注："蒙，冒也。"

⑤ 忘〔失志；忽也〕：［《集韻》武方切，平陽，微。］喪失；失去。《書·大誥》："敷前人受命，兹不忘大功。"［按］原注"失志"，樋新編本、大版式本、道光本、文德堂本、市圖善本均誤作"失誌"。

⑥ 蝱〔貝母草〕：［《廣韻》武庚切，平庚，明。］1. 昆蟲名。種類很多，吮吸人、畜的血液。《史記·項羽本紀》："夫搏牛之蝱，不可以破蟣蝨。"（清）嚴如熤《木廠咏》："商利大於母，工徒聚如蝱。"參見"蚊蝱"。2. 草名。即貝母。《詩·鄘風·載馳》："陟彼阿丘，言采其蝱。"毛傳："蝱，貝母也。"［按］韻不合，應歸卿韻。［꜀bɔŋ］屬於俗讀，今仍沿用。

⑦ 肓〔病人膏~〕：［《廣韻》呼光切，平唐，曉。］古代中醫指心臟與膈膜之間。《素問·腹中論》："其氣溢於大腸而著於肓，肓之原在臍下，故環臍而痛也。"［按］肓祇有"呼光切"一讀，誤讀。聲、調不合，應歸喜母上平。"肓〔病人膏~〕"，樋新編本誤作"盲〔病人膏~〕"，道光本、文德堂本、市圖善本誤作"肓〔病人膏~〕"。

⑧ 幪〔帲~：覆也〕：【字彙】莫紅切，音蒙。覆也。《揚子》震風凌雨，然後知夏屋之帲幪。［按］原注"帲~"，樋新編本誤作"蛢~"，大版式本、道光本、文德堂本、市圖善本誤作"□~"。

⑨ 膜〔肉間~〕：【字彙】末各切，音莫。肉間膜。［按］原注"肉間~"，大版式本、道光本、文德堂本、市圖善本誤作"肉問~"，會文書莊本、廖新校增本誤作"肉内~"。

⑩ 穆〔和~；昭~〕：［按］原注"昭~"，大版式本、道光本、文德堂本、市圖善本誤作"昭~"。

⑪ 楘〔車歷録束文也〕：【字彙】莫卜切，音木。車歷録束文也。［按］原注"車歷録束文也"，大版式本誤作"車歷録車文也"，道光本、文德堂本、會文書莊本、市圖善本誤作"車歷録車支也"。

⑫ 目〔條~；眼也〕：【字彙】莫卜切，音木。眼也；肝之竅也；又條目。［按］原

注“眼也”,大版式本、道光本、文德堂本、市圖善本誤作“服也”。

⑬ 岇〔山名〕:【字彙】魚浪切,昂去聲。山名,在越剡縣界。

⑭ 蕚〔俗字〕:[按]傳統辭書查無此字,當爲“萼”的俗寫字。

⑮ 頟〔聲也〕:【字彙】鄂格切,硬入聲……一曰推車聲。

⑯ 咢〔擊鼓曰~〕:【字彙】逆各切,音諤。徒擊鼓曰咢。[按]原注“擊鼓曰~”,應爲“徒擊鼓曰咢”之誤省。大版式本誤作“殷口干岐曰”,道光本誤作“擊岐曰”,文德堂本、市圖善本誤作“殷曰牛岐曰”,會文書莊本缺注,廖新校增本誤作“争辯”。

聲韻調	11 東 ɔŋ/ɔk			
	下平˨˦ ^{24}	下上˨ ^{22}	下去˦˩ ^{41}	下入˨˦ ^{24}
出 tsʻ	窗〔户~〕 倉〔~廩：藏也〕 聰〔明也〕 聦〔同上，俗字〕 蹌〔趨~〕① 窻〔在内窺外〕② 悤〔~~：急遽貌〕 驄〔青白色〕 鶬〔~鶊：鳥也〕 滄〔~浪：水名〕 蓯〔~蓉：藥名〕③ 禬〔祭壇不毁〕④ 牕〔在屋曰~〕⑤ 怱〔同聰〕 樅〔懸鐘磬處〕⑥ 瑲〔玉聲〕 繱〔帛青白色〕 蒼〔穹~：草色〕 鏦〔矛屬〕 蔥〔青色能通氣〕 匆〔擾也〕⑦ 瘡〔痍也；傷也〕 窻〔~：助户爲明〕⑧	瓶〔以碎瓦石去垢〕 褈〔裩也〕⑨	謥〔~詷：言急貌〕⑩	蔟〔聚也〕⑪ 錯〔誤也〕⑫ 趗〔~~：慢行也〕⑬ 剒〔治犀〕 娖〔~~：廉謹〕 娕〔整也〕 撤〔促也〕⑭ 瘯〔疥癬〕 掔〔歛也〕⑮
喜 h	芳〔香草：芬~〕 方〔四~；~員〕 風〔大塊之噫氣；又聲教也；又~俗〕⑯ 凬〔同上，古字〕 荒〔穢也：飢~〕 蜂〔~毒在尾〕 葑〔蔓菁也：~菲〕⑰ 芊〔草盛貌〕 祊〔祭四方也〕 鋒〔劍刀芒〕 巟〔水廣〕	訪〔問也〕 紡〔~績；~紗〕 昉〔~眫〕 舫〔方船也〕 倣〔傚也〕 慌〔~惚；昏也〕 愰〔~惨；心不定也〕 横〔帷屏屬〕 怳〔惝~：狂貌〕 恍〔~惚〕 旊〔周禮：~人爲簋〕 滉〔~瀁：水際貌〕⑱ 諷〔~誦；~切也〕⑲ 晃〔明也；光也〕⑳	貺〔賜也〕	霔〔大雨〕㉑ 馥〔香氣也〕 壑〔谷也；坑也〕 覆〔反~；敗也〕 臒〔善丹也〕㉒ 寉〔高飛也〕㉓ 藿〔鹿豆也〕㉔ 藋〔同上〕 腹〔~肚也〕㉕ 擢〔手反覆也〕㉖
喜 h	封〔大也；緘也〕㉗ 豐〔大也；厚也〕 酆〔邑名〕㉘ 鄷〔同上〕㉙ 蠭〔飛蟲有毒〕㉚ 峯〔山：高~〕 防〔隄~；禦也〕㉛ 魴〔魚名，身廣而薄〕㉜ 鰟〔同上〕 灃〔水名〕㉝ 烽〔邊方防寇〕㉞ 枋〔木名，可作車〕 捀〔奉也〕㉟	謊〔狂言〕㊱ 渢〔水風也〕 況〔土，譬擬也〕 沆〔大水貌〕㊲ 賵〔贈死之物〕㊳ 仿〔~佛〕 奅〔開明也〕 髣〔~髴〕 況〔發語之辭〕	俸〔禄也〕㊴ 況〔寒水也〕	福〔百順之名；祐也；禄也〕 霍〔山名；又姓〕 複〔重也〕 幅〔廣也〕 輹〔車下縛也〕 輻〔輪~〕 嗃〔嚴厲貌〕 斛〔十斗曰~〕㊵ 熇〔熾盛也〕

（續表）

聲韻調	11　東 ɔŋ/ɔk			
	下平˨˦^{24}	下上˨˨^{22}	下去˦˩^{41}	下入˨˦$^{\underline{24}}$
喜 h	蘴〔香木〕　坊〔邑里名〕 夆〔忤逆也〕　妨〔害也〕㊶ 匚〔受物之器〕　豐〔滿也：~姿〕 楓〔樹高大葉〕　炃〔舉~：烈火〕 瘋〔頭~：病也〕　肓〔心上鬲下〕 渢〔~~：聲也〕㊷			縠〔羅~：皺紗〕㊸ 膗〔肉羹也〕 蕌〔大葉白花〕 矐〔目失明也〕 蠖〔尺~：屈伸蟲〕㊹

【校注】

① 蹌〔趨~〕：[《廣韻》七羊切，平陽，清。]行走有節奏貌。《詩·齊風·猗嗟》："美目揚兮，巧趨蹌兮。"毛傳："蹌，巧趨貌。"[按]韻不合，應歸香韻。原注"趨~"，大版式本、文德堂本、市圖善本誤作"超~"，道光本作"趋~"。

② 窻〔在内窺外〕：同"窗"。【廣韻】《説文》作"囪"。通孔也。《釋名》曰：窗，聰也。於内見外之聰明也。[按]原注"在内窺外"，大版式本誤作"在夕窺外"，道光本、文德堂本、會文書莊本、市圖善本誤作"石内窺外"。

③ 蓯〔~蓉：藥名〕：[《集韻》七恭切，平鐘，清。]參見"蓯蓉"。【蓯蓉】藥草。草蓯蓉、肉蓯蓉的統稱。《神農本草經》卷一："肉松容：味甘微温，主五勞七傷，補中，除莖中寒熱痛，養五藏，强陰，益精氣，多子，婦人癥瘕，久服輕身。"（三國·魏）吴普注："肉蓯蓉，一名肉松蓉。"[按]韻不合，應歸香韻。

④ 禣〔祭壇不毁〕：【集韻】抽江切。祠不恭也。又【玉篇】祭壇不毁也。[按]聲不合，應歸他母。

⑤ 牕〔在屋曰~〕：同"窗"。

⑥ 樅〔懸鐘磬處〕：【字彙】倉紅切，音聰。業上懸鐘磬處，以綵色爲崇牙，其狀樅樅然也。樅即崇牙之貌。業與崇牙皆所以飾栒也。《詩·大雅·靈臺》："虡業維樅，賁鼓維鏞。"（宋）朱熹集傳："虡，植木以懸鐘磬，其横者曰栒；業，栒上大板，刻之捷業如鋸齒者也；樅，業上懸鐘磬處，以采色爲崇牙，其狀樅樅然者

也。"[按]原注"懸鐘磬虡",諸本皆誤作"懸鐘磬器"。

⑦ 匆〔擾也〕:同"怱"。【集韻】怱,麤叢切。《説文》多遽怱怱也。(清)梁章鉅《歸田瑣記·叠韻詩》:"楊竹圃親家次韻寄和拙作《自壽詩》,疊前韻賦謝云:'俚言一片付鱗鴻,四十餘年過景匆。'"[按]傳統辭書上"匆"查無"擾"義,存疑。

⑧ 窻〔~:助户爲明〕:【字彙】與"牕"同。(漢)鄭康成曰:窻,助户爲明。[按]原注"~:助户爲明"(見於樋新編本),大版式本作"~:助□爲明",道光本、文德堂本、市圖善本誤作"~:助名爲明",會文書莊本、廖新校增本作"助室爲明"。

⑨ 䋑〔裩也〕:【字彙】且勇切,聰上聲。裩也。【字彙】裩,俗"褌"字。

⑩ 謥〔~詷:言急貌〕:【字彙】此弄切,總去聲。謥詷,言急貌。[按]原注"謥〔~詷:言急貌〕",大版式本、道光本、文德堂本、會文書莊本、市圖善本誤作"謥洞",廖新校增本衹見"謥詷"。

⑪ 蔟〔聚也〕:[《廣韻》千木切,入屋,清。]叢聚;堆積。(唐)白居易《遊悟真寺》詩:"野緑蔟草樹,眼界吞秦原。"【字彙】千玉切,音促。聚也。[按]原注"聚也",大版式本、道光本、文德堂本、會文書莊本、市圖善本均誤作"菆也",廖新校增本改作"巢也"。

⑫ 錯〔誤也〕:[《廣韻》倉各切,入鐸,清。]誤;不正確。《墨子·非命上》:"今雖毋求執有命者之言,必不可得,不亦錯乎?"張純一集解:"錯,舛也,誤也。"[按]今泉基本讀[ts'o˥],入聲讀法[ts'ɔk˩]衹保留在地方戲曲中,如"錯手"。

⑬ 齪〔~~:慢行也〕:【字彙】初角切,瘡入聲。齪齪,慢行貌。

⑭ 捒〔促也〕:【字彙】千木切,音簇。促也。

⑮ 㩴〔斂也〕:【集韻】昨木切。斂也。[按]聲、調不合,應歸争母下入。

⑯ 風〔大塊之噫氣;又聲教也;又~俗〕:【字彙】方中切,音鋒。大塊之噫氣,王者之聲教也。又風俗。[按]"又聲教也"應爲"王者之聲教也"之苟省。原注"大塊之噫氣",大版式本、道光本、文德堂本、會文書莊本、市圖善本誤作"大塊之意

氣”;“又聲教也;又～俗”,廖新校增本改作“又去聲,教也;又～俗”,不確。

⑰ 葑〔蔓菁也:～菲〕:[《廣韻》府容切,平鍾,非。]植物名。即蕪菁。《詩·邶風·谷風》:“采葑采菲,無以下體。”(唐)孔穎達疏:“蕪菁也。”【漢語大詞典】【蕪菁】植物名。又名蔓菁。[按]原注“蔓菁”,諸本皆誤作“蔓青”。

⑱ 滉〔～瀁:水際貌〕:【龍龕手鑒】胡廣反。滉瀁,水皃也。【集韻】户廣切。水深廣皃。【漢語大詞典】【滉瀁】水深廣貌。《三國志·吴志·薛綜傳》:“加又洪流滉瀁,有成山之難,海行無常,風波難免。”[按]調不合,應歸下上。原注除廖新校增本改作“水深廣貌”外,其餘諸本皆作“～瀁:水際貌”,疑誤。

⑲ 諷〔～誦;～切也〕:[《廣韻》方鳳切,去送,非。]1. 背誦。《周禮·春官·大司樂》:“以樂語教國子興、道、諷、誦、言、語。”(漢)鄭玄注:“倍文曰諷,以聲節之曰誦。”2. 泛指誦讀,誦念。《荀子·大略》:“少不諷,壯不論議,雖可,未成也。”(唐)楊倞注:“諷謂就學諷《詩》、《書》也。”3. 用委婉的語言暗示、勸告或譏刺、指責。《韓非子·八經》:“故使之諷,諷定而怒。”[按]調不合,應歸上去。今泉俗讀[꜀hɔŋ]。

⑳ 晃〔明也;光也〕:[《廣韻》胡廣切,上蕩,匣。]明;明亮。(三國·魏)曹植《芙蓉賦》:“其始榮也,皦若夜光尋扶桑;其揚輝也,晃若九陽出暘谷。”[按]調不合,應歸下上。

㉑ 霍〔大雨〕:【集韻】黄郭切。霞霍,大雨。[按]調不合,應歸下入。

㉒ 雘〔善丹也〕:【説文】善丹也。烏郭切。[《廣韻》烏郭切,入鐸,影。]赤石脂之類,古人以爲上等的紅顔料。《書·梓材》:“若作梓材,既勤樸斲,惟其塗丹雘。”[按]聲不合,應歸英母。“雘〔善丹也〕”,道光本、文德堂本、市圖善本作“䨼〔善丹也〕”(“䨼”同“雘”),會文書莊本誤作“䨼〔善丹也〕”,廖新校增本誤改作“䨼〔舟也〕”。

㉓ 寉〔高飛也〕:【集韻】曷各切。鳥飛高也。[按]調不合,應歸下入。

㉔ 藿〔鹿豆也〕:【字彙】忽郭切,荒入聲。鹿藿,(晉)郭璞云:“今鹿豆也。”

㉕ 腹〔～肚也〕:【字彙】方六切,音福。腹肚。[按]原注“～肚也”,大版式本

“肚”字漫漶，道光本誤作“~壯也”，會文書莊本、廖新校增本誤作“肚也”。

㉖ 擢〔手反覆也〕：【字彙】忽郭切，音霍。手反覆也。摇手曰揮，反手曰擢。

㉗ 封〔大也；緘也〕：［按］原注“緘”，大版式本漫漶，似“緎”；道光本、文德堂本、市圖善本誤作“緎”。

㉘ 酆〔邑名〕：［《廣韻》敷空切，平東，敷。］古地名。本爲商代崇侯虎邑，周文王灭崇後曾都於此。後爲周武王之弟的封國。故地在今陝西省户縣北。［按］樋新編本“酆”誤作“鄷”。

㉙ 鄷〔同上〕：古同“酆”。

㉚ 蠭〔飛蟲有毒〕：【字彙】方中切，音風。飛蟲螫人者。《左傳》蠭蠆有毒，而況國乎？［按］原注“飛蟲有毒”，大版式本、道光本、文德堂本、市圖善本“飛”下缺字，會文書莊本誤作“飛有聲”。

㉛ 防〔隄~；禦也〕：［《廣韻》符方切，平陽，奉。］1. 堤岸；堤壩。《周禮·地官·稻人》：“稻人掌稼下地，以豬畜水，以防止水。”（漢）鄭玄注：“防，豬旁隄也。”……6. 戒備；防備。《易·小過》：“弗過防之，從或戕之，凶。”高亨注：“當人未有過失之時，宜預防之。”［按］調不合，應歸下平。

㉜ 魴〔魚名，身廣而薄〕：［《廣韻》符方切，平陽，奉。］魚名。鯿魚的古稱。體廣而薄肥，細鱗，青白色，味美。《詩·小雅·采緑》：“其釣維何，維魴及鱮。”［按］調不合，應歸下平。

㉝ 灃〔水名〕：［《廣韻》敷戎切，平東，敷。］古水名。源出陝西省西安市長安區西南秦嶺山中，北流至西安市西北入渭水。《書·禹貢》：“漆沮既從，灃水攸同。”［按］除廖新校增本外，其餘各本“灃”皆誤作“澧”。

㉞ 烽〔邊方防寇〕：【字彙】方中切，音風。邊方備寇作高土櫓，櫓上作桔皋，桔皋頭兜零，以薪草置其中，常低之，有寇即火燃舉之以相告，曰烽。［按］原注“邊方防寇”，大版式本誤作“邊右防寇”，道光本誤作“邊右防”，文德堂本、會文書莊本、市圖善本誤作“邊右防~”，廖新校增本誤作“邊有防~”。

㉟ 捀〔奉也〕：［《廣韻》符容切，平鍾，奉。］同“捧”。兩手托物。《説文·手

部》:"摓,奉也。"(清)王筠句讀:"摓,奉也。此蓋以重文爲説解也……又奉者,承也,其俗字作'捧'。"[按]調不合,應歸下平。

㊱ 妨〔害也〕:[《廣韻》敷方切,平陽,敷。]1. 傷害;損害。《老子》:"難得之貨令人行妨。"(漢)河上公注:"妨,傷也。"2. 阻礙;妨礙。(唐)韓愈《岳陽樓别竇司直》詩:"軒然大波起,宇宙隘而妨。"[按]今泉俗讀[ᶜhɔŋ]。

㊲ 渢〔~~:聲也〕:[《廣韻》房戎切,平東,奉。]【渢渢】形容樂聲宛轉悠揚。《左傳·襄公二十九年》:"爲之歌《魏》,曰:'渢渢乎,大而婉,險而易行。'"(晉)杜預注:"渢渢,中庸之聲。婉,約也;險當爲'儉'字之誤也。"[按]調不合,應歸下平。

㊳ 謊〔狂言〕:【字彙】虎晃切,荒上聲。狂言;又俗謂虚言。

㊴ 沆〔大水貌〕:[《廣韻》胡朗切,上蕩,匣。]水廣闊無際貌。(漢)應劭《風俗通·山澤·沆》:"沆者,莽也,言其平望莽莽無涯際也。"[按]調不合,應歸下上。

㊵ 賵〔贈死之物〕:[《廣韻》撫鳳切,去送,敷。]1. 以車馬等物助喪家送葬。《儀禮·既夕禮》:"公賵,玄纁束,馬兩。"(漢)鄭玄注:"賵,所以助主人送葬也。"2. 送給喪家助葬的車馬等物。《公羊傳·隱公元年》:"喪事有賵。賵者蓋以馬,以乘馬束帛。車馬曰賵,財貨曰賻。"[按]調不合,應歸下去。

㊶ 俸〔禄也〕:[《廣韻》扶用切,去用,奉。]俸禄。舊指官吏所得的薪給。《韓非子·奸劫弑臣》:"國有無功得賞者,則民……皆欲行貨財、事富貴、立名譽以取尊官厚俸。"[按]調不合,應歸下去。

㊷ 斛〔十斗曰~〕:[《廣韻》胡谷切,入屋,匣。]1. 量器。《莊子·胠篋》:"爲之斗斛以量之,則並與斗斛而竊之。"……3. 量詞。多用於量糧食。古代一斛爲十斗,南宋末年改爲五斗。《儀禮·聘禮》:"十斗曰斛。"[按]調不合,應歸下入。原注"十斗曰~",大版式本誤作"廿斗曰~"。

㊸ 縠〔羅~:皺紗〕:[《廣韻》胡谷切,入屋,匣。]縐紗。《戰國策·齊策四》:"王之憂國愛民,不若王愛尺縠也。"(元)吴師道補正:"縠,縐紗。"[按]調不

合,應歸下入。

㊹ 蠖〔尺~:屈伸蟲〕:[《廣韻》烏郭切,入鐸,影。]蟲名。尺蠖。北方稱步曲,南方稱造橋蟲。體細長,生長於樹,爬行時一屈一伸。(唐)白居易《代書詩一百韻寄微之》:"伸屈須看蠖,窮通莫問龜。"【字彙】烏郭切,汪入聲。尺蠖,屈伸蟲。[按]聲不合,應歸英母;[hɔk꜀]爲俗讀,今泉沿用。原注"尺~:屈伸蟲",大版式本、會文書莊本、廖新校增本誤作"尺~:伸婁",道光本、文德堂本、市圖善本誤作"尺~:伸娄"。

聲韻調	11 東 ɔŋ/ɔk			
	下平˨˦^{24}	下上˨˨^{22}	下去˦˩^{41}	下入˨˦$^{\underline{24}}$
出 ts‘	床〔俗牀字〕 匟〔盛米器〕 戕〔傷也〕① 檣〔船帆柱也〕② 斨〔斧也〕③ 牀〔臥榻也〕 薔〔~薇：花名〕④	㊫賶⑤	剏〔~造〕⑥ 刱〔~業；造法〕⑦ 刅〔同傷也〕⑧ 創〔造也；~懲〕⑨	鑿〔刀~〕 簇〔小竹〕⑩ 戳〔~記〕⑪
喜 h	黄〔中央土也；又姓〕 皇〔大也；君也〕 徨〔彷~：不安〕 訌〔亂也〕 逢〔遇也；值也〕 蝗〔食苗蟲〕 遑〔暇也；急也〕 鴻〔~雁〕 凰〔鳳~：靈鳥〕 騜〔馬毛黄白相間〕 鳿〔大雁也〕 黌〔學舍也〕 馮〔姓也；依也〕 鐄〔大鐘也〕 頏〔飛而下曰~〕 耾〔耳中聲〕⑫ 隍〔城下池也〕 媓〔女~：堯妻也〕 杭〔~州〕 炋〔貪貌〕⑬ 湟〔水名〕 烘〔火盛貌〕⑭ 珩〔玉名〕⑮ 洪〔大也；又姓〕 潢〔積水池〕⑯ 喤〔小兒泣也〕	頋〔顛頓狀〕⑰ 奉〔承也；獻也〕	放〔~肆；~心；廢也；逐也〕⑱ 鳳〔羽蟲之長，靈鳥也〕 哄〔衆聲；又平〕	伏〔匿也；潛也〕 服〔衣裳也；事也〕 復〔踐言也；再也〕 㠯〔治也〕 箙〔盛弓失器〕
喜 h	蓬〔蒿也，草之難理者〕 虹〔陰氣也〕 偟〔傍~〕 惶〔恐~：惑也〕 葒〔草也〕 菶〔草木盛貌〕⑲ 航〔乘國如乘~〕 篁〔竹笛〕 笐〔竹笪也〕 芃〔草盛貌〕 粠〔陳臭米也〕⑳ 紅〔赤色〕 縫〔以鍼紩衣〕 簧〔笙~：管中金葉也〕 揁〔充也〕㉑ 叿〔市人聲〕㉒ 篷〔編竹夾箬曰~〕㉓ 焢〔火氣〕㉔ 煌〔焜~：火輝也〕 璜〔半璧也〕 筇〔同篷〕㉕ 癀〔疸病〕 艂〔覆船也〕㉖ 宏〔廣也〕	捧〔兩手拱承〕㉗	峵〔山名〕㉘	袱〔包~〕 茯〔~苓：藥名〕 皠〔~~白鳥〕㉙ 皬〔白也〕㉚ 菔㉛ 涸〔水竭〕 鶴〔白~〕 䨳〔姓也〕㉜ 貈〔似狐善睡〕㉝

【校注】

① 戕〔傷也〕：[《廣韻》在良切，平陽，從。]殘害；殺害。《書·盤庚中》："汝共作我畜我，汝有戕則在乃心。"孔傳："戕，殘也。"[按]韻不合，應歸香韻。

② 檣〔船帆柱也〕：[《廣韻》在良切，平陽，從。]船桅桿。（漢）王粲《從軍詩》之二："拊衿倚舟檣，眷眷思鄴城。"[按]韻不合，應歸香韻。

③ 斨〔斧也〕：[《廣韻》七羊切，平陽，清。]斧的一種，古代指裝柄的孔爲方形者。《詩·豳風·破斧》："既破我斧，又缺我斨。"[按]韻、調不合，應歸香韻上平。

④ 薔〔～薇：花名〕：[《廣韻》在良切，平陽，從。]薔薇。（唐）李商隱《題二首後重有戲贈任秀才》詩："一支紅薔擁翠筠，羅窗不識繞街塵。"

⑤ ㊕賶：[《玉篇》七浪切。]囤積貨物。[按]調不合，應歸上去。

⑥ 刱〔～造〕：同⑦剏。

⑦ 剏〔～業；造法〕：[《廣韻》初亮切，去漾，初。]1. 開創；始造。《戰國策·秦策三》："大夫種爲越王墾草剏邑。"2. 建造。《茶香室叢鈔·春月放園》引（宋）黄震《黄氏日抄》："温公剏獨樂園。"[按]調不合，應歸上去。

⑧ 办〔同傷也〕：[《集韻》初良切，平陽，初。]"創"的古字。傷。《説文·刃部》："办，傷也。"[按]調不合，應歸上平；[tsʻɔŋ꜄]應爲俗讀，今泉仍沿用。

⑨ 創〔造也；～懲〕：[《廣韻》初亮切，去漾，初。]亦作"剏"。亦作"刱"。亦作"剙"。[按]調不合，應歸上去。

⑩ 簇〔小竹〕：【集韻】千木切。小竹。[按]調不合，應歸上入。

⑪ 戳〔～記〕：【字彙】側各切，音齪。槍戳也。[按]聲、調不合，應歸争母上入。今泉讀[tsʻɔk꜀]。

⑫ 聄〔耳中聲〕：【集韻】乎萌切。《博雅》聾也。一曰耳中聲。[按]"聄〔耳中聲〕"，大版式本誤作"眩〔耳中息〕"，道光本、文德堂本、市圖善本誤作"眩〔日中息〕"，會文書莊本、廖新校增本缺。

⑬ 旅〔貪貌〕:【集韻】虛郎切。欿旅,貪貌。[按]調不合,應歸上平。

⑭ 烘〔火盛貌〕:[《廣韻》呼東切,平東,曉。]燃燒。《詩·小雅·白華》:“樵彼桑薪,卬烘于煁。”(漢)鄭玄箋:“烘,燎也。”[按]調不合,應歸上平。

⑮ 珩〔玉名〕:[《廣韻》户庚切,平庚,匣。]佩上的横玉。亦泛指佩玉。《國語·晉語二》:“黄金四十鎰,白玉之珩六雙,不敢當公子,請納之左右。”(三國·吴)韋昭注:“珩,佩上飾也。珩形似磬而小。”[按]韻不合,應歸卿韻。

⑯ 潢〔積水池〕:【字彙】胡光切,音黄。積水池。[按]原注“積水池”,大版式本“池”字漫漶,似“也”;道光本、文德堂本、會文書莊本、市圖善本、廖新校增本誤作“積水也”。

⑰ 顛〔顛頓狀〕:【字彙】火動切,烘上聲。(漢)王延壽《王孫賦》:“顛陋酮以迷醉。”注:著酒顛頓狀。[按]調不合,應歸上上。

⑱ 放〔~肆;~心;癈也;逐也〕:[《廣韻》甫妄切,去漾,非。]驅逐;流放。《書·舜典》:“流共工于幽州,放驩兜于崇山。”(唐)孔穎達疏:“放逐驩兜於南裔之崇山。”[按]調不合,應歸上去。

⑲ 菶〔草木盛貌〕:【集韻】蒲蒙切。茂也。《詩·大雅·卷阿》:“梧桐生矣,于彼朝陽,菶菶萋萋,雝雝喈喈。”毛傳:“梧桐盛也。”[按]聲不合,應歸普母。

⑳ 粠〔陳臭米也〕:【字彙】户公切,音紅。陳臭米也。[按]“粠〔陳臭米也〕”,大版式本漫漶成“粠〔陳臭木也〕”,道光本、市圖善本誤作“紅〔陳呉木也〕”,文德堂本誤作“紅〔陳臭木也〕”,會文書莊本誤作“紅〔陳木也〕”,廖新校增本誤改作“紅〔~色也〕”。

㉑ 擴〔充也〕:[《集韻》古曠切,去宕,見。]擴充。[按]聲、調不合,應歸求母上去。

㉒ 吽〔市人聲〕:[《廣韻》呼東切,平東,曉。]言語嘈雜。《集韻·平東》:“吽,一曰吽吽,人聲……或作‘哄’。”[按]調不合,應歸上平。

㉓ 篷〔編竹夾箬曰~〕:【字彙】蒲紅切,音蓬。編竹夾箬覆舟車者。[按]原注“編竹夾箬曰~”,道光本誤作“編竹夾箁曰~”,文德堂本、市圖善本誤作“褊竹夾箁曰~”,會文書莊本誤作“褊竹夾草曰~”。

㉔ 焢〔火氣〕：［《集韻》呼公切，平東，曉。］火氣貌。［按］調不合，應歸上平。

㉕ 芃〔同篷〕：［《集韻》蒲蒙切，平東，並。］同“篷”、“蓬”。［按］聲不合，應歸普母。

㉖ 篷〔覆船也〕：【字彙】薄紅切，音蓬。織竹編箬覆船也。［按］聲不合，應歸普母。

㉗ 捧〔兩手拱承〕：【集韻】父勇切。《説文》承也。

㉘ 嵿〔山名〕：【集韻】呼貢切。嵿峒，山谷深貌。［按］調不合，應歸上去；傳統辭書查無“山名”義。

㉙ 皠〔~~白鳥〕：【集韻】胡沃切。《説文》鳥之白也。【字彙】與“翯”同。（三國・魏）何晏《景福殿賦》：“皠皠白鳥。”［按］原注“皠皠白鳥”，道光本、文德堂本、會文書莊本、市圖善本誤作“~白馬”。

㉚ 皬〔白也〕：【集韻】皬、皠，曷各切。白也。《史記》：“皬然白首。”

㉛ 菔：［《廣韻》房六切，入屋，奉。］參見“蘆菔”。【蘆菔】即蘿蔔。《後漢書・劉盆子傳》：“〔宫女〕幽閉殿内，掘庭中蘆菔根，捕池魚而食之。”（北魏）賈思勰《齊民要術・蔓菁》：“種菘、蘆菔法，與蕪菁同。”石聲漢注：“‘蘆菔’，現在寫作‘蘿蔔’、‘萊菔’。”

㉜ 溥〔姓也〕：【集韻】拂縛切。姓也。

㉝ 貈〔似狐善睡〕：【字彙】曷各切，音涸。獸似狐善睡，皮可爲裘。

12 郊

聲韻調	12 郊 au/auʔ			
	上平˧ ^{33}	上上˥ ^{55}	上去˦˩ ^{41}	上入˥ ^{5}
柳 l	鐃〔小鉦;止鼓也〕① 憹〔惛~：心亂也〕② 呶〔讙聲也〕③ 拘〔鈎也〕④	撓〔屈也〕 橈〔亂也;枉也〕⑤ 蓼〔土解,~花〕	(增)淼〔水~〕⑥	○
邊 p	包〔含也〕 胞〔肉吏也;同~〕⑦ 瓟〔飲器〕⑧ 勹〔裹也〕 苞〔甲而未拆〕⑨	飽〔食充滿也〕 鮑〔以鹹漬魚曰~;又姓〕⑩	鉋〔正木器〕⑪	(增)皱〔皮也〕⑫
求 k	交〔結也;~易〕 郊〔邑外曰~〕 膠〔黏膏固也〕 艽〔秦~：藥名〕 茭〔乾芻也〕 鮫〔魚名;~人：居水室織絹〕 蛟〔~龍〕	姣〔好也〕 佼〔同上〕 九〔解,數名〕 狡〔猾也〕 絞〔縛也;又死刑〕 犬〔解,豬~〕⑬	教〔迪也;授也〕	(增)餗⑭
氣 k‘	敲〔叩也;擊也〕 槀〔擊也〕⑮ 硗〔~磝：城名〕 磽〔石地不平〕 恷〔~忦：伏態〕 搞〔打也〕⑯ 鬮〔解,拈也〕	巧〔拙之反也〕 阸〔地名〕 口〔門~〕	礉〔~：磽也〕⑰	(增)澂〔日~〕⑱
地 t	嘲⑲ 兜〔解,~攬〕	斗〔解,升~〕 陡〔解,~健〕⑳	罩〔捕魚器〕 箌〔同上〕	(增)沰㉑
普 p‘	抛〔擲也;棄也〕 泡〔水上浮漚〕 毟〔毛起貌〕 脬〔膀胱也〕	敂〔擊虛聲〕 翑〔飛也〕 跑〔~走〕	○	炮〔土話,~仔〕
他 t‘	偷〔解,做賊也〕	(增)鋀㉒	○	(增)答㉓

（續表）

聲韻調	12 郊 au/auʔ			
	上平˧ 33	上上˥ 55	上去˩ 41	上入˥ 5
争 ts	糟〔解,酒~〕	僬〔~~:長貌〕㉔ 走〔解,行~〕 找〔俗音,~還〕㉕	棹〔土音,船~〕㉖	㊚跿㉗
入 dz	㊚朥㉘	㊚鱙㉙	㊚峹㉚	㊚梥〔人名〕㉛
時 s	梢〔木枝:~子〕 筲〔竹器;量名〕 捎〔取也;掠也〕 艄〔船尾〕 散〔擊也〕 鞘〔鞭也〕 痟〔~筋〕㉜	稍〔~食也;又漸也〕	哨〔解,巡~〕	㊚嘲〔口~〕㉝
英 ∅	顱〔大首深目貌〕㉞ 坳〔地~:下也〕㉟ 咬〔哀切聲〕㊱ 凹〔凸之對也〕 甌〔解,湯~〕 碅〔~仔〕㊲ 歐〔姓也:~陽〕	齩〔~齖:面曲也〕 拗〔手拉折也〕	靿〔韉~〕㊳	㊚唬〔口開〕㊴
文 b	㊚廍㊵	昴〔宿名:星也〕 卯〔辰名〕 丣〔闔門也〕㊶ 茆〔鳧葵也〕	○	○
語 g	獓〔皮堅也〕 魆〔鬼名〕	齩〔齧也〕	樂〔喜好〕	㊚挠㊷

【校注】

① 鐃〔小鉦;止鼓也〕:［《廣韻》女交切,平肴,娘。］1. 古代軍中用以止鼓退軍的樂器。青銅製,體短而闊,有中空的短柄,插入木柄後可執,原無舌,以槌击之而鳴。三箇或五箇一組,大小相次,盛行於商代。《周禮·地官·鼓人》:"以金鐃止鼓。"(漢)鄭玄注:"鐃,如鈴,無舌,有秉,執而鳴之,以止擊鼓。"(唐)賈公彦疏:"進軍之時擊鼓,退軍之時鳴鐃。"2. 一種打擊樂器。形製與鈸相似,唯中間隆起部分較小,其徑約當全徑的五分之一。以兩片爲一副,相擊發聲。(清)梁章鉅《歸田瑣記·請鑄大錢》:"又如大小鉦鐃,與鼓相配而鳴者,爲歲首戲樂之具。從前惟富户乃有之,近則中小户亦多有之。"［按］調不合,應歸下平。

② 怓〔惛~：心亂也〕：[《廣韻》女交切，平肴，娘。]參見"惛怓"。心亂。（清）黄景仁《塗山禹廟》詩："日暮失嗣心孔怓，祥狐候立風尾捎。"【惛怓】亦作"惽怓"。讙亂；争吵。《詩·大雅·民勞》："無縱詭隨，以謹惛怓。"毛傳："惛怓，大亂也。"（漢）鄭玄箋："惛怓，猶讙譁也，謂好争訟者也。"[按]調不合，應歸下平。

③ 呶〔讙聲也〕：[《廣韻》女交切，平肴，娘。]喧鬧；喧嘩。《詩·小雅·賓之初筵》："賓既醉止，載號載呶。"（宋）朱熹集傳："呶，讙也。"[按]調不合，應歸下平。

④ 拘〔鉤也〕：【字彙】尼交切，音鐃。拘，鉤也。[按]調不合，應歸下平。

⑤ 橈〔亂也；枉也〕：【字彙】又乃巧切，鐃上聲。木曲；又動亂也。

⑥ ㊪𣹢〔水~〕：同"流"。【説文】水行也。从林㐬。會意。力求切。[按]調不合，應歸下平。

⑦ 胞〔肉吏也；同~〕：[《廣韻》布交切，平肴，幫。]1. 胎衣。《莊子·外物》："胞有重閬，心有天遊。"（唐）陸德明釋文："胞，腹中胎。"……3. 同父母所生的；嫡親的。《漢書·東方朔傳》："同胞之徒，無所容居，其故何也。"（唐）顔師古注引（三國·魏）蘇林曰："胞音，胞胎之胞也，言親兄弟。"[按]作爲"肉吏"解的"胞"应讀下平。[《集韻》蒲交切，平肴，並。]通"庖"。古代祭祀時掌宰肉的小吏。《禮記·祭統》："胞者，肉吏之賤者也。""肉吏也"，會文書莊本誤作"肉内也"。

⑧ 瓟〔飲器〕：[《廣韻》薄交切，平肴，並。]葫蘆之屬。乾則中空，可爲容器。（唐）陸龜蒙《奉和襲美新秋言懷三十韻次韻》："勿謂江湖水，終浮一大瓟。"參見"瓟瓜"。【匏瓜】一年生草本植物，果實比葫蘆大，老熟後可剖製成器具。亦指這種植物的果實。《論語·陽貨》："吾豈匏瓜也哉！焉能繫而不食？"注：匏瓜，即"瓟瓜"。

⑨ 苞〔甲而未拆〕：[《廣韻》布交切，平肴，幫。]1. 花未開時包着花朵的小葉片。如含苞待放。2. 指植物外表的包皮。（唐）韓愈《新竹》詩："縹節已儲霜，

黄苞猶揜翠。"【字彙】《詩·大雅》如山之苞。注：穀種甲而未拆曰苞。[按]樋新編本"甲而未拆"誤作"甲～未拆"，大版式本、道光本、文德堂本、會文書莊本、市圖善本誤作"甲而未折"，廖新校增本誤改作"草席"。

⑩ 鮑〔以鹹漬魚曰～；又姓〕：[《廣韻》薄巧切，上巧，並。]鹽漬；腌製。《釋名·釋飲食》："鮑魚，鮑，腐也，埋藏淹使腐臭也。"【字彙】部考切，庖上聲……又以鹽漬魚。[按]調不合，應歸下上。原注"以鹹漬魚曰～"，大版式本、道光本、文德堂本、市圖善本均誤作"以杜潰魚曰～"，會文書莊本、廖新校增本誤作"魚敗曰～"。

⑪ 鉋〔正木器〕：[《廣韻》防教切，去效，並。]木工刨平木材的用具。《玉篇·金部》："鉋，平木器。"[按]調不合，應歸下去。

⑫ ㊄皺〔皮也〕：【康熙字典】《搜真玉鏡》他高切。[按]聲、韻、調皆不合。

⑬ 犬〔解，豬～〕：[按]聲、韻、調皆不合，實爲"狗"的訓讀字。

⑭ ㊄餗：【集韻】訖洽切。餅也。【康熙字典】《玉篇》同"䶝"。[按]韻不合，應歸兼韻上入。"餗"應讀[kauʔ꜀]（與今泉州發音相同），是一個方言動詞，表示把一些食物夾在另一個食物裏，如肉夾饃。《普通話閩南方言詞典》第二七三頁作"轂"，《閩南方言大詞典》第七〇七頁寫作"裹"。

⑮ 㪣〔擊也〕：【玉篇】古文"敲"字。

⑯ 搞〔打也〕：[《集韻》丘交切，平肴，溪。]橫擊。[按]今泉無此用法。

⑰ 磝〔～：磽也〕：【集韻】口教切。石不平。或作"磽"。

⑱ ㊄嗷〔日～〕：[按]傳統辭書查無此字，疑字形有誤。樋新編本、大版式本、文德堂本、市圖善本、廖新校增本作"嗷"；會文書莊本作"鼓"，但音、義皆不合。

⑲ 嘲：[《廣韻》陟交切，平肴，知。]嘲笑；譏笑。（漢）揚雄《解嘲》："今子乃以鴟梟而笑鳳皇，執蝘蜓而嘲龜龍，不亦病乎？"[按]今泉俗讀[꜁tiau]。

⑳ 陡〔解，～健〕：[《廣韻》當口切，上厚，端。]山勢峻峭。（唐）林滋《望九華山》詩："虛中始訝巨靈擘，陡處乍驚愚叟移。"[按][꜂tau]爲白讀，今泉不用。

㉑ ㊮沰：[《集韻》當各切，入鐸，端。]參見“滴沰”。【滴沰】象聲詞。多指雨聲。（清）梁章鉅《農候雜占・火占》：“上火不落，下火滴沰。見崔實《農家諺》。言丙日不雨，丁日必雨也。滴沰，雨聲。”[按]韻不合，應歸東韻上入。今泉有象聲詞[tiʔ$^{\supset}$ tauʔ$_{\supseteq}$]。

㉒ ㊮鋀：[《集韻》徒口切，上厚，定。]酒器。[按]聲、調不合，應歸他母下上。

㉓ ㊮笿：[《廣韻》盧各切，入鐸，來。]竹籠。用以盛杯盤，也可用以薰衣。又稱“篝”。《説文・竹部》：“笿，栝笿也。”[按]聲、調不合，應歸柳母下入。

㉔ ⿰亻巢〔~~：長貌〕：【集韻】士絞切，巢上聲。⿰亻巢⿰亻巢，長皃。[按]調不合，應歸下上。

㉕ 找〔俗音，~還〕：[按]今泉俗讀[$^{\subseteq}$tsau]。

㉖ 棹〔土音，船~〕：[《廣韻》直教切，去效，澄。]船槳。《楚辭・九歌・湘君》：“桂櫂兮蘭枻，斲冰兮積雪。”[按]聲、調皆不合，應歸地母下去。

㉗ ㊮⿰足走：[《集韻》同都切，平模，定。][按]聲、韻、調皆不合。

㉘ ㊮⿰月鳥：[按]傳統辭書查無此字。

㉙ ㊮⿰魚巢：【集韻】子皓切。魚名；雞足也。《山海經》：“瀤澤之水東北流注于泰澤，其中多⿰魚巢魚，其狀如鯉而雞足。”[按]聲、調不合，應歸争母上上。

㉚ ㊮⿱穴可：【集韻】吉弔切。⿱穴可窱，深遠也。（漢）張衡《西京賦》：“望⿱穴可窱似徑廷。”[按]聲、韻不合，應歸求母朝韻。

㉛ ㊮⿱林乏〔人名〕：[按]傳統辭書查無此字。

㉜ 痟〔~筋〕：[《廣韻》相邀切，平宵，心。]酸痛；頭痛。亦泛指疼痛。《文選・左思〈蜀都賦〉》：“芳追氣邪，味蠲癘痟。”（晉）劉逵注：“痟亦頭病也。”[按]韻、調不合，應歸朝韻上平。

㉝ ㊮嗍〔口~〕：[《集韻》色角切，入覺，生。]吮吸。（北魏）楊衒之《洛陽伽藍記・景寧寺》：“呷啜蓴羹，唼嗍蟹黄。”[按]韻不合，應歸江韻（文讀）或東韻（白讀）上入。

㉞ 齩〔大首深目貌〕:【集韻】於交切。大首深目貌。

㉟ 坳〔地~:下也〕:[《廣韻》於交切,平肴,影。]地面洼下處。《莊子·逍遥遊》:"覆杯水於坳堂之上,則芥爲之舟,置杯焉則膠,水淺而舟大也。"

㊱ 咬〔哀切聲〕:[《廣韻》於交切,平肴,影。]參見"咬哇"。【咬哇】指俚俗靡曼的音樂。(唐)柳宗元《答問》:"黄鐘、元間之登清廟也,鏗天地,動神祇,而嗚嗚咬哇,不入里耳。"集注引(宋)孫汝聽曰:"咬哇,邪聲。"

㊲ 礓〔~仔〕:[按]方言字,本字應爲"甌",指小碗。如"茶甌"、"湯甌"。[《廣韻》烏侯切,平侯,影。]盆盂一類的瓦器。《方言》第五:"自關而西謂之甂,其大者謂之甌。"

㊳ 靿〔韡~〕:韡,同"靴";韡靿,即靴筒。(元)武漢臣《老生兒》第二折:"靴靿裏有兩錠鈔,你自家取了去。"《西遊記》第三四回:"腰間帯是蟒龍筋,粉皮靴靿梅花折。"

㊴ ㊫唬〔口開〕:【集韻】下老切。虎聲。[按]音、義不合。

㊵ ㊫庨:【康熙字典】《篇韻》連條切,音聊。人名。

㊶ 戼〔開門也〕:【康熙字典】《六書正譌》戼,闢户也,从二户,象門兩闢形。因聲借爲寅戼字,爲日出物生之象。[按]"開門也",樋新編本誤作"闔門也"。

㊷ ㊫摅:【玉篇】古獲切。批摅也。[按]聲、韻不合。

聲 韻 調	12 郊 au/auʔ			
	下平˨˦ 24	下上˨˨ 22	下去˦˩ 41	下入˨˦ 24
柳 l	流〔解,水~〕 劉〔解,姓也〕 留〔解,~人〕 樓〔土~〕	老〔土解,人多歲也〕	鬧〔~熱: 不靜也〕 漏〔解,更~;洩也〕① 淖〔泥也〕	㊫朻〔木~〕②
邊 p	匏〔瓠也〕 咆〔~哮: 熊虎聲〕 勽〔衣也〕③ 鞄〔柔革工;又上聲同〕④ 庖〔廚也: 烹飪之所〕 庖〔土,~廚也〕 鞄〔柔革之工〕 炮〔肉置火中曰~〕 枹〔木叢生〕⑤ 炰〔炙肉〕	㊫皻⑥	○	䞳〔土字,~物〕⑦
求 k	猴〔解,猿~也〕 鯸〔~鮐〕⑧	厚〔解,不薄也〕	到〔解,來~〕⑨ 較〔計~〕⑩ 挍〔角也〕⑪ 窌〔地藏也〕⑫ 窖〔同上〕	㊫軳⑬
氣 k‘	㊫慦〔人名〕⑭	○	哭〔土解,~泣〕⑮ 扣〔解,同音,~起〕⑯	㊫礉〔不定〕⑰
地 t	投〔解,~入〕	○	箪〔取魚具〕⑱ 枛〔木刺〕⑲ 罩〔~物〕 豆〔解,紅~;小~〕	㊫嘐〔口~〕⑳
普 p‘	㊫玸㉑	抱〔懷~〕 勽〔覆也〕㉒	砲〔機石也〕㉓ 窌〔南~: 地名〕㉔ 皰〔面瘡也〕㉕ 窌〔醉起也〕㉖ 袍〔土解,~掛〕㉗ 奅〔大也〕㉘ 靤〔面瘡〕㉙	○
他 t‘	頭〔解,首也〕	○	透〔土解,~過〕㉚	○
争 ts	巢〔鳥~〕 勦〔竊取也〕㉛ 殫〔絶也〕㉜ 窼〔屋深空貌〕㉝	○	竈〔炊~也〕㉞ 灶〔同上,俗字〕 櫂〔進船檝也〕㉟	○

（續表）

聲韻調	12 郊 au/auʔ			
	下平˨˦ 24	下上˨˨ 22	下去˦˩ 41	下入˨˦ 24
入 dz	㊫佬〔人名〕㊱	○	○	㊫杲〔人名〕㊲
時 s	㊫蒱㊳	㊫韭㊴	掃〔解,~灑〕㊵ 嗽〔解,口~〕㊶	㊫蒴〔~~〕㊷
英 ∅	喉〔解,口~〕	後〔解,前~〕 后〔解,同上〕	狱〔~~:犬吠〕㊸ 砌〔石不平也〕㊹	㊫鳴㊺
文 b	矛〔兵器〕 茅〔白~草〕	○	貌〔容~;禮~〕 皃〔古字〕 貊〔古貌字〕 涀〔水名〕㊻	○
語 g	肴〔葅醢;俎實也〕㊼ 崤〔~函:地名〕㊽ 磝〔石不平也〕㊾ 絞〔綠色嫁衣〕㊿ 洨〔水名〕51 婆〔姣娙也〕52 爻〔交也;六~:取交易之義〕53 筊〔竹索〕54 殽〔物也:嘉~〕55 笅56 淆〔亂也;濁也〕57	○	○	○

【校注】

① 漏〔解,更~;洩也〕:［《廣韻》盧候切,去候,來。］1. 古代計時器。即漏壺。《史記·司馬穰苴列傳》:“穰苴先馳至軍,立表下漏待賈。”……3. 液體、氣體、光綫等從孔隙中滲出或透出。《易·井》:“井谷射鮒,甕敝漏。”［按］今泉一般讀上去調［lau˧］。

② ㊫杋〔木~〕:【康熙字典】《海篇》音孔。［按］聲、韻、調皆不合,亦不知“木杋”爲何物。

③ 勹〔衣也〕:【字彙】布交切,音包。衣也。[按]調不合,應歸上平。

④ 鞄〔柔革工;又上聲同〕:【字彙】蒲交切,音庖。柔革工。[按]同"鞄"。

⑤ 枹〔木叢生〕:【字彙】班交切,音苞。木叢生;又木名。[按]調不合,應歸上平。

⑥ ㊉㱚:[按]傳統辭書查無此字。

⑦ 賻〔土字,~物〕:[《廣韻》符遇切,去遇,奉。]送給喪家的布帛、錢財等。《左傳·隱公三年》:"秋,武氏子來求賻。"[按]音、義均不合,此"賻"當爲方言詞(即"土字"),表示把剩下的貨物全買下來(普通話叫"包圓兒"),如"~貨",或承包工程等,如"~穡路"(活兒)。今泉仍沿用,讀[pauʔ꜄]。

⑧ 鯸〔~鮐〕:【集韻】胡溝切。《說文》魚名。【玉篇】鯸,鮐魚。【字彙】乎鉤切,音侯。鯸鮐,魚名。[按]"河豚"的别稱有"鯸"、"鮐"、"鯸鮧"、"鯸鮐"或"鯸鮐"。

⑨ 到〔解,來~〕:[《廣韻》都導切,去號,端。]至;來到;到達。《論語·季氏》:"民到於今稱之。"[按]調不合,應歸上去。

⑩ 較〔計~〕:[《廣韻》古孝切,去效,見。]較量;比本領。《老子》:"長短相較,高下相傾。"[按]調不合,應歸上去。

⑪ 挍〔角也〕:【字彙】居效切,音教。角也。[按]調不合,應歸上去。

⑫ 窌〔地藏也〕:[《集韻》居效切,去效,見。]1. 地窖。《周禮·考工記·匠人》:"囷窌倉城。"(漢)鄭玄注:"穿地曰窌。"(清)孫詒讓正義:"《說文·穴部》云:'窌,窖也。''窖,地藏也。'"2. 窖藏。《清史稿·屬國傳二·越南》:"總兵馬彪乃闕隧窌藥其中,深數十丈。"[按]調不合,應歸上去。

⑬ ㊉軳:【集韻】披教切。飛石車。[按]聲、韻、調皆不合,應歸普母效韻上去。

⑭ ㊉憝〔人名〕:[按]傳統辭書查無此字,當爲自造方言字。

⑮ 哭〔土解,~泣〕:[《廣韻》空谷切,入屋,溪。]因悲傷痛苦或情緒激動而流淚、發聲。《論語·述而》:"子於是日哭則不歌。"[按][k'au꜄]爲"哭"之白讀,

今泉仍沿用,但應歸上去。

⑯ 扣〔解,同音,~起〕:[《廣韻》苦候切,去候,溪。]1. 同“叩”。敲擊。《墨子·公孟》:“譬若鍾然,扣則鳴,不扣則不鳴。”……12. 指扣紐扣。《兒女英雄傳》第三八回:“一手扣着胸坎兒紐子。”[按]調不合,應歸上去。

⑰ ㊕磝〔不定〕:[《廣韻》苦教切,去效,溪。]堅硬的石頭。《世説新語·文學》“左太冲作《三都賦》初成”,(南北朝·梁)劉孝标注引《左思别傳》:“初作《蜀都賦》云:……鬼彈飛丸以礌磝,火井騰光以赫曦。”[按]音、義皆不合。

⑱ 箌〔取魚具〕:【集韻】罩、箌,陟教切。《説文》捕魚器。[按]調不合,應歸上去。

⑲ 柨〔木刺〕:[《集韻》阻教切,去效,莊。]木刺。[按]聲、韻、調皆不合,應歸出母香韻上平。

⑳ ㊕嚃〔口~〕:【集韻】託合切。大歠也。《禮記·曲禮》無嚃羹。[按]聲、韻、調皆不合,應歸他母三韻上入。

㉑ ㊕玸:[《廣韻》防無切,平虞,奉。]1. 玉名。2. 玉的紋理。[按]聲、韻不合,應歸喜母珠韻。

㉒ 勹〔覆也〕:【字彙】薄皓切,音抱。覆也。

㉓ 砲〔機石也〕:[《集韻》披教切,去效,滂。]兵器的一種。本是用來發射石彈的機械裝置,後發展成爲金屬管狀火器,用火藥發射金屬彈頭。(三國·魏)曹叡《善哉行》:“發砲若雷,吐氣成雨。”[按]調不合,應歸上去。

㉔ 窌〔南~:地名〕:[《廣韻》匹皃切,去效,滂。]用於地名。《漢書·公孫賀傳》:“以車騎將軍從大將軍青出,有功,封南窌侯 。”(唐)顔師古注:“臣瓚曰:‘《茂陵中書》云封南奅侯,表亦作奅。’窌、奅二字同耳。”[按]調不合,應歸上去。

㉕ 皰〔面瘡也〕:[《廣韻》匹皃切,去效,滂。]皮膚上長的像水泡的小疙瘩。《淮南子·説林訓》:“潰小皰而發痤疽。”(漢)高誘注:“皰,面氣也。”[按]調不合,應歸上去。

㉖ 奅〔醉起也〕:【字彙】披教切,音砲。醉起。[按]調不合,應歸上去。

㉗ 袍〔土解,~掛〕:[《廣韻》薄褒切,平豪,並。]中式長衣的通稱。其形製不分上衣下裳。本爲閑居之服,漢以後亦用作朝服。《急就篇》卷二:"袍襦表裏曲領帬。"(唐)顔師古注:"長衣曰袍,下至足跗。"[按]聲、調不合,此讀音[p'au⊃]實爲俗讀,今泉仍沿用。

㉘ 奅〔大也〕:[《廣韻》匹皃切,去效,滂。]空大;擴大。《説文·大部》:"奅,大也。"(清)桂馥義證:"大也者,謂空大也。木工鑿空曰奅。"[按]調不合,應歸上去。

㉙ 皰〔面瘡〕:【集韻】皮教切。《説文》面生氣也。【字彙】皮教切,音鉋。面瘡。

㉚ 透〔土解,~過〕:[《廣韻》他候切,去候,透。]通過;穿過。(唐)韓愈《題木居士》詩之一:"火透波穿不計春,根如頭面幹如身。"[按]調不合,應歸上去。

㉛ 勦〔竊取也〕:[《集韻》初交切,平爻,初。]抄取;抄襲。(宋)周密《齊東野語·王魁傳》:"世俗所謂王魁之事殊不經……《異聞集》雖有之,然集乃唐末陳翰所編,魁乃宋朝人,是必後人勦入耳。"【字彙】鋤交切,音巢。《曲禮》:"毋勦説。"謂取他人之説以爲己説。[按]調不合,應歸上平。《禮記·曲禮上》:"毋剿説,毋雷同。"剿,一本作"勦"。(漢)鄭玄注:"勦,猶擥也。謂取人之説,以爲己説。"

㉜ 殲〔絶也〕:【字彙】子小切,音勦。絶也。[按]聲、韻、調皆不合,應歸争母朝韻上上。

㉝ 窲〔屋深空貌〕:[《集韻》鋤交切,平爻,崇。]參見"寥窲"。【寥窲】幽深貌。《文選·王延壽〈魯靈光殿賦〉》:"隱陰夏以中處,霐寥窲以峥嶸。"(唐)李善注:"霐、寥窲、峥嶸,皆幽深之貌。"

㉞ 竈〔炊~也〕:[《廣韻》則到切,去號,精。]磚石或其他材料製成的一種設備。供烹飪、冶煉、烘焙等用。《左傳·成公十六年》:"塞井夷竈,陳於軍中,而疏行首。"[按]調不合,應歸上去。

㉟ 櫂〔進船檝也〕:[《廣韻》直教切,去效,澄。]船槳。《楚辭·九歌·湘君》:"桂櫂兮蘭枻,斲冰兮積雪。"[按]聲不合,應歸地母。

㊱ ⓩ佬〔人名〕:[按]傳統辭書查無音、義。

㊲ ⓩ杲〔人名〕:[《廣韻》古老切,上晧,見。]日出明;光明。《管子·内業》:"是故民氣杲乎如登於天,杳乎如入於淵。"[按]聲、韻、調皆不合,義亦不合。

㊳ ⓩ蕱:同"稍"。稍,[《廣韻》所教切,去效,生。]禾末。《説文·禾部》:"稍,出物有漸也。"(清)朱駿聲通訓:"稍,按此字當訓禾末,與秒爲穀芒者别。"參見"稍秼"。

㊴ ⓩ鞓:【字彙】郎佐切,音邏。玉華。按,即"鞓"字之譌。[按]聲、韻、調皆不合,義亦不合。

㊵ 掃〔解,~灑〕:[《廣韻》蘇到切,去號,心。]用掃帚除去污穢。(晉)潘岳《藉田賦》:"於是乃使甸帥清畿,野廬掃路。"[按]調不合,應歸上去。

㊶ 嗽〔解,口~〕:[《廣韻》蘇奏切,去候,心。]咳嗽。《周禮·天官·疾醫》:"冬時有嗽,上氣疾。"(漢)鄭玄注:"嗽,欬也;上氣,逆喘也。"[按]調不合,應歸上去。

㊷ ⓩ藃〔~~〕:【集韻】山巧切。草長皃。[按]韻、調不合,應歸郊韻上上。

㊸ 欲〔~~:犬吠〕:【集韻】後教切。欲欲,犬吠。

㊹ 砌〔石不平也〕:【集韻】於教切。石不平皃。[按]調不合,應歸上去。

㊺ ⓩ嗚:[按]傳統辭書查無此字。

㊻ 淣〔水名〕:【集韻】眉教切。大水皃。[按]傳統辭書上查無"水名"義。

㊼ 肴〔葅醢;俎實也〕:【字彙】何交切,音爻。葅醢也,俎實也,凡非穀而食皆謂之肴。[《廣韻》胡茅切,平肴,匣。]熟肉。亦泛指魚肉之類的葷菜。《禮記·學記》:"雖有嘉肴,弗食,不知其旨也。"[按][꜀hau]爲文讀,[꜀ɡau]爲白讀,整個小韻所有字的讀音都一樣。今泉仍沿用。

㊽ 崤〔~函:地名〕:[《廣韻》胡茅切,平肴,匣。]1. 山名。詳見"崤山"。2. 古代水名。在今河南省西部。[按][꜀ɡau]爲"崤"之俗讀。

㊾ 砓〔石不平也〕:【廣韻】胡茅切,音肴。石名。又【篇海】石不平也。

㊿ 絞〔绿色嫁衣〕:【集韻】何交切,音爻。【玉篇】绿色也。嫁者衣也。

51 洨〔水名〕:[《廣韻》胡茅切,平肴,匣。]1. 古水名。在安徽省宿州市一帶。一説即今沱河。(北魏)酈道元《水經注・淮水》:"洨水又東南,與渙水亂流,而入於淮。"2. 古水名。今名洨河。源出河北省獲鹿縣西南井陘山,東流至寧晉縣流入寧晉泊。

52 姣〔姣婬也〕:【字彙】何交切,音爻。姣婬也。

53 爻〔交也;六~:取交易之義〕:[《廣韻》胡茅切,平肴,匣。]《周易》中組成卦的符號。分爲陽爻和陰爻。每三爻合成一卦,可得八卦,稱爲經卦;兩卦(六爻)相重則得六十四卦,稱爲别卦。爻含有交錯和變化之意。《易・繫辭上》:"爻者,言乎變者也。"(晉)韓康伯注:"爻各言其變也。"

54 筊〔竹索〕:[《廣韻》胡茅切,平肴,匣。]竹索。《説文・竹部》:"筊,竹索也。"(清)黄叔璥《番社雜詠・作室》:"剉竹爲椽扇縛筊,空擎樑上始編茅。"

55 殽〔物也:嘉~〕:[《廣韻》胡茅切,平肴,匣。]1. 通"肴"。帶骨的熟肉。《詩・大雅・既醉》:"既醉以酒,爾殽既將。"2. 通"肴"。泛指菜肴。《詩・大雅・行葦》:"醓醢以薦,或燔或炙,嘉殽脾臄,或歌或咢。"(漢)鄭玄箋:"薦之禮,非葅則醓醢也。燔用肉,炙用肝,以脾函爲加,故謂之嘉。"

56 笅:【集韻】何交切。簫之小者謂之笅。

57 淆〔亂也;濁也〕:[《廣韻》胡茅切,平肴,匣。]攪亂;混雜。《後漢書・黄憲傳》:"叔度汪汪若千頃陂,澄之不清,淆之不濁,不可量也。"

聲韻調	12 郊 au/auʔ			
	下平˨˦ 24	下上˨˨ 22	下去˦˩ 41	下入˨˦ 24
出 ts‘	鈔〔謄寫也〕 抄〔同上,俗字〕 操〔解,操練〕	麨〔齺~:面曲也〕 草〔解,~仔〕	煼〔乾熬也〕① 炒〔同上〕② 㷅〔火乾也〕③	㉕剧④
喜 h	嘐〔誇語也〕 哮〔驚聲也〕 猇〔犬壯貌〕⑤ 𠿑〔自矜貌〕⑥ 硣〔~磟:山勢〕⑦ 涍〔水名〕 灱〔暴也〕 烋〔乾也;熱也〕 狰〔犬豕驚貌〕 虓〔虎怒〕 猇〔虎欲齧物〕 窙〔高氣也〕 嗷〔鬭聲〕 磽〔土,瘠也;薄也〕⑧ 烋〔炰~:氣健〕	鎏〔温器〕⑨	孝〔善事父母曰~〕	㉕髇〔首滿〕⑩

【校注】

① 煼〔乾熬也〕:[《廣韻》初爪切,上巧,初。]烹調方法之一。把食物放在鍋裏加熱並隨時翻攪使熟。(北魏)賈思勰《齊民要術·作醬法》:"臨食,細切葱白,著麻油炒葱,令熟,以和肉醬。"【字彙】楚絞切,鈔上聲。乾熬也。[按]調不合,應歸上上,誤入。

② 炒〔同上〕:[按]調不合,應歸上上,誤入。

③ 㷅〔火乾也〕:【集韻】炒、㷅,楚絞切。《説文》熬也。[按]調不合,應歸上上,誤入。

④ ㉕剧:與"𠜾"同。【集韻】𠜾,居月切。剞𠜾,曲刀也。[按]聲、韻、調皆不合。

⑤ 猇〔犬壯貌〕:【字彙】虚交切,音囂。犬壯貌。

⑥ 𠿑〔自矜貌〕:【字彙】許交切,音囂。炰𠿑,自矜氣健貌。

⑦ 硣〔~磟:山勢〕:[《集韻》虚交切,平爻,曉。]參見"硣磟"。【硣磟】形容山勢險峻。(南朝·梁)何遜《渡連圻》詩之一:"硣磟上爭險,岞崿下相崩。"

⑧ 磽〔土,瘠也;薄也〕:[《廣韻》口交切,平肴,溪。]指土質堅硬瘠薄。《國

語·楚語上》:"瘠磽之地,於是乎爲之。"(三國·吴)韋昭注:"磽,确也。"《孟子·告子上》:"雖有不同,則地有肥磽,雨露之養,人事之不齊也。"《漢書·賈山傳》:"地之磽者,雖有善種,不能生焉。"(唐)顔師古注:"磽,埆,瘠薄也。"[按]聲不合,應歸氣母。

⑨ 鎣〔温器〕:【字彙】下巧切,爻上聲。温器。[按]義對調不合,應歸下上。

⑩ ㊫髇〔首滿〕:【集韻】胡了切。[按]聲、韻、調皆不合,且查無"首滿"義。

聲韻調	12 郊 au/auʔ			
	下平˩˦ 24	下上˨˨ 22	下去˦˩ 41	下入˩˦ 24
出 tsʻ	㊕揪〔手~〕①	㊕遳②	眇〔~田〕③ 耖〔重耕也〕④	㊕潁⑤
喜 h	侯〔土解,姓也〕	○	効〔~驗也〕 恔〔快也〕 撹〔擾亂也〕⑥ 斅〔教也〕 鱟〔介魚,取之必雙〕 校〔學宮名〕 效〔象也;法也〕 傚〔~法也〕	㊕骺⑦

【校注】

① ㊕揪〔手~〕:［《字彙》即尤切。］1. 收斂;聚集。《新唐書·孫佺傳》:"佺揪聚軍中幣萬餘匹,悉袍帶并與之。"2. 抓;扭。（元）孫仲章《勘頭巾》第三折:"他娘子揪住小人,要了一紙保辜文書。"［按］聲、韻、調皆不合,實爲訓讀字,義爲移動。今常寫作"揫"。【集韻】揫,慈焦切。《博雅》擇也。

② ㊕遳:【集韻】造、遳,子皓切。作業。［按］聲、韻、調皆不合,應歸争母高韻(或刀韻)上上。

③ 眇〔~田〕:【字彙】楚孝切,音鈔。俗謂耕田曰眇田。［按］調不合,應歸上去。

④ 耖〔重耕也〕:［《廣韻》初教切,去效,初。］謂復耕時用耖整地。黄侃《蘄春語》:"今吾鄉耕皆三次:始耕發土用犂,曰耕;次耕,曰耙;最後耕,曰耖,視耙齒益長,既耖而施種矣。"［按］調不合,應歸上去。

⑤ ㊕潁:［按］傳統辭書查無此字。樋新編本作"灂"。【集韻】丑括切。湉灂,不净也。但音不合。

⑥ 撹〔擾亂也〕:【集韻】下巧切。亂也。［按］調不合,應歸下上。

⑦ ㊕骺:［《廣韻》户鉤切,平侯,匣。］骨骺。【骨骺】長骨兩端的部分。［按］韻、調不合,應歸效韻下平。

13 開

聲 韻 調	13 開 ai/aiʔ			
	上平˧ 33	上上˥ 55	上去˥˩ 41	上入˥ 5
柳 l	唻〔囉~：歌聲〕① 䲞〔鱉屬〕②	柰〔小船柏尾〕③ 攋〔把~〕④ accounts〔磨也〕⑤	奈〔如也：~何〕⑥ 柰〔果名〕⑦ 頼〔蒙也〕⑧ 懶〔憎~〕⑨ 蠆〔毒蟲也〕⑩ 勑〔勞~〕⑪	○
邊 p	俳〔雜戲；談笑〕⑫	擺〔開也：~撥〕	憊〔疲極也〕⑬ 犕〔病也〕⑭ 㨃〔古拜字〕 澌〔水名〕⑮	○
求 k	皆〔俱也；併也〕 該〔皆也〕 階〔梯也；陞也〕 喈〔鳥鳴：~~〕 堦〔砌也〕⑯ 陔〔詩名〕⑰	改〔更也；易也〕 絠〔彈彄也〕⑱	戒〔警也；備也〕	○
求 k	偕〔俱也〕⑲ 湝〔水流貌〕 荄〔草根〕 街〔~市：四通路也〕 剴〔切也；磨也〕 陔〔階次也〕 祴〔古樂章名〕 𣪠〔~𣪘：正月卯日佩之以除厲〕⑳ 垓〔八極地也〕	解〔散也；説也；卦名〕	蓋〔冒也；掩也〕	○
氣 k‘	開〔闢也；啓也〕 揩〔摩也；擦也〕	愷〔樂也：~悌〕 鎧〔甲也〕 凱〔善也：元~〕 塏〔高爽也〕 闓〔開也〕 楷〔式也：~書〕	咳〔~嗽〕㉑	○

（續表）

聲 韻 調	13 開 ai/aiʔ			
	上平˧^{33}	上上˥^{55}	上去˦˩^{41}	上入˥$^{\underline{5}}$
地 t	懛〔失志之稱〕 黱〔黗～：黑貌〕	歹〔好之反也〕 觫〔角心〕	戴〔佩也；頂荷〕 黛〔畫眉墨也〕㉒ 帶〔衣物結束皆有～〕 靆〔雲覆日爲靉～〕㉓ 埭〔壅水爲堰〕㉔ 曃〔曖～：不明也〕㉕ 玳〔～瑁，俗字〕㉖ 戾〔旁推也〕㉗	○
普 p‘	肧〔婦孕一月〕㉘ 胚〔同上，俗字〕㉙	歹〔土，好～〕㉚	柭〔木生柯葉〕 浿〔水名〕	○
他 t‘	臺〔三～：星名〕 胎〔三月孕也〕 苔〔水衣：青～〕㉛ 抬〔擊也〕㉜ 鮐〔鯸～：魚名〕 珆〔龍文玉書〕㉝ 駘〔地名〕 邰〔國名〕	嚎〔～嘲：言不正〕㉞	泰〔安也，舒也〕 蠆〔尾有毒〕 熥〔～焥：煙也〕㉟	○

【校注】

① 唻〔囉～：歌聲〕：【字彙】郎才切，音來。囉唻，歌聲。［按］調不合，應歸下平。

② 鲕〔鱉屬〕：【字彙】囊來切，乃平聲。鱉屬。［按］調不合，應歸下平。

③ 桼〔小船柏尾〕：【字彙】力改切，來上聲。小船梢木。【正字通】俗字。［按］原注“柏尾”（參見樋新編本），大版式本作“栢尾”（栢，同“柏”），道光本、文德堂本、會文書莊本、市圖善本誤作“小船相尾”，廖新校增本改作“小船梢木”。疑當作“小船梢尾”（“梢尾”即末尾）。

④ 攋〔把～〕：【集韻】洛駭切。把攋；弃。【字彙】來改切，來上聲。把攋。

⑤ 硋〔磨也〕：【集韻】里亥切。磨也。

⑥ 奈〔如也：~何〕：[《廣韻》奴帶切，去泰，泥。]對付；處置。《淮南子·兵略訓》："唯無形者，無可奈也。"[按]調不合，應歸下去。

⑦ 柰〔果名〕：[《廣韻》奴帶切，去泰，泥。]1. 果樹名。與"林檎"同類。（明）李時珍《本草綱目·果二·柰》："柰與林檎，一類二種也。樹、實皆似林檎而大，西土最多，可栽可壓。有白、赤、青三色。白者爲素柰；赤者爲丹柰，亦曰朱柰；青者爲緑柰。皆夏熟。涼州有冬柰，冬熟，子帶碧色。"2. 指柰樹的果實。（晉）左思《蜀都賦》："朱櫻春熟，素柰夏成。"[按]調不合，應歸下去。

⑧ 頼〔蒙也〕：[《玉篇》力載切。]同"賴"。一説"賴"之訛字。[按]調不合，應歸下去。

⑨ 懶〔憎~〕：[《集韻》落蓋切，去夳，來。]嫌惡。參見"懶學"。【懶學】逃學。（清）潘榮陛《帝京歲時紀勝·薰蟲》："二日爲龍擡頭日……小兒輩懶學，是日始進書房，曰占鰲頭。"[按]調不合，應歸下去。

⑩ 蠆〔毒蟲也〕：【集韻】落蓋切。毒蟲也。[按]調不合，應歸下去。

⑪ 勑〔勞~〕：[《廣韻》洛代切，去代，來。]慰勞；勸勉。《説文·力部》："勑，勞也。"[按]調不合，應歸下去。

⑫ 俳〔雜戲；談笑〕：[《廣韻》步皆切，平皆，並。]1. 雜戲。《史記·李斯列傳》："是時二世在甘泉，方作觳抵優俳之觀。"2. 指表演雜戲的人，俳优。《漢書·廣川王去傳》："後去數置酒，令倡俳贏戲坐中，以爲樂。"（唐）顏師古注："俳，雜戲者也。"[按]調不合，應歸下平。3. 詼諧；滑稽。（宋）周密《齊東野語·用事切當》："其用事可謂中的，然或者則謂失之俳耳。"[按]調不合，應歸下平。

⑬ 憊〔疲極也〕：[《廣韻》蒲拜切，去怪，並。]疲乏；困頓。《易·既濟》："《象》曰'三年克之'，憊也。"（唐）陸德明釋文引（三國·吴）陸績曰："憊，困劣也。"[按]調不合，應歸下去。

⑭ 憊〔病也〕：【字彙】薄邁切，音敗。病也。[按]調不合，應歸下去。

⑮ 灑〔水名〕：【字彙】布怪切，音拜。水名。

⑯ 堦〔砌也〕：【字彙】居諧切，音皆。砌也。或作"階"。

⑰ 陔〔詩名〕：[《廣韻》古哀切，平咍，見。]古樂章《陔夏》的省稱。《儀禮·燕禮》："賓醉，北面坐取其薦脯以降。奏《陔》。"（漢）鄭玄注："陔，《陔夏》，樂章也。"（宋）羅願《水調歌头·中秋和施司諫》詞："一曲庾江上，千古繼《韶》《陔》。"

⑱ 絠〔彈彄也〕：[《廣韻》古亥切，上海，見。]1. 引弦開弓。2. 弦。3. 解開繩索。注：彄（kōu），弓弩兩端繫弦的地方。

⑲ 偕〔俱也〕：[《廣韻》古諧切，平皆，見。]俱；同。《易·乾》："亢龍有悔，與時偕極。"（魏）王弼注："與時運俱終極。"

⑳ 毅〔～毀：正月卯日佩之以除厲〕：【字彙】古哀切，音該。毅毀，大剛卯也。以正月卯日作佩之，以除厲逐厲。

㉑ 咳〔～嗽〕：【字彙】丘蓋切，音慨。咳嗽……無痰有聲謂之咳，無聲有痰謂之嗽。

㉒ 黛〔畫眉墨也〕：[《廣韻》徒耐切，去代，定。]青黑色的顔料。古時女子用以畫眉。《韓非子·顯學》："故善毛嗇 、西施之美，無益於面；用脂澤粉黛，則倍其初。"[按]調不合，應歸下去。

㉓ 靆〔雲覆日爲靉～〕：[《廣韻》徒耐切，去代，定。]參見"靉靆"。[按]調不合，應歸下去。

㉔ 埭〔壅水爲堰〕：[《廣韻》徒耐切，去代，定。]堵水的土壩。古時於水淺不利行船處，築土遏水，兩岸樹立轉軸，遇有船過，以纜繫船，用人或畜力挽之而渡。《晉書·謝安傳》："及至新城，築埭於城北，後人追思之，名爲召伯埭 。"[按]調不合，應歸下去。

㉕ 曃〔曖～：不明也〕：【字彙】度耐切，音代。曖曃，不明貌。[按]調不合，應歸下去。

㉖ 玳〔～瑁，俗字〕：[《集韻》待戴切，去代，定。]"玳瑁"的簡稱。《玉篇·玉部》："〔玳〕俗以瑇瑁作玳。"[按]調不合，應歸下去。

㉗ 戾〔旁推也〕：【字彙】徒蓋切，音代。輜車旁推也。《説文》輜車旁推户也。

［按］調不合，應歸下去。原注“旁推”，除廖新校增本正確外，樋新編本、大版式本、道光本、會文書莊本誤作“旁榷”，文德堂本、市圖善本誤作“旁稚”。

㉘ 肧〔婦孕一月〕：同㉙胚。

㉙ 胚〔同上，俗字〕：［《集韻》鋪枚切，平灰，滂。］亦作“肧”。怀孕一月。參見《説文·肉部》。一説，怀孕三月。參見《文子·九守》，字作“肧”。［按］韻不合，應歸杯韻。

㉚ 歹〔土，好~〕：［按］聲不合，實爲“否”的訓讀字。【集韻】否，補美切。惡也。

㉛ 苔〔水衣：青~〕：［《廣韻》徒哀切，平咍，定。］植物名。屬隱花植物類，根、莖、葉區別不明顯，有青、緑、紫等色，多生於陰濕地方，延貼地面，故亦叫地衣。《淮南子·泰族訓》：“窮谷之汙，生以青苔。”［按］聲、調不合，應歸地母下平。讀他母上平的“苔”（tāi），實際應是“舌苔”（舌上的垢膩）的“苔”。

㉜ 抬〔擊也〕：【集韻】超之切。同“笞”。擊也。【字彙】與“笞”同，擊也。［按］韻不合，應歸基韻，誤讀。

㉝ 珆〔龍文玉書〕：【集韻】湯來切。龍文之圭曰瓏珆。［《集韻》湯來切，平咍，透。］1. 玉名。2. 圭名。3. 龍文之書。

㉞ 嚎〔~嗯：言不正〕：【集韻】坦亥切。言舛也。【字彙】他海切，胎上聲。嚎嗯，言不正。

㉟ 熪〔~烷：煙也〕：［《集韻》他代切，去代，透。］參見“熪烷”。【熪烷（wò）】煙貌；煙氣。［按］“~烷”，樋新編本誤作“~㶣”。

聲韻調	13 開 ai/aiʔ			
	下平˩˦ 24	下上˨˨ 22	下去˦˩ 41	下入˨˦ 24
柳 l	來〔還也;至也〕 騋〔馬七尺曰~〕 淶〔水名〕 攈〔摩拭也〕 徠〔山名〕 萊〔草也;蓬~〕 秾〔小麥也〕 郲〔地名〕	釢〔連絲曰~〕① 内〔~外〕②	賴〔恃也〕 瀨〔水流沙上〕 賚〔予也〕 耐〔忍也;能也〕③ 耏〔同上〕④ 籟〔籥也;又天~〕 瘷〔惡疾〕 䁪〔日無光也〕⑤ 褦〔~襶:不曉事〕 鼐〔大鼎也〕 癩〔疥也:惡疾〕 藾〔~蕭:苹也〕⑥	㊫誺⑦
邊 p	排〔推也;列也〕 䫿〔低頭也〕⑧ 棑〔籍也〕⑨ 牌〔~牓也〕 徘〔~徊〕 蓶〔~草〕⑩	○	拜〔稽首也〕⑪ 敗〔壞也;損也〕 唄〔梵音〕 稗〔草似稻而實細〕 扒〔拔也〕⑫ 粺〔精米〕 湃〔水波也〕	㊫䈑⑬
求 k	㊫𢘊⑭	○	价〔大也〕 界〔境也;限也〕 蓋〔發語也;覆也〕 誡〔告~〕 匃〔乞也〕 匄〔同上〕 疥〔~瘡〕 忦〔憂懼也〕⑮ 悈〔飭也〕 芥〔菜名:草~〕 祄〔祐也〕⑯ 届〔至也〕 槩〔平斗斛也〕	㊫𢘊⑰
求 k	○	○	懈〔懶也;怠也〕⑱ 盖〔俗蓋字〕 扢〔磨也〕⑲ 葢〔同蓋,發語也〕 盇〔覆也〕⑳ 丐〔乞也〕 介〔助也〕 砎〔硬也〕 廨〔公~〕 芥〔菜名:草~〕 薤〔葷菜〕㉑	○
氣 k'	㊫𪘏㉒	○	概〔大~〕㉓ 慨〔慷~;不得志也〕㉔ 炌〔火盛也〕㉕ 嘅〔歎聲〕㉖ 槩〔土,平斗斛也〕㉗ 炌〔明火也〕㉘ 磕〔車騎衆聲〕㉙ 㲉〔伐擊也〕㉚	○

（續表）

<table>
<tr><td rowspan="2">聲
韻
調</td><td colspan="4">13　開 ai/aiʔ</td></tr>
<tr><td>下平˨˦ ^{24}</td><td>下上˨˨ ^{22}</td><td>下去˦˩ ^{41}</td><td>下入˨˦ $^{\underline{24}}$</td></tr>
<tr><td>地 t</td><td>臺〔高～;又草〕
臺〔俗字〕
懛〔失意貌〕㉛　臺〔樓～〕
儓〔庸賤〕㉜　檯〔木名〕
薹〔夫須草也〕㉝
籉〔笠也〕㉞　擡〔～舉〕
箈〔竹芽未成笋〕㉟</td><td>怠〔懈也;倦也〕
殆〔危也;將也〕
迨〔及也〕
紿〔欺誑也〕
嗿〔言不正〕
逮〔土,及也〕
鮐〔～魚〕㊱</td><td>大〔小之對也〕　貸〔借也〕㊲
帶〔紳也〕㊳　黱〔畫眉〕　代〔世～〕
岱〔山名〕　袋〔布～〕　帒〔囊也〕
瑇〔～瑁:出南海〕　汏〔過也〕㊴</td><td>㊪軩㊵</td></tr>
<tr><td>普 p‘</td><td>○</td><td>○</td><td>旆〔土,旆旒飛揚之貌〕㊶　旆〔同上〕
沛〔～然:盛大貌〕　筏〔～～:飛揚〕
湃〔滂～:水聲〕㊷
派〔水分流也:宗～〕㊸</td><td>○</td></tr>
<tr><td>他 t‘</td><td>殺〔土解,～人〕㊹</td><td>待〔俟也〕</td><td>太〔～極〕㊺　忲〔奢侈也〕㊻
夳〔天地交泰〕㊼　態〔體～;嬌～〕㊽
汰〔沙～;淘～〕</td><td>㊪搭㊾</td></tr>
</table>

【校注】

① 銇〔連絲曰～〕:【廣韻】來改切。連絲釣曰銇。[按]調不合,應歸上上,但其白讀有讀下上的可能。

② 內〔～外〕:[《廣韻》奴對切,去隊,泥。]裹面;裹頭。與"外"相對。《左傳·定公八年》:"公斂處父帥成人自上東門入,與陽氏戰于南門之內。"[按]韻、調不合,實爲"裹"的訓讀字。

③ 耐〔忍也;能也〕:[《廣韻》奴代切,去代,泥。]忍受。《三國志·魏志·胡質傳》:"縣民郭政通於從妹,殺其夫程他,郡吏馮諒繫獄爲證。政與妹皆耐掠隱抵,諒不勝痛,自誣,當反其罪。"[按]"忍"義的"耐"字,今泉習慣讀[nai$^{\underline{2}}$],不讀

[lai$^{⊇}$]。原注會文書莊本、廖新校增本作"忍也;能也",是;樋新編本、大版式本、道光本、文德堂本、市圖善本作"忍也;然也",非。耐,[《集韻》奴登切,平登,泥。]"能"的古字。能够。《禮記・樂記》:"故人不耐無樂,樂不耐無形,形而不爲道,不耐無亂。"(漢)鄭玄注:"耐,古書'能'字也。""能"義的"耐"字,今泉應讀[꜀lŋ]。

④ 耐〔同上〕:[按]原注"同上",樋新編本作"峀~"。

⑤ 昹〔日無光也〕:[按]原注"日無光也",樋新編本誤作"目無光也",大版式本、道光本、市圖善本誤作"日無米也",文德堂本誤作"日無舉也"。

⑥ 藾〔~蕭:苹也〕:[《廣韻》落蓋切,去泰,來。]藾蒿。即苹。蒿類植物。(三國・魏)曹操《步出夏門行》:"錐不入地,蘴藾深奥。"【爾雅】蘋,藾蕭也。(晉)郭璞《爾雅注》説蘋:今之籟蒿也。(三國・吴)陸璣《毛詩草木鳥獸蟲魚疏》:藾蒿,葉青色,莖似箸而輕脆,始生香,可生食。[按]"~蕭:苹也",樋新編本誤作"~蕭:芋也"。

⑦ 增 ◎誺:[《廣韻》洛代切,去代,來。]謬誤。[按]韻、調不合,"誺"無入聲讀法。

⑧ 頛〔低頭也〕:【字彙】步皆切,音排。低頭、曲頭也。

⑨ 棑〔籍也〕:【字彙】步皆切,音排。籍也。

⑩ 排〔~草〕:[按]傳統辭書查無此字。

⑪ 拜〔稽首也〕:[《廣韻》博怪切,去怪,幫。]表示恭敬的一種禮節。行禮時下跪,低頭與腰平,兩手至地。後用爲行禮的通稱。《書・顧命》:"授宗人同,拜,王答拜。"[按]調不合,應歸上去。

⑫ 扒〔拔也〕:[《廣韻》博怪切,去怪,幫。]拔掉;拔除。《廣韻・去怪》"扒"字下引《詩》:"勿翦勿扒。"今本《詩・召南・甘棠》作"勿翦勿拜"。(漢)鄭玄箋:"拜之言拔也。"[按]調不合,應歸上去。

⑬ 增 ◎菝:【集韻】布怪切。【類篇】草名。【爾雅・釋草】拜,蔏藋。本作"拜",俗加"艸"。[按]韻、調不合,"菝"無入聲讀法。

⑭ 增 ◎㨔:【字彙】户皆切,音諧。怨恨也。【集韻】户佳切。《説文》怨恨

也。[按]聲不合,應歸喜母。

⑮ 忦〔憂懼也〕:【集韻】居拜切。憂懼也。

⑯ 祄〔祐也〕:【字彙】居拜切,音戒。佑也。

⑰ ㊈愿:【康熙字典】《集韻》古達切,音葛。賽也。[按]韻、調不合,應歸丹韻上入。今上海古籍出版社一九八五年版《集韻》、中華書局一九八九年版《宋刻集韻》均查不到"愿"字。

⑱ 懈〔懶也;怠也〕:[《廣韻》古隘切,去卦,見。]懈怠;懶惰。《左傳·襄公二十三年》:"欒氏所得,其唯魏氏乎!而可强取也。夫克亂在權,子無懈矣!"

⑲ 扢〔磨也〕:【字彙】同"扢"。【字彙】扢,居大切,音蓋。磨也。【集韻】扢,居代切。《博雅》磨也。

⑳ 盇〔覆也〕:【字彙】居大切,該去聲。車盇也;又覆也。

㉑ 薤〔葷菜〕:【字彙】下戒切,音械。葷菜,葉似韭。[《廣韻》胡介切,去怪,匣。]1. 多年生草本植物。地下有圓錐形鱗莖,葉叢生,細長中空,斷面爲三角形,伞形花序,花紫色。2. 指這種植物的鱗莖,又叫藠頭。[按]聲、調不合,應歸喜母下去,誤入。

㉒ ㊈齝:【集韻】柯開切。牙謂之齝。又【集韻】魚開切。齸,牙也。[按]或聲、調不合,應歸求母上平;或聲不合,應歸語母。

㉓ 概〔大~〕:[《字彙》居太切。]梗概;大略。《莊子·天下》:"彭蒙、田駢、慎到不知道,雖然,概乎皆嘗有聞者也。"(唐)成玄英疏:"略有梗概,更相師祖,皆有稟承,非獨臆斷,故嘗有聞之也。"[按]調不合,應歸上去。

㉔ 慨〔慷~;不得志也〕:[《廣韻》苦蓋切,去代,溪。]1. 感慨;慨歎。《禮記·檀弓下》:"既葬,慨焉若不及其反而息。"2. 憤激貌。《史記·游俠列傳》:"〔郭解〕少時陰賊,慨不快意,身所殺甚衆。"[按]調不合,應歸上去。

㉕ 炌〔火盛也〕:[《字彙》口戒切。]同"烗"。烗,[《廣韻》苦戒切,去怪,溪。]亦作"炌"。1. 熾熱。2. 火旺盛。[按]調不合,應歸上去。

㉖ 嘅〔歎聲〕:[《廣韻》苦蓋切,去代,溪。]感歎。《詩·王風·中谷有蓷》:

"有女仳離,嘅其歎矣。"[按]調不合,應歸上去。

㉗ 槩〔土,平斗斛也〕:【集韻】槩、杚,居代切。《説文》杚,斗斛。[按]聲、調不合,應歸求母上去。"槩"有不送氣(求母)及送氣(氣母)兩讀,今泉仍保留[kai⊃/k'ai⊃]兩讀。

㉘ 炌〔明火也〕:[《集韻》口戒切,去怪,溪。]明火。[按]調不合,應歸上去。

㉙ 磕〔車騎衆聲〕:【字彙】苦蓋切,音慨。與"磕"同。又軯磕,車騎衆聲也。[按]調不合,應歸上去;原注釋義亦不確。

㉚ 㲉〔伐擊也〕:【集韻】丘蓋切。《博雅》辱也。一曰擊也。[按]調不合,應歸上去。

㉛ 懛〔失意貌〕:[《廣韻》丁來切,平咍,端。]痴;笨。(明)陸容《菽園雜記》卷十二:"蘇州人謂無智術者爲獃,杭州以爲懛。"[按]調不合,應歸上平。

㉜ 儓〔庸賤〕:【集韻】堂來切。《方言》南楚凡駡庸賤謂之田儓。

㉝ 薹〔夫須草也〕:【集韻】堂來切。艸名,夫須也。

㉞ 簦〔笠也〕:【集韻】堂來切。笠也,可以禦雨。

㉟ 箈〔竹芽未成笋〕:【字彙】堂來切,音臺。竹芽未成筍者。

㊱ 鮘〔~魚〕:【漢語大字典】紅鮘,魚名。光緒年間修《臺灣澎湖志·蟲魚》:"泥鰍、紅鮘、鰱、塗虱、烏魚。"[按]鮘,應爲閩南方言字,泉音[⊆tai]。

㊲ 貸〔借也〕:[《廣韻》他代切,去代,透。]1. 施與;給予。《左傳·文公十六年》:"宋公子鮑禮於國人,宋饑,竭其粟而貸之。"2. 借入。《左傳·文公十四年》:"盡其家,貸於公,有司以繼之。"(晉)杜預注:"家財盡,從公及國之有司富者貸。"[按]聲、調不合,應歸他母上平。今泉州話與普通話一樣,聲母都由送氣的[t']變讀不送氣的[t]。

㊳ 帶〔紳也〕:[《廣韻》當蓋切,去泰,端。]用以約束衣服的狹長而扁平形狀的物品。古代多用皮革、金玉、犀角或絲織物製成。《詩·衛風·有狐》:"心之憂矣,之子無帶。" 毛傳:"帶,所以申束衣也。"[按]調不合,應歸上去。

㊴ 汰〔過也〕:【字彙】他達切,音獺。《增韻》瀾淅也。又過也。〇又徒蓋

切,音大。義同。

㊵ ㊫軩:[《廣韻》徒亥切,上海,定。]參見"軚軩"。【軚軩】坎坷不平。[按]韻、調不合,應歸開韻下上。

㊶ 旆〔土,旂旒飛揚之貌〕:【集韻】蒲蓋切。《説文》繼旐之旗,沛然而垂。【字彙】步昧切,音佩……旆旆,旂旒飛揚之貌。

㊷ 湃〔滂~:水聲〕:[《廣韻》普拜切,去怪,滂。]參見"澎湃"。[按]調不合,應歸上去。

㊸ 派〔水分流也:宗~〕:[《廣韻》匹卦切,去卦,滂。]江河的支流。(南朝·齊)王中《头陀寺碑文》:"淳源上派,澆風下黷。"[按]調不合,應歸上去。

㊹ 殺〔土解,~人〕:[《廣韻》所八切,入黠,生。]殺戮。《書·大禹謨》:"與其殺不辜,寧失不經。"[按]聲、韻、調皆不合,實爲訓讀字。今俗寫作"刣",本字爲"治"。《廣韻·之韻》直之切:"治,亦理也。"《字彙》:"陳知切,音池。攻理也。"《説文》:"鮐,楚人謂治魚也。"(北魏)賈思勰《齊民要術·作魚鮓》:"作長沙蒲鮓法:治大魚,洗令浄,厚鹽,令魚不見。"

㊺ 太〔~極〕:[《廣韻》他蓋切,去泰,透。]極大。古作"大",也作"泰"。凡言大而以爲形容未盡,則作"太"。[按]調不合,應歸上去。

㊻ 忲〔奢侈也〕:[《集韻》他蓋切,去夳,透。]驕縱;奢侈。《文選·張衡〈西京賦〉》:"有憑虚公子者,心奓體忲。"(三國·吴)薛綜注:"心志奢溢,體安驕泰也。"[按]調不合,應歸上去。

㊼ 夳〔天地交泰〕:[《集韻》他蓋切,去夳,透。]"泰"的古字。[按]調不合,應歸上去。

㊽ 態〔體~;嬌~〕:[《廣韻》他代切,去代,透。]狀態;情狀;容貌。《楚辭·離騷》:"寧溘死以流亡兮,余不忍爲此態也。"[按]調不合,應歸上去。

㊾ ㊫搭:【康熙字典】俗"笞"字。笞,[《廣韻》丑之切,平之,徹。]用鞭、杖或竹板打人。《管子·形勢解》:"弱子,慈母之所愛也,不以其理動者,下瓦則慈母笞之。"[按]韻、調不合,應歸基韻上平。

聲韻調	13 開 ai/aiʔ			
	下平˨˦ 24	下上˨ 22	下去˦˩ 41	下入˨˦ 24
争 ts	齋〔潔也;書~〕 栽〔~種〕 哉〔始也;語辭〕 災〔禍也〕 裁〔同上〕 甾〔~害〕 戋〔傷也〕 知〔解,曉也〕 薒〔草名〕	宰〔主也;官也〕 宷〔烹也〕 滓〔目液也〕①	再〔又也〕	○
入 dz	釵〔婦人岐笄〕②	(增)柴〔人名〕③	(增)愢④	○
時 s	顋〔頷下也〕 腮〔俗顋字〕 洬〔漉米也〕 籭〔竹器:除麤取細〕 篩〔竹名,俗作米~〕 西〔解,東~〕 獅〔解,~象〕	使〔土解,差~〕 屎〔土解,糞也〕 菌〔土解,大便也〕 史〔姓也〕	賽〔報也〕	○
英 ø	哀〔悲也;傷也〕 埃〔細塵也〕 挨〔推也;擊也〕	藹〔人臣盡力之意〕⑤ 靄〔雲集貌〕⑥ 靉〔~靅:雲暗貌〕⑦ 矮〔短也;不長也〕 毐〔士之無行〕	愛〔慕也;恩也〕	○
文 b	(增)肞〔女人之陰户〕⑧	(增)䰐〔~鬼〕⑨	(增)簹⑩	○
語 ɡ	嶴〔髮長貌〕⑪ 皚〔~~:霜白〕⑫	(增)娾⑬	艾〔草名,可灸〕	○
出 ts‘	猜〔疑也;測也〕 砓〔石名〕⑭ 䪺〔頤傍也〕⑮ 祡〔燒柴燎以祭天〕⑯	采〔五~;摘也〕 採〔取也〕 寀〔寮~:官也〕 彩〔~色〕 綵〔繪繒也〕	菜〔蔬~:總名〕	○
喜 h	咍〔笑~~也〕 鞋〔革履〕⑰ 䝳〔笑聲〕 暋〔笑貌〕	海〔滄溟也,能納百川〕 醢〔肉醬〕 㷊〔燥也〕	餀〔食臭〕 疲〔疫病〕	○

【校注】

① 滓〔目液也〕:[《廣韻》阻史切,上止,莊。]渣;沉澱的雜質。《周禮·天

官·酒正》"一曰泛齊",(漢)鄭玄注:"泛者,成而滓浮泛泛然,如今宜成醪矣。"[按]該音[ᶜtsai]爲"滓"之白讀,戲臺上仍沿用。今泉口語俗讀[ᶜtai]。

② 釵〔婦人岐笄〕:【字彙】初皆切,音差。婦人岐笄。[按]聲不合,應歸出母。

③ ㊫祡〔人名〕:[《廣韻》士佳切,平佳,崇。]祭天燔柴。[按]聲、調不合,應歸出母下平。

④ ㊫悳:【集韻】他德切。得也。[按]聲、韻、調皆不合。

⑤ 藹〔人臣盡力之意〕:【康熙字典】《韻會》倚亥切,音靉。草叢雜貌。【字彙】衣海切,哀上聲。人臣盡力之美。

⑥ 靄〔雲集貌〕:【集韻】於蓋切。雲皃。【康熙字典】《韻會》依亥切,音欸。義同。

⑦ 靉〔~靆:雲暗貌〕:【集韻】倚亥切。雲盛皃。

⑧ ㊫肞〔女人之陰户〕:[按]本地方言字,表示女陰。

⑨ ㊫䰩〔~鬼〕:[按]本地方言字,"䰩鬼"指行蹤飄忽不定的人。

⑩ ㊫簣:[按]傳統辭書查不到音、義。

⑪ 䯂〔髮長貌〕:【字彙】魚開切,艾平聲。髮長貌。[按]調不合,應歸下平。

⑫ 皚〔~~:霜白〕:【廣韻】吾來切。霜雪白皃。[按]調不合,應歸下平。

⑬ ㊫娾:[《廣韻》擬皆切,平皆,疑。]女子相貌醜陋。[按]調不合,應歸下平。

⑭ 砎〔石名〕:【集韻】初佳切。小石。

⑮ 頝〔頤傍也〕:【集韻】初佳切。顩頝,頤旁。

⑯ 祡〔燒柴燎以祭天〕:[《廣韻》士佳切,平佳,崇。]古指燒柴生烟以祭天。《説文·示部》:"祡,燒柴尞祭天也。"(清)段玉裁注:"祡與柴同此聲,故燒柴祭曰祡。"[按]調不合,應歸下平。

⑰ 鞋〔革履〕:[《廣韻》户皆切,平皆,匣。]鞋子。[按]調不合,應歸下平。

聲韻調	13 開 ai/aiʔ			
	下平˨˦ 24	下上˨ 22	下去˦˩ 41	下入˨˦ 24
争 ts	才〔~能;~質〕 材〔木堪用也;又與才同〕 財〔貨~〕 臍〔解,肚~〕	在〔居也;存也〕 豺〔俗解,豸字〕① 豸〔同上〕②	載〔車~;地~;任~〕③	㊇截④
入 dz	㊇皆⑤	○	○	○
時 s	㊇揌⑥	㡬〔衣破也〕⑦ 灑〔灑水也:~掃〕⑧ 晒〔日暴也〕⑨ 曬〔日~物也〕⑩	塞〔邊界也〕⑪ 事〔解,服~也〕 殺〔等~〕⑫ 使〔土解,稱公~大夫曰~〕⑬	㊇豺⑭
英 ∅	㊇嗳〔~啞〕⑮	㤞〔惠也〕⑯	馤〔馣~:香甚也〕⑰ 隘〔狹~:塞也〕⑱ 僾〔彷彿行也〕⑲ 砨〔砥~:玉名〕⑳ 譪〔正也〕㉑ 藹〔晻~:鬱陰〕㉒ 曖〔晻~:日不明也〕㉓ 懓〔慳悋也〕㉔ 薆〔蔽也〕㉕ 噯〔~氣也〕㉖ 靄〔覆蓋;清也〕㉗ 夑〔仿佛行也〕㉘	㊇吰㉙
文 b	埋〔瘞也〕 䁙〔小見也〕㉚ 楣〔解,門~〕 薶〔瘞~:祭地〕 眉〔土解,目~〕	買〔正,~物也〕㉛	賣〔正,~貨也〕㉜	㊇䁙㉝
語 g	雪〔霜雪白貌〕 厓〔山邊也〕 崖〔同上〕 捱〔延~;拒也〕 漄〔水~也〕 呆〔癡~〕 涯〔水際也〕 睚〔~眦:忤目相視〕 殪〔殺羊出胎〕 膭〔肥也〕 譺〔譁也〕 䀴〔癡~〕 㾖〔癡病〕 敳〔理也〕㉞	騃〔~癡:無知也〕㉟ 睚〔笑視也〕㊱	乂〔俊~:才也〕 礙〔妨也;阻也〕 碍〔同上〕 㤥〔恨也〕 豥〔~豭:牡豕也〕㊲ 懝〔惶也;病也〕 儗〔同上〕	㊇解㊳

（續表）

聲韻調	13 開 ai/aiʔ			
	下平˩˨ 24	下上˨ 22	下去˦˩ 41	下入˩˨ 24
出 tsʻ	裁〔剪也；製也〕㊴ 犲〔～狼：惡獸〕 纔〔始也；纔也〕㊵ 豺〔～狼，俗字〕	○	蔡〔大龜；又姓〕㊶ 脎〔大腹也〕㊷ 埰〔～地〕㊸	㊞砌㊹
喜 h	孩〔幼稚也〕 諧〔和～〕 咳〔小兒笑〕 骸〔骨～〕 瑎〔石次玉也〕 揩〔觸也〕 敳〔大剛卯以逐鬼魅〕㊺	蟹〔螃～：介蟲〕 亥〔辰名〕 駭〔驚也〕 噶〔高聲〕㊻ 獬〔～豸：獨角〕 械〔桎梏也；又機～〕㊼ 薢〔藥名〕㊽ 瀣〔沆～：北方夜氣也〕 薤〔葷菜〕 鎜〔狹隘也〕 邂〔～逅〕㊾	害〔傷也；妨～〕 欬〔急氣之貌〕㊿ 搣〔持也〕(51)	㊞嗐(52)

【校注】

① 豸〔俗解，豸字〕：【玉篇】直買切。又音稚，俗“豸”字。［按］聲不合，應歸地母。

② 豸〔同上〕：［《廣韻》池爾切，上紙，澄。］［《廣韻》宅買切，上蟹，澄。］本指無足之蟲。後亦泛指蟲類。《爾雅・釋蟲》：“有足謂之蟲，無足謂之豸。”［按］聲不合，應歸地母，讀作［⊆ti］或［⊆tai］。今泉讀［⊆ti̲/⊆tʻua̲］（蟲豸）。

③ 載〔車～；地～；任～〕：［《廣韻》作代切，去代，精。］［《廣韻》昨代切，去代，從。］1. 車、船等交通運輸工具。《書・益稷》：“予乘四載，隨山刊木。”孔傳：“所載者四，謂水乘舟，陸乘車，泥乘輴，山乘樏。”……3. 乘坐。《戰國策・楚策一》：“舫船載卒，一舫載五十人與三月之糧，下水而浮，一日行三百餘里。”4. 運載；裝

運。《易・大有》:“大車以載,有攸往,無咎。”(唐)孔穎達疏:“猶若大車以載物也。”[按]“載”古有兩讀,故可讀上去[tsai˒],也可讀下去[tsai˭],今泉讀上去[tsai˒]。

④ ㊟截:[《廣韻》昨代切,去代,精。]醋。《漢書・食貨志下》:“除米麴本賈,計其利而什分之,以其七入官,其三及醩截灰炭給工器薪樵之費。”(唐)顔師古注:“截,酢漿也。”[按]韻、調不合,應歸開韻下去,没有入聲讀法。

⑤ ㊟皆:[《廣韻》古諧切,平皆,見。]都;全。《易・解》:“天地解而雷雨作,雷雨作而百果草木皆甲坼。”[按]聲、調不合,應歸求母上平,没有入母讀法。

⑥ ㊟揌:[《廣韻》諸皆切,平皆,娘。]參見“揩揌”。【揩揌】磨;摩拭。[按]聲不合,應歸柳母。

⑦ 帴〔衣破也〕:【類篇】師駭切,篩上聲。㯺帴,衣破也。[按]調不合,應歸上上。

⑧ 灑〔灑水也:~掃〕:[《廣韻》所蟹切,上蟹,生。]把水潑散開來。《管子・弟子職》:“凡拚之道,實水于盤,攘臂袂及肘,堂上則播灑,室中握手。”(唐)尹知章注:“堂上寛,故播散而灑;室中隘,故握手爲掬以灑。”[按]調不合,應歸上上。今泉讀的是[˓sa],屬於[《廣韻》砂下切,上馬,生。]

⑨ 晒〔日暴也〕:【字彙補】與“曬”同。

⑩ 曬〔日~物也〕:[《廣韻》所賣切,去卦,生。]暴曬;曬乾。《方言》第十:“曬,乾物也。揚楚通語也。”(南朝・宋)劉義慶《世説新語・簡傲》:“〔王恬〕乃沐頭散髮而出,亦不坐,仍據胡牀,在中庭曬頭。”[按]調不合,應歸上去。

⑪ 塞〔邊界也〕:[《廣韻》先代切,去代,心。]1. 險要之處。多指邊界上可以据險固守的要地。《左傳・文公十三年》:“春,晉侯使詹嘉處瑕,以守桃林之塞。”2. 指邊界。《荀子・强國》:“今秦……其在趙者剡然有苓而據松柏之塞。”(唐)楊倞注:“趙樹松柏,與秦爲界。”[按]調不合,應歸上去。

⑫ 殺〔等~〕:[《廣韻》所拜切,去怪,生。]減省。《周禮・地官・廩人》:“若

食不能人二鬴,則令邦移民就穀,詔王殺邦用。"(漢)鄭玄注:"殺,猶減也。"【等殺】1. 等差。(唐)張九齡《对嗣魯王道堅所舉道侔伊吕科》:"使官有位次,資有等殺,才苟不侔,時所勿取。"(宋)蘇舜欽《東京寶相禪院新建大悲殿記》:"宫室服用必有度,上下等殺各安其分限,而無流暴之患,此三代之所以爲盛也。"2. 謂降低等級。(宋)吴曾《能改齋漫録·神仙鬼怪》:"〔吕璹〕因以文訟於廟,引盗宗廟酒食律罪當黥,而將軍人臣,宜處以等殺,則盗食供果蓋不當死。"[按]調不合,應歸上去。

⑬ 使〔土解,稱公~大夫曰~〕:[《廣韻》踈吏切,去志,生。]1. 出使。《論語·子路》:"使於四方,不辱君命。"2. 使者。《左傳·成公九年》:"兵交,使在其間可也。"[按]調不合,應歸上去。

⑭ ㊫豿:【康熙字典】《篇海》疏吏切。豁也。[按]韻、調不合,該字無入聲讀法。

⑮ ㊫噯〔~啞〕:【集韻】於蓋切。氣也。[按]音、義不合,参見㉖噯。

⑯ 悉〔惠也〕:【集韻】於代切。《説文》惠也。[按]調不合,應歸上去。

⑰ 馤〔馣~:香甚也〕:[《廣韻》於蓋切,去泰,影。]香氣。(唐)韓愈、孟郊《秋雨聯句》:"援菊茂新芳,徑蘭銷晚馤。"[按]調不合,應歸上去。

⑱ 隘〔狹~;塞也〕:[《廣韻》烏懈切,去卦,影。]狹窄;狹小。《左傳·昭公三年》:"初,景公欲更晏子之宅,曰:'子之宅近市,湫隘囂塵,不可以居,請更諸爽塏者。'"(晉)杜預注:"隘,小。"[按]調不合,應歸上去。

⑲ 僾〔彷彿行也〕:【字彙】於蓋切,音愛。彷彿貌。[《廣韻》烏代切,去代,影。]隱約;彷彿。《説文·人部》:"僾,彷彿也。从人愛聲。《詩》曰:'僾而不見。'"[按]調不合,應歸上去。

⑳ 硋〔砥~:玉名〕:【集韻】烏懈切。玉名。《戰國策·秦策三》:"臣聞周有砥厄,宋有結緑,梁有懸黎,楚有和璞。"《史記·范雎蔡澤列傳》作"砥硋"。[按]調不合,應歸上去。

㉑ 譪〔正也〕:【字彙】於害切,音愛。正也。[按]調不合,應歸上去。"譪",

樋新編本作“藹”(譪,古同“藹”)。

㉒ 濭〔晻~:鬱陰〕:[《集韻》於蓋切,去泰,影。]參見“晻濭”。【晻濭】雲氣陰暗貌。《漢書·禮樂志》:“露夜零,晝晻濭。”(唐)顔師古注:“晻音烏感反,濭音藹。晻濭,雲氣之貌。”[按]調不合,應歸上去。

㉓ 曖〔晻~:日不明也〕:[《廣韻》烏代切,去代,影。]昏暗;朦朧。(漢)張衡《思玄賦》:“繽連翩兮紛暗曖,儵眩眃兮反常閭。”【晻曖】昏暗貌。《文選·王延壽〈魯靈光殿賦〉》:“遂排金扉而北入,宵藹藹而晻曖。”(唐)張銑注:“晻曖,暝色。”[按]調不合,應歸上去。

㉔ 傢〔慳悋也〕:【字彙】牛懈切,音隘。忦傢,慳悋也。[按]聲不合,應歸語母。

㉕ 薆〔蔽也〕:[《廣韻》烏代切,去代,影。]隱蔽貌;隱蔽。《楚辭·離騷》:“何瓊佩之偃蹇兮,衆薆然而蔽之。”[按]調不合,應歸上去。

㉖ 嗳〔~氣也〕:[《集韻》於蓋切,去夳,影。]歎詞。表示不同意或否定。(明)王錂《春蕪記·訴怨》:“嗳,大丈夫一言契合,頸可刎,心可剖,有甚難説的心事。”[按]調不合,應歸上去。

㉗ 藹〔覆蓋;清也〕:【字彙】於蓋切,音愛。覆蓋也;清也。[按]調不合,應歸上去。

㉘ 僾〔仿佛行也〕:【字彙】於代切,哀去聲。仿佛行也。[按]調不合,應歸上去。

㉙ ㊇吰:【集韻】烏宏切。牛聲。[按]聲、韻、調皆不合。

㉚ 覿〔小見也〕:[《廣韻》徒歷切,入錫,定。]見;相見。《易·困》:“三歲不覿。”(唐)陸德明釋文:“覿,見也。”[按]聲、韻、調皆不合,應爲方言字,但調不對。今泉州話有[bai⊇]一詞,表示“探視(病人)”。

㉛ 買〔正,~物也〕:[《廣韻》莫蟹切,上蟹,明。]購進;以錢購物。與“賣”相對。《左傳·昭公二十六年》:“魯人買之,百兩一布。”[按]調不合,應歸韻上上。今泉文讀爲[⊂bãi],不讀[⊂bai]。

㉜ 賣〔正,~貨也〕:[《廣韻》莫懈切,去卦,明。]以貨物换錢。與"買"相對。《左傳·昭公二十九年》:"公執歸馬者賣之,乃不歸馬。"(晉)杜預注:"賣其馬。"[按]今泉文讀爲[bāi⁼],不讀[bai⁼]。

㉝ ㊪䁡:[按]傳統辭書查無此字。

㉞ 敳〔理也〕:【廣韻】吾來切。有所理。【字彙】魚開切,艾平聲。理也。

㉟ 騃〔~癡:無知也〕:[《廣韻》五駭切,上駭,疑。]愚;獃。《漢書·息夫躬傳》:"左將軍公孫禄、司隸鮑宣皆外有直項之名,内實騃不曉政事。"(唐)顔師古注:"騃,愚也。"[按]調不合,應歸上上。

㊱ 睚〔笑視也〕:【集韻】五買切。《博雅》視也。【廣韻】五亥切。笑視。[按]調不合,應歸上上。"睚",會文書莊本誤作"睨";原注"笑視也",樋新編本作"笑見"。

㊲ 豥〔~豭:牡豕也〕:【字彙】牛蓋切,音艾。豥豭,牡豕也。

㊳ ㊪觧:【字彙】同"觫"。【字彙】觫,多改切,音歹。角心。[按]聲、韻、調皆不合。

㊴ 裁〔剪也;製也〕:[按]"裁",樋新編本、文德堂本、市圖善本誤作"栽"。

㊵ 纔〔始也;繒也〕:【字彙】牆來切,音才。繒色一入曰纔。《增韻》雀頭色,紫黑色也。又暫也。始也。僅也。淺也。[按]原注"始也",樋新編本誤作"使也";原注"繒"应爲"繒色一入"之誤省,諸本皆然。

㊶ 蔡〔大龜;又姓〕:[《廣韻》倉大切,去泰,清。]1. 野草。《楚辭·王褒〈九懷·尊嘉〉》:"水躍兮余旌,繼以兮微蔡。"(宋)洪興祖補注:"蔡,艸也。"2. 占卜用的大龜。《左傳·襄公二十三年》:"且致大蔡焉。"(晉)杜預注:"大蔡,大龜。"……7. 姓。[按]調不合,應歸上去。

㊷ 脎〔大腹也〕:【集韻】倉代切。大腹也。[按]調不合,應歸上去。

㊸ 埰〔~地〕:[《廣韻》倉代切,去代,清。]古代卿大夫的食邑。[按]調不合,應歸上去。

㊹ ㊪砌:[《廣韻》七計切,去霽,清。]門限;門檻。(漢)班固《西都賦》:

“於是玄墀釦砌,玉階彤庭。”[按]韻、調不合。

㊺ 陔〔大剛卯以逐鬼魅〕:【集韻】呼來切。毅陔,剛卯也。[按]調不合,應歸上平。

㊻ 噧〔高聲〕:[《廣韻》許介切,去怪,曉。]參見“噧言”。【噧言】過甚之言,虛夸不切實际之言。《説文·口部》:“噧,高氣多言也……《春秋傳》曰‘噧言’。”[按]調不合,應歸上去。

㊼ 械〔桎梏也;又機~〕:[《廣韻》胡介切,去怪,匣。]枷杻、鐐銬之類的刑具。《文選·司馬遷〈報任少卿書〉》:“淮陰,王也,受械於陳 。”(唐)李善注:“械,謂桎梏也。”[按]調不合,應歸下去。

㊽ 薢〔藥名〕:[《廣韻》古隘切,去卦,見。]參見“薢茩”。【薢茩】菱的别名。《説文·艸部》:“蔆,芰也。楚謂之芰,秦謂之薢茩。”(唐)段成式《酉陽雜俎·草篇》:“芰,一名水栗,一名薢茩。”[按]調不合,應歸上去。

㊾ 邂〔~逅〕:[《廣韻》胡懈切,去卦,匣。]邂逅,不期而遇。(宋)文天祥《海船》詩序:“向使有蕫船而無張少保一舟,予不能行;有張少保而無蕫船,予又無伴。不我先後,適有邂,殆神施鬼設而至也。”[按]調不合,應歸下去。

㊿ 㰺〔急氣之貌〕:【集韻】許介切。急氣貌。[按]調不合,應歸上去。

51 揻〔持也〕:【集韻】下介切。持也。

52 增⑩嗐:【集韻】下蓋切。大開口;一曰聲也。[按]調不合,應歸下去。下入調屬於變讀。今泉習慣讀上入調[hāiʔ˭],表示“遺憾”。

14 居

聲韻調	14 居 ɯ			
	上平˧ 33	上上˥ 55	上去˩ 41	上入˥ 5
柳 l	挐〔牽引也〕① 帤〔巾也〕② 毜〔毛巾〕③	女〔男~〕 旅〔~力;衆也〕 祣〔祭山川〕 褸〔襤~:衣敝也〕④ 梠〔楣也〕	屢〔頻數也〕⑤ 窶〔貧無禮;又褸同〕⑥	○
邊 p	○	○	○	○
求 k	居〔止也;處也〕 車〔兵~;田~〕 凥〔處也〕⑦ 裾〔衣後~也〕 㞐〔住也〕⑧ ⿱艹車〔~蒴子〕⑨ 劬〔勞也〕⑩ ⿰糸巨〔人名〕⑪ 琚〔佩玉名〕 拘〔止也;執也〕⑫ 俱〔偕也〕⑬ 眗〔左右視也〕⑭ 椐〔木名〕 ⿱宀古〔古居字〕	矩〔規~:爲方之器〕⑮ 擧〔扛也;稱也〕 莒〔國名;又草〕 枸〔枳~〕⑯ 椇〔果名〕⑰ 柜〔~柳〕 楀〔木名;姓氏〕⑱ 蒟〔果也,似王瓜〕⑲ 萬〔《考工記》:可規則~〕⑳ 鄅〔國名〕㉑ 舉〔對~〕 筥〔竹器〕	據〔依也;援也〕 蘧〔姓也〕㉒	○
氣 k‘	袪〔袖口也〕 胠〔發也;開也〕㉓ ⿱艹去〔草器〕 紶〔束也〕 抾〔摸去也〕 祛〔禳也;逐也;~~:強健也〕 呿〔臥聲〕 區〔萌芽屈生;又類也;又分別也〕㉔	詓〔聲也〕 竬〔立也〕㉕ 鉣〔藏也〕 鼁〔去蚊也〕㉖	去〔離也;往也〕	○
地 t	猪〔土解,~犬〕 豬〔同上〕	貯〔積也〕 佇〔久立也〕㉗ 坾〔積塵也〕㉘ 芧〔草可爲繩〕㉙ 紵〔綿絮裝衣〕㉚ 苧〔草可爲繩〕㉛ 羜〔五月羔〕㉜	○	○

（續表）

聲韻調	14 居 ɯ			
	上平˧^{33}	上上˥^{55}	上去˦˩^{41}	上入˥$^{\underline{5}}$
普 pʻ	○	○	○	○
他 tʻ	攄〔舒也；摛也；又處去聲〕㉝	楮〔木名，皮可爲紙〕 杼〔土，機～：梭也〕㉞ 抒〔土，挹也；除也〕㉟ 褚〔～幕；又藏也〕㊱　褚〔姓也〕	○	○

【校注】

① 挐〔牽引也〕：［《廣韻》女余切，平魚，娘。］連綿；連續。《漢書·嚴安傳》："禍挐而不解，兵休而復起。"（唐）顏師古注："挐，相連引也。"［按］調不合，應歸下平。

② 帤〔巾也〕：［《廣韻》女余切，平魚，娘。］巾，古代擦抹用的布。亦以指大巾。《説文·巾部》："帤，巾帤也。"《方言》第四："大巾謂之帤。"［按］調不合，應歸下平。

③ 毦〔毛巾〕：同"氀"。【字彙】氀，淩如切，音間……一曰毛布。［按］調不合，應歸下平。樋新編本該字錯歸上聲。

④ 褸〔襤～：衣敝也〕：【廣韻】力主切。襤褸，衣敝。［按］韻、調不合，應歸珠韻上上。可能因《字彙》注音而誤。《字彙》兩舉切，音吕。襤褸，衣敝也。

⑤ 婁〔頻數也〕：【漢語大詞典】"屢"的古字。屢，［《廣韻》良遇切，去遇，來。］多次；常常。《書·益稷》："皋陶拜首稽首颺言曰：'……屢省乃成，欽哉。'"孔傳："屢，數也。"【字彙】良據切，音慮。頻數也。《漢元帝紀》婁敕公卿。【康熙字典】《正韻》良據切……同"屢"。煩數也。［按］據《廣韻》，韻、調不合，應歸珠韻下去；據《字彙》、《正韻》，調不合，應歸下去。今泉"婁"習慣讀上聲［ᶜlu］、［ᶜlɯ］（俗讀）。

⑥ 寠〔貧無禮；又褸同〕：【集韻】郡羽切。《説文》無禮居也。一曰貧寠。【字

彙】貧無禮也……又良據切,音慮。【康熙字典】《韻會》、《正韻》良據切。義同。[按]據《集韻》,韻、調不合,應歸珠韻下上;據《字彙》、《韻會》、《正韻》,調不合,應歸下去。

⑦ 凥〔處也〕:【集韻】巾於切。同"居"。

⑧ 层〔住也〕:【玉篇】古文"居"字。

⑨ 莗〔~葥子〕:[《集韻》昌遮切,平麻,昌。]參見"莗葥"。【莗葥】草名。即車前草。[按]"莗",傳統辭書均標"昌遮切"(讀[$_{\subset}$ts'ia]),應歸出母嗟韻。

⑩ 劬〔勞也〕:[《廣韻》其俱切,平虞,羣。]勞苦。(漢)張衡《歸田賦》:"極般游之至樂,雖日夕而忘劬。"【字彙】求於切,音渠。勤也;疲勞也。《詩·小雅》:"之子于征,劬勞于野。"[按]據《廣韻》,韻、調不合,應歸珠韻下平。

⑪ 鉅〔人名〕:【字彙】巾於切,音居。人名,鄭伯鉅。

⑫ 拘〔止也;執也〕:[《廣韻》舉朱切,平虞,見。]1. 制止;禁止。《管子·君臣下》:"此止詐、拘姦、厚國、存身之道也。"2. 逮捕;囚禁。《書·酒誥》:"羣飲,汝勿佚,盡執拘以歸于周,予其殺。"【字彙】巾於切,音居。《説文》止也……《廣韻》執也。[按]韻不合,應歸珠韻。今泉讀[$_{\subset}$ku]。

⑬ 俱〔偕也〕:[《廣韻》舉朱切,平虞,見。]偕同;在一起。《孟子·告子上》:"雖與之俱學,弗若之矣。"【字彙】巾於切,音居。偕也;皆也。[按]韻不合,應歸珠韻。今普通話變讀去聲,而泉州話則變讀珠韻下去[ku$^{\supset}$]。

⑭ 眗〔左右視也〕:[《廣韻》舉朱切,平虞,見。]左右視。(漢)焦贛《易林·大畜之泰》:"虎卧山隅,鹿過後眗;弓矢設張,會爲功曹,伏不敢起,遂全其軀,得我美草。"【字彙】古于切,音居。左右視也。[按]韻不合,應歸珠韻。

⑮ 矩〔規~:爲方之器〕:[《廣韻》俱雨切,上麌,見。]畫方形或直角的用具。即曲尺。《墨子·法儀》:"百工爲方以矩。"【字彙】居許切,音舉。爲方之器。[按]韻不合,應歸珠韻。但今泉仍讀居韻[$^{\subset}$kɯ]。

⑯ 枸〔枳~〕:[《廣韻》俱雨切,上麌,見。]木名。即枳椇。《詩·小雅·南山有臺》:"南山有枸,北山有楰。"(三國·吴)陸璣疏:"枸樹高大如白楊,所在山

中皆有,理白,可爲函板。枝柯不直,子著枝端,大如指,長數寸,噉之甘美如飴。"【字彙】居許切,音舉。枳枸樹高大似白楊。【康熙字典】《正韻》居許切。[按]據《廣韻》,韻不合,應歸珠韻。今泉讀[ᶜku]。

⑰ 椇〔果名〕:[《廣韻》俱雨切,上麌,見。]木名。即枳椇,又名拐棗。亦指其果實。《禮記·内則》:"芝、栭、蔆、椇。"(漢)鄭玄注:"椇,枳椇也。"【字彙】居許切,音舉。果名,形似珊瑚,味甜美,一名白石李。[按]據《廣韻》,韻不合,應歸珠韻。今泉讀[ᶜku]。

⑱ 楀〔木名;姓氏〕:[《廣韻》俱雨切,上麌,見。]1. 木名。《説文·木部》:"楀,木也。"《急就篇》卷一"萬段卿",(唐)顔師古注:"萬亦楀字,楀者,木名。"2. 姓。《詩·小雅·十月之交》:"楀維師氏,豔妻煽方處。"(漢)鄭玄箋:"番、棸、蹶、楀皆氏。"(唐)孔穎達疏:"楀氏維爲師氏之官。"【字彙】居許切,音舉。木名。【康熙字典】《正韻》居許切。[按]據《廣韻》,韻不合,應歸珠韻。

⑲ 蒟〔果也,似王瓜〕:【集韻】果羽切。《説文》果也。【字彙】居許切,音舉。《説文》果也,似王瓜。[按]韻不合,應歸珠韻。

⑳ 萬〔《考工記》:可規則~〕:[《廣韻》俱雨切,上麌,見。]通"矩"。萬蔞。《周禮·考工記·輪人》:"是故規之以眡其圜也,萬之以眡其匡也,縣之以眡其幅之直也。"(漢)鄭玄注引(漢)鄭司農曰:"萬,書或作'矩'。"【字彙】與"矩"同。《考工記》可規則萬。[按]韻不合,應歸珠韻。

㉑ 鄅〔國名〕:[《廣韻》王矩切,上麌,云。]春秋古國名。妘姓。在今山東省臨沂市北。《左傳·昭公十八年》:"邾人入鄅。"楊伯峻注:"妘姓,子爵,在今山東臨沂縣北十五里。"【字彙】居許切,音舉。國名。[按]韻不合,應歸珠韻。

㉒ 蘧〔姓也〕:[《廣韻》其俱切,平虞,羣。][《廣韻》强魚切,平魚,羣。]1. 蘧麥。即瞿麥。石竹科。多年生草本。《説文·艸部》:"蘧,蘧麥也。"(清)段玉裁注:"俗謂之洛陽花。一名石竹。"……6. 姓。春秋時衛有蘧伯玉。參見《論語·憲問》。[按]調不合,應歸下平。

㉓ 胠〔發也;開也〕:[《廣韻》去魚切,平魚,溪。]從旁撬開。(清)魏源《〈聖武

記〉叙》:“然且今日揖於堂,明日鴝於隍,後日胠於藏。”參見“胠篋”。【胠篋】原謂撬開箱子。後亦泛指盜竊。《莊子·胠篋》:“將爲胠篋、探囊、發匱之盜,而爲守備,則必攝緘縢,固扃鐍,此世俗之所謂知也。”(唐)陸德明《釋文》引(晉)司馬彪曰:“從旁開爲胠,一云發也。”【字彙】丘於切,音區……發也;去也;開也。

㉔ 區〔萌芽屈生;又類也;又分別也〕:[《廣韻》豈俱切,平虞,溪。]1. 隱匿。《左傳·昭公七年》:“吾先君文王(楚文王)作僕區之法。”(唐)孔穎達疏引(漢)服虔曰:“僕,隱也。區,匿也。爲隱亡人之法也。”《説文·匸部》:“區,踦區,臧隱也。”(清)段玉裁注:“此言委曲包蔽也。區之義内臧多品,故引申爲區域、爲區别。”2. 區域。有一定界限的地方或範疇。《漢書·叙傳下》:“爰洎朝鮮,燕外之區。漢興柔遠,與爾剖符。”【字彙】丘於切,音驅。草木萌芽屈生也。[按]韻不合,應歸珠韻。

㉕ 竘〔立也〕:[《玉篇》丘主切。]立。【字彙】丘舉切,區上聲。立也。[按]韻不合,應歸珠韻。

㉖ 鼁〔去蚊也〕:【集韻】口舉切。蟲名。《爾雅》鼁䵷,似蝦蟆,居陸地。【康熙字典】《爾雅·釋魚》鼁䵷,蟾諸。(晉)郭注:似蝦蟇,居陸地。淮南謂之去蚊。[《廣韻》丘倨切,去禦,溪。]蟾蜍。【字彙】丘舉切,區上聲。鼁,蚊也。(編者注:“蚊”爲“蚊”之形誤,且其前漏“去”。)[按]原注“去蚊也”,樋新編本誤作“蚊也”,而大版式本、道光本、文德堂本、會文書莊本、市圖善本均誤作“蛟也”,廖新校增本誤改作“蟾諸”。

㉗ 佇〔久立也〕:[《廣韻》直吕切,上語,澄。]久立。(三國·魏)王粲《贈蔡子篤詩》:“瞻望遐路,允企伊佇。”(晉)陸機《文賦》:“佇中區以玄覽,頤情志於墳典。”[按]調不合,應歸下上。

㉘ 坾〔積塵也〕:[《集韻》丈吕切,上語,澄。]塵土;積塵。[按]調不合,應歸下上。

㉙ 苧〔草可爲繩〕:[《廣韻》直吕切,上語,澄。]草名。即三棱。亦名荆三棱。

《逸周書・大聚》:“教芧與樹藝,比長立職,與田疇皆通。”[按]調不合,應歸下上。

㉚ 紵〔綿絮裝衣〕:[《廣韻》直吕切,上語,澄。]苧麻。《書・禹貢》:“厥貢漆枲絺紵。”《詩・陳風・東門之池》:“東門之池,可以漚紵。”[按]調不合,應歸下上。《篆字彙》八:紵,音主,綿絮裝衣也。參見㊱褚。

㉛ 苧〔草可爲繩〕:[《廣韻》直吕切,上語,澄。]植物名。苧麻。(漢)司馬相如《上林賦》:“鮮支黄礫,蔣苧青薠。”[按]調不合,應歸下上。

㉜ 羜〔五月羔〕:[《廣韻》直吕切,上語,澄。]出生五個月的小羊。亦泛指未長大的小羊。《詩・小雅・伐木》:“既有肥羜,以速諸父。”毛傳:“五月生,未成羊也。”[按]調不合,應歸下上。

㉝ 攄〔舒也;摛也;又處去聲〕:[《廣韻》丑居切,平魚,徹。]1. 擴大散布;傳播。《韓非子・説疑》:“故内構黨與,外攄巷族,觀時發事,一舉而取國家。”陳奇猷集釋:“攄,布也,張也。外攄巷族,謂外張布其巷族以備舉事也。”2. 舒展。(漢)王逸《九思・守志》:“焉陳誠兮效忠,攄羽翮兮超俗。”《文選・班固〈答賓戲〉》:“卒不能攄首尾,奮翼鱗。”(唐)吕向注:“攄,舒也。”[按]原注“又處去聲”分明出於《字彙》,引用不當,應删。【字彙】抽居切,音樞。舒也。《增韻》摛也。又叶昌據切,處去聲。

㉞ 杼〔土,機~:梭也〕:[《廣韻》直吕切,上語,澄。]織機的梭子。《詩・小雅・大東》:“小東大東,杼柚其空。”(宋)朱熹集傳:“杼,持緯者也。”[按]聲、調不合,應歸地母下上。

㉟ 抒〔土,挹也;除也〕:[《廣韻》神與切,上語,船。][《廣韻》徐吕切,上語,邪。]1. 舀出;汲出。《詩・大雅・生民》“或舂或揄”,毛傳:“揄,抒臼也。”(唐)孔穎達疏:“謂抒米以出臼也。”2. 表達;發泄。《漢書・王褒傳》:“雖然,敢不略陳愚而抒情素!”(唐)顔師古注:“抒,猶泄也。”[按]聲、調不合,應歸時母下上。今泉俗讀[ͼsɯ]。

㊱ 褚〔~幕;又藏也〕:《正字通》:“褚,褚字之譌。”褚,[《廣韻》知吕切,上語,

知。]用綿裝衣服。亦指綿衣。《漢書·南粤傳》:“上褚五十衣,中褚三十衣,下褚二十衣,遺王。”(唐)顔師古注:“以綿裝衣曰褚。上中下者,綿之多少薄厚之差也。”【集韻】醜吕切……一曰製衣。【字彙】敞吕切,音杵。綿絮裝衣曰褚。

聲韻調	14 居 ɯ			
	下平ʎ^{24}	下上˨^{22}	下去˥˩^{41}	下入ʎ$^{\underline{24}}$
柳 l	閭〔鄉~;門~〕 廬〔舍也〕 驢〔似馬〕 秵〔臭草也〕① 藘〔茹~:可染絳〕② 蔞〔~蒿〕③	吕〔律~;又姓〕	慮〔謀思:憂~〕 鑢〔摩錯之器〕 屢〔頻數〕④ 嘍〔~~:呼豬聲〕⑤ 漯〔漸濕曰~〕	○
邊 p	○	○	○	○
求 k	渠〔溝~;大也;他人謂~〕 蕖〔芙~:荷也〕 蒁〔人名〕 朐〔左~:脯也〕⑥ 衢〔雲~;天~;四達曰~〕⑦ 璩〔環屬〕 腒〔乾雉也〕 絇〔履飾也;又去聲〕⑧ 瞿〔戟屬〕⑨ 琚〔耳環〕 醵〔斂錢共飲酒〕	巨〔大也〕 詎〔豈也〕 鉅〔~細:大也〕 距〔違也;至也〕 岠〔法也;止也〕 炬〔束蘆燒之〕 虡〔鐘磬之柎〕⑩ 拒〔捍也〕 踽〔~~:獨行〕⑪ 秬〔黑黍〕 簴〔懸鐘磬〕 粔〔~敉:蜜餅〕⑫	鋸〔刀~〕⑬ 踞〔~傲〕⑭ 遽〔急~〕 倨〔傲也〕⑮ 濾〔乾水也〕 具〔正,俱也〕⑯ 据〔拮~:動作〕⑰ 屨〔履也〕⑱ 瞿〔左右驚視也〕⑲	○
氣 k‘	○	○	墤〔堤塘〕⑳	○
地 t	除〔階也;又去也〕 滁〔水名〕 㾻〔癡~不達〕㉑ 篨〔籧~:竹席〕 儲〔副也;貯也〕㉒ 潴〔水名〕 躕〔踟~:不進〕 躇〔躊~〕 蒢〔藸草;渠~:地名〕	杼〔機之待緯〕	著〔明也;章~〕㉓ 莇〔草名〕㉔ 苗〔明也〕㉕ 齒〔同上〕 住〔止也;立也〕㉖ 筯〔食所用也〕 箸〔同上〕 注〔灌~;又意所~也〕㉗	○
普 p‘	○	○	○	○
他 t‘	鋤〔土,所以去穢草:~頭〕㉘ 耡〔耰~:去草也〕㉙	○	○	○

【校注】

① 秵〔臭草也〕:【玉篇】女魚切,音袽。臭草也。【字彙】女余切,音袽。臭草也。

② 藘〔茹~:可染絳〕:[《廣韻》落胡切,平模,來。]植物名。即蘆葦。《淮南子·修務訓》:"夫鴈順風以愛氣力,銜蘆而翔,以備矰弋。"【集韻】淩如切。一曰葦之未秀者。[按]今泉讀[꜀lɔ](落胡切),不讀[꜀lɯ](淩如切)。注:茹藘,即茜草,可作紅色染料。《詩經·出其東門》:縞衣茹藘,聊可與娱。

③ 蔞〔~蒿〕:[《廣韻》力朱切,平虞,來。]蔞蒿。《詩·周南·漢廣》:"翹翹錯薪,言刈其蔞。"(三國·吴)陸璣疏:"其葉似艾,白色,長數寸,高丈餘,好生水邊及澤中。正月根牙生旁莖,正白生食之,香而脆美。其葉又可蒸爲茹。"參見"蔞蒿"。[按]韻不合,應歸珠韻。

④ 屢〔頻數〕:參見本韻上去⑤"婁"。

⑤ 嘍〔~~:呼豬聲〕:【廣韻】良遇切。嘍嘍,吴人呼狗,方言也。【字彙】力遇切,音慮。嘍嘍,呼豬聲。[按]韻不合,應歸珠韻。

⑥ 朐〔左~:脯也〕:[《廣韻》其俱切,平虞,羣。]屈曲的肉脯。《儀禮·士虞禮》:"薦脯醢,設俎于薦東,朐在南。"(漢)鄭玄注:"朐,脯及乾肉之屈也。"【字彙】求於切,音渠。脯也。[按]韻不合,應歸珠韻。

⑦ 衢〔雲~;天~;四達曰~〕:[《廣韻》其俱切,平虞,羣。]大路;四通八達的道路。《左傳·昭公二年》:"尸諸周氏之衢,加木焉。"[按]韻不合,應歸珠韻。

⑧ 絇〔履飾也;又去聲〕:[《廣韻》其俱切,平虞,羣。][《廣韻》九遇切,去遇,見。]古時鞋頭上的裝飾,有孔,可穿繫鞋帶。《儀禮·士喪禮》:"乃屨,綦結于跗,連絇。"(漢)鄭玄注:"絇,屨飾如刀衣鼻,在屨頭上,以餘組連之,止足坼也。"[按]韻不合,應歸珠韻。

⑨ 瞿〔戟屬〕:[《廣韻》其俱切,平虞,羣。]古兵器名。戟屬。《書·顧命》:"一人冕執戣,立于東垂;一人冕執瞿,立于西垂。"(唐)孔穎達疏引(漢)鄭玄

曰:"戣、瞿,蓋今三鋒矛、鋭矛屬。"【字彙】求於切,音渠。姓也。又與"戵"同,戟屬。[按]韻不合,應歸珠韻。

⑩ 虡〔鐘磬之柎〕:[《廣韻》其吕切,上語,羣。]古時懸鐘鼓木架的兩側立柱。《詩·周頌·有瞽》:"設業設虡,崇牙樹羽。"[按]"虡",樋新編本誤作"虛",道光本、文德堂本、會文書莊本、市圖善本誤作"虞"。

⑪ 踽〔~~:獨行〕:[《廣韻》俱雨切,上麌,見。]獨行貌。參見"踽踽"。【字彙】居許切,音舉。踽踽,無所親之貌。[按]韻、調不合,應歸珠韻上上。

⑫ 粔〔~籹:蜜餅〕:【字彙】其吕切,音巨。粔籹,以蜜和米麵煎作之。杜詩:粔籹作人情。【集韻】臼許切。蜜餌也。[按]原注"~籹:蜜餅",樋新編本誤作"~籹以蜜餅",大版式本、道光本、文德堂本、市圖善本誤作"~枚:密餅"。據《集韻》,"蜜餅"有可能是"蜜餌"之形誤。

⑬ 鋸〔刀~〕:[《廣韻》居御切,去御,見。]剖開木料、石料、鋼材等的工具。主要部分是具有許多尖齒的薄鋼片。《墨子·備城門》:"門者,皆無得挾斧斤鑿鋸椎。"[按]調不合,應歸上去。

⑭ 踞〔~傲〕:[《廣韻》居御切,去御,見。]蹲。(漢)王延壽《王孫賦》:"蹝兔蹲而狗踞,聲歷鹿而喔咿。"[按]調不合,應歸上去。

⑮ 倨〔傲也〕:[《廣韻》居御切,去御,見。]傲慢不遜。《左傳·襄公二十九年》:"直而不倨。"(晉)杜預注:"倨,傲。"[按]調不合,應歸上去。

⑯ 具〔正,俱也〕:[《廣韻》其遇切,去遇,羣。]1. 供置。《書·盤庚中》:"茲予有亂政同位,具乃貝玉。"(清)孫星衍疏:"《釋詁》云,共具也……言有亂政之臣之位,惟知共具貨幣以致民俗奢侈。"……7. 盡;完全。《詩·小雅·節南山》:"民具爾瞻。"[按]韻不合,應歸珠韻。

⑰ 据〔拮~:動作〕:[《廣韻》九魚切,平魚,見。]參見"拮据"。【拮据】1. 勞苦操作;辛勞操持。《詩·豳風·鴟鴞》:"予手拮据。"(唐)陸德明釋文:"《韓詩》云:'口足爲事曰拮据。'"2. 艱難困頓;經濟窘迫。(唐)杜甫《秋日送石首薛明府辭滿告別三十韻》:"文物陪巡狩,親賢病拮据。"【字彙】斤於切,音居。

《詩・豳風》予手拮据。動作不輟之貌。[按]調不合,應歸上平。

⑱ 屨〔履也〕:[《廣韻》九遇切,去遇,見。]單底鞋。多以麻、葛、皮等製成。後亦泛指鞋。《周禮・天官・屨人》:"掌王及后之服屨。"(漢)鄭玄注:"複下曰舃,禪下曰屨。"【正字通】居禦切,音踞。履別名。【字彙】居禦切,音踞。革履。[按]據《廣韻》,韻、調不合,應歸珠韻上去。

⑲ 眗〔左右驚視也〕:【集韻】俱遇切。《說文》左右視也。【字彙】居禦切,音據。左右驚視也。[按]據《集韻》,調不合,應歸上去。

⑳ 堬〔堤塘〕:[《廣韻》其遇切,去遇,羣。]堤塘。《廣韻》:"堬,堤塘。"一說爲訛字。[按]聲、韻不合,應歸求母珠韻。

㉑ 瘀〔癡~不達〕:【廣韻】抽據切。癡瘀不達。又直魚切。瘀也。[按]聲、調不合,應歸他母上去。

㉒ 儲〔副也;貯也〕:[《廣韻》直魚切,平魚,澄。]1. 蓄積;儲存。《韓非子・十過》:"倉無積粟,府無儲錢,庫無甲兵,邑無守具。"……7. 副;輔佐。[按]今普通話變讀上聲,泉一樣變讀上上[ᶜtʻɯ]。

㉓ 著〔明也;章~〕:[《廣韻》陟慮切,去御,知。]明顯;顯著。《禮記・樂記》:"好惡著則賢不肖別矣。"[按]調不合,應歸上去。

㉔ 莇〔草名〕:【字彙】遲據切,音筯。草名,苟芑也。

㉕ 䂳〔明也〕:【集韻】箸、著、䂳,陟虑切。明也;立也。[按]調不合,應歸上去。

㉖ 住〔止也;立也〕:【集韻】株遇切。立也。[按]韻不合,應歸珠韻(參見珠韻争母下上)。因《字彙》注音而誤。【字彙】住,遲據切,音筯。停也;止也;立也;居也。

㉗ 注〔灌~;又意所~也〕:[《廣韻》之戍切,去遇,章。]流入;灌入。《詩・大雅・文王有聲》:"豐水東注,維禹之績。"【字彙】陟慮切,音著。灌注,水流射也。又眷注,意所注也。[按]據《廣韻》,聲、韻、調皆不合,應歸争母珠韻上去。表示該義今泉祇讀[tsuᵓ]。

㉘ 鋤〔土,所以去穢草：~頭〕：[《廣韻》士魚切,平魚,崇。]鬆土和除草用的農具。《尚書大傳》卷五:“耰鋤已藏,祈樂已入,歲事已畢,餘子皆入學。”[按]聲、韻不合,應歸争母高韻[꜀tsɔ],[꜀tɯ]實爲俗讀。今泉俗讀[꜀tɯ]或[꜀t‘ɯ]。

㉙ 耡〔耰~：去草也〕：同㉘鋤。

聲韻調	14 居 ɯ			
	下平˨˦ 24	下上˨˨ 22	下去˦˩ 41	下入˨˦ 24
争 ts	兹〔草盛也;此也〕 孶〔生息也〕 菑〔土,田一歲曰~〕 茨〔茅~;積也〕① 茞〔~菜;苞~〕② 緇〔黑紺色〕 紂〔同上〕 菹〔澤所生者〕 資〔賴也: 取~〕 咨〔謀也: ~嗟〕 孖〔雙生子曰~〕 葅〔以茅爲~〕 袾〔咒~: 詛也〕③ 孜〔~~: 勤也〕 侏〔~儒: 短小〕④ 齍〔~盛〕 薺〔蒺藜别名〕⑤ 玆〔黑也;此也〕⑥ 粢〔六穀曰~〕⑦ 粢〔同上〕 呰〔毁也;~婁: 郕地〕 訿〔同上〕 猪〔豕也,俗字〕⑧ 葿〔~菜〕 疽〔癰~〕⑨ 禂〔牲祭貌肥也〕⑩ 砠〔土山戴石〕⑪ 跦〔~~: 鳥跳行也〕⑫ 薋〔草多貌;又疾藜〕⑬ 錙〔土,~銖〕 硃〔石~〕⑭ 磁〔石可引鍼〕⑮ 瀦〔水停曰~〕⑯ 諸〔於也;語辭〕 劑〔《周禮》: 小市以~〕⑰ 孶〔古兹字〕 狙〔猴屬;狚也〕⑱ 潴〔澤名〕⑲ 雎〔~鳩: 水鳥〕⑳ 鄑〔邑名〕 貲〔財也〕 書〔解,讀~。~册也〕 抶〔止也〕㉑ 滋〔蕃也;益也〕 鎡〔鋤頭,田器〕 豬〔豕也〕㉒ 髭〔口上毛〕 沮〔水名〕 淄〔土,水名〕 餈〔稻餅〕 鄑〔城名〕 鼒〔鼎掩上小口者〕	子〔嗣也;息也〕 仔〔~肩: 克也〕 朿〔止也〕 梓〔楸也;櫝也〕 滓〔澱也;濁也〕 呰〔口毁也〕 渚〔土,小州曰~〕 礑〔硧~: 場外名〕 訾〔短也〕 煮〔土,烹也〕 紫〔黑赤間色〕 姊〔女兄也〕 姉〔同上〕 笫〔牀簀也〕 胏〔腊有骨〕 茈〔生薑曰~〕㉓ 紙〔土,楮也〕	字〔撫也;愛也;又文~〕	○
入 dz	○	茹〔食也;飤馬也〕㉔ 乳〔柔也;育也〕 粔〔粔~: 環餅〕㉕ 㶒〔魚敗〕 汝〔州名;爾也〕 女〔對我之稱〕	○	○

（續表）

聲韻調	14 居 ɯ			
	下平˨˦^{24}	下上˨˨^{22}	下去˦˩^{41}	下入˨˦^{24}
時 s	師〔先~;法也〕 書〔紀也;文~〕 偲〔~~:相切責也〕 思〔慮也;想也〕 斯〔此也;則也〕 撕〔提~〕	史〔~官:記事者〕 使〔令也;役也〕 暑〔熱也〕 黍〔粟屬,米組〕㉖ 徙〔移也:迁~〕 稰〔熟穫曰~〕 屣〔履也〕 蓰〔物數也,五倍曰~〕 癙〔病也;憂也〕	恕〔推己及人謂~〕 冣〔積也〕㉗	○
時 s	舒〔伸也;展也〕 私〔~心:不公〕 緦〔三月服〕 廝〔~役〕 𣎴〔門户疏窗〕 楒〔相思木〕 罳〔罘~:屏也〕 絲〔蠶所吐者〕 疋〔足也〕 伺〔候也;察也〕㉘ 紓〔緩也〕 瑹〔美玉;笏也〕 䚸〔清疏也〕㉙ 司〔主守也〕㉚ 澌〔水索也〕 鰓〔畏懼;~~:切也〕㉛ 廝〔析薪爲~〕㉜	死〔殁也;終也〕 𡿨〔同上〕 抒〔除也〕㉝ 鼠〔似獸而小,家中所有〕	○	○

【校注】

① 茨〔茅~;積也〕:［《廣韻》疾資切,平脂,從。］用茅草、蘆葦等蓋屋。《書·梓材》:"若作室家,既勤垣墉,惟其塗塈茨。"(唐)孔穎達疏:"茨,謂蓋覆也。"［按］調不合,應歸下平。

② 苴〔~菜;苞~〕:【字彙】子余切,音疽……又苴菜。

③ 袾〔咒~:詛也〕:【集韻】追輸切。詛也。［按］韻不合,應歸珠韻。

④ 侏〔~儒:短小〕:［《廣韻》章俱切,平虞,章。］短小。參見"侏儒"。［按］韻不合,應歸珠韻。

⑤ 薺〔蒺藜别名〕：[《廣韻》疾資切，平脂，從。]蒺藜。《説文・艸部》“薺”字下引《詩》：“牆有薺。”今本《詩・鄘風・墻有茨》作“茨”。（宋）朱熹集傳：“茨，蒺藜也。”[按]調不合，應歸下平。

⑥ 兹〔黑也；此也〕：同“茲”。兹，[《廣韻》子之切，平之，精。]代詞。此，這。《易・晉》：“受兹介福，于其王母。”又【廣韻】兹，胡涓切。《説文》曰：黑也。【漢語大字典】《説文》兹，黑也。從二玄。吴玉縉引經考：今經典兹黑、茲生字皆用茲，兹茲混用莫辨。[按]古時表示“黑”用“兹”，表示“此”用“茲”，兩字形、音、義皆不同，後世經典因字形相近常混用，傳統工具書也不例外。如【集韻】兹，津之切。《説文》黑也……一曰蓐也；此也。【字彙】兹，津私切，音咨。黑也；又此也……《六書正訛》通用“茲”，非。“兹〔黑也；此也〕”，樋新編本作“茲〔黑也；此也〕”，廖新校增本改作“兹〔蓐也；此也〕”。

⑦ 粢〔六穀曰~〕：【字彙】津私切，音咨。六穀曰粢。[按]“粢〔六穀曰~〕”，大版式本、道光本、文德堂本、市圖善本誤作“粢〔大穀曰~〕”。

⑧ 猪〔豕也，俗字〕：[《廣韻》陟魚切，平魚，知。]哺乳動物。頭大，鼻和嘴長，眼小耳大，脚短，身體肥。[按]聲不合，應歸地母。

⑨ 疽〔癰~〕：[《廣韻》七余切，平魚，清。]中醫指局部皮膚腫脹堅硬的毒瘡。《靈樞經・癰疽》：“熱氣淳盛，下陷肌膚，筋髓枯，内連五藏，血氣竭，當其癰下，筋骨良肉皆無餘，故命曰疽。”[按]聲不合，應歸出母。

⑩ 裯〔牲祭貎肥也〕：【集韻】追輸切。爲牲祭求肥充也。【字彙】專於切，音諸。爲牲祭求充肥也。[按]據《集廣》，聲、韻不合，應歸地母珠韻。原注亦有誤，諸本皆然。

⑪ 砠〔土山戴石〕：【集韻】子餘切。《爾雅》土戴石爲砠。又【集韻】七余切。《説文》石戴土也。

⑫ 跦〔~~：鳥跳行也〕：[《廣韻》陟輸切，平虞，知。]行貎。（宋）楊萬里《題劉伯山蕃殖圖》詩之二：“説似田家早收拾，一番風雨一番跦。”參見“跦跦”。【跦跦】跳行貎。《左傳・昭公二十五年》：“鸜鵒跦跦，公在乾侯，徵褰與襦。”（晉）

杜預注:"趎趎,跳行貌。"[按]據《廣韻》,韻不合,應歸珠韻。因《字彙》而誤。【字彙】專於切,音諸。鳥跳行貌。

⑬ 薋〔草多貌;又蒺藜〕:[《廣韻》疾資切,平脂,從。]1. 草多貌。引申爲把草積聚起來。《楚辭·離騷》:"薋菉葹以盈室兮,判獨離而不服。"2. 通"薺"。蒺藜。[按]調不合,應歸下平。

⑭ 硃〔石~〕:[《廣韻》章俱切,平虞,章。]硃砂的略稱。《醒世姻緣傳》第七二回:"面中傅粉,紫膛色的胸膛;嘴上塗硃,白玉般的牙齒。"[按]音不合,應歸珠韻;義亦不合。該音、義系源於《字彙》。【字彙】硃,專於切,音諸。石硃。但傳統辭書查無該詞,也查不到"硃"有此音。今泉州有"石珠"(讀[꜀tsu],不讀[꜀tsɯ])一詞,表示墊在柱子底下的珠形石。

⑮ 磁〔石可引鍼〕:[《集韻》牆之切,平之,從。]物體能吸引鐵、鎳、鈷等物質的性能。[按]調不合,應歸下平。

⑯ 瀦〔水停曰~〕:[《廣韻》陟魚切,平魚,知。]水停聚處。《周禮·地官·稻人》:"稻人,掌稼下地,以瀦畜水,以防止水,以溝蕩水。"(漢)鄭玄注:"偃瀦者,畜流水之陂也。"[按]聲不合,應歸地母,因《字彙》"知"、"章"不分而誤。【字彙】專於切,音諸。水所停曰瀦。

⑰ 劑〔《周禮》:小市以~〕:【康熙字典】《正韻》津私切……《周禮·地官·司市》:以質劑結信而止訟。注:質劑,謂兩書一札而別之也。若今下手書,言保物要還矣。疏:質劑謂券書。恐民失信,有所違負,故爲券書結之,使有信也。大市以質,小市以劑,故知質劑是券書。漢時下手書,即今畫指券,與古質劑同也。

⑱ 狙〔猴屬;狙也〕:[《廣韻》七余切,平魚,清。]獼猴。《莊子·齊物論》:"狙公賦芧,曰:'朝三而暮四。'衆狙皆怒。曰:'然則朝四而暮三。'衆狙皆悦。"[按]聲不合,應歸出母。

⑲ 潴〔澤名〕:同"瀦"。[按]聲不合,應歸地母。

⑳ 雎〔~鳩:水鳥〕:[《廣韻》七余切,平魚,清。]參見"雎鳩"。【雎鳩】鳥名。

[按]聲不合,應歸出母。但【字彙】子余切,音疽。雎鳩,水鳥。今普通話、泉州話均讀不送氣聲母。除廖新校增本外,其餘諸本"雎"皆錯爲"睢"。

㉑ 抾〔止也〕:【玉篇】止臾切。又章喻切。(義缺)。【字彙】止也。又專於切,音諸。【正字通】俗字。舊音注音諸,訓止,並非。

㉒ 豬〔豕也〕:[《廣韻》陟魚切,平魚,知。]哺乳動物。[按]聲不合,應歸地母。

㉓ 茈〔生薑曰~〕:[《廣韻》將此切,上紙,精。]1. 草名。參見"茈草"。2. 通"紫"。【茈薑】即紫薑。嫩薑。《史記・司馬相如列傳》:"茈薑蘘荷,葴橙若蓀。"(唐)司馬貞索隱引(北魏)張揖曰:"子薑也。"

㉔ 茹〔食也;飤馬也〕:[《廣韻》人諸切,平魚,日。][《廣韻》人渚切,上語,日。]吃;吞咽。《漢書・董仲舒傳》:"食於舍而茹葵。"(唐)顔師古注:"食菜曰茹。"【字彙】忍與切,音汝。飤馬也……又食也。[按]"茹"古有平、上兩讀,今泉讀陽平調[꜁lɯ]或[꜁lu](俗讀)。

㉕ 粔〔粔~:環餅〕:[《廣韻》尼吕切,上語,娘。]參見"粔籹"。【粔籹】古代的一種食品。以蜜和米麪,搓成細条,組之成束,扭作環形,用油煎熟,猶今之饊子。又稱寒具、膏環。《楚辭・招魂》:"粔籹蜜餌,有餦餭些。"(漢)王逸注:"言以蜜和米麪,熬煎作粔籹。"[按]聲不合,應歸柳母。但《字彙》有日母一讀:忍與切,音汝。粔籹,即環餅。

㉖ 黍〔粟屬,米細〕:[《廣韻》舒吕切,上語,書。]植物名。古代專指一種子實稱黍子的一年生草本作物。喜温暖,不耐霜,抗旱力極强。葉子綫形。子實淡黄色者,去皮後北方通稱黄米,性黏,可釀酒。其不黏者,别名穄,亦稱稷,可作飯。[按]原注"米細",樋新編本誤作"米組"。

㉗ 冣〔積也〕:[《集韻》從遇切,去遇,從。]同"聚"。聚集;積累。《墨子・號令》:"嚴令吏民無敢讙囂、三冣、并行。"岑仲勉注:"三冣,三人相聚。冣与聚通。"[按]調不合,應歸下去。

㉘ 伺〔候也;察也〕:[《廣韻》相吏切,去志,心。][《廣韻》息兹切,平之,心。]窺

伺;窺探;觀察。《荀子·王制》:"伺彊大之間,承彊大之敝,此彊大之殆時也。"［按］今泉讀上去調。

㉙ 䟽〔清疏也〕:【字彙】所菹切,音疎。清疏也。【漢語大字典】䟽,"䟽"的譌字。《廣韻·魚韻》䟽,青疏。周祖謨校勘記:䟽,當依《説文》作"䟽"。

㉚ 司〔主守也〕:【字彙】相咨切,音斯。主守也。［按］原注"主守也",樋新編本誤作"主司也",廖新校增本誤改作"主持也"。

㉛ 鰓〔畏懼;~~:切也〕:同"葸"。葸,[《廣韻》胥里切,上止,心。]亦作"鰓"。畏懼;膽怯。《論語·泰伯》:"恭而無禮則勞,慎而無禮則葸。"(三國·魏)何晏集解:"葸,畏懼之貌。"［按］調不合,應歸上上。

㉜ 廝〔析薪爲~〕:[《廣韻》息移切,平支,心。]古代幹粗活的男性奴隸或僕役。參見"廝役"、"廝養"、"廝輿"。【廝養】猶廝役。《戰國策·齊策五》:"士大夫之所匿,廝養士之所竊,十年之田而不償也。"(宋)鮑彪注:"廝,析薪養馬者。"《史記·張耳陳餘列傳》:"有廝養卒謝其舍中曰:'吾爲公説燕,與趙王載歸。'"(宋)裴駰集解引(三國·吴)韋昭曰:"析薪爲廝,炊烹爲養。"

㉝ 抒〔除也〕:[《廣韻》徐吕切,上語,邪。]解除;緩解。《左傳·文公六年》:"有此四德者,難必抒矣。"(晉)杜預注:"抒,除也。"

聲韻調	14 居 ɯ			
	下平˩˦ 24	下上˨˨ 22	下去˦˩ 41	下入˩˦ 24
争 ts	慈〔柔也;愛也〕 餈〔飯餅〕 薯〔番~;~莨,俗字〕①	○	自〔由也;己也〕 胾〔切肉曰~〕② 胔〔肉腐曰~〕 恣〔縱肆也〕③ 漬〔浸也〕 紊〔理絲也〕④ 殨〔死人骨也〕 剚〔插刀〕⑤	○
入 dz	如〔似也;若也〕 駕〔鶺鶉也〕 襦〔短衣也〕⑥ 筎〔竹皮爲~〕 藸〔~蘆:草也〕⑦ 臑〔嫩耎貌〕⑧ 洳〔沮~:水浸下濕之地〕⑨ 嚅〔聶~:多言〕⑩ 濡〔滯也〕⑪ 醹〔酒厚〕⑫	澤〔漸濕也〕⑬ 豎〔立也;直也;又童僕〕⑭	孺〔稚也;愛慕也〕⑮	○
時 s	徐〔緩也;安行也;又姓〕 詞〔言~〕 辭〔不受也;語~〕 辞〔同上,俗字〕 嗣〔繼~也;子孫也〕 祠〔宗~也;祭也〕	緒〔基~;統~〕 祀〔祭也:五~〕 序〔庠~;次~〕 竢〔立待也〕 藇〔美也〕⑯ 嶼〔海~〕 耜〔臿也:耒~〕⑰ 耔〔除草也〕⑱	葶〔草名〕⑲ 事〔世務曰~〕 四〔陰數〕⑳ 賜〔錫也:賞~〕㉑ 駟〔兩服馬;兩驂馬〕㉒ 絮〔敝綿也;調羹也〕㉓ 肆〔放也;陳也;俗作四也〕㉔ 戍〔守邊也〕㉕ 隸〔鼠名〕㉖ 飤〔以食食人〕㉗ 飼〔同上,俗字〕	○

（續表）

聲韻調	14 居 ɯ			
	下平˨˦ 24	下上˨˨ 22	下去˦˩ 41	下入˨˦ 24
時 s	蜍〔蟾~：即蝦蟆〕 蠩〔月中蟾~〕	仕〔出~：官也〕 似〔嗣也;類也〕　佀〔同上〕 敘〔陳也;述也〕 叙〔同上,古字〕 兕〔野牛也〕　嶼〔海中山〕 俟〔待也;大也〕 士〔學者之稱〕　涘〔水涯〕 洍〔水名〕	庶〔衆也;~幾〕㉘ 泗〔水名;涕~〕㉙ 殐〔埋棺之坎〕㉚ 柶〔角~〕㉛　粞〔糟也〕㉜ 笥〔竹器,箱屬〕㉝	○

【校注】

① 薯〔番~;~莨,俗字〕:［《廣韻》常恕切,去御,禪。］1. 亦作"藷"。甘薯、馬鈴薯等薯類作物的統稱。2. 參見"薯莨"、"薯蕷"。［按］聲、調不合,應歸時母下去。"薯"應爲訓讀字,本字不明。今泉亦讀[꜀tsɯ]。

② 胾〔切肉曰~〕:［《廣韻》側吏切,去志,莊。］切成大塊的肉。《禮記·曲禮上》:"凡進食之禮,左殽右胾。"(漢) 鄭玄注:"殽,骨體也;胾,切肉也……殽在俎,胾在豆。"(唐) 陸德明釋文:"胾,大臠。"［按］調不合,應歸上去。

③ 恣〔縱肆也〕:［《廣韻》資四切,去至,精。］放縱;放肆。《吕氏春秋·適威》:"驕則恣,恣則極物。"［按］調不合,應歸上去。

④ 絘〔理絲也〕:【集韻】資四切。理絲也。［按］調不合,應歸上平。

⑤ 剚〔插刀〕:［《廣韻》側吏切,去志,莊。］插。(宋) 洪邁《夷堅丁志·葉克己》:"燒通赤火箸,剚入尾閭六七寸。"［按］調不合,應歸上去。

⑥ 襦〔短衣也〕:［《廣韻》人朱切,平虞,日。］短衣;短襖。襦有單、複,單襦則近乎衫,複襦則近襖。《莊子·外物》:"未解裙襦,口中有珠。"［按］韻不合,應歸珠韻。因《字彙》而誤。【字彙】人余切,音如。短衣也。

⑦ 蒘〔~蘆：草也〕：[《廣韻》人諸切，平魚，日。]麻絮。《史記·張釋之馮唐列傳》："以北山石爲椁，用紵絮斮陳，蒘漆其間。"【字彙】人余切，音如。蒘蘆，草也。

⑧ 臑〔嫩耎貌〕：[《廣韻》人朱切，平虞，日。]嫩軟貌。《楚辭·招魂》："肥牛之腱，臑若芳些。"（宋）洪興祖補注："臑，嫩耎皃。"[按]韻不合，應歸珠韻。因《字彙》而誤。【字彙】人余切，音如。嫩耎貌。

⑨ 洳〔沮~：水浸下濕之地〕：[《廣韻》人恕切，去御，日。]潮濕。（唐）柳宗元《閔生賦》："壤汙潦以墳洳兮，蒸沸熱而恒昏。"[按]調不合，應歸下去。因《字彙》而誤。【字彙】人余切，音如。沮洳，水浸下濕之地。

⑩ 嚅〔聶~：多言〕：[《廣韻》人朱切，平虞，日。]細語貌。參見"囁嚅"。【嚅囁】說話吞吞吐吐的樣子。（宋）沈遼《德相送荆公三詩用元韻戲爲之》："世人所欽慕，有口空嚅囁。"[按]韻不合，應歸珠韻。因《字彙》而誤。【字彙】人余切，音如。囁嚅，多言。

⑪ 濡〔滯也〕：[《廣韻》人朱切，平虞，日。]停留；遲緩。參見"濡滯"。【濡滯】停留；遲延；遲滯。《孟子·公孫丑下》："三宿而後出晝，是何濡滯也！"（漢）趙岐注："濡滯，淹久也。"[按]韻不合，應歸珠韻。因《字彙》而誤。【字彙】人余切，音如。沾濡，又滯也。

⑫ 醹〔酒厚〕：[《廣韻》人朱切，平虞，日。]醇厚的酒。《詩·大雅·行葦》："曾孫維主，酒醴維醹。"毛傳："醹，厚也。"[按]韻不合，應歸珠韻。因《字彙》而誤。【字彙】人余切，音如。酒厚。

⑬ 澤〔漸濕也〕：【集韻】如倨切。《説文》漸濕也。[按]調不合，應歸下去。因《字彙》而誤。【字彙】人庶切，孺上聲。漸濕也。

⑭ 豎〔立也；直也；又童僕〕：[《廣韻》臣庾切，上麌，禪。]1. 直立；樹立。《後漢書·靈帝紀》："冬十月壬午，御殿後槐樹自拔倒豎。"……6. 小孩。（清）俞樾《春在堂隨筆》卷九："依然一室話喁喁，浮海乘桴婦豎從。"【康熙字典】《正韻》殊遇切。《通鑑》："麗涓曰：遂成豎子之名。"（宋）胡三省讀去聲。[按]聲不

合,應歸時母下上或下去。因《字彙》而誤。【字彙】忍與切,如上聲。立也;直也;又童僕。

⑮ 孺〔稚也;愛慕也〕:【集韻】汝朱切。幼弱也。[《廣韻》而遇切,去遇,日。]1. 幼小。《文選・班固〈幽通賦〉》:"嬀巢姜於孺筮兮,旦筭祀于契龜。"(唐)李善注引(漢)應劭曰:"孺,小也。"……3. 親近;親慕。《詩・小雅・常棣》:"兄弟既具,和樂且孺。"毛傳:"孺,屬也。"[按]韻不合,應歸珠韻。因《字彙》同音字"汝"而誤。【字彙】而遇切,汝去聲。稚也;孺者,親慕之意。今泉讀"汝朱切"[˛lu]。

⑯ 藇〔美也〕:[《廣韻》徐吕切,上語,邪。]酒美。《詩・小雅・伐木》:"伐木許許,釃酒有藇。"【字彙】象吕切,音序。美也。

⑰ 耜〔臿也;耒~〕:[《廣韻》詳里切,上止,邪。]1. 耒下鏟土的部件,初以木製,後以金屬製作,可拆卸置换。一説耒、耜爲獨立的兩種翻土農具。《易・繫辭下》:"神農氏作,斲木爲耜,揉木爲耒。"2. 泛指農具。《詩・豳風・七月》:"三之日于耜。"(宋)朱熹集傳:"于耜,言往修田器也。"參見"耒耜"。【耒耜】古代耕地翻土的農具。耒是耒耜的柄,耜是耒耜下端的起土部分。《禮記・月令》:"〔孟春之月〕天子親載耒耜,措之于參保介之御間。"(漢)鄭玄注:"耒,耜之上曲也。"[按]"耜",大版式本、道光本、文德堂本、會文書莊本、市圖善本均誤作"耟";"耒~",樋新編本誤作"來~",大版式本、文德堂本、會文書莊本、市圖善本誤作"禾~",道光本誤作"禾"。

⑱ 耔〔除草也〕:[《廣韻》即里切,上止,精。]亦作"秄"。給植物根部培土。《詩・小雅・甫田》:"今適南畝,或耘或耔,黍稷薿薿。"毛傳:"耔,雝本也。"[按]聲、調皆不合,應歸争母上上。義亦不合,疑因《字彙》而誤。【字彙】耔,俗"秄"字。《詩・小雅》:"今適南畝,或耘或耔。"耘,除草也。耔,壅禾根也。【字彙】秄,奬里切,音子。壅禾本也。[按]"耔",除大版式本漫漶不清外,道光本、文德堂本、會文書莊本、市圖善本皆誤作"耔"。

⑲ 萮〔草名〕:【玉篇】夕預切。草。【正字通】雪預切,音序。草名。[按]調不合,應歸上去。因《字彙》反切上字"徐"而誤。【字彙】萮,徐預切,音序。草名。

⑳ 四〔陰數〕：［《廣韻》息利切，去至，心。］數詞。三加一所得。《書·文侯之命》："用賚爾秬鬯一卣，彤弓一，彤矢百，盧弓一，盧矢百，馬四匹。"［按］調不合，應歸上去。

㉑ 賜〔錫也：賞~〕：［《廣韻》斯義切，去寘，心。］賞賜；給予。《禮記·少儀》："其以乘壺酒、束脩、一犬賜人。"（漢）鄭玄注："於卑者曰賜。"［按］調不合，應歸上去。

㉒ 駟〔兩服馬；兩驂馬〕：［《廣韻》息利切，去至，心。］古代一車套四馬，因以稱駕一車之四馬或四馬所駕之車。《管子·七臣七主》："瑶臺玉餔不足處，馳車千駟不足乘。"［按］調不合，應歸上去。

㉓ 絮〔敝綿也；調羹也〕：［《廣韻》息據切，去御，心。］粗絲綿。《急就篇》卷二："絳緹絓紬絲絮綿。"（唐）顏師古注："漬繭擘之，精者爲綿，粗者爲絮。今則謂新者爲綿，故者爲絮。"［按］調不合，應歸上去。原注作"調羹"解的"絮"讀音不同。［《廣韻》抽據切，去御，徹。］調拌；調製。（唐）白居易《和微之三月三十日四十韻》："魚鱠芥醬調，水葵鹽豉絮。"

㉔ 肆〔放也；陳也；俗作四也〕：［《廣韻》息利切，去至，心。］1. 顯明；顯示。《易·繫辭下》："其旨遠，其辭文，其言曲而中，其事肆而隱。"（晉）韓康伯注："事顯而理微也。"2. 不受拘束；縱恣。《左傳·昭公十二年》："昔穆王欲肆其心，周行天下。"3. 陳設；鋪開。《詩·大雅·行葦》："戚戚兄弟，莫遠具爾，或肆之筵，或授之几。"毛傳："肆，陳也。"［按］調不合，應歸上去。

㉕ 戍〔守邊也〕：［《廣韻》傷遇切，去遇，書。］守邊；防守。《詩·王風·揚之水》："彼其之子，不與我戍申。"毛傳："戍，守也。"【字彙】商遇切，音恕。守邊也。［按］韻、調不合，應歸珠韻上去。

㉖ 隸〔鼠名〕：【康熙字典】《五音集韻》息利切，音四。俗"貄"字。鼠名。［按］調不合，應歸上去。

㉗ 飤〔以食食人〕：【廣韻】祥吏切。食也。【字彙】詳恣切，音寺。以食食人也。（漢）東方朔《七諫》子推自剖而飤君。

㉘ 庶〔衆也;~幾〕:[《廣韻》商署切,去御,書。]1. 衆多。《詩·小雅·小明》:“念我獨兮,我事孔庶。”(漢)鄭玄箋:“庶,衆也。”……5. 將近;差不多。《左傳·昭公十六年》:“宣子喜曰:‘鄭其庶乎!’”(晉)杜預注:“庶幾於興盛。”[按]調不合,應歸上去。

㉙ 泗〔水名;涕~〕:[《廣韻》息利切,去至,心。]1. 鼻涕。《詩·陳風·澤陂》:“寤寐無爲,涕泗滂沱。”毛傳:“自目曰涕,自鼻曰泗。”……3. 古水名。源於今山東省泗水縣東,四源並發,故名。《孟子·滕文公上》:“決汝漢,排淮泗而注之江。”[按]調不合,應歸上去。

㉚ 肂〔埋棺之坎〕:[《廣韻》息利切,去至,心。]假葬;暫厝。亦指埋棺之坎。《儀禮·士喪禮》:“掘肂見衽。”(漢)鄭玄注:“肂,埋棺之坎也。”[按]調不合,應歸上去。

㉛ 柶〔角~〕:[《廣韻》息利切,去至,心。]古代禮器。用角、木等材料製成,形狀和功用如匙,用以舀取食物。《儀禮·士冠禮》:“側尊一甒,醴在服北,有篚實,勺、觶、角柶。”(漢)鄭玄注:“柶,狀如匕,以角爲之者,欲滑也。”[按]調不合,應歸上去。

㉜ 粞〔糟也〕:【集韻】息利切。糟也。[按]調不合,應歸上去。

㉝ 笥〔竹器,箱屬〕:[《廣韻》相吏切,去志,心。]盛衣物或飯食等的方形竹器。《書·説命中》:“惟衣裳在笥,惟干戈省厥躬。”[按]調不合,應歸上去。

聲韻調	14 居 ɯ			
	下平˩˧^{24}	下上˨^{22}	下去˥˩^{41}	下入˩˧^{24}
英 ∅	於〔語辭;即也〕① 扵〔俗字〕 ⿰王於〔玉名〕 邘〔國名〕② 于〔於也;行也〕③ 歟〔疑辭〕 欤〔俗字〕 璵〔璠~〕 畬〔二歲所治之田〕 ⿱穴盧〔穴也〕 扜〔持也〕④ 淤〔泥澱〕	與〔施~:及也〕 傴〔~僂:不伸也〕⑤ 噢〔~咻:痛念聲〕⑥ ⿰忄與〔行步安舒〕 ⿱與心〔敬貌〕 斞〔量名〕⑦ 㼌〔微弱也〕⑧ ⿱穴汪〔惰也;邪也〕⑨ 窳〔器中空也〕⑩ ⿸广㼌〔嬾也〕⑪ 与〔古字〕 舁〔同上〕	嫗〔煦~:天氣〕⑫ ⿱大言〔俗字〕⑬	○
文 b	○	○	○	○
語 g	湡〔齊藪名〕⑭ ⿱奴糸〔敝緼也;塞也〕⑮	語〔言~〕 圉〔掌馬者〕 圄〔囹~:以拘罪人〕 敔〔柷~:樂器〕 俁〔大也〕⑯ 麌〔麌鹿相聚〕⑰ 噳〔口相聚也〕⑱	馭〔使馬也〕	○
出 ts‘	雌〔鳥母〕 ⿰石此〔~黃:石也〕 縒〔參~:亂貌〕 蒭〔苾~〕⑲ 芻〔草也,牛羊所食〕⑳ 嵯〔嵾~:不齊〕	此〔彼之對也〕 處〔居也:~置〕 佌〔~~:小也〕 玼〔玉色鮮潔〕 杵〔臼~;舂~〕 処〔止也,俗〕 癙〔~憂:幽憂〕 鼠〔土音,鳥~〕	次〔~第;亞也〕	○
喜 h	虛〔空也;孤也〕 噓〔吹~〕 墟〔大丘也;故城〕 虗〔俗字〕 欨〔以口吹~〕㉑ ⿱艹許〔蛇床:藥名〕㉒ 芋〔大也〕㉓ 歔〔欷~:悲泣也〕	許〔可也;與也〕㉔ 訏〔大也〕㉕ 詡〔大言也〕㉖ 冔〔冠名〕㉗ 栩〔柞櫟也〕㉘ ⿰火乇〔火聲〕㉙	呴〔~~:言語順〕㉚	○

【校注】

① 於〔語辭;即也〕:[《廣韻》央居切,平魚,影。]爲(wéi)。《老子》:"大道氾兮……衣養萬物而不爲主,常無欲,可名於小;萬物歸焉而不爲主,可名爲大。"

【字彙】衣虛切,音迂。語辭,與“于”同。又即也。

② 邘〔國名〕:[《廣韻》羽俱切,平虞,云。]古諸侯國名。周武王子邘叔之封地。春秋時爲鄭邑。在今河南沁陽西北邘臺鎮。[按]韻、調不合,應歸珠韻下平。

③ 于〔於也;行也〕:[《廣韻》羽俱切,平虞,云。]往;去。《書·大誥》:“予惟以爾庶邦于伐殷逋播臣。”孔傳:“用汝衆國往伐殷逋亡之臣。”[按]韻、調不合,應歸珠韻下平。因《字彙》注音而誤。【字彙】雲俱切,音予。於也。

④ 扜〔持也〕:[《廣韻》億俱切,平虞,影。]挽;張。《山海經·大荒南經》:“有人方扜弓射黃蛇,名曰蜮人。”(晉)郭璞注:“扜,挽也,音紆。”[按]韻不合,應歸珠韻。因《字彙》注音而誤。【字彙】衣虛切,音於。指麾,又持也。

⑤ 傴〔~僂:不伸也〕:[《廣韻》於武切,上麌,影。]曲背;彎腰。《左傳·昭公七年》:“一命而僂,再命而傴,三命而俯,循牆而走,亦莫余敢侮。”[按]韻不合,應歸珠韻。因《字彙》注音而誤。【字彙】於語切,於上聲。傴僂,不伸也。

⑥ 噢〔~咻:痛念聲〕:[《廣韻》於武切,上麌,影。]參見“噢咻”。【噢咻】謂撫慰病痛。(唐)陸贄《奉天請罷瓊林大盈二庫狀》:“瘡痛呻吟之聲,噢咻未息;忠勤戰守之效,賞賚未行。”[按]韻不合,應歸珠韻。因《字彙》注音而誤。【字彙】於語切,於上聲。噢咻,痛念之聲。

⑦ 斞〔量名〕:[《廣韻》以主切,上麌,以。]古量器。亦爲量度單位。其量未明。《周禮·考工記·弓人》:“九和之弓,角與幹權……絲三邸,漆三斞。”(漢)鄭玄注:“斞,輕重未聞。”[按]韻不合,應歸珠韻。因《字彙》注音而誤。【字彙】弋渚切,音與。量名。

⑧ 㼌〔微弱也〕:【集韻】勇主切。《說文》本不勝末,微弱也。[按]韻不合,應歸珠韻。因《字彙》同音字“與”而誤。【字彙】以主切,音與。本不勝末,微弱也。

⑨ 窳〔惰也;邪也〕:【類篇】勇主切。污窬也。【廣韻】同“窳”。以主切。器空中;亦病也。[按]韻不合,應歸珠韻。因《字彙》注音而誤。【字彙】同“窳”。

窳,弋渚切,音與。器中空也……又惰也;惡也;邪也。

⑩ 窳〔器中空也〕:[《廣韻》以主切,上麌,以。]1. 凹陷;低下。《史記・孔子世家》"生而首上圩頂,故因名丘云",(唐)司馬貞索隱:"圩頂,言頂上窳也,故孔子頂如反宇。"……6. 謂器中空空。(明)劉基《久雨壞牆園蔬盡壓悵然成詩》:"囊槖罄留儲,釜甑恒若窳。"[按]韻不合,應歸珠韻。因《字彙》注音而誤。【字彙】弋渚切,音與。器中空也。

⑪ 窳〔嬾也〕:【集韻】勇主切。嬾也。[按]韻不合,應歸珠韻。因《字彙》注音而誤。【字彙】弋渚切,音與。嬾也。

⑫ 嫗〔煦~:天氣〕:[《廣韻》衣遇切,去遇,影。]【煦嫗】温暖;暖和。(唐)白居易《歲暮》詩:"加之一盃酒,煦嫗如陽春。"[按]韻不合,應歸珠韻。因《字彙》注音而誤。【字彙】依據切,於去聲。煦嫗,天以氣煦,地以形嫗。原注亦據《字彙》釋義"天以氣煦"省略而誤。

⑬ 䛪〔俗字〕:【字彙】俗"譽"字。

⑭ 湡〔齊藪名〕:【廣韻】遇俱切。齊藪名。[按]韻、調不合,應歸珠韻下平。因《字彙》注音而誤。【字彙】牛居切,音魚。齊藪名。

⑮ 絮〔敝緼也;塞也〕:【集韻】女居切。《説文》絜緼也。一曰敝絮。[按]聲、調不合,應歸柳母下平。

⑯ 俁〔大也〕:[《廣韻》虞矩切,上麌,疑。]大。(清)陳夢雷《抒哀賦》:"悔弱齡而志俁兮,神瞢瞢於天宇。"[按]韻不合,應歸珠韻。

⑰ 麌〔麌鹿相聚〕:[《廣韻》虞矩切,上麌,疑。]群聚貌。(唐)杜甫《朝享太廟賦》:"熙事莽而充塞,羣心麌以振蕩。"[按]韻不合,應歸珠韻。

⑱ 噳〔口相聚也〕:[《廣韻》虞矩切,上麌,疑。]參見"噳噳"。【噳噳】群獸相聚貌。《詩・大雅・韓奕》:"魴鱮甫甫,麀鹿噳噳。"毛傳:"噳噳然衆也。"[按]韻不合,應歸珠韻。因《字彙》注音而誤。【字彙】偶許切,音語。鹿群口相聚也。

⑲ 蒭〔苾~〕:【字彙】楚俱切,音初。苾蒭,梵語謂僧也。【漢語大詞典】

【苾芻】亦作“苾蒭”。即比丘。本西域草名,梵語以喻出家的佛弟子。爲受具足戒者之通稱。(唐) 玄奘《大唐西域記·僧訶補羅國》:“大者謂苾芻,小者稱沙彌。”[按]韻不合,應歸高韻。

⑳ 芻〔草也,牛羊所食〕:[《廣韻》測隅切,平虞,初。]飼草。《孟子·公孫丑下》:“今有受人之牛馬而爲之牧之者,則必爲之求牧與芻矣;求牧與芻而不得,則反諸其人乎?”[按]韻不合,應歸高韻。今泉讀[꜀tsʻɔ]。

㉑ 欨〔以口吹~〕:[《廣韻》況于切,平虞,曉。]吹氣使温暖。《説文·欠部》:“欨,吹也。”(清) 李調元《卍齋瑣録》卷一:“《六書故》:欨,温吹也。凡歆、翕、歙、呷、飲,皆内氣也;欶、歔、欨、呼、呵,皆出氣也。廣陋輕重象其聲。欨呵爲陽,吹呼爲陰,欲嚅者欨之,欲凉者吹之。通作‘煦’。”[按]韻不合,應歸珠韻。因《字彙》注音而誤。【字彙】況于切,音虛。以口吹欨之也。

㉒ 蕍〔蛇床:藥名〕:【集韻】匈于切。藥草,蛇牀也。[按]韻不合,應歸珠韻。因《字彙》注音而誤。【字彙】休居切,音盱。藥名,蛇牀也。

㉓ 芋〔大也〕:【集韻】匈于切。《博雅》大也。[按]韻不合,應歸珠韻。因《字彙》注音而誤。【字彙】休居切,音虛。《博雅》大也。

㉔ 許〔可也;與也〕:[《廣韻》虚吕切,上語,曉。]1. 應允;許可。《書·金縢》:“爾之許我,我其以璧與珪歸,俟爾命;爾不許我,我乃屏璧與珪。”……4. 應允給予;貢獻。(宋) 陸游《觀長安城圖》詩:“許國雖堅鬢已斑,山南經歲望南山。”[按]原注“與也”不確。【字彙】許,虛吕切,虛上聲。約與之也;可也。

㉕ 訏〔大也〕:【集韻】火羽切。訏訏,大也。[按]韻不合,應歸珠韻。因《字彙》注音而誤。【字彙】休居切,音虛……又大也……又虛宜切,音許。

㉖ 詡〔大言也〕:[《廣韻》況羽切,上麌,曉。]出言敏捷而氣壯。《禮記·少儀》:“賓客主恭,祭祀主敬,喪事主哀,會同主詡。”(漢) 鄭玄注:“詡,謂敏而有勇。”[按]韻不合,應歸珠韻。因《字彙》注音而誤。【字彙】虛吕切,音許。大言也。

㉗ 冔〔冠名〕:[《廣韻》況羽切,上麌,曉。]殷代冠名。《儀禮·士冠禮》:“周

弁，殷冔，夏收。”[按]韻不合，應歸珠韻。因《字彙》注音而誤。【字彙】凨吕切，音許。商冠名。

㉘ 栩〔柞櫟也〕：[《廣韻》況羽切，上麌，曉。]木名。櫟的别名。《詩·唐風·鴇羽》：“肅肅鴇羽，集于苞栩。”（三國·吴）陸璣疏：“栩，今柞櫟也。徐州謂櫟爲杼。或謂之栩。其子爲皁或言皁斗，其殼爲汁，可以染皁。今京洛及河内多言杼汁，或云橡斗。”[按]韻不合，應歸珠韻。因《字彙》注音而誤。【字彙】虚吕切，音許。柞櫟也。

㉙ 烍〔火聲〕：[《廣韻》陟駕切，去禡，知。]火聲。[按]“烍”爲多音字，義對音不合，該音當來自《字彙》。燠，古作“烍”。【集韻】燠、烍，乙六切。熱也。【字彙】燠，於語切，於上聲……燠咻，痛念之聲。

㉚ 呴〔~~：言語順〕：[《廣韻》香句切，去遇，曉。]1. 嘘氣；哈氣。《莊子·大宗師》：“泉涸，魚相與處於陸，相呴以濕，相濡以沫。”（唐）成玄英疏：“於是吐沫相濡，呴氣相濕。”2. 和悦。參見“呴呴”。【呴呴】温和貌。（漢）劉向《新序·善謀下》：“項王見人恭謹，言語呴呴。”《南史·宋建平王景素傳》：“〔景素〕與人言呴呴，常恐傷其情。”[按]韻不合，應歸珠韻。因《字彙》注音而誤。【字彙】許御切，音煦……又呴呴，言語順貌。

聲韻調	14 居 ɯ			
	下平˩[24]	下上˧[22]	下去˦[41]	下入˩[24]
英 ø	餘〔殘也;饒也〕 輿〔車~〕 旟〔鳥隼爲~〕 礜〔馬行疾徐〕 予〔我也〕 余〔同上〕	○	譽〔名~〕 飫〔厭也;飽也〕① 饇〔飽也;燕食〕② 悆〔喜也〕 瘀〔血壅病〕③ 預〔及也;于也〕 豫〔悦也;備也〕 䫻〔佚也;厭也〕④ 鸒〔烏也〕 棜〔尊器〕⑤	○
文 b	○	○	○	○
語 ɡ	魚〔鱗物總名〕 鱻〔雙魚也〕 漁〔捕魚者〕 娛〔樂也〕⑥ 嵎〔~峓:日出處〕⑦	○	御〔侍也;治也〕 淤〔理也;進也〕⑧ 禦〔止也;拒也〕 寓〔寄也;托也〕⑨	○
出 ts‘	疵〔病也;瑕~〕⑩	○	佽〔便利也;比也;助也〕⑪ 閆〔直開也〕⑫ 耝〔耕而起土〕⑬ 刺〔諷~;譏~〕⑭ 莿〔草木針也〕⑮	○
喜 h	魚〔解,~蝦〕	○	酗〔亂於酒〕⑯ 酗〔醉怒也〕 煦〔和~;温也〕⑰ 詐〔虎~:續斷也〕⑱ 爔〔炎帝〕⑲	○

【校注】

① 飫〔厭也;飽也〕:[《廣韻》依倨切,去御,影。]1. 古代家族的私宴名。《詩·小雅·常棣》:"儐爾籩豆,飲酒之飫。"毛傳:"飫,私也。"……4. 飽食。《文選·左思〈吴都賦〉》:"於是樂只衎而歡飫無匱,都輦殷而四奥來暨。"(唐)吕向注:"飽而飲酒曰飫。"……6. 足;飽。《楚辭·嚴忌〈哀時命〉》:"時厭飫而不用兮,且隱伏而遠身。"(宋)朱熹集注:"厭飫,自足而不樂見聞之意也。"[按]調不合,應歸上去。

② 饇〔飽也;燕食〕:同①飫。

③ 瘀〔血壅病〕:[《廣韻》依倨切,去御,影。]血液凝積。《説文·疒部》:"瘀,

積血也。”（清）段玉裁注：“血積於中之病也。”［按］調不合，應歸上去。

④ 豫〔佚也；厭也〕：“預”俗字。【字彙】羊去切，音預。先也；安也；佚也；怠也；厭也。［按］原注“佚”，除廖新校增本外，其餘諸本皆誤作“失”。

⑤ 棜〔尊器〕：［《廣韻》依倨切，去御，影。］古代禮器。爲長方形的木承盤。《儀禮·既夕禮》：“設棜于東堂下，南順，齊于坫，饌于其上。”［按］調不合，應歸上去。

⑥ 娛〔樂也〕：［《廣韻》遇俱切，平虞，疑。］歡樂；戲樂。《詩·鄭風·出其東門》：“縞衣茹藘，聊可與娛。”毛傳：“娛，樂也。”［按］韻不合，應歸珠韻。因《字彙》注音而誤。【字彙】牛居切，音魚。樂也；歡娛。

⑦ 嵎〔~峓：日出處〕：［《廣韻》遇俱切，平虞，疑。］山勢曲折險峻處。《孟子·盡心下》：“有衆逐虎。虎負嵎，莫之敢攖。”【嵎夷】古代指山東東部濱海地區。《書·堯典》：“分命羲仲，宅嵎夷，曰暘谷 。”孔傳：“東表之地稱嵎夷。”（唐）陸德明釋文：“馬曰：嵎，海嵎也；夷，萊夷也。”［按］韻不合，應歸珠韻。因《字彙》注音而誤。【字彙】牛居切，音魚。嵎峓，日出處。

⑧ 御〔理也；進也〕：【字彙】御，魚據切，音御。理也；進也。［按］同“御”字。

⑨ 寓〔寄也；托也〕：［《廣韻》牛具切，去遇，疑。］寄托。《莊子·齊物論》：“唯達者知通爲一，爲是不用而寓諸庸。”（唐）成玄英疏：“寓，寄也。”［按］韻不合，應歸珠韻。因《字彙》注音而誤。【字彙】魚據切，音馭。寄也；托也。

⑩ 疵〔病也；瑕~〕：［《廣韻》疾移切，平支，從。］1. 小病。《素問·本病論》：“民病温疫，疵發風生。”2. 引申爲過失，缺點。《易·繫辭上》：“悔吝者，言乎其小疵也。”

⑪ 佽〔便利也；比也；助也〕：［《廣韻》七四切，去至，清。］1. 助。《詩·唐風·杕杜》：“人無兄弟，胡不佽焉。”毛傳：“佽，助也。”2. 通“次”。排列有序。《詩·小雅·車攻》：“決拾既佽，弓矢既調。”（漢）鄭玄箋：“佽，謂手指相佽比也。”（唐）孔穎達疏：“手指相比次而後射得和利。”［按］調不合，應歸上去。

⑫ 閦〔直開也〕：【廣韻】丑注切。直開也。【字彙】昌據切，處去聲。直開

也。[按]據《廣韻》,聲、韻、調皆不合,應歸他母珠韻上去;據《字彙》,調不合,應歸上去。

⑬ 耝〔耕而起土〕:【集韻】七慮切。耕而土起謂之耝。【字彙】七慮切,音覰。耕而起土謂之耝。[按]調不合,應歸上去。

⑭ 刺〔諷~;譏~〕:[《廣韻》七賜切,去寘,清。]諷刺。《詩·魏風·葛屨》:"維是褊心,是以爲刺。"余冠英注:"刺,譏刺也。"[按]調不合,應歸上去。

⑮ 莿〔草木針也〕:[《廣韻》七賜切,去寘,清。]草木的芒刺。《説文·艸部》:"莿,茦也。"[按]調不合,應歸上去。

⑯ 酗〔亂於酒〕:[《廣韻》香句切,去遇,曉。]沉迷於酒;醉而發怒。《書·微子》:"我用沈酗于酒,用亂敗厥德于下。"[按]韻、調不合,應歸珠韻上去。因《字彙》注音而誤。【字彙】與"酌"同。【字彙】酌,許禦切,虛去聲。醉怒也。

⑰ 煦〔和~;温也〕:[《廣韻》香句切,去遇,曉。]温暖。(漢)揚雄《太玄·釋》:"陽氣和震圜煦,物咸税其枯,而解其甲。"(晉)范望注:"圜,陽氣形勢也。煦,暖也。謂陽氣温暖,萬物咸税枯解甲而生於太陽之中也。"[按]韻、調不合,應歸珠韻上去。因《字彙》注音而誤。【字彙】虚吕切,音許。和煦也;又烝也;温也。○又去聲,許禦切。義同。

⑱ 蒣〔虎~:續斷也〕:【集韻】喜語切。虎蒣,藥草,續斷也。【字彙】虎蒣,即續斷也。[按]調不合,應歸上上。

⑲ 鄦〔炎帝〕:【集韻】鄦、鄦,喜語切。《説文》炎帝太嶽之胤,甫侯所封,在潁川或作"鄦",通作"許"。【漢語大詞典】鄦,同"許"。古國名。周初分封的諸侯國。故地在今河南省許昌市東南。[按]調不合,應歸上上。原注釋義不完整,苟省致誤。《説文》引文原意是許國的許,其實應寫作"鄦"。

15 珠

聲韻調	15 珠 u/uʔ			
	上平˧33	上上˥55	上去˦˩41	上入˥5
柳 l	㊁攎①	屢〔土音，數也〕②		㊁踀〔~足〕③
邊 p	㊁㸬④		富〔有財也〕	㊁擌〔~起〕⑤
求 k	駒〔白~：馬小〕 劬〔~勞：勤力〕⑥ 朐〔申屈爲~〕⑦ 俱〔皆也〕⑧ 拘〔執也〕 龜〔卜也〕 𠁁〔古龜字〕 鴝〔~鵒〕⑨ 鸜〔~鵒〕⑩	韭〔解，~菜〕 久〔解，多日也〕	具〔土，備也〕	
氣 k'	軀〔身~〕 驅〔~馬；馳~〕 跙〔踦也〕 區〔量名；~~：小也〕 敺〔逐也〕 歐〔同上〕 坵〔解，田~〕	齵〔齒病〕 齲〔齒蠹〕 竘〔健也〕		㊁吱⑪
地 t	誅〔責也〕 株〔木根入土曰根，出土曰~〕	㊁抵〔~槌〕⑫		㊁捽〔插~〕⑬
普 p'	㊁呼⑭	㊁蜅〔土~〕⑮		㊁嗽⑯
他 t'	㊁剸⑰	佇〔久立也〕⑱ 竚〔同上，企也〕⑲ 羜〔未成羊〕⑳ 宁〔積物也；又門屏之外，君視朝所立處〕㉑ 貯〔土，積~〕 䞓〔同上〕		㊁呼㉒

(續表)

聲韻調	15 珠 u/uʔ			
	上平˧ 33	上上˥ 55	上去˩ 41	上入˥ 5
争 ts	邾〔國名〕 洙〔~泗：水名〕 珠〔珍~：蚌所生者〕 侏〔~儒：短小〕 朱〔赤色；姓也〕 蛛〔蜘~〕㉓ 鼄〔同上〕㉔	主〔人~：君也〕 丶〔借爲主宰〕 拄〔支也；距也〕㉕ 渚〔州~〕㉖ 袾〔宗廟保祀〕㉗ 枓〔酌水之器〕 炷〔火~：爐所著者〕	注〔釋也；解也〕 翥〔飛舉也〕㉘	㊫泏㉙
入 dz	諛〔諂~〕	愈〔勝也；過也〕 庾〔十六斗也〕 乳〔土，孩兒所吸〕 瘉〔土，病也〕	孺〔親慕也；稚也〕㉚	㊫毬㉛
時 s	須〔待也；斯~〕 需〔待也；索也；又卦名〕 輸〔~贏；人名〕 鬚〔口毛秀也〕 嬃〔待也〕 楈〔木名〕㉜ 繻〔繒綵也〕 需〔同需〕 緰〔人名〕 胥〔相也；助也〕㉝ 湑〔露貌〕㉞	璽〔王者之印〕㉟ 壐〔王印〕 玺〔同上，俗字〕 徙〔移也；遷~〕㊱ 醑〔美酒〕㊲ 屣〔履也〕㊳ 縰〔韜髮作髻〕㊴ 蓰〔倍數也〕㊵ 稰〔穀熟而穫〕㊶	曙〔曉也〕㊷	欶㊸ 哷〔人口吸也〕㊹
英 Ø	吁〔嘆也〕㊺ 迂〔遠也；大也〕 紆〔曲也；詘也〕 杇〔鏝也〕㊻ 于〔於也〕 盱〔張目望之〕㊼ 杅〔浴器；浴盤也〕㊽	雨〔水從雲下〕 羽〔禽毛〕 宇〔四方曰~〕 禹〔夏王號也〕 踽〔獨行~~〕㊾ 鄅〔地名〕 偊〔行貌〕 宊〔古雨字〕		㊫餈㊿

【校注】

① ㊫攎：［《廣韻》落胡切，平模，來。］拿；執。《説文·手部》："攎，拏持也。"（宋）樂史《太平寰宇記·四夷·突厥下》："并攎其男女而還。"［按］韻、調不合，應歸高韻下平。

② 屢〔土音,數也〕:[《廣韻》良遇切,去遇,來。]多次;常常。《書·益稷》:“皋陶拜首稽首颺言曰:‘……屢省乃成,欽哉。’”孔傳:“屢,數也。”[按]調不合,應歸下去。今泉仍沿用,讀[ᶜlu]。

③ ㊢踛〔~足〕:【集韻】勒没切。踛踧,不進。[按]韻、調不合,應歸春韻下入。今泉有[lu/ɑ̀]一詞,表示“跛行”。

④ ㊢吹:[《廣韻》許羈切,平支,曉。][《廣韻》香支切,平支,曉。]吹。[按]聲、韻、調皆不合。

⑤ ㊢撌〔~起〕:【集韻】符分切。拭也。[按]音、義皆不合。今泉有[put ᵓ]一詞,表示“(用簸箕)扒入或裝起來”。

⑥ 劬〔~勞:勤力〕:[《廣韻》其俱切,平虞,羣。]勞苦。(漢)張衡《歸田賦》:“極般游之至樂,雖日夕而忘劬。”[按]調不合,應歸下平。

⑦ 朐〔申屈爲~〕:[《廣韻》其俱切,平虞,羣。]屈曲的肉脯。《儀禮·士虞禮》:“薦脯醢,設俎于薦東,朐在南。”(漢)鄭玄注:“朐,脯及乾肉之屈也。”【朐朐然】屈曲貌。《禮記·曲禮上》“以脯脩置者,左朐右末”,(唐)孔穎達疏:“朐,謂中屈也。屈脯,朐朐然也。”【字彙】求於切,音渠。脯也,申曰脡,屈曰朐。[按]樋新編本原注“申屈爲~”有誤,應作“申屈爲脡~”或“屈爲~”;廖新校增本誤作“屈中曰~”,大版式本、道光本、文德堂本、會文書莊本、市圖善本均誤作“中屈高”。

⑧ 俱〔皆也〕:[《廣韻》舉朱切,平虞,見。]偕同;在一起。《孟子·告子上》:“雖與之俱學,弗若之矣。”[按]今泉變讀下去調[ku ᵓ]。

⑨ 鴝〔~鵒〕:[《廣韻》其俱切,平虞,羣。]鳥類的一屬。體小,尾長,羽毛美麗,嘴短而尖。[按]調不合,應歸下平。

⑩ 鸜〔~鵒〕:同⑨鴝。

⑪ ㊢吱:[《集韻》章移切,平支,章。]象聲詞。《兒女英雄傳》第十一回:“一句話未完,只聽得山腰裹吱的一聲骲頭響箭,一直射在半空裹去。”[按]聲、韻、調皆不合。

⑫ ㊓抵〔~槌〕:[《廣韻》都禮切,上薺,端。]抵擋;抗拒。(唐)柳宗元《送表弟吕讓將仕進序》:"吾觀古豪賢士,能知生人艱饑羸寒、蒙難抵暴。"[按]韻不合,應歸西韻或基韻,實爲"拄"的訓讀字。拄,[《廣韻》知庾切,上麌,知。]支撑;頂着。(晉)潘岳《射雉賦》:"爾乃擎場拄翳,停僮葱翠。"(唐)孟郊《勸善吟》:"藏書拄屋脊,不借與凡聾。"今泉仍沿用"拄槌"[꜀tu꜁ t'ui]一詞(長木棒,挑擔時用於減負或歇肩的工具)。

⑬ ㊓捽〔插~〕:[《廣韻》昨没切,入没,從。]抓住頭髮。亦泛指抓,揪。《戰國策·楚策一》:"吾將深入吴軍,若扑一人,若捽一人,以與大心者也,社稷其爲庶幾乎!"[按]聲、韻、調皆不合,亦不知"插捽"一詞爲何義。

⑭ ㊓呼:[《廣韻》縛謀切,平尤,奉。]1. 吹氣聲。2. 吹,吹氣。3. 喉中聲。[按]聲、韻、調皆不合。

⑮ ㊓蜅〔土~〕:[《廣韻》方矩切,上麌,非。]蟹屬。《廣雅·釋魚》:"蜅、蟹,蛫也。"(清)王念孫疏證:"'千人捏',形似蟹,大如錢,殻甚圓,壯夫捏之不死,俗言'千人捏不死',因名焉,蓋即蜅也。"(唐)段公路《北户録·紅蟹》:"《廣志》云:'蜅,音脯,小蟹,大如貨錢。'"[按]"土蜅"疑即今泉州話中的"塗孵"[Ûth puß](地鱉蟲,常在老式土質住宅牆根的土内活動)。

⑯ ㊓欻:【集韻】許勿切。氣也;一曰呵欻,不明也。[按]聲、韻不合。

⑰ ㊓剚:[《廣韻》側吏切,去志,莊。]插。(宋)洪邁《夷堅丁志·葉克己》:"燒通赤火箸,剚入尾閭六七寸。"[按]聲、韻、調皆不合。

⑱ 佇〔久立也〕:[《廣韻》直吕切,上語,澄。]久立。(三國·魏)王粲《贈蔡子篤詩》:"瞻望遐路,允企伊佇。"[按]聲、韻、調不合,應歸地母居韻下上。

⑲ 竚〔同上,企也〕:[《廣韻》直吕切,上語,澄。]久立;等待。(北魏)酈道元《水經注·濁漳水》:"漳水又東北歷望夫山,山之南有石人,竚於山上,狀有懷於雲表,因以名焉。"[按]聲、韻、調不合,應歸地母居韻下上。

⑳ 羜〔未成羊〕:【集韻】《説文》五月生羔羊。[按]聲、韻、調不合,應歸地母居韻下上。已見地母居韻上上,可參看。

㉑ 宁〔積物也;又門屏之外,君視朝所立處〕:[《廣韻》直吕切,上語,澄。]1. 古代宫室門屏之間。《禮記·曲禮下》:"天子當宁而立,諸公東面,諸侯西面,曰朝。"(漢)鄭玄注:"宁,門屏之間。"2. 同"貯"。貯藏;積聚。《文選·孫綽〈遊天台山賦〉》"惠風佇芳於陽林,醴泉涌溜於陰渠",(唐)李善注:"宁,猶積也。佇與宁同。"[按]聲、韻、調不合,應歸地母居韻下上。

㉒ ㉄呼:見⑭呼。

㉓ 蛛〔蜘~〕:[《廣韻》陟輸切,平虞,知。]蜘蛛。《全唐詩》卷八六六載故臺城妓詩:"網斷蛛猶織,梁春燕不歸。"[按]聲不合,應歸地母。因《字彙》注音而誤。【字彙】專於切,音諸。蜘蛛。

㉔ 鼄〔同上〕:[《廣韻》陟輸切,平虞,知。]參見"鼅鼄"。【鼅鼄】蜘蛛。(清)王士禛《漁洋詩話》卷下引民歌:"天旱鼅鼄結夜網,想晴只在暗中絲。"因《字彙》同音字而誤。【字彙】陟輸切,音朱。鼅鼄,作網捕飛蟲者。

㉕ 拄〔支也;距也〕:【正韻】腫庾切。掌也;支也。【字彙】腫庾切,音主。掌也;支也。【集韻】冢庾切。掌也。[按]今泉讀[ᶜtu](冢庾切),不讀[ᶜtsu](腫庾切)。

㉖ 渚〔州~〕:[《廣韻》章與切,上語,章。]小洲;水中的小塊陸地。《詩·召南·江有汜》:"江有渚。"毛傳:"渚,小洲也。"[按]韻不合,應歸居韻(已見居韻)。因《字彙》注音而誤。【字彙】腫庾切,音主。小洲曰渚。

㉗ 祩〔宗廟保祀〕:【集韻】腫庾切。《説文》宗廟宔祏。徐曰:以石爲藏主之櫝也。一曰神主。《左傳》:"許公爲反祏主。本作'宔'。通作'主'。"【字彙】之乳切,音主。宗廟宔祏也。[按]原注"宗廟保祀"當爲"宗廟宔祏"之誤(除廖新校增本外,其餘諸本皆然)。疑"宔"先誤作"宝"("寶"之俗字),後又誤作同音字"保"。

㉘ 翥〔飛舉也〕:[《廣韻》章恕切,去御,章。]飛舉。《楚辭·遠遊》:"雌蜺便娟以增撓兮,鸞鳥軒翥而翔飛。"[按]韻不合,應歸居韻。因《字彙》同音字而誤。【字彙】陟慮切,音注。飛舉也。

㉙ ㊫泏:[《廣韻》竹律切,入術,知。]水流出貌。(宋)羅泌《路史·禪通紀·柏皇氏》:"嫛婗號,母乳泏。"[按]聲、韻皆不合。

㉚ 孺〔親慕也;稚也〕:[《廣韻》而遇切,去遇,日。]1. 幼小。《文選·班固〈幽通賦〉》:"嬀巢姜於孺筮兮,旦筭祀于契龜。"(唐)李善注引(漢)應劭曰:"孺,小也。"……3. 親近;親慕。《詩·小雅·常棣》:"兄弟既具,和樂且孺。"毛傳:"孺,屬也。"

㉛ ㊫毹:【篇海】霜俱切,音輸。氍毹也。[按]聲、韻、調皆不合。

㉜ 楈〔木名〕:[《廣韻》相居切,平魚,心。]參見"楈枒"。【楈枒】木名。即椰子樹。《文選·張衡〈南都賦〉》:"楈枒栟櫚,柍柘檍檀。"(唐)李善注引(晉)郭璞《上林賦》注:"楈枒,似栟櫚,皮可作索。"[按]韻不合,應歸居韻。因《字彙》同音字而誤。【字彙】私閭切,音須。木名。

㉝ 胥〔相也;助也〕:【集韻】新於切。《説文》蟹醢也。一曰助也;相也;皆也;待也。[《廣韻》相居切,平魚,心。]亦作"縃"。1. 蟹醬。2. 觀察。《詩·大雅·公劉》:"篤公劉,于胥斯原,既庶既繁。"毛傳:"胥,相也。"[按]韻不合,應歸居韻。因《字彙》同音字而誤。【字彙】新於切,音須。皆也;相也;助也。

㉞ 湑〔露貌〕:【集韻】新於切。露皃。[按]韻不合,應歸居韻。

㉟ 璽〔王者之印〕:璽,[《廣韻》斯氏切,上紙,心。]亦作"壐"。印信。秦以前以金玉銀銅製成,尊卑通用。秦以來專指皇帝的印,以玉製。[按]該字韻母發音特殊,古今泉州皆讀[ᶜsu]。以下"壐"、"玺"同。

㊱ 徙〔移也:遷~〕:[《廣韻》斯氏切,上紙,心。]遷移;移居。《周禮·地官·比長》:"徙于國中及郊,則從而授之。"(漢)鄭玄注:"徙,謂不便其居也。或國中之民出徙郊或郊民入徙國中,皆從而付所處之吏,明無罪惡。"[按]該字韻母發音特殊,古今泉州皆讀[ᶜsu]。

㊲ 醑〔美酒〕:[《廣韻》私吕切,上語,心。]酒;美酒。《文選·謝靈運〈石門新營所住四面高山回溪石瀨修竹茂林詩〉》:"芳塵凝瑶席,清醑滿金樽。"(唐)李善注:"《毛詩》曰:'飲此醑矣。'《埤蒼》曰:'湑,美貌也。'"[按]韻不合,應歸居韻。

㊳ 屣〔履也〕：[《廣韻》所綺切，上紙，生。]鞋。《吕氏春秋·觀表》："竊觀公之志，視舍天下若舍屣。"[按]該字韻母發音特殊，古今泉州皆讀[⊂su]。

㊴ 縰〔韜髮作髻〕：[《廣韻》所綺切，上紙，生。]古時束髮之帛。《禮記·内則》："雞初鳴，咸盥漱，櫛、縰、笄、總，衣紳。"《荀子·禮論》："薦器則冠有鍪而毋縰。"（唐）楊倞注："縰，韜髮者也。"（漢）揚雄《解嘲》："戴縰垂纓而談者皆擬於阿衡，五尺童子羞比晏嬰與夷吾。"[按]該字韻母發音特殊，古今泉州皆讀[⊂su]。

㊵ 蓰〔倍數也〕：[《集韻》所綺切，上紙，生。]五倍。《孟子·滕文公上》："或相倍蓰。"（漢）趙岐注："蓰，五倍也。"[按]該字韻母發音特殊，古今泉州皆讀[⊂su]。

㊶ 稰〔穀熟而穫〕：[《廣韻》私吕切，上語，心。]成熟晚的稻子。即今晚稻。《禮記·内則》："飯：黍、稷、稻、粱、白黍、黄粱、稰、穛。"（漢）鄭玄注："孰穫曰稰。"[按]韻不合，應歸居韻。

㊷ 曙〔曉也〕：[《廣韻》常恕切，去御，禪。]天亮；破曉。《楚辭·九章·悲回風》："涕泣交而凄凄兮，思不眠以至曙。"（漢）王逸注："曙，明也。"[按]韻不合，應歸居韻。因《字彙》同音字而誤。【字彙】殊遇切，音樹。旦也；曉也。今泉變讀上聲[⊂sɯ]，俗讀則爲[⊂su]。

㊸ 欶：[《廣韻》所角切，入覺，生。]吮吸。《説文·欠部》："欶，吮也。"（唐）韓愈、孟郊《納涼聯句》："車馬獲同驅，酒醪欣共欶。"黄侃《蘄春語》："今語以口内吸曰欶。"[按]韻、調不合，應歸東韻上入。[suʔ]爲俗讀。

㊹ 㰮〔人口吸也〕：同㊸欶。【集韻】欶、嗽、㰮，色角切。《説文》吮也。[按]原注樋新編本誤作"同吸也"，大版式本誤作"仝吸也"，文德堂本作"人口吸也"，道光本、會文書莊本、市圖善本誤作"合吸也"，廖新校增本誤改作"含吸也"。

㊺ 吁〔嘆也〕：【集韻】雲俱切。歎也。[按]調不合，應歸下平。

㊻ 杇〔鏝也〕：[《廣韻》哀都切，平模，影。]泥抹子。塗牆的工具。《爾雅·釋宫》："鏝謂之杇。"（宋）邢昺疏："鏝者泥鏝也，一名杇，塗工之具也。"[按]韻不合，應歸高韻。原注"鏝"，樋新編本、大版式本、道光本、文德堂本、會文書莊本、市圖善本均誤作"墁"。

㊼ 盱〔張目望之〕：[《廣韻》況于切，平虞，曉。]張目；仰視。《易·豫》："盱豫，悔。"（唐）孔穎達疏："盱謂睢盱。"（宋）朱熹本義："盱，上視也。"[按]聲不合，應歸喜母。

㊽ 杅〔浴器；浴盤也〕：[《廣韻》羽俱切，平虞，云。]盛湯漿的器皿。《儀禮·既夕禮》："用器弓矢、耒耜、兩敦、兩杅、槃匜。"（漢）鄭玄注此皆常用之器也。杅盛湯漿。[按]調不合，應歸下平。今泉讀[꜀u̠ ／꜀ɔ]。

㊾ 踽〔獨行～～〕：[《廣韻》俱雨切，上麌，見。]獨行貌。參見"踽踽"。【踽踽】獨行貌。《詩·唐風·杕杜》："獨行踽踽。"毛傳："踽踽，無所親也。"[按]聲不合，應歸求母，誤入。

㊿ 增 䜭：[按]傳統辭書查無此字。

聲韻調	15　珠 u/uʔ			
	下平˨˦ ^{24}	下上˨˨ ^{22}	下去˦˩ ^{41}	下入˨˦ $^{\underline{24}}$
柳 l		㊧增 囚〔~去〕①	㊧增 毦②	㊧增 㛅③
邊 p	瓟〔解,~靴〕④			㊧增 鏷⑤
求 k	衢〔土,~街〕	舅〔解,母~;妻~〕	句〔辭止曰~〕⑥ 堁〔堤塘〕 颶〔海中大風〕 舊〔解,新~〕	
氣 k‘	蹲〔官音,人~〕⑦	臼〔解,春~〕	懼〔恐也;怖也〕⑧ 愳〔同上〕	㊧增 㖨〔~~嗽〕⑨
地 t	廚〔庖~〕	閏〔~門〕⑩	著〔~見:章也〕⑪	㊧增 劚〔~人〕⑫
普 p‘	浮〔解,水上~也〕	㊧增 砌⑬	㊧增 呿⑭	㊧增 脬⑮
他 t‘	㊧增 剚⑯	㊧增 籾⑰	㊧增 启⑱	㊧增 淄⑲
争 ts		柱〔楹~也〕 宁〔積~也〕⑳ 祖〔事好也〕㉑ 住〔土,居也;停也〕㉒ 聚〔居也;會也〕 駐〔馬立也〕㉓	鑄〔鎔金入範〕㉔ 澍〔時雨也〕㉕ 澍〔同上〕㉖ 蛀〔食木蟲〕㉗ 馵〔馬後左足白也〕㉘ 注〔灌~〕㉙	㊧增 呲㉚
入 dz	儒〔學者之稱〕　踰〔越也〕 逾〔同上〕　覦〔覬~〕 腴〔腹下肥也;肥田曰膏腴〕　腴〔俗字〕 臾〔須~:俄頃也〕　臾〔同上,俗字〕 萮〔茈~:花貌〕㉛　傴〔侏~:短小之人〕 愉〔薄也;~~:和悦也〕 瑜〔瑾~:美玉也〕　俞〔然也;答也〕 榆〔白枌:桑~,晚景也〕　濡〔滯也〕 濡〔同上〕　窬〔踰牆也〕　犡〔黑牛〕 蕍〔即澤瀉也〕　萸〔茱~〕	○	裕〔寬容;饒也〕 薯〔~蕷:藥名;俗作番慈〕㉜ 諭〔曉也;譬~〕 喻〔同上〕　籲〔招呼也〕	㊧增 迸㉝

（續表）

聲 韻 調	15 珠 u/uʔ			
	下平˨˦^{24}	下上˨˨^{22}	下去˦˩^{41}	下入˨˦$^{\underline{24}}$
時 s	殊〔異也;別也〕 殳〔杖也,兵器〕 茱〔~萸:藥名〕㉞ 蕦〔木耳〕 几㉟		樹〔植木總名〕 尌〔同上,古字〕 豎〔立也;直也〕㊱ 竪〔同上,俗字〕 亜〔塞也〕㊲ 署〔部~;書也〕㊳ 墅〔天廬也;村也〕㊴	(增)詔㊵
英 Ø	雩〔祈雨祭也〕㊶ 雩〔大~〕 盂〔飲器〕 竽〔笙~〕	有〔解,~無〕	汙〔穢也;染也〕㊷ 芋〔葉似荷而長〕㊸	(增)諭㊹

【校注】

① (增)囚〔~去〕:【字彙】得立切,音的。動也。又女士切,音你。義同。[按]聲、韻、調不合或調不合,義亦不合。"囚去"義不明。

② (增)毷:【字彙】蒲報切,音暴。鳥伏卵。義與"菢"同。[按]聲、韻、調皆不合,亦不知何義。

③ (增)知:[按]傳統辭書查無此字。

④ 瓠〔解,~靴〕:[《廣韻》户吴切,平模,匣。]1. 即葫蘆。參見"瓠蘆"。2. 用短頸大腹的老熟葫蘆製作的盛器。(漢) 王褒《僮約》:"種瓜作瓠。"《埤雅·釋草》引(宋) 蘇軾《物類相感志》:"以瓠盛酒,冬即暖,夏即冷。"[按]聲、韻不合,應歸喜母高韻。今寫作"匏"。匏,[《廣韻》薄交切,平肴,並。]葫蘆的一種。即瓠。《詩·邶風·匏有苦葉》:"匏有苦葉,濟有深涉。"毛傳:"匏謂之瓠。"《國語·魯語下》:"夫苦匏不材於人,共濟而已。"根據"瓠"、"匏"二字的反切可知,[꜀pu]實爲俗讀。原注的"瓠靴"之"靴",應爲"桸"的同音替代字。《集韻·平支》:"桸,虛宜切。勺也。"【桸杓】舀水的勺子。(南朝·梁) 沈約《齊禪林寺尼淨秀行狀》:"內外寂默,即聞器桸杓作聲,如用水法。"瓠桸,即用

葫蘆匏的乾殼瓠瓜做成的舀水的瓢。

⑤ ㊪鏷:【集韻】步木切。侏儒也。[按]韻不合,應歸東韻下入。

⑥ 句〔辭止曰~〕:[《廣韻》九遇切,去遇,見。]句子。《莊子·駢拇》:"駢於辯者,纍瓦結繩竄句,遊心於堅白同異之間,而敝跬譽無用之言非乎?"(晉)司馬彪注:"竄句,謂邪説微隱,穿鑿文句也。"[按]調不合,應歸上去。

⑦ 蹲〔官音,人~〕:【集韻】蹤倫切。《説文》踞也。[按]聲、韻、調皆不合,實爲訓讀字,本字不明。

⑧ 懼〔恐也;怖也〕:[《廣韻》其遇切,去遇,羣。]恐懼;害怕。《詩·小雅·谷風》:"將恐將懼,維予與女。"[按]今泉有不送氣[ku⊇]與送氣[k'u⊇]兩讀。

⑨ ㊪啒〔~~嗽〕:[按]傳統辭書查無此字。應爲表示咳嗽的象聲詞。

⑩ 閈〔~門〕:【康熙字典】《廣韻》丑注切。直開也。[按]聲、調不合,應歸他母上去。"閈門"義不明。

⑪ 著〔~見;章也〕:[《廣韻》陟慮切,去御,知。]明顯;顯著。《禮記·樂記》:"好惡著則賢不肖别矣。"[按]韻、調不合,應歸居韻上去。因《字彙》同音字而誤。【字彙】陟慮切,音注。明也;章也。

⑫ ㊪劅〔~人〕:【集韻】他骨切。刺入皃。[按]聲、韻、調不合,應歸他母春韻上入。今泉表示"刺入"用"揬"[tuʔ⊇]。

⑬ ㊪砽:俗"翊"。【集韻】翊,乎萌切。翊翊,飛也。[按]聲、韻、調皆不合。今泉有象聲詞[⊆p'u],亦可表示"飛走",本字未明。

⑭ ㊪呿:[《廣韻》丘倨切,去御,溪。]張口貌。《莊子·秋水》:"公孫龍口呿而不合,舌舉而不下。"(唐)陸德明釋文引(晉)司馬彪云:"呿,開也。"[按]聲、韻、調皆不合,應歸氣母居韻上去。

⑮ ㊪脬:[《廣韻》匹交切,平肴,滂。]膀胱。《史記·扁鵲倉公列傳》:"風癉客脬,難於大小溲,溺赤。"(唐)張守節正義:"脬……膀胱也。"[按]韻、調不合,應歸郊韻上平。

⑯ ㊪剚:[《廣韻》側吏切,去志,莊。]插。(宋)洪邁《夷堅丁志·葉克

已》:"燒通赤火箸,剸入尾閭六七寸。"[按]聲、韻、調皆不合。

⑰ ㊪粈:【集韻】耜……粈,象齒切……《說文》臿也。[按]聲、韻、調皆不合。

⑱ ㊪启:[按]該字見於樋新編本、大版式本,但傳統辭書查無此字。道光本、文德堂本、會文書莊本、市圖善本、廖新校增本作"屖"。【康熙字典】《篇海類編》屖,丁頰切,音跌。屖,下也。《集韻》屘,的協切。下也。但聲、韻、調皆不合。

⑲ ㊪泏:[按]傳統辭書查無音、義。

⑳ 宁〔積~也〕:[《廣韻》直呂切,上語,澄。]同"貯"。貯藏;積聚。[按]已見他母珠韻上上。聲、韻不合,應歸地母居韻。

㉑ 祖〔事好也〕:【集韻】在呂切。《說文》事好也。[按]韻不合,應歸居韻。諸本"祖"均誤作"祖",廖新校增本將原注改爲"始~",誤甚。

㉒ 住〔土,居也;停也〕:[《廣韻》持遇切,去遇,澄。]1. 停留;留。《後漢書·薊子訓傳》:"見者呼之曰:'薊先生小住。'"2. 停止;停住。(北魏)賈思勰《齊民要術·種紅花藍花梔子》:"乃至粉乾足,手痛挼勿住。"3. 居住。《南齊書·張融傳》:"世祖問融住在何處?融答曰:'臣陸處無屋,舟居非水。'"[按]調不合,應歸下去。

㉓ 駐〔馬立也〕:[《廣韻》中句切,去遇,知。]車馬停止。《漢書·韓延壽傳》:"今旦明府早駕,久駐未出。"[按]聲、調不合,應歸地母上去。但今泉仍沿用争母讀法,讀[tsu˅]。

㉔ 鑄〔鎔金入範〕:[《廣韻》之戍切,去遇,章。]熔煉金屬或以液態非金屬材料澆製成器的統稱。《管子·任法》:"昔者堯之治天下也……猶金之在罏,恣冶之所以鑄。"[按]調不合,應歸上去。

㉕ 霔〔時雨也〕:[《廣韻》之戍切,去遇,章。]時雨。(唐)張九齡《賀雨狀》:"德音纔發,甘霔滂沱。"[按]調不合,應歸上去。

㉖ 澍〔同上〕:[《廣韻》之戍切,去遇,章。]雨。多指時雨。《淮南子·泰族

訓》:“若春雨之灌萬物也,渾然而流,沛然而施,無地而不澍,無物而不生。”[按]調不合,應歸上去。

㉗ 蛀〔食木蟲〕:[《廣韻》之戍切,去遇,章。]蛀蟲。(明)顧大韶《又後虱賦》:“蠹侵嘉樹,蛀耗米珠。”[按]調不合,應歸上去。

㉘ 馵〔馬後左足白也〕:[《廣韻》之戍切,去遇,章。]馬後足色白。亦指後足白色的馬。《易·説卦》:“其於馬也,爲善鳴,爲馵足,爲作足,爲的顙。”(唐)孔穎達疏:“爲馵足,馬後足白爲馵,取其動而見也。”[按]調不合,應歸上去。

㉙ 注〔灌~〕:[《廣韻》之戍切,去遇,章。]流入;灌入。《詩·大雅·文王有聲》:“豐水東注,維禹之績。”[按]調不合,應歸上去。

㉚ ㊫呲:【集韻】才支切,音疵。嫌食也。又牆之切,音慈。無食也。[按]韻、調不合。

㉛ 萮〔茈~:花貌〕:[按]原注“茈~”,大版式本、道光本、文德堂本、會文書莊本、市圖善本誤作“愈~”;“花貌”,樋新編本誤作“花藐”。

㉜ 薯〔~蕷:藥名;俗作番慈〕:[《廣韻》常恕切,去御,禪。]甘薯、馬鈴薯等薯類作物的統稱。[按]聲、韻不合,應歸時母居韻。該讀法來自《字彙》。【字彙】而遇切,音孺。薯蕷,藥名。

㉝ ㊫迚:[按]傳統辭書查無音、義。

㉞ 茱〔~萸:藥名〕:[《廣韻》市朱切,平虞,禪。]茱萸。(唐)閻朝隱《奉和九日幸臨渭亭登高應制得筵字》:“願因茱菊酒,相守百千年。”[按]今泉習慣讀[꜀tsu]。

㉟ 𠘧:【集韻】慵朱切。《説文》鳥之短羽飛𠘧𠘧然。【字彙】尚朱切,音殊。鳥之短羽飛𠘧𠘧也。[按]除廖新校增本作“𠘧〔音殊,鳥飛〕”基本正確外,其餘諸本“𠘧”皆誤作“几”,且失注。

㊱ 豎〔立也;直也〕:[《廣韻》臣庾切,上麌,禪。]直立;樹立。《後漢書·靈帝紀》:“冬十月壬午,御殿後槐樹自拔倒豎。”[按]調不合,應歸下上。

㊲ 垔〔塞也〕:同“垔”。【玉篇】垔,時注切。又徒候切。塞也。

㊳ 署〔部~;書也〕:[《廣韻》常恕切,去御,禪。]1. 公署;官署。辦理公務的機關。《國語·魯語上》:"夫署,所以朝夕虔君命也。"……3. 布置;安排。《楚辭·遠遊》:"後文昌使掌行兮,選署衆神以並轂。"(宋)洪興祖補注:"署,置也。"……7. 書寫。《漢書·鄭當時傳》:"翟公大署其門曰:'一死一生,乃知交情;一貧一富,乃知交態;一貴一賤,交情乃見。'"(唐)顏師古注:"署謂書之。"[按]韻不合,應歸居韻。今泉常用俗讀[ᶜsu]。

㊴ 墅〔天廬也;村也〕:[《廣韻》承與切,上語,禪。]田廬;村舍。(三國·魏)曹植《梁甫行》:"劇哉邊海民,寄身於草墅。"[按]韻、調不合,應歸居韻下上。今泉常用俗讀[ᶜsu]。

㊵ ⓦ謟:【集韻】託盍切。歡也。[按]聲、韻、調皆不合。

㊶ 雩〔祈雨祭也〕:【正韻】同"雩"。

㊷ 汙〔穢也;染也〕:[《集韻》邕俱切,平虞,影。]亦作"污"。大;夸大。《孟子·公孫丑上》:"宰我、子貢、有若,智足以知聖人,汙不至阿其所好。"[《廣韻》烏路切,去暮,影。]1. 污垢;髒東西。《左傳·宣公十五年》:"川澤納汙,山藪藏疾。"2. 不清潔;骯髒。3. 弄髒;污染。《史記·滑稽列傳》:"飯已,盡懷其餘肉持去,衣盡汙。"[按]調不合,應歸上平。今泉該字有兩讀[꜀u]、[uᵓ]。"汙",樋新編本作"污";"汙〔穢也;染也〕",大版式本誤作"汙〔曰穢也;染也〕",道光本、文德堂本、市圖善本誤作"汗〔曰歲也;染也〕"。

㊸ 芋〔葉似荷而長〕:[《廣韻》王遇切,去遇,云。]芋艿。《史記·項羽本紀》:"今歲饑民貧,士卒食芋菽。"【字彙】羊遇切,音預。(漢)東方朔曰:關中土宜薑芋。(唐)顏師古曰:芋,葉似荷而長不圓,其根白可食。[按]原注"葉似荷而長",係"葉似荷而長不圓,其根白可食"的苟省,樋新編本、大版式本、道光本、文德堂本、市圖善本均誤作"菓似荷而長"。

㊹ ⓦ詴:[按]傳統辭書查無此字。

聲 韻 調	15　珠 u/uʔ			
	下平˨˦^{24}	下上˨^{22}	下去˦˩^{41}	下入˨˦$^{\underline{24}}$
文 b	㊗媄①	武〔文~〕　䳷〔鸚~〕 侮〔慢也〕　儛〔山名〕 鍪〔釜也〕②　舞〔樂名;變弄〕 憮〔愛也;媚也〕　膴〔華~:厚也〕 甒〔酒器〕　廡〔蕃~〕 碔〔~砆:石似玉〕　珷〔同上〕	敄〔努力〕③	㊗㲶④
語 g				㊗𥨒⑤
出 ts'	樞〔天~;~機〕⑥　祋〔朱衣〕 姝〔美也〕　趨〔疾行也〕 貙〔仁獸〕　樗〔木名〕⑦	取〔索也〕		㊗焠⑧
喜 h	夫〔~子;大~;丈~〕 孚〔信也;中~:卦名〕 俘〔取也:~囚〕⑨ 敷〔施也;足也〕　旉〔發舒之辭〕 桴〔編竹爲舟〕　砆〔碔~〕 玞〔同上,石似玉〕　鈇〔莝斫刀〕 膚〔皮~;大也〕　罦〔翻車;網郛〕 柎〔穀皮〕　罘〔網也〕⑩ 郛〔郭也〕　蘛〔花貌〕 稃〔黑稻〕　痡〔病也〕	府〔藏也;~縣〕　釜〔鼎也〕 簠〔盛黍稷者〕　俯〔~仰:曲也〕 俛〔同上〕　甫〔大也;始也〕 撫〔按也;循也〕　腑〔肺~〕 黼〔~黻;斧形也〕　脯〔乾肉爲~〕 拊〔搏~;揗也〕⑪　斧〔~鉞〕 蜅〔小蟹〕　弣〔弓弝中〕	附〔寄也;倚也〕⑫ 阜〔大陵曰~〕⑬ 腐〔土解,豆~〕⑭ 偩〔依象〕⑮	㊗�János⑯

【校注】

① ㊗媄:【集韻】彌計切。吴俗呼母曰媄。[按]韻、調不合。

② 鍪〔釜也〕:[《廣韻》莫浮切,平尤,明。]古代炊器。似釜而反脣。流行於漢代。《急就篇》卷三:"鐵鈇鑽錐釜鍑鍪。"(唐)顏師古注:"鍪,似釜而反脣。一曰鍪,小釜類,即今所謂鍋。"[按]韻、調不合,應歸鉤韻下平。誤讀。

③ 敄〔努力〕:[《廣韻》亡遇切,去遇,微。]强勉。後作"務"。[按]調不合,

應歸下去。

④ ㊕甇：同"趺"。【集韻】趺，罔甫切。《博雅》跡也。［按］調不合，應歸上上。

⑤ ㊕瘯：［按］傳統辭書查無此字。

⑥ 樞〔天~；~機〕：［《廣韻》昌朱切，平虞，昌。］門的轉軸或承軸之臼。《墨子·經説上》："户樞免瑟。"【天樞】星名。北斗第一星。《星經》卷上："北斗星……第一名天樞，爲土星。"［按］該字今泉已變讀［꜀su］。

⑦ 樗〔木名〕：［《集韻》抽居切，平魚，徹。］木名。即臭椿。苦木科，落葉喬木。［按］聲、韻不合，應歸他母居韻。因《字彙》同音字而誤。【字彙】抽居切，音樞。亦木名。

⑧ ㊕焠：［《廣韻》七内切，去隊，清。］將金屬加熱後，浸於水或油中，急速冷卻，以加強其硬度。《史記·天官書》："水與火合爲焠，與金合爲鑠。"［按］韻、調不合，應歸杯韻上去。［按］今泉有"捽"［ts'uʔ꜆］一詞，表示"用火接觸並迅疾離開"。

⑨ 俘〔取也；~囚〕：［《廣韻》芳無切，平虞，敷。］用戰爭手段擄獲對方人員。《左傳·成公十三年》："康猶不悛，入我河曲，伐我涑川，俘我王官，翦我羈馬，我是以有河曲之戰。"楊伯峻注："俘，掠取人民以爲俘虜。"［按］今泉變讀［꜁hu］。

⑩ 罘〔網也〕：［《廣韻》縛謀切，平尤，奉。］捕兔網。泛指狩獵用的網。《禮記·月令》："〔季春之月〕田獵，罝、罘、羅、罔、畢、翳、餧獸之藥，毋出九門。"（漢）鄭玄注："獸罟曰罝、罘。"［按］韻不合，應歸鈎韻。

⑪ 拊〔搏~；揗也〕：［《廣韻》芳武切，上麌，敷。］撫；撫摩。《公孫龍子·堅白論》："視不得其所堅，而得其所白者，無堅也；拊不得其所白，而得其所堅者，無白也。"【搏拊】1. 古樂器名。《書·益稷》："戛擊鳴球、搏拊、琴瑟以詠。"孔傳："搏拊以韋爲之，實之以糠，擊之以節樂。"2. 拍擊。謂鼓掌。（漢）馬融《長笛賦》："失容墜席，搏拊雷抃。"3. 亦作"搏撫"。彈奏。（宋）洪邁《夷堅丁志·窗欞小婦》："三僧同榻，二僕在門外，已滅燭就枕，湍善鼓琴，暗中搏拊不止，二

僧亦未交睫。"[按]原注"揗也",除廖新校增本外,其餘諸本皆誤作"循也",因《字彙》而誤。【字彙】斐古切,音府。循也。防其驚則拊之。【廣韻】芳父切。拍也。《説文》揗也。

⑫ 附〔寄也;倚也〕:[《廣韻》符遇切,去遇,奉。]1. 依傍。《易·剥》:"象曰:山附於地。"2. 依附。《史記·淮南衡山列傳》:"厲王蚤失母,常附吕后,孝惠、吕后時以故得幸無患害。"[按]今泉常用俗讀[huᄀ]。

⑬ 阜〔大陵曰~〕:[《廣韻》房久切,上有,奉。]土山。《詩·小雅·天保》:"如山如阜,如岡如陵。"毛傳:"高平曰陸,大陸曰阜,大阜曰陵。"[按]調不合,應歸下上。

⑭ 腐〔土解,豆~〕:[《廣韻》扶雨切,上麌,奉。]腐爛;腐臭。《荀子·勸學》:"肉腐出蟲,魚枯生蠹。"[按]調不合,應歸下上。[按]今泉常用俗讀[ᶜhu]。

⑮ 偩〔依象〕:[《廣韻》房九切,上有,奉。]依照;摹仿。《禮記·樂記》:"禮樂偩天地之情,達神明之德。"(漢)鄭玄注:"偩,猶依象也。"[按]調不合,應歸下上。

⑯ ㊫怴:[《廣韻》許聿切,入術,曉。]顛狂。《公羊傳·桓公五年》:"正月甲戌、己丑,陳侯鮑卒。曷爲以二日卒之?怴也。"(漢)何休注:"怴者,狂也。齊人語。"[按]韻不合,應歸春韻上入。

聲韻調	15 珠 u/uʔ			
	下平˨˦[24]	下上˨˨[22]	下去˦˩[41]	下入˨˦[24]
文 b	無〔有~：乏也〕 毋〔禁止;無也〕 誣〔罔~〕① 蕪〔荒也〕 巫〔祝也〕 无〔古無字〕		霧〔地氣上天〕 霚〔蒙~〕 騖〔馳~〕 務〔事~;專力也〕 婺〔女星名〕 鶩〔家鴨〕	
語 g	虞〔無~;樂也;慮也〕 嵎〔~峽〕 愚〔昧也〕 隅〔稜也〕 ⿰火禺〔按器煮物〕 ⿰馬虞〔騶~：仁獸;馬名〕② 牛〔解,耕~〕		寓〔旅~所也〕 禺〔~爲〕③ 遇〔逢也：相~〕	
出 ts‘	㊪ 貲④	㊪ 竈⑤	娶〔~妻也〕⑥ 趣〔旨~〕⑦ 厝〔解,人所居〕⑧	㊪ 嶋⑨
喜 h	扶〔~持;助也〕 鳧〔水鳥〕 符〔信也：~契〕 蚨〔青~：錢也〕 枎〔木名〕 畉〔耕也〕 ⿰王包〔玉名〕 苻〔草名〕 颫〔大風〕 芙〔~蕖：荷也〕 ⿰鼓夫〔鼓聲〕 粰〔粉餌〕⑩	父〔~母：始生也〕 婦〔女子嫁夫曰~〕 媍〔老母〕⑪	富〔豐財備也〕⑫ 袝〔衣齊貌〕 負〔~荷：任也〕⑬ 赴〔奔也〕⑭ 賦〔貢也;詩~〕⑮ 傅〔師~：官名〕⑯ 祔〔合葬曰~〕 踣〔同仆〕⑰ 鮒〔人名〕 副〔貳也;佐也〕⑱ 仆〔偃也〕⑲ 駙〔~馬：副也〕 輔〔助也〕⑳ ⿱艹附〔香~：藥名〕 賻〔助也〕 訃〔告喪曰~〕㉑ 福〔藏也〕㉒ 付〔畀也〕㉓	㊪ 欻㉔

【校注】

① 誣〔罔~〕：［《廣韻》武夫切，平虞，微。］誣巇；誣陷。《國語・周語下》："今郤伯之語犯，叔迂，季伐，犯則陵人，迂則誣人，伐則掩人。"［按］原注"罔誣"，譭謗，誣陷。《大唐新語》卷十二："所得賞賜，悉以分佈，罔誣王后與母求厭勝之術。"罔，［《廣韻》文兩切，上養，微。］誣罔；陷害。《論語・雍也》："君子可逝也，不可陷也；可欺也，不可罔也。"（三國・魏）何晏集解引（漢）馬融曰：

“不可罔者,不可得誣罔令自投下也。”

② 驉〔騶~:仁獸;馬名〕:【廣韻】虞,牛俱切。度也。《説文》曰:騶驉,仁獸……俗作“驉”。【字彙】牛居切,音虞。度也;又姓;又騶驉;又馬名。

③ 禺〔~爲〕:[《廣韻》遇俱切,平虞,疑。]獸名。《山海經·南山經》:“有獸焉,其狀如禺而白耳,伏行人走,其名曰狌狌,食之善走。”(晉)郭璞注:“禺似獮猴而大,赤目長尾,今江南山中多有。”【集韻】元具切。《説文》母猴屬。【正字通】禺似獮猴而大,赤目長尾,山中多有之。《説文》專指爲母猴屬,誤。[按]未能查到“禺爲”一詞,“禺”與“爲”爲近義詞。章炳麟《訄書·原人》:“其肖人形也,若禺與爲也。”

④ ㊪餈:[《廣韻》疾移切,平支,從。]謂厭食。《管子·形勢解》:“餈者,多所惡也……王惡諫則不安,人餈食則不肥。”(唐)尹知章注:“嫌食貌。”[按]聲、韻、調皆不合。

⑤ ㊪竁:[《廣韻》此芮切,去祭,清。]挖地造墓穴。《周禮·春官·小宗伯》:“卜葬兆甫竁,亦如之。”(唐)賈公彦疏:“既得吉,而始穿地爲壙,故云甫竁也。”[按]聲、韻、調皆不合。

⑥ 娶〔~妻也〕:[《廣韻》七句切,去遇,清。]男子結婚。把女子接過來成親。《書·益稷》:“娶於塗山。”[按]調不合,應歸上去。

⑦ 趣〔旨~〕:[《廣韻》七句切,去遇,清。]旨趣;意思。《列子·湯問》:“曲每奏,鍾子期輒窮其趣。”[按]調不合,應歸上去。原注“旨~”,樋新編本誤作“上曰~”,大版式本、道光本、文德堂本、會文書莊本、市圖善本誤作“吉~”。

⑧ 厝〔解,人所居〕:[《廣韻》倉故切,去暮,清。]放置;安放。《戰國策·魏策二》:“王厝需於側以稽之。”[按]韻、調不合,應歸高韻下去,實爲音近借用字。今泉仍沿用,讀作[ts‘uᵓ]。

⑨ ㊪鴜:【集韻】淺氏切。鳥名。又七支切。《説文》鳥母也。[按]韻、調不合。

⑩ 粰〔粉餌〕:【集韻】芳無切。粉餌。[按]調不合,應歸上平。

⑪ 媍〔老母〕:【字彙】房缶切,音阜。老母。【正字通】同“婦”。

⑫ 富〔豐財備也〕:[《廣韻》方副切,去宥,非。]財物多(古跟“貧”,今跟“窮”相對)。《書·洪範》:“五福:一曰壽,二曰富,三曰康寧,四曰攸好德,五曰終考命。”孔傳:“富,財豐備。”(唐)孔穎達疏:“二曰富,家豐財貨也。”[按]調不合,應歸上去。原注“豐財備也”,疑應爲“財豐備也”。

⑬ 負〔~荷:任也〕:[《廣韻》房九切,上有,奉。]以背載物。《詩·小雅·無羊》:“爾牧來思,何蓑何笠,或負其餱。”[按]調不合,應歸下上。今泉多變讀上去調[hu ᵓ]。

⑭ 赴〔奔也〕:[《廣韻》芳遇切,去遇,敷。]到;去;前往。《史記·滑稽列傳》:“欲赴佗國奔亡,痛吾兩主使不通。”[按]調不合,應歸上去。

⑮ 賦〔貢也;詩~〕:[《廣韻》方遇切,去遇,非。]1. 田地税。泛指賦税。《書·禹貢》:“厥賦惟上上錯。”孔傳:“賦,謂土地所生以供天子。”……12. 文體名。是韻文和散文的綜合體。講究詞藻、對偶、用韻。[按]調不合,應歸上去。

⑯ 傅〔師~:官名〕:[《廣韻》方遇切,去遇,非。]1. 輔佐;教導。《左傳·僖公二十八年》:“鄭伯傅王。”2. 師傅,指負輔佐責任的官或負責教導的人。《左傳·僖公四年》:“公殺其傅杜原款。”[按]調不合,應歸上去。

⑰ 踣〔同仆〕:【集韻】芳遇切。《説文》頓也。一曰僵也。[按]調不合,應歸上去。

⑱ 副〔貳也;佐也〕:[《廣韻》敷救切,去宥,敷。]居第二位的;輔助的。《漢書·陳湯傳》:“康居副王抱闐將數千騎,寇赤谷城東。”[按]調不合,應歸上去。

⑲ 仆〔偃也〕:[《廣韻》敷救切,去宥,敷。]向前跌倒。《左傳·定公八年》“偃且射子鉏”,(唐)孔穎達疏引《吴越春秋》:“臣迎風則偃,背風則仆。”

⑳ 輔〔助也〕:[《廣韻》扶雨切,上麌,奉。]輔助。《書·蔡仲之命》:“皇天無親,惟德是輔。”孔傳:“天之於人,無有親疏,惟有德者則輔佑之。”[按]調不合,應歸下上。今泉俗讀[ᶜhu]。

㉑ 訃〔告喪曰~〕:[《廣韻》芳遇切,去遇,敷。]告喪。《禮記·雜記上》:“凡訃

於其君,曰君之臣某死。"(漢)鄭玄注:"訃,或皆作'赴'。赴,至也。臣死,其子使人至君所告之。"[按]調不合,應歸上去。

㉒ 福〔藏也〕:[《集韻》敷救切,去宥,敷。]儲藏。《史記·龜策列傳》:"邦福重寶,聞于傍鄉。"(宋)裴駰集解引(晉)徐廣曰:"福音副,藏也。"[按]調不合,應歸上去。

㉓ 付〔畀也〕:[《廣韻》方遇切,去遇,非。]給與;交給。《書·梓材》:"皇天既付中國民越厥疆土于先王,肆王惟德用,和懌先後迷民,用懌先王受命。"[按]調不合,應歸上去。

㉔ ㊕欻:[《廣韻》許勿切,入物,曉。]忽然。《關尹子·五鑒》:"惟一我心,則意者塵往來爾,事者欻起滅爾。"[按]韻、調不合,應歸春韻上入。

16 嘉

聲韻調	16 嘉 a/aʔ			
	上平˧ 33	上上˥ 55	上去˥˩ 41	上入˥ 5
柳 l	愣〔心亂也〕① 拏〔捕也〕② 絮〔絲紊曰~〕③ 茇〔草名〕	㊇壺〔嬌也〕④	㊇吶⑤	
邊 p	葩〔花貌〕 芭〔~蕉〕 巴〔蛇名;州名〕 吧〔大口貌〕⑥ 豝〔豕也〕 羓〔腊屬〕 犯〔豕也〕 皅〔草華白也〕⑦ 盼〔紛紛~~〕⑧ 鲃〔~鯽〕⑨	飽〔解,食~〕 跁〔~跒:行貌〕 把〔執也;持也〕	皅〔色不真〕⑩	百〔解,十十曰~〕
求 k	嘉〔善也;美也〕 佳〔美也〕 加〔增也;陵也〕 家〔室~:居也〕 迦〔釋~:佛號〕 駮〔黽不能行也〕 袈〔~裟〕 豭〔牡豕〕 葭〔蘆也〕 猳〔豕也〕 犌〔牛有力者〕 珈〔以玉加於笄〕 砎〔石也〕 泇〔水名〕 茄〔芙蕖莖也〕 笳〔胡~:胡人吹之〕 枷〔項械〕 膠〔解,水~〕 穄〔~支:穀名〕	假〔真~;借也〕 叚〔同上〕 檟〔山楸:梧~〕 椵〔木可作几〕 斝〔玉爵也〕 斚〔同斝〕 賈〔人名〕	駕〔車乘也〕	甲〔解,十干;長也〕
氣 k'	伢〔恐~:伏態也〕 呿〔臥聲〕⑪ 足〔解,手~〕⑫ 腳〔土解〕⑬	跒〔跁~:行貌〕 巧〔~言〕	髂〔腰骨也〕	闔〔解,開~〕⑭
地 t	茶〔茗也〕⑮ 乾〔日曬也〕 礁〔土,白~:地名〕⑯	㊇羞⑰	㊇虘〔惡虎〕⑱	搭〔解,~題;~棚〕 舥〔就舟也〕⑲
普 p'	舥〔浮梁〕 髻〔髮貌〕 葩〔花貌〕 奓〔大也〕	妑〔短貌〕⑳	怕〔畏懼也〕	打〔土解,~人;~鐵〕㉑

（續表）

聲韻調	16 嘉 a/aʔ			
	上平˧^{33}	上上˥^{55}	上去˩^{41}	上入˥^{5}
他 tʻ	他〔彼也：~人〕 佗〔同上〕	(增)奼〔美女〕[22]	侘〔失意貌〕 咤〔怒也〕[23]	塔〔石~〕 鰪〔鰖魚也〕[24]
争 ts	查〔山~；又覓事〕 楂〔水中浮木也〕 咱〔我也〕[25] 渣〔水名〕 瀘〔水名〕 挓〔~抄：開貌〕[26] 柤〔木閑也〕 槎〔邪斫木也〕[27] 洓〔棠棗之汁〕 鹺〔鹽味之厚〕[28]	鮓〔鹽水釀魚〕 鮺〔同上〕[29]	詐〔僞也〕 溠〔水名〕	柞〔**正**〕[30]
入 dz	(增)昑[31]	(增)梓〔木名〕[32]	(增)腧[33]	(增)貑[34]
時 s	沙〔細散石也〕 砂〔同上：~仁〕 紗〔絹屬，夏用之〕 裟〔袈~：胡衣〕 鯊〔~魚〕 桬〔~棠：木名〕	洒〔汛水；~落〕 灑〔同上〕 耍〔戲~〕[35] 搓〔**土解**，~線〕[36]	嗄〔聲破〕	○
英 ∅	鴉〔烏~：鳥也〕 剄〔自刎〕[37] 硛〔地形不平〕	瘂〔瘖~：不能言〕	亞〔次也〕 欯〔欧~：驢鳴〕[38] 稏〔罷~：稻名〕[39] 啞〔嘔~：小兒學語〕[40]	押〔**土**，~人〕 窨〔入脈刺穴曰~〕 遏〔**土話**，邋~〕[41] 鴨〔**土解**，雞~〕
文 b	痳〔~風：熱病〕[42] 皶〔闭口貌〕[43]	馬〔**正**，牛~〕[44]	罵〔**正**，詈也〕[45]	肉〔**土話**〕[46]
語 g	呀〔張口貌〕[47] 訝〔人名〕[48]	(增)閜〔人名〕[49]	○	(增)魆[50]
出 tsʻ	差〔錯也；舛也〕 叉〔拱手曰~〕 扭〔搖也〕[51] 杈〔岐枝木也〕 嗏〔語辭〕 扠〔取也〕 芆〔草芽〕 鎈〔錢異名〕	炒〔**解**，製~；~物〕	奼〔美女也〕[52]	插〔**解**，栽~〕
喜 h	鰕〔長須蟲也，爲水母作目〕[53] 嘝〔口~；又下平，義同〕[54] 呀〔張口貌〕[55]	啁〔大笑貌〕[56] 閜〔大開也〕	罅〔~隙也〕 芐〔草之可爲席者〕[57]	呷〔衆聲〕 魺〔鮈~〕

【校注】

① 慘〔心亂也〕:【字彙】奴加切,音拏。心亂也。[按]調不合,應歸下平。

② 拏〔捕也〕:[《廣韻》女加切,平麻,娘。]1. 牽引;連結。《説文·手部》:"拏,牽引也。"……6. 同"拿"。捉拿;拘捕。(宋)葉適《哀鞏仲至》詩:"中天懸明月,争欲伸手拏。"[按]調不合,應歸下平。

③ 絮〔絲絮曰~〕:【集韻】女加切。絲絮曰絮。[按]調不合,應歸下平。

④ ㊣壼〔婿也〕:[《廣韻》苦本切,上混,溪。]古時宫中道路。引申指内宫。亦泛指婦女居住的内室。《詩·大雅·既醉》:"其類維何,室家之壼。"[按]音、義均對不上。

⑤ ㊣吶:[按]傳統辭書查無此字音、義。

⑥ 吧〔大口貌〕:【集韻】披巴切。大口皃。[按]原注"大口貌",除樋新編本、大版式本、道光本外,其餘諸本均誤作"吞貌"。

⑦ 杷〔草華白也〕:[按]原注"草華白也",大版式本、道光本、文德堂本、會文書莊本、市圖善本誤作"草垂白也"。

⑧ 昐〔紛紛~~〕:【字彙】普巴切,音葩。《黄帝靈樞經》與天地同紀,紛紛昐昐,終而復始。[按]聲不合,應歸普母。"昐",樋新編本誤作"吧";原注"紛紛~~",道光本、文德堂本、會文書莊本、市圖善本誤作"紛人~~"。

⑨ 鲃〔~鯽〕:【漢語大字典】魚名。魚綱。鯉科。體側扁或亞圓筒形,口有須,多産於我國華南或西南水流湍急的澗溪中。

⑩ 艴〔色不真〕:【廣韻】白駕切。色不真也。[按]調不合,應歸下去。

⑪ 呿〔臥聲〕:【集韻】去伽切。啟口謂之呿。【字彙】丘於切,音區。臥聲……又丘加切,音恰。義同。

⑫ 足〔解,手~〕:[《廣韻》即玉切,入燭,精。]脚;腿。《書·説命上》:"若跣弗視地,厥足用傷。"孔傳:"跣必視地,足乃無害。"[按]聲、韻、調皆不合,實爲"骹"的訓讀字。骹,[《廣韻》口交切,平肴,溪。]脛;小腿。《爾雅·釋畜》:"四

骹皆白，驓。”（晉）郭璞注：“骹，膝下也。”《文選・潘岳〈射雉賦〉》：“奮勁骹以角槎，瞵悍目以旁睞。”（南朝・宋）徐爰注：“骹，脛也。”

⑬ 腳〔土解〕：[《廣韻》居勺切，入藥，見。]人與動物腿的下端，接觸地面、支持身體和行走的部分。《墨子・明鬼下》：“羊起而觸之，折其脚。”[按]聲、韻、調皆不合，實爲“骹”的訓讀字（參見⑫足）。

⑭ 闔〔解，閉~〕：[《廣韻》胡臘切，入盍，匣。]閉合。《易・繫辭上》：“一闔一闢謂之變。”《文選・潘岳〈哀永逝文〉》：“户闔兮燈滅。”（唐）吕向注：“闔，閉也。”[按]調不合，應歸下入。實爲“㞞”的訓讀字。【集韻】㞞，渴合切。《説文》閉也。

⑮ 茶〔茗也〕：[《廣韻》宅加切，平麻，澄。]1. 山茶科。灌木或小喬木。葉呈橢圓形或披針形。經焙製加工後爲茶葉，可製飲料。2. 用茶葉泡製、烹製或煎製而成的飲料。《新唐書・隱逸傳・陸羽》：“羽嗜茶，著經三編，言茶之原、之法、之具尤備，天下益知飲茶矣。”[按]調不合，應歸下平。

⑯ 磹〔土，白~：地名〕：江河海洋中隱在水下或露出水面的巖石。參見“礁石”。[按]作爲地名用字，閩南一般都讀[꜀ta]。

⑰ ㊫鮺：[《集韻》側下切，上馬，莊。]1. 同“鮓”。腌魚。2. 謂腌漬。[按]聲不合，應歸争母。

⑱ ㊫虘〔惡虎〕：[《廣韻》昨何切，平歌，從。]本指虎剛暴矯詐。《説文・虍部》：“虘，虎不柔不信也。”（清）段玉裁注：“剛暴矯詐。”[按]聲、韻、調皆不合。

⑲ 舴〔就舟也〕：【字彙】託甲切，音塔。就舟也。[按]聲不合，應歸他母。

⑳ 㞎〔短貌〕：【字彙】匹馬切，怕上聲。短皃。[按]調不合，應歸上上。

㉑ 打〔土解，~人；~鐵〕：[按]聲、韻、調皆不合，實爲“拍”的訓讀字。【集韻】拍，匹陌切。《説文》拊也。【廣韻】普伯切。打也。

㉒ ㊫奼〔美女〕：姹，[《集韻》丑下切，上馬，徹。]亦作“奼”。少女；美女。【説文・女部】奼，少女也。

㉓ 咤〔怒也〕：[《廣韻》陟駕切，去禡，知。]發怒聲。[按]聲不合，應歸地母。

㉔ 鰨〔鰨魚也〕：【字彙】託甲切，音塔。鰨魚也。

㉕ 咱〔我也〕：【康熙字典】《篇海》子葛切，音咂。俗稱自己爲咱。又【中州音韻】茲沙切，音查。義同。

㉖ 挓〔~抄：開貌〕：【集韻】陟加切。挓抄，開皃。[按]聲不合，應歸地母。原注"~抄"，樋新編本誤作"~抄"，音、形均因《字彙》而誤。【字彙】挓，莊加切，音楂。挓抄，開貌。其餘諸本作"沱〔~抄：開貌〕"，錯誤更甚。

㉗ 槎〔邪斫木也〕：【集韻】鉏佳切。衺斫也。[按]聲、調不合，應歸出母下平。

㉘ 鹺〔鹽味之厚〕：[《廣韻》昨何切，平歌，從。]鹽的别名。《禮記·曲禮下》："鹽曰鹹鹺。"（漢）鄭玄注："大鹹曰鹺。"[按]韻、調不合，應歸高韻下平。

㉙ 鮺〔同上〕：同"鮓"。

㉚ 柞〔正〕：[《廣韻》則落切，入鐸，精。]木名。常緑灌木或小喬木。[按]韻不合，應歸東韻上入。

㉛ ㊔盻：[《廣韻》胡計切，去霽，匣。][《廣韻》五計切，去霽，疑。]恨視；怒視。[按]聲、韻、調皆不合。

㉜ ㊔梓〔木名〕：[《廣韻》即里切，上止，精。]木名。紫葳科，落葉喬木。[按]韻不合，應歸居韻。

㉝ ㊔膪：【集韻】竹下切。腏肉。[按]聲不合，應歸地母。

㉞ ㊔貕：【集韻】色甲切。獸名。[按]聲不合，應歸時母。

㉟ 要〔戲~〕：[《字彙》沙雅切。]玩要，游玩；消閑取樂。（宋）周邦彥《意難忘·美咏》詞："長顰知有恨，貪要不成妝。"[按]今泉習慣讀[ᶜsua]。

㊱ 搓〔土解，~線〕：[《廣韻》七何切，平歌，清。]揉擦。（唐）戴叔倫《賦得長亭柳》："雨搓金縷細，烟裹翠絲柔。"[按]聲、韻、調皆不合，應歸出母高韻上平。

㊲ 剄〔自刎〕：【廣韻】於加切。自刎。

㊳ 欬〔欧~：驢鳴〕：【廣韻】於嫁切。欧欬，驢鳴。[按]原注"欧~"，唯廖新校增本正確，樋新編本、大版式本、道光本、文德堂本、市圖善本誤作"欸~"，會文

書莊本誤作“鼓~”。

㊴ 稏〔䆉~:稻名〕:【集韻】衣稼切。䆉稏,稻也。[按]原注“䆉~”,樋新編本、大版式本、道光本、文德堂、市圖善本誤作“耙~”。

㊵ 啞〔嘔~:小兒學語〕:[《廣韻》衣嫁切,去禡,影。]歎詞;表示驚歎。《韓非子·難一》:“師曠曰:‘啞!是非君人者之言也!’”【漢語大詞典】【嘔啞】象聲詞。小兒説話聲。(唐)白居易《念金鑾子》詩之一:“況念夭化時,嘔啞初學語。”

㊶ 遢〔土話,邋~〕:[《廣韻》吐盍切,入盍,透。]參見“邋遢”。【邋遢】肮髒;不整潔。《快心編三集》第八回:“若像邋遢的婦女,頭毛未必便黄,只因不掠不梳,塵垢蓬鬆。”[按]聲、韻不合,應歸他母三韻上入(文讀)。今泉衹讀[t'ap$_{⊃}$]。

㊷ 痲〔~風:熱病〕:[《廣韻》莫霞切,平麻,明。]參見“痲瘋”。【痲瘋】又稱癩。俗稱大麻風。由麻風杆菌引起的慢性傳染病。[按]調不合,應歸下平。

㊸ 皺〔閉口貌〕:【字彙】蜜沙切,音麻。皺嚁,閉口皃。[按]調不合,應歸下平。

㊹ 馬〔正,牛~〕:[《廣韻》莫下切,上馬,明。]哺乳動物。《易·屯》:“屯如邅如,乘馬班如。”[按]今泉讀三韻[$^{⊂}$ma]。

㊺ 罵〔正,詈也〕:[《龍龕手鑒》莫駕切。]以惡言加人;斥責。《左傳·昭公二十六年》:“冉豎射陳武子,中手,失弓而罵。”[按]今泉讀三韻[ma$^{⊇}$]。

㊻ 肉〔土話〕:[《廣韻》如六切,入屋,日。]1. 指人體的皮膚、肌肉和脂肪層。《素問·陰陽應象大論》:“在體爲肉。”2. 指供食用的動物肉。《易·噬嗑》:“噬腊肉遇毒,小吝,無咎。”[按]聲、韻、調皆不合,實爲訓讀字。本字不明。

㊼ 呀〔張口貌〕:【字彙】虛加切,音鰕。張口皃……又牛加切,音牙。義同。

㊽ 誦〔人名〕:【集韻】女加切。《博雅》謕誦,挐也。[按]聲、韻、調皆不合,應歸柳母三韻下平。

㊾ ㊗閜〔人名〕:[《廣韻》許下切,上馬,曉。]開闊貌。《史記·司馬相如列傳》:“谽呀豁閜。”(唐)司馬貞索隱引(晉)司馬彪曰:“豁閜,空虛也。”《文

選》作"閜"。[按]聲不合,應歸喜母。

㊿ ㊫魀:【集韻】所介切。鬼名。[按]聲、韻、調皆不合。

51 担〔挹也〕:[《廣韻》側加切,平麻,莊。]挹;取。【担格】猶攫取;掠奪。《墨子·天志下》:"而況有踰於人之牆垣、担格人之子女者乎?"(清)孫詒讓間詁:"担、摣字通。《方言》云:'担、摣,取也……'《釋名·釋姿容》云:'摣,叉也,五指俱往叉取也。'"[按]聲不合,應歸争母。

52 姹〔美女也〕:[《集韻》丑下切,上馬,徹。]少女;美女。[按]聲、調不合,應歸他母上上。

53 鰕〔長須蟲也,爲水母作目〕:[《廣韻》胡加切,平麻,匣。]同"蝦"。(漢)焦贛《易林·謙之明夷》:"鰌鰕去海,藏於枯里;街巷褊隘,不得自在。"[按]調不合,應歸下平。

54 啁〔口~;又下平,義同〕:【集韻】虚加切。谽谺,谷中大空皃。又許下切。《博雅》笑也。[按]調不合,應歸上平。

55 呀〔張口貌〕:参見㊼"呀"。【字彙】虚加切,音鰕。張口皃。

56 啁〔大笑貌〕:【集韻】許我切。大笑。[按]韻不合,應歸我韻。

57 苄〔草之可爲席者〕:[《廣韻》胡駕切,去禡,匣。]蒲苹。可製席。《禮記·間傳》:"齊衰之喪,居堊室,苄翦不納。"(漢)鄭玄注:"苄,今之蒲苹也。"[按]調不合,應歸下去。

聲韻調	16 嘉 a/aʔ			
	下平˩[24]	下上˧[22]	下去˧˩[41]	下入˩[24]
柳 l	膋〔解,脂油〕 膋〔同上〕	㐷〔皮寬也〕①	㦬〔心亂也〕② 髿〔髮亂也〕	蠟〔解,~燭〕 鱲〔鮫~〕
邊 p	杷〔枇~:果名〕 爬〔用手~也〕 琶〔琵~:長三尺五寸,象三才五行〕③ 筢〔用以取草也〕 鈀〔兵器〕④	秅〔~稏:稻名〕⑤ 罷〔休也;已也〕 䶕〔~~:短人立也〕	霸〔把也;諸侯之權〕⑥ 覇〔同上〕 豹〔類虎〕⑦ 欛〔刀柄〕⑧ 靶〔轡革〕⑨ 灞〔水名〕⑩ 垻〔堰也〕⑪ 㩉〔把也〕⑫ 㶚〔~譟:惡也〕⑬ 壩〔溪~〕⑭	㊕礉⑮
求 k	㊕枷〔~取〕⑯	咬〔解,齧也〕⑰ 筊〔俗解,~簫〕⑱	價〔~數〕 架〔屋~:棚也〕 稼〔種五穀曰~〕 斝〔玉爵也〕⑲ 斚〔同上〕 賈〔同價〕	㊕潡⑳
氣 k'	㊕杈㉑	㊕㮝㉒	愘〔多伏計〕㉓	㊕瘦〔物~〕㉔
地 t	㊕膣㉕	㊕鮗〔鮓~〕㉖	○	踏〔解,足~也〕
普 p'	㊕䟕〔人名〕㉗	○	帕〔手~〕㉘ 袙〔同上〕㉙ 帊〔衣~〕㉚	㊕鉑㉛
他 t'	㊕踷㉜	㊕蛇㉝	詫〔誇也〕㉞ 侘〔驕逸也〕㉟ 吒〔怒也;又噴也〕㊱ 㑩〔不修也〕㊲ 汊〔水岐流也〕㊳	㊕鍩㊴
爭 ts	㊕揸〔~物〕	䃎〔藸~:不中〕㊵	乍〔初也;忽也〕 蜡〔大~八〕 蛇〔水母也〕㊶ 砟〔石也〕 昨〔土,~日〕	截〔土,~人〕
入 dz	㊕樝〔果似梨〕㊷	㊕榎〔山楸〕㊸	○	○
時 s	㊕栅〔栅欄〕㊹	㊕庎〔厝~〕㊺	厦〔側屋〕㊻ 𡚸〔姓也〕	㊕煰〔~湯〕
英 ∅	㊕嘗㊼	㊕喏㊽	娅〔兩壻相謂曰~〕㊾ 掗〔取也〕㊿	匣

（續表）

聲韻調	16 嘉 a/aʔ			
	下平˨˦ 24	下上˨˨ 22	下去˦˩ 41	下入˨˦ 24
文 b	麻〔~子;楊~〕 猫〔土,能食鼠也〕 貓〔同上〕	㊚夿〔自大〕㊿	榪〔牀頭横木〕	覔〔土,~事也〕
語 g	牙〔齒也〕 笌〔竹箏〕 枒〔車軸會也〕 芽〔萌芽〕 衙〔官~〕	㊚啞(52)	迓〔迎也〕 訝〔疑也〕 砑〔碾也〕 玡〔骨似玉〕	㊚嘂(53)
出 tsʻ	柴〔薪也:~草〕 茈〔~葫:藥名〕 茶〔土,茗也〕	夿〔自大也〕	跁〔踏也〕(54) 衩〔衣襠也〕(55)	㊚踤(56)
喜 h	遐〔遠也;何也〕 霞〔日邊彤雲〕 蝦〔~蟆;魚~〕 瑕〔玉小赤也;又玷也;何也〕 慀〔怨也〕(57) 碬〔礪石也〕(58) 鍜〔鍜~:頸鎧〕 騢〔馬赤白雜毛〕 荷〔土話,~刀〕(59)	廈〔大屋〕(60) 下〔上~〕 夏〔大也;諸~〕(61)	暇〔閒~:無事〕 煆〔熱也〕(62) 暇〔緩視〕 寀〔隙也〕(63) 襾〔覆也〕(64)	箬〔解,竹~也〕

【校注】

① 傂〔皮寬也〕:【字彙】奴下切,拿上聲。皮寬也。[按]調不合,應歸上上。

② 悇〔心亂也〕:【集韻】女加切。心亂。【字彙】奴加切,音拏。心亂。又去聲乃亞切,義同。

③ 琶〔琵~:長三尺五寸,象三才五行〕:【字彙】蒲巴切,罷平聲。琵琶,長三尺五寸,象三才五行,四弦象四時。推手前曰琵,卻手後曰琶。

④ 鈀〔兵器〕:[《廣韻》普巴切,平麻,滂。]古兵器。(明)何良臣《陣紀·束

伍》:"授器之要,因其短長編列之,宜隨其地勢,每以槍筅弓弩標銃爲長兵,刀鎌釵鈀牌斧爲短器。"【集韻】《説文》邦加切。兵車也。

⑤ 耙〔~䆉:稻名〕:【集韻】穲耙,步化切。耙䆉,稻也。[按]調不合,應歸下去。

⑥ 霸〔把也;諸侯之權〕:[《廣韻》必駕切,去禡,幫。]亦作"覇"。作諸侯聯盟的首領;稱霸。《論語·憲問》:"管仲相桓公,霸諸侯,一匡天下,民到于今受其賜。"[按]調不合,應歸上去。

⑦ 豹〔類虎〕:[《廣韻》北教切,去效,幫。]獸名。猫科動物。似虎而較小,白面團頭;毛黄褐色或赤褐色,有很多斑點或花紋。有赤豹、白豹、金錢豹等。[按]調不合,應歸上去。

⑧ 欛〔刀柄〕:[《廣韻》必駕切,去禡,幫。]器物的柄。《敦煌曲子詞·酒泉子》:"三尺青蛇,斬新鑄就鋒刃剛,沙魚裹欛用銀裝,實見七星光。"[按]調不合,應歸上去。

⑨ 靶〔轡革〕:[《廣韻》必駕切,去禡,幫。]轡首垂下部,即轡革。《文選·左思〈吴都賦〉》:"迴靶乎行邪睨,觀魚乎三江。"(唐)李周翰注:"靶,馬轡也。"[按]調不合,應歸上去。

⑩ 灞〔水名〕:[《廣韻》必駕切,去禡,幫。]水名。渭河支流。在陝西省中部。關中八川之一。也稱滋水、霸水。(漢)班固《西都賦》:"挾灃灞,據龍首。"[按]調不合,應歸上去。

⑪ 垻〔堰也〕:[《廣韻》必駕切,去禡,幫。]同"壩"。攔截水流的建築物。黄侃《蘄春語》:"溪上隄亦曰壩;亦並作'垻'。"[按]調不合,應歸上去。

⑫ 攌〔把也〕:【篇海】必駕切。把也。《集韻》作"欛",枋也。俗从手,非。[《廣韻》必駕切,去禡,幫。]器物的柄。[按]調不合,應歸上去。

⑬ 諣〔~譟:惡也〕:【廣韻】北教切。諣譟,惡也。[按]調不合,應歸上去。

⑭ 壩〔溪~〕:[《集韻》必駕切,去禡,幫。]參見⑪垻。

⑮ ㊫礮:古同"砲"。[《集韻》披教切,去效,滂。]亦作"礮"。兵器的一

種。本是用來發射石彈的機械裝置,後發展成爲金屬管狀火器,用火藥發射金屬彈頭。[按]聲、韻、調皆不合。

⑯ ㊟抲〔~取〕:【字彙】求加切,音茄。取也。[按]今泉表示"拿(重物)"。

⑰ 咬〔解,齧也〕:同"齩"。【集韻】齩,下巧切。齧骨。《漢書·食貨志》:"罢夫羸老,易子而齩其骨。"[按][ˍka]爲"齩"之白讀,文讀爲[ˍhau]。

⑱ 筊〔俗解,~簫〕:[《廣韻》古巧切,上巧,見。]排簫。[按]調不合,應歸上上。

⑲ 斝〔玉爵也〕:【字彙】居亞切,音駕。鬱鬯之尊,玉爵也。[按]調不合,應歸上去。

⑳ ㊟澉:【集韻】迄協切。澉濈,湍流。[按]聲、韻、調皆不合。

㉑ ㊟杈:[《廣韻》初牙切,平麻,初。]樹幹的歧枝或植物的杈枒。(宋)陸游《梨花》詩:"常思南鄭清明路,醉袖迎風雪一杈。"[按]聲、調不合,應歸出母上平。

㉒ ㊟格:[《廣韻》胡格切,入陌,匣。]1. 鞍格。2. 椸架。[按]聲、韻、調皆不合。

㉓ 愘〔多伏計〕:【集韻】丘駕切。愘伢,多伏計。[按]調不合,應歸上去。

㉔ ㊟瘻〔物~〕:同"癨"。【集韻】癨,黄郭切。瘸癨,物在喉。[按]聲、韻不合,應歸喜母東韻下入。

㉕ ㊟臚:[按]傳統辭書查無此字音、義。

㉖ ㊟鮗〔鮓~〕:[按]傳統辭書查無此字。

㉗ ㊟欱〔人名〕:【集韻】何加切……咽病。又亥駕切。飲也。[按]聲、調不合。

㉘ 帕〔手~〕:[《集韻》普駕切,去禡,滂。]巾;手帕。《南史·張譏傳》:"每歲時輒對帕哽噎不能勝。"[按]調不合,應歸上去。

㉙ 袙〔同上〕:[《集韻》普駕切,去禡,滂。]束髮頭巾。《後漢書·輿服志下》:"秦雄諸侯,乃加其武將首飾爲絳袙,以表貴賤,其後稍稍作顔題。"[按]調不合,應歸上去。

㉚ 帊〔衣~〕：[《廣韻》普駕切，去禡，滂。]巾帕。《三國志・魏志・王粲傳》："觀人圍棊，局壞，粲爲覆之。棊者不信，以帊蓋局，使更以他局爲之。用相比校，不誤一道。"[按]調不合，應歸上去。

㉛ ㊫鉑：[《集韻》白各切，入鐸，並。]金屬元素，銀白色，有光澤，富延展性，導熱導電性能好，化學性質穩定。[按]聲、韻不合，應歸邊母東韻下入。

㉜ ㊫蹅：【集韻】鋤加切。行失序也。[按]聲不合，應歸出母。

㉝ ㊫蛇〔水母也〕：【廣韻】除駕切。水母。《玉篇》："蛇，形如覆笠，常浮隨水。"[按]調不合，應歸下去。今泉讀[t‘a⊇/t‘e⊇]。

㉞ 詫〔誇也〕：[《廣韻》丑亞切，去禡，徹。]告知。《莊子・達生》："有孫休者，踵門而詫子扁慶子。"(唐) 成玄英疏："詫，告也。"[按]調不合，應歸上去。

㉟ 侘〔驕逸也〕：[《集韻》丑亞切，去禡，徹。]驕奢淫逸。[按]調不合，應歸上去。

㊱ 吒〔怒也；又噴也〕：[《廣韻》陟駕切，去禡，知。]憤怒。《楚辭・王逸〈九思・疾世〉》："憂不暇兮寢食，吒增歎兮如雷。"(宋) 洪興祖補注："吒，竹嫁切，吐怒也。"[按]調不合，應歸上去。

㊲ 杈〔不修也〕：【康熙字典】《玉篇》初訝切，音杈。不修也。[按]聲、調不合，應歸出母上去。因《字彙》注音而誤。【字彙】丑亚切，音姹。不修也。

㊳ 汊〔水岐流也〕：[《集韻》楚嫁切，去禡，初。]水流岔出的地方；分支的小河。(金) 元好問《善應寺》詩之一："平崗回合盡桑麻，百汊清泉兩岸花。"[按]聲、調不合，應歸出母上去。因《字彙》注音而誤。【字彙】丑亚切，音姹。水岐流也。

㊴ ㊫錔：[《廣韻》他合切，入合，透。]套；裹。《史記・魯周公世家》"郈氏金距"，(宋) 裴駰集解引(漢) 服虔曰："以金錔距。"[按]調不合，應歸上入。

㊵ 蒫〔蒩~：不中〕：【集韻】竹下切。蒩蒫，不中皃。[按]聲不合，應歸地母。因《字彙》注音而誤。【字彙】側下切，音鲊。蒩蒫，不中貌。

㊶ 蛇〔水母也〕：参见㉝蛇。[按]聲不合，應歸他母。因《字彙》注音而誤。

【字彙】助駕切,音乍。水母也。今泉讀[t‘a⊇/t‘e⊇]。

㊷ 增楂〔果似梨〕:[《廣韻》側加切,平麻,莊。]果木名。種類很多,有楂子、榠楂、山楂等。[按]聲不合,應歸争母。

㊸ 增榎〔山楸〕:同“檟”。[《廣韻》古疋切,上馬,見。]亦作“榎”。即楸,落葉喬木。《左傳·襄公二年》:“穆姜使擇美檟,以自爲櫬與頌琴。”[按]聲、調不合,應歸求母上上。

㊹ 增柵〔柵欄〕:[《廣韻》所晏切,去諫,生。]柵欄。用竹、木、鐵條等圍成的阻攔物。《莊子·天地》:“内支盈於柴柵。”[按]韻、調不合,應歸丹韻上去。

㊺ 增厏〔厝~〕:【集韻】所嫁切。房屋也。【字彙】所嫁切,音嗄。傍屋。[按]調不合,應歸上去。傳統辭書查無“厝厏”一詞。廖新校增本將原注改爲“旁屋”,是。除樋新編本外,其餘諸本“厝~”皆作“眉~”,但傳統辭書查無“眉”字。

㊻ 厦〔側屋〕:【集韻】所嫁切。房屋也。【字彙】所嫁切。沙去聲。側屋。[按]調不合,應歸上去。

㊼ 增嘗:【字彙】烏刀切,奥平聲。鴉鳴。[按]聲、韻、調皆不合。

㊽ 增喏:[《集韻》爾者切,上馬,日。]向人作揖並同時出聲致敬。(宋)陸游《老學庵筆記》卷二:“先君言,舊制,朝参,拜舞而已。政和以後,增以喏。然紹興中,予造朝,已不復喏矣。”[按]聲、韻、調皆不合,應歸入母嗟韻上上(文讀)或下上(白讀)。

㊾ 婭〔兩壻相謂曰~〕:[《廣韻》衣嫁切,去禡,影。]姐妹丈夫的互稱,俗稱連襟。古作“亞”。《爾雅·釋親》:“兩壻相謂爲亞。”[按]調不合,應歸上去。

㊿ 掗〔取也〕:[《集韻》倚下切,上馬,影。]舀取。《西遊記》第五十回:“果然那鍋裏氣騰騰的,煮了半鍋乾飯。就把鉢盂往裏一掗,滿滿的掗了一鉢盂,即駕雲回轉。”[《字彙》衣架切。]强行使人接受。《醒世恒言·賣油郎獨占花魁》:“將銀子掗在秦重袖内,推他轉身。”[按]調不合,應歸上上或上去。

51 增奓〔自大〕:【集韻】仕下切。夸奓,自大。[按]聲不合,應歸出母。

⑤② ㊋嘏:【集韻】何加切,音遐。咽也。又虚加切,音蝦。義同。[按]調不合,應歸下平或上平。

⑤③ ㊋嗗:[按]傳統辭書查無此字。“嗗”,樋新編本作“嗠”,但傳統辭書亦查無此字。

⑤④ 跁〔踏也〕:【集韻】楚嫁切。歧道也。【字彙】楚嫁切,叉去聲。踏也。[按]調不合,應歸上去。

⑤⑤ 衩〔衣襠也〕:[《廣韻》楚懈切,去卦,初。]衣裙兩側開口的地方。俗稱衩口。《玉篇·衣部》:“衩,衣衩。”[按]韻、調不合,應歸開韻上去。

⑤⑥ ㊋蹅:【字彙】直加切,音茶。蹅跱,行難進貌。[按]聲、韻、調皆不合,應歸地母嘉韻下平。

⑤⑦ 假〔怨也〕:【字彙】何加切,音遐。怨也。

⑤⑧ 碬〔礪石也〕:【字彙】何加切,音遐。礪石也。

⑤⑨ 荷〔土話,~刀〕:[《廣韻》胡可切,上哿,匣。]1. 肩負;扛。《逸周書·克殷》:“及期,百夫荷素質之旗于王前。”2. 承擔;擔負。(漢)張衡《東京賦》:“荷天下之重任。”[按]韻、調不合,應歸高韻下上。實爲訓讀字,本字爲“夊”(《普通話閩南方言詞典》第九〇八頁)。

⑥⓪ 廈〔大屋〕:[《廣韻》胡雅切,上馬,匣。]房屋。(漢)揚雄《太玄·强》:“大廈微。”(晉)范望注:“廈,屋也。”《文選·左思〈魏都賦〉》:“隆廈崇起。”(唐)張銑注:“隆廈,大屋也。”【字彙】亥雅切,遐上聲。大屋。[按]今泉習慣變讀下去調[ha˨]。

⑥① 夏〔大也;諸~〕:[《廣韻》胡雅切,上馬,匣。]1. 大。《方言》第一:“自關而西,秦晉之間,凡物之壯大者而愛偉之,謂之夏。”2. 大屋;大殿。《楚辭·九章·哀郢》:“曾不知夏之爲丘兮,孰兩東門之可蕪。”(漢)王逸注:“夏,大殿也。”……4. 古代漢民族自稱,也稱華夏、諸夏。《書·舜典》:“蠻夷猾夏,寇賊姦宄。”孔傳:“夏,華夏。”《左傳·定公十年》:“裔不謀夏,夷不亂華。”《文選·班固〈幽通賦〉》:“皇十紀而鴻漸兮,有羽儀於上京,巨滔天而泯夏兮,考遘愍

以行謡。”(唐) 李善注:“夏,諸夏也。”[按]今泉習慣變讀下去調[ha⁼/he⁼]。

⑫ 煆〔熱也〕:[《廣韻》呼訝切,去禡,曉。]火氣猛烈。(唐) 柳宗元《同劉二十八院長述舊言懷》詩:“瘴氣恒積潤,訛火亟生煆。”[按]調不合,應歸上去。

⑬ 寊〔隙也〕:【集韻】虚訝切。《説文》㙶也。【字彙】呼嫁切,音罅。寊隙也。[按]調不合,應歸上去。

⑭ 襾〔覆也〕:[《廣韻》許下切,上馬,曉。]覆。《説文·襾部》:“襾,覆也。”(清) 王筠句讀:“謂反覆覆蓋之也。”[按]調不合,應歸上上。

17 賓

聲韻調	17 賓 in/it			
	上平˧^{33}	上上˥^{55}	上去˦˩^{41}	上入˥$^{\underline{5}}$
柳 l	獜〔健也〕① 𤢱〔同上〕② 乳〔解，小兒所吸〕③	粼〔憂也〕 閔〔燭熄火存〕 僯〔恥也〕	侫〔口才也〕④ 䉮〔損也〕⑤	㊮泥⑥
邊 p	賓〔賓客〕 彬〔雅也；~~：適均貌〕 蠙〔蚌之別名〕⑦ 豳〔國名〕 邠〔州名〕 斌〔同彬〕 濱〔水際〕 檳〔~榔〕 豩〔二豕〕 賔〔俗賓字〕 瑸〔璘~：玉色〕⑧ 玢〔文采之狀〕 轞〔車也〕⑨ 份〔與彬同〕	稟〔土，資~；叩~〕⑩	鬢〔旁髮也〕 殯〔殯殮〕 饄〔土解，虱~〕⑪	筆〔所以書也〕 必〔審也；然也〕 觱〔~發：風烈〕 畢〔盡也〕 滭〔~沸：泉出貌〕 珌〔下飾〕 罼〔兔罟長柄〕 笔〔同筆〕 篳〔~門：柴門〕 嗶〔聲出貌〕 潷〔泉出貌〕 鵯〔~鳥〕
求 k	巾〔正，手~；紗~〕	緊〔急也〕 謹〔慎也；敬也〕 瑾〔清也；瀆也〕 縺〔~密〕	靳〔固也；吝也〕⑫ 靳〔同上〕⑬ 堇〔草名，即烏頭〕⑭ 廑〔小屋也〕⑮	急〔土話，着~〕⑯ 吃〔口不便言〕
氣 k‘	炊〔少也〕⑰ 輕〔解，~重〕	螼〔即蚯蚓也〕 淺〔解，深~〕 嚾〔唇瘡〕	菣〔香蒿也〕	乞〔求也：~食〕
地 t	珍〔土，重也；寶也〕 珎〔同上〕	枏〔木名〕⑱ 紖〔牛系也〕⑲ 絼〔同上〕	㣊〔登也〕⑳	得〔解，~着〕

（續表）

聲韻調	17 賓 in/it			
	上平˧33	上上˥55	上去˩41	上入˥5
普 p‘	德〔使也〕㉑ 闠〔闘也〕㉒	品〔品行;品類〕 𡿨〔泣也〕㉓	○	匹〔偶也;合也〕 鳴〔鴨也〕
他 t‘	狆〔狂也〕 嗔㉔	跈〔走也〕 䚩〔~然大笑〕㉕	疢〔善嗜爲病〕㉖	增 鳪㉗
争 ts	眞〔僞之反也;實也:~假〕㉘ 真〔同上,俗字〕 𧽄〔不染邪曲〕 榛〔神木〕 溱〔衆也;至也〕 臻〔同上〕 禛〔以真受福〕 津〔水渡;~液〕 珍〔寶也〕㉙ 蓁〔葉盛:~芁〕 茞〔草也〕㉚ 搸〔琴瑟音也〕 唇〔驚也〕㉛ 瑧〔玉名〕	軫〔車後横木;又動也〕 賑〔富也〕 鬒〔黑髮〕 拯〔救也〕㉜ 眕〔安重也〕 稹〔密也〕 紾〔捩也〕 疹〔脣瘍也〕 袗〔單也;晝也〕㉝ 脤〔祭肉〕㉞ 畛〔田間道也〕 姫〔慎也〕 䫃〔美髮也〕 祗〔告於鬼神〕 輴〔同軫〕 儘〔皆也〕 聄〔告也;聽也〕	晉〔進也;抑也〕 晋〔同上〕 脊〔中~〕㉟	質〔樸也;實也〕 即〔就也;則也〕 即〔同上,俗字〕 唧〔~~:蟲聲〕 桎〔足械〕 銍〔割禾短鐮;又禾穗〕 秷〔禾穗;又刈禾聲〕㊱ 織〔土,~布〕 堲〔疾也;燭燼〕 挃〔穫禾聲〕㊲ 氿〔水出也〕 侄〔堅也;癡也〕㊳ 帙〔書衣曰~〕㊴ 職〔土,主也;分也〕 鯽〔~魚〕 蛭〔食血蟲也〕 稙〔早稚曰~〕㊵ 蓺〔草木不生〕㊶ 跖〔盜~:秦之大盜〕㊷ 遷〔近也;至也〕㊸ 陟〔升也〕㊹
入 dz	增 弫〔人名〕㊺	忍〔安於不仁曰~;又~耐〕 㣼〔同上〕	刃〔刀也〕 肕〔堅柔也〕	增 銍㊻

【校注】

① 獜〔健也〕:【集韻】離珍切。《説文》健也。(清)段玉裁注:"《廣韻》引'犬健也'。今本奪'犬'字。"[按]調不合,應歸下平。

② 𤟭〔同上〕:[按]除廖新校增本外,其餘諸本皆誤作"𣢊"。

③ 乳〔解,小兒所吸〕:[《廣韻》而主切,上麌,日。]1. 乳房。《山海經·海外西經》:"形天與帝至此争神,帝斷其首,葬之常羊之山,乃以乳爲目,以臍爲口,操干戚以舞。"……7. 奶汁。《史記·張丞相列傳》:"蒼之免相後,老,口中無齒,食乳,女子爲乳母。"[按]聲、韻、調皆不合,應歸入母珠韻上上。[꜀lin]爲俗讀。今泉亦讀[꜀lin],亦可作"奶"。

④ 佞〔口才也〕:[《廣韻》乃定切,去徑,泥。]善辯;口才好。《書·吕刑》:"非佞折獄,惟良折獄,罔非在中。"孔傳:"非口才可以斷獄,惟平良可以斷獄,無不在中正。"[按][lin꜄]疑爲白讀,但調不合,應歸下去。今泉讀[liŋ꜅]。

⑤ 䕲〔損也〕:【集韻】良刃切,音吝。損也。[按]調不合,應歸下去。

⑥ ㊎泥:[《字彙補》乃結切。]古代用作黑色染料的礬石。《大戴禮記·曾子制言上》:"白沙在泥,與之皆黑。"[按]韻、調不合,應歸軒韻下入。

⑦ 蠙〔蚌之别名〕:[《廣韻》符真切,平真,並。]蚌的别名。(唐)皮日休《河橋賦》:"人民死而爲介,倮蟲化而爲蠙。"[按]調不合,應歸下平。

⑧ 瑸〔璘~:玉色〕:【字彙】卑民切,音斌。璘瑸,玉色光彩貌。

⑨ 轓〔車也〕:【集韻】毗賓切。車也。[按]調不合,應歸下平。

⑩ 稟〔土,資~;叩~〕:[《廣韻》筆錦切,上寑,幫。]1. 賜人以穀。《漢書·文帝紀》:"今聞吏稟當受鬻者,或以陳粟,豈稱養老之意哉!"……5. 對上報告。《後漢書·皇后紀上·明德馬皇后》:"后時年十歲,幹理家事,勑制僮御,内外諮稟,事同成人。"[按]泉州話没有[꜂pim]這樣的音節,今亦讀[꜂pin]。

⑪ 篦〔土解,虱~〕:【字彙】毗意切,音避。亦竹爲之,去髮垢者。(唐)李賀《秦宫》詩:"鸞篦奪得不還人,醉睡氍毹滿堂月。"[按]本應讀[pi꜅],[pin꜄]屬

特殊變讀,今泉亦讀[pin⁼]。

⑫ 靳〔固也;吝也〕:[《集韻》几隱切,上隱,見。]1. 朋。2. 朋。3. 固。4. 吝嗇。[按]調不合,應歸上上。

⑬ 靳〔同上〕:[《廣韻》居焮切,去焮,見。]1. 古代車上夾轅兩馬當胸的皮革。因作夾轅兩馬的代稱。《墨子·魯問》:"今綽也祿厚而譎夫子,夫子三侵魯,而綽三從,是鼓鞭於馬靳也。"……9. 姓。[按]"靳"與"靳"義近音不同。

⑭ 堇〔草名,即烏頭〕:[《集韻》渠吝切,去稕,羣。]藥名,即烏頭,有毒。《吕氏春秋·勸學》:"是救病而飲之以堇也。"(漢)高誘注:"堇,毒藥也,能毒殺人,何治之有?"陳奇猷校釋:"堇,烏頭也,毒藥。"[按]調不合,應歸下去。

⑮ 廑〔小屋也〕:[《廣韻》渠遴切,去震,羣。]小屋。《説文·广部》:"廑,少劣之凥。"(宋)李誡《營造法式》卷一:"《義訓》:'小屋謂之廑。'"[按]調不合,應歸下去。

⑯ 急〔土話,着~〕:[《廣韻》居立切,入緝,見。]褊急;急躁。《書·洪範》:"曰急,恒寒若。"(唐)孔穎達疏:"君行急躁,則常寒順之。"[按]韻不合,但今戲臺上仍保留此讀音[kit꜀]。

⑰ 炘〔少也〕:【字彙】去斤切,乞平聲。少也。

⑱ 杒〔木名〕:【集韻】丈忍切。木名,灰可以染。[按]調不合,應歸下上。

⑲ 紖〔牛系也〕:[《廣韻》直引切,上軫,澄。]牛鼻繩。後亦泛指牽引牲口的繩索。《禮記·少儀》:"牛則執紖,馬則執靮。"[按]調不合,應歸下上。

⑳ 屒〔登也〕:【集韻】直刃切。《説文》登也。[按]調不合,應歸下去。"屒",樋新編本誤作"屒"。

㉑ 德〔使也〕:【集韻】滂丁切。《説文》使也。[按]韻不合,應歸卿韻。"德〔使也〕",除樋新編本、大版式本正確外,其餘諸本均誤作"德〔漳也〕"。

㉒ 闠〔鬬也〕:【字彙】批民切,品平聲。《説文》鬬也。[按]"闠〔鬬也〕",除樋新編本正確外,其餘諸本皆誤作"闠〔開也〕"。

㉓ 𡰪〔竝也〕:【字彙】匹錦切,音品。竝也。[按]泉州話没有[꜂p'im]這樣

的音節,故變讀[ᶜp'in]。

㉔ 嗔:[《廣韻》昌真切,平真,昌。]發怒;生氣。(南朝・宋)劉義慶《世説新語・德行》:"丞相見長豫輒喜,見敬豫輒嗔。"[按]聲不合,應歸出母。

㉕ 䪾〔~然大笑〕:【集韻】䪾,丑忍切。笑皃。[按]"䪾",諸版本皆誤作"囅"。此誤應源自《玉篇》。【玉篇】囅,丑理、丑忍二切。囅然,笑皃。(《玉篇》未收"䪾"字。)【字彙】䪾,丑忍切,嗔上聲。大笑貌。陳子昂《觀玉篇序》:"䪾然而笑。"《古今韻會》監韻作"囅",誤。"䪾"、"囅"二字形近義同,音不同。【集韻】囅,丑展切。笑皃。

㉖ 疢〔善嗜爲病〕:【字彙】丑忍切,嗔上聲。善嗜爲病。又去聲,丑慎切,義同。

㉗ ㊫鴰:【集韻】古禾切。鳥名。[按]聲、韻、調皆不合,應爲"敕"或"佚"[t'itᴐ](玩耍)的代用字。

㉘ 眞〔僞之反也;實也:~假〕:[按]"僞之反也",大版式本、道光本、文德堂本、市圖善本誤作"爲之反也"。

㉙ 珍〔實也〕:[《廣韻》陟鄰切,平真,知。]珠玉等實物。亦泛指貴重之物。《荀子・解蔽》:"此其所以代殷王而受九牧,遠方莫不致其珍。"[按]聲不合,應歸地母。

㉚ 茝〔草也〕:【集韻】之人切。《説文》草也。

㉛ 辰〔驚也〕:【集韻】之人切。《説文》驚也。

㉜ 拯〔救也〕:【廣韻】蒸上聲。救也;助也。《孟子・梁惠王下》:"民以爲將拯己於水火之中也。"[按][ᶜtsin]爲白讀。

㉝ 袗〔單也;畫也〕:【字彙】止忍切,音軫……單也……又畫也。[按]"袗",諸本皆誤作"衫";原注"畫也",大版式本、道光本、文德堂本、會文書莊本、市圖善本皆誤作"盡也"。

㉞ 脤〔祭肉〕:[《廣韻》時忍切,上軫,禪。]古代祭社用的生肉。一説泛指祭社用的肉。《穀梁傳・定公十四年》:"脤者,何也?俎實也,祭肉也。生曰脤,

熟曰膰。”［按］聲、調不合，應歸時母下上。

㉟ 昚〔中~〕：［《集韻》時刃切，去震，禪。］謹慎。《史記・平原君虞卿列傳》：“此飾説也，王昚勿予！”（宋）裴駰集解引（晉）徐廣曰：“〔昚〕音慎。”［按］音、義均對不上，疑字形有誤。

㊱ 秷〔禾穗；又刈禾聲〕：［《廣韻》陟栗切，入質，知。］禾穗。（清）魏禧《惲遜庵先生文集序》：“有志而學無，猶耕者之冀總秷而不蓄畬，是謂虛而不實。”［按］聲不合，應歸地母。

㊲ 挃〔穫禾聲〕：［《廣韻》陟栗切，入質，知。］擣；撞擊。《淮南子・兵略訓》：“夫五指之更彈，不若捲手之一挃。”（晉）高誘注：“挃，擣也。”【挃挃】象聲詞。《詩・周頌・良耜》：“穫之挃挃，積之栗栗。”毛傳：“挃挃，穫聲也。”按，此爲刈禾聲。［按］聲不合，應歸地母。

㊳ 侄〔堅也；癡也〕：【字彙】職日切，音質。堅也；又癡也；侄仡不前也。

㊴ 帙〔書衣曰~〕：［《廣韻》直一切，入質，澄。］古代竹帛書籍的套子。多以布帛製成。後世亦指綫裝書之函套。《説文・巾部》：“帙，書衣也。”［按］聲、調不合，應歸地母下入。

㊵ 稙〔早稚曰~〕：【集韻】丞職切。《説文》早種也。［按］聲、韻、調皆不合，應歸時母卿韻下入。

㊶ 蕺〔草木不生〕：［《廣韻》子入切，入緝，清。］1. 草木生長貌。2. 草木不生。［按］韻不合，應歸金韻上入。

㊷ 跖〔盜~：秦之大盜〕：蹠，［《廣韻》之石切，入昔，章。］亦作“跖”。古人名。指盜跖。《孟子・盡心上》：“雞鳴而起，孳孳爲利者，蹠之徒也。欲知舜與蹠之分，無他，利與善之間也。”［按］韻不合，應歸卿韻上入。

㊸ 遷〔近也；至也〕：【集韻】忍氏切。《説文》近也。［按］聲、韻、調皆不合，應歸柳母基韻上上。

㊹ 陟〔升也〕：［《廣韻》竹力切，入職，知。］由低處向高處走。與“降”相對。《詩・周南・卷耳》：“陟彼崔嵬，我馬虺隤。”［按］聲、韻不合，應歸地母卿韻上入。

㊺ ㊜弫〔人名〕：[《集韻》止忍切，上軫，章。]弓强勁。[按]聲、調不合，應歸争母上上。

㊻ ㊜䞞：【集韻】而力切。到也。[按]韻、調皆不合，應歸卿韻下入。

聲 韻 調	17 賓 in/it			
	下平˨˦ 24	下上˨˨ 22	下去˦˩ 41	下入˨˦ 24
柳 l	憐〔矜也;愛也〕 麟〔麒~：仁獸〕 鱗〔魚甲〕 綾〔~綢;花~〕① 璘〔玉文〕 潾〔水清貌〕 粦〔鬼火〕 隣〔猶親也〕 粼〔水清見岩〕 繗〔紹也〕 紉〔以線貫針：~秋蘭以爲佩〕② 鄰〔近也;五家爲鄰〕③	嶙〔山崖〕④	吝〔鄙~：惜也〕 悋〔鄙也;慳~〕 磷〔薄石〕 甐〔動也;敝也〕 啫〔惜也〕 恡〔同上〕 吝〔同上〕 閔〔燭息火存〕 粦〔野火;鬼火〕 撛〔扶也〕 僯〔頭向前也〕 藺〔姓也〕	㊈紡⑤
邊 p	屏〔蔽也〕 頻〔數也;比也〕 憑〔~依;準也〕 凴〔同上〕 凭〔同上,據也〕 屛〔以蔽内外〕 屏〔同上〕 缾〔汲水器;又酒器〕⑥ 瀕〔水涯也〕 貧〔~賤;~急〕 蘋〔水~：大萍也〕 顰〔眉蹙也〕 瓶〔同缾〕 嚬〔笑也〕 嬪〔婦官也〕	牝〔母畜〕 臏〔刖刑,去膝〕	擯〔斥也;棄也〕⑦ 儐〔道也;陳也〕⑧	弼〔助也：良~〕 闢〔開也〕⑨ 帛〔幣~〕⑩ 椑〔親身棺〕⑪ 馝〔香也〕 飶〔食香〕 苾〔香也〕 佖〔有威儀也〕 邲〔地名〕 怭〔媟嫚也〕 駜〔馬飽而肥〕 柲〔戈戟柄〕 辟〔~除〕⑫
求 k	㊈芿⑬	○	僅〔略能也;少也〕 饉〔菜不熟曰~〕 廑〔寡也〕 墐〔塗也;塞也〕 瑾〔~瑜：美玉〕 槿〔木~〕⑭ 摧〔拭也〕⑮ 殣〔埋也〕 絹〔土,繒也：~線〕⑯ 覲〔見也〕	㊈糙⑰
氣 k‘	○	○	趣〔行貌〕⑱	杙〔解,木~〕⑲

（續表）

聲韻調	17 賓 in/it			
	下平˩[24]	下上˧[22]	下去˩[41]	下入˩[24]
地 t	陳〔列也;張也〕 塵〔~埃〕 䨺〔同上〕 籐〔解,莉~;草~〕	○	鎮〔按也;壓也〕⑳ 鎮〔同上,俗字〕 陳〔布也;告也〕 陣〔行列也〕 霴〔雲也〕	直〔正也;平也〕 直〔同上,俗字〕 姪〔兄弟之子〕
普 p‘	砏〔~磤：大雷聲〕㉑ 繽〔~紛：雜辭也〕㉒	○	朩〔麻片也〕㉓ 覕〔~覢,暫見也〕㉔ 宩〔見《集韻》〕㉕	○
他 t‘	秤〔禾名〕㉖	㊪儆㉗	趁〔踐也;從也〕㉘ 趂〔同上,逐也〕	㊪謯〔~直〕㉙
争 ts	秦〔國名;又姓〕 繩〔土解,~索〕	盡〔竭也;皆也〕 尽〔俗盡字〕 藎〔忠愛也;進也〕 夷〔火餘也〕 盡〔盡字省文〕	進〔登也;升也〕 震〔動也;起也〕㉚ 振〔整也;作也〕㉛ 侲〔童子也〕㉜ 拒〔拭也〕㉝ 杓〔梳絲具也〕㉞ 攴〔動也〕㉟ 搢〔插笏於帶〕㊱ 縉〔帛赤色;又~紳〕㊲ 瑨〔美玉〕㊳	疾〔急也;病也〕 嫉〔~妒〕 蒺〔~藜：藥名〕 㤺〔毒苦也〕
入 dz	人〔對己之稱〕 仁〔心之德,愛之理〕 魜〔魚名〕 朲〔屋上間也〕㊴ 忎〔能服衆心〕㊵ 芢〔草名〕	荵〔~冬草〕㊶	認〔忍也;識物也〕	日〔~月;太陽曰~〕 馹〔馬傳遞〕 衵〔日日常衣〕 誈〔到也〕㊷

【校注】

① 綾〔~綢;花~〕：[《廣韻》力膺切,平蒸,來。]一種薄而細,紋如冰凌,光如鏡面的絲織品。《韓詩外傳》卷七:"綾紈綺縠,靡麗於堂。"[按][꜀lin]爲白讀,文讀爲[꜀liŋ]。

② 紉〔以線貫針:~秋蘭以爲佩〕：[《廣韻》女鄰切,平真,娘。]以綫穿針。[按]今泉

一般變讀[ᶜlim]或[lin ᵓ]。

③ 鄰〔近也;五家爲~〕:【字彙】離珍切,音鱗。比也;近也。[《廣韻》力珍切,平真,來。]古代行政單位。五家爲鄰。《周禮・地官・遂人》:"五家爲鄰,五鄰爲里。"[按]原注"近也;五家爲~",樋新編本誤作"~~,五家爲近也",大版式本、道光本誤作"~五家爲近也",文德堂本誤作"~工家扁近也",市圖善本誤作"~工家爲近也"。

④ 嶙〔山崖〕:[《廣韻》良忍切,上軫,來。]參見"巊嶙"。【巊嶙】高聳突兀。多形容山勢。(唐)睿宗《石淙》詩:"奇峯巊嶙箕山北,秀崿岹嶢嵩鎮南。"[按]調不合,應歸上上。

⑤ 增紡:[《集韻》沽紅切,平東,見。]同"功"。[按]聲、韻、調皆不合。

⑥ 缾〔汲水器;又酒器〕:[《廣韻》薄經切,平青,並。]盛器。多用於盛水、酒、粟等。《左傳・昭公七年》:"人有言曰:雖有挈缾之知,守不假器,禮也。"[按][꜀pin]爲白讀,文讀爲[꜀piŋ]。今泉白讀爲[꜀pan]。

⑦ 擯〔斥也;棄也〕:[《廣韻》必刃切,去震,幫。]排斥;棄絶。《戰國策・趙策二》:"六國從親以擯秦,秦必不敢出兵於函谷關以害山東矣。"[按]調不合,應歸上去。

⑧ 儐〔道也;陳也〕:[《廣韻》必刃切,去震,幫。]1. 導引賓客或以禮迎賓。《周禮・春官・大宗伯》:"王命諸侯,則儐。"(唐)孔穎達疏:"儐,謂進使前以受策也。"……3. 陳列。《詩・小雅・常棣》:"儐爾籩豆,飲酒之飫。兄弟既具,和樂且孺。"毛傳:"儐,陳。"[按]調不合,應歸上去。

⑨ 闢〔開也〕:[《廣韻》房益切,入昔,並。]開啓門户。《易・繫辭上》:"是故闔户謂之坤,闢户謂之乾,一闔一闢謂之變。"(唐)李鼎祚集解:"虞翻曰:闢,開也。謂從震之乾,乾剛象晝,故以開户也。"[按]韻不合,應歸卿韻下入。

⑩ 帛〔幣~〕:[《廣韻》傍陌切,入陌,並。]古代絲織物的通稱。《左傳・閔公二年》:"衛文公大布之衣,大帛之冠。"[按]韻不合,應歸卿韻下入。

⑪ 椑〔親身棺〕:[《集韻》毗亦切,入昔,並。]内棺。後亦泛指棺材。《禮記・

檀弓上》:“君即位而爲椑,歲壹漆之藏焉。”(漢)鄭玄注:“椑謂杝棺,親尸者。”[按]韻不合,應歸卿韻下入。

⑫ 辟〔~除〕:[《廣韻》房益切,入昔,並。]開拓;開辟。《詩·大雅·召旻》:“昔先王受命,有如召公,日辟國百里,今也日蹙國百里。”毛傳:“辟,開。”[按]韻不合,應歸卿韻下入。

⑬ ㊔莚:[《集韻》渠巾切,平欣,羣。]同“芹”。(北魏)賈思勰《齊民要術·菜茹》:“莚菜:音‘謹’。似蒿也。”《説文·艸部》:“莚,菜,類蒿。”(清)段玉裁注:“即今人所食芹菜。”

⑭ 槿〔木~〕:[《廣韻》居隱切,上隱,見。]木名。即木槿。(南朝·宋)謝靈運《田南樹園激流植援》詩:“激澗代汲井,插槿當列墉。”[按]調不合,應歸上上。

⑮ 撁〔拭也〕:【集韻】居焮切。《説文》拭也。[按]調不合,應歸上去。

⑯ 絹〔土,繒也:~線〕:[《廣韻》吉掾切,去線,見。]平紋的生絲織物,似縑而疏,挺括滑爽。《墨子·辭過》:“治絲麻,梱布絹,以爲民衣。”[按]此爲白讀,但調不合,應歸上去。

⑰ ㊔犍:【集韻】居言切。鬻也。[按]韻、調不合,應歸軒韻上平。

⑱ 趣〔行貌〕:【集韻】去刃切。行緩皃。[按]調不合,應歸上去。

⑲ 杙〔解,木~〕:[《廣韻》與職切,入職,以。]一頭尖的短木;木樁。《左傳·襄公十七年》:“齊人獲臧堅。齊侯使夙沙衛唁之,且曰:‘無死!’堅……以杙抉其傷而死。”[按]此爲“橛”的訓讀字。【集韻】橛,巨列切。杙也。

⑳ 鎮〔按也;壓也〕:[《廣韻》陟刃切,去震,知。]用重物壓在上面;向下加重量。(漢)枚乘《上書諫吳王》:“馬方駭,鼓而驚之;係方絶,又重鎮之。”[按]調不合,應歸上去。

㉑ 砏〔~磤:大雷聲〕:[《集韻》披巾切,平真,滂。]參見“砏磤”。【砏磤】石相擊聲。(漢)王褒《九懷·危俊》:“鉅寶遷兮砏磤,雉咸雊兮相求。”[按]調不合,應歸上平。

㉒ 繽〔~紛：雜辭也〕：[《廣韻》匹賓切，平真，滂。]1. 盛貌。《楚辭・離騷》："百神翳其備降兮，九疑繽其並迎。"（漢）王逸注："繽，盛也。"2. 紛亂貌；飛動貌。（漢）張衡《思玄賦》："繽連翩兮紛暗曖，儵眩眃兮反常閭。"[按]聲、調不合，應歸邊母上平。

㉓ 朩〔麻片也〕：【集韻】匹刃切。《説文》分枲莖皮也。[按]調不合，應歸上去。

㉔ 覩〔~覫，暫見也〕：【集韻】必仞切。《説文》暫見也。[按]聲、調不合，應歸邊母上去。

㉕ 朮〔見《集韻》〕：【字彙】普夬切，音派。分枲皮也。又匹刃切……義同。[按]調不合，應歸上去。原注"見《集韻》"，誤，應爲"見《字彙》"（《集韻》未收"朮"字），除廖新校增本改作"分枲皮也"外，其餘諸本皆誤。

㉖ 秤〔禾名〕：【字彙】丑人切，音嗔。禾名。[按]調不合，應歸上平。

㉗ ㊜儬：[《集韻》余陵切，平蒸，以。]治理；整理。[按]聲、韻、調皆不合。

㉘ 趁〔踐也；從也〕：[《廣韻》醜刃切，去震，徹。]【字彙】醜慎切，音嗔。踐也；逐也；從也。[按]調不合，應歸上去。

㉙ ㊜謓〔~直〕：[《廣韻》昌真切，平真，昌。]（北齊）顔之推《顔氏家訓・風操》："失教之家，閽寺無禮，或以主君寢食謓怒，拒客未通，江南深以爲恥。"[按]聲、韻、調皆不合。

㉚ 震〔動也；起也〕：[《廣韻》章刃切，去震，章。]震動。《詩・魯頌・閟宮》："不虧不崩，不震不騰。"毛傳："震，動也。"[按]調不合，應歸上去。該字今一般讀作上上[ᶜtsin]。

㉛ 振〔整也；作也〕：[《廣韻》章刃切，去震，章。]奮起；振作。《禮記・月令》："〔孟春之月〕東風解凍，蟄蟲始振。"[按]調不合，應歸上去。該字古還有上聲一讀[《集韻》止忍切，上軫，章。]，今一般讀作上上[ᶜtsin]。

㉜ 侲〔童子也〕：[《廣韻》章刃切，去震，章。]參見"侲子"。【侲子】童子。《新唐書・褚遂良傳》："昔秦文公時，有侲子化爲雉，雌鳴陳倉，雄鳴南陽。"

[按]調不合,應歸上去。

㉝ 挋〔拭也〕:[《廣韻》章刃切,去震,章。]揩拭。《禮記·喪大記》:"沐用瓦盤,挋用力。"(漢)鄭玄注:"挋,拭也。"[按]調不合,應歸上去。

㉞ 枃〔梳絲具也〕:[《廣韻》即刃切,去震,精。]絲梳。《廣雅·釋器》:"經梳謂之枃。"[按]調不合,應歸上去。

㉟ 敐〔動也〕:【集韻】之刃切。動也。[按]調不合,應歸上去。

㊱ 搢〔插笏於帶〕:[《廣韻》即刃切,去震,精。]插。《儀禮·鄉射禮》:"三耦皆執弓,搢三而挾一个。"(漢)鄭玄注:"搢,插也。插於帶右。"[按]調不合,應歸上去。

㊲ 縉〔帛赤色;又~紳〕:[《廣韻》即刃切,去震,精。]1. 淺赤色。《急就篇》卷二:"烝栗絹紺縉紅繎。"(唐)顏師古注:"縉,淺赤色。"2. 插。參見"縉紳"。【縉紳】插笏於紳帶間,舊時官宦的裝束。亦借指士大夫。《漢書·郊祀志上》:"其語不經見,縉紳者弗道。"(唐)顏師古注:"李奇曰:'縉,插也,插笏於紳。'……字本作'搢',插笏於大帶與革帶之間。"[按]調不合,應歸上去。

㊳ 瑨〔美玉〕:[《廣韻》即刃切,去震,精。]次於玉的美石。《廣韻·去震》:"瑨,美石次玉。"[按]調不合,應歸上去。

㊴ 朲〔屋上間也〕:[《廣韻》如鄰切,平真,日。]屋上間。[按]原注"屋上間也",樋新編本誤作"至上間也"。

㊵ 忎〔能服衆心〕:仁,[《廣韻》如鄰切,平真,日。]"忎"的今字。

㊶ 荵〔~冬草〕:[《廣韻》而軫切,上軫,日。]參見"荵冬"。【荵冬】即金銀花。[按]調不合,應歸上上。

㊷ 臸〔到也〕:【集韻】入質切。《説文》到也。

聲韻調	17 賓 in/it			
	下平˨˦^{24}	下上˨˨^{22}	下去˦˩^{41}	下入˨˦^{24}
時 s	新〔舊之對也〕 身〔軀也：~體〕 申〔屈~；又明；又辰名〕 伸〔舒也；直也〕 薪〔柴也〕 紳〔帶也；縉~〕 莘〔衆也；細~〕 娠〔懷孕〕 詵〔~~：和集〕 駪〔~~：衆多〕 屾〔二山竝立〕 粈〔粉滓也〕 騂〔赤色〕① 辛〔十干名；又~苦〕 娠〔懷孕也〕② 呻〔吟詠之聲〕 甡〔衆生並立〕 媰〔懷孕也〕 兟〔進也〕 珅〔玉名〕 侁〔行貌〕	矧〔況也；笑也〕 頣〔舉目視人〕 裖〔出兵祭社之肉〕③ 哂〔笑也〕 笋〔竹也〕④	閺〔守門也〕	失〔錯也；遺也〕 熄〔解，火~〕 穡〔土解，作~〕 息〔消~〕⑤
英 Ø	因〔緣也；由也〕 絪〔~緼〕 茵〔褥也；虎皮〕⑥ 駰〔陰白雜毛〕 氤〔元氣交密之象〕 筃〔車重席〕 闉〔~闍：城外副城〕 垔〔塞也〕 堙〔同垔〕 痻〔~瘂〕 姻〔同姻，和也〕 禋〔精意以享〕 姻〔壻家：昏~〕 囙〔俗因字〕 裀〔近身衣也〕 羠〔黑羊也〕	引〔導也；長也〕 靷〔駕牛馬：車~也〕 蚓〔蚯~：善鳴土中〕 廴〔長行貌〕 螾〔同蚓〕 縯〔長也〕	印〔信也：玉~〕	一〔數之始〕 弌〔古字〕 乙〔十干名〕 壹〔專一；誠也〕 憶〔解，記~〕
文 b	㊇鴟⑦	閔〔憂也；又姓〕 黽〔勉也〕 黾〔同上，俗字〕 泯〔没也；水貌〕 慜〔聰也；恤也〕 愍〔恤也；憐也〕 敏〔捷也；聰也〕 䁕〔憂恤也〕 暋〔強暴〕 憫〔憂恤也〕 [illegible]〔~勉〕 刡〔~削〕 敯〔強也〕	○	㊇搰⑧

（續表）

聲韻調	17 賓 in/it			
	下平˩[24]	下上˧[22]	下去˨˦[41]	下入˩[24]
語 g	銀〔正,白金土所出者〕⑨	釿〔劑斷也〕⑩ 听〔笑貌〕	憖〔問也;強也〕⑪ 慭〔同上〕	㊇仡⑫
出 ts‘	親〔父母也;愛也:至~,六~〕 㕙〔倨也;又行貌〕⑬ 皴〔皮細起也〕⑭	籈〔小竹名〕 笉〔笑也〕 紖〔以牽牲〕⑮	儭〔裹也〕 清〔解,燒~〕⑯ 秤〔解,~物輕重〕	七〔數名〕 柒〔同上〕
喜 h	欣〔正,喜也〕⑰	蠔〔蚯蚓也〕	釁〔隙也〕	颱〔風聲〕 欯〔笑也〕 怴〔狂也;怒也〕 肸〔響布也〕 迄〔至也〕 黑〔不白也〕⑱

【校注】

① 騂〔赤色〕：［《廣韻》息營切，平清，心。］赤色馬。亦指赤色牛羊等。《詩・魯頌・駉》："薄言駉者，有騅有駓，有騂有騏，以車伾伾。"毛傳："赤黄曰騂。"［按］韻不合，應歸賓韻。

② 娠〔懷孕也〕：［按］重見，參見賓韻時母下平，應作"娠"或"㛛"。

③ 裖〔出兵祭社之肉〕：［《廣韻》時忍切，上軫，禪。］祭社生肉。社肉盛以蜃，故謂之裖，天子所以親遺同姓。［按］調不合，應歸下上。

④ 笢〔竹也〕：［按］"笢"，道光本、文德堂本、會文書莊本、市圖善本誤作"笛"。

⑤ 㥦〔消~〕：［按］傳統辭書查無此字，應同"息"。

⑥ 茵〔褥也;虎皮〕：【字彙】伊真切，音因。褥也。一曰虎皮。《詩・秦風》文茵暢轂。［按］原注"褥也"，樋新編本、文德堂本誤作"裖也"；"虎皮"，會文書

莊本、廖新校增本誤作“虎皮~”。

⑦ ㊔鴖：【玉篇】音珉。鳥名。[按]調不合，應歸上平。

⑧ ㊔搳：【集韻】莫八切，音眫。打也。[按]韻不合，應歸丹韻下入。

⑨ 銀〔正,白金土所出者〕：[《廣韻》語巾切，平真，疑。]金屬元素。[按]調不合，應歸下平。

⑩ 釿〔劑斷也〕：【集韻】擬引切。《説文》劑斷也。（清）段玉裁注：謂以斤斧之屬制斷金鐵之物。

⑪ 憖〔問也;強也〕：【類篇】魚覲切。《説文》問也；謹敬也。【字彙】魚覲切……問也……強也。[按]調不合，應歸下去。

⑫ ㊔仡：[《廣韻》魚迄切，入迄，疑。]壯勇貌。（三國·魏）何晏《景福殿賦》：“華鍾杌其高懸，悍獸仡以儷陳。”

⑬ 夋〔倨也;又行貌〕：【集韻】七倫切。《説文》行夋夋也。一曰倨也。[按]韻不合，應歸春韻。但【字彙】七人切，音親。倨也；又夋夋，行貌。

⑭ 皴〔皮細起也〕：【集韻】七倫切。《説文》皮細起也。[按]韻不合，應歸春韻。但【字彙】七人切，音親。皮細起也。

⑮ 紖〔以牽牲〕：[《廣韻》直引切，上軫，澄。]牛鼻繩。後亦泛指牽引牲口的繩索。《禮記·少儀》：“牛則執紖，馬則執靮。”【集韻】以忍切。牛系也。[按]聲、調不合，應歸地母下上；或聲、調不合，應歸英母上上。

⑯ 凊〔解,燒~〕：[按]此處之“凊”爲白讀，文讀見卿韻出母。

⑰ 欣〔正,喜也〕：[《廣韻》許斤切，平欣，曉。]喜悦；欣幸。《左傳·昭公元年》：“諸侯其誰不欣焉望楚而歸之，視遠如邇。”[按]今泉讀[꜀hin/꜀həm]。

⑱ 黑〔不白也〕：【集韻】迄得切。《説文》火所熏之色。【字彙】許得切，音赫。北方色也。[按]韻不合，應歸卿韻上入。當屬誤讀。“得”在閩南（厦門、漳州）方言中有文、白兩讀[tik꜀/tit꜀]（今泉則是[tiak꜀/tit꜀]），但“黑”衹有一讀[hik꜀]（厦門、漳州[hik꜀]，今泉[hiak꜀]），作者誤用“得”的白讀[tit꜀]來拼合，故誤讀成[hit꜀]（卿韻上入收同音字“赫”，却未收“黑”）。

聲韻調	17 賓 in/it			
	下平ʎ^{24}	下上˧^{22}	下去˩^{41}	下入ʎ$^{\underline{24}}$
時 s	臣〔事人也：君~〕 宸〔屋宇也；又~衷〕 辰〔日也：星~〕 晨〔昧爽也〕 神〔~明；精~〕 晨〔早也；鶤也〕 鷐〔~風：鳥也〕	腎〔脾~：屬水〕①	慎〔謹~：審也〕② 信〔不疑；誠實〕③ 贐〔送行之禮〕 迅〔疾也〕④ 卂〔疾飛也〕⑤ 燼〔燭餘也〕 顖〔頂門〕⑥ 哅〔問也；告也〕⑦ 䚯〔待也〕⑧ 囟〔腦蓋也〕⑨ 顋〔同上〕⑩ 汛〔灑也〕⑪ 玐〔玉名〕⑫ 蜃〔大蛤〕	實〔誠也；滿也〕 寔〔處也；是也〕 食〔殽饌；飲也〕 蝕〔日月有虧曰~〕 植〔立也；栽也〕 湜〔水清見底〕
英 ø	寅〔恭也；辰也〕 夤〔恭也；脊也〕	○	胤〔子孫也〕 酳〔用酒漱口〕 孕〔懷~也〕⑬ 媵〔送女從嫁〕⑭ 胤〔俗胤字〕 應〔解，~對〕⑮ 肩〔國名〕	㊇駇〔疾飛〕⑯
文 b	民〔無知之~〕 㞶〔同上，民也〕⑰ 岷〔山名〕 苠〔衆多貌〕 珉〔玉之美者〕 旻〔視也〕⑱ 甿〔民也〕⑲ 緡〔絲緒也；錢貫也；地名〕 緍〔同上，釣綸〕 碈〔美石〕 砇〔石次玉〕 玟〔同上〕 碅〔貴玉而賤~〕	○	面〔解，頭~；~前〕	密〔不疏也；静也〕 蜜〔蜂糖〕 蜜〔同上〕 宓〔安也〕 盜〔械器〕 冒〔不見貌〕 聏〔自愧謂~〕
語 g	㊇犾	○	憖〔恭謹也；傷也；且也；又發語音〕 憗〔同上，俗字〕	㊇隉⑳
出 ts'	𢛳〔恚也〕㉑	○	襯〔近身衣也〕㉒ 瀙〔水名〕㉓ 礼〔水石也〕㉔	㊇拭
喜 h	眩〔土解，頭~〕	○	舋〔爭端也〕㉕	○

【校注】

① 腎〔脾~：屬水〕：[《廣韻》時忍切，上軫，禪。]人和高等動物體内的造尿器官，俗稱腰子，左右各一，位於腹腔後壁脊柱兩側。舊以爲五臟之一。《書·盤庚下》："今予其敷心腹腎腸，歷告爾百姓于朕志。"[按]今泉文讀變讀上去[sin⊃/⊆sian]。

② 慎〔謹~：審也〕：[《廣韻》時刃切，去震，禪。]謹慎；慎重。《易·頤》："君子以慎言語，節飲食。"（唐）孔穎達疏："故君子觀此頤象，以謹慎言語，裁節飲食。"[按]今泉變讀上去調[sin⊃]。

③ 信〔不疑；誠實〕：[《廣韻》息晉切，去震，心。]誠實不欺。《論語·學而》："爲人謀而不忠乎？與朋友交而不信乎？"[按]調不合，應歸上去。

④ 迅〔疾也〕：[《廣韻》息晉切，去震，心。]快；迅速。（漢）徐幹《齊都賦》："竦長袖以合節，紛翩翩其輕迅。"[按]調不合，應歸上去。

⑤ 卂〔疾飛也〕：[《廣韻》息晉切，去震，心。]迅速；急疾。[按]調不合，應歸上去。

⑥ 顖〔頂門〕：【集韻】思晉切。《説文》頭會腦蓋也。[按]調不合，應歸上去。

⑦ 啍〔問也；告也〕：【集韻】思晉切。《説文》問也。[按]調不合，應歸上去。

⑧ 䚯〔待也〕：【集韻】思晉切。待也。[按]調不合，應歸上去。"䚯"，樋新編本誤作"𠯠"，大版式本、道光本、文德堂本、會文書莊本、市圖善本誤作"𠷏"。

⑨ 囟〔腦蓋也〕：同⑥顖。

⑩ 顖〔同上〕：同⑥顖。

⑪ 汛〔灑也〕：[《廣韻》息晉切，去震，心。]灑。《説文·水部》："汛，灑也。"[按]調不合，應歸上去。

⑫ 玐〔玉名〕：【集韻】思晉切。玉名。[按]調不合，應歸上去。

⑬ 孕〔懷~也〕：[《廣韻》以證切，去證，以。]懷胎。《易·漸》："鴻漸于陸，夫

征不復,婦孕不育,凶。利禦寇。”[按]今泉變讀上去調[iŋ⊃/in⊃]。

⑭ 媵〔送女從嫁〕:[《廣韻》以證切,去證,以。]古諸侯嫁女,以侄娣從嫁稱媵。《左傳·成公八年》:“衛人來媵共姬,禮也。凡諸侯嫁女,同姓媵之,異姓則否。”[按]今泉讀[in⊇/t'in⊇]。

⑮ 應〔解,~對〕:[《廣韻》於證切,去證,影。]1. 受;接受。《書·康誥》:“惟弘王應保殷民。”2. 應聲;回答。《莊子·列禦寇》:“或聘於莊子。莊子應其使曰:‘子見夫犧牛乎?’”3. 應允;許諾。《玉臺新詠·古詩爲焦仲卿妻作》:“阿母謂阿女:‘汝可去應之。’”4. 應和。《易·乾》:“同聲相應,同氣相求。”[按]調不合,應歸上去。

⑯ (增)鴥〔疾飛〕:[《類篇》允律切。]疾飛貌。《詩·秦風·晨風》:“鴥彼晨風,鬱彼北林。”毛傳:“鴥,疾飛貌。”[按]韻不合,應歸春韻下入。

⑰ 氓〔同上,民也〕:[《廣韻》莫耕切,平耕,明。]民;百姓。《詩·衛風·氓》:“氓之蚩蚩,抱布貿絲。”毛傳:“氓,民也。”[按]韻不合,應歸卿韻。

⑱ 旻〔視也〕:【字彙】彌鄰切,音旻。視貌。[按]“旻”,大版式本誤作“旻”,道光本、文德堂本、會文書莊本、市圖善本、廖新校增本誤作“芠”;原注“視也”,廖新校增本誤改作“芒~”。

⑲ 甿〔民也〕:[《廣韻》莫耕切,平耕,明。]古稱種田的人。《周禮·地官·遂人》:“凡治野,以下劑致甿,以田裏安甿,以樂昏擾甿,以土宜教甿。”[按]韻不合,應歸卿韻。“甿”,道光本、文德堂本、市圖善本誤作“日亡”。

⑳ (增)隟:隙,[《廣韻》綺戟切,入陌,溪。]亦作“隟”。壁縫;空隙。《孟子·滕文公下》:“鑽穴隙相窺,踰牆相從。”[按]聲、韻、調皆不合。

㉑ 惪〔恚也〕:【集韻】稱人切。《説文》恚也。[按]調不合,應歸上平。

㉒ 櫬〔近身衣也〕:[《廣韻》初覲切,去震,初。]外衣内的單衫;内衣。《玉篇·衣部》:“櫬,近身衣。”[按]調不合,應歸上去。

㉓ 溱〔水名〕:[《廣韻》七遴切,去震,清。]水名。即今河南泌陽、遂平境内沙河。[按]調不合,應歸上去。

㉔ 磯〔水石也〕:《集韻》初覲切。水石也。[按]調不合,應歸上去。

㉕ 舋〔争端也〕:[《廣韻》許覲切,去震,曉。]仇隙;争端。《韓非子·五蠹》:“既畜王資而承敵國之舋,超五帝、侔三王者,必此法也。”[按]調不合,應歸上去。今泉有兩讀[hin⊃]、[hun⊃]。

18 我

聲韻調	18 我 ɔ̃			
	上平˧ ^{33}	上上˥ ^{55}	上去˩ ^{41}	上入˥ ^{5}
柳 l	那〔何也;太也〕① 儺〔驅疫也;柔順也〕②	老〔七十曰~〕 潦〔路中流水〕 耂〔見《集韻》〕③ 袲〔褭~:衣長好也〕	○	○
邊 p	○	○	○	○
求 k	○	舸〔大船曰~〕	○	○
氣 k‘	○	可〔許也:~否〕 哿〔可也〕 拷〔打也〕 坷〔坎~〕 考〔稽察也:~驗〕 栲〔山樗〕 箸〔~箸:竹器〕 軻〔坎~〕 攷〔成也;稽察也〕	○	○
地 t	○	○	○	○
普 p‘	○	叵〔~耐〕④ 㞶〔俗字〕⑤	○	○
他 t‘	○	○	○	○
争 ts	○	○	○	○
入 dz	○	○	○	○
時 s	○	○	○	○
英 ∅	○	褭〔~袲:衣長好也〕⑥	○	○
文 b	摩〔研也;相切也〕⑦	麽〔幺~:細小〕⑧ 抈〔持也〕⑨	耗〔虛也;盡也〕⑩	○
語 g	俄〔~頃〕⑪	我〔自謂曰~〕	敖〔倨~〕⑫ 傲〔同上〕⑬	○

（續表）

聲韻調	18 我ɔ̃			
	上平˧ 33	上上˥ 55	上去˦˩ 41	上入˥ 5
出 ts‘	○	○	○	○
喜 h	嘂〔吐氣聲也〕⑭	好〔美也；嘉也〕 火〔五行：水～〕 凨〔火發聲〕⑮ 孜〔古好字〕	貨〔～物；財～〕	○

【校注】

① 那〔何也；太也〕：［《廣韻》奴可切，上哿，泥。］1. 疑問代詞。如何；怎麼。《東觀漢記·劉玄載記》："更始韓夫人曰：'莽（王莽）不如此，帝那得爲之。'" 2. 疑問代詞。哪裏；何處。（宋）張先《卜算子慢》詞："恨私書，又逐東風斷。縱西北層樓萬尺，望重城那見。"［按］調不合，應歸上上。

② 儺〔驅疫也；柔順也〕：［《廣韻》諸何切，平歌，泥。］古代的一種風俗，迎神以驅逐疫鬼。儺禮一年數次，大儺在臘日前舉行。《論語·鄉黨》："鄉人儺，朝服而立於阼階。"［按］調不合，應歸下平。

③ 耂〔見《集韻》〕：【龍龕手鑒】音老。［按］《集韻》未收該字。除樋新編本外，其餘諸本"見《集韻》"皆誤作"見《集熊》"。

④ 叵〔～耐〕：［《字彙》普火切。］【叵奈】叵耐。（元）無名氏《昊天塔》第四折："叵奈楊六兒無禮，將他令公骨殖偷盗去了。"［按］今泉讀［ᶜp‘ɔ］，不讀［ᶜp‘ɔ̃］。

⑤ 豆寸〔俗字〕：同"短"。［按］音、義不符，疑爲"叵"（"叵"爲"叵"的俗寫字）之形誤。除樋新編本作"豆寸"外，其餘諸本皆誤作"豆刂"；原注"俗字"，除樋新編本外，廖新校增本改作"摩豆刂"，其餘諸本皆誤作"豆刂摩"。

⑥ 裒〔～衺：衣長好也〕：【字彙】烏可切……裒衺，衣長好貌。［按］原注"衣長好也"，樋新編本誤作"衣多好也"。

⑦ 摩〔研也；相切也〕：［《廣韻》莫婆切，平戈，明。］摩擦；挨擠。《易·繫辭上》："在天成象，在地成形，變化見矣，是故剛柔相摩，八卦相盪。"［按］調不合，應歸下平。

⑧ 麼〔幺~：細小〕：[《集韻》眉波切，平戈，明。]細小。（漢）班彪《王命論》："又況么麼不及數子，而欲闇干天位者也。"[按]調不合，應歸下平。

⑨ 抈〔持也〕：【集韻】武道切。持也。[按]"抈"，唯樋新編本正確，其餘諸本皆誤作"抯"。

⑩ 秏〔虚也；盡也〕：[《集韻》謨袍切，平豪，明。]罄盡；没有。《漢書·高惠高后文功臣表序》："訖於孝武後元之年，靡有孑遺，秏矣！"（唐）顔師古注："言無有獨存者，至於秏盡也。今俗語猶謂無爲秏，音毛。"

⑪ 俄〔~頃〕：[《廣韻》五何切，平歌，疑。]短暫的時間；一會兒。《公羊傳·桓公二年》："至乎地之與人，則不然，俄而可以爲其有矣。"[按]調不合，應歸下平。

⑫ 敖〔倨~〕：同⑬傲。

⑬ 傲〔同上〕：[《廣韻》五到切，去號，疑。]驕傲；高傲。《書·堯典》："瞽子，父頑，母嚚，象傲。"[按]調不合，應歸下去。

⑭ 嘝〔吐氣聲也〕：【集韻】呼肥切。吐氣也。[按]韻不合，應歸燒韻。

⑮ 灬〔火發聲〕：【康熙字典】《玉篇》呼果切，音火。義缺。《五音集韻》火發色。

聲韻調	18 莪 ɔ			
	下平ʎ 24	下上˧ 22	下去˩ 41	下入ʎ 24
柳 l	○	懦〔柔弱也〕①	穤〔肰糞也〕②	○
邊 p	○	○	○	○
求 k	渮〔多汁也〕③	○	○	○
氣 k‘	○	○	犒〔餉軍也〕④	○
地 t	○	○	○	○
普 p‘	○	○	○	○
他 t‘	○	○	唾〔土，口液也〕⑤	○
争 ts	○	○	亜〔止也〕⑥	○
入 dz	○	○	○	○
時 s	○	○	○	○
英 ø	○	○	囮〔進船聲〕⑦	○
文 b	毛〔眉髮也〕 磨〔治玉石也〕 旄〔牛尾也；~丘〕 芼〔菜也〕 魔〔惡鬼能迷人者〕	冃〔重覆也〕⑧ 蓩〔卷耳，草名〕⑨	髦〔九十曰~〕 冒〔覆也；~昧〕 冐〔同上〕 眊〔目不明〕 慖〔貪也〕 娼〔妒也；嫉也〕 帽〔冠也〕 瑁〔瑇~：有文可飾器〕	○
語 g	敖〔遊也〕 娥〔嫦~〕 遨〔~遊〕 哦〔吟也〕 嗸〔~~：衆聲〕 囮〔鳥媒也〕 驁〔駿馬〕 獒〔犬也，知人心可使者〕 鵝〔似鴨而大家所畜〕 鵞〔同上〕 鼇〔海中大~〕 鰲〔~魚〕 鰲〔煎也〕 嗷〔衆口愁也〕 鼉〔介蟲之長〕⑩ 蛾〔~眉：蟲也〕 莪〔青~；~蒿〕 峨〔嵯~〕 訛〔差也；謬也〕 翱〔~翔〕 廒〔倉~〕 厫〔同上〕 囂〔喧~也〕	○	餓〔饑~〕 臥〔寢也；偃~〕 慠〔慢~〕 乔〔人名〕⑪ 奡〔慢也〕	○

（續表）

聲韻調	18 莪 ɔ̃			
	下平ʎ[24]	下上ɻ[22]	下去ɺ[41]	下入ʎ[24]
出 ts‘	○	○	○	○
喜 h	○	○	好〔愛慕也〕	○

【校注】

① 懦〔柔弱也〕：[《集韻》奴臥切，去過，泥。]畏怯軟弱。《左傳・僖公二年》："宫之奇之爲人也，懦而不能强諫。"（晉）杜預注："懦，弱也。"[按]調不合，應歸下去。但今泉亦讀[ˢnɔ]，表示"懶惰"。

② 簶〔牀簣也〕：【集韻】盧臥切。簣也。[按]韻不合，應歸高韻。

③ 滒〔多汁也〕：[《廣韻》古俄切，平歌，見。]多汁而黏稠。《淮南子・原道訓》："夫道者……甚淖而滒，甚纖而微。"（漢）高誘注："滒亦淖也。夫饘粥多瀋者謂滒。"[按]調不合，應歸上平。

④ 犒〔餉軍也〕：[《廣韻》苦到切，去號，溪。]犒賞；以酒食財物慰勞。《左傳・僖公三十三年》："寡君聞吾子將步師出於敝邑，敢犒從者。"[按]韻不合，應歸高韻。

⑤ 唾〔土，口液也〕：[《廣韻》湯臥切，去過，透。]口液；唾沫。《説文・口部》："唾，口液也。"（漢）揚雄《解嘲》："蔡澤，山東之匹夫也。顩頤折頞，涕唾流沫。"[按]韻不合，應歸高韻。

⑥ 坐〔止也〕：【集韻】徂臥切。《説文》止也……古作"坐"。[按]韻不合，應歸高韻。

⑦ 因〔進船聲〕：【字彙】胡臥切，和去聲。進船聲。[按]聲、韻不合，應歸喜母高韻。因《字彙》切語上字"胡"而致誤（泉州話"胡"的白讀爲零聲母，見高韻英母下平）。《玉篇》户臥切。牵船聲。

⑧ 冃〔重覆也〕：【集韻】武道切。《説文》重覆也。[按]韻、調不合，應歸高

韻上上。

⑨ 蕦〔卷耳，草名〕：【集韻】武道切。艸多。《説文》卷耳也。[按]韻、調不合，應歸高韻上上。

⑩ 鼉〔介蟲之長〕：【集韻】唐幹切。水蟲名。又唐何切。《説文》水蟲，似蜥易長大。又時戰切。水蟲。[按]"鼉"是個多音字，但《集韻》三個切語的聲、韻、調皆不合，疑爲"鼇"之形誤。【集韻】鼇，牛刀切。蟹大足者。

⑪ 乔〔人名〕：[按]聲、韻、調皆不合。

19 嗟

聲韻調	19 嗟 ia/iaʔ			
	上平˧ 33	上上˥ 55	上去˦˩ 41	上入˥ 5
柳 l	囉〔小兒語〕① 臁〔臚腸胃也〕②	㊈芀〔人名〕③	㊈䗪④	○
邊 p	㊈戕⑤	㊈囨〔人名〕⑥	㊈絔⑦	壁〔解,牆~〕
求 k	家〔正,室~〕⑧ 瘸〔腳手病也〕⑨	○	○	㊈苗⑩
氣 k‘	奇〔土解,雙~〕	○	㊈䚩⑪	隙〔解,空~〕
地 t	爹〔稱父曰~〕	○	㊈掖⑫	摘〔解,~花〕
普 p‘	㊈謶⑬	○	㊈蓽⑭	僻〔解,偏~〕
他 t‘	㊈詉⑮	○	○	拆〔解,~開〕
争 ts	嗟〔歎也〕 謎〔咨也;惜也〕 罝〔兔~〕 遮〔蔽也〕 罯〔同罝〕	者〔語助,即物之辭〕 姐〔長女〕⑯ 媎〔同上〕 赭〔赤色〕 毑〔羌人叫母〕	蘸〔石~:藥草〕	鮍〔白~魚〕⑰ 隻〔豬犬之數〕
入 dz	○	惹〔~亂〕 智⑱	○	跡〔足~〕⑲ 迹〔古~〕⑳
時 s	貢〔未還錢也〕 賒〔同上〕 些〔少也〕 䀹〔同上〕	捨〔釋也;棄也〕 寫〔~字〕 舍〔捨也〕	瀉〔傾~;吐~〕 廈〔仄也〕 蕮〔澤~:藥名〕㉑	削〔~仔〕 錫〔鉛~〕
英 ∅	耶〔止語疑辭〕㉒ 擨〔舉手相弄〕㉓ 肥〔手足曲病〕	也〔止辭;又發語也〕 野〔郊外曰~〕 埜〔同上〕 冶〔鎔鑄也;又~容〕	亦〔土解,又也〕㉔	益〔土解,進~〕

（續表）

聲韻調	19 嗟 ia/iaʔ			
	上平˧^{33}	上上˥^{55}	上去˥˩^{41}	上入˥^{5}
文 b	○	乜〔番姓〕	○	○
語 g	○	仔〔叫人之子〕㉕	○	○
出 ts‘	奢〔侈也〕 車〔水~；乘~〕 筲〔土解，~箕〕㉖ 唓〔~嗻〕㉗ 礁〔石也〕	哆〔張口貌〕㉘ 且〔發語也〕㉙	趄〔斜立也〕㉚	赤〔解，~色〕
喜 h	靴〔鞮屬〕 鞾〔同上〕 毗〔目動〕㉛	○	○	○

【校注】

① 囉〔小兒語〕：［《集韻》利遮切，平麻，來。］參見"囉唆"。【囉唆】語言瑣碎。《紅樓夢》第八回："黛玉站在炕沿上道：'囉唆什麽，過來，我瞧瞧罷。'"［按］今泉無此讀法［꜀lia］。

② 膯〔驢腸胃也〕：【集韻】驢鞾切。驢腸胃也。［按］韻、調不合，應歸花韻下平。

③ ㊜艻〔人名〕：［《廣韻》盧則切，入德，來。］通"扐"。手指之間。古人占卜時數蓍草以卜吉凶，占筮者以數剩零餘蓍草挂于手指之間稱爲"艻"。（漢）揚雄《太玄·太玄數》："并餘於艻，一艻之後而數其餘。"（晉）范望注："其所餘者并之於左手兩指間，故謂之艻，蓋以識出蓍之數也。"［按］韻、調不合。

④ ㊜饝：【集韻】章恕切。犬豕食也。［按］聲、韻、調皆不合。

⑤ ㊜裁：［按］亦作"裁"，樋新編本作"裁"，但音、義皆對不上。

⑥ ㊜㐁〔人名〕：【集韻】他感切。吐舌皃；一曰竹皮。又他念切。《説文》舌皃。［按］聲、韻、調皆不合。

⑦ (增)絈：[《集韻》莫白切，入陌，明。]頭巾。[按]聲、韻、調皆不合。

⑧ 家〔正,室~〕：[《廣韻》古牙切，平麻，見。]人所居；住房。《易・豐》："豐其屋，蔀其家，闚其户，闃其無人。"[按]今泉無此讀法[꜀kia]。

⑨ 瘸〔腳手病也〕：[《廣韻》巨靴切，平戈，羣。]本謂手或脚偏廢的病。後特指腿脚有病，行步不平衡。(宋) 王闢之《澠水燕談録・雜録》："諺謂跛爲瘸。"[按][꜀kia]應爲白讀，但調不合，應歸下平。今泉讀[꜁kio/꜁k'ə]。

⑩ (增)苗：[《廣韻》武瀌切，平宵，明。]尚未開花結實的禾類植物。《詩・王風・黍離》："彼黍離離，彼稷之苗。"(唐) 孔穎達疏："苗，謂禾未秀。"[按]聲、韻、調皆不合。

⑪ (增)覛：【龍龕手鑒】同"覔"。【龍龕手鑒】覔，音覓。求也。[按]聲、韻、調皆不合。

⑫ (增)掖：[《廣韻》羊益切，入昔，以。]拉人手臂；挾持。《左傳・僖公二十五年》："春，衛人伐邢，二禮從國子巡城，掖以赴外，殺之。"(唐) 陸德明釋文："《説文》：以手持人臂曰掖。"[按]聲、韻、調皆不合。

⑬ (增)謶：[《集韻》商署切，去御，書。]希冀。《集韻・去御》："謶，冀也。通作'庶'。"[按]聲、韻、調皆不合。

⑭ (增)蓫：【集韻】直格切。葛屬。[按]聲、韻、調皆不合。

⑮ (增)詏：[《集韻》於教切，去效，影。]言逆；話不順。[按]聲、韻、調皆不合。

⑯ 姐〔長女〕：[按]"姐"，樋新編本誤作"妲"。

⑰ 鰒〔白~魚〕：【正字通】"鱯"字之譌。【集韻】鱯，胡陌切。魚名，大鮎也。[按]聲、韻、調皆不合。

⑱ 習：同"喏"。【集韻】喏、習，爾者切。應聲。

⑲ 跡〔足~〕：[《廣韻》資昔切，入昔，精。]脚印；足跡。《左傳・昭公十二年》："昔穆王欲肆其心，周行天下，將皆必有車轍馬跡焉。"[按]今泉讀[tsiak꜆/tsiaʔ꜆/liaʔ꜆]。

⑳ 迹〔古~〕：[《廣韻》資昔切，入昔，精。]痕迹……（清）薛福成《出使四國日記·光緒十七年二月初八日》："今夾道之古墓，或剗爲平地，或稍存遺蹟，可慨也！"[按]今泉讀[tsiak꜆/tsiaʔ꜆/liaʔ꜆]。

㉑ 蔦〔澤~：藥名〕：【集韻】洗野切。澤蔦，藥草。[按]調不合，應歸上上。今泉作"澤瀉[sia꜄]"。

㉒ 耶〔止語疑辭〕：[《廣韻》以遮切，平麻，以。]助詞。用於句末或句中。表示提頓。《韓非子·難二》："使文王所以見惡於紂者，以其不得人心耶，則雖索人心以解惡可也。"[按]調不合，應歸下平。

㉓ 擨〔舉手相弄〕：古同"揶"、"挪"。【集韻】余遮切。舉手相弄也。[按]調不合，應歸下平。

㉔ 亦〔土解，又也〕：[《廣韻》羊益切，入昔，以。]1. 人的腋窩。《説文·亦部》："亦，人之臂亦也。从大，象兩亦之形。"（清）徐灝箋："隸變作'亦'，即古'腋'字，从大，左右作點，指事。"2. 副詞。也；也是。《書·康誥》："怨不在大，亦不在小。"[按]韻、調不合，實爲"也"的訓讀字。

㉕ 仔〔叫人之子〕：[按]傳統辭書查無此讀音，當爲"囝"的訓讀字。[《集韻》九件切，上獮，見。]小孩。（唐）顧況《囝》詩："囝生閩方，閩吏得之……囝別郎罷，心摧血下。"原題解："閩俗呼子爲囝，父爲郎罷。"（宋）陸游《戲遣老懷》詩："阿囝略如郎罷老，稚孫能伴太翁嬉。"今泉衹讀[꜂kiã]或[꜂kã]，没有[꜂gia]一讀。

㉖ 筲〔土解，~箕〕：[《廣韻》所交切，平肴，生。]竹製的盛器。《儀禮·既夕禮》："苞二筲三。"（漢）鄭玄注："筲，畚種類。"[按]聲、韻不合，實爲"車"的訓讀字。閩南至今"糞箕"、"車箕"並存，均表示"畚箕"。

㉗ 唓〔~嗻〕：[《字彙補》音車。]參見"唓嗻"。【唓嗻】1. 大；顯赫。《京本通俗小説·西山一窟鬼》："又寫得算得，又是唓嗻大官府第出身。"2. 甚；厲害。（金）董解元《西厢記諸宫調》卷六："料得我兒今夜裏，那一和煩惱唓嗻。"（元）王實甫《西厢記》第四本第四折："自别離已後，到西日初斜，愁得來陡峻，瘦得

來啅嗻。"3. 能幹;有本事。(元) 楊景賢《西遊記·行者除妖》:"聽老漢説,行者你大啅嗻。"4. 指本事。《二刻拍案驚奇》卷三九:"自古道:'性之所近。'嬾龍既有這一番啅嗻,使自藏埋不住,好與少年無賴的人往來,習成偷兒行徑。"

㉘ 哆〔張口貌〕:[《廣韻》昌者切,上馬,昌。]謂張口。《詩·小雅·巷伯》:"哆兮侈兮,成是南箕。"(唐) 陸德明釋文:"哆,昌者反,《説文》云:'張口也。'"

㉙ 且〔發語也〕:【廣韻】七也切。語辭。[按]今泉讀[ᶜts'iã]或[ᶜts'ia]。

㉚ 趄〔斜立也〕:【字彙】遷謝切。且去聲。脚斜立也。

㉛ 吷〔目動〕:【集韻】許肥切。目動也。[按][꜀hia]爲白讀,文讀爲[꜀hio]。

聲韻調	19 嗟 ia/iaʔ			
	下平˩˧[24]	下上˨[22]	下去˦˩[41]	下入˩˧[24]
柳 l	(增)䍧①	(增)没②	○	掠〔土解,~人〕
邊 p	(增)笆③	○	○	(增)戉④
求 k	崎〔土解〕⑤	踦〔解,~路〕⑥	寄〔解,~物:托也〕⑦	擧〔土解,~起〕⑧ 直〔土解,~頭〕⑨ 屐〔解,木~〕
氣 k‘	騎〔~馬〕	立〔解,坐~〕⑩	樹〔土解,~起〕⑪ 豎〔同上〕⑫	(增)焀⑬
地 t	(增)搽⑭	(增)吔⑮	○	糴〔解,~穀〕
普 p‘	○	○	○	甓〔解,磚~〕
他 t‘	(增)佘⑯	○	○	○
争 ts	○	○	藉〔蘊~;狼~〕⑰ 借〔假也;貸也〕⑱ 嗻〔遮也〕⑲ 炙〔~肉〕⑳ 䖳〔食無味也〕㉑ 鷓〔~鴣〕㉒ 蔗〔甘~〕㉓ 蔗〔同上〕㉔ 蔗〔同蔗〕㉕	食〔解,飲也〕
入 dz	○	○	偌〔姓也〕	○
時 s	佘〔姓也〕 邪〔不正也〕 蛇〔龜~〕 漇〔水名〕 畬〔山~〕	社〔土神,能生萬物〕	謝〔拜~;又姓〕 射〔取禽獸也〕 弢〔引弓發矢〕㉖ 舍〔屋也;稱官家之孫曰~;又三十里爲一~〕㉗ 赦〔宥也〕㉘ 榭〔臺~〕 卸〔脱衣解甲〕㉙	石
英 ø	爺〔王~;老~〕 琊〔琅~:地名〕 邪〔同上〕 䔑〔草名:~萍〕㉚ 梛〔~子〕㉛ 椰〔~瓢〕	○	夜〔日~〕 厭〔土解,不~〕㉜	易〔土音,~經〕 驛〔土解,~站〕 蝶〔土解,尾~〕
文 b	○	○	○	○

（續表）

聲韻調	19　嗟 ia/iaʔ			
	下平ʎ^{24}	下上˨^{22}	下去˦˩^{41}	下入ʎ$^{\underline{24}}$
語 g	鵝〔解,似鴨〕	○	○	額〔解,照~〕
出 ts'	斜〔不正也〕 衺〔同上〕 邪〔不正〕	炧〔燈燭燼也〕	笡〔斜逆也〕㉝　䋈〔以繩維持〕㉞ 揸〔衺捂〕㉟	○
喜 h	○	蟻〔螻~〕	○	額〔土解,頭~〕

【校注】

① (增)郰：［按］傳統辭書查無此字。

② (增)没：［《廣韻》莫勃切，入没，明。］沉没；淹死。《荀子·議兵》："若赴水火，入焉焦没耳！"［按］傳統辭書查無此讀音。

③ (增)笆：［《廣韻》伯加切，平麻，幫。］［《廣韻》傍下切，上馬，幫。］用竹或荆條編成的障隔。（唐）柳宗元《同劉二十八院長述舊言懷感時書事》詩："引泉開故竇，護藥插新笆。"［按］傳統辭書查無此讀音。

④ (增)戉：【康熙字典】《玉篇》房越切。《海篇》戉，音伐。竚也。［按］傳統辭書查無此讀音，今泉也無［piaʔ꜆］的讀法。

⑤ 崎〔土解〕：［《廣韻》渠希切，平微，羣。］傾斜貌。（戰國·楚）宋玉《高唐賦》："磐石險峻，傾崎崕隤。"

⑥ 竒〔解,~路〕：［按］傳統辭書查無此字音、義，應爲方言俗字。該音［ᶜkia］，在今泉州話中可以表示"斜(坡)"或"陡峭"，"竒路"即上坡的路。《普通話閩南方言詞典》第一八二頁寫作"徛"。本字實應爲"倚"。【集韻】巨綺切。立也。（參見⑩立。）

⑦ 寄〔解,~物：托也〕：［《廣韻》居義切，去寘，見。］委托；托付。《論語·泰伯》："可以託六尺之孤，可以寄百里之命，臨大節而不可奪也，君子人與？君子人也。"［按］調不合，應歸上去。

⑧ 擧〔土解,~起〕:《廣韻》丘言切。舉。[按]聲、韻、調皆不合,實爲“揭”的訓讀字。[《廣韻》渠列切,入薛,羣。]高舉。《詩・小雅・大東》:“維北有斗,西柄之揭。”《文選・張衡〈西京賦〉》:“豫章珍館,揭焉中峙。”(唐)李善注引《説文》:“揭,高舉也。”

⑨ 直〔土解,~頭〕:[按]聲、韻、調皆不合,實爲“揭”的訓讀字。見上。

⑩ 立〔解,坐~〕:[《廣韻》力入切,入緝,來。]站立。《書・顧命》:“一人冕執劉立于東堂。”[按]聲、韻、調皆不合,實爲“倚”[˥k'ia]的訓讀字。【集韻】巨綺切。立也。《易》參天兩地而倚數。(唐)李鼎祚集解引(三國・吴)虞翻曰:“倚,立也。”

⑪ 樹〔土解,~起〕:[按]聲、韻、調皆不合,實爲訓讀字,本字應爲“徛”。【集韻】居義切。《爾雅》石杠謂之徛。(晉)郭璞曰:“聚石水中,以爲步渡彴也。”

⑫ 豎〔同上〕:[按]聲、韻、調皆不合,實爲訓讀字,本字不明。

⑬ ㊎焀:[《廣韻》胡谷切,入屋,匣。]火焰貌。[按]聲、韻、調皆不合。

⑭ ㊎搽:【中華大字典】讀若“茶”。俗字,敷也。[按]韻不合,應歸嘉韻。

⑮ ㊎咃:【康熙字典】《五音篇海》地夜切,蓋去聲。出咒中。[按]調不合,應歸下去。

⑯ ㊎佘:[按]傳統辭書查無此音。

⑰ 藉〔蕴~;狼~〕:[《廣韻》慈夜切,去禡,從。]寬厚有涵養。參見“蕴藉”。

⑱ 借〔假也;貸也〕:[《廣韻》子夜切,去禡,精。]暫時取用别人提供的錢物,指借入。《左傳・定公九年》:“〔陽虎〕盡借邑人之車,鍥其軸,麻約而歸之。”[按]調不合,應歸上去。

⑲ 嗻〔遮也〕:【字彙】之夜切,音蔗。遮也。[按]調不合,應歸上去。

⑳ 炙〔~肉〕:[《廣韻》之夜切,去禡,章。]1. 烤。《詩・小雅・瓠葉》:“有兔斯首,燔之炙之。”毛傳:“炕火曰炙。”2. 烤熟的肉食。《詩・小雅・楚茨》:“爲俎孔碩,或燔或炙。”毛傳:“炙,炙肉也。”[按]調不合,應歸上去。義亦不合。

㉑ 飷〔食無味也〕:［《廣韻》玆野切,上馬,精。］食而没有滋味。［按］調不合,應歸上上。【字彙】慈也切,音借。食無味也。

㉒ 鷓〔~鴣〕:［《廣韻》之夜切,去禡,章。］參見"鷓鴣"。［按］調不合,應歸上去。

㉓ 蔗〔甘~〕:參見㉔蔗。

㉔ 蔗〔同上〕:［《廣韻》之夜切,去禡,章。］甘蔗。《楚辭·招魂》"有柘漿些",(漢)王逸注:"柘,一作蔗。"［按］調不合,應歸上去。

㉕ 蔗〔同蔗〕:參見㉔蔗。

㉖ 䠶〔引弓發矢〕:同"射"。

㉗ 舍〔屋也;稱官家之孫曰~;又三十里爲一~〕:［《廣韻》始夜切,去禡,書。］1. 房屋;居室。《禮記·曲禮上》:"將適舍,求毋固。"(唐)孔穎達疏:"舍,主人家也。"……12. 宋元以來俗稱貴顯子弟爲舍人,省稱"舍"。《二刻拍案驚奇》卷三九:"嬾龍掣住其衣,問道:'你不是某舍麽?'貧兒跼蹐道:'惶恐,惶恐。'"［按］調不合,應歸上去。

㉘ 赦〔宥也〕:［《廣韻》始夜切,去禡,書。］寬免罪過。《書·湯誥》:"罪當朕躬,弗敢自赦。"［按］調不合,應歸上去。

㉙ 卸〔脱衣解甲〕:［《廣韻》司夜切,去禡,心。］解除;解下。(唐)黄滔《鄜畤李相公》詩:"功高馬卸黄金甲,臺迥賓懽白玉樽。"［按］調不合,應歸上去。

㉚ 蒘〔草名:~萍〕:【字彙】余遮切,音耶。草名。【龍龕手鑒】以遮反。草名。

㉛ 梛〔~子〕:同"椰"。

㉜ 厭〔土解,不~〕:［《廣韻》於豔切,去豔,影。］嫌棄;憎惡;厭煩。《論語·憲問》:"夫子時然後言,人不厭其言;樂然後笑,人不厭其笑;義然後取,人不厭其取。"［按］韻、調不合,實爲訓讀字,本字不明。

㉝ 笡〔斜逆也〕:［《廣韻》遷謝切,去禡,清。］斜逆。(唐)元稹《胡旋女》詩:"潛鯨暗噏笡海波,迴風亂舞當空霰。"［按］調不合,應歸上去。

㉞ 絎〔以繩維持〕:【集韻】充夜切。以繩維持也。［按］調不合,應歸上去。

㉟ 揹〔褁捂〕:【集韻】七夜切。褁捂也。［按］調不合,應歸上去。

泉州文庫

選堂題

（清）黄謙 著
王建設 張甘荔 校注

彙音妙悟校注新編

（下）

泉州文庫整理出版委員會 編

创于1897 商務印書館 The Commercial Press

20 恩

聲 韻 調	20 恩 ɯən/ɯəṭ			
	上平˧ 33	上上˥ 55	上去˦˩ 41	上入˥ 5
柳 l	○	○	○	○
邊 p	○	○	○	○
求 k	鈞〔土,三十兩〕① 均〔平也〕② 根〔柢也;本~〕 跟〔~隨〕 巾〔土,佩~也;頭~也〕 斤〔斧~;十六兩爲一~〕 筋〔~絡;肉力〕 荕〔同上〕 竻〔古筋字〕 觔〔同斤〕	頣〔頰後〕	艮〔堅也;止也;又卦名〕	○
氣 k'	坤〔土,乾~〕③ ⿰車艮〔束也〕 髡〔人名〕④	懇〔情實也;至切也〕 ⿱狠心〔同上〕 墾〔開也;始也〕	靳〔土,吝也〕⑤	○
地 t	○	○	○	○
普 p'	○	○	○	○
他 t'	○	○	○	○
争 ts	○	○	○	○
入 dz	○	○	○	○
時 s	○	○	○	○

（續表）

聲韻調	20 恩 ɯən/ɯət			
	上平˧ 33	上上˥ 55	上去˦˩ 41	上入˥ 5
英 ø	恩〔愛也：~情〕 殷〔正也；商號〕 慇〔~懃〕	隱〔痛也；微也〕 允〔信也〕⑥ 㥯〔謹也〕 尹〔治也；正也〕 穩〔草名〕 狁〔獫~〕⑦ 㥼〔謹也〕	㥯〔依人也〕	○
文 b	○	○	○	○
語 g	虓〔虎聲〕⑧ 莏〔草多貌〕⑨	㟋〔山名〕	餼〔飽也〕⑩	訖〔土，盡也〕⑪ 迄〔土，至也〕⑫ 仡〔壯勇也〕⑬ 圪〔高貌〕⑭ 兀〔高也〕⑮ 屹〔~然〕⑯ 汔〔幾也；水涸也〕⑰ 卼〔臲~：危也〕⑱ 扤〔搖動也〕⑲ 齕〔土，齧也〕⑳ 扢〔土，磨也〕㉑
出 tsʻ	○	○	○	○
喜 h	痕〔瘢也〕㉒ 垦〔厓也〕㉓	很〔不聽從〕 狠〔同上〕 蒑〔草名〕㉔	恨〔怨之極也〕㉕	○

【校注】

① 鈞〔土，三十兩〕：[《廣韻》居匀切，平諄，見。]古代重量單位之一。《書·五子之歌》："關石和鈞，王府則有。"（唐）孔穎達疏："《律曆志》云：二十四銖爲兩，十六兩爲斤，三十斤爲鈞，四鈞爲石。"[按]亦見於春韻。今梨園戲有此讀。

② 均〔平也〕：[《廣韻》居匀切，平諄，見。]公平；均匀。《詩·小雅·北山》："大夫不均，我從事獨賢。"（漢）鄭玄箋："王不均大夫之使。"[按]亦見於春韻。

今梨園戲有此讀。

③ 坤〔土,乾~〕:[《廣韻》苦昆切,平魂,溪。]《易》卦名。八卦之一。象徵地。[按]亦見於春韻。今梨園戲有此讀。

④ 髡〔人名〕:[《廣韻》苦昆切,平魂,溪。]剃去毛髮。《左傳·哀公十七年》:"公自城上見己氏之妻髮美,使髡之以爲吕姜髢。"[按]亦見於春韻。今梨園戲有此讀。

⑤ 靳〔土,吝也〕:[《廣韻》居焮切,去焮,見。]吝惜。《後漢書·崔烈傳》:"帝顧謂親倖者曰:'悔不小靳,可至千萬。'"(唐)李賢注:"靳,固惜之也。"[按]聲不合,應歸求母。

⑥ 允〔信也〕:[《廣韻》余準切,上準,以。]信實;誠信。《書·顧命》:"命汝作納言,夙夜出納朕命,惟允。"孔傳:"納言,喉舌之官,聽下言納于上,受上言宣於下,必以信。"[按]韻不合,應歸春韻。今梨園戲有此讀。

⑦ 狁〔玁~〕:[《廣韻》余準切,上準,以。]參見"玁狁"。[按]韻不合,應歸春韻。

⑧ 虒〔虎聲〕:【集韻】魚斤切。《説文》虎聲也。[按]調不合,應歸下平。

⑨ 莃〔草多貌〕:【集韻】魚巾切。《説文》艸多皃。[按]調不合,應歸下平。

⑩ 饐〔飽也〕:《廣韻》五恨切。飽也。[按]調不合,應歸下去。

⑪ 訖〔土,盡也〕:[《廣韻》居乙切,入迄,見。]絶止;完畢;窮盡。(晉)葛洪《抱朴子·知止》:"狡兔訖則知獵犬之不用,高鳥盡則覺良弓之將棄。"[按][gɯət꜀]爲俗讀(文讀爲[kit꜀]),今泉變讀爲[gut꜀](文讀[kit꜀]不變)。

⑫ 迄〔土,至也〕:[《廣韻》許訖切,入迄,曉。]至;到。《詩·大雅·生民》:"后稷肇祀,庶無罪悔,以迄于今。"毛傳:"迄,至也。"[按][gɯət꜀]爲俗讀(文讀爲[hit꜀]),今泉變讀爲[gut꜀](文讀[hit꜀]不變)。

⑬ 仡〔壯勇也〕:[《廣韻》許訖切,入迄,曉。]壯勇貌。(三國·魏)何晏《景福殿賦》:"華鍾杌其高懸,悍獸仡以儷陳。"[按][gɯət꜀]爲俗讀(文讀爲[hit꜀])。

⑭ 圪〔高貌〕：[《廣韻》魚乙切，入質，疑。][《廣韻》魚迄切，入迄，疑。]牆高貌。《玉篇·土部》："圪，《説文》云：'牆高貌。《詩》曰：崇墉圪圪。'"[按]調不合，應歸下入。

⑮ 兀〔高也〕：[《廣韻》五忽切，入没，疑。]高聳貌。《説文·兒部》："兀，高而上平也。"（清）段玉裁注："凡從兀聲之字，多取孤高之意。"[按]韻、調不合，應歸春韻下入。梨園戲、泉州今變讀[ut꜆]。

⑯ 屹〔~然〕：[《廣韻》魚迄切，入迄，疑。]山勢高聳。亦泛指高聳、聳立貌。《史記·周本紀》："弃爲兒時，屹如巨人之志。"[按]調不合，應歸下入。

⑰ 汔〔幾也；水涸也〕：[《廣韻》許訖切，入迄，曉。]1. 乾涸。《易·井》："汔至亦未繘井，羸其瓶，凶。"李鏡池通義："汔，《説文》：'水涸也。'"……3. 副詞。庶幾；差不多。《詩·大雅·民勞》："民亦勞止，汔可小康。"（漢）鄭玄箋："汔，幾也。"[按][gɯət꜆]爲俗讀（文讀爲[hit꜆]）。

⑱ 卼〔䠒~：危也〕：【集韻】五忽切。《博雅》危也。[按]韻、調不合，應歸春韻下入。

⑲ 扤〔搖動也〕：[《廣韻》五忽切，入没，疑。]搖動；擺動。《詩·小雅·正月》："天之扤我，如不我克。"毛傳："扤，動也。"[按]韻、調不合，應歸春韻下入。

⑳ 齕〔土，齧也〕：[《廣韻》下没切，入没，匣。]咬嚼。《禮記·曲禮上》："庶人齕之。"（唐）孔穎達疏："齕，齧也。"[按]聲、韻、調不合，應歸喜母春韻下入。

㉑ 扢〔土，磨也〕：[《廣韻》居乙切，入迄，見。]摩；揩擦。《淮南子·修務訓》："扢以玄錫，摩以白旃，鬒眉微豪可得而察。"（漢）高誘注："扢，摩也。"[按][gɯət꜆]爲俗讀（文讀爲[kit꜆]）。

㉒ 痕〔瘢也〕：[《廣韻》户恩切，平痕，匣。]瘡傷痊愈後留下的疤。舊題（漢）蔡琰《胡笳十八拍》之十七："沙場白骨兮刀痕箭瘢。"[按]調不合，應歸下平。

㉓ 垦〔厓也〕：【康熙字典】《篇海類編》同"垠"。【集韻】垠，五根切。《博雅》厓也。[按]聲不合，應歸語母。[꜀hɯən]有可能是當時的白讀。

㉔ 莀〔草名〕:【集韻】下懇切。艸名,似蓍,食之不夭。[按]調不合,應歸下上。

㉕ 恨〔怨之極也〕:[《廣韻》胡艮切,去恨,匣。]怨恨;仇視。《荀子·堯問》:“處官久者士妒之,禄厚者民怨之,位尊者君恨之。”[按]調不合,應歸下去。

聲韻調	20　恩 ɯəɳ/ɯəʈ			
	下平˨˦ 24	下上˨ 22	下去˦˩ 41	下入˨˦ 24
柳 l	○	○	○	○
邊 p	○	○	○	○
求 k	○	近〔遠~〕	䀍〔目不見也〕① 茛〔草名〕②	○
氣 k‘	勤〔孜~也;~勞也〕 懃〔慇~:委曲貌〕　懄〔同懃〕 慬〔憂也;哀也〕　芹〔水菜〕	○	硍〔石有痕曰~〕③	○
地 t	○	○	○	○
普 p‘	○	○	○	○
他 t‘	○	○	○	○
争 ts	○	○	○	○
入 dz	○	○	○	○
時 s	○	○	○	○
英 ø	○	○	饐〔飽也〕④	○
文 b	○	○	○	○
語 g	誾〔和悦也〕　銀〔白金〕 垠〔岸也;崖也〕　狀〔兩犬相齧〕 齗〔辯争貌〕　嚚〔言不忠信〕 所〔二斤也〕　折〔犬吠聲〕 浪〔水涯〕　琨〔石似玉者〕 狺〔犬争聲〕　虤〔兩虎争聲〕⑤	○	皚〔饑也〕 猌〔犬張齗怒〕	杌〔檮~〕⑥
出 ts‘	○	○	○	○
喜 h	齦〔齒根肉也〕⑦　肷〔肉~〕⑧	○	○	核〔土,果中實也〕⑨　㮚〔土,~文〕⑩ 紇〔絲~;人名〕⑪ 覈〔土,使實也;慘刻也〕⑫ 劾〔土,推窮罪人〕⑬

【校注】

① 𥃩〔目不見也〕:【説文】艮本字。从匕目。匕目,猶目相上不相下也。【字彙】古恨切,根去聲。目不見也。[按]調不合,應歸上去。

② 茛〔草名〕:[《廣韻》古恨切,去恨,見。]野葛。又名鈎吻、斷腸草。常緑纏繞灌木。葉對生。夏季開黄花。有劇毒。[按]調不合,應歸上去。

③ 硍〔石有痕曰~〕:[《集韻》苦恨切,去恨,溪。]石上痕迹。(清)俞正燮《癸巳類稿·黟縣山水記》:"《初學記》引《輿地志》云:'有五硍二礫,亦謂之五硍礫。'……硍礫旁皆有石壇。"[按]調不合,應歸上去。

④ 饐〔飽也〕:【集韻】於恨切。《方言》關西食欲飽爲饐饐。[按]調不合,應歸上去。

⑤ 虤〔兩虎争聲〕:[《廣韻》五閑切,平山,疑。]虎怒。《説文·虤部》:"虎怒也,從二虎。"[按]韻不合,應歸丹韻(已見丹韻)。

⑥ 杌〔樽~〕:[《廣韻》五忽切,入没,疑。]摇動。《史記·司馬相如列傳》:"揚翠葉,杌紫莖,發紅華,秀朱榮,煌煌扈扈,照耀鉅野。"(宋)裴駰集解引(晉)郭璞曰:"杌,摇也。"[按]韻不合,應歸春韻下入。

⑦ 齦〔齒根肉也〕:【集韻】魚巾切。《説文》齒本也。[按]聲不合,應歸語母。[꜀hɯən]有可能是當時的白讀。

⑧ 服〔肉~〕:【集韻】胡恩切。足後也。【字彙】胡恩切,音痕。足後也;又肉服。

⑨ 核〔土,果中實也〕:[《集韻》胡骨切,入没,匣。]果實中心保護果仁的硬殼。《禮記·曲禮上》:"賜果於君前,其有核者懷其核。"[按]韻不合,應歸春韻下入。

⑩ 檄〔土,~文〕:[《廣韻》胡狄切,入錫,匣。]文體名。古官府用以徵召、曉喻、聲討的文書。《史記·張耳陳餘列傳》:"誠聽臣之計,可不攻而降城,不戰而略地,傳檄而千里定,可乎?"[按]韻不合,應歸卿韻下入。

⑪ 紇〔絲~；人名〕：[《廣韻》下没切，入没，匣。]1. 下等絲。《説文・糸部》："紇，絲下也。"（清）段玉裁注："謂絲之下者也。"2. 人名字。春秋魯國有叔梁紇，孔子之父。參見《左傳・襄公十年》。[按]韻不合，應歸春韻下入。

⑫ 覈〔土，使實也；慘刻也〕：[《廣韻》下革切，入麥，匣。]1. 實；確實。（漢）荀悦《申鑒・政體》："善惡要於功罪，毁譽效於準驗；聽言責事，舉名察實，無或詐僞以蕩衆心，故事無不覈，物無不切，善無不顯，惡無不彰。"2. 查驗；核實。《文選・張衡〈西京賦〉》："化俗之本，有與推移。何以覈諸？"（三國・吴）薛綜注："覈，驗也。"3. 深刻；峻刻。《後漢書・第五倫傳論》："第五倫峭覈爲方。"（唐）李賢注："峭覈，謂其性峻急，好窮覈事情。"[按]韻不合，應歸卿韻下入。

⑬ 劾〔土，推窮罪人〕：[《廣韻》胡得切，入德，匣。]1. 審理；判决。《説文・力部》："劾，法有罪也。"（清）段玉裁注："法者，謂以法施之。《吕刑》'有并兩刑'，正義云：'漢世問罪謂之鞫，斷獄謂之劾。'"2. 揭發過失或罪行。《漢書・翟方進傳》："方進劾立懷姦邪，亂朝政，欲傾誤要主上，狡猾不道，請下獄。"3. 揭發罪行的文狀。《後漢書・黨錮傳・范滂》："滂覩時方艱，知意不行，因投劾去。"[按]韻不合，應歸卿韻下入。

21 西

<table>
<tr><td rowspan="2">聲
韻
調</td><td colspan="4">21 西 e/eʔ</td></tr>
<tr><td>上平˧^{33}</td><td>上上˥^{55}</td><td>上去˦˩^{41}</td><td>上入˥$^{\underline{5}}$</td></tr>
<tr><td>柳 l</td><td>㊔ 㔭①</td><td>禮〔土,天理之節,文人事之儀則〕
禮〔古字〕
鱧〔魚名〕
澧〔水名〕</td><td>蠣〔蚌屬,附石而生〕②
隸〔附著也〕
癘〔疾疫〕
禲〔鬼灾曰~〕
孋〔~姬〕
爄〔止火也〕
麗〔~水〕
糲〔米不精曰~〕</td><td>○</td></tr>
<tr><td>邊 p</td><td>○</td><td>把〔手所~也〕</td><td>蔽〔遮蓋也〕
斃〔死也〕③</td><td>伯〔解,父之兄〕</td></tr>
<tr><td>求 k</td><td>圭〔上員下方,以瑞玉爲之:四~〕
珪〔同上:王執鎮~,公執桓~,侯執信~,伯執躬~〕 睽〔目不相視〕④
聧〔耳不相聽〕⑤ 暌〔違也〕⑥
雞〔土,~犬〕⑦ 鶏〔同上〕
街〔土,~市〕⑧ 奎〔土,~星〕⑨
卟〔卜以問疑〕 乩〔同上〕
丌〔木之曲頭〕⑩ 刲〔刺也;割也〕⑪
筓〔簪也:女子十五而~〕 笄〔同上〕
奎〔~星〕⑫</td><td>假〔解,真~〕</td><td>蓟〔地名〕</td><td>格〔解,~式〕
隔〔~斷也〕</td></tr>
<tr><td>氣 kʻ</td><td>溪〔土,水注川曰~〕 谿〔澗也,同上〕
稽〔考也;卜也〕⑬ 蹊〔土,蹺~〕⑭</td><td>啓〔教也:~發〕
啓〔同上,開~〕
啓〔同啓〕</td><td>契〔投~;~券〕</td><td>客〔解,人~〕</td></tr>
</table>

（續表）

聲韻調	21 西 e/eʔ			
	上平˧ 33	上上˥ 55	上去˦˩ 41	上入˥ 5
地 t	低〔土,高之反也;卑也〕 羝〔羊三歲也〕 眡〔視也〕 柢〔根~〕 祇〔短衣也〕⑮ 紙〔絲滓也〕 隄〔防也;塘也〕 氐〔本也〕	觝〔土,~觸〕⑯	䮹〔狀如梟〕⑰ 篪〔~鐘:樂器〕⑱ 娣〔女弟〕⑲	○
普 p‘	㊁剆⑳	○	○	○
他 t‘	梯〔木階也:雲~〕 遞〔薄也〕	體〔身~〕 梯〔去涕也〕	替〔代也;衰也〕 洟〔鼻液〕 睇〔小視也〕㉑ 蛇〔解,水母也〕㉒	㊁裼㉓
争 ts	躋〔升也;登也〕 隮〔升也;雲氣也〕 懠〔猜疑也;又怒也〕 儕〔輩也;等也〕㉔ 擠〔推也;排也〕 臍〔肚~〕㉕ 齎〔同上〕 蠐〔~螬:蟲也〕㉖ 劑〔調~:分也〕㉗ 䪫〔菹菜〕 賫〔送也〕㉘ 齍〔持遺人也〕	濟〔~~:盛貌〕 泲〔流水〕	濟〔~渡:~事〕 債〔負財也〕	仄〔土,平~〕

【校注】

① ㊁勑：同"剺"。剺，[《廣韻》里之切，平之，來。]割；劃開。《文選·揚雄〈長楊賦〉》："分剺單于，磔裂屬國。"（唐）李善注引（三國·吴）韋昭曰："剺，割也。"[按]韻、調不合，應歸基韻下平。

② 蠣〔蚌屬,附石而生〕：[按]該小韻中所有的字都應歸下去。

③ 斃〔死也〕：[《廣韻》毗祭切，去祭，並。]仆倒。《左傳·定公八年》："顔高奪人弱弓，籍丘子鉏擊之，與一人俱斃。"楊伯峻注："謂顔高及其他一人俱被擊而仆地。"[按]調不合，應歸下去。

④ 睽〔目不相視〕：【集韻】傾畦切。《説文》目不相視也。

⑤ 聧〔耳不相聽〕：[《廣韻》苦圭切，平齊，溪。]完全失聰。[按]聲不合，應歸

邊去母。

⑥ 暌〔違也〕：［《玉篇》去圭切。］違背；分離。（南朝·梁）劉勰《文心雕龍·雜文》："或文麗而義暌，或理粹而辭駁。"［按］聲不合，應歸邊去母。

⑦ 雞〔土，~犬〕：［《廣韻》古奚切，平齊，見。］家禽之一種。《書·牧誓》："牝雞無晨。牝雞之晨，惟家之索。"［按］［꜀ke］爲文讀。

⑧ 街〔土，~市〕：［《廣韻》古膎切，平佳，見。］四通道。指城市的大道。《管子·桓公問》："湯有總街之庭，以觀人誹也。"［按］韻不合，應歸杯韻。今泉讀［꜀kai/꜀kue］。

⑨ 奎〔土，~星〕：［《廣韻》苦圭切，平齊，溪。］奎宿。《逸周書·月令》："季夏之月，日在柳，昏心中，旦奎中。"［按］聲不合，應歸去母。今泉仍讀［꜀ke］。

⑩ 丌〔木之曲頭〕：【集韻】牛代切。木屈頭不出也。［按］聲、韻、調皆不合，應歸語母開韻下去。"丌"，大版式本漫漶（疑似"禾"），道光本、文德堂本、會文書莊本、市圖善本、廖新校增本均誤作"禾"。

⑪ 刲〔刺也；割也〕：［《廣韻》苦圭切，平齊，溪。］刺；割。《易·歸妹》："上六，女承筐無實，士刲羊無血。"（唐）陸德明釋文引（漢）馬融曰："刲，刺也。"［按］聲不合，應歸去母。

⑫ 奎〔~星〕：重見。

⑬ 稽〔考也；卜也〕：［《廣韻》古奚切，平齊，見。］考核；查考。《易·繫辭下》："於稽其類。"（唐）孔穎達疏："稽，考也。"［按］聲不合，應歸去母。

⑭ 蹊〔土，蹺~〕：［《字彙》牽奚切。］參見"蹊蹺"。【蹊蹺】亦作"蹊蹻"。奇怪；可疑。《朱子語類》卷二六："仁者之過，只是理會事錯了，無甚蹊蹺。"［按］聲不合，應歸去母。今泉有三讀［꜀ke/꜀k'e/꜀k'ue］。

⑮ 袛〔短衣也〕：［按］樋新編本"袛"誤作"衹"。

⑯ 觝〔土，~觸〕：同"牴"。［《廣韻》都禮切，上薺，端。］用角頂；觸。（北魏）賈思勰《齊民要術·養牛馬驢騾》："〔牛〕亂睫者觝人。"［按］［꜂te］爲文讀，［꜂ti］爲白讀。今同。

⑰ 鴃〔狀如梟〕:【集韻】大計切。鳥名。《山海經》:首山有鴃,狀如梟,三目。[按]調不合,應歸下去。

⑱ 篴〔~鐘:樂器〕:【集韻】大計切。篴鐘,樂器。[按]調不合,應歸下去。

⑲ 娣〔女弟〕:[《廣韻》特計切,去霽,定。]古代姐妹共嫁一夫,長爲姒,幼爲娣。《説文·女部》:"娣,女弟也。"[按]調不合,應歸下去。

⑳ ㊕刓:【集韻·支韻】攀縻切。刀析也。[按]韻不合,應歸科韻。

㉑ 睇〔小視也〕:[《廣韻》特計切,去霽,定。]斜視;流盼。《楚辭·九歌·山鬼》:"既含睇兮又宜笑,子慕予兮善窈窕。"(漢)王逸注:"睇,微眄貌也。"[按]聲、調不合,應歸地母下去。

㉒ 蛇〔解,水母也〕:【集韻】除駕切。蟲名。【南越志】水母,東海謂之蛇。又【集韻】陟嫁切。蛇蠙,蟲名,水母也。[按]今泉讀下去[t'e⊇],不讀上去[t'e⊃]。

㉓ ㊕裼:[《集韻》他計切,去霽,透。]裹覆嬰兒的小被。《詩·小雅·斯干》:"乃生女子,載寢之地,載衣之裼,載弄之瓦。"毛傳:"裼,褓也。"[按]調不合,應歸上去。

㉔ 儕〔輩也;等也〕:【集韻】才詣切。等也。[按]調不合,應歸下去。

㉕ 臍〔肚~〕:[《廣韻》徂奚切,平齊,從。]肚臍。人和其他哺乳動物肚子中間臍帶脱落之處。《莊子·人間世》:"支離疏者,頤隱於臍,肩高於頂。"[按]調不合,應歸下平。

㉖ 蠐〔~螬:蟲也〕:[《廣韻》徂奚切,平齊,從。]參見"蠐螬"。【蠐螬】金龜子的幼蟲,長寸許,居於土中,以植物根莖等爲食。《列子·天瑞》:"烏足之根爲蠐螬,其葉爲胡蝶。"[按]調不合,應歸下平。

㉗ 劑〔調~:分也〕:[《廣韻》在詣切,去霽,從。]調和;調節。《後漢書·劉梁傳》:"和如羹焉,酸苦以劑其味。"[按]調不合,應歸下去。

㉘ 賫〔送也〕:【字彙】俗"齎"字。【集韻】齎、賫,牋西切。《説文》持遺也。

聲韻調	21 西 e/eʔ			
	下平˩˦ 24	下上˨ 22	下去˦˩ 41	下入˨˦ 24
柳 l	黎〔~民：衆也〕 遲〔塗也〕 梨〔同棃〕 𩩲〔有骨爲~〕 棃〔黑木：~棗〕 泥〔水和土〕 怩〔忸~：心慙也〕① 犁〔~耙〕 酈〔土，國名〕②	○	厲〔嚴正也〕 勵〔勉也〕 儷〔伉~：匹配〕 戾〔乖~；罪~〕 珕〔蜃屬〕 例〔比~；類也〕 礪〔砥也；磨也〕 栵〔木横生者〕 荔〔~枝：果名〕 唳〔嘹~：雁鳴〕 淚〔目液也〕 濿〔以石渡水〕③	○
邊 p	鈀〔土解，兵器〕 筢〔解，~梳〕 爬〔手~〕 琶〔琵~〕	父〔俗解，子稱父也〕④	敝〔壞也〕⑤ 弊〔敗也〕⑥ 耙〔犁~〕⑦ 幣〔~帛〕	白〔解，~色〕 帛〔土解，腳~〕
求 k	枷〔解，頸刑〕⑧	低〔土解，高~〕⑨ 嫁〔解，~娶〕⑩	計〔策也；~校〕⑪ 繼〔續也；紹也〕⑫ 鹽〔同上〕 檵〔枸杞也〕⑬ 架〔解，~物〕⑭ 解〔~差〕⑮	○
氣 k‘	㊫傒⑯	○	○	○
地 t	茶〔解，~水〕 堤〔土，壅也〕⑰ 題〔品~；~目〕 蹄〔足~〕 緹〔帛丹黄色〕 瑅〔玉名〕 鶗〔~鴂：子規〕 鵜〔水鳥〕 綈〔厚繒〕 䟡〔寄食〕 稊〔穢草〕 苐〔草名〕 提〔挈也；舉也〕⑱ 惿〔~惭：心怯〕 鞮〔革履；銅~：宫名〕⑲	弟〔兄~〕	地〔天~；土~〕 帝〔上~；君也〕⑳ 棣〔棠~：木名〕 杕〔木獨生也〕 悌〔孝~〕 蔕〔根~〕㉑ 埊〔同地〕 蝃〔~蝀：虹也〕㉒ 第〔次~；科~〕 怟〔悶也〕㉓ 遞〔傳~也〕 嚏〔鼻塞：噴~〕㉔ 軑〔車~〕 禘〔王者大祭〕 髢〔斂髮：無~〕 逮〔及也〕 墬〔古地字〕	○

(續表)

聲韻調	21　西 e/eʔ			
	下平˨[24]	下上˧[22]	下去˦[41]	下入˨[24]
普 pʻ	○	○	帊〔手~〕㉕	○
他 tʻ	啼〔泣也;鳴也〕 提〔土,~攜〕 禔〔壁方丈曰~〕	○	締〔~交: 結也〕　䈕〔替古字〕㉖ 朁〔同上〕　揥〔象~: 以摘發〕㉗ 鬀〔削髮也〕㉘　鬄〔同上,剃也〕	宅〔土解,厝~〕
争 ts	齊〔正也;等也〕	癠〔病也〕	祭〔~祀,四時皆~〕㉙ 際〔交~;~會;又邊也〕㉚ 痓〔婦人孕病〕㉛　霽〔雨止也〕㉜ 嚌〔飲至齒也〕㉝　褉〔雨衣也〕㉞ 寨〔砦~〕　眦〔睚~〕 晣〔~~: 明也〕㉟　傺〔止也〕㊱ 劑〔斷也〕㊲　穧〔刈禾把數〕 瘵〔㾑~〕㊳　制〔節也;裁也〕㊴	○

【校注】

① 怩〔忸~: 心慙也〕: [《廣韻》女夷切,平脂,娘。]參見“忸怩”。【忸怩】羞愧。《書・五子之歌》:“鬱陶乎予心,顔厚有忸怩。”孔傳:“忸怩,心慚。”[按]韻不合,應歸基韻。

② 酈〔土,國名〕: [《廣韻》吕支切,平支,來。]春秋時魯地名。《春秋・僖公元年》:“冬十月壬午, 公子友帥師敗莒師于酈,獲莒挐。”(晉) 杜預注:“酈,魯地也。”[按]韻不合,應歸基韻。

③ 濿〔以石渡水〕: [《廣韻》力制切,去祭,來。]渡水。《楚辭・劉向〈九歎・離世〉》:“櫂舟杭以横濿兮,濟湘流而南極。”(漢) 王逸注:“濿,渡也。”(宋) 洪興祖補注:“濿,履石渡水。通作‘厲’。”[按]原注“以石渡水”,廖新校增本誤作“以衣涉水”,其餘諸本皆誤作“以衣渡水”。

④ 父〔俗解,子稱父也〕:[按]聲、韻皆不合,實爲"爸"的訓讀字。

⑤ 敝〔壞也〕:[《廣韻》毗祭切,去祭,並。]破爛;破舊。《易·井》:"甕敝漏。"《史記·萬石張叔列傳》:"仁爲人陰重不泄,常衣敝補衣溺袴,期爲不絜清,以是得幸。"[按]今泉有上去、下去兩讀[pe⊃]、[pe⊇]。

⑥ 弊〔敗也〕:[《集韻》毗祭切,去祭,並。]弊病;害處。(唐)韓愈《論變鹽法事宜狀》:"所利至少,爲弊則多。"又[《集韻》必袂切,去祭,幫。]1. 決斷;裁決。《周禮·天官·大宰》:"以八法治官府……八曰官計,以弊邦治。"(漢)鄭玄注:"弊,斷也。"2. 指考核。(清)錢謙益《陜西道監察御史蔣允儀授文林郎制》:"朕大弊群吏,妙簡諫官。"3. 定罪。《管子·戒》:"于是管仲與桓公盟誓爲令曰:'老弱勿刑,參宥而後弊。'"[按]今泉有上去、下去兩讀[pe⊃]、[pe⊇]。

⑦ 耙〔犁~〕:[《正字通》必駕切。]1. 碎土平地的農具。(清)郝懿行《證俗文》卷三:"《農政全書》,耙制有方耙,有人字耙,如犂,亦用牛駕。但横闊多齒,犂後用之。蓋犂以起土,惟深爲功;耙以破塊,惟細爲功。"2. 用耙碎土平地。《西遊記》第十八回:"耕田耙地,不用牛具;收割田禾,不用刀杖。"[按]調不合,應歸上去。

⑧ 枷〔解,頸刑〕:【廣韻】求迦切。刑具。[按]今泉沿用下平讀法[⊆ke]。

⑨ 低〔土解,高~〕:[按]聲、調不合,實爲"下"的訓讀字。[《廣韻》胡雅切,上馬,匣。]位置在低處。《詩·小雅·北山》:"溥天之下,莫非王土。"《孟子·梁惠王上》:"民歸之,由水之就下,沛然誰能御之?"(唐)韓愈《秋懷詩》之四:"上無枝上蜩,下無盤中蠅。"

⑩ 嫁〔解,~娶〕:[《廣韻》古訝切,去禡,見。]女子結婚;出嫁。《詩·大雅·大明》:"來嫁于周。"[按]調不合,應歸上去。

⑪ 計〔策也;~校〕:[《廣韻》古詣切,去霽,見。]計策;謀略。《孫子·計》:"將聽吾計,用之必勝,留之;將不聽吾計,用之必敗,去之。"[按]調不合,應歸上去。

⑫ 繼〔續也;紹也〕:[《廣韻》古詣切,去霽,見。]延續;使之不絶。《論語·堯

曰》:“興滅國,繼絶世。”[按]調不合,應歸上去。

⑬ 檵〔枸杞也〕:[《廣韻》古詣切,去霽,見。]1. 木名。檵木。常緑灌木或小喬木。2. 參見“枸檵”。【枸檵】枸杞。《爾雅·釋木》:“杞,枸檵。”(晉)郭璞注:“今枸杞也。”[按]調不合,應歸上去。原注“枸杞”,樋新編本誤作“枹杞”。

⑭ 架〔解,~物〕:[《廣韻》古訝切,去禡,見。]支承或擱置東西的用具。《晉書·王嘉傳》:“〔嘉〕衣服在架,履杖猶存。”[按]調不合,應歸上去。

⑮ 解〔~差〕:[《廣韻》古隘切,去卦,見。]代稱解差。(清)周亮工《書影》卷八:“至德州,見道旁有捕賊勾當與州解相譟。”[按]調不合,應歸上去。今泉讀[kai⊃/kue⊃]。

⑯ ㊪徯:[《集韻》户佳切,平佳,匣。]内心波動。又《集韻》胡計切。恨也。[按]或聲、韻不合,或聲、調不合。

⑰ 堤〔土,壅也〕:【集韻】直兮切。防也。[按]今泉通常讀送氣[⊆t‘e]。

⑱ 提〔挈也;舉也〕:[《廣韻》杜奚切,平齊,定。]懸持;拎起。《莊子·列禦寇》:“列子提屨,跣而走。”[按]今泉通常讀[⊆t‘e]。

⑲ 鞮〔革履;銅~:宮名〕:[《廣韻》都奚切,平齊,端。]革履。皮鞋的古稱。《急就篇》卷二:“靸鞮卬角褐韤巾。”(唐)顔師古注:“鞮,薄革小履也。”【銅鞮】春秋晉離宮名。《左傳·襄公三十一年》:“今銅鞮之宮數里,而諸侯舍于隸人。”(晉)杜預注:“銅鞮,晉離宮。”楊伯峻注:“銅鞮宮在山西沁縣南二十五里。”[按]原注“革履”,除廖新校增本外,皆誤作“草履”;原注“宮名”,除大版式本、道光本外,其餘諸本皆誤作“官名”。

⑳ 帝〔上~;君也〕:[《廣韻》都計切,去霽,端。]1. 上帝;最高的天神。古人想象中宇宙萬物的主宰。《書·洪範》:“帝乃震怒,不畀洪範九疇。”……4. 君主;皇帝。遠古實指部族聯盟的領袖。《孟子·公孫丑上》:“〔舜〕自耕稼陶漁以至於帝,無非取於人者。”5. 天子;古代國家的最高統治者。《史記·秦始皇本紀》:“秦故王國,始皇君天下,故稱帝。”[按]調不合,應歸上去。

㉑ 蒂〔根~〕:同“蔕”。蔕,[《廣韻》都計切,去霽,端。]花或瓜果與枝莖相

連的部分。(戰國・楚) 宋玉《高唐賦》:"緑葉紫裹,丹莖白蔕。"[按]調不合,應歸上去。今泉讀[teᵓ/tiᵓ]。

㉒ 蝃〔~蝀:虹也〕:[《廣韻》都計切,去霽,端。]參見"蝃蝀"。[按]調不合,應歸上去。

㉓ 怟〔悶也〕:[《集韻》丁計切,去霽,端。]憂鬱煩悶。[按]調不合,應歸上去。

㉔ 嚏〔鼻塞:噴~〕:[《玉篇》丁計切。]打噴嚏。《詩・邶風・終風》:"寤言不寐,願言則嚏。"(漢) 鄭玄箋:"今俗人嚏,云'人道我',此古之遺語也。"[按]調不合,應歸上去。

㉕ 帕〔手~〕:[《集韻》普駕切,去禡,滂。]巾;手帕。《南史・張譏傳》:"每歲時輒對帕哽噎不能勝。"[按]調不合,應歸上去。

㉖ 㬱〔替古字〕:同"替"。替,[《廣韻》他計切,去霽,透。]廢棄。《書・大誥》:"予惟小子,不敢替上帝命。"孔傳:"不敢廢天命。"[按]調不合,應歸上去。

㉗ 揥〔象~:以摘發〕:[《集韻》他計切,去霽,透。]搔頭的簪。《詩・鄘風・君子偕老》:"玉之瑱也,象之揥也。"毛傳:"揥,所以摘髮也。"[按]調不合,應歸上去。

㉘ 鬀〔削髮也〕:[《廣韻》他計切,去霽,透。]剃小兒髮。泛指剃毛髮鬍鬚。《周禮・秋官・序官》"薙氏,下士二人,徒二十人",(漢) 鄭玄注:"薙,讀如鬀小兒頭之鬀。"[按]調不合,應歸上去。今泉讀[t‘eᵓ/t‘iᵓ/t‘iʔ꜀]。

㉙ 祭〔~祀,四時皆~〕:[《廣韻》子例切,去祭,精。]祭祀。對陳物供奉神鬼祖先的通稱。《禮記・祭統》:"祭者,所以追養繼孝也。"[按]調不合,應歸上去。

㉚ 際〔交~;~會;又邊也〕:[《廣韻》子例切,去祭,精。]1. 縫隙;合縫之處。《墨子・備穴》:"柱善塗亓竇際,勿令泄。"2. 靠邊緣的地方。《楚辭・天問》:"九天之際,安放安屬?"(宋) 洪興祖補注:"際,邊也。"[按]調不合,應歸上去。

㉛ 意〔婦人孕病〕:【康熙字典】"妟"字之譌。◎按《集韻》、《類篇》,"妟"字,

征例切,音制。病子在娠謂之奱。《廣韻》有"悬"字,無"奱"字,疑是《廣韻》之譌。[按]調不合,應歸上去。

㉜ 霽〔雨止也〕:[《廣韻》子計切,去霽,精。]雨止天晴。《書·洪範》:"乃命卜筮,曰雨,曰霽。"孔傳:"龜兆形有似雨者,有似雨止者。"[按]調不合,應歸上去。

㉝ 嚌〔飲至齒也〕:[《廣韻》在詣切,去霽,從。]淺嘗;微嘗。後亦謂喫。《書·顧命》:"太保受同,祭嚌。"毛傳:"既祭受福,嚌至齒。"(唐)孔穎達疏:"禮之通例,啐入口,是嚌至於齒,示飲而實不飲也。"[按]調不合,應歸上去。

㉞ 製〔雨衣也〕:[《廣韻》征例切,去祭,章。]1. 裁衣。《左傳·襄公三十一年》:"子有美錦,不使人學製焉。"(晉)杜預注:"製,裁也。"……4. 雨衣。若今斗篷。《左傳·定公九年》:"晳幘而衣貍製。"楊伯峻注:"製,今之斗篷,以貍爲之,故曰貍製。"[按]調不合,應歸上去。

㉟ 晣〔~~:明也〕:同"晢"。【字彙】晢,明也。○又叶征例切,音制。[按]調不合,應歸上去。

㊱ 傺〔止也〕:【集韻】子例切。《方言》逗也,逗謂住。[按]調不合,應歸上去。

㊲ 剬〔斷也〕:【康熙字典】《篇海》征例切,音制。斷也。[按]調不合,應歸上去。

㊳ 瘵〔癆~〕:[《廣韻》側界切,去怪,莊。]病。多指癆病。《詩·大雅·瞻卬》:"邦靡有定,士民其瘵。"毛傳:"瘵,病。"[按]調不合,應歸上去。

㊴ 制〔節也;裁也〕:[《廣韻》征例切,去祭,章。]依式剪裁;斷切。《易·繫辭上》:"制而用之謂之法。"(唐)孔穎達疏:"言聖人裁制其物而施用之。"[按]調不合,應歸上去。

聲韻調	21 西 e/eʔ			
	下平˨˦ 24	下上˨ 22	下去˦˩ 41	下入˨˦ 24
入 dz	○	○	○	○
時 s	西〔~方屬金〕 栖〔鳥宿曰~〕① 棲〔~遲：息也〕 恓〔~惶：煩惱〕 疞〔解，著~〕② 捿〔幽居也〕③ 紗〔解，紡~〕④ 悽〔愁痛也〕 粞〔碎米〕 屖〔遲也〕 犀〔~象〕	灑〔~掃雪也〕 洗〔浴也〕	逝〔往也〕⑤ 勢〔~力；形~〕⑥ 掣〔割肉也〕	措〔土〕⑦
英 ∅	㊮ 𪜀⑧	啞〔土解；~聲〕	縊〔自經死也〕	○
文 b	㊮ 閧⑨	馬〔解，牛~〕	謎〔隱語〕⑩	○
語 g	○	鯢〔皷聲〕⑪ 睨〔衺視〕⑫	埶〔才技也〕⑬ 藝〔同上；種也〕 竩〔善也〕⑭ 秇〔種也〕⑮ 蓺〔同上〕	○
出 tsʻ	妻〔夫~〕 萋〔~~：草盛；又小文貌〕 淒〔雲雨起貌〕 凄〔寒也〕 差〔解，公~〕	批〔捽也〕 泚〔水聲也；汗出貌〕 玼〔玉色〕 紕〔帛文貌〕	厠〔同廁〕	策〔解，書~〕⑯ 册〔解，同上〕
喜 h	咳〔解，~嗽〕⑰	匸〔有所挾藏〕⑱	系〔世~：繼也〕⑲	○

【校注】

① 栖〔鳥宿曰~〕：［《廣韻》先稽切，平齊，心。］禽鳥歇宿。《詩·王風·君子于役》："雞棲于塒，日之夕矣，羊牛下來。"［按］今泉常讀［꜀tsʻe］。

② 疞〔解，著~〕：同"痧"。

③ 捿〔幽居也〕：同"棲"。

④ 紗〔解，紡~〕：［按］"紗"，樋新編本誤作"紡"。

⑤ 逝〔往也〕:[《廣韻》時制切,去祭,禪。]1. 往;去。《詩·邶風·谷風》:“毋逝我梁,毋發我笱。”(宋)朱熹集傳:“逝,之也。”……3. 死。《漢書·司馬遷傳》:“是僕終已不得舒憤懣以曉左右,則長逝者魂魄私恨無窮。”[按]今泉有兩讀[se⊃/se⊇]。

⑥ 勢〔~力;形~〕:[《廣韻》舒制切,去祭,書。]1. 權力;權勢。《書·君陳》:“爾惟弘周公丕訓,無依勢作威,無倚法以削。”……3. 形勢;情勢。《孟子·公孫丑上》:“齊人有言曰:‘雖有智慧,不如乘勢;雖有鎡基,不如待時。’”[按]調不合,應歸上去。

⑦ 措〔土〕:[《集韻》側格切,入陌,莊。][按]聲不合,應歸争母。

⑧ ㊇ 𢱢:[《集韻》於佳切,平佳,影。]逼迫。[按]聲、韻不合。

⑨ ㊇ 閑:[按]傳統辭書查無此字。疑爲“閪”(音[⊆be],臺灣地區人名用字)之誤。“閑”,大版式本漫漶不清,道光本、會文書莊本、市圖善本、廖新校增本作“閪”,文德堂本作“闇”,但傳統辭書均查不到。

⑩ 謎〔隱語〕:[《廣韻》莫計切,去霽,明。][《集韻》緜批切,平齊,明。]謎語。(南朝·宋)鮑照有《字謎》詩。(宋)周密《齊東野語·隱語》:“古之所謂廋詞,即今之隱語,而俗所謂謎。”[按]調不合,應歸下去。今泉讀[⊆be]。

⑪ 鶂〔鵝聲〕:同“鶃”。鶃,[《廣韻》五歷切,入錫,疑。]亦作“鶂”。參見“鶃鶃”。【鶃鶃】亦作“鶂鶂”。鵝鳴聲。亦借指鵝。(宋)梅堯臣《放鶉》詩:“公只知魚之洋洋,鵝之鶃鶃,噫兮噫兮。”[按]韻、調不合,應歸卿韻下入。

⑫ 睨〔衺視〕:[《廣韻》五計切,去霽,疑。]斜着眼(看);斜視。《禮記·中庸》:“執柯以伐柯,睨而視之,猶以爲遠。”[按]調不合,應歸下去。

⑬ 埶〔才技也〕:[《廣韻》魚祭切,去祭,疑。]同“藝”。技藝;才能。《書·金縢》:“予仁若考,能多材多藝,能事鬼神。”[按]調不合,應歸下去。

⑭ 誼〔善也〕:[《集韻》宜倚切,去寘,疑。]同“誼”。[按]韻、調不合,應歸基韻下去。

⑮ 秇〔種也〕:[《集韻》倪祭切,去祭,疑。]同“藝”。種植。《管子·臣乘

馬》:“陰凍釋而秇稷。”[按]調不合,應歸下去。

⑯ 策〔解,書~〕:[按][ts'eʔ꜀]爲白讀,今衹保留於地名“策槽[ts'eʔ꜀ ꜁tso]”(在福建同安)中。書策,實同“書册”。

⑰ 咳〔解,~嗽〕:[《廣韻》苦愛切,去代,溪。]咳嗽。《左傳·昭公二十四年》:“余左顧而欬,乃殺之。”[按]聲、韻、調皆不合,應歸氣母開韻上去。

⑱ 匸〔有所挾藏〕:[《廣韻》胡禮切,上薺,匣。]《説文·匸部》:“匸,衺徯有所夾臧也。”[按]調不合,應歸下上。

⑲ 系〔世~:繼也〕:[《廣韻》胡計切,去霽,匣。]繼續;承接。《後漢書·班固傳下》:“系唐統,接漢緒。”[按]調不合,應歸下去。

聲韻調	21 西 e/eʔ			
	下平˨˦ ^{24}	下上˨˨ ^{22}	下去˦˩ ^{41}	下入˨˦ $^{\underline{24}}$
入 dz	○	○	○	○
時 s	胡〔土解,頸~〕①	○	世〔三十年爲一~〕② 筮〔卜~〕 泗〔水名〕③ 婿〔同壻〕 噬〔齧也;~嗑〕 澨〔水涯也〕 遰〔刀室〕④ 誓〔盟~〕 簭〔古筮字〕 細〔小也;密也〕⑤ 壻〔女夫曰~〕⑥	○
英 ∅	○	下〔解,上~〕	袘〔衣長貌〕 曳〔除也;引也〕 裔〔後嗣也〕 玴〔石似玉〕 眕〔恨視也〕⑦ 瞖〔眼疾:目~〕⑧ 曀〔陰風也〕⑨ 翳〔蔽也〕⑩ 撎〔舉手;揖手〕⑪ 拽〔拖~〕	○
文 b	迷〔~亂〕 憸〔心惑也〕 采〔冒也〕⑫ 瀰〔水盛貌〕⑬ 浰〔渺~〕⑭ 覭〔病視〕⑮ 媻〔齊人呼母〕	○	袂〔袖也〕⑯	麥〔解,大~;小~〕 脉〔血~〕
語 g	牙〔解,象~〕 芽〔解,草木~〕 霓〔虹也〕 輗〔轅端横木〕 麑〔鹿子〕 倪〔小兒也〕 猊〔獅子〕 郳〔國名〕	○	詣〔造~;品~〕 羿〔古射師〕 劓〔~刖人〕⑰ 刈〔割也〕⑱ 涀〔水際也〕 睨〔城上垣曰睥~〕 蓺〔煎茱萸也〕⑲ 鯢〔鯨~:大魚〕⑳	㊪月㉑
出 ts‘	㊪跙㉒	○	砌〔階也〕㉓ 磜〔同上〕 瀄〔㲻~:音不和也〕㉔ �〔視也〕㉕ 廁〔土,溷也;次也;雜也〕㉖	㊪䶥㉗

（續表）

聲韻調	21 西 e/eʔ			
	下平˩˦ 24	下上˨ 22	下去˦˩ 41	下入˩˦ 24
喜 h	奚〔何也;大腹也〕 徯〔待也〕 兮〔止辭語,有所稽〕 傒〔待也;人名〕 鼷〔小鼠也〕 鼷〔同上〕 瓗〔赤玉〕 巂〔車輪轉：五~〕㉘ 攜〔持也〕 携〔同上〕 擕〔提~〕 觿〔佩~〕 酅〔邑名〕 擕〔同携〕 攜〔姓也〕 傒〔夷名〕 畦〔五十畝曰~〕 鑴〔日旁黑氣〕	下〔土解,投~〕	繫〔世~;聯絡也〕 係〔同上〕 禊〔祭名;祓除不祥〕 夏〔~天〕	㊪獾㉙

【校注】

① 胡〔土解,頸~〕：［《廣韻》户吴切,平模,匣。］鳥獸頷下的垂肉或皮囊。《詩・豳風・狼跋》:“狼跋其胡。”（宋）朱熹集傳:“胡,頷下懸肉也。”［按］聲、韻不合,實爲訓讀字,今作“垂”。

② 世〔三十年爲一~〕：［《廣韻》舒制切,去祭,書。］三十年。《論語・子路》:“如有王者,必世而後仁。”（三國・魏）何晏集解引（漢）孔安國曰:“三十年曰世。”（晉）陶潛《歸田園居》詩之四:“一世異朝市,此語真不虛。”［按］調不合,應歸上去。

③ 泗〔水名〕：［《廣韻》息利切,去至,心。］古水名。源於今山東省泗水縣東,四源並发,故名。《孟子・滕文公上》:“決汝漢,排淮泗而注之江。”［按］韻、調不合,應歸居韻上去。“泗”,樋新編本、大版式本、文德堂本、市圖善本均作“洷”,傳統辭書查無音、義;一說“洷”讀［se˨］,爲臺灣地區人名用字。

④ 遰〔刀室〕：【字彙】時世切,音逝……又刀室。《禮記・内則》右佩遰。

⑤ 細〔小也;密也〕：［《廣韻》蘇計切,去霽,心。］微小。與大相對。《左傳・襄

公四年》:“吾子舍其大而重拜其細,敢問何禮也?”[按]調不合,應歸上去。

⑥ 壻〔女夫曰~〕:[《廣韻》蘇計切,去霽,心。]亦作“婿”。女婿。女兒的丈夫。《禮記·昏義》:“壻執鴈入,揖讓升堂,再拜奠鴈,蓋親受之於父母也。”(唐)陸德明釋文:“壻,或又作‘聟’,悉計反,女之夫也。”[按]調不合,應歸上去。

⑦ 盻〔恨視也〕:[《廣韻》胡計切,去霽,匣。][《廣韻》五計切,去霽,疑。]恨視;怒視。《戰國策·韓策二》:“楚不聽,則怨結於韓,韓挾齊魏以盻楚,楚王必重公矣。”[按]聲不合,應歸喜母或疑母。

⑧ 瞖〔眼疾:目~〕:[《廣韻》於計切,去霽,影。]眼病。白内障。俗稱白翳。(宋)梅堯臣《别張景嵩》詩:“猶能洗君目,病瞖雲銷岑。”[按]調不合,應歸上去。

⑨ 曀〔陰風也〕:[《廣韻》於計切,去霽,影。]天陰而有風;天色陰闇。《詩·邶風·終風》:“終風且曀,不日有曀。”毛傳:“陰而風曰曀。”[按]調不合,應歸上去。

⑩ 翳〔蔽也〕:[《廣韻》於計切,去霽,影。]遮蔽;隱藏;隱没。《楚辭·離騷》:“百神翳其備降兮,九疑繽其并迎。”(漢)王逸注:“翳,蔽也。”[按]調不合,應歸上去。

⑪ 撎〔舉手;揖手〕:【集韻】壹計切。《説文》舉手下手也。[按]調不合,應歸上去。

⑫ 罙〔冒也〕:[《廣韻》武移切,平支,明。]愈;更加。(唐)方干《送許温》詩:“壯歲分罙切,少年心正同。”[按]韻不合,應歸基韻。滿貌。

⑬ 瀰〔水盛貌〕:[《廣韻》武移切,平支,明。]水深。(唐)柳宗元《平淮夷雅·方城》:“汝水沄沄,既清而瀰。”[按]韻不合,應歸基韻。

⑭ 沵〔渺~〕:同⑬瀰。

⑮ 覕〔病視〕:【集韻】繇批切。《説文》病人視也。

⑯ 袂〔袖也〕:[《廣韻》彌弊切,去祭,明。]衣袖。《易·歸妹》:“帝乙歸妹,

其君之袂,不如其娣之袂良。"(三國·魏)王弼注:"袂,衣袖,所以爲禮容者也。"

⑰ 劓〔~刖人〕:[《廣韻》魚器切,去至,疑。]割鼻。古代五種酷刑之一。《書·吕刑》:"惟作五虐之刑曰法,殺戮無辜,爰始淫爲劓刵椓黥。"(唐)孔穎達疏:"劓,截人鼻。"[按]韻不合,應歸基韻。

⑱ 刈〔割也〕:[《廣韻》魚肺切,去廢,疑。]割取。《詩·周南·葛覃》:"葛之覃兮,施于中谷,維葉莫莫,是刈是濩。"(唐)孔穎達疏:"葛既成就,已可采用,后妃於是刈取之。"[按]韻不合,應歸杯韻。

⑲ 藙〔煎茱萸也〕:[《廣韻》魚既切,去未,疑。]即食茱萸。喬木。果實味辛,可作調料。《禮記·内則》:"三牲用藙。"(漢)鄭玄注:"煎茱萸也,漢律會稽獻焉。"[按]韻不合,應歸基韻。

⑳ 鯢〔鯨~:大魚〕:[《廣韻》五稽切,平齊,疑。]動物名。屬兩棲綱。俗稱娃娃魚,亦名山椒魚。體長約一米,皮肤黏滑,头扁圓,口大,四肢短小,尾呈鰭狀,宜游泳,棲息於山溪中。《爾雅·釋魚》:"鯢大者謂之鰕。"(晉)郭璞注:"今鯢魚似鮎,四脚,前似獮猴,後似狗,聲如小兒啼。"[按]調不合,應歸下平。

㉑ ㊂月:[《廣韻》魚厥切,入月,疑。]月球;月亮。《詩·小雅·天保》:"如月之恒,如日之升。"[按]韻不合,應歸科韻。

㉒ ㊂跙:[《集韻》七夜切,去禡,清。]參見"跙足"。【跙足】側足而立。《集韻·去禡》:"跙,衺足也。"[按]韻、調不合,應歸嗟韻上去。

㉓ 砌〔階也〕:[《廣韻》七計切,去霽,清。]臺階。(南朝·齊)謝朓《直中書省》詩:"紅藥當階翻,蒼苔依砌上。"[按]調不合,應歸上去。

㉔ 瀄〔觱~:音不和也〕:[《廣韻》尺制切,去祭,昌。]不流暢;不和諧。參見"瀄滤"。【瀄滤】不流暢。(元)辛文房《唐才子傳·皮日休》:"夫才情斂之不盈握,散之彌八紘,遣意於時間,寄興於物表,或上下出入,縱横流散,游刃所及,孰非我有,本無拘縛瀄滤之忌也。"[按]調不合,應歸上去。

㉕ �〔視也〕:【集韻】七計切。《説文》察也。[按]調不合,應歸上去。

㉖ 廁〔土,溷也;次也;雜也〕:[《集韻》察色切,入職,初。]1. 便所。《左傳·成公十年》:“〔晉侯〕將食,張,如廁,陷而卒。”《史記·項羽本紀》:“沛公起如廁。”……3. 雜置;參與。《史記·樂毅列傳》:“先王過舉,廁之賓客之中,立之羣臣之上。”[按]韻、調不合,應歸卿韻上入或西韻上去。今泉讀[ts‘iak꜀/ts‘eʔ꜀/ts‘e꜄]。

㉗ ㊫犥:【字彙】采五切,麤上聲。使牛也。[按]韻、調不合。

㉘ 奚舟〔車輪轉:五~〕:【字彙】弦雞切,音奚。車輪轉一周爲奚舟。一周丈九尺八寸。《曲禮》立視五奚舟。[按]原注“車輪轉:五~”,樋新編本作“車輪轉”,大版式本作“車輪轉周”,會文書莊本、市圖善本、廖新校增本作“五~”,道光本、文德堂本缺。

㉙ ㊫獾:[按]傳統辭書查無音、義。

22 軒

聲韻調	22 軒 ian/iat			
	上平˧^{33}	上上˥^{55}	上去˦˩^{41}	上入˥$^{\underline{5}}$
柳 l	㊫嗹嘍〔~〕	璉〔瑚~：祭器〕 輦〔車~〕 摙〔搬運也〕 撚〔蹂也〕 涊〔淟~：垢濁〕 嬿〔好也〕 憐〔意難也〕① 涊〔淟~：惡酒〕 膦〔~膎：無力〕 醶〔覼~：小貌〕② 鄻〔周邑〕	練〔熟絲也；諳~〕③	㊫洌〔山上水〕④
邊 p	邊〔岸也；側也〕 籩〔豆~：祭器〕 箯〔竹輿〕⑤ 鞭〔箠也〕	貶〔褒~：抑也〕 匾〔不圓也〕 扁〔同上，石貌〕 碥〔登車履石〕⑥ 辮〔憂也；急也〕 导〔傾覆也〕 𠖫〔同扁〕	變〔~化；改也〕 忭〔喜也〕⑦ 便〔近也；宜也〕⑧ 湹〔小~〕⑨ 窆〔下棺也〕 笲〔盛器〕⑩ 抃〔拊手〕⑪	鼈〔甲蟲〕 鱉〔團魚〕 别〔辨也：分~〕
求 k	堅〔固也；強也〕 肩〔膊上任也〕 慳〔悋也〕⑫ 鞬〔戢弓矢也〕 甄〔陶也；明也〕⑬ 絸〔人名〕⑭ 幵〔平正〕 狷〔豕三歲〕 豜〔豕也〕	繭〔蠶房〕 蹇〔乖~：難也〕 鍵〔關~：户鑰〕⑮ 攋〔拭面曰~〕 囝〔閩人呼兒曰~〕 䅳〔十把曰~〕	見〔相~；視也〕 建〔創~：力也〕	結〔交~：締也〕 佶〔正也〕⑯ 吉〔善也：~凶〕 桔〔果名：~梗〕 袺〔以衣貯物〕 羯〔羊羖犗也；人名〕⑰ 橘〔似柚〕 拮〔口手共作〕 稭〔同秸〕 秸〔同上〕 潔〔清也；浄也〕 絜〔清也〕 偈〔用力貌〕⑱ 秸〔禾稾〕

（續表）

聲 韻 調	22　軒 ian/iat			
	上平˧ ^{33}	上上˥ ^{55}	上去˦˩ ^{41}	上入˥ $^{\underline{5}}$
氣 k‘	牽〔引也;連也〕 鏗〔金玉聲〕[19] 騫〔虧失也〕 攐〔摳衣也〕 傿〔兩取也〕[20] 掔〔去也〕	遣〔~使：遣也〕 犬〔小曰狗,大曰~〕 畎〔~畝〕[21] 畎〔田中溝,六~爲畝〕[22] 繾〔~綣：不相離〕	譴〔問也：~責〕	挈〔提~〕　揭〔~起〕 姞〔韓~燕嚳〕[23] 襭〔以衽貯物而扱之於帶〕[24] 恝〔無憂愁也〕[25] 詰〔~問也〕　朅〔武壯貌〕 愒〔貪羨也〕　譎〔詭~〕 頡〔倉~;又直項〕 孑〔獨立也〕　鍥〔刻也〕
氣 k‘	搴〔拔取也〕 愆〔過也;罪也〕 鏗〔金玉聲〕[26] 擧〔舉也〕　岍〔山名〕 褰〔揭衣袴也〕 汧〔水出不流〕 荓〔秦~：藥名〕 諐〔同愆,失也〕	綣〔繾~：厚意〕[27] 憖〔土,從也〕[28]	俔〔譬喻也〕	頁〔頭也〕[29] 劼〔土,用力;~毖〕 戞〔土,戟也：~~〕 戛〔同戞〕
地 t	顚〔傾斜也;僕倒也〕 顛〔同上,俗字〕 驒〔馬額白〕 瘨〔病也〕　癲〔狂也〕 巓〔山頂〕　巔[30]	典〔主也：經~〕 展〔轉也：開也〕 輾〔轉之半〕 樿〔木有文理〕[31] 珽〔巧視也〕 孨〔謹也〕[32] 搌〔束縛也〕[33] 蜓〔蝘~：俗作蛉〕[34] 皽〔皮肉之膜〕[35] 沴〔陰陽氣亂曰~〕[36] 襢〔白色〕[37]	殿〔堂高大曰~〕 禮〔祭也〕[38]	哲〔明智也〕　喆〔聖~之治〕 嚞〔同上〕　悊〔智也〕[39] 硃〔砲也〕　迭〔更也〕[40] 跌〔僕也〕[41]

（續表）

聲韻調	22 軒 ian/iat			
	上平˧ 33	上上˥ 55	上去˩ 41	上入˥ 5
普 p'	篇〔簡成章者〕 褊〔~襹：衣貌〕㊷ 偏〔頗也；側也〕 翩〔往來貌：聯~〕 編〔簡~：録也〕㊸ 囨〔唾貌〕	鶣〔鷹鶣〕㊹	片〔木~也〕	擎〔小擊也；引也〕 丿〔左戾也〕 撇〔略也〕

【校注】

① 涊：同"涊"。【字彙】乃殄切，音撚。洟涊，惡酒貌。

② 䫋〔靦~：小貌〕：【集韻】乃殄切。靦䫋，少色。【字彙】乃殄切，音撚。靦䫋，少貌，又小貌。

③ 練〔熟絲也；諳~〕：［《廣韻》郎甸切，去霰，來。］煮熟生絲或生絲織品，使之柔軟潔白。《周禮·天官·染人》："凡染，春暴練，夏纁玄。"（漢）鄭玄注："暴練，練其素而暴之。"【漢語大詞典】【諳練】熟習；熟練。《晉書·刁協傳》："協久在中朝，諳練舊事。"［按］調不合，應歸下去。原注"諳~"，樋新編本、大版式本、道光本、文德堂本、市圖善本均誤作"鍜~"。

④ ㊉浖〔山上水〕：［《廣韻》力輟切，入薛，來。］同"埒"。山上水。［按］韻、調不合，應歸川韻下入。

⑤ 篵〔竹輿〕：［按］"竹輿"應爲"篵輿：竹輿"。

⑥ 碥〔登車履石〕：【字彙】補典切，音匾。將登車履石。

⑦ 忭〔喜也〕：［《廣韻》皮變切，去線，並。］高興。（南朝·宋）謝莊《謝賜貂裘表》："臣歡忭自歌，而同委衾之澤；勤勞未極，而叨解裘之寵。"［按］調不合，應歸下去。

⑧ 便〔近也；宜也〕：［《廣韻》婢面切，去線，並。］適合；適宜。《戰國策·趙策

四》:“衣服使之便於體,膳啗使之嗛於口。”[按]調不合,應歸下去。傳統辭書查無“近”義。【字彙】便,皮面切,音卞。宜也……近便也。

⑨ 湮〔小~〕:【康熙字典】《篇海》毗面切,音便。小便也。[按]調不合,應歸下去。

⑩ 笲〔盛器〕:[《廣韻》皮變切,去線,並。]古代一種形製似筥的盛器。新婦向舅姑行贄禮時常用以盛乾果等。《儀禮·士昏禮》:“婦執笲棗、栗,自門入,升自西階進拜,奠于席。”(漢)鄭玄注:“笲,竹器而衣者。其形蓋如今之筥。”[按]調不合,應歸下去。

⑪ 抃〔拊手〕:[《廣韻》皮變切,去線,並。]鼓掌;拍手表示歡欣。《吕氏春秋·古樂》:“帝嚳乃令人抃。”(漢)高誘注:“兩手相擊曰抃。”[按]調不合,應歸下去。

⑫ 慳〔悋也〕:[《廣韻》苦閑切,平山,溪。]節約;吝嗇。《宋書·王玄謨傳》:“劉秀之儉吝,呼爲老慳。”[按] 韻不合,應歸丹韻。

⑬ 甄〔陶也;明也〕:[《廣韻》居延切,平仙,見。]1. 製作陶器。《文選·張華〈女史箴〉》:“既陶既甄。”……6. 彰明;表彰。《後漢書·爰延傳》:“故王者賞人必酬其功,爵人必甄其德。”(唐)李賢注:“甄,明也。”

⑭ 緊〔人名〕:【集韻】經、緊,經天切。緊也。或作“緊”,通作“堅”。【字彙】古千切,音堅。《左傳·成公四年》:“鄭伯緊卒。”今又作“堅”。

⑮ 鍵〔關~:户鑰〕:[《廣韻》其偃切,上阮,羣。]插門的金屬棍子;門閂。《周禮·地官·司門》:“司門掌授管鍵,以啓閉國門。”(宋)賈公彦疏:“謂用管籥以啓門,用鍵牡以閉門。”[按]調不合,應歸下上。

⑯ 佶〔正也〕:[《廣韻》巨乙切,入質,羣。]壯健貌。《詩·小雅·六月》:“四牡既佶,既佶且閑。”(漢)鄭玄箋:“佶,壯健之貌。”[按]調不合,應歸下入。

⑰ 羯〔羊羖犗也;人名〕:【説文】羊羖犗也。從羊曷聲。居謁切。(清)段玉裁注:“羊羖當作羖羊。”

⑱ 偈〔用力貌〕:[《廣韻》渠列切,入薛,羣。]勇武貌。《玉篇·人部》“偈”:

"武皃。《詩》:'伯兮偈兮。'"今本《詩・衛風・伯兮》作"伯兮朅兮"。[按]調不合,應歸下入。

⑲ 鏗〔金玉聲〕:[《廣韻》口莖切,平耕,溪。]象聲詞。形容金石玉木等所發出的洪亮聲。《禮記・樂記》:"鍾聲鏗,鏗以立號,號以立横,横以立武。"(唐)孔穎達疏:"鍾聲鏗者,言金鍾之聲鏗鏗然也。"[按]韻不合,應歸卿韻。

⑳ 僆〔兩取也〕:【集韻】九件切。偃僆,傲慢也。[按]音、義皆不合,疑誤。

㉑ 甽〔~畝〕:同㉒畎。

㉒ 畎〔田中溝,六~爲畝〕:[《廣韻》姑泫切,上銑,見。]田間小水溝。《書・益稷》:"濬畎澮距川。"孔傳:"一畝之間,廣尺深尺曰畎。"[按]該字古讀不送氣見母[k],今普通話、方言均讀送氣溪母[k']。

㉓ 姞〔韓~燕譽〕:[《廣韻》巨乙切,入質,羣。]謹慎。《集韻・入質》:"一曰:謹也。"《詩・大雅・韓奕》:"慶既令居,韓姞燕譽。"(宋)朱熹集傳:"燕,安;譽,樂也。"韓姞,即蹶父之女,姞姓,嫁韓侯爲妻,故稱韓姞。[按]韻、調不合,應歸賓韻下入。

㉔ 襭〔以衽貯物而扱之於帶〕:[《廣韻》胡結切,入屑,匣。]把衣襟插在腰帶上兜東西。《詩・周南・芣苢》:"采采芣苢,薄言襭之。"毛傳:"襭,扱衽也。"[按]聲、調不合,應歸喜母下入。

㉕ 恝〔無憂愁也〕:[《集韻》訖黠切,入黠,見。]忽略;淡然。《孟子・萬章上》:"夫公明高以孝子之心,爲不若是恝。"(漢)趙岐注:"恝,無愁之貌。"(清)焦循正義:"忽忘於心,即是無愁。"

㉖ 鏗〔金玉聲〕:重收,參見⑲(軒韻氣母上平),應删。

㉗ 綣〔繾~:厚意〕:[《廣韻》去阮切,上阮,溪。]繾綣。謂相結牢固,不離散。引申作眷戀。(清)邢昉《同弱翁爾止江加集徐旻若小園》詩:"紆徐得三徑,綣此幽棲處。"[按]韻不合,應歸川韻。

㉘ 慗〔土,從也〕:[《廣韻》恥力切,入職,徹。]從。[按]聲、韻、調皆不合。

㉙ 頁〔頭也〕:[《廣韻》胡結切,入屑,匣。]頭;腦袋。[按]聲、調不合,應歸

喜母下入。

㉚ 顛：[按]俗“顛”字。

㉛ 樿〔木有文理〕：[《廣韻》旨善切，上獮，章。][《集韻》時戰切，去綫，禪。]木名。又名白理木。白紋，質堅，古時用以製梳、勺等器具。《山海經·中山經》：“風雨之山，其上多白金，其下多石涅，其木多棷、樿，多楊。”(晉)郭璞注：“樿木白理，中櫛。”[按]聲不合，因《字彙》而誤。【字彙】之輦切，音展。白木之有文理者。

㉜ 孨〔謹也〕：【集韻】主兖切。《説文》謹也。[按]聲、韻不合，因《字彙》而誤。【字彙】旨兖切，音展。謹也。

㉝ 搌〔束縛也〕：【集韻】知輦切。《博雅》搌擡，展極也。一曰縛束也。【字彙】之輦切，音展。束縛也。

㉞ 蜓〔蝘～：俗作蛉〕：【集韻】徒典切。蟲名。《説文》蝘蜓也。[按]調不合，應歸下上。“蜓”，大版式本、會文書莊本誤作“蜒”；原注“俗作蛉”，道光本、文德堂本、會文書莊本、市圖善本誤作“俗作竛”，廖新校增本改作“即守宫”。【字彙】徒典切，田上聲。蝘蜓，一名守宫。○俗音離呈切。作“蜻蛉”之“蛉”，誤。

㉟ 皽〔皮肉之膜〕：【廣韻】知演切。皮寛。【字彙】之輦切，音展。皮肉之膜也。《禮記·内則》：“濯手以摩之，去其皽。”(漢)鄭玄注：“皽，謂皮肉之上魄莫(膜)也。”

㊱ 沴〔陰陽氣亂曰～〕：【集韻】徒典切。淩亂也。《莊子·大宗師》：“陰陽之氣有沴。”《漢書·五行志中之上》：“氣相傷，謂之沴。沴猶臨莅，不和意也。”[按]調不合，應歸下上。

㊲ 襢〔白色〕：[《廣韻》知演切，上獮，知。]衣名。《廣韻·上獮》：“襢，襢衣。”參見“襢衣”。【襢衣】古代王后六服之一。白色。亦爲世婦和卿大夫妻的禮服。《禮記·雜記上》：“下大夫以襢衣。”(漢)鄭玄注：“下大夫，謂下大夫之妻。襢，《周禮》作‘展’。”《禮記·玉藻》：“一命襢衣。”(唐)孔穎達疏：“襢，展也。子男大夫一命，其妻服展衣也。”[按]“襢”，樋新編本、大版式本、文德堂本、

會文書莊本、市圖善本、廖新校增本均誤作“禮”，廖新校增本誤改作“檀〔白～〕”。

㊳ 禮〔祭也〕：【集韻】時戰切。《説文》祭天也。一曰讓也。［按］聲、調不合，應歸時母下去。

㊴ 硃〔砲也〕：【廣韻】徒結切。砲硃。［按］調不合，應歸下入。

㊵ 迭〔更也〕：［《廣韻》徒結切，入屑，定。］更迭；輪流。《易·説卦》：“易六畫而成卦，分陰分陽，迭用柔剛。”（晉）韓康伯注：“六爻升降，或柔或剛，故曰迭用柔剛也。”［按］調不合，應歸下入。

㊶ 趺〔僕也〕：［《廣韻》徒結切，入屑，定。］摔；摔倒。《淮南子·繆稱訓》：“故若眯而撫，若趺而據。”（漢）高誘注：“趺，仆也。”［按］調不合，應歸下入。

㊷ 褊〔～襹：衣貌〕：［《集韻》蒲眠切，平先，並。］參見“褊襹”。【褊襹】衣服飄揚貌。《集韻·平先》：“褊，褊襹，衣皃。”［按］調不合，應歸下平。

㊸ 編〔簡～；録也〕：［《廣韻》卑連切，平仙，幫。］1. 穿聯竹簡的皮條或繩子。《史記·孔子世家》：“〔孔子〕讀《易》，韋編三絶。”……7. 收列；列入。《韓詩外傳》卷二：“夫嫁娶者非已所自親也，衛女何以編於《詩》也？”［按］聲不合，應歸邊母。但今泉亦如是讀。

㊹ 鴘〔鷹鷂〕：［《廣韻》披免切，上獮，滂。］鷹二歲時的羽色。《禽經》：“鴘曰鵊。”舊注：“鷹色蒼黄謂之鴘。《廣雅》曰：鴘，鷹二歲色也。”【玉篇】匹免切。鷹鷂二年色。［按］原注“鷹鷂”，不確，當源於《字彙》。【字彙】鴘，披免切。篇上聲，鷹鷂。

聲韻調	22 軒 ian/iat			
	下平˨˦ ^{24}	下上˨ ^{22}	下去˦˩ ^{41}	下入˨˦ $^{\underline{24}}$
柳 l	年〔四時已過爲~〕 連〔相~：接也〕 鰱〔~魚〕 漣〔風動水成文〕 聯〔~綿：不斷〕 蓮〔芙蕖實〕 哖〔哆囉〕①	○	鍊〔冶金：鐵~〕 煉〔鑠：冶金也〕 揀〔選擇也〕② 㾾〔惡病〕 湅〔熟絲也〕 楝〔花信風：~花終也〕③ 碾〔所以轢物〕④ 姩〔美女〕	列〔剖也;位序也〕 冽〔寒氣嚴也〕 洌〔水清潔也〕 劽〔有力也〕 裂〔擘破也〕 烈〔火猛也〕 茢〔笤帚以除不祥〕 浖〔山上水〕⑤ 㸹〔美也〕⑥
邊 p	玭〔珠也〕 緶〔縫衣也〕 諞〔巧言也〕 楄〔方木〕 砭〔以石針刺病〕⑦ 胼〔~胝：皮堅也〕 骿〔同胼〕	𨡦〔酖也〕⑧ 辦〔致力也〕⑨ 辨〔狀幹也〕⑩ 辧〔判也〕⑪ 辯〔君必~焉〕	卞〔地名;又姓〕 汴〔州名〕 泎〔導水使平〕 玣〔玉名〕 徧〔周也〕⑫ 揙〔搏也〕⑬ 弁〔冠也〕 遍〔同徧〕⑭	別〔離也;分也〕 �〔馨香也〕 跡〔足擊〕 八〔分也〕⑮
求 k	乾〔~坤：卦名;又君也〕 腱〔大筋〕 揵〔以肩舉物〕⑯	件〔條~〕	健〔矯~;舉也〕 丱〔垂髮兩角〕⑰	傑〔豪~;俊~〕 杰〔同上;人名〕 桀〔兇暴爲~;又鷄棲杙也〕 榤〔鷄所棲也〕 狊〔犬視貌〕⑱ 絜〔土,度也〕⑲ 碣〔碑~：方者爲碑,圓者爲~〕 蠍〔血~：藥名〕⑳ 竭〔盡也;涸也〕 搩〔揭也〕
氣 k‘	虔〔恭也;殺也〕 乾〔土,~坤〕㉑ 漧〔燥也〕㉒	○	俔〔譬也〕㉓ 涀〔水名〕㉔	㊕砝〔~物〕㉕
氣 k‘	○	○	○	○

（續表）

聲韻調	22 軒 ian/iat			
	下平˨˦ ^{24}	下上˨˨ ^{22}	下去˦˩ ^{41}	下入˨˦ $^{\underline{24}}$
地 t	纏〔繞也;束也〕 田〔~宅;獵也〕 鈿〔金花飾〕 闐〔~~:群行;又盛〕 庙〔平也〕　佃〔治田也〕 窴〔塞也〕　眴〔精轉視〕 瑱〔玉也〕㉖ 沺〔~~:大水〕 填〔塞也;鼓聲〕 嗔〔盛氣振旅〕 畋〔獵也;耕也〕 廛〔市~〕㉗　瀍〔水名〕 磌〔石墜聲〕　廛〔~宅〕 屇〔穴也〕　搷〔擊也〕	殄〔絶也;盡也〕 篆〔~書也〕㉘	甸〔~服;治也〕 電〔陰陽激耀〕 奠〔定也;祭也〕 靛〔以藍染也:~花〕	絰〔喪服麻也〕　眰〔目不正也〕㉙ 秩〔官也;序也〕㉚　耋〔八十曰~〕 瓞〔小瓜〕　跌〔土,蹶也〕 轍〔車~〕　軼〔突也〕 輒〔土,車相倚也;又忽然也〕㉛ 輙〔同上,俗字〕　澈〔水澄清也〕 袠〔縏~:囊也〕㉜　垤〔蟻封也〕 袟〔官~〕㉝　慸〔不自安也〕 咥〔齧也〕
普 pʻ	㊇䚲〔視貌〕㉞	○	騙〔誆~;嚇~〕㉟ 萹〔~蓄〕㊱	嫳〔輕動也〕　撆〔牽也〕 潎〔水相激也〕　瞥〔暫見也〕

【校注】

① 哖〔哆囉〕:［按］辭書上查無"哆囉"之字義,祇有"地名,在中國臺灣省臺南縣玉井鄉"。【漢語大詞典】【哆囉】［法 droguet］即哆囉呢。(清) 黃遵憲《櫻花歌》:"纖張胡蝶衣哆囉,此呼奧姑彼檀那。"錢仲聯箋注:"哆囉呢爲毛織物,即呢之闊幅者。"若爲此義,應該讀白讀[꜀ni],而不能讀文讀[꜀lian]。

② 揀〔選擇也〕:［《廣韻》古限切,上産,見。］［《廣韻》郎甸切,去霰,來。］選擇;挑選。《逸周書·酆保》:"十敗……五,比黨不揀。"(晉) 孔晁注:"不揀,不知所擇也。"

③ 楝〔花信風:~花終也〕:［《廣韻》郎甸切,去霰,來。］【楝花風】二十四番花信

風之一。時當暮春。（宋）何夢桂《再和昭德孫燕子韻》："處處社時茅屋雨，年年春後楝花風。"蔡有守《清明登鎮海樓寄梁七》詩："遠念遼陽還積雪，故鄉吹暖楝花風。"參見"二十四番花信風"。【字彙】郎殿切，音練。木名……二十四番花信風，楝花風其終也。[按]花信風，始於梅花，終於楝花。二十四番花信風，最早見於（南朝·梁）宗懔的《荊楚歲時記》。原注"花信風：~花終也"，依據大版式本、會文書莊本；道光本、文德堂本、市圖善本作"花信風：花終也"，誤；樋新編本作"花信風：~花風其終也"，廖新校增本改作"花信風：~花風終也"。

④ 碾〔所以轢物〕：【集韻】女箭切。所以轢物器也。或作"碾"。

⑤ 溽〔山上水〕：【集韻】龍輟切。《博雅》湄溽，厓也。一曰山上有水曰溽。通作"埒"。[按]韻不合，應歸川韻。

⑥ 𡚸〔美也〕：【集韻】力蘖切。美也。[按]原注"美也"，樋新編本誤作"美女"。

⑦ 砭〔以石針刺病〕：[《集韻》悲廉切，平鹽，幫。]古代治病用的石針。《戰國策·秦策二》"扁鵲怒而投其石"，（漢）高誘注："石，砭；所以砭彈人臃腫也。"[按]調不合，應歸上平。

⑧ 𨢦〔酖也〕：【正字通】"䤚"字之譌。【集韻】湎、䤚，彌兖切。《説文》沈於酒也。引《周書》曰：罔敢湎于酒。[按]聲、調不合，應歸文母上上。

⑨ 辦〔致力也〕：[《廣韻》蒲莧切，去襉，並。]辦理；治理。《史記·項羽本紀》："每吴中有大繇役及喪，項梁常爲主辦，陰以兵法部勒賓客及子弟，以是知其能。"[按]韻、調不合，應歸丹韻下去。

⑩ 辨〔牀幹也〕：[《廣韻》符蹇切，上獮，並。]牀足與牀身分辨之處。《易·剥》："剥牀以辨，蔑貞，凶。"（三國·魏）王弼注："辨者，足之上也。"（唐）孔穎達疏："辨，謂牀身之下，牀足之上，足與牀身分辨之處也。"【字彙】同上（編者注：即"備莧切，音瓣。具也；判也；别也。"）。又牀幹也。（漢）孔安國曰："牀身之上、足之下，分辨處也。"（編者注：此注音、引文皆有誤。見上。）[按]原注"牀幹也"，諸本皆誤作"幹也"。

⑪ 辧〔判也〕：同"辨"。【説文】判也。从刀辡聲。蒲莧切。[《廣韻》符蹇

切,上獮,並。]辨別;區分。《易·同人》:"君子以族類辨物。"(唐)孔穎達疏:"辨物,謂分辨事物,各同其黨,使自相同,不相雜也。"【字彙】備莧切,音瓣。具也;判也;别也。中從力與從刀者不同,力取致力之義,刀取判别之義。

⑫ 徧〔周也〕:[《廣韻》方見切,去線,幫。]普遍;全部。《詩·邶風·北門》:"我入自外,室人交徧讁我。"(唐)陸德明釋文:"徧,古'遍'字。"[按]調不合,應歸上去。

⑬ 揙〔搏也〕:[《集韻》婢善切,上獮,並。]《説文》搏也。[按]調不合,應歸下上。

⑭ 遍〔同徧〕:[《廣韻》方見切,去線,幫。]參見⑫徧。

⑮ 穴〔分也〕:【集韻】筆别切。《説文》分也。從重八。八,别也,亦聲。引《孝經説》故上下有别。[按]調不合,應歸上入。"穴",樋新編本誤作"夊"。

⑯ 揵〔以肩舉物〕:[《廣韻》渠焉切,平仙,羣。]謂以肩舉物。[按]調不合,應歸下平。

⑰ 丱〔垂髮兩角〕:[《廣韻》古患切,去諫,見。]古時兒童束髮成兩角的樣子。《詩·齊風·甫田》:"婉兮孌兮,總角丱兮。"(宋)朱熹集傳:"丱,兩角貌。"[按]韻、調不合,應歸川韻上去。

⑱ 狊〔犬視貌〕:[《廣韻》古闃切,入錫,見。]犬視貌。《説文·犬部》:"狊,犬視皃,从犬目。"(北周)衛元嵩《元包經·仲陰》:"旅。童竊妻,婦奔自闈,眎之狊,爪之攜。"(唐)蘇源明傳:"眎之狊,驚顧如犬也。"[按]韻、調不合,應歸卿韻上入。

⑲ 絜〔土,度也〕:[《廣韻》胡結切,入屑,匣。]1. 用繩量度筒形物體的粗細。《莊子·人間世》:"匠石之齊,至於曲轅,見櫟社樹,其大蔽數千牛,絜之百圍。"2. 衡量。《史記·陳涉世家》:"嘗試使山東之國與陳涉度長絜大,比權量力,則不可同年而語矣。"[按]聲、調不合,應歸喜母。今泉讀[hiat꜄]或[hiat꜀](俗讀)。

⑳ 蠍〔血~:藥名〕:【集韻】許竭切。毒蟲。[《字彙》許竭切。]節肢動物。也

稱鉗蝎。下腮像螃蟹的螯,胸脚四對,後腹狹長,末端有毒鈎,用來御敌或捕食。可入藥。(晉)干寶《搜神記》卷十八:"乃握劍至昨夜應處,果得老蝎,大如琵琶,毒長數尺。"[按]聲、調不合,應歸喜母上入。今泉讀[hiat꜆]或[giat꜆](俗讀)。

㉑ 乾〔土,~坤〕:[《廣韻》渠焉切,平仙,羣。]1.《易》卦名。八卦之一;又,六十四卦之一。《易·乾》:"《乾》,元、亨、利、貞。"(唐)孔穎達疏:"乾者,此卦之名。"2. 陽。與"坤"相對。《易·繫辭下》:"乾,陽物也;坤,陰物也。"[按]今泉讀[꜀kian]或[꜀k'ian]。

㉒ 漧〔燥也〕:[《廣韻》古寒切,平寒,見。]乾燥。《楚辭·九辯》:"皇天淫溢而秋霖兮,后土何時而得漧!"(漢)王逸注:"漧,一作'乾'。"(宋)洪興祖補注:"漧與乾同。"[按]誤讀,應歸求母丹韻上平。

㉓ 俔〔譬也〕:[《集韻》輕甸切,去霰,溪。]同"俔"。如同;好比。《詩·大雅·大明》:"大邦有子,俔天之妹。"(漢)鄭玄箋:"又知大姒之賢,尊之如天之有女弟。"[按]調不合,應歸上去。

㉔ 涀〔水名〕:[《廣韻》胡甸切,去霰,匣。]參見"涀水"。【涀水】古水名。《山海經·中山經》:"又東三十里曰雅山,澧水出焉,東流注于涀水。"[按]聲不合,應歸喜母。

㉕ ㊚硈〔~物〕:[《廣韻》恪八切,入黠,溪。]堅固。《爾雅·釋言》:"硈,鞏也。"(晉)郭璞注:"硈然堅固。"(宋)曾鞏《旌德縣太君薛氏墓志銘》:"硈兮石,瑑銘文。"[按]韻、調不合,應歸丹韻上入。

㉖ 瑱〔玉也〕:【字彙】亭年切,音田。(三國·魏)陳孔璋《神女賦》:"紆玄靈之鬢髢兮,珥明月之雙瑱。"

㉗ 廛〔市~〕:同"廛"。【集韻】廛……廛,《説文》一畝半,一家之居。

㉘ 篆〔~書也〕:[《廣韻》持兖切,上獮,澄。]漢字書體名。《説文·竹部》:"篆,引書也。"(清)段玉裁注:"引書者,引筆而著於竹帛也,因之李斯所作曰篆書,而謂籀所作曰大篆,既又謂篆書曰小篆。"[按]誤讀,韻不合,應歸川韻。

今泉讀[ᶜtuan]或[ᶜt'uan]。

㉙ 苜〔目不正也〕:【集韻】徒結切。目不正也。[按]除樋新編本字形、釋義正確外,其餘諸本皆有誤。其中大版式本誤作"目不明也",道光本、文德堂本、會文書莊本、市圖善本誤作"日不明也",廖新校增本改作"苜〔日不明也〕",形、音、義皆誤。

㉚ 秩〔官也;序也〕:【集韻】徒結切。序也;常也。

㉛ 輒〔土,車相倚也;又忽然也〕:[《廣韻》陟葉切,入葉,知。]車耳。《説文·車部》:"輒,車兩輢也。"(清)段玉裁注:"按車必有兩輢,如人必有兩耳。故从耴。耴,耳垂也。"[按]誤讀,韻、調不合,應歸兼韻上入。

㉜ 袠〔縏~:囊也〕:[《廣韻》直一切,入質,澄。]書套;書函。書一函亦稱一袠。《後漢書·楊厚傳》:"吾綈袠中有先祖所傳祕記,爲漢家用,爾其修之。"【漢語大詞典】【縏袠】泛指裝針綫等物的囊袋。(清)錢謙益《先太淑人述》:"入其室,椸枷必整,枕簟必斂,箴管縏袠,井井然也。"[按]誤讀,韻不合,應歸賓韻。原注"縏~:囊也",樋新編本誤作"縏:囊也"。

㉝ 袟〔官~〕:【集韻】直質切。祭有次也。[按]誤讀,韻不合,應歸賓韻。

㉞ ㊕覑〔視貌〕:[《集韻》匹典切,上銑,滂。]視貌。[按]調不合,應歸下平。

㉟ 騙〔誆~;嚇~〕:[《集韻》匹羨切,去線,滂。]欺騙;哄騙。《京本通俗小説·菩薩蠻》:"我一個身子被他騙了,先前説過的話,如何賴得。"[按]調不合,應歸上去。原注"誆~",除廖新校增本外,其餘諸本皆誤作"誆~"。【字彙】同上(編者注:"匹見切,音片。躍上馬也。")。今作"誆騙"字。

㊱ 萹〔~蓄〕:【集韻】匹善切。艸名。【漢語大詞典】【萹蓄】草名。又名萹竹。一年生草本。多生郊野道旁。葉狹長似竹,初夏於節間開淡紅色或白色小花,入秋結子,嫩葉可入藥。《爾雅·釋草》:"竹,萹蓄。"(晉)郭璞注:"似小藜,赤莖節,好生道旁,可食,又殺蟲。"[按]調不合,應歸上上。

聲 韻 調	22　軒 ian/iat			
	下平ㅅ[24]	下上ㅓ[22]	下去ㅅ[41]	下入ㅅ[24]
他 t'	天〔~地;理也〕 靝〔古文天字〕 兲〔古天字〕　眣〔視也〕 萸〔古天字〕　黇〔黄白色〕	腆〔厚也;善也〕 琠〔玉名〕　跈〔行跡貌〕 倎〔厚也〕　唺〔吐也〕 淟〔~涊:垢濁〕 浀〔~涊〕　覥〔面慙〕 蚕〔即寒蚓也〕① 靦〔有~面目〕	捵〔手伸物也〕	鐵〔黑金也〕 餮〔貪食也:饕~〕 鉄〔俗鐵字〕 徹〔去也;明也〕 撤〔除去也;抽也〕 驖〔馬黑色也〕 偣〔狡猾也〕
争 ts	煎〔熬也;煮也〕 湔〔滌也〕	剪〔~刀;削也〕 翦〔齊物也〕	箭〔小竹矢也〕 葥〔可作帚〕	節〔符~;~制〕 幯〔巾~〕② 坼〔羊子易生〕③
争 ts	箋〔表也;書也〕 濺〔水淺流也〕 蔙〔紙用色飾者〕 濺〔水疾流〕 籛〔彭祖姓也〕 旃〔旃曲柄;又同之〕 牋〔同箋〕　鸇〔晨風:惡鳥〕 饘〔~粥:厚曰~,稀曰粥〕 邅〔迍~〕④　鱣〔大魚〕⑤ 旜〔通帛曰~〕　飦〔~粥〕 檨〔香木〕　戔〔委積也〕⑥ 氈〔毛席〕　毡〔俗氈字〕	譾〔淺也〕 膞〔切肉也〕⑦ 雋〔鳥肥〕⑧ 帴〔狹也〕　俴〔淺也〕 吮〔軟也〕⑨ 戩〔福祥也〕　戒〔同上〕 譾〔~鄙〕　鬋〔剔治也〕	餞〔送行之燕〕	偤〔傳~〕　㔍〔斷物也〕⑩ 卩〔瑞信也〕　浙〔~江〕 歽〔夭死〕　擳〔拭也〕 折〔斷也;曲~〕 攺〔治也〕⑪ 櫛〔梳篦總名〕⑫
入 dz	㉗撚⑬	橪〔小棗〕 輭〔柔也〕⑭ 萮〔木耳〕⑮ 暰〔形狀乖劣〕⑯ 耎〔罷弱也〕⑰ 瓀〔柔皮也〕	鄯〔國名〕⑱	㉗趨〔走也〕⑲

（續表）

聲韻調	22 軒 ian/iat			
	下平⅃[24]	下上˧[22]	下去˩[41]	下入⅃[24]
時 s	先〔首也;~後〕 仙〔神~〕 僊〔~~: 舞貌〕 㦤〔高貌〕 躚〔蹁~: 舞貌〕 羴〔羊臭也〕 仚〔長生曰~〕 鱻〔新魚也〕 褼〔褊~〕 鮮〔腥魚〕	銑〔金之有光澤者〕 跣〔徒足履地〕 毨〔毛落更生〕 洗〔滌也;~腆〕 廯〔倉廩〕 痃〔疥~〕⑳ 癬〔同上;又乾瘍也〕 癣〔同上〕 搟〔手撚物也〕 獮〔秋~: 獵也;又殺也〕 灘〔水名〕 燹〔野火也〕 蘚〔苔~〕 尟〔少也〕	饍〔同膳〕㉑ 扇〔箑也;吹揚風也〕 霰〔雪粉〕	屑〔潔也;不~也〕 設〔置也;假~〕 襒〔拂也〕㉒ 褻〔私服也〕㉓ 暬〔~禦: 近侍〕 契〔舜之司徒〕 泄〔~漏〕 燮〔和也;熟也〕㉔ 爕〔同上,人名〕 渫〔治井也;除去也;又音牒,波也〕 薛〔國名;又姓〕 偞〔卑也〕㉕ 揳〔不方正也;又與絜同〕㉖ 緤〔系也;又牽牛繩也〕 絏〔縲~: 縛也〕 紲〔繫也;長繩〕 渫〔蒠~處末〕㉗ 楔〔門樞也〕㉘ 爇〔燒也〕㉙ 焫〔同上〕 揲〔閱持〕㉚
英 ∅	煙〔火鬱氣也〕 烟〔同上〕 鄢〔地名〕 鄢〔地名〕 湮〔塞也;没也〕 陻〔塞也〕㉛ 臙〔~脂〕 胭〔同上〕 珚〔玉也〕 淵〔土,深也〕 娟〔土,婚~〕 姻〔土,同上〕 焉〔疑辭,何也〕	偃〔僕也: 息~〕 衍〔水溢也;推也〕 匽〔匿也;隱也〕 沇〔水名〕㉜ 鞙〔~~: 長貌〕㉝ 㫃〔旌旂之斿〕㉞ 鰋〔鯰也〕 蝘〔~蜓〕 兗〔~州〕㉟ 鰋〔~魚〕㊱ 㕣〔山間陷泥地〕㊲ 演〔廣也;又水流也〕	宴〔安也;飲~〕	謁〔請也;白也〕 閱〔歷也: 閥~〕㊳ 蠍〔毒蟲〕㊴ 蝎〔全~: 藥名〕㊵ 絜〔度也;約束而知大小也〕㊶ 噎〔塞氣不通〕 擷〔捋取〕㊷

（續表）

聲韻調	22　軒 ian/iat			
	下平⅄[24]	下上˧[22]	下去˩[41]	下入⅄[24]
文 b	㊢滮〔人名〕㊸	勉〔遠也；思也〕 免〔罷也〕 冕〔冠上有旒〕 𠫓〔張口也〕㊹ 愐〔思也〕　沔〔水名〕 眄〔邪視也〕 湎〔沉～飲酒〕 丏〔不見也〕　㒙〔飾也〕 㮌〔塗也〕㊺	盿〔斜視也〕㊻	㊢搣㊼

【校注】

① 蚕〔即寒蚓也〕：［《廣韻》他典切，上銑，透。］蜸蚕。蚯蚓的别名。（宋）孫奕《履齋示兒編・字説・集字二》："如蠶字作'蚕'，不知蚕乃音腆。"（明）李時珍《本草綱目・蟲一・蠶》："［蠶］俗作'蚕'字者，非矣。蚕音腆，蚯蚓之名也。"

② 幯〔巾～〕：［《集韻》子結切，入屑，精。］拭。［按］原注舉例"巾～"，"幯"實際應爲"櫛"的音近假借。詳見⑫櫛。《搜神記》卷三《費孝先之卦》："旻既至，妻約其私人曰：'今夕新沐者，乃夫也。'將晡，呼旻洗沐，重易巾幯。"

③ 坼〔羊子易生〕：【字彙】恥格切……又坼副，難産也。《詩・大雅》不坼不副。［按］聲、韻不合，應歸他母卿韻上入。［按］原注"羊子易生"，誤。"坼"與"副"［《廣韻》芳逼切，入職，滂。］均應釋作"難産"。【坼副】亦作"坼剖"。割裂。謂經剖割而分娩。《詩・大雅・生民》："誕彌厥月，先生如達，不坼不副，無菑無害。"毛傳："凡人在母，母則病；生則坼副，菑害其母，横逆人道。"《史記・楚世家》："陸終生子六人，坼剖而産焉。"（南朝・宋）裴駰集解引（晉）干寶曰："《詩》云：'不坼不副，無災無害。'原詩人之旨，明古之婦人嘗有坼副而産

者矣。又有因産而遇災害者,故美其無害也。”

④ 邅〔迍~〕:[《廣韻》張連切,平仙,知。]難行不進。《易・屯》:“屯如邅如,乘馬班如。”[按]聲不合,應歸地母。

⑤ 鱣〔大魚〕:[《廣韻》張連切,平仙,知。]即鱘鰉魚。《爾雅・釋魚》:“鱣。”(晉)郭璞注:“鱣,大魚,似鱏而短鼻,口在頷下,體内有邪行甲,無鱗,肉黄。大者長二三丈。今江東呼爲黄魚。”[按]聲不合,應歸地母。

⑥ 戔〔委積也〕:【字彙】將先切,音箋。委積貌。一曰顯見貌,又淺小之意。

⑦ 膞〔切肉也〕:【集韻】主兖切。《説文》切肉也。[按]韻不合,應歸川韻。

⑧ 雋〔鳥肥〕:【集韻】子兖切。肥也。[按]韻不合,應歸川韻。

⑨ 吮〔欶也〕:【集韻】子兖切。《説文》欶也。[按]韻不合,應歸川韻。《韓非子・備内》:“醫善吮人之傷,含人之血。”

⑩ 劈〔斷物也〕:【集韻】租悦切。斷也。[按]韻不合,應歸川韻上入。

⑪ 攷〔治也〕:【類篇】子結切。治也。

⑫ 櫛〔梳篦總名〕:[《廣韻》阻瑟切,入櫛,莊。]梳子、篦子等梳髮用具。《詩・周頌・良耜》:“其崇如墉,其比如櫛。”(宋)朱熹集傳:“櫛,理髮器。言密也。”【巾櫛】巾和梳篦。泛指盥洗用具。《禮記・曲禮上》:“男女不雜坐,不同椸枷,不同巾櫛。”[按]韻不合,應歸賓韻。今泉讀[tsit꜀/sat꜀]。

⑬ 增撚:[《廣韻》乃殄切,上銑,泥。]執;持取。《説文・手部》:“撚,執也。”(唐)杜牧《重送》詩:“手撚金僕姑,腰懸玉轆轤。”[按]聲、調不合,應歸柳母上上。

⑭ 輭〔柔也〕:[《廣韻》而兖切,上獮,日。]同“軟”。[按]誤讀,韻不合,應歸川韻。

⑮ 蝡〔木耳〕:【集韻】乳兖切。《説文》木耳也。[按]誤讀,韻不合,應歸川韻。

⑯ 瞬〔形狀乖劣〕:【字彙】而兖切,音軟……形狀乖戾。[按]誤讀,韻不合,應歸川韻。

⑰ 耎〔罷弱也〕：[《廣韻》而兖切，上獮，日。]同"輭"。柔輭。（唐）李賀《南園》詩之九："泉沙耎卧鴛鴦暖，曲岸迴篙舴艋遲。"[按]誤讀，韻不合，應歸川韻。

⑱ 鄯〔國名〕：[《廣韻》時戰切，去線，禪。][《廣韻》常演切，上獮，禪。]參見"鄯善"。【鄯善】古西域國名。本名樓蘭。故址在今新疆鄯善縣東南。漢昭帝時改稱鄯善。[按]聲不合，應歸時母。

⑲ ㊪趚〔走也〕：【集韻】直質切。《説文》走也。[按]聲、韻、調皆不合，應歸地母賓韻下入。

⑳ 瘯〔疥~〕：【字彙】息淺切，音跣。疥瘯。

㉑ 饍〔同膳〕：[《廣韻》時戰切，去線，禪。]膳食。《東觀漢記·崔瑗傳》："愛士好賓客，盛修殺饍。"[按]調不合，應歸下去。

㉒ 襒〔拂也〕：[《廣韻》蒲結切，入屑，並。]拂拭。《史記·孟子荀卿列傳》："〔騶衍〕適趙，平原君側行襒席。"（唐）司馬貞索隱："張揖《三蒼訓詁》：'襒，拂也。'謂側而行，以衣襒席爲敬，不敢正坐當賓主之禮也。"[按]誤讀，聲、調不合，應歸邊母下入。

㉓ 褻〔私服也〕：[按]原注"私服也"，樋新編本誤作"私服地"。

㉔ 燮〔和也；熟也〕：[《廣韻》蘇協切，入帖，心。]和順；協和；調和。《書·洪範》："燮友柔克。"孔傳："燮，和也。世和順，以柔能治之。"[按]韻不合，應歸兼韻。

㉕ 偞〔卑也〕：同"偞"。偞，[《廣韻》呼牒切，入怗，曉。]降低。參見"偞卑"。【偞卑】謂身份低下卑微。《禮記·玉藻》："唯水漿不祭，若祭，爲已偞卑。"（唐）陸德明釋文："偞，虚涉反，厭也。"[按]誤讀，聲、韻不合，應歸喜母兼韻。

㉖ 揳〔不方正也；又與絜同〕：【字彙】先結切，音屑。擮揳，撚也；又不方正也；又塞也。[《古今韻會舉要》奚結切，入屑。]同"絜"。度量；比較。《荀子·非相》："故事不揣長，不揳大，不權輕重，亦將志乎耳。"（唐）楊倞注："揳與'絜'同，約也，謂約計其大小也。"[按]第二个義項，聲、調不合，應歸喜母下入。

㉗ 渫〔蔥~處末〕:【字彙】與“渫”同。《曲禮》蔥渫處末。【集韻】私列切。《説文》除去也。一曰漏也。

㉘ 楔〔門樞也〕:【字彙】先結切,音屑。棖闑扂楔。棖,門樞也;闑,門中橛也;扂,户牡也;楔,門棖也。[按]原注釋義有誤,楔非門樞,應爲門棖(古代門兩旁豎的木柱)。

㉙ 爇〔燒也〕:[《廣韻》如劣切,入薛,日。]燒;焚燒。《左傳・僖公二十八年》:“魏犨、顛頡怒曰:‘勞之不圖,報於何有!’爇僖負羈氏。”(晉)杜預注:“爇,燒也。”[按]聲、韻、調皆不合。因《字彙》而誤。【字彙】爇,如悦切,音泄。燒也。(【集韻】泄,私列切。)

㉚ 揲〔閲持〕:【集韻】食列切。《説文》閲持也。[按]調不合,應歸下入。

㉛ 陻〔塞也〕:[《廣韻》於真切,平真,影。]堵塞。《書・洪範》:“我聞在昔,鯀陻洪水。”孔傳:“陻,塞。”[按][꜀ian]當屬白讀。

㉜ 沇〔水名〕:【字彙】以淺切,音衍。《説文》水出王屋山。【廣韻】以轉切。濟水别名,出王屋山。

㉝ 鞙〔~~:長貌〕:[《廣韻》胡畎切,上銑,匣。]參見“鞙鞙”。【鞙鞙】佩玉累垂貌。《詩・小雅・大東》:“鞙鞙佩璲,不以其長。”毛傳:“鞙鞙,玉貌。”(清)陳奂傳疏:“鞙鞙,謂佩玉鞙鞙然,非謂玉也。《傳》‘玉貌’,當作‘佩玉貌’三字,蓋奪一‘佩’字耳。”[按]誤讀(反切上字“胡”,泉州話白讀爲零聲母,但此處不能用白讀),聲、調不合,應歸喜母下上。

㉞ 㫃〔旌旂之斿〕:【集韻】隱𢤱切。《説文》旌旗之游,㫃蹇之皃。

㉟ 兖〔~州〕:“兗”之異體。【字彙】以轉切,音衍。州名。

㊱ 鰋〔~魚〕:[按]重收(在同一小韻中)。

㊲ 台〔山間陷泥地〕:【集韻】以轉切。《説文》山間陷泥地。[按]“台”,樋新編本、文德堂本、會文書莊本、市圖善本誤作“合”。

㊳ 閲〔歷也;閲~〕:[《廣韻》弋雪切,入薛,以。]1. 逐一點數。《墨子・號令》:“擅離署,戮,門尉晝三閲之,莫,鼓擊門閉一閲。”……5. 閲讀;閲覽。(南朝・

梁）劉勰《文心雕龍·史傳》:“閱石室,啓金匱。”……7. 經過;經歷。《史記·孝文本紀》:“楚王,季父也,春秋高,閱天下之義理多矣,明於國家之大體。”(南朝·宋）裴駰集解引(三國·魏）如淳曰:“閱,猶言多所更歷也。”[按]調不合,應歸下入。但今泉仍沿用[uat⊇/iat⊃]。

㊴ 蠍〔毒蟲〕:已見前求母下入。[按]聲不合,應歸喜母。

㊵ 蝎〔全~:藥名〕:同㊴蠍。

㊶ 絜〔度也;約束而知大小也〕:【字彙】胡結切,音協。度也;約束而知大小也。[按]聲、調不合,應歸喜母下入。

㊷ 擷〔捋取〕:[《廣韻》虎結切,入屑,曉。]1. 摘取;採摘。《西京雜記》卷五:“〔顧翺〕母好食雕胡飯,常帥子女,躬自採擷。”2. 指順着往下捋。

㊸ ㊡滆〔人名〕:[按]傳統辭書上查無音、義。

㊹ 𠂈〔張口也〕:【廣韻】明忝切。張口。

㊺ 摸〔塗也〕:【集韻】彌殄切。《博雅》摸培,封塗也。【字彙】亡殄切,音免。塗也。

㊻ 眄〔斜視也〕:【集韻】眠見切。《説文》目偏合也。一曰衺視。

㊼ ㊡搣:[《廣韻》亡列切,入薛,明。]拔。《急就篇》卷三:“沐浴揃搣寡合同。”(唐）顏師古注:“揃搣,謂鬄拔眉髮也。蓋去其不齊整者。”[按]調不合,應歸下入。

聲韻調	22 軒 ian/iat			
	下平˨˦^{24}	下上˨˨^{22}	下去˦˩^{41}	下入˨˦$^{\underline{24}}$
他 t‘	塡〔土,~數〕①	○	瑱〔充耳玉也〕② 塡〔塞耳珠也〕③	㊇澈〔水流〕④
争 ts	前〔先也:~後〕 錢〔財也:青~;又姓〕	踐〔踏也;履也〕	賤〔貪~;貴~〕 荐〔草也;再也〕	截〔斷也;止也〕 螿〔似蠏而生海中〕
争 ts	歬〔先也〕⑤ 次〔口中液也〕⑥ 鐫〔刻也〕⑦ 葥〔葷~:藥名〕	瞔〔視而不止也〕⑧	薦〔進也;~臻〕⑨ 栫〔籬也〕 戰〔鬬也;懼也〕⑩ 琠〔玉名〕 洊〔水仍至也〕⑪	捷〔報勝曰~〕⑫ 疌〔疾也〕⑬ 晣〔明也〕⑭
入 dz	然〔如是也;而也〕 燃〔燒也〕 肰〔犬肉〕 繎〔~絲難理〕	䱦〔似蛇無魚鱗〕⑮	○	熱〔火炎氣也;日~;鬧~〕 爇〔燒也〕⑯ 焫焫〔俱同上〕
時 s	禪〔~師浮圖有說〕⑰ 蟬〔夏~;~蛻〕⑱ 儃〔態也;又去聲,傳與也〕 嬋〔~娟:美態〕⑲ 栓〔木釘也〕⑳ 羶〔同羴〕 瀍〔水名〕㉑ 蟺〔同蟬〕 澶〔~淵:地名〕	善〔良也;吉也〕 僐〔懼也〕㉒	羨〔欣~:貪慕也〕 墠〔壇畔平場也;又除地〕 嬗〔相傳也〕 疝〔陰病〕㉓ 繕〔補也〕 膳〔具食曰~〕 線〔縫~之事〕㉔ 綫〔縷也〕 煽〔火熾也〕㉕ 擅〔自專也〕 鄯〔治也〕 汕〔樔也〕㉖ 訕〔土,謗也〕㉗	舌〔口中~也〕 磼〔治皮也〕㉘ 揲〔揲蓍〕

（續表）

聲韻調	22　軒 ian／iat			
	下平ʎ^{24}	下上ㅓ^{22}	下去˨˩^{41}	下入ʎ$^{\underline{24}}$
英 Ø	鉛〔錫類〕 ⿰女彖〔土,姻~;~分〕 緣〔因也;循也〕 郔〔鄭地〕 蜒〔蜿~：龍貌〕㉙ 延〔長也〕 蝝〔螽之子〕 沿〔從流而下〕 埏〔地際也〕 筵〔席也：設~〕 梴〔長木〕㉚ 綖〔冠上前後垂覆〕 㳄〔口液也〕㉛ 涎〔口中液也〕㉜	○	院〔宅也;室也〕㉝ 燕〔喜也;安也;又鳦鳥〕㉞	悅〔土,喜也〕㉟ 悗〔同上〕 焆〔~~：煙貌〕㊱
文 b	棉〔木~;~花〕 眠〔翕目也〕 綿〔密也;~遠〕 宀〔交覆深屋〕 臱〔視遠也〕 芇〔相當也〕	⿰氵丙〔大水貌〕㊲	麪〔麥末〕 面〔顏~;向也〕 糆〔俗麵字〕 麵〔同麪〕	搣〔手拔也〕 滅〔火熄絶也〕 烕〔滅也〕 蔑〔無也〕 篾〔析竹�〕 櫗〔木索〕 苗〔目不正〕㊳ 幭〔覆車式也〕㊴

【校注】

① 填〔土,~數〕：［《廣韻》徒年切，平先，定。］填塞。《國語·吴語》："王遂出，夫人送王，不出屏，乃闔左闔，填之以土，去笄側席而坐，不掃。"［按］今泉讀［$_{\subseteq}$tian］。

② 瑱〔充耳玉也〕：同③瑱。

③ 瑱〔塞耳珠也〕：［《廣韻》他甸切，去霰，透。］古人垂在冠冕兩側用以塞耳的玉墜。《詩·鄘風·君子偕老》："鬒髮如雲，不屑髢也。玉之瑱也，象之揥也，揚且之皙也。"毛傳："瑱，塞耳也。"［按］調不合，應歸上去。另見前地母下平㉖瑱。

④ ⊕澈〔水流〕：[《廣韻》直列切，入薛，澄。]水澄清。《詩·唐風·揚之水》"白石粼粼"，毛傳："粼粼，清澈也。"[按]聲、調不合，應歸地母下入。

⑤ 歬〔先也〕：[《廣韻》昨先切，平先，從。]"前"的古字。《説文·止部》："不行而進謂之歬，从止在舟上。"《玉篇·止部》："歬，在先切，先也，今作'前'。"

⑥ 次〔口中液也〕：【集韻】徐連切。《説文》慕欲口液也。[按]聲不合，應歸時母。

⑦ 鐫〔刻也〕：[《廣韻》子泉切，平仙，精。]鑿；雕刻。《淮南子·本經訓》："鐫山石。"（漢）高誘注："鐫，猶鑿也。"[按]韻、調不合，應歸川韻上平。

⑧ 膻〔視而不止也〕：【集韻】旨善切。《説文》視而止也。【廣韻】旨善切。視而不止。[按]調不合，應歸上上。《説文》段注認爲《廣韻》正確。

⑨ 薦〔進也；~臻〕：[《廣韻》作甸切，去霰，精。]進獻；送上。《儀禮·鄉射禮》："主人阼階上拜送爵，賓少退，薦脯醢。"（漢）鄭玄注："薦，進。"[按]調不合，應歸上去。

⑩ 戰〔鬬也；懼也〕：[《廣韻》之膳切，去線，章。]作戰；戰争。《書·甘誓》："大戰于甘，乃召六卿。"[按]調不合，應歸上去。

⑪ 洊〔水仍至也〕：【集韻】才甸切。《説文》水至也。【字彙】才殿切，音薦。水仍至也。

⑫ 捷〔報勝曰~〕：[《廣韻》疾葉切，入葉，從。]戰勝。《詩·小雅·采薇》："豈敢定居，一月三捷。"毛傳："捷，勝也。"[按]韻不合，應歸兼韻下入。今泉讀[tsiap⊇]（緊捷）或[tsiat⊇]（俗讀，~報）。

⑬ 寁〔疾也〕：[《廣韻》疾葉切，入葉，從。]召；招呼。《詩·鄭風·遵大路》："遵大路兮，摻執子之袪兮。無我惡兮，不寁故也。"毛傳："寁，速也。"[按]韻不合，應歸兼韻下入。

⑭ 晣〔明也〕：[《廣韻》旨熱切，入薛，章。]光亮；亮光。《文選·宋玉〈高唐賦〉》："其少進也，晣兮若姣姬，揚袂鄣日，而望所思。"（唐）李善注："晣，昭晣，謂有光明美色。"[按]調不合，應歸上入。

⑮ 鱓〔似蛇無魚鱗〕：[《廣韻》常演切，上獮，禪。]同“鱔”。黄鱓。體呈鰻形，具暗色斑點，光滑無鱗。栖息池塘、小河、稻田的泥洞或石縫中。[按]聲不合，應歸時母。

⑯ 爇〔燒也〕：[《廣韻》如劣切，入薛，日。]燒；焚燒。《左傳·僖公二十八年》：“魏犫、顛頡怒曰：‘勞之不圖，報於何有！’爇僖負羈氏。”（晉）杜預注：“爇，燒也。”[按]韻不合，應歸川韻下入。今泉讀[luat⊇/lut⊃]。

⑰ 禪〔～師浮圖有説〕：[《廣韻》市連切，平仙，禪。]1. 佛教語。梵語“禪那”之略。原指静坐默念。引申爲禪理、禪法、禪學。（唐）杜甫《宿贊公房》詩：“放逐寧違性，虚空不離禪。”2. 表示與佛教有關的事物。3. 指佛教禪宗。[按]今泉讀[⊆sian]或[⊆siam]（俗讀）。

⑱ 蟬〔夏～；～蜺〕：[《廣韻》市連切，平仙，禪。]昆蟲名。夏秋間由幼蟲蜕化而成，吸樹汁爲生。雄的腹部有發聲器，能連續发聲。種類很多。俗稱蜘蟟、知了。《荀子·大略》：“飲而不食者，蟬也。”[按]今泉讀[⊆sian]或[⊆siam]（俗讀）。

⑲ 嬋〔～娟：美態〕：[《廣韻》市連切，平仙，禪。]參見“嬋娟”。【嬋娟】姿態美好貌。《文選·張衡〈西京賦〉》：“嚼清商而却轉，增嬋娟以此豸。”（三國·吴）薛綜注：“嬋娟此豸，姿態妖蠱也。”一本作“嬋蜎”。[按]今泉讀[⊆sian]或[⊆siam]（俗讀）。

⑳ 栓〔木釘也〕：[《廣韻》山員切，平仙，生。]器物上可以開關的機件。（唐）皮日休《藍田關銘》：“千巖作鎖，萬嶂爲栓。”[按]韻、調不合，應歸川韻上平。

㉑ 瀍〔水名〕：[《廣韻》直連切，平仙，澄。]水名。源出河南洛陽西北，東南流經舊縣城東入洛水。《書·禹貢》：“伊、洛、瀍、澗，既入于河。”[按]聲不合，應歸地母。

㉒ 僤〔懼也〕：【字彙】式善切。扇上聲，意急懼也。

㉓ 疝〔陰病〕：[《廣韻》所晏切，去諫，生。]病名。泛指體腔内容物向外突出的病症。亦指生殖器部位或腹部劇烈疼痛兼有二便不通的病症。《素問·大奇論》：“腎脉大急沉，肝脉大急沉，皆爲疝。心脉搏滑急爲心疝，肺脉沉急爲肺

疝。"[按]韻、調不合,應歸丹韻上去。

㉔ 線〔縫~之事〕:[《廣韻》私箭切,去線,心。]用棉、毛、絲、麻、金屬等材料製成的細縷。《周禮·天官·縫人》:"縫人掌王宫之縫線之事。"(漢)鄭玄注引(漢)鄭司農曰:"線,縷也。"[按]調不合,應歸上去。

㉕ 煽〔火熾也〕:[《廣韻》式戰切,去線,書。]熾盛。《詩·小雅·十月之交》:"豔妻煽方處。"毛傳:"煽,熾也。"[按]調不合,應歸上去。

㉖ 汕〔樔也〕:[《廣韻》所晏切,去諫,生。]一種魚網。《爾雅·釋器》:"罺謂之汕。"(晉)郭璞注:"今之撩罟。"(清)郝懿行義疏:"按,撩罟,今謂之抄網。"(明)夏完淳《燕問》:"於是水師編葦以防逸,罟工横汕以利收。"[按]韻、調不合,應歸丹韻上去。

㉗ 訕〔土,謗也〕:[《廣韻》所晏切,去諫,生。]毁謗;譏諷。《禮記·少儀》:"爲人臣下者,有諫而無訕。"(唐)孔穎達疏:"訕爲道説君之過惡及謗毁也。"[按]韻、調不合,應歸丹韻上去。

㉘ 硶〔治皮也〕:【集韻】食列切。治皮也。

㉙ 蜒〔蜿~:龍貌〕:[按]"蜒",樋新編本誤作"蜓"。

㉚ 梴〔長木〕:[《廣韻》丑延切,平仙,徹。]木長貌。《詩·商頌·殷武》:"松桷有梴,旅楹有閑。"毛傳:"梴,長貌。"[按]聲、調不合,應歸他母上平。

㉛ 涀〔口液也〕:同㉜涎。

㉜ 涎〔口中液也〕:【集韻】徐連切。《説文》慕欲口液也。[按]聲不合,應歸時母。

㉝ 院〔宅也;室也〕:[《廣韻》王眷切,去線,云。]泛指房舍,房室。(清)蒲松齡《聊齋志異·小翠》:"以居里問女,女亦憨然不能言其道路。遂治别院,使夫婦成禮。"[按]今泉變讀上去[ĩ˅]。

㉞ 燕〔喜也;安也;又鳦鳥〕:[《廣韻》於甸切,去霰,影。]鳥綱燕科各種類的通稱。體型小,翅膀尖而長,尾巴分叉像剪刀。飛行時捕食昆蟲,屬候鳥。常見的有家燕。《詩·邶風·燕燕》:"燕燕于飛,差池其羽。"(唐)孔穎達疏:"此燕即今之

燕也,古人重言之。”[按]調不合,應歸上去。

㉟ 悦〔土,喜也〕:[《廣韻》弋雪切,入薛,以。]歡樂;喜悦。《孫子·火攻》:“怒可以復喜,慍可以復悦。”[按]今泉兩讀[iat⊇]、[iat⊃]。

㊱ 焆〔~~:煙貌〕:【集韻】於列切。煙氣。[按]調不合,應歸上入。

㊲ 沔〔大水貌〕:【集韻】彌殄切。洪沔,水皃。[按]調不合,應歸上上。

㊳ 苗〔目不正〕:同“苜”。【集韻】苜,莫結切。目不正。

㊴ 幭〔覆車式也〕:[《廣韻》莫結切,入屑,明。]古代車軾上的覆蓋物。【集韻】莫結切。一曰車覆式。

聲韻調	22 軒 ian/iat			
	下平˨˦^{24}	下上˨˨^{22}	下去˦˩^{41}	下入˨˦^{24}
語 g	妍〔美好也〕① 姸〔同上〕 揅〔揅破也〕②	巘〔山形似甑〕 翍〔飛也〕 研〔~：破也〕③	彥〔正，美士也〕 豻〔胡地野犬〕④ 讞〔議刑也〕	囓〔噬也〕 齧〔同上〕
出 tsʻ	千〔十百曰~〕 阡〔~陌：田間道〕 悛〔謹貌〕 仟〔同千〕 韆〔~鞦：繩戲〕⑤ 要〔古遷字〕⑥ 遷〔徙也；移也〕 迁〔俗字〕	淺〔深之對也〕 闡〔闢也；明也〕 譂〔妄言也〕 俴〔土，淺也〕⑦	茜〔染絳之草，一名茅蒐，一名茹藘〕 蒨〔同上〕	切〔割也；迫~；懇~；至~〕 䛽〔小語也〕 嚓〔同上〕 竊〔盜也；私也〕⑧ 㕁〔同上，古字〕
喜 h	軒〔車廂也；~昂也〕 𪏮〔赤黃色〕⑨ 仚〔輕舉也〕 祆〔神名〕 掀〔以手高舉〕	顯〔明也；著也〕 攝〔戾也〕 灦〔水皃〕⑩ 擳〔手約物也〕⑪ 鞙〔~~：長貌；刀鞘〕 琄〔佩玉貌〕	駽〔青驪馬〕 獻〔呈也；進也；又賢也〕 献〔同上，俗字〕 巘〔山巔〕⑫	血〔~氣〕 歇〔休息也〕 窟〔穴也〕 泬〔~寥〕

【校注】

① 妍〔美好也〕：［《廣韻》五堅切，平先，疑。］美麗；美好。（晉）陸機《吴王郎中時從梁陳作》詩："玄冕無醜士，冶服使我妍。"［按］今泉通常讀上上［ᶜgian］（俗讀）。

② 揅〔揅破也〕：【集韻】倪堅切。揅破也。［《廣韻》五堅切，平先，疑。］同"研"。研摩；研究。《易·繫辭上》"夫《易》，聖人之所以極深而研幾也"，（唐）陸德明釋文："研，蜀才作揅。"［按］今泉通常讀上上［ᶜgian］（俗讀）。原注"揅破"，樋新編本、大版式本、道光本、文德堂本、會文書莊本、市圖善本誤作"揅破"。

③ 研〔~：破也〕：［《廣韻》五堅切，平先，疑。］亦作"揅"。研磨；研細。（南朝·梁）徐悱《白馬篇》："研蹄飾鏤鞍，飛鞚度河干。"［按］今泉通常讀上上

[꜀gian] (俗讀)。

④ 豻〔胡地野犬〕: [《廣韻》五旰切,去翰,疑。] 古代北方的一種野狗。形如狐狸而小,黑嘴。善守。《淮南子・道應訓》:"〔散宜生〕得騶虞、雞斯之乘,玄玉百工,大貝百朋,玄豹、黄羆、青豻、白虎文皮千合,以獻於紂。"(漢) 高誘注: "犴,胡地野犬。"[按] 韻不合,應歸丹韻。

⑤ 韆〔~鞦: 繩戲〕:【鞦韆】我國民間傳統體育運動。在木架或鐵架上懸挂兩繩,下拴横板。人在板上或站或坐,兩手握繩,利用蹬板的力量身軀隨而前後向空中擺動。相傳爲(春秋) 齊桓公從北方山戎引入。一説本作"千秋",爲漢武帝宫中祝壽之詞,取千秋萬歲之義。後倒讀爲"秋千",又轉爲"鞦韆"。見(南朝・梁) 宗懔《荆楚歲時記》、(宋) 高承《事物紀原・歲時風俗》。(唐) 杜甫《清明》詩之二:"十年蹴踘將雛遠,萬里鞦韆習俗同。"(清) 仇兆鰲注:"宗懔《歲時記》: 寒食有打毬、鞦韆、施鈎之戲。《古今藝術圖》: 以綵繩懸木立架,士女坐立其上,推引之。謂之鞦韆。一云當作'千秋',本出漢宫祝壽詞,後人倒讀,又易其字爲'鞦韆'耳。"[按] 今泉仍沿用"韆鞦(千秋)"。

⑥ 覀〔古遷字〕:【字彙】"䙴"字省文。【集韻】䙴,親然切。《説文》升高也。又【集韻】遷,親然切。《説文》登也。

⑦ 俴〔土,淺也〕: [《廣韻》即淺切,上獮,精。] 淺;薄。《説文・人部》:"俴,淺也。"[按] 聲不合,應歸争母。

⑧ 竊〔盜也;私也〕: [《廣韻》千結切,入屑,清。] 1. 盜賊。《莊子・天道》:"邊竟有人焉,其名爲竊。"(唐) 成玄英疏:"竊,賊也。"2. 偷盜。《左傳・僖公二十四年》:"竊人之財,猶謂之盜,況貪天之功,以爲己力乎?"……7. 私下;私自。多用作謙詞。《戰國策・趙策四》:"老臣病足,曾不能疾走,不得見久矣,竊自恕,恐太后玉體之有所郄也,故願望見。"[按] 今泉讀[ts'iat꜆] 或[ts'iap꜆] (俗讀)。

⑨ 䭶〔赤黄色〕:【集韻】馨兼切。《説文》赤黄也。[按] 誤讀,韻不合,應歸兼韻。

⑩ 灦〔水皃〕:【集韻】呼典切。灦涣,水皃。[按]"灦",樋新編本誤作

“灦”;原注“水皃”,諸本均誤作“水名”。

⑪ 擀〔手約物也〕:【字彙】呼典切,音顯。手約物也。(唐) 師古曰: 舉手擬之也。

⑫ 巘〔山巔〕: [《廣韻》魚蹇切,上獮,疑。] 山;山頂。《詩 · 大雅 · 公劉》:“陟則在巘,復降在原。”毛傳:“巘,小山,別於大山也。”(宋) 朱熹集傳:“巘,山頂也。”[按]調不合,應歸上上(已見上)。

聲韻調	22 軒 ian/iat			
	下平˩˦[24]	下上˨˨[22]	下去˦˩[41]	下入˩˦[24]
語 g	言〔~語：答述曰語；自~曰~〕 盃〔椀也〕 甗〔齊地〕	○	牪〔牛伴也〕 豣〔逐獸犬〕	闑〔門中橛〕 隉〔阢~：危也〕 孽〔~子：庶子〕 臬〔射的法也；門~〕 蘖〔麴~〕 篞〔~甈：不安貌〕 摯〔危~〕① 涅〔水中黑土〕② 槷〔辨方正位〕
出 tsʻ	詮〔擇言也〕③ 剄〔劓也〕④ 佺〔古仙人〕⑤	燀〔火烈也〕	倩〔美笑也；好口輔〕⑥ 燀〔火烈也；炊也〕⑦ 輤〔戴柩之車〕⑧ 蒨〔草盛貌〕⑨ 玔〔玉環〕⑩ 繟〔寬綽也〕⑪	㊇ 餰〔酒~〕⑫
喜 h	賢〔~有德者：~才〕 玄〔黑而有赤之色；又幽遠也〕 鉉〔鼎耳〕 衒〔自矜也；賣也〕 懸〔掛也〕 泫〔水名〕 眩〔目無常主；又潰亂也〕 繯〔環也〕⑬ 胘〔牛百葉也〕 絃〔八音之絲〕 舷〔船邊也〕 弦〔弓~〕	峴⑭ 晛〔日氣〕 睍〔明貌；~睆：清和圓轉也〕⑮	莧〔~菜：食鱉忌之〕 憲〔法也；~典〕⑯ 現〔顯也；露也〕 硯〔墨池也〕⑰ 縣〔郡名〕 莚〔蔓~：不斷也〕⑱ 絢〔文彩貌〕⑲ 俔⑳ 掾〔官屬〕㉑	穴〔土室也；壙也〕 纈〔繫也〕

【校注】

① 摯〔危~〕：同"隉"。【集韻】倪結切。《説文》危也。

② 涅〔水中黑土〕：[《廣韻》奴結切，入屑，泥。]黑泥。《荀子·勸學》："蓬生麻中，不扶而直；白沙在涅，與之俱黑。"[按]聲不合，應歸柳母。因《字彙》而誤。

【字彙】魚列切,音孽。水中黑土。

③ 詮〔擇言也〕:[《廣韻》此緣切,平仙,清。]詳盡解釋;闡明。《淮南子·要略》:“差擇微言之眇,詮以至理之文。”[按]韻不合,應歸川韻。

④ 剈〔剔也〕:【廣韻】此緣切。剔也。[按]韻不合,應歸川韻。

⑤ 佺〔古仙人〕:[《廣韻》此緣切,平仙,清。]偓佺,古代傳説中的仙人。《文選·揚雄〈甘泉賦〉》:“雖方征僑與偓佺兮,猶彷彿其若夢。”(唐)李善注引《列仙傳》:“偓佺,槐里采藥父也。食松實,形躰生毛數寸,能飛,行逮走馬。”[按]韻不合,應歸川韻。

⑥ 倩〔美笑也;好口輔〕:[《廣韻》倉甸切,去霰,清。]笑靨美好貌。《詩·衛風·碩人》:“巧笑倩兮。”毛傳:“倩,好口輔。”(唐)孔穎達疏:“以言巧笑之狀。”[按]調不合,應歸上去。

⑦ 燀〔火烈也;炊也〕:【集韻】齒善切。《説文》炊也。[按]調不合,應歸上上(已經見上)。

⑧ 輤〔戴柩之車〕:[《廣韻》倉甸切,去霰,清。]古代覆蓋在喪車上的飾物。《禮記·雜記上》:“其輤有裧,緇布裳帷。”(漢)鄭玄注:“輤,載柩將殯之車飾也。”(元)陳澔集説:“輤,載柩之車上覆飾也。”[按]調不合,應歸上去。

⑨ 蒨〔草盛貌〕:同“蒨”。蒨,[《廣韻》倉甸切,去霰,清。]1. 茜草。根可做絳色染料。……4. 茂盛。(晉)左思《吴都賦》:“爾乃地勢坱圠,卉木䟙蔓,遭藪爲圃,值林爲苑,異荂蓲蘛,夏曄冬蒨。”[按]調不合,應歸上去。

⑩ 玔〔玉環〕:[《集韻》樞絹切,去線,昌。]玉環。[按]調不合,應歸上去。

⑪ 繟〔寬綽也〕:[《廣韻》昌善切,上獮,昌。]寬緩;舒緩。《老子》:“繟然而善謀。”(漢)河上公注:“繟,寬也。”[按]調不合,應歸上上。

⑫ ㊬餰〔酒~〕:[按]傳統辭書查無音、義。

⑬ 繯〔環也〕:[《廣韻》胡畎切,上銑,匣。]1. 以繩索纏繞。《説文·糸部》:“繯,落也。”(清)段玉裁注:“落者,今之絡字……謂包絡也。”2. 繩圈。《後漢書·吴祐傳》:“〔毋丘長〕因投繯而死。”(唐)李賢注:“繯,謂以繩爲繯,投之而

縊也。"3. 用繩套勒死;絞殺。

⑭ 峴:[《廣韻》胡典切,上銑,匣。]小而高的山嶺。《文選·謝靈運〈從斤竹澗越嶺溪行〉》:"逶迤傍隈隩,苕遞陟陘峴。"(唐)李善注引《聲類》:"峴,山嶺小高也。"

⑮ 睍〔明貌;~睆:清和圓轉也〕:[《廣韻》胡典切,上銑,匣。]1. 參見"睍睆"。2. 參見"睍睍"。3. 視;看。(清)俞樾《右臺仙館筆記》卷八:"〔朱祥麟〕見少婦獨行,睍之美而艷,尾其後,徐以言挑之。"【睍睍】小視貌。形容怯懦,不敢正視。(唐)韓愈《鱷魚文》:"刺史雖駑弱,亦安肯爲鱷魚低首下心,伈伈睍睍,爲民吏羞,以偷活於此邪!"【睍睆】形容鳥色美好或鳥聲清和圓轉貌。《詩·邶風·凱風》:"睍睆黄鳥,載好其音。"毛傳:"睍睆,好貌。"(宋)朱熹集傳:"睍睆,清和圓轉之意。"【字彙】胡典切,賢上聲。明貌;又視貌。

⑯ 憲〔法也;~典〕:[《廣韻》許建切,去願,曉。]法令;法度。《書·説命下》:"監于先王成憲,其永無愆。"(唐)孔穎達疏:"視先王成法,其長無過。"[按]調不合,應歸上去。

⑰ 硯〔墨池也〕:【集韻】倪甸切。《説文》石滑也。[按]聲不合,應歸語母。

⑱ 莚〔蔓~:不斷也〕:【集韻】延面切。蔓莚也。[按]聲不合,應歸英母。

⑲ 絢〔文彩貌〕:[《廣韻》許縣切,去霰,曉。]文采貌;多彩貌。《論語·八佾》:"巧笑倩兮,美目盼兮,素以爲絢兮。"(三國·魏)何晏集解:"絢,文貌。"[按]調不合,應歸上去。

⑳ 俔:[《廣韻》胡典切,上銑,匣。]如同;好比。《詩·大雅·大明》:"大邦有子,俔天之妹。"(漢)鄭玄箋:"又知大姒之賢,尊之如天之有女弟。"[按]調不合,應歸下上。

㉑ 掾〔官屬〕:[《廣韻》以絹切,去線,以。]官府中佐助官吏的通稱。《史記·項羽本紀》:"項梁嘗有櫟陽逮,乃請蘄獄掾曹咎書抵櫟陽獄掾司馬欣,以故事得已。"[按]聲、韻不合,應歸英母川韻。

23 三

<table>
<tr><th rowspan="2">聲
韻
調</th><th colspan="4">23 三 am/ap</th></tr>
<tr><th>上平˧ 33</th><th>上上˥ 55</th><th>上去˦˩ 41</th><th>上入˥ 5</th></tr>
<tr><td>柳 l</td><td>(增)浛〔水~〕① (增)拚②</td><td>覽〔視也〕 覧〔同上〕
欖〔橄~：果名〕 欖〔同上〕
箳〔弱竹〕 俺〔我也〕③
掭〔殺也；打也〕 糲〔茹也〕
擥〔撮持也〕 攬〔手取也〕
㔋〔沉物水中〕④
腩〔煮肉也〕 壈〔坎~〕
湳〔郡名〕 萳〔草長弱貌〕
寁〔聚也〕 纜〔籛~〕⑤</td><td>啵〔柔革〕⑥</td><td>漯〔土，水名〕⑦</td></tr>
<tr><td>邊 p</td><td>(增)玵〔人名〕⑧</td><td>(增)吭〔口~〕⑨</td><td>(增)梾〔木名〕⑩</td><td>(增)砱〔人名〕⑪</td></tr>
<tr><td>求 k</td><td>甘〔~苦；美也〕 柑〔橘屬〕
苷〔~蔗〕 泔〔米潘也〕
疳〔~病〕 紺〔絲貌〕
趁〔疾趨也〕⑫ 肝〔~膲〕
磨〔和也〕</td><td>敢〔果~：勇也〕
感〔交~；~應〕 橄〔~欖〕</td><td>鑒〔照也；明也〕</td><td>蛤〔蚌屬〕
甲〔長也〕
鴿〔鳥名〕</td></tr>
<tr><td>氣 k‘</td><td>堪〔任也；不~〕 龕〔神~〕
戡〔勝也；克也〕 竼〔敍也〕
戓〔殺也〕</td><td>坎〔陷也；卦名〕
欿〔不足貌〕⑬ 惂〔憂困〕
欣〔皈也〕 竷〔舞也〕
凵〔張口〕⑭ 砍〔~斫〕</td><td>瞰〔俯視也〕
矙〔同上〕</td><td>闔〔閉也；闔~〕⑮
嵁〔山嶽〕⑯
恰〔用心也；適當〕
韐〔戎事之服：韎~〕⑰</td></tr>
</table>

（續表）

<table>
<tr><td rowspan="2">聲
韻
調</td><td colspan="4">23　三 am／ap</td></tr>
<tr><td>上平˧ 33</td><td>上上˥ 55</td><td>上去˦˩ 41</td><td>上入˥ 5</td></tr>
<tr><td>地 t</td><td>眈〔過樂也〕　耼〔老子名〕
聃〔同上〕　湛〔樂也〕
媅〔淫樂〕⑱　檐〔擔也〕⑲
擔〔荷也；任也〕　儋〔負荷〕</td><td>髧〔發垂〕⑳　啖〔食也〕㉑
啗〔同上〕
忐〔~忑：心虛〕㉒　礷〔石~〕
澸〔水窞也〕　黮〔黑也〕㉓
丼〔姓也〕　紞〔繩也〕
啿〔厚也〕㉔
瞀〔石~：藥名〕
禫〔除服祭名〕㉕　膽〔肝~〕
萏〔芙蓉〕㉖　窞〔坎~〕㉗</td><td>馾〔馬步近前〕</td><td>答〔對也；報也〕
搭〔打也〕</td></tr>
<tr><td>普 p‘</td><td>㉅甂〔人名〕㉘</td><td>㉅霮〔水名〕㉙</td><td>㉅淍〔水~〕㉚</td><td>㉅匼〔人名〕㉛</td></tr>
<tr><td>他 t‘</td><td>貪〔愛財：~心〕
探〔摸取也〕　菻〔蔥別名〕
蕣〔草名〕</td><td>醓〔肉汁〕　襑〔衣博也〕
赻〔行進退也〕
菼〔草名，初生爲~〕
噡〔衆食聲也〕　醢〔~醢〕
肬〔肉汁滓也〕
緂〔帛青黄也〕</td><td>儃〔癡貌〕</td><td>榻〔牀~〕
闒〔~茸：樓上户〕
嗒〔忘懷也〕
塌〔地低下也〕
塔〔雁~〕
翕〔高飛貌〕
搭〔拊也〕
緆〔以繩罥物〕</td></tr>
<tr><td>争 ts</td><td>針〔解，~線〕　簪〔髻~〕</td><td>斬〔斷首也〕　寁〔速也〕
昝〔姓也〕　撍〔執持〕
沓〔姓也〕</td><td>㉅覱㉜</td><td>帀〔周~：遍也〕
劄〔~子：用以奏事〕
汁〔肉~〕</td></tr>
<tr><td>入 dz</td><td>㉅甜〔人名〕㉝</td><td>㉅黏〔人名〕㉞</td><td>㉅淞〔人名〕㉟</td><td>㉅趇〔之~〕㊱</td></tr>
<tr><td>時 s</td><td>三〔數名：~才〕
杉〔木名，似松〕
毛〔~郎神〕㊲　犙〔三歲牛〕
眵〔瞻視也〕　衫〔小襦也〕
摻〔好手也〕　攕〔好手〕㊳
弎〔古三字〕</td><td>糝〔米屑爲~〕　槧〔斬取也〕
醦〔酢味也〕　糁〔蜜藏木瓜〕
硶〔碎也〕㊴</td><td>閐〔覆蓋〕</td><td>靸〔輕舉也〕</td></tr>
</table>

【校注】

① ㊫浍〔水~〕:[按]傳統辭書查無音、義。“水~”不知爲何物或何義。

② ㊫抩:[按]傳統辭書查無音、義。

③ 俺〔我也〕:【字彙】女敢切,諵上聲。我也。[按]今泉表示“我”用[ᶜgua]或[ᶜgun],不用[ᶜlam],而[ᶜlan]則表示“咱們”(寫作訓讀字“伯”或“咱”)。

④ 顆〔沉物水中〕:【集韻】胡懺切。沉物水中使冷也。又居懺切。義同。[按]聲、調不合,應歸喜母下去或求母上去。

⑤ 纜〔篾~〕:[按]原注“篾~”,樋新編本誤作“蔑~”。

⑥ 呐〔柔革〕:【集韻】奴紺切。柔革。[按]調不合,應歸下去。

⑦ 漯〔土,水名〕:[《廣韻》他合切,入合,透。]古水名。漯水,爲古黄河的支流,其道屢有變遷。《書·禹貢》:“浮于濟漯,達于河。”(漢)陳琳《爲袁紹檄豫州》:“并州越太行,青州涉濟漯。”[按][lapᵓ]當爲白讀。

⑧ ㊫聃〔人名〕:【類篇】他甘切。《説文》耳曼也。[按]聲不合,應歸他母。今泉無此音。

⑨ ㊫吭〔口~〕:[按]傳統辭書查無此字。今泉亦無此音。

⑩ ㊫槏〔木名〕:【集韻】苦減切。不安皃。[按]聲、韻不合,應歸氣母兼韻。今泉無此音。

⑪ ㊫硆〔人名〕:[《集韻》鄂合切,入合,疑。]同“磼”。【磼磼】1. 石貌。2. 動貌。[按]聲、調不合,應歸語母下入。今泉無此音。

⑫ 趻〔疾趨也〕:[《集韻》丘甚切,上寑,溪。]低頭疾趨。[按]聲、韻、調不合,應歸氣母金韻上上。

⑬ 欿〔不足貌〕:[《集韻》苦感切,上感,溪。]不自滿。《孟子·盡心上》:“附之以韓魏之家,如其自視欿然,則過人遠矣。”(宋)朱熹集注:“欿然,不自滿之意。”

⑭ 凵〔張口〕:[《廣韻》丘犯切,上范,溪。]《説文·凵部》:“凵,張口也。象形。”(清)王筠釋例:“《廣韻》作張口貌,案此形容之詞也。”一説,“坎”的古

字。饒炯《説文解字部首訂》:"按其音,則凵又當爲'坎'之古文,象地穿形者。"

⑮ 闔〔閉也;闔~〕:[《廣韻》胡臘切,入盍,匣。]1. 門扇。《管子·八觀》:"閭閈不可以毋闔,宫垣關閉不可以不修。"(唐)尹知章注:"闔,扉也。"2. 閉合。《易·繫辭上》:"一闔一闢謂之變。"《文選·潘岳〈哀永逝文〉》:"户闔兮燈滅。"(唐)吕向注:"闔,閉也。"[按]聲、調不合,應歸喜母下入。

⑯ 嵁〔山嶽〕:【字彙】苦盍切,堪入聲。《大儺》典嵁山嶽。

⑰ 韐〔戎事之服:韎~〕:[《廣韻》古沓切,入合,見。]蔽膝。【韐帶】古代蔽膝上的皮帶。也稱韎韐帶。《儀禮·士喪禮》:"設韐帶,搢笏。"(漢)鄭玄注:"韐帶,韎韐緇帶,不言韎緇者,省文,亦欲見韐自有帶,韐帶用革。"[按]聲不合,應歸求母。

⑱ 媅〔婬樂〕:【字彙】都含切,音眈。婬樂也。[按]原注"婬樂",樋新編本、道光本、文德堂本、市圖善本誤作"媱樂"。

⑲ 檐〔擔也〕:【集韻】都濫切。負也。[按]調不合,應歸上去。

⑳ 髧〔發垂〕:[《廣韻》徒感切,上感,定。]髮垂貌。《詩·鄘風·柏舟》:"髧彼兩髦,實維我儀。"[按]調不合,應歸下上。

㉑ 啖〔食也〕:[《廣韻》徒敢切,上敢,定。]吃。《墨子·魯問》:"楚之南有啖人之國者。"[按]調不合,應歸下上。

㉒ 忐〔~忑:心虚〕:【字彙】吐敢切,音毯。忐忑,心虚也;怯也;懼也。《西遊記》第四五回:"八戒聞言,心中忐忑。"[按]聲不合,應歸他母。

㉓ 黮〔黑也〕:[《廣韻》他感切,上感,透。]黑色。《孔子家語·辯樂》:"丘迨得其爲人矣;近黮而黑,頎然長,曠如望羊,奄有四方,非文王其孰能爲此?"(晉)王肅注:"黮,黑貌。"[按]聲不合,應歸他母。

㉔ 噉〔厚也〕:[《集韻》徒感切,上感,定。]1. 同"噉"。吃。(宋)王讜《唐語林·德行》:"肅宗徐舉餅噉之,上大悦。"2. 參見"噉噉"。【噉噉】豐厚貌。《漢書·禮樂志二》:"羣生噉噉,惟春之祺。"(唐)顔師古注:"噉噉,豐厚之貌也。"[按]調不合,應歸下上。

㉕ 禫〔除服祭名〕:[《廣韻》徒感切,上感,定。]除喪服的祭祀。《儀禮·士虞

禮》:"中月而禫。"(漢)鄭玄注:"中,猶間也;禫,祭名也,與大祥間一月。自喪至此,凡二十七月。"[按]調不合,應歸下上。

㉖ 萏〔芙蓉〕:[《廣韻》徒感切,上感,定。]參見"菡萏"。【菡萏】即荷花。《詩·陳風·澤陂》:"彼澤之陂,有蒲菡萏。"[按]調不合,應歸下上。

㉗ 窞〔坎~〕:[《廣韻》徒感切,上感,定。]小而深的坑。《易·坎》:"習坎,入於坎窞,凶。"[按]調不合,應歸下上。

㉘ ㊮甋〔人名〕:【集韻】枯甘切。土器也。[按]聲不合,應歸氣母。

㉙ ㊮霮〔水名〕:【集韻】徒感切。霮䨴,繁雲。【字彙】徒感切,音萏。霮䨴,雲繁貌。[按]音、義不合。

㉚ ㊮澉〔水~〕:【康熙字典】《集韻》他甘切。㶍澉,峻波貌。[按]音、義不合。

㉛ ㊮厜〔人名〕:【集韻】是爲切。厜㕒,山顛。[按]音、義不合。

㉜ ㊮覽:[《廣韻》子鑑切,去鑑,精。]逞貌。

㉝ ㊮甜〔人名〕:【韻會】呼甘切,音憨。甜閜,陵谷之形。[按]聲不合,應歸喜母。

㉞ ㊮齝〔人名〕:【集韻】陟陷切。剔齒也。[按]聲、調不合,應歸地母上去。

㉟ ㊮渗〔人名〕:【篇海】所禁切,音滲。漏也。亦與"滲"同。[按]聲、韻不合,應歸時母金韻。

㊱ ㊮趦〔之~〕:【集韻】轄夾切。走皃。[按]聲、韻、調皆不合,義亦不對。傳統辭書查無"之趦"一詞。

㊲ 乇〔~郎神〕:【字彙】蘇監切,音三。乇郎神,即"三郎神"也。[按]"乇",樋新編本、道光本、文德堂本、會文書莊本、市圖善本誤作"毛";原注"~郎神",大版式本、文德堂本、市圖善本誤作"~即神~",會文書莊本誤作"即神~",廖新校增本改作"三郎神"。

㊳ 攕〔好手〕:"摻"的異體。[按]"攕",樋新編本誤作"摗"。

㊴ 硃〔碎也〕:【字彙】桑感切,音糝。碎石也。

聲韻調	23 三 am/ap			
	下平˨˦24	下上˨˨22	下去˦˩41	下入˨˦24
柳 l	南〔~方屬火〕 喃〔呢~：燕語〕① 枬〔梅也〕 畘〔十畝曰~〕 霖〔久雨也〕② 葻〔草得風貌〕 啉〔貪~〕③ 楠〔石~：木也〕 郴〔國名〕④ 襤〔~褸：敝服〕 嵐〔山氣〕 萳〔萱~草〕 籃〔大篝籠〕 藍〔染青草〕 婪〔貪也〕 諵〔燕語〕 惏〔貪~〕 男〔丈夫也：~子〕	(增)嚂⑤	濫〔汎~也；又浴器〕 掐〔魚食聲〕⑥	納〔受也；入也〕 鞆〔腴也〕⑦ 衲〔補也：佛~〕 軜〔艘~〕
邊 p	(增)谽〔見相如賦〕⑧	(增)聇〔人名〕⑨	○	(增)姶〔人名〕⑩
求 k	㔋〔細切也〕 咁〔解，~乳〕 銜〔土解，口中~物〕	(增)鮸〔魚名〕⑪	鑑〔鏡也；明也〕⑫ 鑒〔同上，視也〕 紺〔深青赤色〕⑬ 監〔察也；視也〕 尷〔~尬〕⑭	閤〔内中小門〕 佮〔合取也〕
氣 k‘	嵌〔~岩〕⑮	○	闞〔窺也；望也〕⑯ 勘〔校~〕⑰ 磡〔石~〕⑱ 碯〔岩崖之下〕⑲	搕〔打也〕⑳ 磕〔石相~〕㉑ 榼〔酒器〕㉒ 匼〔閉户聲〕㉓ 溘〔奄忽〕㉔ 膉〔欲睡貌〕㉕ 峇〔~合：相當〕㉖ 瞌〔眼~〕㉗
地 t	談〔言~〕 惔〔燔也〕 餤〔進也〕 郯〔國名〕 倓〔恬静〕 痰〔~液也〕㉘ 譚〔聒也〕㉙ 頰〔面長貌〕	淡〔~薄〕 澹〔同上〕 憺〔安也〕	酖〔頑劣貌〕㉚	沓〔冒也；貪也〕㉛ 嗒〔噂~〕 譶〔疾言〕 踏〔踐~〕 龖〔飛龍之狀〕 搨〔手~〕㉜ 耷〔大耳〕㉝ 濕〔水名，俗作溼字，非〕㉞
普 p‘	(增)霈〔~泥〕㉟	(增)婺〔人名〕㊱	○	(增)榙㊲

（續表）

聲韻調	23 三 am/ap			
	下平ʎ 24	下上˨ 22	下去˦˩ 41	下入ʎ 24
他 t‘	覃〔及也;布也〕 潭〔水深處〕 醰〔厚味〕 驔〔驪馬黄脊〕 鄿〔國名〕 譚〔大地〕 曇〔雲布〕 蕁〔即知母〕㊳	(增)埮㊴	憛〔思也〕㊵ 探〔~問〕㊶ 撢〔同上,又平〕	(增)鍚㊷
争 ts	喒〔我也〕㊸	站〔路~〕㊹	○	歪〔惡也;又姓〕 䟷〔斷聲〕 㞙〔尿~〕㊺ 雜〔錯~〕 雜〔同上〕 襍〔五彩相合〕 十〔解,數名〕 雥〔群飛貌〕㊻
入 dz	(增)𩫖㊼	○	○	(增)函㊽
時 s	毿〔毛長貌〕㊾ 雺〔小雨也〕㊿ 撕〔芟也〕51 蔪〔同芟〕52 彡〔畫文也〕53	(增)傪54	彡〔物相接也〕55 椮〔接檐也〕56	颯〔朔風也;又風聲〕57

【校注】

① 喃〔呢~:燕語〕:原注“呢~”,樋新編本誤作“兕~”。

② 霖〔久雨也〕:［《廣韻》力尋切,平侵,來。］久雨。《左傳·隱公九年》:“凡雨,自三日以往爲霖。”［按］此爲白讀。

③ 啉〔貪~〕:【字彙】盧含切,音婪。貪也。

④ 郴〔國名〕:【字彙】那含切,音南。國名。

⑤ (增)嚂:［《廣韻》盧瞰切,去闞,來。］貪;飲食不節。《淮南子·齊俗訓》:“芻豢黍粱,荆吴芬馨,以嚂其口。”(漢)高誘注:“嚂,貪求也。”［按］調不合,應歸下去。

⑥ 掐〔魚食聲〕:【集韻】掐,奴紺切。魚食皃。

⑦ 鞝〔腝也〕:【集韻】諾答切。軜也。【字彙】奴答切,音納。腝也。

⑧ ㊇谽〔見相如賦〕：［《廣韻》火含切，平覃，曉。］參見“谽呀”。【谽呀】山谷空曠貌。司馬相如《上林賦》振溪通谷，蹇産溝瀆，谽呀豁閉。［按］聲、調不合，應歸喜母上平。

⑨ ㊇聅〔人名〕：【漢語大字典】〔聅川〕地名。（宋）李石《續博物志》：“麩金出麗水河聅川。”【龍龕手鑒】俗，失冉反。正作“睒”。暫見也。《文選·江賦》：“鯪鯥跻局於垠隒，獱獺睒瞲乎廞空。”［按］聲、韻、調皆不合。

⑩ ㊇姶〔人名〕：［《廣韻》烏合切，入合，影。］古代人名用字。《左傳·昭公七年》：“衛襄公夫人姜氏無子，嬖人婤姶生孟縶。”［按］聲不合，應歸英母。

⑪ ㊇鮸〔魚名〕：［《廣韻》亡辨切，上獮，明。］魚名。也稱米魚、鰵魚。［按］聲、韻、調皆不合，疑誤。

⑫ 鑑〔鏡也；明也〕：［《廣韻》格懺切，去鑑，見。］亦作“鑒”。古器名。形似大盆，有耳。青銅製，盛行於東周。或盛水，大的可作浴盆；或盛冰，用來冷藏食物。有時借爲照影之用。《詩·邶風·柏舟》：“我心匪鑒。”毛傳：“所以察形也。”［按］調不合，應歸上去。

⑬ 紺〔深青赤色〕：【集韻】古暗切。《説文》帛深青揚赤色。［按］調不合，應歸上去。

⑭ 尲〔～尬〕：［《廣韻》古咸切，平咸，見。］參見“尲尬”。【尲尬】行爲、態度不正常。《説文·尢部》：“尲，尲尬，行不正也。”（清）段玉裁注：“今蘇州俗語謂事乖剌者曰尲尬。”［按］調不合，應歸上平。

⑮ 嵌〔～岩〕：［《廣韻》口銜切，平銜，溪。］山石堆叠貌。（宋）蘇舜欽《遊山》詩：“西巖列窗户，玲瓏漏斜暉。嵌然似飯飣，人力安可施。”［按］調不合，應歸上平。

⑯ 闞〔窺也；望也〕：［《廣韻》苦濫切，去闞，溪。］望；遠看。《説文·門部》：“闞，望也。”（三國·魏）嵇康《琴賦》：“邪睨崑崙，俯闞海湄。”［按］調不合，應歸上去。

⑰ 勘〔校～〕：［《廣韻》苦紺切，去勘，溪。］校訂；核對。（唐）白居易《題詩屏

風絶句》:“相憶采君詩作障,自書自勘不辭勞。”[按]調不合,應歸上去。

⑱ 磡〔石~〕:[《廣韻》苦紺切,去勘,溪。]巖崖之下。(清)王煒《黄山遊記》:“磡有廢庵曰蓮葯庵。”[按]調不合,應歸上去。

⑲ 碯〔岩崖之下〕:【集韻】苦紺切。岩崖之下。[按]調不合,應歸上去。

⑳ 搕〔打也〕:[《集韻》克盍切,入盍,溪。]敲擊。《西遊記》第五六回:“這大聖把金箍棒幌一幌……搕着的骨折,擦着的皮傷。”[按]調不合,應歸上入。

㉑ 磕〔石相~〕:[《廣韻》苦盍切,入盍,溪。]敲擊;碰撞。(唐)杜牧《大雨行》:“雲纏風束亂敲磕,黄帝未勝蚩尤强。”[按]調不合,應歸上入。

㉒ 榼〔酒器〕:[《廣韻》苦盍切,入盍,溪。]古代盛酒或貯水的器具。《左傳·成公十六年》:“使行人執榼承飲。”[按]調不合,應歸上入。

㉓ 庲〔閉户聲〕:【集韻】渴盍切。《説文》閉也。[按]調不合,應歸上入。

㉔ 溘〔奄忽〕:[《廣韻》口答切,入合,溪。]忽然。《楚辭·離騷》:“溘吾遊此春宫兮,折瓊枝以繼佩。”(漢)王逸注:“溘,奄也。”[按]調不合,應歸上入。

㉕ 瞌〔欲睡貌〕:【康熙字典】《五音集韻》口答切,音溘。欲睡貌。[按]調不合,應歸上入。

㉖ 峇〔~合:相當〕:【廣韻】口答切。峇合,相當也。[按]調不合,應歸上入。

㉗ 瞌〔眼~〕:[《集韻》克盍切,入盍,溪。]困倦;欲睡。(唐)白居易《自望秦赴五松驛馬上偶睡睡覺成吟》:“長途發已久,前館行未至。體倦目已昏,瞌然遂成睡。”[按]調不合,應歸上入。

㉘ 痰〔~液也〕:[《廣韻》徒甘切,平談,定。]肺泡、支氣管和氣管分泌出來的黏液。(漢)張仲景《金匱要略·痰飲咳嗽病脉証》:“膈上病痰,滿喘欬吐。”[按]今泉讀送氣[꜀t‘am]。

㉙ 曋〔聒也〕:【字彙】徒藍切,音談。聒也。[按]原注“聒也”,樋新編本誤作“聒”。

㉚ 僋〔頑劣貌〕:【集韻】丁紺切。頑劣皃。[按]調不合,應歸上去。

㉛ 沓〔冒也;貪也〕:【字彙】託合切,貪入聲。冒也;貪也。[按]聲、調不合,應

歸他母上入。

㉜ 搨〔手~〕:[《集韻》德盍切,入盍,端。]打。《集韻・入盍》:“搨,打也。”(宋)曾慥《類説》卷四十引《稽神異苑》:“帝問聿(裴聿),曾被幾搨。聿曰:‘前後八搨。’遂令進八階。”[按]調不合,應歸上入。

㉝ 耷〔大耳〕:[《廣韻》都榼切,入盍,端。]大耳朵。《玉篇》:“耷,大耳也。”[按]調不合,應歸上入。

㉞ 濕〔水名,俗作溼字,非〕:[《廣韻》他合切,入合,透。]古水名。《後漢書・郡國志四》:“平原郡 …… 高唐濕水出。”[按]聲、調不合,應歸他母上入。

㉟ ㊫霑〔~泥〕:【集韻】尼賺切。雨淖也。[按]聲、調不合,應歸柳母下去。

㊱ ㊫嬜〔人名〕:[《廣韻》許金切,平侵,曉。]1. 愛。2. 貪;貪妄。[按]聲、韻、調皆不合,應歸喜母金韻上平。

㊲ ㊫橝:【集韻】徒感切。木名。又魯敢切。橄欖,果名。[按]聲、韻、調皆不合。

㊳ 蕁〔即知母〕:【字彙】徒含切,音譚。藥草,即知母。[按]“蕁”,樋新編本誤作“𦶀”。

㊴ ㊫埮:[《龍龕手鑒》徒含切。]同“壜”。壜,[《廣韻》徒含切,平覃,定。]一種口小肚大的圓形陶製容器,多用來盛酒、醋等。(唐)許渾《夜歸驛樓》詩:“窗下覆棋殘局在,橘邊沽酒半壜空。”[按]調不合,應歸下平。

㊵ 憛〔思也〕:【集韻】他紺切。《博雅》思也。【字彙】他紺切,貪去聲。思也。[按]調不合,應歸上去。“憛”,樋新編本、道光本、會文書莊本誤作“潭”。

㊶ 探〔~問〕:[《集韻》他紺切,去勘,透。]探問;打聽。(宋)曾鞏《故翰林侍讀學士錢公墓志銘》:“公之爲判官也,府嘗有獄。或探大臣意,謂欲有所附致,公不爲動。”[按]調不合,應歸上去。

㊷ ㊫鎉:[《玉篇》都盍切。]1. 金鎉。2. 鎉鈎。【五音集韻】都合切,音答。鎉鈎也。[按]聲、調不合,應歸地母上入。

㊸ 喒〔我也〕:[《字彙》祖含切。]同“咱”。我;我們。(元)白樸《牆頭馬上》

第一折:"喒兩個去後花園内看一看來。"[按]調不合,應歸上平。

㊹ 站〔路~〕:[《廣韻》陟陷切,去陷,知。]蒙古語的音譯。驛站。古時傳遞軍政文書的人中途换馬、食宿或轉遞之所。《元史・兵志四》:"凡站,陸則以馬以牛,或以驢,或以車,而水則以舟。"《初刻拍案驚奇》卷八:"蘇州到南京不上七八站的路。"[按]聲、調不合,應歸地母下去。[⊆tsam]爲俗讀,今泉仍沿用。

㊺ 㪟〔屎~〕:【康熙字典】《篇海》自曷切,音雜。屎㪟。[按]韻不合,應歸丹韻下入。

㊻ 雥〔群飛貌〕:[《廣韻》徂合切,入合,從。]參見"雥集"。【雥集】聚集。(隋)許善心《神雀頌》:"莫不景福氤氲,嘉貺雥集。"【集韻】昨合切。《説文》羣鳥也。

㊼ ㊪䨑:[按]傳統辭書查無此字。

㊽ ㊪㡚:【集韻】測洽切。《説文》舂去麥皮也。[按]聲、調不合,應歸出母上入。

㊾ 毵〔毛長貌〕:[《廣韻》蘇含切,平覃,心。]參見"毵毵"。【毵毵】垂拂紛披貌。《詩・陳風・宛丘》"值其鷺羽",(三國・吴)陸璣疏:"白鷺,大小如鴟,青脚高尺七八寸,尾如鷹尾,喙長三寸許,頭上有毛十數枚,長尺餘,毵毵然與衆毛異。"[按]調不合,應歸上平。

㊿ 雺〔小雨也〕:【廣韻】所咸切。微雨。[按]調不合,應歸上平。

51 摲〔芟也〕:[《廣韻》楚鑑切,去鑑,初。]芟除;攻取。《禮記・禮器》:"君子之於禮也,有直而行也……有摲而播也。"(漢)鄭玄注:"摲之言芟也,謂芟殺有所與也。"

52 蕲〔同芟〕:[《集韻》師銜切,平銜,生。]剪滅;芟除。《漢書・賈誼傳》:"高皇帝瓜分天下以王功臣,反者如蝟毛而起,以爲不可,故蕲去不義諸侯而虚其國。"(唐)顔師古注:"蕲,讀與芟同,謂芟刈之。"[按]調不合,應歸上平。

53 彡〔畫文也〕:[《廣韻》所銜切,平銜,生。]紋理;文采。(北周)衛元嵩《元包經・太陽》:"燾宀宀,彡龘龘。"(唐)蘇源明傳:"彡龘龘,文之明也。"[按]

調不合,應歸上平。

㊹ ㊞傪:【集韻】桑感切。鏁傪,動也。[按]調不合,應歸上上。

㊺ 彡〔物相接也〕:【集韻】所鑑切。相接物也。[按]調不合,應歸上去。

㊻ 椮〔接檐也〕:【集韻】所鑑切。接檐也。[按]調不合,應歸上去。

㊼ 颯〔朔風也;又風聲〕:[《廣韻》蘇合切,入合,心。]象聲詞。風聲。[按]調不合,應歸上入。

聲 韻 調	23 三 am/ap			
	下平˨˦ [24]	下上˨˨ [22]	下去˦˩ [41]	下入˨˦ [24]
英 Ø	諳〔曉也;記也〕 庵〔圜屋:佛~〕 菴〔古庵字〕 葊〔同上〕 菩〔野草〕 喑〔怒聲〕 唵〔~嘿:不言〕①	闇〔閉門也〕 陪〔冥昧貌〕 黯〔~黮:黑色〕 黶〔黑痕〕② 黯〔深慘色〕③ 泔〔米~〕④ 瀾〔水大至也〕 檻〔櫳也〕⑤ 唵〔手進食也〕 揞〔藏也〕	○	鴨〔家鶩〕 厭〔鎮也;降也〕 押〔簽書文字也;又~韻〕 狎〔近也;玩熟也〕⑥ 罯〔鳥網〕 罯〔覆~〕
文 b	㊟增 呥⑦	○	○	㊟增 𠿥⑧
語 g	㊟增 齤〔踏齒〕⑨	㊟增 厫⑩	㊟增 頛⑪	哈〔魚動口貌〕⑫
出 ts‘	参〔~差;~伍〕 参〔趨承;又三〕 驂〔衡外兩馬〕	慘〔愁~:慍也〕 憯〔~~:日瘁;又曾也〕 黲〔暗色〕 朁〔曾也〕 瘮〔病而痛也〕	謲〔何也〕⑬	擦〔正,摩也〕⑭ 插〔刺也〕 挿〔同上〕 嚍〔多言〕⑮ 歃〔~血〕⑯ 歃〔同上〕 鍤⑰
喜 h	酣〔酒樂也〕 邯〔姓也〕⑱ 歛〔欲也〕⑲ 鮒〔魚似蛤〕 蚶〔同上,俗字〕	顑〔動首貌〕⑳ 菡〔木草花未發也〕㉑ 萏〔同上〕 頷〔頤~〕㉒ 鎮〔低頭也〕㉓ 喊〔勇聲〕㉔ 淊〔泥也〕㉕ 顑〔~頷:不飽貌〕㉖	餡〔食不飽也〕 儆〔遈貌〕	呷〔衆聲〕 𣇈〔~~:鼻息〕

【校注】

① 唵〔~嘿:不言〕:【字彙】烏含切,音庵。唵嘿,不言。《唐·楊瑒傳》公卿唵嘿唯唯。[按]《字彙》引文有異。《新唐書》卷一三〇《楊瑒傳》:"融方貴,公卿唵默唯唯,獨瑒抗議,故出爲華州刺史。"

② 黶〔黑痕〕:【集韻】於琰切。《説文》中黑也。[按]韻不合,應歸兼韻。

③ 黯〔深慘色〕:[《廣韻》乙減切,上豏,影。]深黑;昏暗。(漢)蔡邕《述行

賦》:"玄雲黯以凝結,集零雨之溱溱。"[按]韻不合,應歸兼韻。

④ 泔〔米~〕:[《廣韻》古三切,平談,見。]淘米水。(北魏)賈思勰《齊民要術·白醪酒》:"取魚眼湯,沃浸米泔二斗,煎取六升;著甕中,以竹掃衝之,如茗渤。"[按]誤,根據音、義,應是"飲"[ᶜam],"米飲"爲米湯。

⑤ 檻〔櫳也〕:[《廣韻》胡黤切,上檻,匣。]關動物的大籠子、栅欄。《莊子·天地》:"而虎豹在於囊檻,亦可以爲得矣。"[按]聲、調不合,應歸喜母下上。

⑥ 狎〔近也;玩熟也〕:[《廣韻》胡甲切,入狎,匣。]1. 接近;親近。《書·太甲上》:"予弗狎于弗順,營于桐宫,密邇先王其訓,無俾世迷。"孔傳:"狎,近也。"……3. 熟習;習慣。《國語·周語中》:"此羸者陽也,未狎君政,故未承命。"[按]聲、調不合,應歸喜母下入。

⑦ ㊫呥:[《廣韻》汝鹽切,平鹽,日。]參見"呥呥"。【呥呥】咀嚼貌。[按]聲、韻、調皆不合,應歸入母兼韻下平。

⑧ ㊫匼:[《龍龕手鑒》苦合切。]參見"匼匝"。【匼匝】亦作"匼帀"。周匝環繞。(南朝·宋)鮑照《代白紵舞歌辭》之二:"象牀瑶席鎮犀渠,雕屏匼匝組帷舒。"[按]聲、調皆不合,應歸氣母上入。

⑨ ㊫齸〔躢齒〕:【集韻】吾含切。齒齶。【集韻】躢,叉足切。齒齊也。

⑩ ㊫厰:【集韻】吾敢切。山石皃。

⑪ ㊫頢:【集韻】蘇紺切。摇首皃。

⑫ 哈〔魚動口貌〕:[《廣韻》五合切,入合,疑。]口。《淮南子·氾論訓》:"臾兒、易牙,淄澠之水合者,嘗一哈水而甘苦知矣;故聖人之論賢也,見其一行而賢不肖分矣。"(漢)高誘注:"哈,口也。"【集韻】鄂合切。魚口皃。【字彙】五合切,巖入聲。魚動口貌。

⑬ 謲〔伺也〕:七紺切……一曰伺也。[按]原注"伺也",樋新編本、大版式本、道光本、文德堂本、會文書莊本、市圖善本均誤作"何也"。

⑭ 擦〔正,摩也〕:[《字彙》初戛切。]物與物相摩擦;輕輕碰撞。(宋)蘇軾《物類相感志·衣服》:"油污衣,用炭火熨之,或以滑石擦熨之。"[按]韻不合,應

歸丹韻(擦祇能讀[ts'at꜀],不能讀[ts'ap꜀])。

⑮ 唽〔多言〕:【集韻】尺涉切。一曰多言。【字彙】側洽切,音插。多言。

⑯ 歃〔~血〕:[《廣韻》山洽切,入洽,生。]特指歃血。《國語·晉語八》:"宋之盟,楚人固請先歃。"(三國·吴)韋昭注:"歃,歃血也。"[按]聲不合,應歸時母。

⑰ 鍤:[《廣韻》楚洽切,入洽,初。]臿;鍬。《漢書·王莽傳上》:"父子兄弟負籠荷鍤,馳之南陽。"

⑱ 邯〔姓也〕:[《廣韻》胡安切,平寒,匣。]參見"邯鄲"。【邯鄲】複姓。漢有邯鄲義。參見《通志·氏族三》。[按]調不合,應歸下平。

⑲ 歛〔欲也〕:【集韻】呼甘切。【博雅】欲也。

⑳ 顑〔動首貌〕:【集韻】苦感切。首動也。[按]聲不合,應歸氣母。

㉑ 菡〔木草花未發也〕:[《廣韻》胡感切,上感,匣。]參見"菡萏"。【菡萏】即荷花。《詩·陳風·澤陂》:"彼澤之陂,有蒲菡萏。"【康熙字典】《説文》菡萏。徐曰:菡,猶含也,未吐之意。[按]調不合,應歸下上。

㉒ 頷〔顒~〕:[《廣韻》胡感切,上感,匣。]下巴。《公羊傳·宣公六年》:"祁彌明逆而踆之,絶其頷。"【字彙】户感切,含上聲。顒頷也。[按]調不合,應歸下上。

㉓ 顉〔低頭也〕:[《廣韻》五感切,上感,疑。]低頭;摇頭。謂微動其頭。《列子·湯問》:"巧夫顉其頤,則歌合律。"[按]聲不合,應歸語母。

㉔ 喊〔勇聲〕:[《廣韻》呼覽切,上敢,曉。][《廣韻》下斬切,上豏,匣。]大聲呼叫。(宋)陳亮《又甲辰答朱元晦書》:"〔亮〕只是口嘮噪,見人説得不切事情,便喊一響。"[按]今泉有多個讀音[꜂ham]、[꜁ham/꜁k'am]、[hiam꜄](俗)、[꜂han](俗)。

㉕ 淊〔泥也〕:[《廣韻》胡感切,上感,匣。]泥水相和。[按]調不合,應歸下上。

㉖ 顑〔~頷:不飽貌〕:[《廣韻》苦感切,上感,溪。]因飢餓而面黄肌瘦。《説文·頁部》:"顑,食不飽面黄起行也。"[按]聲不合,應歸氣母。

聲韻調	23　三 am/ap			
	下平˨˦ 24	下上˨ 22	下去˦˩ 41	下入˨˦ 24
英 ø	猪〔犬吠聲〕① 諴〔誠也〕② 碱〔土字,~硿〕③	頸〔解,頭~〕④	暗〔日無光也;鳥~〕⑤	匼〔阿~〕⑥ 姶〔美好〕⑦ 枰〔土,檻也〕⑧ 盒〔盤覆也;又饌~〕⑨
文 b	○	○	○	○
語 g	巖〔險也;山高〕 岩〔俗字〕 嵒〔~石〕	○	閈⑩	砐〔~硪:山高貌〕 諕〔笑語〕 噏〔衆聲〕 礏〔~~:動貌〕
出 ts‘	讒〔佞也;譖也〕 讒〔同上,俗字〕 巉〔~岩〕⑪ 儳〔~互:不齊也〕 毚〔狡兔也〕 慙〔愧也〕 慚〔同上〕 磛〔山險〕 慙〔同上〕 蠶〔土,吐絲蟲〕 攙〔鳥~物〕 攙〔扶也;推也〕⑫ 瀺〔水小聲〕 鑱	㊕隴〔陷~〕⑬	讖〔~緯:驗也〕⑭ 懺〔自陳悔也〕⑮ 賺〔重賣也;又錯也〕⑯	磼〔石多貌〕⑰
喜 h	含〔土,包~〕 函〔容也;包也〕 凾〔同上,俗字〕 咸〔土,皆也〕 咁〔~,乳也〕 銜〔口中~物;又奉君命〕 圅〔舌也〕 鹹〔鹽味〕⑱ 欿〔或也〕 啣〔忿氣〕 涵〔水澤:~泳〕 崡〔峬~:水名〕	撼〔搖動也〕	憾〔恨也〕 陷〔墜入地也;没也〕 臽〔小阱也〕 憨〔害也〕⑲	合〔同也;會也〕 嗑〔合也;食也;又噬~;卦名〕⑳ 盍〔覆也;何不也〕

【校注】

① 猪〔犬吠聲〕:【集韻】於咸切。《説文》竇中犬聲。[按]韻、調不合,應歸兼韻上平。

② 諴〔誠也〕:[《廣韻》胡讒切,平咸,匣。]諴;誠意。《書·大禹謨》:"至諴感神,矧兹有苗!"(宋)蔡沈集傳:"諴感物曰諴。益又推極至諴之道,以爲神

明亦且感格,而况於苗民乎!”[按]聲不合,應歸喜母。

③ 硸〔土字,~硿〕:“硸”爲“鹼”的俗字,純鹼的通稱。[按]聲、韻、調皆不合,且傳統辭書查無“硸硿”一詞;其他版本“硸”均作“喊”,但“喊硿”亦不成詞。疑“硸硿”爲“涵空”[⊆am⊂k‘aŋ]的借音字,泉州話中表示“陰溝”。

④ 頸〔解,頭~〕:[《廣韻》居郢切,上静,見。]頸項。頭部與軀幹連接的部分。又稱脖子。《左傳·定公十四年》:“使罪人三行,屬劍於頸。”[按]聲、韻、調皆不合,實爲“頷”的訓讀字。頷,[《廣韻》胡感切,上感,匣。]泉州用“頷胜”、“頷管”表示脖子。

⑤ 暗〔日無光也;烏~〕:[《廣韻》烏紺切,去勘,影。]光綫不足;不明亮。與“明”相對。《韓非子·解老》:“以爲暗乎,其光昭昭;以爲明乎,其物冥冥。”[按]調不合,應歸上去。

⑥ 匼〔阿~〕:【字彙】遏合切,庵入聲。奄媚,迎合也。《唐書·蕭復傳》盧杞諂諛阿匼。[按]調不合,應歸上入。

⑦ 姶〔美好〕:【廣韻】烏合切。美好皃。[按]調不合,應歸上入。

⑧ 柙〔土,檻也〕:[《廣韻》胡甲切,入狎,匣。]關野獸、牲畜的籠子。《論語·季氏》:“虎兕出於柙,龜玉毁於櫝中,是誰之過與?”[按]聲不合,應歸喜母。

⑨ 盒〔盤覆也;又饌~〕:[《廣韻》侯閤切,入合,匣。]一種由底蓋相合而成的盛器。也有呈抽屜式的,如火柴盒。(唐)白居易《長恨歌》:“惟將舊物表深情,鈿盒金釵寄將去。”[按]今泉“盒”有三讀[hap⊇/ap⊇/aʔ⊇]。

⑩ 閈:[《廣韻》侯旰切,去翰,匣。]里門。《漢書·叙傳下》:“綰自同閈,鎮我北疆。”(唐)顏師古注引(漢)應劭曰:“楚名里門爲閈。”[按]聲、韻不合,應歸喜母丹韻。

⑪ 巉〔~岩〕:[《廣韻》鋤銜切,平銜,崇。]險峻陡峭。(明)徐弘祖《徐霞客遊記·遊天台山日記》:“循溪行山下,一帶峭壁巉崖,草木盤垂其上。”[按]今泉有[⊆tsam/⊆ts‘am]兩讀,“巉岩”常用來表示木製家具結實牢固。

⑫ 攙〔扶也;推也〕:[《廣韻》楚銜切,平銜,初。][《廣韻》士咸切,平咸,崇。]

扶;牽挽。(宋)沈遼《禪僧巖》詩:"吾身有病苦下濕,復畏神怪來邀攙。"

⑬ ㊇隴〔陷~〕:【集韻】仕懺切。陷也。[按]調不合,應歸下去。原注"陷~",會文書莊本、廖新校增本作"~陷"。

⑭ 讖〔~緯;驗也〕:[《廣韻》楚譖切,去沁,初。]預言吉凶的文字、圖籙。《文選·賈誼〈鵩鳥賦〉》:"發書占之兮,讖言其度,曰:'野鳥入室兮,主人將去。'"(唐)李善注:"《説文》:讖,驗也。有徵驗之書,河洛所出書曰讖。"[按]調不合,應歸上去。

⑮ 懺〔自陳悔也〕:[《廣韻》楚鑒切,去鑑,初。]懺悔。《華嚴經·普賢行願品》:"衆生煩惱盡,我懺乃盡。"[按]調不合,應歸上去。

⑯ 賺〔重賣也;又錯也〕:【集韻】直陷切。《廣雅》賣也。一曰市物失實。[《集韻》直陷切,去陷,澄。]誤;貽誤。(宋)徐鉉《稽神録拾遺·教坊樂人子》:"訝,賺矣!此辟穀藥也。"[按]聲不合,應歸地母。因《字彙》注音而誤。【字彙】牀陷切,音暫。重賣也;又錯也。

⑰ 磏〔石多貌〕:【集韻】七盍切。石多皃。[按]調不合,應歸上入。

⑱ 鹹〔鹽味〕:[《廣韻》胡讒切,平咸,匣。]像鹽那樣的味道。《書·洪範》:"土爰稼穡,潤下作鹹。"[按]今泉讀[⊆ham/⊆kiam]。

⑲ 憨〔害也〕:[《廣韻》下瞰切,去闞,匣。]傻氣;癡呆。(南朝·梁)劉勰《文心雕龍·程器》:"文舉傲誕以速誅,正平狂憨以致戮。"[按]注解因《字彙》而誤。【字彙】乎見切,音陷。害也;又果決也。○又火含切,漢平聲。愚也。

⑳ 嗑〔合也;食也;又噬~;卦名〕:【字彙】胡閤切,音合。噬嗑,卦名。象頤中有物噬而後合也:《雜卦》噬嗑,食也;《序卦》嗑者,合也。

24 秋

聲 韻 調	24 秋 iu/iuʔ			
	上平˧^{33}	上上˥^{55}	上去˦˩^{41}	上入˥$^{\underline{5}}$
柳 l	留〔同畱，俗字〕① 鰍〔土，泥～〕②	柳〔垂～：小楊也〕 鈕〔金～：印鼻〕 紐〔結會也〕 狃〔狎也；習也〕 忸〔愧也〕 茆〔蒲～〕③ 衵〔衣褁也〕 洒〔水，在汝南〕 泖〔水貌〕 扭〔～合也；手縛也〕 罶〔曲梁爲笱〕	溜〔水～下也〕④ 炯〔火也〕⑤	㊓ 雡⑥
邊 p	彪〔虎～〕 滮〔水流貌〕⑦ 羆〔猛獸〕⑧ 飍〔大風起貌〕 髟〔髮長垂貌〕 驫〔馬走貌〕 瀌〔水聲〕	○	㊓ 憑⑨	㊓ 衄⑩
求 k	鳩〔水鳥也；又聚也〕 雉〔同上〕 茾〔草相糾繚〕 摎〔束也；繞也〕 樛〔木枝曲垂〕	九〔陽數也〕 糾〔三股繩也；督也；急也〕⑪ 玖〔黑石次玉〕 韮〔葷菜也〕 韭〔同上〕 久〔長也；永也〕 赳〔～～：武貌〕⑫ 㐰〔古九字〕 糺〔同糾〕 羑〔土，道也；又獄名〕⑬ 灸〔灼體療病〕⑭	救〔拯也；相～〕	㊓ 噍⑮
氣 kʻ	丘〔聖人名；又大也〕 邱〔地名〕 沍〔水名〕 坵〔聚也；大也〕 鳩〔土，水鳥；～聚〕⑯ 樛〔土，木枝垂曲〕⑰ 笻〔～：竹〕	揫〔手舉也〕 麇〔麻也〕 醜〔面醜也〕⑱ 饃〔食物爛也〕 糗〔乾飯也；熬麥米也〕	蹎〔行貌〕⑲	○

（續表）

聲 韻 調	24　秋 iu/iuʔ			
	上平˧ 33	上上˥ 55	上去˥˩ 41	上入˥ 5
地 t	丟〔土,一去不返也〕	肘〔土,臂節也〕	晝〔與夜爲界〕	㊥紨⑳
普 p‘	㊥呼㉑	㊥謅㉒	㊥妞㉓	㊥檂㉔
他 t‘	抽〔拔也;引也〕　瘳〔病瘉〕 疛〔病差愈〕　惆〔~悵〕 妯〔悼也;心動也〕	丑〔土,辰名〕　吜〔聲也〕 忸〔愧也〕㉕　醜〔惡也;類也〕	丑㉖	○

【校注】

① 留〔同畱,俗字〕:[《廣韻》力求切,平尤,來。]亦作"畱"。停止在某一處所或地位上不動;不離去。《詩・大雅・常武》:"不留不處,三事就緒。"[按]調不合,應歸下平。

② 鰍〔土,泥~〕:[《廣韻》七由切,平尤,清。]亦作"鰌"。魚綱鰍科魚類的統稱。體圓,尾側扁,口小,具鬚三至六對,鱗細小或退化。常見的有泥鰍、沙鰍和長薄鰍等。《莊子・齊物論》:"麋與鹿交,鰌與魚游。"[按]聲不合,應歸出母。今泉稱"泥鰍"爲"塗溜"[꜀t‘ɔ꜀liu],[꜀liu]應爲[꜀ts‘iu]的變讀。

③ 茆〔蒲~〕:【字彙】力久切,音柳。蒲柳也。

④ 溜〔水~下也〕:[《廣韻》力救切,去宥,來。]流;淌。《戰國策・韓策一》:"段規謂韓王曰:'分地必取成皋。'韓王曰:'成皋,石溜之地也,寡人無所用之。'"(元)吴師道補注:"溜,言多山石,水所溜也。"[按]調不合,應歸下去。

⑤ 炯〔火也〕:【康熙字典】《五音集韻》力救切,音溜。火炯也。[按]調不合,應歸下去。

⑥ ㊥雡:[《集韻》力救切,去宥,來。]1. 鳥大雛。2. 小鷄。3. 又幼小。[按]調不合,應歸下去。

⑦ 滮〔水流貌〕:【集韻】皮虬切。《説文》水流皃。[按]調不合,應歸下平。

⑧ 羆〔猛獸〕：[《廣韻》彼爲切，平支，幫。]熊的一種。俗稱人熊或馬熊。《書·牧誓》："如虎如貔，如熊如羆。"【集韻】斑糜切。《説文》如熊黄白文。[按]韻不合，應歸基韻。今泉讀[꜀p'i]。

⑨ ㊫愚：【中華字海】音思，義未詳。參見《篇海》。一説讀 mǎ，臺灣地區人名用字。[按]聲、韻、調皆不合。

⑩ ㊫衄：[《廣韻》女六切，入屋，娘。][《廣韻》如六切，入屋，日。]鼻出血。《素問·金匱真言論》："故冬不按蹻，春不鼽衄。"（唐）王冰注："鼽，謂鼻中水出；衄，謂鼻中血出。"[按]聲、韻、調皆不合。

⑪ 糾〔三股繩也；督也；急也〕：[《廣韻》居黝切，上黝，見。]絞合的繩索。《説文·丩部》："糾，繩三合也。"《文選·賈誼〈鵩鳥賦〉》："何異糾纆。"（唐）李善注引《字林》："糾，兩合繩；纆，三合繩。"[按]今泉讀[kiu꜄]。

⑫ 赳〔~~：武貌〕：[《廣韻》居黝切，上黝，見。][《集韻》居虯切，平幽，見。]威武貌。（元）無名氏《衣襖車》第一折："這紅抹額似火霞飄，金面具威風赳。"[按]今泉讀[꜀kiu]（居虯切）。

⑬ 羑〔土，道也；又獄名〕：[《廣韻》與久切，上有，以。]誘導。《書·康王之誥》："惟周文武誕受羑若。"（唐）陸德明釋文引（漢）馬融曰："羑，道也。"【字彙】云九切，音有。道也。[按]聲不合，應歸英母。

⑭ 灸〔灼體療病〕：[《廣韻》舉有切，上有，見。][《廣韻》居祐切，去宥，見。]中醫的一種療法。用燃燒的艾絨熏灼人體的穴位。《莊子·盜跖》："丘所謂無病而自灸也。"[按]今泉讀[kiu꜄/ku꜄]（居祐切）。

⑮ ㊫嘺：【字彙】胡白切，音劾。誇也。[按]聲、韻、調皆不合。

⑯ 鳩〔土，水鳥；~聚〕：[《廣韻》居求切，平尤，見。]鳥名。古爲鳩鴿類，種類不一。如雉鳩、祝鳩、斑鳩等，亦有非鳩鴿類而以鳩名的如鳲鳩（布穀）。今爲鳩鴿科部分鳥類的通稱。常指山斑鳩及珠頸斑鳩兩種。《詩·衛風·氓》："于嗟鳩兮，無食桑葚。"毛傳："鳩，鶻鳩也。"[按]聲不合，應歸求母。

⑰ 樛〔土，木枝垂曲〕：[《廣韻》居虯切，平幽，見。]1. 樹木向下彎曲。（宋）王

安石《次韻酬龔深甫》之一:"北尋五柞故未憖,東挽三楊仍有樛。"2. 引申爲彎曲。(唐) 陸龜蒙《耒耜經》:"自策額達於犂底,縱而貫之曰箭,前如桯而樛者曰轅。"[按]聲不合,應歸求母(重見)。

⑱ 䩪〔面醜也〕:【集韻】去久切。䶑䩪,面醜。

⑲ 踈〔行貌〕:【集韻】丘救切。跛行也。

⑳ ㊫紂:【廣韻】除柳切。竹易根而死也。[按]調不合,應歸下上。

㉑ ㊫呼:[《廣韻》縛謀切,平尤,奉。]1. 吹氣聲。2. 吹;吹氣。3. 喉中聲。[按]聲、韻、調皆不合。

㉒ ㊫謅:【集韻】楚九切。謅謅,衆聲。又初口切,音䱉。樂音美也。

㉓ ㊫妞:[《集韻》女九切,上有,娘。]女孩子。[按]聲、韻、調皆不合。

㉔ ㊫檂:【集韻】乃了切。木長弱皃。[按]聲、韻、調皆不合。

㉕ 忸〔愧也〕:[《集韻》女九切,上有,娘。]羞慚。(南朝·梁) 陶弘景《答虞中書書》:"追及暇日,有事還童,不亦皎絜當年,而無忸前修也。"[按]誤,聲不合,應歸柳韻。

㉖ 丑:[《廣韻》敕久切,上有,徹。]地支的第二位。古代同星(歲星)歲(太歲)紀年法相配,用以紀年。[按]調不合,應歸上上(重見)。

聲韻調	24 秋 iu/iuʔ			
	下平˨˦ 24	下上˨˨ 22	下去˦˩ 41	下入˨˦ 24
柳 l	劉〔殺也；又姓〕 旒〔冕~；九~〕 流〔水行也；放也；又輩也〕 咻〔小兒聲〕 䊰〔糯也〕① 瑠〔~璃：石有光者〕 琉〔同上〕 瀏〔水清貌〕 駵〔赤馬黑鬣〕 漻〔~浗：手足凍也〕 旈〔旌旂綴垂〕 瘤〔疣也；腫也〕 硫〔~磺：藥名〕② 摎〔斬刺也〕 橊〔石~：果名〕 榴〔同上〕 瞜〔以火燒田而種也〕 鏐〔黃金之美〕 懰〔怨也；悲也〕③ 䉧〔竹也〕 留〔住也；止也〕 飀〔颼~：風聲〕④	㊇鎦⑤	窌〔穴也〕 緌〔雜色繒也〕 餾〔飯氣蒸也〕 窌〔齊地〕 鎦〔甑屬〕 霤〔中~：土神；又屋水流處也〕	○
邊 p	枹〔擊鼓槌也〕⑥ 浮〔汎也〕⑦ 紑〔衣鮮潔貌〕⑧ 粰〔糯也〕⑨	㊇棸⑩	○	○
求 k	求〔覓也；索也〕 捄〔長貌；曲貌〕 銶〔鑿屬〕 玌〔玉名〕 扏〔緩持也〕 璆〔~琳：美玉〕 觩〔長貌〕⑪ 虯〔龍無角〕 虬〔同上〕 鼽〔寒氣塞鼻〕⑫ 㕤〔高氣也〕 紈〔引急也〕 莍〔椒也〕⑬ 颫〔小風〕 仇〔讎也；匹也〕 怵〔怨仇也〕 犰〔牛大力〕⑭ 牞〔大牛〕⑮ 犰〔角貌〕 球〔美玉〕 絿〔緩也〕⑯ 浗〔漻~〕 觓〔角曲〕 勼〔聚也〕⑰ 毬〔綉~〕 逑〔聚也；匹也〕 裘〔皮~；箕~〕 厹〔三隅矛〕 俅〔恭順貌〕 丩〔相糾繚也〕⑱ 頄〔面顴〕	臼〔舂~；杵~〕 舅〔母之兄弟曰~〕 疚〔久疾曰~〕⑲ 柩〔久也；棺~〕⑳ 匛〔棺~〕㉑ 匶〔在棺曰~〕㉒ 諮〔毀也〕 咎〔愆也；過也〕	舊〔新之對也；久也；故也〕 究〔窮也：推~〕 救〔禁也；助也〕㉓ 廐〔馬舍也〕㉔ 厩〔同上〕 疚〔病也〕㉕	○
氣 kʻ	球〔土，琉~〕	㊇鄃㉖	赿〔跛行也〕㉗ 鼿〔仰鼻〕㉘	○

(續表)

聲韻調	24　秋 iu/iuʔ			
	下平˨˦ 24	下上˨˨ 22	下去˦˩ 41	下入˨˦ 24
地 t	儔〔侶也;誰也〕　裯〔單被也〕 燽〔著也;明也〕　躊〔~躇:不決〕 嚋〔誰也〕　懤〔怨也;愁也〕 疇〔治耕之田地〕　惆〔土,~悵:悲愁〕 綢〔纏也;衆也〕　醻〔獻~〕 籌〔投壺之矢;筭也〕	紂〔商辛號〕㉙ 宙〔往古來今曰~〕㉚ 胄〔甲~;世~〕㉛ 酎〔新熟之酒〕㉜ 繇〔卜筮之辭〕㉝ 盩〔人名〕㉞ 籀〔~文;讀書也〕㉟	咮〔鳥喙〕㊱	○
普 p‘	(增)啹㊲	(增)啚㊳	○	○
他 t‘	頭〔正,~面〕㊴	(增)蔓㊵	○	(增)篕〔人名〕㊶

【校注】

① 䉹〔鬻也〕:【集韻】力求切。《博雅》粰䉹,饊也。【字彙】力求切,音流。注見上(即"粰")。【字彙】粰,房鳩切,音浮。《博雅》粰䉹,饊也。一曰鬻也。

② 硫〔~磺:藥名〕:[按]原注"~磺",樋新編本誤作"磺"。

③ 懰〔怨也;悲也〕:【集韻】力求切。懰慄,憂皃;一曰怨也。[按]原注"怨也",樋新編本、大版式本誤作"烈也"(此誤源於《字彙》。【字彙】力求切,音流。烈也;又懰慄,傷悲也)。會文書莊本誤作"到",道光本、文德堂本、市圖善本則誤作"到"。

④ 飀〔颼~:風聲〕:[《廣韻》力求切,平尤,來。]寒冷;凛冽。參見"颼飀"。【颼飀】象聲詞。風雨聲。1.(明)湯式《小桃紅·姚江夜泊》曲:"江風吹雨響颼飀,寒滲青衫透。"2.風凛冽貌。(唐)李頎《聽安萬善吹觱篥歌》:"枯桑老柏寒颼飀,九雛鳴鳳亂啾啾。"

⑤ (增)鰡:【集韻】力求切。魚名。[按]調不合,應歸下平。

⑥ 枹〔擊鼓槌也〕：[《廣韻》縛謀切，平尤，奉。]鼓槌。《左傳・成公二年》："〔張侯〕左並轡，右援枹而鼓。"（唐）孔穎達疏："枹，擊鼓杖也。"[按]韻不合，應歸燒韻。

⑦ 浮〔汎也〕：[《廣韻》縛謀切，平尤，奉。]漂在液體表面或空中。與"沉"相對。《詩・小雅・菁菁者莪》："汎汎楊舟，載沉載浮。"[按]聲、韻不合，應歸喜母鈎韻。

⑧ 紑〔衣鮮潔貌〕：[《廣韻》匹尤切，平尤，滂。]鮮潔貌。《詩・周頌・絲衣》："絲衣其紑，載弁俅俅。"（宋）朱熹集傳："紑，潔貌。"[按]調不合，應歸上平。

⑨ 稃〔鬻也〕：【集韻】房尤切。《博雅》稃粖，饊也；一曰鬻也。[按]韻不合，應歸珠韻。

⑩ ㊌棨：[按]傳統辭書查無此字。

⑪ 觩〔長貌〕：[《廣韻》渠幽切，平幽，羣。]亦作"觓"。獸角上曲貌。《詩・小雅・桑扈》："兕觥其觩，旨酒思柔。"（宋）朱熹集傳："觩，角上曲貌。"[按]原注"長貌"僅見於《字彙》。【字彙】渠尤切，音求。長貌；一曰角上曲貌。

⑫ 鼽〔寒氣塞鼻〕：【集韻】牛救切。齀鼽，仰鼻。[按]聲、調不合，應歸語母下去。

⑬ 莍〔椒也〕：[《廣韻》巨鳩切，平尤，羣。]椒類果實表皮密生疣狀突起的腺體。[按]【字彙】巨鳩切，音求。椒也。

⑭ 犰〔牛大力〕：[《玉篇》居求切。]牛大力。[按]調不合，應歸上平。

⑮ 犐〔大牛〕：【集韻】居尤切。大牡謂之犐。[按]調不合，應歸上平。

⑯ 絿〔緩也〕：[《廣韻》巨鳩切，平尤，羣。]急躁。《詩・商頌・長發》："不競不絿，不剛不柔。"毛傳："絿，急也。"【集韻】渠尤切。《説文》急也。[按]原注"緩也"，（諸版本皆同）源於《字彙》。【字彙】渠尤切，音求。緩也。《詩・商頌》不競不絿。

⑰ 勼〔聚也〕：[《廣韻》居求切，平尤，見。]聚集。《説文・勹部》："勼，聚也。"（清）段玉裁注："《釋詁》曰：'鳩，聚也。'"[按]調不合，應歸上平。

⑱ 丩〔相糾繚也〕：[《廣韻》居求切，平尤，見。]纏繞糾結。後作“糾”。[按]調不合，應歸上平。

⑲ 疚〔久疾曰～〕：[《廣韻》居祐切，去宥，見。]久病；疾病。《釋名・釋疾病》：“疚，久也，久在體中也。”[按]調不合，應歸上去。

⑳ 柩〔久也；棺～〕：[《廣韻》巨救切，去宥，羣。]已裝尸體的棺材。《禮記・問喪》：“三日而斂，在牀曰尸，在棺曰柩。”[按]調不合，應歸下去。

㉑ 匛〔棺～〕：[按]同“柩”。調不合，應歸下去。

㉒ 匶〔在棺曰～〕：[《廣韻》巨救切，去宥，羣。]裝着尸體的棺材。《周禮・春官・喪祝》：“及朝，御匶，乃奠。”[按]調不合，應歸下去。

㉓ 捄〔禁也；助也〕：同“救”。

㉔ 廐〔馬舍也〕：【篇海】居又切，音救。馬舍也。【字彙】俗“廏”字。[按]調不合，應歸上去。

㉕ 疚〔病也〕：[按]見上⑲。調不合，應歸上去。

㉖ ㊫鄁：[按]傳統辭書查無音、義。

㉗ 赳〔跛行也〕：【集韻】丘救切。跛行也。[按]調不合，應歸上去。

㉘ 鼽〔仰鼻〕：【集韻】丘救切。鼽鼿，仰鼻。[按]調不合，應歸上去。

㉙ 紂〔商辛號〕：[《廣韻》除柳切，上有，澄。]商代最後一個君主的謚號。一作“受”，亦稱“帝辛”。相傳是個暴君。历代著作中多以爲暴君的典型。《史記・殷本紀》：“帝乙崩，子辛立，是爲帝辛，天下謂之紂。”

㉚ 宙〔往古來今曰～〕：[《廣韻》直祐切，去宥，澄。]指古往今來的時間。《莊子・庚桑楚》：“有實而無乎處者，宇也；有長而無本剽者，宙也。”（晉）郭象注：“宙者，有古今之長，而古今之長無極。”[按]調不合，應歸下去。今泉俗讀也爲下上調[⊆tiu]。

㉛ 冑〔甲～；世～〕：[《廣韻》直祐切，去宥，澄。]古代帝王或貴族的後嗣。《國語・周語上》：“〔襄王〕十六年，而晉人殺懷公。無冑。”（三國・吳）韋昭注：“冑，後也。”[《廣韻》直祐切，去宥，澄。]古代作戰時戰士所戴的頭盔。《書・

費誓》:“善敹,乃甲冑。”(唐) 孔穎達疏引《説文》:“冑,兜鍪也。”[按]調不合,應歸下去。

㉜ 酎〔新熟之酒〕:[《廣韻》直祐切,去宥,澄。]反復多次釀成的醇酒。《禮記·月令》:“〔孟夏之月〕天子飲酎。”(漢) 鄭玄注:“酎之言醇也。謂重釀之酒也。”[按]調不合,應歸下去。

㉝ 繇〔卜筮之辭〕:[《廣韻》直祐切,去宥,澄。]古時占卜的文辭。《左傳·閔公二年》:“成風聞成季之繇,乃事之而屬僖公焉。”(晉) 杜預注:“繇,卦兆之占辭。”[按]調不合,應歸下去。

㉞ 盩〔人名〕:【字彙】直又切,音宙。人名。周有諸盩。[按]調不合,應歸下去。

㉟ 籒〔~文;讀書也〕:同“籀”。【集韻】直祐切。《説文》讀書也。[《廣韻》直祐切,去宥,澄。]1. 讀書。(漢) 許慎《〈説文解字〉叙》:“尉律,學僮十七已上始試,諷籀書九千字乃得爲史。”(清) 段玉裁注:“《竹部》曰:‘籀,讀書也。’《毛詩傳》曰:‘讀,抽也。’《方言》曰:‘抽,讀也。’抽即籀,籀讀二文爲轉注。”……3. 漢字的一種字體。一名大篆。(晉) 左思《魏都賦》:“讎校篆籀,篇章畢覿。”參見“籀文”。【籀文】我國古代書體的一種。也叫“籀書”、“大篆”。因著録於《史籀篇》而得名。字體多重疊。春秋、戰國間通行於秦國。[按]調不合,應歸下去。原注“讀書”,除大版式本漫漶不清外,其餘諸本皆誤作“讀書聲”。此誤源自《字彙》。【字彙】籒,直又切,音宙。史籒,周宣王太史作大篆,故稱籒文。又讀書聲也。

㊱ 咮〔鳥喙〕:[《廣韻》陟救切,去宥,知。]禽鳥嘴。《詩·曹風·候人》:“維鵜在梁,不濡其咮。”毛傳:“咮,喙也。”[按]調不合,應歸上去。

㊲ ㊀啹:【中華字海】音掌。義未詳。參見《龍龕手鑒》。[按]音不合。《龍龕手鑒》查無此字。

㊳ ㊀唕:【篇海】蘇到切。群鳥聲。[按]音不合。

㊴ 頭〔正,~面〕:[《廣韻》度侯切,平侯,定。]人體的最上部分或動物的最前

部分。長着口、鼻、眼等器官。《左傳・襄公十九年》:"荀偃瘅疽,生瘍於頭。"[按]韻不合,應歸秋韻。今泉戲臺上仍保留此讀法。

㊵ ㊉蔓:[按]傳統辭書查無此字。

㊶ ㊉篘〔人名〕:【集韻】初救切。《説文》艸皃。一曰艸雜也。[按]音、義皆不合。

聲韻調	24 秋 iu/iuʔ			
	下平ʎ 24	下上˧ 22	下去˩ 41	下入ʎ 24
争 ts	周〔密也;備也;徧也;又姓〕 州〔~郡;九~〕 洲〔水中高地曰~〕 侜〔張也〕 啁〔~嘲:小鳥聲〕① 輈〔車前曲木〕② 譸〔~張:誑也〕③ 舟〔船也;載也〕 週〔迴也;徧也〕 賙〔恤也;贍也〕 調〔~飢〕④ 盩〔引擊也〕⑤	酒〔儀狄作~〕 帚〔箕~:彗也〕 箒〔同上,掃~〕 穛〔聚也〕⑥ 菷〔俗帚字〕 肘〔臂節也〕⑦	詋〔同呪,詛~〕	㊜啁⑧
入 dz	○	蹂〔往來踐~〕⑨ 揉〔矯~也〕⑩ 厹〔獸足蹂也〕 内〔與厹同〕⑪ 沑〔水和也〕 蹂〔踐也〕 粈〔雜也〕⑫ 煣〔以火屈申木〕 輮〔車軔也〕⑬	○	㊜緰⑭
時 s	修〔飭也;理也〕 脩〔脯也;長也〕	首〔元~;先也〕 守〔主也;持~〕	獸〔禽~:走曰~〕	㊜嫍⑮
時 s	收〔斂也;聚也〕 羞〔習也;進也〕 羞〔進也;膳也;又愧恥也〕 饈〔膳也;薦也〕	手〔~足;拳也〕 頁〔頭也〕⑯ 糔〔稻粉爲酏〕 溲〔水調粉麵〕 滫〔米泔〕	繡〔五采刺文〕	○
英 ∅	憂〔患也;愁也〕 懮〔愁也〕 慐〔同上〕 耰〔覆種也〕 優〔饒也;~劣〕 鄾〔國名〕 瀀〔~遊〕	誘〔引~:教也〕 槱〔積柴燎以祭天〕 黝〔黑色也〕 牖〔穿壁爲~〕 有〔~無〕 懮〔憂思也〕⑰ 莠〔狗尾草〕 卣〔盛酒〕 友〔朋~;~愛〕 丣〔日入時也〕 欲〔愁貌〕 酉〔辰名〕	幼〔小也;弱也〕 又〔更也;再也〕⑱	○
文 b	○	○	○	○
語 g	○	○	○	○

（續表）

聲韻調	24 秋 iu/iuʔ			
	下平⅄[24]	下上˧[22]	下去˩[41]	下入⅄[24]
出 tsʻ	秋〔~季：金行之時〕 烁〔同上〕 鞦〔韆~：繩戲〕 鰌〔泥~〕 鰍〔同上〕 篍〔吹角所以勸役〕 趥〔行貌〕 緧〔馬紂〕 楸〔梓屬〕 鶖〔水鳥也〕	謅〔~~：衆聲〕 醜〔土，惡也〕 手〔解，腳~〕 贖〔土解，~田；~物〕⑲ 丑〔辰名〕⑳	愀〔感也〕㉑	○

【校注】

① 啁〔~噍：小鳥聲〕：［《廣韻》張流切，平尤，知。］【啁噍】象聲詞。鳥蟲鳴聲。《荀子·禮論》："小者是燕爵猶有啁噍之頃焉，然後能去之。"梁啓雄簡釋："啁噍，小鳥鳴也。"［按］聲不合，應歸地母。因《字彙》同音字"周"而誤。【字彙】啁，職流切，音周。唯小鳥群沸急迫之聲。

② 輈〔車前曲木〕：［《廣韻》張流切，平尤，知。］車轅。用於大車上的稱轅，用於兵車、田車、乘車上的稱輈。《左傳·隱公十一年》："公孫閼與潁考叔爭車，潁考叔挾輈以走。"（晉）杜預注："輈，車轅也。"［按］聲不合，應歸地母。原注"車前曲木"源自《字彙》。【字彙】職流切，音周。車前曲木。

③ 譸〔~張：誑也〕：［《廣韻》張流切，平尤，知。］欺誑。（南朝·梁）劉勰《文心雕龍·程器》："潘岳詭譸於愍懷，陸機傾仄於賈郭。"［按］聲不合，應歸地母。因《字彙》而誤。【字彙】譸，職尤切，音舟。譸張，誑也。

④ 調〔~飢〕：［《廣韻》張流切，平尤，知。］朝；早晨。《廣韻·平尤》："調，朝也。"【調飢】朝飢。早上没吃東西時的飢餓狀態。形容渴慕的心情。《詩·周南·汝墳》："未見君子，惄如調飢。"毛傳："調，朝也。"（漢）鄭玄箋："未見君子之時，如朝飢之思食。"［按］聲不合，應歸地母。因《字彙》而誤。【字彙】調，職流切，音周。重也，與"輖"同。《詩·周南》惄如調飢。

⑤ 嫯〔引擊也〕：［《廣韻》張流切，平尤，知。］投擲；引擊。章炳麟《新方言·

釋言》:"今語自遠引而擊之亦曰盩,俗作'丢'。山東、遼東謂摎掠捶擊曰盩,乃正作張流切,而稍變爲去聲。"[按]聲不合,應歸地母。因《字彙》而誤。【字彙】盩,職流切,音周。《説文》引擊也。

⑥ 稠〔聚也〕:【集韻】士九切。聚也。[按]調不合,應歸下上。

⑦ 肘〔臂節也〕:[《廣韻》陟柳切,上有,知。]上下臂相接處可以彎曲的部位。《左傳·成公二年》:"自始合,而矢貫余手及肘。"[按]聲不合,應歸地母。因《字彙》而誤。【字彙】肘,止酉切,周上聲。臂節也。

⑧ ㊇啁:[《廣韻》張流切,平尤,知。][按]見上①。聲、調不合,應歸地母上平。

⑨ 蹂〔往來踐~〕:[《廣韻》耳由切,平尤,日。][《廣韻》人九切,上有,日。]踐踏。《漢書·揚雄傳下》:"蹂屍輿廝,係累老弱。"(唐) 顔師古注:"言已死則蹂踐其屍,破傷者則輿之而行也。"

⑩ 揉〔矯~也〕:【集韻】而由切。以手挻也。又忍九切。《説文》曲伸木也。

⑪ 内〔與厹同〕:同⑨蹂。

⑫ 粈〔雜也〕:【集韻】人九切。雜飯也。

⑬ 輮〔車韌也〕:【集韻】忍九切。韌也。【字彙】忍九切,柔上聲。車韌也;韌也。[按] 原注"車韌也",樋新編本、道光本、文德堂本、會文書莊本、市圖善本誤作"車動也",廖新校增本則作"韌也",不確。

⑭ ㊇緧:[《集韻》息有切,上有,心。]絆住前兩足。引申爲帶子。(宋)沈括《夢溪筆談·器用》:"青堂羌善鍛甲,鐵色青黑,瑩徹可鑒毛髮,以麝皮爲緧旅之,柔薄而韌。"[按]音不合。

⑮ ㊇䳷:【集韻】之出切。雞出殻聲。[按]音不合。

⑯ 頁〔頭也〕:【集韻】奚結切。《説文》頭也。【康熙字典】《六書故》"頁"即"首"字,不當音纈。[按]"頁",傳統辭書查不到"首"音。

⑰ 懮〔憂思也〕:【字彙】於九切,憂上聲。懮受,憂思也。【漢語大詞典】【懮受】形容步態優美。《詩·陳風·月出》:"月出皓兮,佼人懰兮,舒懮受兮,勞

心慅兮。"(清) 馬瑞辰通釋:"窈糾……與下懮受、夭紹同爲形容美好之詞。"

⑱ 又〔更也;再也〕:[《廣韻》于救切,去宥,云。]重復出現;再次出現。《穀梁傳·僖公二十二年》:"過而不改,又之,是謂之過。"[按]調不合,應歸下去。

⑲ 贖〔土解,~田;~物〕:[《廣韻》神蜀切,入燭,船。]用錢物或其他代價換回人身或抵押品。《詩·秦風·黄鳥》:"如可贖兮,人百其身。"(漢) 鄭玄箋:"如此奄息之死,可以他人贖之者,人皆百其身。"[按]聲、韻、調皆不合,實爲"取"的訓讀字。

⑳ 丑〔辰名〕:[《廣韻》敕久切,上有,徹。]1. 地支的第二位。古代同星(歲星)歲(太歲)紀年法相配,用以紀年。《爾雅·釋天》:"太歲在寅曰攝提格……在丑曰赤奮若。"也用以紀月。《晉書·樂志上》:"十二月之辰謂爲丑。"又與天干相配用以紀日。《書·伊訓》:"惟元祀,十有二月,乙丑, 伊尹祠于先王。"(晉) 劉琨《勸進表》:"建興五年,三月癸未朔,十八日辛丑。"2. 十二時辰之一,指凌晨一時至三時,古稱鷄鳴時。[按]聲不合,應歸他母。

㉑ 愀〔慼也〕:[《玉篇》初又切。]通"愀"。變色改容。《吕氏春秋·慎人》:"孔子愀然推琴,喟然而歎曰:'由與賜,小人也。'"[按]調不合,應歸上去。

聲韻調	24 秋 iu/iuʔ			
	下平˨˦^{24}	下上˨˨^{22}	下去˦˩^{41}	下入˨˦$^{\underline{24}}$
争 ts	啾〔~唧：小聲〕① 揪〔手~〕② 湭〔酒滓〕③ 噍〔啁~：小鳥聲〕④ 揂〔聚也〕⑤ 揫〔收束也〕⑥ 瞅〔耳鳴也〕⑦ 湫〔水名〕⑧	○	就〔成也；即也〕 颵〔風貌〕⑨ 呪〔~詛〕⑩ 稍〔稔實也〕⑪ 粙〔稻實也〕⑫ 僦〔賃也；顧也〕⑬	○
入 dz	柔〔温~：順也〕 鰇〔~魚〕 鞣〔熟皮〕 腬〔~腴也〕 脎〔肉肥也〕 葇〔香~〕	○	餗〔餾也〕	○
時 s	酬〔周也；獻~〕 遒〔聚也；迫也：~人〕 悤〔匹也〕⑭ 讎〔仇也；報也〕 雔〔雙鳥也；又~由〕 雦〔雙鳥〕	受〔承也；領也〕	壽〔年高曰~〕⑮ 袖〔衣袂也〕⑯ 秀〔美也；吐華曰~〕⑰ 狩〔冬獵〕⑱ 授〔付也；予也〕	○
時 s	售〔賣也〕 囚〔拘也；罪人〕 泅〔浮行水上〕 醜〔惡也〕 讐〔答也〕 稠〔多也；密也〕⑲ 揄〔抒臼也〕⑳ 酋〔~者，酒也；又終也〕㉑ 醻〔土，獻~〕 犨〔白色牛〕㉒ 犫〔同上〕 酧〔導飲也〕	綬〔組~；印~〕	琇〔~瑩：美石〕㉓ 岫〔土，山~〕 壽〔年高曰~〕㉔ 獸〔走曰~〕㉕	○
英 ∅	尤〔~豫〕 冘〔愆~：過也〕㉖ 由〔從也；用也〕 遊〔遨~；~玩〕 遊〔同上，俗字〕 游〔浮行水上〕 攸〔所也；相~〕㉗ 斿〔同游〕 油〔脂膏也：火~〕 颵〔~颾：風聲〕 輶〔~車〕 訧〔罪也〕 斿〔旌旂也；垂也〕㉘ 悠〔遠也：~~然〕㉙ 逌〔土，聚也〕㉚ 瀀〔深澤也〕㉛ 郵〔驛也〕 滺〔水流貌〕㉜ 羭〔美也〕㉝ 猶〔謀也；似也；又~豫〕 蚘〔蚩~〕 麀〔牝鹿〕㉞ 蝤〔~蠐：木蟲〕 楢〔柔木〕 猷〔道也；謀也〕 呦〔鹿鳴〕㉟ 鼬〔野鼠；地名〕㊱ 蕕〔臭草也〕 鰟〔~魚〕 莤㊲	○	佑〔助也〕 祐〔神助也〕 褎〔袖也；塞耳也；漸長也〕㊳ 侑〔耦也；~食〕㊴ 右〔左~；尊也〕 柚〔似橙而酢〕 囿〔苑有垣者〕 狖〔獸似猨〕 犹〔獸名〕㊵	○

（續表）

聲 韻 調	24　秋 iu/iuʔ			
	下平˨˦^{24}	下上˨˨^{22}	下去˦˩^{41}	下入˨˦$^{\underline{24}}$
文 b	繆〔綢～：纏綿也〕	○	謬〔詐～；悖～〕	○
語 g	牛〔耕～；人名〕　芊〔～膝：藥名〕	○	牛〔～馬〕㊶	○
出 tsʻ	篘〔酒器〕㊷	○	甃〔井～無咎：結砌也〕㊸ 簉〔～謂之笡〕㊹ 莤〔草根〕㊺ 篬〔齊也；就也〕㊻ 縐〔絺之細者〕㊼ 樹〔解，～木〕	○

【校注】

① 啾〔～唧：小聲〕：［《廣韻》即由切，平尤，精。］亦作“噍”。1. 口吟。2. 衆聲雜沓。《文選・馬融〈長笛賦〉》：“啾咋嘈啐似華羽兮，絞灼激以轉切。”（唐）李善注引《蒼頡篇》：“啾，衆聲也。”（明）湯顯祖《牡丹亭・鬧宴》：“轅門簫鼓啾，陣雲收，君恩可借淮揚寇？”【啾唧】象聲詞。形容細碎的聲音。（漢）枚乘《柳賦》：“鎗鍠啾唧，蕭條寂寥。”［按］調不合，應歸上平。

② 揪〔手～〕：［《字彙》即尤切。］收斂；聚集。《新唐書・孫佺傳》：“佺揪聚軍中幣萬餘匹，悉袍帶並與之。”［按］調不合，應歸上平。

③ 湭〔酒滓〕：【集韻】將由切。酒滓也。［按］調不合，應歸上平。

④ 噍〔啁～：小鳥聲〕：［《集韻》將由切，平尤，精。］同“啾”。象聲詞。《集韻・平尤》：“噍，燕雀聲。《禮》：‘啁噍之頃。’通作‘啾’。”［按］調不合，應歸上平。

⑤ 揂〔聚也〕：［《廣韻》即由切，平尤，精。］聚集。［按］調不合，應歸上平。

⑥ 揫〔收束也〕：［《廣韻》即由切，平尤，精。］收斂；聚集。《爾雅・釋詁上》：“揫，聚也。”（晉）郭璞注：“《禮記》曰：‘秋之言揫。’揫，斂也。”［按］調不合，應歸上平。

⑦ 啾〔耳鳴也〕:【集韻】將由切。耳鳴。[按]調不合,應歸上平。

⑧ 湫〔水名〕:[《廣韻》即由切,平尤,精。]古水名。發源於山西省嵐縣西。今名湫水河。《清史稿·地理志七·汾州府》:"其湫水亦自興入。"[按]調不合,應歸上平。

⑨ 颼〔風貌〕:【集韻】職救切。風皃。[按]調不合,應歸上去。

⑩ 呪〔~詛〕:同"咒"。[《廣韻》職救切,去宥,章。]詛咒。《醒世恒言·小水灣天狐詒書》:"我何曾回家?却又咒我眼瞎!"[按]調不合,應歸上去。

⑪ 稍〔稔實也〕:【廣韻】即就切。稻稔實也。[按]調不合,應歸上去。原注缺"稻"字。源於《字彙》。【字彙】即就切,酒去聲。《廣韻》稍稔實也。○又直祐切,音胄。稻實。亦作"紬稍"。

⑫ 紬〔稻實也〕:【集韻】直祐切。稻實。[按]聲不合,應歸地母。源於《玉篇》、《字彙》。【玉篇】子又切。亦"稍"字。【字彙】即就切,酒去聲。稔實也。○亦作"稍",通作"稍"。今泉變讀下上[ᶜtiu]。

⑬ 僦〔賃也;顧也〕:[《廣韻》即就切,去宥,精。]1. 雇佣。亦指雇佣之費或運費。《商君書·墾令》:"令送糧無取僦,無得反庸,車牛輿重設必當名。"2. 租賃。(宋)楊萬里《不睡》詩:"睡鄉幸有閑田地,不放詩人僦一居。"[按]調不合,應歸上去。

⑭ 惆〔匹也〕:【字彙】市流切,音讎。匹也;仇也。

⑮ 壽〔年高曰~〕:[《廣韻》承呪切,去宥,禪。]年壽;壽限。亦指事物的使用期限。《左傳·襄公八年》:"《周詩》有之曰:'俟河之清,人壽幾何?兆云詢多,職競作羅。'"(晉)杜預注:"逸詩也。言人壽促而河清遲。"[按]今泉除了個别詞語(如"百壽[siu⊇]龜")仍讀下去調外,通常都變讀上去調[siu⊃],如"壽命"、"壽星"。

⑯ 袖〔衣袂也〕:[《廣韻》似祐切,去宥,邪。]衣袖。《左傳·襄公十四年》:"余不説初矣,余狐裘而羔袖。"[按]今泉通常變讀上去調[siu⊃],如"袖章"。

⑰ 秀〔美也;吐華曰~〕:[《廣韻》息救切,去宥,心。]1. 禾類植物開花抽穗。

《詩·大雅·生民》:“實發實秀,實堅實好。”(宋) 朱熹集傳:“秀,始穟。”……7. 秀麗;秀美。(南朝·宋) 劉義慶《世説新語·言語》:“顧長康從會稽還,人問山川之美,顧云: 千巖競秀,萬壑争流,草木蒙籠其上,若雲興霞蔚。”[按]調不合,應歸上去。

⑱ 狩〔冬獵〕: [《廣韻》舒救切,去宥,書。]打獵。亦特指古代君主冬獵。《詩·魏風·伐檀》:“不狩不獵,胡瞻爾庭有縣貆兮!”(漢) 鄭玄箋:“冬獵曰狩。”(宋) 朱熹集傳:“狩,亦獵也。”[按]調不合,應歸上去。

⑲ 稠〔多也;密也〕: [《廣韻》直由切,平尤,澄。]1. 多。(漢) 王符《潛夫論·述赦》:“近時以來,赦贖稠數。”(唐) 韓愈《駑駘》詩:“駑駘誠齷齪,市者何其稠。”2. 繁密。(北魏) 賈思勰《齊民要術·大小麥》:“麥生黄色,傷於太稠。”[按]聲不合,應歸地母。

⑳ 揄〔抒臼也〕:【字彙】于求切,音尤。抒臼也。《詩·大雅·生民》:“或舂或揄。”傳: 揄,抒臼也。疏: 抒米以出臼也。[按]聲不合,應歸英母。

㉑ 酋〔~者,酒也;又終也〕: [《廣韻》自秋切,平尤,從。]1. 陳酒;久釀的酒。《説文·酋部》:“酋,繹酒也。”(清) 段玉裁注:“繹之言昔也。昔,久也……繹酒,謂日久之酒。”……5. 成功;完成。《詩·大雅·卷阿》:“豈弟君子,俾爾彌爾性,似先公酋矣。”毛傳:“酋,終也。”[按]聲不合,應歸出母。

㉒ 犨〔白色牛〕: [《廣韻》赤周切,平尤,昌。]亦作“犫”。牛息聲。《説文·牛部》:“犫,牛息聲。”(清) 段玉裁注:“今本皆作‘犨’,雔聲,而《經典釋文》、唐石經作‘犫’,《玉篇》、《廣韻》皆作‘犨’,云‘犫’同。”【字彙】除留切,音酬。白色牛。又牛息聲。[按]據《廣韻》反切,聲、調不合,應歸出母上平;據《字彙》反切,聲不合,應歸地母。

㉓ 琇〔~瑩: 美石〕: [《廣韻》息救切,去宥,心。]美石。《詩·小雅·都人士》:“彼都人士,充耳琇實。”毛傳:“琇,美石也。”[按]調不合,應歸上去。

㉔ 壽〔年高曰~〕: [按]重收,已見上⑮壽,可删。

㉕ 獸〔走曰~〕: [《廣韻》舒救切,去宥,書。]一般指四足、全身生毛的哺乳動

物。《周禮·天官·庖人》:"庖人掌共六畜、六獸、六禽,辨其名物。"(漢)鄭玄注引(漢)鄭司農曰:"六獸:麋、鹿、熊、麕、野豕、兔。"[按]調不合,應歸上去。

㉖ 尢〔愆~:過也〕:同"尤"。

㉗ 攸〔所也;相~〕:[《廣韻》以周切,平尤,以。]助詞,所。《易·坤》:"君子有攸往,先迷後得主,利。"李鏡池通義:"攸,所。"[按]今泉多讀上平[꜀iu]。

㉘ 斿〔旌斿也;垂也〕:[《集韻》力求切,平尤,來。]1. 古代旌旗下垂的飄帶等飾物。《周禮·春官·巾車》:"建太常十有二斿。"(漢)鄭玄注:"太常,九旗之畫日月者,正幅爲縿,斿則屬焉。"2. 泛指旌旗。[《廣韻》以周切,平尤,以。]游;遨游。《漢書·禮樂志》:"泛泛滇滇從高斿,殷勤此路臚所求。"[按]音、義不合。

㉙ 悠〔遠也;~~然〕:[《廣韻》以周切,平尤,以。]1. 憂思;思念。《詩·周南·關雎》:"悠哉悠哉,輾轉反側。"毛傳:"悠,思也。"2. 遠;長。《詩·周頌·訪落》:"於乎悠哉,朕未有艾。"(漢)鄭玄箋:"於乎遠哉,我於是未有數言遠不可及也。"[按]今泉多讀上平[꜀iu]。

㉚ 遒〔土,聚也〕:[《廣韻》自秋切,平尤,從。]聚合;聚集。《詩·商頌·長發》:"不競不絿,不剛不柔。敷政優優,百禄是遒。"毛傳:"遒,聚也。"[按]聲不合,應歸出母。

㉛ 瀀〔深澤也〕:[《廣韻》於求切,平尤,影。]雨水充足。《説文·水部》:"瀀,澤多也……《詩》曰:'既瀀既渥。'"今本《詩·小雅·信南山》作"既優既渥"。【集韻】於求切。澤多也。[按]調不合,應歸上平。原釋義僅見於《字彙》。【字彙】瀀,於尤切,音攸。深澤也。

㉜ 滺〔水流貌〕:[《集韻》夷周切,平尤,影。]参見"滺滺"。【滺滺】水流貌。《詩·衛風·竹竿》:"淇水滺滺,檜楫松舟。"毛傳:"滺滺,流貌。"[按]調不合,應歸上平。

㉝ 羭〔美也〕:[《廣韻》羊朱切,平虞,以。]美好。《左傳·僖公四年》:"攘公之羭。"(晉)杜預注:"攘,除也。羭,美也。"(唐)孔穎達疏:"羭是羊之名,'美'、'善'之字皆從羊,故羭爲美也。"[按]韻不合,應歸珠韻。

㉞ 麀〔牝鹿〕：［《廣韻》於求切，平尤，影。］牝鹿。《詩·小雅·吉日》："獸之所同，麀鹿麌麌。"毛傳："鹿牝曰麀。"［按］調不合，應歸上平。

㉟ 呦〔鹿鳴〕：［《廣韻》於虯切，平幽，影。］象聲詞。形容動物的叫聲。（宋）洪邁《夷堅乙志·韓氏放鬼》："達擊之，甕即破，乃一犬，呦然而出。"【呦呦】象聲詞。鹿鳴聲。《詩·小雅·鹿鳴》："呦呦鹿鳴，食野之蘋。"［按］調不合，應歸上平。

㊱ 鼬〔野鼠；地名〕：［《廣韻》余救切，去宥，以。］鼬科動物部分種類的通稱。《莊子·徐無鬼》："夫逃虛空者，藜藋柱乎鼪鼬之逕。"［按］調不合，應歸下去。

㊲ 莤：［《集韻》夷周切，平尤，以。］即蕕。水草名。《爾雅·釋草》："莤，蔓于。"（晉）郭璞注："多生水中，一名軒于。"（清）郝懿行義疏："莤當爲蕕。《説文》：'蕕，水邊草也。'《繫傳》云：'似細蘆，蔓生水上，隨水高下，汎汎然也，故曰。蕕，游也。'……今驗此草，俗人即名蘆子，其形狀悉如徐鍇所説。"

㊳ 褎〔袖也；塞耳也；漸長也〕：［《廣韻》似祐切，去宥，邪。］"袖"的古字。《詩·唐風·羔裘》："羔裘豹褎，自我人究究。"［《廣韻》余救切，去宥，以。］禾苗漸長貌。《詩·大雅·生民》："實種實褎。"毛傳："褎，長也。"（漢）鄭玄箋："褎，枝葉長也。"【褎如充耳】謂服飾尊盛而德行不能相稱。《詩·邶風·旄丘》："叔兮伯兮，褎如充耳。"毛傳："褎，盛服也。充耳，盛飾也。大夫褎然有尊盛之服而不能稱也。"一説像聾子一樣塞耳不聞，形容拒絶聽取别人的意見。（漢）鄭玄箋："充耳，塞耳也。言衛之諸臣顔色褎然，如見塞耳，無聞知也。"（清）馬瑞辰通釋："充耳當從箋訓爲塞耳，褎如即塞耳之皃。"後人多從鄭箋，用作塞耳不聞之意。《明史·湯開遠傳》："武臣桀驁恣睢，無日不上條陳，争體統。一旦有警，輒逡巡退縮，即嚴旨屢頒，褎如充耳。"［按］"褎"是個多音多義字，不能合讀一音。前一音應歸時母秋韻下去。

㊴ 侑〔耦也；~食〕：【集韻】尤救切。《説文》耦也。【字彙】爰救切，音又。耦也；配也。與"姷"同。又勸食也。［按］"耦"，諸本原注皆誤作"偶"。

㊵ 狖〔獸名〕：【集韻】尤救切。獸名。［按］"狖"，樋新編本誤作"狘"。

㊶ 牛〔~馬〕：[按]"牛"無去聲一讀。

㊷ 篘〔酒器〕：[《廣韻》楚鳩切，平尤，初。]濾酒用的竹具。(元) 范康《竹葉舟》第三折："自釀下黄花酒，親提着這斑竹篘。"[按]調不合，應歸上平。

㊸ 甃〔井~無咎：結砌也〕：[《廣韻》側救切，去宥，莊。]以磚瓦等砌的井壁。《易·井》："六四，井甃無咎。"《莊子·秋水》："吾樂與，出跳梁乎井幹之上，入休乎缺甃之崖。"(唐) 陸德明釋文引(晉) 李頤曰："如闌。以塼爲之，著井底闌也。"[按]聲、調不合，應歸争母上去。

㊹ 篍〔~謂之笪〕：【字彙】七溜切，秋去聲。《廣雅》篍謂之笪。[按]調不合，應歸上去。

㊺ 莥〔草根〕：【集韻】初救切。《説文》艸皃。一曰艸雜也。[按]調不合，應歸上去。

㊻ 簉〔齊也；就也〕：[《廣韻》初救切，去宥，初。]副；附屬。《左傳·昭公十一年》："僖子使助薳氏之簉。"(晉) 杜預注："簉，副倅也。薳氏之女爲僖子副妾。"【字彙】初救切，篘去聲。倅也；齊也；就也。[按]調不合，應歸上去。

㊼ 縐〔絺之細者〕：[《廣韻》側救切，去宥，莊。]細葛布。《説文·糸部》："縐，絺之細者也。"[按]聲、調不合，應歸争母上去。

聲韻調	24　秋 iu/iuʔ			
	下平ʎ24	下上˧22	下去˩41	下入ʎ24
喜 h	休〔美也;善也〕 烋〔福善也;和也;禄也;熏也〕 庥〔廕也〕 咻〔讙也〕 怮〔憂也〕① 𦧄〔見也〕 痳〔～息:痢病〕 貅〔猛獸〕 幽〔深杳也;又～囚〕② 呦〔土,鹿鳴聲〕③	朽〔腐也〕 歿〔同上〕 缶〔瓦器〕④ 缻〔酒器〕⑤	獝〔畜獸也〕	○

【校注】

① 怮〔憂也〕:［《廣韻》於虯切,平幽,影。］憂貌。（漢）賈誼《新書·容經》:"喪紀之容,怮然慊然若不還。"（清）盧文弨校:"怮,憂也。"［按］聲不合,應歸英母。

② 幽〔深杳也;又～囚〕:［《廣韻》於虯切,平幽,影。］1. 潛隱。（三國·魏）阮籍《詠懷》之三二:"朝陽不再盛,白日忽西幽。"2. 深。（唐）韓愈《送李愿歸盤谷序》:"或曰是谷也,宅幽而勢阻,隱者之所盤旋。"［按］聲不合,應歸英母。但今南音唱詞中仍可聽到此讀法［꜀hiu］。如《南音套曲·魚沉雁杳》:"汝不念着汝母性命送黃幽。"

③ 呦〔土,鹿鳴聲〕:已見上㉟呦。［按］聲不合,應歸英母。

④ 缶〔瓦器〕:［《廣韻》方久切,上有,非。］盛酒漿的瓦器。亦有用銅製造者。《易·坎》:"樽酒簋貳用缶。"［按］韻不合,應歸燒韻。

⑤ 缻〔酒器〕:同"缶"。

聲韻調	24 秋 iu/iuʔ			
	下平˩˨[24]	下上˨[22]	下去˧˩[41]	下入˨˦[24]
喜 h	裘〔解,衫~;皮~〕①	○	臭〔聲氣總名;惡氣;香也〕② 溴〔水氣也〕③ 嗅〔鼻審氣〕④ 珛〔朽玉也〕⑤ 殠〔腐氣〕⑥ 齅〔鼻收氣也〕⑦ 嘼〔畜獸〕⑧	○

【校注】

① 裘〔解,衫~;皮~〕:[《廣韻》巨鳩切,平尤,羣。]用毛皮製成的禦寒衣服。《詩·豳風·七月》:"一之日于貉,取彼狐貍,爲公子裘。"[按][꜀hiu]爲白讀。

② 臭〔聲氣總名;惡氣;香也〕:[《集韻》許救切,去宥,曉。]氣味。《詩·大雅·文王》:"上天之載,無聲無臭。"(漢) 鄭玄箋:"耳不聞聲音,鼻不聞香臭。"[按]調不合,應歸上去。

③ 溴〔水氣也〕:【玉篇】溴,尺又切。水氣也。[按]聲、調不合,應歸出母上去。

④ 嗅〔鼻審氣〕:[《廣韻》許救切,去宥,曉。]用鼻子辨别氣味。《論語·鄉黨》:"子路共之,三嗅而作。"(宋) 邢昺疏:"嗅,謂鼻歆其氣。"[按]調不合,應歸上去。

⑤ 珛〔朽玉也〕:[《廣韻》許救切,去宥,曉。]有疵點的玉。[按]調不合,應歸上去。

⑥ 殠〔腐氣〕:[《廣韻》許久切,上有,曉。]腐臭的氣味。《漢書·楊王孫傳》:"昔帝堯之葬也,窾木爲匵,葛藟爲緘,其穿下不亂泉,上不泄殠。"《説文·歺部》:"殠,腐氣也。"[按]調不合,應歸上上。

⑦ 齅〔鼻收氣也〕:[《廣韻》許救切,去宥,曉。]嗅;用鼻子聞。《漢書·叙傳上》:"不絓聖人之罔,不齅驕君之餌。"(唐) 顔師古注:"齅,古'嗅'字也。"[按]調不合,應歸上去。

⑧ 嘼〔畜獸〕:[《廣韻》許救切,去宥,曉。]牲畜。《説文·嘼部》:"嘼,獸,牲也。"[按]調不合,應歸上去。

25 箴

聲 韻 調	25 箴 ɯm̩/ɯ̩p			
	上平˧ 33	上上˥ 55	上去˥˩ 41	上入˥ 5
柳 l	○	○	○	○
邊 p	○	○	○	○
求 k	○	○	○	○
氣 k‘	○	○	○	○
地 t	○	○	○	○
普 p‘	○	○	○	○
他 t‘	○	○	○	○
争 ts	斟〔~酌〕 箴〔~規;~誡〕 簪〔首笄〕 針〔~線〕 鍼〔所以縫也〕 戡〔擣石;擊也〕	昝〔土,姓也〕①	○	戢〔藏也〕
入 dz	○	○	○	○
時 s	森〔衆木貌〕 葠〔人~:人形故名〕 蔘〔人~〕 叅〔人名〕	瘁〔土,寒病〕	○	○
英 ∅	○	○	○	○
文 b	○	○	○	○
語 g	○	○	○	○
出 ts‘	○	○	○	○
喜 h	欣〔土,喜也〕② 忻〔土,歡~〕③ 炘〔熱貌〕④ 昕〔喜也〕⑤ 訢〔同欣〕 昖〔日明也〕⑥ 惞〔歡喜也〕 昕〔大~:季春朔旦〕⑦	○	○	○

【校注】

① 昝〔土，姓也〕：[《廣韻》子感切，上感，精。]姓。晉有昝堅。參見《晉書·桓温傳》。[按]韻不合，應歸三韻。

② 欣〔土，喜也〕：[《廣韻》許斤切，平欣，曉。]喜悦；欣幸。《左傳·昭公元年》："諸侯其誰不欣焉望楚而歸之，視遠如邇。"[按][꜀həm]爲白讀，今泉口語同。

③ 忻〔土，歡~〕：[《廣韻》許斤切，平欣，曉。]心喜。《墨子·經説上》："譽之，必其行也，其言之忻，使人督之。"（清）孫詒讓閒詁："其言可忻悦也。"[按][꜀həm]爲白讀，今泉口語同。

④ 炘〔熱貌〕：[《廣韻》許斤切，平欣，曉。]1. 參見"炘炘"。2. 用同"欣"。【炘炘】火焰熾盛貌。《漢書·揚雄傳上》："揚光曜之燎燭兮，乘景炎之炘炘。"（唐）顏師古注："炘炘，光盛貌。"一説，熱氣貌。

⑤ 昕〔喜也〕：[《集韻》許斤切，平欣，曉。]欣喜。

⑥ 吹〔日明也〕：[《廣韻》餘律切，入術，以。][《廣韻》夷質切，入質，以。]承上文詞旨的句首助詞。《漢書·叙傳上》："吹中龢爲庶幾兮，顔與冉又不得。"（唐）顏師古注："吹，古'聿'字也。聿，曰也。"[按]音、義皆不合。疑爲"昕"之形誤。【集韻】昕，許斤切。《説文》旦明，日將出也。

⑦ 昕〔大~；季春朔日〕：【字彙】許斤切，音欣。旦明，日將出之時。《禮記·文王世子》："天子視學，大昕鼓徵，所以警衆也。"又大昕，朔日也。大昕之朝。[按]原注"朔日"，樋新編本作"朔旦"。

聲韻調	25 箴 ɯm̩/ɯ̩p			
	下平˩˨ 24	下上˨ 22	下去˦˩ 41	下入˨˦ 24
柳 l	○	○	○	○
邊 p	○	○	○	○
求 k	○	○	○	○
氣 k‘	○	○	○	○
地 t	○	○	○	○
普 p‘	○	○	○	○
他 t‘	○	○	○	○
争 ts	○	○	譖〔謗毁也〕①	○
入 dz	○	○	○	○
時 s	○	○	滲〔漉也,漏也〕	澁〔不滑也〕
英 ∅	○	○	○	○
文 b	○	○	○	○
語 g	○	○	○	○
出 ts‘	○	○	○	○
喜 h	○	○	廞〔意所向也〕②	○

【校注】

① 譖〔謗毁也〕:[《廣韻》莊蔭切,去沁,莊。]讒毁;誣陷。《論語·顔淵》:“浸潤之譖,膚受之愬。”[按]調不合,應歸上去。

② 廞〔意所向也〕:【集韻】火禁切。猛意,謂物新美者,意嚮之也。[按]調不合,應歸上去。

26 江

聲 韻 調	26 江 aŋ/ak			
	上平˧^{33}	上上˥^{55}	上去˦˩^{41}	上入˥$^{\underline{5}}$
柳 l	㊇朧①	篭〔解,箱~〕 壟〔丘~〕	○	漉〔解,~下也〕
邊 p	邦〔~國;家~〕 鞤〔鞋~〕② 梆〔敲~〕 枋〔解,門~〕 搒〔笞打也〕	綁〔土,~縛;~笞〕	放〔解,~去也〕	剥〔削也〕 北〔解,南~〕 腹〔解,心~〕
求 k	江〔水出岷山〕 玜〔玉名〕 畕〔比田也〕③ 韁〔馬紲也〕④ 肛〔腫也〕	講〔論也〕 港〔水中行舟〕 顜〔明也〕 颽〔亂風〕⑤	絳〔大赤色也〕	覺〔悟也;曉也〕 角〔物之有~;又~競〕 捔〔掎也〕 珏〔雙玉曰~〕 瑴〔同上〕 桷〔椽~〕 晷〔明也〕 腳〔脛也〕⑥ 斠〔斗斛也〕 菊〔解,~也〕
氣 k‘	羫〔羊~〕⑦ 空〔解,無也〕 腔〔笛~〕	㊇眶〔目~〕⑧	控〔俗解,~破〕	梡〔枳~:藥名〕 慤〔同慤〕 慤〔誠也;謹也〕 確〔土,~實;堅也〕 滰〔霑也;漬也〕 売〔空~〕 粬〔酒~;紅~〕
地 t	冬〔解,秋~〕 東〔解,~西〕	董〔解,正也;又姓〕	凍〔解,冰~〕	𤛆〔牛相~〕⑨
普 p‘	香〔解,~味〕⑩ 蜂〔黄~〕	紡〔解,~紗〕	○	玏〔玉未成者〕⑪ 撲〔相~〕⑫ 撲〔擊也〕 朴〔~實〕 璞〔玉之未琢者〕

（續表）

聲韻調	26 江 aŋ/ak			
	上平˧ 33	上上˥ 55	上去˩ 41	上入˥ 5
他 t‘	窓〔解,門~〕 可〔解,~也〕⑬	桶〔解,水~;木~〕	○	托〔解,齒~;~物〕⑭
争 ts	椶〔~索;~蓑〕 鬃〔貼~〕	總〔土解,髻~〕	○	○
入 dz	○	○	○	○
時 s	鬆〔解,髮~也〕 双〔一對曰~〕 雙〔同上〕	○	宋〔解,國名;又姓〕⑮	束〔土解,~人也〕⑯
英 ∅	胦〔~肛:不伏人〕 汪〔解,姓也〕⑰ 翁〔解,老~;又姓〕	㊪螉⑱	○	幄〔幃~〕 渥〔沛也;澤也〕 裾〔幃~〕 腥〔脂也〕 喔〔~咿:強笑〕 沃〔土,~水〕 齷〔~齪:急促〕 握〔持也〕
文 b	駹〔黑馬白面〕⑲	蝨〔土解,暑天之~〕⑳ 蚊〔土解,~蟲〕㉑	○	染〔土解,~着〕㉒
語 ɡ	㊪舡㉓	㊪駈㉔	○	㊪欿〔人名〕㉕
出 ts‘	葱〔解,~菜〕 聰〔解,~明〕	○	○	擉〔以杈刺泥中取物也;開引具也〕 齪〔齷~〕 戳〔槍~也〕㉖
喜 h	梈〔帆未張也〕㉗ 魴〔~魚〕㉘	謊〔解,~人〕㉙	巷〔里中~〕㉚ 鬨〔鬭聲〕㉛ 閧〔同上〕 衖〔邑中道〕㉜ 䢼〔同上〕㉝	釀〔土解,~酒〕㉞

【校注】

① ⑳隴：[《廣韻》力踵切，上腫，來。]山名。綿延於甘肅、陝西交界的地方。《史記·天官書》："故中國山川東北流，其維，首在隴蜀，尾没于勃碣 。"（唐）張守節正義："渭水、岷江發源出隴山，皆東北東入渤海也。"[按]韻、調不合，應歸香韻上上。

② 鞤〔鞋~〕：[按]傳統辭書查無此字。疑爲"鞤"之形誤。【集韻】鞤，逋旁切。治履邊也。

③ 畕〔比田也〕：【集韻】居良切。《説文》比田也。[按]韻不合，應歸香韻。因《字彙》"居良切，音江"而誤。

④ 韁〔馬紲也〕：[《廣韻》居良切，平陽，見。]同"繮"。【韁子】即繮繩。（宋）孟元老《東京夢華録·駕登寶津樓諸軍呈百戲》："馬上亦有呈驍藝者，中貴人許畋押隊招呼成列，鼓聲，一齊擲身下馬，一手執弓箭，攬韁子就地，如男子儀。"[按]韻不合，應歸香韻。因《字彙》"居良切，音江"而誤。

⑤ 颵〔亂風〕：【玉篇】可講切，腔上聲。亂風。[按]聲不合，應歸氣母。

⑥ 腳〔脛也〕：同"脚"。[《廣韻》居勺切，入藥，見。]人與動物腿的下端，接觸地面、支持身體和行走的部分。《墨子·明鬼下》："羊起而觸之，折其脚。"[按]韻不合，應歸香韻上入。

⑦ 羫〔羊~〕：同"腔"。

⑧ ⑳眶〔目~〕：[《廣韻》去王切，平陽，溪。]眼眶。《列子·仲尼》："矢注眸子，而眶不睫。"[按]韻、調不合，實爲"孔"的訓讀字。[《廣韻》康董切，上董，溪。]洞孔；窟窿。《墨子·備城門》："客至，諸門户皆令鑿而幂孔。"（清）孫詒讓間詁："蓋鑿門爲孔竅而以物蒙覆之，使外不得見。孔，竅也。"

⑨ 觕〔牛相~〕：同"觸"。

⑩ 香〔解，~味〕：[《廣韻》許良切，平陽，曉。]本指穀物熟後的氣味，引申指一切好聞的氣味，芳香。《詩·大雅·生民》："卬盛于豆，于豆于登，其香始升，上

帝居歆。"[按]聲、韻不合,實爲"芳"的訓讀字。[《廣韻》敷方切,平陽,敷。]草香。亦泛指香,香氣。《説文·艸部》:"芳,香艸也。从艸方聲。"(清)段玉裁注:"'香艸'當作'艸香'。"

⑪ 玏〔玉未成者〕:同"璞"。

⑫ 撲〔相~〕:同"撲"。

⑬ 可〔解,~也〕:[《廣韻》枯我切,上哿,溪。]表示同意,許可。《左傳·桓公十六年》:"宣姜與公子朔構急子,公使諸齊,使盜待諸莘,將殺之。壽子告之,使行,不可,曰:'棄父之命,惡用子矣?'"[按]聲、韻、調皆不合,實爲"中"的訓讀字。猶言可,行,成。(漢)張仲景《傷寒論·太陽病上》:"此爲壞病,桂枝不中與也。"[《廣韻》陟弓切,平東,知。](唐)王建《隱者居》詩:"何物中長食,胡麻慢火熬。"《二刻拍案驚奇》卷二十:"正要來與姐姐、姐夫商量了,往府裏討去,可是中麽?"

⑭ 托〔解,齒~;~物〕:[《集韻》闥各切,入鐸,透。]用手掌附着或承着。(唐)韓偓《咏手》:"悵望昔逢褰繡幔,依稀曾見托金車。"[按]韻不合,實爲"剔"的訓讀字。[《廣韻》他歷切,入錫,透。]分解骨肉。《書·泰誓上》:"焚炙忠良,刳剔孕婦。"(唐)孔穎達疏:"刳剔謂割剥也。《説文》云:'刳,刲也。'今人去肉至骨,謂之剔去,是則亦刲之義也。"

⑮ 宋〔解,國名;又姓〕:[按][saŋ˥]應爲白讀,但今泉無此讀法,衹讀[sɔŋ˥]。

⑯ 束〔土解,~人也〕:[《廣韻》書玉切,入燭,書。]捆縛。《詩·小雅·白華》:"白華菅兮,白茅束兮。"《史記·廉頗藺相如列傳》:"今君乃亡趙走燕,燕畏趙,其勢必不敢留君,而束君歸趙矣。"[按]韻不合,應歸香韻上入,讀[siɔk˩](今泉習慣用俗讀[sɔk˩])。表示"推(人)"的[sak˩],《閩南方言大詞典》第六二四頁寫作"揀",《普通話閩南方言詞典》第七四四頁寫作"速",均屬近音或同音借字,本字未明。注文除樋新編本作"~人也"外,其餘諸本皆作"~入也",亦説得通。

⑰ 汪〔解,姓也〕:[《廣韻》烏光切,平唐,影。]1. 廣大;深廣。《國語·晉語

二》:"汪是土也,苟違其違,誰能懼之!"(三國·吴)韋昭注:"汪,大貌。"……

8. 姓。[按][꜀aŋ]應爲白讀,但今泉無此讀法,衹讀[꜀ɔŋ]。

⑱ ㊐㤶:[《廣韻》烏項切,上講,影。]形容凶狠。

⑲ 駹〔黑馬白面〕:[《廣韻》莫江切,平江,明。]面、額白色的黑馬。《爾雅·釋畜》:"面顙皆白,惟駹。"《玉篇·馬部》:"駹,馬黑,白面。"[按]調不合,應歸下平。

⑳ 蝱〔土解,暑天之~〕:同㉑蚊。

㉑ 蚊〔土解,~蟲〕:[《廣韻》無分切,平文,微。]【蚊子】昆蟲。雄蚊吸食花果液汁;雌蚊吸血。[按]韻、調不合,應歸春韻下平,實爲"蠓"的訓讀字。蠓,[《廣韻》莫孔切,上董,明。]【蠓蚋】蠛蠓與蚊蚋。《列子·湯問》:"春夏之月有蠓蚋者,因雨而生,見陽而死。"楊伯峻集釋:"謂蠛蠓、蚊蚋也。二者小飛蟲也。"【蠓蟲】蠛蠓之類的小飛蟲。《紅樓夢》第三一回:"難道那些蚊子、虼蚤、蠓蟲兒、花兒、草兒、瓦片兒、磚頭兒,也有陰陽不成?"章炳麟《新方言·釋動物》:"今所在謂亂飛小蟲如蚋者爲蠓蟲,廣東謂之蠛子。"

㉒ 染〔土解,~着〕:[《廣韻》而琰切,上琰,日。]用染料着色。《周禮·天官·染人》:"染人,掌染絲帛。"《墨子·所染》:"染於蒼則蒼,染於黄則黄。"[按]聲、韻、調皆不合,實爲訓讀字。表示"粘上、附着",《普通話閩南方言詞典》第五四七頁寫作"毣"。【集韻】墨角切。思皃;一曰毛濡。

㉓ ㊐舺:[按]傳統辭書查無此字。樋新編本作"艒",傳統辭書亦查無此字。

㉔ ㊐阮:【字彙補】阮,五貫切,音玩。參見《金鏡》。[按]韻、調不合,應歸川韻下去。

㉕ ㊐歁〔人名〕:【集韻】鄂合切。歁歁,癡皃。[按]韻、調不合,應歸三韻下入。

㉖ 戳〔槍~也〕:【篇海】敕角切。槍戳也。《宋史·刑法志三》:"蘇州民張朝之從兄以槍戳死朝父,逃去,朝執而殺之。"[按]聲不合,應歸他母。今泉亦沿

用,讀[ts'ak꜀/ts'ɔk꜀]。

㉗ 夅〔帆未張也〕:【集韻】胡江切。夅雙也;一曰未張帆皃。[按]調不合,應歸下平。

㉘ 魴〔~魚〕:[《廣韻》符方切,平陽,奉。]魚名。鯿魚的古稱。體廣而薄肥,細鱗,青白色,味美。《詩·小雅·采緑》:"其釣維何,維魴及鱮。"[按]韻、調不合,應歸東韻下平。今泉亦沿用,讀上平[꜀haŋ]。

㉙ 謊〔解,~人〕:欺騙;哄騙。(元)無名氏《藍采和》第一折:"你做場作戲,也則是謊人錢哩。"[按]韻不合,應歸東韻,實爲"哄"的訓讀字。"哄[꜂haŋ]人",恫嚇人之意。哄,可指欺騙。《京本通俗小説·錯斬崔寧》:"我的父親昨日明明把十五貫錢與他馱來作本養贍妻小,他豈有哄你説是典來身價之理?"泉州話用作恫嚇。

㉚ 巷〔里中~〕:[《廣韻》胡絳切,去絳,匣。]亦作"鬨"。里中的道路。後南方稱里弄,北方稱胡同。《易·睽》:"遇主於巷。"[按]調不合,應歸下去。

㉛ 鬨〔鬬聲〕:[《廣韻》胡貢切,去送,匣。]相鬥。《孟子·梁惠王下》:"鄒與魯鬨。"(漢)趙岐注:"鬨,鬬聲也,猶構兵而鬬也。"[按]調不合,應歸下去。

㉜ 衖〔邑中道〕:同㉚巷。

㉝ 衖〔同上〕:同㉚巷。[按]"衖",樋新編本誤作"衖"。

㉞ 釀〔土解,~酒〕:[《廣韻》女亮切,去漾,娘。]釀造。原專指釀酒,後亦指利用發酵作用釀造蜜、醋、醬等。《西京雜記》卷四引(漢)鄒陽《酒賦》:"清者爲酒,濁者爲醴。清者聖明,濁者頑騃。皆麴湒丘之麥,釀野田之米。"[按]聲、韻、調皆不合,應爲訓讀字。本字不明。

聲 韻 調	26 江 aŋ/ak			
	下平˨˦ 24	下上˨ 22	下去˦˩ 41	下入˨˦ 24
柳 l	人〔解,對己之稱〕① 壠〔解,土~〕 膿〔解,~血〕	㊌挷②	弄〔解,戲~〕	六〔解,數名〕 陸〔解,同上〕
邊 p	房〔解,~屋〕 龐〔高屋;又姓〕 馮〔姓也〕 逢〔解,相~〕	棒〔杖也;打也〕 棓〔同上;又連枷也〕 唪〔~~;多也〕③ 蚌〔蛤屬〕 蜯〔同上,俗字〕 硥〔石名〕④ 栟〔同棒〕	○	縛〔解,綑~〕
求 k	㊌跭⑤	○	降〔下也;敗也〕⑥ 夅〔服也〕⑦ 洚〔水不由道也〕 憃〔恨也〕	㊌髂⑧
氣 k'	㊌𡒄⑨	㊌骯⑩	㊌掐〔~起〕⑪	㊌喀〔口~〕⑫
地 t	銅〔解,赤金〕 仝〔相~〕 筒〔筆~〕 同〔一樣〕 烔〔煙~〕⑬	重〔解,不輕也〕 硾〔甕~〕⑭	棟〔屋~;~梁〕⑮	毒〔解,害也〕 鮬〔~鮭〕⑯
普 p'	捧〔解,~物〕 馮〔姓也〕⑰ 篷〔船~〕	○	瞢〔直視也〕⑱	暴〔日~〕
他 t'	蟲〔解,介鱗總名〕 瓸〔瓦~〕⑲ 桐〔土解,~子;~油〕	○	通〔土解,相~〕⑳	○
争 ts	叢〔土解,樹~〕 株〔土解,大~〕㉑	○	粽〔解,角黍〕㉒	○
入 dz	○	○	○	○

（續表）

聲 韻 調	26　江 aŋ/ak			
	下平˨˦ 24	下上˨˨ 22	下去˦˩ 41	下入˨˦ 24
時 s	○	○	送〔解,相~〕㉓	○
英 ∅	洪〔解,姓也〕 紅〔解,~色〕	㊕窖㉔	甕〔解,汲水瓶；缸~〕㉕ 罋〔同甕〕㉖	籰〔收絲具：~仔〕
文 b	茫〔土解,~~；杳~〕㉗ 厖〔解,~雜〕 芒〔解,草~〕　鬘〔~~〕	網〔土解,魚~〕	望〔解,達~〕 夢〔解,眠~〕	目〔解,眼也〕 木〔解,柴~〕 墨〔解,筆~〕
語 g	㊕茚㉘	○	○	樂〔音~〕　嶽〔五~〕 岳〔山名〕　獄〔同岳〕
出 ts‘	㊕鏦㉙	㊕蓬㉚	○	鑿〔斧~〕
喜 h	降〔服也〕　行〔~伍〕 杭〔~州〕	項〔頸後也；又~事〕	閧〔屋~〕㉛ 肛〔解,~腫〕㉜	學〔受教傳業曰~〕 觳〔恐懼〕 吒〔怒聲〕㉝ 礐〔山上夏有水曰~〕

【校注】

① 人〔解,對己之稱〕：［《廣韻》如鄰切,平真,日。］［按］韻不合,應歸賓韻,實爲“侬”的訓讀字。侬,［《廣韻》奴冬切,平冬,泥。］人。泛指一般人。《樂府詩集·清商曲辭一·子夜四時歌夏歌十六》:“赫赫盛陽月,無儂不握扇。”

② ㊕挵：同“弄”。【集韻】盧貢切。玩也。［按］調不合,應歸下去。

③ 唪〔~~：多也〕：［《廣韻》扶隴切,上腫,奉。］大聲吟誦。(清）褚人穫《堅瓠八集·十空曲》:“梵策無須唪,公案何勞頌。”【唪唪】結實累累貌。《詩·大雅·生民》:“麻麥幪幪,瓜瓞唪唪。”毛傳:“唪唪然,多實也。”【集韻】蒲蠓切。大聲。

④ 硥〔石名〕：【集韻】步項切。石皃。

⑤ ㊇跭:【集韻】胡江切。《博雅》胡豆,跭𨇾。[按]聲、調不合,應歸喜母下平。

⑥ 降〔下也;敗也〕:[《廣韻》古巷切,去絳,見。]從高處往下走。與"陟"相對。《詩·大雅·公劉》:"陟則在巘,復降在原。"(漢)鄭玄箋:"陟,升;降,下也。"[《廣韻》下江切,平江,匣。]"夅"的今字。投降。《春秋·莊公八年》:"夏,[魯]師及齊師圍郕。郕降于齊師。"[按]"降"是個多音多義字,二義不能讀成一音。原注"敗也"應删。

⑦ 夅〔服也〕:[《廣韻》下江切,平江,匣。]《説文·夂部》:"[夅],服也。"(漢)段玉裁注:"夅服之意也。凡降服字當作此,'降'行而'夅'廢矣。"[按]聲、調不合,應歸喜母下平。

⑧ ㊇䨾:[《集韻》訖岳切,入覺,見。]骨堅白。

⑨ ㊇㼚:[按]傳統辭書查無此字。

⑩ ㊇骯:【集韻】口朗切。骯髒;體胖。【漢語大詞典】【骯髒】1. 高亢剛直貌。(漢)趙壹《疾邪詩》之二:"伊優北堂上,骯髒倚門邊。"2. 身軀肥胖。(北周)庾信《擬連珠》:"籠樊之鶴,寧有六翮之期;骯髒之馬,無復千金之價。"[按]今泉無此讀法。此爲白讀。

⑪ ㊇掐〔~起〕:[《廣韻》苦洽切,入洽,溪。]用指甲按或切入。(南朝·宋)劉義慶《世説新語·雅量》:"[顧雍]以爪掐掌,血流沾褥。"[按]聲、韻、調皆不合,應爲"控"的訓讀字。[《廣韻》苦貢切,去送,溪。]引弓;開弓。(漢)班固《西都賦》:"弦不再控,矢不單殺。"泉州話以"控"[k'aŋ˅]表示"用指甲等扒、挖或摳"。

⑫ ㊇喀〔口~〕:[《廣韻》苦格切,入陌,溪。]1. 嘔吐聲。參見"喀喀"。2. 吐。(清)方苞《弟椒涂墓志銘》:"弟偕行喀血,隱而不言,血氣遂大耗。"(清)王端履《重論文齋筆録》卷二:"[陳公]遂得喀血疾,未預院試而卒。"[按]韻不合,應歸卿韻上入。

⑬ 烔〔煙~〕:[《廣韻》徒紅切,平東,定。]參見"烔烔"。【烔烔】熱氣蒸騰

貌。《詩・大雅・雲漢》"旱既太甚,蘊隆蟲蟲",(唐) 陸德明釋文:"蟲蟲……《韓詩》作'烔',音徒冬反。"(清) 王先謙集疏:"《衆經音義》四引《埤蒼》:'烔烔,熱貌也。'《廣韻》:'烔,熱氣烔烔。''烔'與'蟲'皆徒冬反,故通用。"[按]泉州話表示"煙囱"用的是"煙筒"。

⑭ 礶〔甕~〕:[按]傳統辭書查無此字音、義。"甕礶"[aŋ⊃ ⊆taŋ]表示陶甕,今仍沿用。

⑮ 棟〔屋~;~梁〕:[《廣韻》多貢切,去送,端。]屋的正梁。《易・繫辭下》:"上古穴居而野處,後世聖人易之以宫室,上棟下宇,以待風雨。"[按]調不合,應歸上去。

⑯ 鰣〔~鮭〕:魚名。康熙年間修《臺灣府志・風土・鱗之屬》:"鰣魚,大者如掌,皮粗,剥而曬乾,味佳。"《臺灣彭湖志・物産・蟲魚》:"鰣魚,大如掌,皮粗,曬乾可磨木器。"[按]濁鮭表示醃製過的軟殼類海産品,今常寫作"濁鮭"[tak⊇ ⊆kue]。

⑰ 馮〔姓也〕:[《廣韻》房戎切,平東,奉。]姓。[按]已見於邊母。今泉祇讀[⊆paŋ],不讀[⊆p'aŋ]。

⑱ 䄇〔直視也〕:【集韻】丑降切。直視也。[按]聲、調不合,應歸他母上去。"䄇",樋新編本誤作"䅝"。

⑲ 瓬〔瓦~〕:【廣韻】同"甋"。【廣韻】甋,徒紅切。甋瓦。【集韻】甋瓬,徒東切。甋瓳,小牡瓦也。

⑳ 通〔土解,相~〕:[《廣韻》他紅切,平東,透。]1. 到達;通到。《國語・晉語二》:"道遠難通,望大難走。"(三國・吴) 韋昭注:"通,至也。"……9. 連接;連通。《逸周書・大聚》:"教芧與樹藝,比長立職,與田疇皆通。"(晉) 孔晁注:"通,連比也。"[按]韻、調不合,應歸東韻上平,實爲訓讀字。

㉑ 株〔土解,大~〕:[《廣韻》陟輸切,平虞,知。]1. 露在地面上的樹根、樹幹或樹樁。《韓非子・五蠹》:"田中有株,兔走觸株,折頸而死。"……7. 量詞。猶棵。《三國志・蜀志・諸葛亮傳》:"成都有桑八百株,薄田十五頃。"[按]聲、

韻、調皆不合，實爲“叢”的訓讀字。叢，[《廣韻》徂紅切，平東，從。]量詞。用於聚集或叢生之物。（南朝・梁）陶弘景《真誥・運象篇四》：“其中有石井橋，橋之北小道，直入其間，有六叢杉樹。”

㉒ 粽〔解，角黍〕：[《廣韻》作弄切，去送，精。]粽子。（南朝・梁）吴均《續齊諧記》：“屈原五月五日投汨羅水，楚人哀之，至此日以竹筒子貯米，投水以祭之。漢建武中，長沙區曲忽見一士人，自云三閭大夫，謂曲曰：‘聞君當見祭，甚善。常年爲蛟龍所竊。今若有惠，當以楝葉塞其上，以綵絲纏之，此二物蛟龍所憚。’曲依其言。今五月五日作粽，並帶楝葉、五花絲，遺風也。”[按]調不合，應歸上去。

㉓ 送〔解，相~〕：[《廣韻》蘇弄切，去送，心。]饋贈。《史記・酈生陸賈列傳》：“〔南越王〕賜陸生橐中裝直千金，他送亦千金。”[按]調不合，應歸上去。

㉔ ㊬窖：[《廣韻》古孝切，去效，見。]地窖。貯藏物品的地洞或坑。《禮記・月令》：“〔仲秋之月〕穿竇窖。”（漢）鄭玄注：“隋曰竇，方曰窖。”（唐）孔穎達疏：“竇既爲隋圓，故以窖爲方。”[按]聲、韻、調皆不合。

㉕ 甕〔解，汲水瓶：缸~〕：[《廣韻》烏貢切，去送，影。]小口大腹的陶製汲水罐。《易・井》：“井谷射鮒，甕敝漏。”（唐）陸德明釋文引（漢）鄭玄曰：“甕，停水器也。”[按]調不合，應歸上去。

㉖ 罌〔同甕〕：[《廣韻》烏莖切，平耕，影。]亦作“甖”。古代盛酒或水的瓦器，小口大腹，較缶爲大。亦有木製者。《墨子・備城門》：“用瓦木罌，容十升以上者，五十步而十，盛水且用之。”（清）孫詒讓閒詁：“《史記・韓信傳》以木罌缻渡軍，是罌或瓦或木，皆可以盛水者也。”[按]韻、調不合，應歸卿韻上平。“罌”與“甕”義近音不同。

㉗ 茫〔土解，~~；杳~〕：[《廣韻》莫郎切，平唐，明。]廣闊無邊的樣子。《漢書・揚雄傳上》：“鴻濛沆茫。”（唐）顔師古注：“廣大貌。”[按]原注“~~；杳~”，道光本、文德堂本、會文書莊本、市圖善本、廖新校增本均誤作“茫；太口~”。

㉘ ㊬茚：【集韻】魚剛切。《説文》昌蒲也。

㉙ ㊫鏦：[《廣韻》楚江切，平江，初。]謂撞擊鐘鼓。（唐）慧琳《一切經音義》卷九九引（漢）司馬相如《子虛賦》："鏦金鼓。"[按]調不合，應歸上平。

㉚ ㊫蓫：[按]傳統辭書查無此字。

㉛ 閧〔屋~〕：同"鬨"。【吕氏春秋】崔杼之子相與私閧。鬨，[《廣韻》胡絳切，去絳，匣。]同"巷"。【説文·門部】鬨，里中道也。

㉜ 肛〔解，~腫〕：【集韻】虛江切。《博雅》胮肛，腫也。[按]調不合，應歸上平。

㉝ 吒〔怒聲〕：【廣韻】許角切。怒聲也。[按]調不合，應歸上入。

27 關

聲韻調	27 關 uĩ			
	上平˧ 33	上上˥ 55	上去˥˩ 41	上入˥ 5
柳 l	○	○	○	○
邊 p	○	反〔解,~正〕	○	○
求 k	關〔~門〕	梗〔土解,秤~〕①	○	○
氣 k‘	○	○	○	○
地 t	○	○	○	○
普 p‘	○	○	○	○
他 t‘	○	○	○	○
争 ts	○	○	○	○
入 dz	○	○	○	○
時 s	○	○	○	○
英 ø	○	○	○	○
文 b	○	每〔常也〕 莓〔草名〕②	昧〔昏~〕③ 妹〔姊~〕④	○
語 g	○	○	○	○
出 ts‘	○	○	○	○
喜 h	○	○	○	○

【校注】

① 梗〔土解,秤~〕:[《廣韻》古杏切,上梗,見。]草木的枝、莖或根。《戰國策·齊策三》:"今子,東國之桃梗也,刻削子以爲人。"(元)吴師道補注:"梗,枝梗也。"[按]韻不合,應歸卿韻(文讀)或青韻(白讀),實爲"杆"的訓讀字。杆(gǎn),亦作"桿"。1. 器物上像棍子的細長部分。(元)馬致遠《薦福碑》第三

折:“這場大雨,非爲秋霖,不是甘澤,遮莫是箭杆雨,過雲雨,可更淋漓辰霭!”2. 量詞。用於有杆的器物。《二十年目睹之怪現狀》第二回:“只見那廣東人,伸手在他牀底下一搜,拉出一個網籃來,七横八竪的放着十七八杆鴉片煙槍。”

② 苺〔草名〕:【集韻】母罪切。艸名。《説文》馬苺也。

③ 昧〔昏~〕:[《廣韻》莫佩切,去隊,明。]暗;昏暗。《淮南子·原道訓》:“氣不當其所充而用之則泄,神非其所宜而行之則昧。”(漢)高誘注:“昧,不明也。”[按]調不合,應歸下去。

④ 妹〔姊~〕:[《廣韻》莫佩切,去隊,明。]妹妹。《詩·衛風·碩人》:“東宫之妹,邢侯之姨。”毛傳:“女子後生曰妹。”[按]調不合,應歸下去。

聲韻調	27 闗 uĩ			
	下平˨˦ 24	下上˨ 22	下去˦˩ 41	下入˨˦ 24
柳 l	○	○	○	○
邊 p	畔〔土解,對~〕①	○	○	○
求 k	高〔解,~低〕②	○	縣〔解,府~〕	○
氣 k'	○	○	○	○
地 t	○	○	○	○
普 p'	○	○	○	○
他 t'	○	○	○	○
争 ts	○	○	○	○
入 dz	○	○	○	○
時 s	○	○	○	○
英 ø	○	○	○	○
文 b	梅〔~花〕 枚〔條~〕 苺〔草名〕 霉〔~雨〕 禖〔天子祭名〕③ 鋂〔一環貫二也〕 媒〔謀合婚姻〕 脢〔心上口下之間〕	○	袜〔山神〕④ 魅〔山神〕⑤ 韎〔~韐:茅蒐〕 沫〔水名衛邦〕 痗〔病也〕 眛〔昏也〕	○
語 g	○	○	○	○
出 ts'	○	○	○	○
喜 h	橫〔~直〕	○	○	○

【校注】

① 畔〔土解,對~〕:[《廣韻》薄半切,去换,並。]田界。《左傳·襄公二十五年》:"行無越思,如農之有畔,其過鮮矣。"楊伯峻注:"畔,田塍。"[按]韻、調不合,應歸川韻下去。實爲"爿"的訓讀字。對爿,即"對半、各半"。爿,[《字彙》蒲閑切。]1. 劈成片的竹木……2. 泛指成片、成塊的東西。茅盾《秋收》二:"阿四隨手拾起一塊碎瓦爿來赶走那烏鴉。"

② 高〔解,~低〕:[《廣韻》古勞切,平豪,見。]從下向上距離大,與“矮”相對而言;離地面遠,與“低”相對而言。(唐) 韓愈《同竇牟韋執中尋劉尊師不遇》詩:“院閉青霞入,松高老鶴尋。”[按]韻、調不合,應歸高韻上平,實爲“懸”的訓讀字。[《廣韻》胡涓切,平先,匣。]形容高聳,陡峭。(明) 徐弘祖《徐霞客遊記·滇遊日記六》:“自獅林西陟其嶺,即可望見絶頂西懸。”(清) 顧炎武《居庸關》詩:“居庸突兀倚青天,一澗泉流鳥道懸。”(清) 阮元《小滄浪筆談》卷二:“樓駕三重,崖懸百尺。”

③ 禖〔天子祭名〕:[《廣韻》莫杯切,平灰,明。]古人求子之祭。參見《玉篇》。亦指求子所祭之神。《漢書·戾太子劉據傳》:“初,上年二十九乃得太子,甚喜,爲立禖。”(唐) 顏師古注:“禖,求子之神也。”

④ 袜〔山神〕:[《集韻》明祕切,去至,明。]鬼魅。《山海經·海内北經》:“袜,其爲物,人身黑首從目。”(晉) 郭璞注:“袜,即魅也。”[按]韻不合,應歸基韻。

⑤ 魅〔山神〕:[《廣韻》明祕切,去至,明。]舊時迷信認爲物老變成的精怪。《左傳·宣公三年》:“螭魅罔兩,莫能逢之。”(晉) 杜預注:“魅,怪物。”[按]韻不合,應歸基韻。

28 丹

聲調 韻	28 丹 an/at			
	上平˧ 33	上上˥ 55	上去˩ 41	上入˥ 5
柳 l	攤〔開也;布也〕①	赧〔面慙而赤〕 嬾〔懈怠也〕② 㬟〔温濕也〕 懶〔~惰〕 㥮〔惰也〕③ 㦨〔~惰〕 戁〔恭也;懼也〕	難〔患~〕④	喇〔言急也〕⑤ 捺〔手按也〕⑥
邊 p	班〔列也;次也〕 頒〔頭半白黑;又賜也〕 肦〔同上〕 斑〔雜色曰~〕 磐〔石文〕 攽〔賜也〕 般〔古班字〕	板〔同版;又反也〕 版〔户籍;書~〕	办〔俗字〕	八〔少陰數也〕⑦ 朳〔無齒杷〕 捌〔破聲;分也〕 玐〔玉名〕⑧ 玻〔玉名〕
求 k	干〔求也;盾也〕 閒〔中~〕 間〔同上〕 姦〔私也;婬也〕 邗〔地名〕 奸〔犯婬〕 肝〔心~:屬木〕 菅〔草似茅〕 蕑〔蘭也〕 竿〔竹挺也〕 艱〔~難〕 玕〔琅~〕 盂〔盤也〕⑨ 忓〔極也〕	簡〔要也;牒也〕 柬〔分别選也〕 趕〔追也〕 稈〔禾莖也〕 簡〔存也〕	榦〔築牆版〕	割〔斷也;截也〕 葛〔藤可作布〕 結〔解,打~〕
氣 k'	刊〔削也〕 牽〔解,引也;連也〕	侃〔剛直也〕 衎〔和也;樂也〕	看〔觀也,俗字〕 磬〔解,樂器〕⑩	渴〔盡也;口乾〕 激〔口乾欲飲〕

（續表）

聲韻調	28 丹 an/at			
	上平˧ 33	上上˥ 55	上去˦˩ 41	上入˥ 5
地 t	丹〔赤色：~砂〕 單〔孤也〕 鄲〔地名〕 禪〔衣無裏也〕 襜〔胡名〕⑪ 簞〔竹器盛飯〕 殫〔盡也；竭也〕 癉〔火~：明也；又病〕⑫ 砃〔白石也〕 苐〔草名〕 勯〔力竭也〕 釘〔鐵~〕 彤〔古丹字〕 匰〔宗廟盛主器〕	觛〔小觶〕 狚〔獸名〕 袒〔偏脱衣也〕⑬	旦〔早也；明也〕	妲〔~己：紂妃〕⑭ 呾〔相呵也〕 詚〔不静也〕⑮ 怛〔驚也；懼也〕 笪〔笞也〕⑯
普 p‘	攀〔自下援上也〕 扳〔同上。援也；引也〕	闆〔門中視〕⑰ 眅〔眼多白〕	盼〔俗盼字〕	矿〔石破聲〕 齓〔齒聲〕 汃〔波相激聲〕 軎〔車破聲〕
他 t‘	嘽〔~~：衆聲〕⑱ 灘〔水~〕 幝〔車弊貌〕 蟺〔解，蚌屬〕	亶〔誠也；信也〕⑲ 坦〔平也；寬也〕 担〔拂也〕⑳ 襢〔土，同袒〕㉑ 玬〔玉名〕㉒ 毯〔氈~；~仔〕	炭〔燒木未灰〕	撻〔打擊也〕 闥〔門~〕 羍〔小羊也〕 韃〔擊也〕 獺〔水居，食魚〕 礩〔石名〕 澾〔泥滑〕
争 ts	曾〔解，姓也〕 罾〔~魚〕	瓚〔玉~：廟裸器〕㉓ 琖〔小杯：玉~〕 盞〔同琖〕 撰〔造也：~述也〕㉔	酇〔地名〕	匝〔~時〕㉕ 札〔小簡〕 儹〔心慢怠也〕㉖ 嶜〔口滿也〕㉗ 沭〔~~：水聲〕㉘ 節〔解，竹~；木~〕 剳〔駐~〕 扎〔拔也〕
入 dz	(增)廛㉙	(增)豻〔野豕〕㉚	(增)輾〔腰輦〕㉛	(增)祠〔人名〕㉜

（續表）

聲 韻 調	28 丹 an/at			
	上平˧^{33}	上上˥^{55}	上去˥˩^{41}	上入˥$^{\underline{5}}$
時 s	山〔高大曰~〕 删〔削也;定也〕 芟〔土,除也;刈也〕 潸〔涕淚流貌〕　珊〔~瑚〕	産〔土,業也;生也〕 鏟〔平木器也〕③③ 汕〔以簿取魚曰~〕 摌〔擇也〕③④ 瘦〔解,肥~〕③⑤	散〔分也;布地〕	殺〔誅戮也〕　鎩〔長~〕 殺〔同殺〕　攃〔揮散〕 虱〔土解,~母〕 刹〔僧寺曰梵~〕 薩〔菩~;又姓〕 撒〔散也〕

【校注】

① 攤〔開也;布也〕:［《廣韻》他干切,平寒,透。］平鋪;展布。（北魏）賈思勰《齊民要術·種紅藍花梔子》:"於席上攤而曝乾。"［按］聲不合,應歸他母。

② 嬾〔懈怠也〕:［按］原注"懈怠也",道光本誤作"执怠也",會文書莊本誤作"執怠也"。

③ 悚〔惰也〕:【字彙】魯簡切,音懶。惰也。［按］原注"惰也",樋新編本誤作"惰女",文德堂本、市圖善本誤作"情也"。

④ 難〔患~〕:［《廣韻》奴案切,去翰,泥。］危難;禍患。《易·否》:"君子以儉德辟難,不可榮以禄。"（唐）孔穎達疏:"以節儉爲德,辟其危難。"［按］調不合,應歸下去。

⑤ 喇〔言急也〕:【集韻】郎達切。喝喇,言急。［按］調不合,應歸下入。

⑥ 捺〔手按也〕:［《廣韻》奴曷切,入曷,泥。］用手向下按。《太平廣記》卷二四九引（唐）張鷟《朝野僉載·高崔嵬》:"唐散樂高崔嵬喜弄癡。太宗命給使捺頭向水下,良久,出而笑之。"［按］調不合,應歸下入。

⑦ 八〔少陰數也〕:【字彙】布八切,班入声。少陰數也。［按］"八〔少陰數也〕",樋新編本、大版式本誤作"八〔小陰數也〕",道光本、會文書莊本誤作"九〔小陰數也〕",文德堂本、市圖善本誤作"凡〔小陰數也〕"。

⑧ 玐〔玉名〕：[《廣韻》博拔切,入黠,幫。]玉聲。[按]原注“玉名”應爲“玉聲”。

⑨ 盂〔盤也〕：【集韻】居閑切。《博雅》盂謂之盤。[按]“盂”,樋新編本、會文書莊本誤作“盂”,文德堂本、市圖善本誤作“孟”。

⑩ 磬〔解,樂器〕：[《廣韻》苦定切,去徑,溪。]古代打擊樂器。狀如曲尺。用玉、石或金屬製成。懸挂於架上,擊之而鳴。《詩・商頌・那》:“既和且平,依我磬聲。”[按]此音[k‘an⊃]應爲當時的白讀,今泉祇讀[k‘iŋ⊃]。

⑪ 襜〔胡名〕：【集韻】都甘切。胡名。[按]韻不合,應歸三韻,因《字彙》同音字而誤。【字彙】丁甘切,音丹。胡名。“襜”,樋新編本、道光本、會文書莊本誤作“襜”。

⑫ 癉〔火～：明也;又病〕：[《廣韻》都寒切,平寒,端。]熱症;濕熱症。《素問・奇病論》:“此五氣之溢也,名曰脾癉。”(唐)王冰注:“癉,謂熱也。”[按]諸本原注都爲“火～：明也;又病”,疑誤。【廣韻】火癉,小兒病也。

⑬ 袒〔偏脱衣也〕：[《廣韻》徒旱切,上旱,定。]脱衣露出上身。《禮記・曲禮上》:“冠毋免,勞毋袒,暑毋褰裳。”(唐)陸德明釋文:“袒,露也。”(唐)孔穎達疏:“雖有疲勞之事厭患其衣,而不得袒露身體。”調不合,應歸下上。受普通話影响,今泉一般讀作[⊂t‘an]。

⑭ 妲〔～己：紂妃〕：[《廣韻》當割切,入曷,端。]人名用字。參見“妲己”。【妲己】商紂的寵妃。有蘇氏女,姓己名妲。周武王灭商時被殺。參見《國語・晉語一》、《史記・殷本紀》。[按]“妲己”的“妲”今泉常誤讀成[⊂t‘an]。

⑮ 詚〔不静也〕：[《篇海類編》當八切。]參見“兜詚”。【兜詚】不安静。

⑯ 笪〔笞也〕：【集韻】當割切。《説文》笞也。[按]原注“笞”,除廖新校增本外,其餘諸本均誤作“答”。

⑰ 閊〔門中視〕：【玉篇】匹限切。門中視也。

⑱ 嘽〔～～：衆聲〕：[《廣韻》他干切,平寒,透。]1. 喘息。參見“嘽嘽”。2. 衆盛。參見“嘽嘽”。【嘽嘽】1. 喘息貌。《詩・小雅・四牡》:“四牡騑騑,嘽嘽駱馬。”毛傳:“嘽嘽,喘息之貌。馬勞則喘息。”2. 衆盛貌。《詩・小雅・采芑》:

“戎車嘽嘽,嘽嘽焞焞,如霆如雷。”毛傳:“嘽嘽,衆也。”《詩·大雅·常武》:“王旅嘽嘽,如飛如翰。”毛傳:“嘽嘽然盛也。”(宋)朱熹集傳:“嘽嘽,衆盛貌。”【字彙】他丹切,音灘。嘽嘽,衆盛貌。【詩·小雅】嘽嘽駱馬。[按]原注諸本均作“衆聲”,實爲“衆盛”之誤。

⑲ 亶〔誠也;信也〕:[《廣韻》多旱切,上旱,端。]厚道;忠實。《國語·周語下》引《詩·周頌·昊天有成命》:“於緝熙,亶厥心,肆其靖之。”(三國·吴)韋昭注:“亶,厚也。”[按]聲不合,應歸地母。

⑳ 担〔拂也〕:[《廣韻》多旱切,上旱,端。]拂。《玉篇·手部》:“担,拂也。”後作“撣”。[按]聲不合,應歸地母。

㉑ 襢〔土,同袒〕:[《廣韻》徒旱切,上旱,定。]同“袒”。[按]已見上。

㉒ 玬〔玉名〕:【字彙】多簡切,音亶。玉名。[按]聲不合,應歸地母。

㉓ 瓚〔玉~:廟裸器〕:【集韻】在坦切。宗廟裸器。[按]調不合,應歸下上。

㉔ 撰〔造也;~述也〕:[《廣韻》雛鯇切,上潸,崇。]著述;寫作。《楚辭·招魂》:“結撰至思,蘭芳假些。”(宋)洪興祖補注:“撰,述也。”(唐)杜甫《洗兵行》:“隱士休歌《紫芝曲》,詞人解撰《清河頌》。”[按]韻、調不合,應歸川韻下上。

㉕ 匝〔~時〕:[《字彙》作答切。]【匝時】1. 猶言及時。《藝文類聚》卷十引(三國·魏)曹植《魏德論》:“凱風迴迴,甘露匝時;農夫詠於田壠,織婦吟而綜絲。”2. 滿一季。(唐)陳子昂《諫靈駕入京書》:“況國無兼歲之儲,家鮮匝時之蓄,一旬不雨,猶可深憂;忽加水旱,人何以濟?”[按]韻不合,應歸三韻上入。

㉖ 欑〔心慢怠也〕:【集韻】子末切。懵欑,心慢怠也。[按]韻不合,應歸川韻上入。

㉗ 䶀〔口滿也〕:【集韻】張滑切。《説文》口滿食。[按]聲、韻不合,應歸地母川韻上入。

㉘ 沎〔~~:水聲〕:【集韻】槎轄切。沎沎,水流皃;一曰水聲。[按]調不合,應歸下入。

㉙ ㊫麛:【集韻】倪堅切。鹿有力。[按]聲、韻、調皆不合,應歸語母軒韻

下平。“廦”,諸本皆誤作“㿙”。

㉚ ㊪豻〔野豖〕:【集韻】牛姦切。胡地野犬。又【集韻】侯旰切。胡地犬名。【字彙】俄寒切,岸平聲。野犬,似狐而小,出胡地。[按]聲、調不合,應歸語母下平或喜母下去。原注“野豖”當爲“野犬”之誤,除會文書莊本、廖新校增本缺注外,其餘版本皆誤作“野豖”。

㉛ ㊪輭〔腝輂〕:[《廣韻》而兗切,上獮,日。]同“軟”。[按]韻不合,應歸川韻。原注“腝輂”不知何義,傳統辭書查無出處。

㉜ ㊪袙〔人名〕:[《集韻》普駕切,去禡,滂。]束髮頭巾。《後漢書·輿服志下》:“秦雄諸侯,乃加其武將首飾爲絳袙,以表貴賤,其後稍稍作顔題。”[按]聲、韻、調皆不合。

㉝ 鏟〔平木器也〕:[《廣韻》初限切,上産,初。]鏟子。(北魏)賈思勰《齊民要術·耕田》引《纂文》:“養苗之道,鋤不如耨,耨不如鏟。鏟柄長二尺,刃廣二寸,以剗地除草。”【集韻】楚限切。《説文》鏶也。一曰平鐵。【韻會】平木鐵器。[按]此爲白讀,文讀爲[ᶜts‘an]。今泉通常讀[ᶜts‘ian],來自【集韻】鏟,齒善切。

㉞ 揀〔擇也〕:【集韻】所簡切。捍揀,手精擇物也。

㉟ 瘦〔解,肥~〕:[《廣韻》所祐切,去宥,生。]肌肉不豐滿;脂肪少。《韓非子·内儲説下》:“中山有賤公子,馬甚瘦,車甚弊。”[按]韻、調不合,實爲“瘖”的訓讀字。《集韻》:瘖,所景切。瘦也。

聲韻調	28 丹 an/at			
	下平⅄[24]	下上˧[22]	下去˩[41]	下入⅄[24]
柳 l	蘭〔香草,一幹一花〕 難〔不易也;重大也〕 瀾〔波也〕 斕〔文貌〕 鱗〔解,魚~;青~〕 攔〔遮~〕 欄〔階~;牛~〕 欗〔木~〕 鈴〔解,有聲〕 闌〔門~;殘也〕	○	爛〔璨~:光貌〕 爛〔緼也;罹也〕①	鯻〔~魚〕 剌〔僻也;戾也〕 癩〔毒也〕 瘌〔痨~:不調〕 睐〔目不正也〕 聐〔聽不相當〕②
邊 p	𤗚〔片也〕 瓶〔解,酒~;茶~〕	○	瓣〔瓜中瓠膦〕	別〔土解,~人〕
求 k	㊕捷③	趕〔走也〕④ 擀〔以手伸物〕⑤	諫〔直言以~〕⑥ 旰〔日晚也〕⑦ 盰〔張目也〕⑧ 骭〔脛骨也〕⑨ 澗〔山夾水也〕⑩ 幹〔~事〕⑪ 瞷〔視也〕⑫ 蜩〔~仔〕⑬	嘎〔~~:鳥聲〕
氣 k'	頵〔長脰貌〕 靬〔弓衣也〕 掔〔堅也〕 栞〔槎識也〕	豤〔齧也〕⑭	看〔視也〕⑮	㊕潡〔口乾〕
地 t	壇〔祭場也〕 彈〔弓~;琴~〕 檀〔木可爲車〕 驒〔馬青黑有斑者〕 胆〔口脂澤也〕 撣〔觸也;又鼓絃〕 亭〔解,涼~〕	刜〔割也〕⑯	誕〔大也;妄也〕⑰ 憚〔畏難;惰也〕 嵐〔~狐:地名〕 疸〔黄病〕⑱ 釘〔~物〕⑲ 僤〔篤也;動也〕 但〔徒也;又語辭〕	達〔通也;明也〕
普 p'	㊕眅〔田~〕⑳	○	盼〔視也;目黑白分也〕㉑	㊕襻〔衣~〕㉒
他 t'	㊕撣〔解也〕㉓	趂〔土字,~錢〕㉔	歎〔大息也;慨~也〕㉕ 嘆〔同上〕	㯕〔所以洩水〕㉖

（續表）

聲韻調	28　丹 an/at			
	下平˩[24]	下上˧[22]	下去˥[41]	下入˩[24]
争 ts	殘〔害也；餘也〕　戋〔穿也〕㉗ 奴〔《國語》：人三爲衆，女三爲~〕㉘	醆〔爵也〕㉙ 僝〔見也〕㉚ 儹〔聚也〕㉛ 棧〔閣木爲~〕㉜ 醶〔同醆〕㉝ 蝬〔馬~：蟲也〕	賛〔助也：~成〕㉞　賛〔同上〕 瓚〔玉也〕	鍘〔土解，目~〕 蠘〔同上〕
入 dz	○	○	○	㊇髻〔細毛〕
時 s	○	○	霰〔雪粉〕㉟ 散〔飛~：不聚〕㊱ 傘〔雨~〕㊲　訕〔謗也〕㊳	○

【校注】

① 攤〔緼也；攉也〕：【字彙】乃旦切，難去聲。緼也。《玉篇》攉也。［按］經查《玉篇》，並無"攉也"之解釋。原注"緼也"，樋新編本、廖新校增本誤作"温也"。

② 䂼〔聽不相當〕：【集韻】七賜切。聽不相當。［按］聲、韻、調皆不合，應歸出母基韻。

③ ㊇掮：【集韻】居言切。相援也。［按］韻、調不合，應歸軒韻上平。

④ 趕〔走也〕：［《字彙》古旱切。］追趕；追逐。（唐）張鷟《朝野僉載》卷二："莊曰：'昔有人相莊，位至三品，有刀箭厄。莊走出被趕，斫射未死，走得脱來，願王哀之。'"［按］調不合，應歸上上。

⑤ 擀〔以手伸物〕：［《集韻》古旱切，上旱，見。］以棍碾物，或用手展物，使之平展。《太平廣記》卷二三四引（宋）孫光憲《北夢瑣言》："有能造大餅，每三斗麵擀一枚，大於數間屋。"［按］調不合，應歸上上。

⑥ 諫〔直言以～〕：[《廣韻》古晏切，去諫，見。]諫諍；規勸。《論語·里仁》："事父母幾諫，見志不從，又敬不違，勞而不怨。"[按]調不合，應歸上去。

⑦ 旰〔日晚也〕：[《廣韻》古案切，去翰，見。]晚；遲。《左傳·襄公十四年》："日旰不召，而射鴻於囿。"(晉) 杜預注："旰，晏也。"[按]調不合，應歸上去。

⑧ 盰〔張目也〕：[《廣韻》古案切，去翰，見。]張開；裂開。(宋) 梅堯臣《晚泊觀鬥鷄》詩："勇頸毛逆張，怒目眥裂盰。"[按]調不合，應歸上去。

⑨ 骭〔脛骨也〕：【集韻】居案切。《説文》體也。[按]調不合，應歸上去。

⑩ 澗〔山夾水也〕：[《廣韻》古晏切，去諫，見。]兩山間的水溝。《詩·召南·采蘩》："于以采蘩？于澗之中。"毛傳："山夾水曰澗。"[按]調不合，應歸上去。

⑪ 榦〔～事〕：【集韻】居案切。能事也；一曰艸木莖。[按]調不合，應歸上去。

⑫ 瞯〔視也〕：【集韻】居莧切。視也。[按]調不合，應歸上去。

⑬ 蝒〔～仔〕：[按]傳統辭書查無音、義。實爲自造的方言字，本字爲"蜆"。[《廣韻》呼典切，上銑，曉。]軟體動物。介殼圓形或心臟形，表面有輪狀紋。淡水産，我國南北各地都有。肉可食，殼研粉可入藥。《隋書·文學傳·劉臻》："性好啖蜆，以音同父諱，呼爲扁螺。""呼典切"本应讀[ᶜhian／ᶜkan]，此變讀[kanᵓ]，應歸上去。今泉沿用。

⑭ 豣〔齧也〕：【集韻】起限切，慳上聲。【玉篇】齧也。[按]調不合，應歸上上。

⑮ 看〔視也〕：[《廣韻》苦旰切，去翰，溪。]1. 探望；問候。2. 以視綫接觸人或事物。(南朝·宋) 劉義慶《世説新語·規箴》："殷覬病困，看人政見半面。"[按]調不合，應歸下去。

⑯ 刐〔割也〕：[《玉篇》得旱切。]切割。[按]調不合，應歸上上。

⑰ 誕〔大也；妄也〕：[《廣韻》徒旱切，上旱，定。]指言論虛妄夸誕，説大話。《荀子·哀公》："健，貪也；詌，亂也；口啍，誕也。"[按]調不合，應歸下上。

⑱ 疸〔黄病〕：[《廣韻》多旱切，上旱，端。][《廣韻》得按切，去翰，端。]中醫

稱因脾胃虛熱上升形成胸悶體黄的病。《素問·平人氣象論》:"溺黄赤,安卧者,黄疸……目黄者曰黄疸。"[按]調不合,應歸上上或上去。

⑲ 釘〔~物〕:[《廣韻》丁定切,去徑,端。]以釘釘物。《三國志·魏志·武帝紀》"引用荆州名士韓嵩、鄧義等",(南朝·宋)裴松之注引(晉)衛恒《四體書勢序》:"〔梁鵠〕以(勤)〔勒〕書自效。公嘗懸著帳中,及以釘壁玩之。"[按]調不合,應歸上去。

⑳ ㊪畈〔田~〕:《廣韻》方願切。田畈。[按]聲、韻、調皆不合,應歸喜母川下去韻。

㉑ 盼〔視也;目黑白分也〕:[《廣韻》匹莧切,去襉,滂。]1. 眼睛黑白分明貌。《詩·衛風·碩人》:"巧笑倩兮,美目盼兮。"一本作"眄"。毛傳:"眄,白黑分。"2. 顧盼;看視。(三國·魏)阮籍《詠懷》之十六:"流眄發姿媚,言笑吐芬芳。"3. 盼望。(元)王實甫《西厢記》第一本楔子:"盼不到博陵舊塚,血淚灑杜鵑紅。"[按]調不合,應歸上去。

㉒ ㊪襻〔衣~〕:[《廣韻》普患切,去諫,滂。]繫衣裙的帶。(北周)庾信《鏡賦》:"衫正身長,裙斜假襻。"[按]韻、調不合,應歸丹韻上去。

㉓ ㊪捭〔解也〕:[《廣韻》北買切,上蟹,幫。]兩手横向對外而擊。《戰國策·秦策五》:"將軍爲壽於前,而捭匕首,當死!"諸祖耿集注:"捭,原作捍。姚注:'捍,劉一作捭。'黄丕烈曰:'捭字是也。作捍者形近之譌耳。'"[按]聲、韻、調皆不合。

㉔ 趂〔土字,~錢〕:[《廣韻》丑刃切,去震,徹。]同"趁"。1. 追逐;追趕。《梁書·曹景宗傳》:"景宗幼善騎射,好畋獵,常與少年數十人澤中逐麞鹿,每衆騎趁鹿,鹿馬相亂,景宗於衆中射之。"……12. 挣;賺。(元)李有《古杭雜記》:"寶慶丙戌,袁樵尹京於西湖三賢堂賣酒。有人題壁曰:'和靖東坡白樂天,三人秋菊薦寒泉。而今滿面生塵土,卻與袁樵趁酒錢。'"[按]調不合,應歸上去。

㉕ 歎〔大息也;慨~也〕:[《廣韻》他旦切,去翰,透。]1. 吟哦;歌詠。(漢)王褒《四子講德論》:"有二人焉,乘輅而歌,倚輗而聽之,詠歎中雅,轉運中律。"……

4. 嘆氣;嘆息。《詩·邶風·泉水》:"我思肥泉,兹之永歎。"(漢)王逸《〈九嘆〉序》:"歎者,傷也,息也。"【字彙】他旦切,音炭。大息。人慨歎則息大而長,故曰"長大息"。後人作"太息"。又歎美也。[按]調不合,應歸上去。

㉖ 㯚[所以泄水]:[《集韻》他達切,入曷,透。]泄水用的器具。[按]調不合,應歸上入。

㉗ 奴[穿也]:【重訂直音篇】奴,音殘。穿也。

㉘ 奻[《國語》:人三爲衆,女三爲~]:同"奴",據《重訂直音篇》。[按]據原注引文,"奻"當爲"妫"之形誤(諸本皆誤)。【集韻】妫,蒼案切。《説文》三女爲妫。妫,美也。從女,奴省聲。(南唐)徐鍇繫傳引《國語》:"人三爲衆,女三爲妫。"(南唐)徐鍇繫傳:"妫,美物也。"故"妫"應歸出母丹韻上去。一作"粲",亦可通。[《廣韻》蒼案切,去翰,清。]1. 精米。《漢書·惠帝紀》:"上造以上及内外公孫耳孫有罪當刑及當爲城旦舂者,皆耐爲鬼薪白粲。"……3. 鮮明貌;美好貌。《詩·唐風·葛生》:"角枕粲兮,錦衾爛兮。"(宋)朱熹集傳:"粲、爛,華美鮮明之貌。"……5. 衆多。《詩·鄭風·羔裘》:"羔裘晏兮,三英粲兮。"(漢)鄭玄箋:"粲,衆意。"《史記·周本紀》:"夫獸三爲羣,人三爲衆,女三爲粲。"(唐)張守節正義引(漢)曹大家曰:"羣,衆,粲,皆多之名也。"(唐)李白《贈劉都使》詩:"歸家酒債多,門客粲成行。"

㉙ 醆[爵也]:[《廣韻》阻限切,上産,莊。]用同"盞"。酒杯。《詩·大雅·行葦》"或獻或酢,洗爵奠斝",毛傳:"夏曰醆,殷曰斝,周曰爵。"[按]調不合,應歸上上。

㉚ 孱[見也]:【集韻】子兖切。見也。【字彙】鉏限切,棧上聲。見也。[按]"鉏限切"一讀衹見於《字彙》。據《集韻》"子兖切",應歸川韻上上。

㉛ 儹[聚也]:[《廣韻》作管切,上緩,精。]彙聚;積聚。《文選·江淹〈詣建平王上書〉》"莫不浸仁沐義",(唐)李善注引(漢)揚雄《覈靈賦》:"文王之始起,浸仁漸義,會賢儹智。"[按]調不合,應歸上上。

㉜ 棧[閣木爲~]:[《廣韻》士諫切,去諫,崇。][《廣韻》士限切,上産,崇。]

1. 棚;閣。《墨子·備城門》:"鑿扇上爲棧。"……9. 住宿旅客或儲存貨物的房屋。《二十年目睹之怪現狀》第五七回:"到了午飯時候,便回棧吃飯。吃過飯,便算清房飯錢,叫人來搬東西。"[按]今泉通常變讀上去調[tsanᵓ]。

㉝ 醆〔同醆〕:[按]傳統辭書查無此字。若同"醆",調不合,應歸上上。

㉞ 贊〔助也;~成〕:[《廣韻》則旰切,去翰,精。]輔佐;幫助。《書·大禹謨》:"益贊于禹曰:'惟德動天,無遠弗届。'"孔傳:"贊,佐。"[按]調不合,應歸上去。

㉟ 霰〔雪粉〕:[《廣韻》蘇佃切,去霰,心。]雪珠。白色不透明的球形或圓錐形小冰粒。多在下雪前或下雪時降落。《詩·小雅·頍弁》:"如彼雨雪,先集維霰。"(漢)鄭玄箋:"將大雨雪,始必微温,雪自上下,遇温氣而摶謂之霰,久而寒勝則大雪矣。"[按]韻、調不合,應歸軒韻上去。

㊱ 繖〔飛~;不聚〕:【廣韻】蘇旰切。《説文》曰:繖繖也。一曰飛繖也。【字彙】先旦切,音散。飛繖,不聚也。[按]調不合,應歸上去。

㊲ 傘〔雨~〕:【集韻】先旰切。蓋也。[按]調不合,應歸上去。

㊳ 訕〔謗也〕:[《廣韻》所晏切,去諫,生。]毁謗;譏諷。《禮記·少儀》:"爲人臣下者,有諫而無訕。"(唐)孔穎達疏:"訕爲道説君之過惡及謗毁也。"[按]調不合,應歸上去。

聲韻調	28 丹 an/at			
	下平˨˦^{24}	下上˨˨^{22}	下去˦˩^{41}	下入˨˦$^{\underline{24}}$
英 ø	安〔平~;静也〕 窐〔地名〕 鞍〔馬~〕	㊪樾①	按〔抑也;考也〕	遏〔~絶:止也〕　濶〔水名〕 蝎〔桑蟲〕②　矹〔石貌〕 頞〔鼻樑;額也〕　軋〔車輾〕 褐〔毛布賤服〕③　圠〔山曲也〕 餲〔食敗也〕　揠〔拔也〕 䎃〔~~:飛動貌〕④
文 b	㊪屘〔尾子〕⑤	晚〔目視貌〕⑥ 挽〔土,引也〕　矕〔視貌〕 蘰〔草也〕	嫚〔侮易也〕 慢〔怠~〕	眄〔邪視也〕⑦　韎〔皮韈〕⑧ 帓〔帶也〕⑨ 秣〔以穀飼馬曰~〕⑩ 粖〔糜粥也〕⑪　袹〔始喪之服〕⑫ 眜〔惡視也〕⑬
語 ŋ	眼〔目也〕⑭	眼〔目也〕	唁〔弔生曰~〕	屵〔高也〕⑮ 不〔木折而復生曰~〕⑯ 歺〔殘骨也〕⑰　㥦〔賽也〕⑱ 欁〔把也〕⑲　硏〔石貌〕⑳
出 ts‘	餐〔熟食也〕 飱〔同上〕 飡〔吞食也〕 潺〔土,湲水流貌〕㉑ 孱〔~弱〕㉒	剗〔削平也〕　剷〔同上〕 㦃〔全德也〕　㹽〔齧也〕 産〔~業〕	綻〔衣縫解也〕㉓	察〔臨也;審也〕　擦〔摩也〕 漆〔解,用以飾椅棹〕
喜 h	㊪嫨〔怒也〕㉔	僩〔武毅之貌〕㉕ 厂〔山石之岩〕　罕〔少也〕 悍〔強很也〕㉖　憪〔寬貌〕 扞〔~,衛也〕㉗ 撊〔勁忿也〕㉘ 捍〔衛也;抵也〕㉙	僩〔姓也;~子〕	閃〔邪視也〕　喝〔怒聲〕 曷〔何也〕㉚　韗〔車軸頭鐵〕㉛ 搳〔搗也〕㉜　擖〔刮也〕㉝ 猲〔~獢:短喙犬〕　獦〔同上〕

【校注】

① ㊚槭:【集韻】虎感切。木裂。[按]聲、韻不合,應歸喜母三韻。

② 蝎〔桑蟲〕:[《廣韻》胡葛切,入曷,匣。]木中蛀蟲。(漢)王充《論衡·商蟲》:"桂有蠹,桑有蝎。"[按]聲、調不合,應歸喜母下入。

③ 褐〔毛布賤服〕:[《廣韻》胡葛切,入曷,匣。]指粗布或粗布衣,古時貧賤者所服,最早用葛、獸毛,後通常指大麻、獸毛的粗加工品。《詩·豳風·七月》:"無衣無褐,何以卒歲?"(漢)鄭玄箋:"褐,毛布也。"【字彙】何葛切,音曷。毛布,賤者所服。[按]聲、調不合,應歸喜母下入。

④ 㺿〔~~:飛動貌〕:【玉篇】同翼。翼,[《廣韻》與職切,入職,以。]鳥類或昆蟲的翅膀。《易·明夷》:"明夷于飛,垂其翼。"【翼翼】飞動貌。《後漢書·張衡傳》:"紛翼翼以徐戾兮,焱回回其揚靈。"(唐)李賢注:"翼翼,飛皃。"[按]韻、調不合,應歸卿韻下入。

⑤ ㊚屘〔尾子〕:方言。臺灣地區稱少子爲"屘"。(清)黄叔璥《臺海使槎録·習俗》:"大武郡……又所生少子名曰'屘',土音'滿'。"[按]調不合,應歸上上。今泉無此用法。

⑥ 晚〔目視貌〕:【集韻】武簡切。《説文》晚䁔,目視貌。[按]"晚",除大版式本、廖新校增本外,其餘諸本均誤作"晚"。

⑦ 眜〔邪視也〕:【康熙字典】《篇海類編》莫轄切,音帓。邪視也。[按]調不合,應歸下入。

⑧ 靺〔皮鞨〕:【康熙字典】《篇海》亡八切,蠻入聲。皮鞨也。[按]調不合,應歸下入。

⑨ 帓〔帶也〕:[《廣韻》莫鎋切,入鎋,明。]巾;用以包紮的織物。[按]調不合,應歸下入。

⑩ 秣〔以穀飼馬曰~〕:[《廣韻》莫撥切,入末,明。]1. 牲口的飼料。《周禮·天官·大宰》:"七曰芻秣之式。"(漢)鄭玄注:"芻秣,養牛馬禾穀也。"2. 餵養。

《詩·周南·漢廣》:“之子于歸,言秣其馬。”[按]韻、調不合,應歸川韻下入。

⑪ 粖〔糜粥也〕:[《廣韻》莫撥切,入末,明。]粥糜。[按]韻、調不合,應歸川韻下入。

⑫ 袹〔始喪之服〕:【集韻】莫轄切。邪巾袹頭,始喪之服。[按]調不合,應歸下入。

⑬ 眑〔惡視也〕:【集韻】莫八切,蠻入聲。《博雅》視也。一曰惡視。[按]調不合,應歸下入。

⑭ 眼〔目也〕:[按]重見於上上,諸本皆然,唯廖新校增本改作“眲〔同眼〕”,並歸入上上,是。疑當作“眲”。【正字通】眲,“眼”本字。【説文】眼,目也。从目皀聲。五限切。調不合,應歸上上。

⑮ 屵〔高也〕:[《廣韻》五割切,入曷,疑。]山高貌。《廣韻》:“屵,高山狀。”(唐)蘇源明《元包經傳·太陽》:“屵之褒。”(唐)李江注:“屵,音嶭,高山狀。”[按]調不合,應歸下入。

⑯ 不〔木折而復生曰~〕:【集韻】牙葛切。《説文》古文“櫱”。从木無頭。[按]調不合,應歸下入。大版式本、道光本、文德堂本、會文書莊本、市圖善本均誤作“木”;原注“木折而復生曰~”,大版式本誤作“禾折而復生曰~”,道光本、文德堂本、會文書莊本、市圖善本誤作“未折而復生曰~”;廖新校增本改作“木餘也”,亦誤。

⑰ 歺〔殘骨也〕:[《廣韻》五割切,入曷,疑。]剔去肉後的殘骨。[按]調不合,應歸下入。

⑱ 恩〔賽也〕:【字彙】牙八切,顏入聲。賽也。【正字通】恩,“恖”字之譌。舊注顏入聲,訓賽,非。[按]調不合,應歸下入。

⑲ 擜〔把也〕:【集韻】牙葛切。擊也。【字彙】牙八切,顏入聲。擊也。《玉篇》把也。[按]調不合,應歸下入。“擜〔把也〕”,樋新編本誤作“囐〔拒也〕”,道光本、大版式本、文德堂本、會文書莊本、市圖善本誤作“巘〔把也〕”。

⑳ 硍〔石貌〕:【字彙】牙八切,顏入聲。礣硍,石貌。[按]調不合,應歸下入。

㉑ 潺〔土，潺水流貌〕：［《廣韻》士山切，平山，崇。］水流貌。［按］調不合，應歸下平。

㉒ 孱〔～弱〕：［《廣韻》士山切，平山，崇。］衰弱；瘦弱。（宋）陸游《九月一日夜讀詩稿有感走筆作歌》："力孱氣餒心自知，妄取虛名有慙色。"［按］調不合，應歸下平。

㉓ 綻〔衣縫解也〕：［《廣韻》丈莧切，去襇，澄。］衣縫裂開。（唐）白居易《秋霁》詩："冬衣殊未製，夏服行將綻。"［按］聲、調不合，應歸争母下去。

㉔ ㊫嫨〔怒也〕：［《集韻》虛干切，平寒，曉。］1. 老嫗貌。2. 怒。［按］原注"怒"，大版式本、文德堂本、市圖善本誤作"怨"，樋新編本、道光本、會文書莊本缺注。

㉕ 僩〔武毅之貌〕：僩，［《廣韻》下赧切，上潸，匣。］亦作"僴"。勇猛貌。《詩·衛風·淇奧》："瑟兮僩兮，赫兮咺兮。"［按］調不合，應歸下上。

㉖ 悍〔強很也〕：［《廣韻》侯旰切，去翰，匣。］勇敢；勇猛。（漢）賈誼《治安策》："陛下之臣雖有悍如馮敬者，適啓其口，匕首已陷其胸矣。"［按］調不合，應歸下去。

㉗ 扞〔～，衛也〕：［《廣韻》侯旰切，去翰，匣。］保護；保衛。《書·文侯之命》："汝多修，扞我于艱。"（宋）蔡沈集傳："扞衛我于艱難。"《左傳·文公六年》："親帥扞之，送致諸竟。"（晉）杜預注："扞，衛也。"［按］調不合，應歸下去。

㉘ 撊〔勁忿也〕：【字彙】下簡切，閑上聲。勁忿貌。［按］調不合，應歸下上。

㉙ 捍〔衛也；抵也〕：［《廣韻》侯旰切，去翰，匣。］抵御；護衛。《禮記·祭法》："能禦大菑則祀之，能捍大患則祀之。"［按］調不合，應歸下去。

㉚ 曷〔何也〕：［《廣韻》胡葛切，入曷，匣。］代詞。表示疑問。相當於"何"、"什麽"。《書·盤庚上》："汝曷弗告朕。"孔傳："曷，何也。"［按］調不合，應歸下入。

㉛ 舝〔車軸頭鐵〕：［《廣韻》胡瞎切，入舝，匣。］車轄。古代爲固定車輪而插在車軸兩端的鍵。《詩·邶風·泉水》："載脂載舝，還車言邁。"（唐）孔穎達疏：

"古者車不駕則脱其轄……今將行,既脂其車,又設其轄。"《詩·小雅·車轄序》:"車轄,大夫刺幽王也。"(唐)陸德明釋文:"車軸頭鐵也。"[按]調不合,應歸下入。

㉜ 搳[擖也]:[《集韻》下瞎切,入轄,匣。]抉;挖。《集韻·入轄》:"搳,《説文》:'擖也。'或作'揩'。"《集韻·入黠》:"揩,抉也。"《隱居通議·詩歌四》引(元)黄伯厚《鍾馗觀鬼門蟆圖》詩:"昔時唐宋失天經,妖蟆曾搳天眼精。"[按]調不合,應歸下入。

㉝ 擖[刮也]:[《廣韻》古鎋切,入轄,見。]刮削。(清)黄景仁《贈程厚孫時爲厚孫作書與汪容甫定交》詩:"六籍坐泥蟠,鏗響誰與擖。"[按]聲不合,應歸求母。

聲韻調	28 丹 an/at			
	下平˨˦ 24	下上˨˨ 22	下去˦˩ 41	下入˨˦ 24
英 ∅	○	○	晏〔安也;晚也〕① 案〔几~〕②	○
文 b	閩〔土,八~〕 蠻〔南~;~夷〕 㒼〔~頭〕③ 鰻〔魚無鱗〕	○	萬〔十千曰~;舞名;又姓〕 蔓〔枝長爲~〕 僈〔舒遲也〕 曼〔脩廣也;舞也〕 漫〔土,汗~〕 幔〔帷也〕 曼〔姓也〕 攌〔擊打也〕 謾〔與慢同〕	密〔解,細~〕
語 g	顏〔容色;又姓〕 䶩〔~色〕 虤〔虎怒甚也〕	○	鴈〔隨陽之鳥〕 雁〔同上〕 彥〔美士也〕 諺〔俗語也〕 喭〔粗俗也〕 岸〔土,崖也;水~〕 矸〔山石貌〕	齾〔齒缺曰~〕
出 ts'	田〔解,~地;又姓〕④	○	燦〔光明也〕⑤ 璨〔璀~;玉光〕⑥ 粲〔美也;飯也〕⑦ 儭〔裹也〕 襯〔土,旁~〕	賊〔解,盜偷也〕
喜 h	韓〔國名;又姓〕 寒〔~暑;又姓〕 閑〔闌也;止也〕 馯〔姓也〕 嫺〔~雅;習也〕 嫻〔同上〕 癇〔小兒瘨病〕	限〔户~;界也〕 閬〔門閾〕 旱〔不雨也〕 㫗〔閾也〕 汗〔人液也〕	漢〔河~;雲~〕⑧ 暵〔旱也〕⑨ 翰〔~苑;鳥羽〕 瀚〔浩~〕 熯〔乾也;炙也〕⑩ 閈〔裏門曰~〕	㊧ 糏〔米~〕⑪

【校注】

① 晏〔安也;晚也〕:[《廣韻》烏旰切,去翰,影。]4. 平静;安逸。《文選·謝靈運〈擬魏太子"鄴中集"詩·劉禎〉》:"貧居晏里閈,少小長東平。"(唐)吕延濟注:"晏,安也。"5. 晚;遲。《論語·子路》:"冉子退朝。子曰:'何晏也?'"[按]調不合,應歸上去。

② 案〔几~〕:[《廣韻》烏旰切,去翰,影。]器具名。几桌。《東觀漢記·劉玄載記》:"更始韓夫人尤嗜酒,每侍飲,見常侍奏事,輒怒曰:'帝方對我飲,正用

此時持事來乎！'起，抵破書案。"［按］調不合，應歸上去。

③ 䴵〔~頭〕：【集韻】饅、䴵，謨官切。饅頭，餅也。或从麥。

④ 田〔解，~地；又姓〕：［《廣韻》徒年切，平先，定。］耕種用的土地。《詩·小雅·大田》："大田多稼，既種既戒，既備乃事。"（漢）鄭玄箋："大田，謂地肥美，可墾耕，多爲稼，可以授民者也。"［按］［꜀ts'an］實爲俗讀，今泉沿用。

⑤ 燦〔光明也〕：［《廣韻》蒼案切，去翰，清。］明亮貌。（南朝·梁）何遜《苦熱行》："卧思清露浥，坐待明星燦。"［按］調不合，應歸上去。

⑥ 璨〔璀~：玉光〕：［《廣韻》蒼案切，去翰，清。］明亮。（唐）王建《白紵歌》之一："天河漫漫北斗璨，宮中烏啼知夜半。"［按］調不合，應歸上去。

⑦ 粲〔美也；飯也〕：［《廣韻》蒼案切，去翰，清。］3. 鮮明貌；美好貌。《詩·唐風·葛生》："角枕粲兮，錦衾爛兮。"（宋）朱熹集傳："粲、爛，華美鮮明之貌。"……7. 通"餐"。《詩·鄭風·緇衣》："適子之館兮，還予授子之粲兮。"毛傳："粲，餐也。"［按］調不合，應歸上去。

⑧ 漢〔河~；雲~〕：［《廣韻》呼旰切，去翰，曉。］天河；銀河。《詩·小雅·大東》："維天有漢，監亦有光。"毛傳："漢，天河也。"［按］調不合，應歸上去。

⑨ 暵〔旱也〕：［《廣韻》呼旰切，去翰，曉。］乾旱。《周禮·春官·女巫》："旱暵則舞雩。"［按］調不合，應歸上去。

⑩ 熯〔乾也；炙也〕：［《廣韻》呼旰切，去翰，曉。］1. 乾燥；乾枯。《易·説卦》："撓萬物者莫疾乎風，燥萬物者莫熯乎火。"（唐）陸德明釋文："熯，徐本作'暵'，音漢，云：'熱，暵也。'"2. 乾旱。（明）李東陽《中元謁陵遇雨》詩之四："此地經年赤，川原熯欲燒。"3. 烘乾；烘烤。《淮南子·修務訓》："若夫以火熯井，以淮灌山，此用已而背自然，故謂之有爲。"［按］調不合，應歸上去。

⑪ ㊫糊〔米~〕：【集韻】何葛切。白米。［按］"糊"疑爲"核"的同音借字或訓讀字，"米糊"疑指未煮熟的米粒，今泉説"米蕊"［꜂bi꜅lui］。

29 金

聲韻調	29 金 im/ip			
	上平˧ 33	上上˥ 55	上去˦˩ 41	上入˥ 5
柳 l	㊕敜〔小飲〕①	廩〔倉~：盛粟〕 稟〔~食也;又食〕 腧〔腱子肉也〕② 凜〔寒也〕 懍〔危懼也〕 懔〔同上,俗字〕 癛〔粟體也〕 禀〔俗稟字〕 菻〔蒿屬〕	㊕槙〔頭~〕③	鴡④
邊 p	㊕珹〔美玉〕⑤	㊕髕〔人名〕⑥	㊕領⑦	㊕恀⑧
求 k	金〔五行屬西方;又~銀〕 今〔對古之稱〕 衿〔衣領也〕 紟〔單被〕⑨	錦〔五色絲織爲~〕⑩ 磔〔石名〕	禁〔制也;戒也〕 僸〔仰也〕	急〔疾也;緊也〕 彶〔急行也〕 跲〔躓也〕 給〔贍也;供也〕 伋〔急也;又人名〕 級〔次第：等~〕⑪
氣 k'	欽〔恭也〕 嶔〔高聳〕 襟〔衣衽〕⑫ 衾〔大被〕 矜〔憫也;~持〕⑬ 磁〔同嶔〕	趛〔低頭疾趨〕 曑〔皮厚〕⑭ 昑〔明也〕	趣〔走也〕⑮	泣〔涕~〕 扱〔取也;引也〕⑯ 汲〔~水〕⑰ 笈〔書箱〕⑱ 湆〔大羹;幽溼也〕
地 t	㊕魷〔女鬼〕⑲	㊕丼〔石投井中〕⑳	沉〔投物水中也〕㉑	㊕孬〔可憐〕㉒
普 p'	㊕廖〔文貌〕㉓	㊕彪〔人名〕㉔	㊕樼〔木名〕㉕	㊕棋〔木名〕㉖
他 t'	琛〔寶也〕 綝〔止也〕 郴〔縣名〕	踸〔行無常貌〕 顠〔惏劣也〕	鴆〔土,惡鳥〕㉗	蟄〔~蟲;藏也〕㉘

(續表)

聲調韻	29 金 im/ip			
	上平˧33	上上˥55	上去˦˩41	上入˥5
争 ts	斟〔~酌〕 瑊〔石次玉〕㉙ 砧〔擣繒石也〕 碪〔同上〕 椹〔木趺也〕㉚	枕〔臥薦首者〕 嬸〔叔母曰~〕 煩〔頭後骨〕 怎〔何也〕 濅〔漬也〕㉛	枕〔曲肱而~〕	執〔持也;守也〕 縶〔絆馬足也〕㉜ 汁〔液也〕 蟄〔~~: 多意〕㉝ 馽〔絆馬也〕㉞ 銍〔土,禾藁〕㉟
入 dz	○	飪〔熟食也〕 脍〔熟也〕 紝〔機縷也〕㊱ �INS〔肉汁〕 飪〔同餁〕 衽〔衣襟也;席也〕㊲	㊎腍㊳	㊎趿㊴
入 dz	㊎緕㊵	衽〔衣襟也;又臥席〕㊶ 袵〔同上〕 筳〔單席〕 稔〔穀熟曰~〕 恁〔思也;念也〕 脍〔熟也〕㊷ 忍〔土,安不仁也〕㊸ 紝〔繒帛之屬〕㊹ 荏〔菽豆也;柔弱也〕	賃〔借也〕㊺	○
時 s	心〔身之主也,屬火〕 芯〔草名〕 宷〔深也〕 森〔木多也〕㊻ 參〔同音,人~;人名〕㊼	審〔~察;詳也〕 伈〔~~: 恐也〕 瞫〔深視也;又姓〕 宷〔定也〕 沈〔姓也〕 痳〔除也〕	滲〔漏也〕	隰〔下平曰~〕㊽ 溼〔陂下曰~〕 聶〔牛耳動貌〕 濕〔俗溼字〕 澀〔不滑也〕 澁〔俗澀字〕
英 ø	音〔聲成文也〕 陰〔陽之對也〕 隂〔同上〕 陈〔同上,俗字〕 瘖〔不能言〕 黔〔雲覆日也〕 愔〔~~: 安和也〕 氤〔同陰〕	飲〔歠也: ~食〕 衾〔同上〕	廕〔屋宇之庇〕	揖〔拜~也〕 邑〔都~〕 悒〔不安也〕 挹〔酌也;抒也〕 笸〔~仔〕㊾ 浥〔漬也;濕潤〕

【校注】

① ㊫歃〔小歃〕:【集韻】色洽切。《説文》歠也。一曰歃血也。[按]聲、韻、調皆不合,應歸邊母韻上入。疑爲[꜀lim]的訓讀字,現一般寫作借音字"啉"。

② 腷〔腱子肉也〕:【字彙】力錦切,音凜。腱子肉也。[按]"力錦切"見於《字彙》。【正字通】腷,訛字。舊注音凜。腱子肉。【集韻】逋忍切。腱肉。【玉篇】必忍切。腱子肉。

③ ㊫頳〔頭~〕:【集韻】力鴆切。頳頪,俯首。【字彙】力針切,音林。頳頪,俯首也。○又力禁切,音近吝。義同。[按]調不合,應歸下去。

④ 鴚:【集韻】北及切。鴚鴔,鳥名,戴勝也。[按]聲、韻、調皆不合。

⑤ ㊫瑊〔美玉〕:[《廣韻》職深切,平侵,章。]似玉的美石。[按]聲不合,應歸争母。

⑥ ㊫髕〔人名〕:[《廣韻》毗忍切,上軫,並。]1. 膝蓋骨。(清)沈彤《釋骨》:"蓋膝之骨曰膝髕。"2. 古代一種剔去膝蓋骨的酷刑。[按]韻不合,應歸賓韻。

⑦ ㊫領:[《廣韻》良郢切,上静,來。]1. 脖子。《詩・衛風・碩人》:"領如蝤蠐,齒如瓠犀。"毛傳:"領,頸也。"《孟子・梁惠王上》:"如有不嗜殺人者,則天下之民皆引領而望之矣。"2. 衣領。《荀子・勸學》:"若挈裘領,詘五指而頓之,順者不可勝數也。"[按]聲、韻、調皆不合,應歸柳母卿韻上上。

⑧ ㊫惲:[《廣韻》荒烏切,平模,曉。]1. 恐懼怯懦。2. 憂慮傷心。[按]聲、韻、調皆不合。

⑨ 紟〔單被〕:[《廣韻》巨禁切,去沁,羣。]單被。《儀禮・士喪禮》:"緇絞紟,衾二。"(漢)鄭玄注:"紟,單被也。"[按]調不合,應歸下去。

⑩ 錦〔五色絲織爲~〕:[按]"錦",樋新編本誤作"綿"。

⑪ 級〔次第;等~〕:[《廣韻》居立切,入緝,見。]等第。特指官爵的品級。《左傳・僖公九年》:"天子使孔曰:'以伯舅耋老,加勞,賜一級,無下拜。'"(晉)杜預注:"級,等也。"[按]今泉有[kip꜆]、[k'ip꜆]兩讀。

⑫ 襟〔衣衽〕：[《廣韻》居吟切，平侵，見。]古代指衣的交領。《爾雅·釋器》："衣眥謂之襟。"（宋）邢昺疏："謂交領也。"[按]聲似不合，應歸求母。但今泉仍有[꜀kim]、[꜀k'im]兩讀。

⑬ 矜〔憫也；~持〕：[《廣韻》居陵切，平蒸，見。]4. 端莊。《論語·衛靈公》："君子矜而不争。"（三國·魏）何晏集解引（漢）包咸曰："矜，矜莊也。"……7. 憐憫；同情。《書·泰誓上》："天矜于民。"孔傳："矜，憐也。"[按]聲、韻不合，應歸求母卿韻或賓韻。今泉讀[꜀kiŋ/꜀kin]。

⑭ 㱨〔皮厚〕：【集韻】遣忍切。皮厚。【字彙】弃忍切，欽上聲。皮厚貌。[按]韻不合，應歸賓韻。

⑮ 趣〔走也〕：【字彙】去刃切，欽去聲。走也。[按]韻不合，應歸賓韻。

⑯ 扱〔取也；引也〕：【集韻】乞及切。手至地。【集韻】測入切。取也。【集韻】訖立切。引也。[按]音、義錯位。氣母金韻上入所對應的義項應是"手至地"。

⑰ 汲〔~水〕：[《廣韻》居立切，入緝，見。]从井裏取水；亦泛指打水。《易·井》："井渫不食，爲我心惻，可用汲。"[按]聲似不合，應歸求母。但今泉亦有[kip꜆]、[k'ip꜆]兩讀。

⑱ 笈〔書箱〕：[《廣韻》其立切，入緝，羣。]盛器。多竹、藤編織，常用以放置書籍、衣巾、藥物等。《太平御覽》卷七一引（漢）應劭《風俗通》："笈，學士所以負書箱，如冠籍箱也。"[按]聲、調不合，應歸求母下入。今泉讀不送氣[kip꜇]。

⑲ ㊫魅〔女鬼〕：[按]傳統辭書查無此字。

⑳ ㊫井〔石投井中〕：[《集韻》都感切，上感，端。]象聲詞。東西投入井中的聲响。[按]韻不合，應歸三韻。

㉑ 沉〔投物水中也〕：[《廣韻》直禁切，去沁，澄。]没入水中；沉没。《詩·小雅·菁菁者莪》："汎汎楊舟，載沈載浮。"[按]調不合，應歸下去。

㉒ ㊫孨〔可憐〕：【集韻】主兖切……孤煢可矜謂之孨。[按]聲、韻、調皆不合。

㉓ ㊫彨〔文貌〕：【康熙字典】《海篇》音彬。文盛貌。【正字通】彨，俗"彬"

字。舊注音、義同"彬"。[按]聲、韻不合,應歸邊母賓韻。

㉔ ㊇彪〔人名〕:【集韻】披巾切。虎文。[按]韻、調不合,應歸賓韻上平。

㉕ ㊇樳〔木名〕:【集韻】梣、樳,咨林切。《説文》青皮木。[按]聲、調不合,應歸争母上平。

㉖ ㊇楪〔木名〕:【集韻】丈忍切。木名。[按]聲、韻、調皆不合,應歸地母賓韻下上。

㉗ 鴆〔土,惡鳥〕:[《廣韻》直禁切,去沁,澄。]傳説中的一種毒鳥。以羽浸酒,飲之立死。《楚辭·離騷》:"吾令鴆爲媒兮,鴆告余以不好。"(漢)王逸注:"鴆,運日也。羽有毒可殺人,以喻讒佞賊害人也。"[按]聲、調不合,應歸地母下去。

㉘ 蟄〔~蟲;藏也〕:[《廣韻》直立切,入緝,澄。]動物冬眠,潛伏起來不食不動。《易·繫辭下》:"龍蛇之蟄,以存身也。"(三國·吴)虞翻注:"蟄,潛藏也。"[按]聲、調不合,應歸地母下入。今泉正讀爲[tip⊇],俗讀爲[tiak⊇]。

㉙ 砧〔擣繒石也〕:[《廣韻》知林切,平侵,知。]擣衣石。(漢)班婕妤《擣素賦》:"於是投香杵,扣玟砧,擇鸞聲,争鳳音。"(唐)韓愈《和崔舍人咏月》:"牖光窺寂寞,砧影伴娉婷。"[按]聲不合,應歸地母。今泉讀[⊂tim/⊂tiam]。

㉚ 椹〔木趺也〕:[《廣韻》知林切,平侵,知。]砧,墊板。《爾雅·釋宫》:"椹,謂之榩。"(晉)郭璞注:"斫木櫍也。"【字彙】諸深切,音斟。木趺也;斫木櫍也。[按]聲不合,應歸地母。

㉛ 寖〔漬也〕:[《五音集韻》子鴆切,去沁。]滲透。參見"寖潤"。【寖潤】逐漸滲透。謂讒言漸積而發生作用。《漢書·劉向傳》:"上内重堪,又患衆口之寖潤,無所取信。"[按]調不合,應歸上去。

㉜ 縶〔絆馬足也〕:[《廣韻》陟立切,入緝,知。]拴住馬足。《楚辭·九歌·國殤》:"霾兩輪兮縶四馬,援玉枹兮擊鳴鼓。"[按]聲不合,應歸地母。

㉝ 蟄〔~~:多意〕:重收,已見㉘(金韻他母上入)。[《廣韻》直立切,入緝,澄。]【蟄蟄】衆多貌。《詩·周南·螽斯》:"螽斯羽,揖揖兮,宜爾子孫,蟄蟄

兮。"(宋)朱熹集傳:"蟄蟄,亦多意。"【集韻】叱入切。和集也。【字彙】尺入切,琛入聲。多也。[按]聲、調不合,應歸地母下入或出母上入。

㉞ 馽〔絆馬也〕:【正字通】俗"馽"字。【集韻】馽,陟立切。《説文》絆馬也。[按]聲不合,應歸地母。

㉟ 銍〔土,禾藁〕:[《廣韻》之日切,入質,章。][《廣韻》陟栗切,入質,知。]2. 用鐮刀割。3. 割下的禾穗。《書·禹貢》:"二百里納銍,三百里納秸服。"(唐)孔穎達疏:"禾穗用銍以刈,故以銍表禾穗也。"[按]韻不合,應歸賓韻上入。原注釋義亦不確。

㊱ 絍〔機縷也〕:[《集韻》如鴆切,去沁,日。]織布帛的絲縷。《禮記·内則》:"執麻枲,治絲繭,織絍組紃,學女事,以共衣服。"(唐)孔穎達疏:"絍爲繒帛。"[按]調不合,應歸下去。

㊲ 衽〔衣襟也;席也〕:[《廣韻》汝鴆切,去沁,日。]衣襟。指上衣前交領部分。《禮記·喪大記》:"小斂、大斂,祭服不倒,皆左衽。"(漢)鄭玄注:"左衽,衽鄉左,反生時也。"(唐)孔穎達疏:"衽,衣襟也。生鄉右,左手解袖帶便也;死則襟鄉左,示不復解也。"[按]調不合,應歸下去。

㊳ ㊇朒:【集韻】儒順切。朐朒,蟲名。[按]調不合,應歸下去。

㊴ ㊇趿:[《玉篇》私立切。]奔跑貌。[按]聲不合,應歸時母。

㊵ ㊇緁:【集韻】尼心切。織也。[按]調不合,應歸下平。

㊶ 衽〔衣襟也;又臥席〕:重收,已見㊲(金韻入母上上),應删。

㊷ 腍〔熟也〕:重收,已見金韻入母上上,應删。

㊸ 忍〔土,安不仁也〕:[《廣韻》而軫切,上軫,日。]忍耐;容忍。《書·湯誥》:"爾萬方百姓,罹其凶害,弗忍荼毒。"《論語·八佾》:"是可忍也,孰不可忍也。"[按]韻不合,應歸賓韻。今泉仍沿用此讀[ᶜlim/ᶜlun]。

㊹ 紝〔繒帛之屬〕:同㊱絍。[按]調不合,應歸下去。

㊺ 賃〔借也〕:[《集韻》如鴆切,去沁,日。]租賃;租用。(漢)桓寬《鹽鐵論·通有》:"五羖賃車入秦。"(唐)裴鉶《傳奇·顔濬》:"賃小舟抵白沙。"

[按]調不合,應歸下去。

㊻ 森〔木多也〕:[《廣韻》所今切,平侵,生。]樹木高聳繁密貌。(南朝·宋)謝靈運《廬陵王墓下作》詩:"徂謝易永久,松柏森已行。"[按]參見箴韻。

㊼ 参〔同音,人~;人名〕:[《廣韻》所今切,平侵,生。]通常指人參。[按]參見箴韻。

㊽ 隰〔下平曰~〕:[《廣韻》似入切,入緝,邪。]低濕的地方。《書·禹貢》:"原隰厎績,至于豬野。"孔傳:"下濕曰隰。"[按]調不合,應歸下入。

㊾ 筥〔~仔〕:【集韻】乙及切。捕魚竹器。

聲 韻 調	29 金 im/ip			
	下平ʎ 24	下上˧ 22	下去˩ 41	下入ʎ 24
柳 l	霖〔及時之雨〕 林〔叢木曰~〕 臨〔居上而~下也〕 淋〔雨~漓〕 琳〔美玉〕	㊢ 燅〔火起〕	○	立〔植~;□也〕① 笠〔箬~〕 粒〔米顆〕 苙〔闌也〕②
邊 p	㊢ 貼③	㊢ 偋〔面前也〕④	○	㊢ 趄〔日走〕⑤
求 k	禁〔當也〕	妗〔引~〕	舚〔牛舌下病〕	及〔至也;□也〕⑥ 芨〔白~:藥名〕⑦ 菰〔冬瓜〕 扊〔户牡也〕 雂〔鳩鳥也〕
氣 k'	琴〔~瑟〕 禽〔二足曰~〕 擒〔捉也〕 芩〔黄~:藥名〕 聆〔音也〕 菳〔草名〕	○	捦〔按也〕⑧ 牞〔牛舌病也〕⑨ 齸〔齒貌〕⑩	㊢ 掐⑪
地 t	沉〔没也;溺也;又去聲〕	朕〔我也;天子自稱曰~〕	鴆〔毒鳥,其毛瀝酒,飲之則死〕	蟄〔藏也;驚~〕⑫
普 p'	○	㊢ 蒚〔臭草〕⑬	○	㊢ 浥〔水貌〕⑭
他 t'	㊢ 痽⑮	㊢ 覘〔私出頭〕⑯	闖〔馬出門貌〕⑰ 閦〔從門出入〕⑱ 覘〔私出頭;視也〕⑲ 硯〔同覘〕	卙〔會集也〕⑳
争 ts	蟳〔土,似蟹而大〕㉑	㊢ 鍖㉒	浸〔漬也;漸也〕㉓ 湊〔~淫:久雨〕㉔	集〔安也;聚也〕 褶〔袴也〕㉕ 亼〔三合也〕 㑵〔聚也〕㉖
入 dz	任〔負也;擔也〕㉗	㊢ 屻㉘	認〔忍也〕㉙ 仞〔八尺曰~〕㉚	廿〔二十也〕 卄〔同上〕

（續表）

聲韻調	29 金 im/ip			
	下平˨˦ 24	下上˨˨ 22	下去˦˩ 41	下入˨˦ $\underline{24}$
入 dz	壬〔十干名,屬水〕	○	訒〔忍也;難也〕㉛ 軔〔九~〕㉜ 刃〔鋒~也〕㉝ 牣〔充滿也〕㉞	入〔出~〕
時 s	尋〔繹理也;搜求也〕 諶〔誠也;信也〕 忱〔誠也〕 鬵〔釜~: 鼎也〕 䰼〔同上〕　鄩〔國名〕 煁〔無釜之灶〕 潯〔旁深也〕	甚〔安樂也;太過也〕 葚〔桑實〕 黮〔同上〕	滲〔寒貌〕㉟ 滲〔漉也;漏也〕㊱	十〔數也;終也〕 什〔~物〕㊲　阩〔地名〕㊳ 習〔温~;傳~〕 拾〔掇也;取也〕 殖〔~字〕㊴ 襲〔因也;重也;掩~〕 熠〔慴也〕㊵
英 ∅	淫〔過也;奸~〕 婬〔姦~〕　霪〔久雨〕 巠〔濫也〕㊶	㊗癓㊷	蔭〔庇也;陰景〕㊸ 窨〔地室也〕㊹ 訡〔怒言也〕㊺ 貏〔~呃: 不平聲〕㊻ 癊〔心中病〕㊼ 猷〔鼠名〕㊽ 蔭〔同蔭〕	㊗噏㊾

【校注】

① 立〔植~;□也〕:［按］原注缺字疑爲"住"。【説文】立,住也。

② 苙〔闌也〕:【集韻】力入切。畜欄也。

③ ㊗貼:【集韻】丁兼切。《説文》小垂耳也。［按］聲不合,應歸地母。

④ ㊗佟〔面前也〕:［《廣韻》時鴆切,去沁,禪。］低頭。［按］聲、調不合,應歸時母下去。

⑤ ㊗趉〔日走〕:【字彙】以律切,音聿。走也。［按］聲、韻不合,應歸英母春

韻下入。

⑥ 及〔至也;□也〕:【集韻】極入切。《説文》逮也。[《廣韻》其立切,入緝,羣。]追上;趕上。《論語·顏淵》:"子貢曰:'惜乎!夫子之説君子也。駟不及舌。'"[按]原注缺字疑爲"逮"。

⑦ 芨〔白~:藥名〕:[按]樋新編本注缺"名"字。

⑧ 搇〔按也〕:[《集韻》丘禁切,去沁,溪。]用手按;按。《醒世恒言·喬太守亂點鴛鴦譜》:"〔裴老九〕趕近前把手向劉公臉上一搇道:'老忘八!羞也不羞!'"[按]調不合,應歸上去。

⑨ 矜〔牛舌病也〕:【集韻】巨禁切。《説文》牛舌病。[按]同求母金韻下去"舔"。聲不合,應歸求母。

⑩ 齸〔齒貌〕:【集韻】口謹切,音赾。齸齗,齒貌。[按]調不合,應歸上上。

⑪ ㊫掐:[《廣韻》苦洽切,入洽,溪。]用指甲按或切入。(南朝·宋)劉義慶《世説新語·雅量》:"〔顧雍〕以爪掐掌,血流沾褥。"[按]韻、調不合,應歸三韻或兼韻上入。今泉讀[k'ap꜆/k'iap꜆]。

⑫ 蟄〔藏也;驚~〕:[按]重收,已見上㉘(金韻他母上入)、㉝(金韻爭母上入),應删。

⑬ ㊫蔿〔臭草〕:【唐韻】祖兖切,音雋。蘠蔿,菜名。[按]聲、韻、調皆不合。

⑭ ㊫浸〔水貌〕:[《集韻》是酉切,上有,禪。]水貌。[按]聲、韻、調皆不合。

⑮ ㊫痓:[《廣韻》氏任切,平侵,禪。]1. 腹病。2. 病;再次發病。[按]聲不合,應歸時母。

⑯ ㊫覘〔私出頭〕:【字彙】丑禁切,音琛。私出頭;視也。【玉篇】丑蔭切。視也。[按]調不合,應歸上去。

⑰ 闖〔馬出門貌〕:【集韻】丑禁切。《説文》馬出門貌。[《廣韻》丑禁切,去沁,徹。]1. 出頭貌。(唐)韓愈《南山詩》:"喁喁魚闖萍,落落月經宿。"2. 探頭;觀望。(唐)韓愈、孟郊《同宿聯句》:"儒門雖大啓,姦首不敢闖。"[按]調不合,應歸上去。

⑱ 閟〔從門出人〕:【字彙】醜禁切,音趻。從門出入貌。[按]調不合,應歸上去。

⑲ 覟〔私出頭;視也〕: 重收,已見⑯(金韻他母下上),應刪。

⑳ 卙〔會集也〕:【集韻】即入切。《説文》卙卙,盛也。汝南名蠶盛曰卙。又【集韻】叱入切。盛也。[按]聲不合,應歸争母或出母。因《字彙》"琛入聲"而誤。【字彙】尺入切,琛入聲。會集之也;又卙卙,盛也。"卙",樋新編本、會文書莊本、廖新校增本誤作"斟"。

㉑ 蟳〔土,似蟳而大〕: [《正字通》徐盈切。]海蟹的一類,即蝤蛑。俗稱青蟹、梭子蟹。(宋)曾慥《類説》卷六引《海物異名記·蟹名虎蟳》:"海蟹之大者,有虎班文蟹,謂之蟳者,以其隨波堙淪。"[按]聲、韻不合,應歸時母卿韻。今泉沿用[꜀tsim]。一説該音來自"蝤蛑"的合音。

㉒ ⓩ踸: [《廣韻》丑甚切,上寑,徹。]參見"踸踔"。【踸踔】聲音舒緩貌。[按]聲不合,應歸他母。

㉓ 浸〔漬也;漸也〕: [《廣韻》子鴆切,去沁,精。]"濅"的今字。泡在液體中。《詩·小雅·大東》:"有洌氿泉,無浸穫薪。"[按]調不合,應歸上去。

㉔ 濅〔~淫: 久雨〕: [《廣韻》子鴆切,去沁,精。]"浸"的古字。逐漸。《漢書·成帝紀》:"吏民慕效,濅以成俗。"(唐)顔師古注:"濅,漸也。"【濅淫】逐漸;漸進。《漢書·燕靈王劉建傳》:"事濅淫聞於上。"(唐)顔師古注:"濅,古'浸'字也。濅淫,猶言漸染也。"[按]調不合,應歸上去。原注釋義不確。

㉕ 褶〔袴也〕: [《廣韻》似入切,入緝,邪。][《廣韻》是執切,入緝,禪。]指褲。(唐)李賀《追賦畫江潭苑》詩之一:"路指臺城迥,羅薰袴褶香。"(清)王琦彙解:"《中華古今注》:'袴,蓋古之裳也,周武王以布爲之,名曰褶;敬王以繒爲之,名曰袴,但不縫口而已。'琦按: 恐即今馬上所著戰裙之類。"

㉖ 雧〔聚也〕:【集韻】即入切。人聚也。[按]調不合,應歸上入。

㉗ 任〔負也;擔也〕: [《廣韻》汝鴆切,去沁,日。]擔荷;負載。《詩·小雅·黍苗》:"我任我輦,我車我牛。"(唐)孔穎達疏:"謂有我負任者、我輓輦者。"高亨

注:"任,擔荷。"[按]音、義錯位,"負、擔"義之"任"應讀下去調。

㉘ 增岃:[《集韻》而振切,去震,日。]山峰高聳形。[按]韻、調不合,應歸賓韻下去。

㉙ 認〔忍也〕:[《廣韻》而振切,去震,日。]認識;辨别。《後漢書·卓茂傳》:"時嘗出行,有人認其馬。"(五代)齊己《亂後經西山寺》詩:"雲裏乍逢新住主,石邊重認舊題名。"[按]以"忍"釋"認",僅見於《字彙》。【字彙】而振切,音刃。忍也。

㉚ 仞〔八尺曰~〕:[《廣韻》而振切,去震,日。]古代長度單位。七尺爲一仞。一説,八尺爲一仞。《論語·子張》:"夫子之牆數仞,不得其門而入者,不見宗廟之美,百官之富,得其門者或寡矣。"(三國·魏)何晏集解引(漢)苞氏曰:"七尺曰仞也。"《山海經·西山經》:"又西六十里,曰太華之山……其高五千仞。"(晉)郭璞注:"仞,八尺也。"[按]韻不合,應歸賓韻。今泉俗讀亦用[lim⊇]。

㉛ 訒〔忍也;難也〕:[《廣韻》而振切,去震,日。]語言遲緩;難出口。《荀子·正名》:"故名足以指實,辭足以見極,則舍之矣;外是者謂之訒,是君子之所棄,而愚者拾以爲己寶。"(唐)楊倞注:"訒,難也。過於志義相通之外,則是務爲難説耳,君子不用也。"【字彙】而震切,忍去聲。言不易發。[按]韻不合,應歸賓韻。原注釋義"忍",不確。

㉜ 軔〔九~〕:[《廣韻》而振切,去震,日。]用來阻止車輪滾動的木頭。《楚辭·離騷》:"朝發軔於蒼梧兮,夕余至乎縣圃。"(漢)王逸注:"軔,搘輪木也。"(宋)洪興祖補注:"軔,止車之木,將行則發之。"[按]韻不合,應歸賓韻。今泉俗讀亦用[lim⊇]。

㉝ 刃〔鋒~也〕:[《廣韻》而振切,去震,日。]刀鋒;刀口。《書·費誓》:"礪乃鋒刃。"孔傳:"磨礪鋒刃。"[按]韻不合,應歸賓韻。今泉有[lin⊇]、[lim⊇]兩讀。

㉞ 牣〔充滿也〕:[《廣韻》而振切,去震,日。]盈滿;充塞。《詩·大雅·靈臺》:"王在靈沼,於牣魚躍。"毛傳:"牣,滿也。"(漢)鄭玄箋:"靈沼之水,魚盈

滿其中,皆跳躍。"[按]韻不合,應歸賓韻。今泉有[lin⊇]、[lim⊇]兩讀。

㉟ 滲〔寒貌〕:【集韻】所禁切。寒皃。[按]調不合,應歸上去。

㊱ 滲〔漉也;漏也〕:[《廣韻》所禁切,去沁,生。]液體慢慢地透過或沁出。《梁書·豫章王綜傳》:"聞俗説以生者血瀝死者骨,滲,即爲父子。"[按]調不合,應歸上去。

㊲ 什〔~物〕:[按]"什〔~物〕",大版式本、道光本、文德堂本、會文書莊本、市圖善本均誤作"自〔~物〕",廖新校增本誤作"自〔自物〕"。

㊳ 阡〔地名〕:【集韻】寔入切。阡邡,縣名,在蜀。【字彙】是執切,音十。阡邡,縣名,在蜀。[按]"阡〔地名〕",樋新編本誤作"阡〔地名〕",其餘諸本均誤作"土地上十名"。

㊴ 殖〔~字〕:【集韻】丞職切。多也。[按]韻不合,應歸卿韻(文讀)或賓韻(白讀)下入。

㊵ 慴〔慳也〕:【集韻】色入切。慳也。[按]調不合,應歸上入。

㊶ 罙〔濫也〕:【字彙】夷今切,音淫。儖也;貪也。注:"儖"爲"濫"之形誤。[濫,《廣韻》盧瞰切,去闞,來。]通"欿"。貪欲;使貪羨。《吕氏春秋·權勳》:"〔獻公〕乃使荀息以屈産之乘爲庭實,而加以垂棘之璧,以假道於虞而伐虢。虞公濫於寶與馬而欲許之。"(漢)高誘注:"濫,貪。"

㊷ ㊫癥:[按]傳統辭書查無音、義。

㊸ 蔭〔庇也;陰景〕:[《廣韻》於禁切,去沁,影。]1. 没有陽光;又涼又潮。2. 遮蓋;隱蔽。《楚辭·九歌·山鬼》:"山中人兮芳杜若,飲石泉兮蔭松柏。"[按]調不合,應歸上去。

㊹ 窨〔地室也〕:[《廣韻》於禁切,去沁,影。]地下室;地窖。《後漢書·光武帝紀下》"詔死罪繫囚皆一切募下蠶室",(唐)李賢注:"蠶室,宫刑獄名。宫刑者畏風,須暖,作窨室蓄火如蠶室,因以名焉。"[按]調不合,應歸上去。

㊺ 訡〔怒言也〕:【集韻】於禁切。譀訡;怒言。

㊻ 瘖〔~㕧:不平聲〕:【集韻】於禁切。瘖㕧,不平聲。[按]調不合,應歸上去。

㊼ 癊[心中病]：[《廣韻》於禁切，去沁，影。]心病。（唐）義净《南海寄歸内法傳》卷一："檳榔、豆蔻糅以丁香、龍腦，咀嚼能令口香，亦乃消食去癊。"[按]調不合，應歸上去。

㊽ 猷[鼠名]：【集韻】淫沁切。鼠名。

㊾ ㊫噏：【集韻】迄及切。斂也。[按]聲、調不合，應歸喜母上入。

<table>
<tr><td rowspan="2">聲
韻
調</td><td colspan="4">29　金 im/ip</td></tr>
<tr><td>下平˨˦ ^{24}</td><td>下上˨ ^{22}</td><td>下去˦˩ ^{41}</td><td>下入˨˦ $^{\underline{24}}$</td></tr>
<tr><td>文</td><td>(增)涔①</td><td>(增)噿〔口合不開〕②</td><td>(增)覘③</td><td>(增)赦〔赤也〕④</td></tr>
<tr><td>語 g</td><td>(增)忴〔賢也〕⑤</td><td>趛〔低頭疾行也〕
錦〔五采織~〕⑥</td><td>噞〔首動貌〕⑦</td><td>○</td></tr>
<tr><td>出 tsʻ</td><td>深〔淺~〕　湥〔水不淺也〕
侵〔漸進：~削〕
駸〔疾行也〕　綅〔線也〕
祲〔精氣感祥〕⑧</td><td>寢〔堂室也；又臥也〕
瀋〔汁也〕</td><td>諗〔謀也〕⑨</td><td>輯〔和也〕　緝〔繼續也〕
咠〔~~：口舌聲〕　戢〔斂也〕⑩
楫〔舟~〕　咠〔衆口也〕
湒〔雨下貌〕　葺〔修補也〕
濈〔和也〕　戢〔藏也；斂也〕</td></tr>
<tr><td>喜 h</td><td>歆〔神受饗也〕
忻〔喜也〕⑪　欣〔同上〕⑫</td><td>廞⑬</td><td>譀〔怒言；又祝也〕</td><td>吸〔氣入爲~〕　翕〔合也；聚也〕
汔〔水涸〕⑭　潝〔水流疾聲〕
熻〔心熱貌〕</td></tr>
</table>

【校注】

① (增)涔：【集韻】徐心切。漬也。[按]聲、調不合，應歸時母下平。

② (增)噿〔口合不開〕：【集韻】陟入切。噿噿，鳴也。[按]聲、韻、調皆不合。

③ (增)覘：同"覜"。參見《字彙》。[按]重收，已見金韻他母下去。聲不合。

④ (增)赦〔赤也〕：【字彙】迄逆切，音吸。赤也；又笑聲。[按]聲、韻、調皆不合。

⑤ (增)忴〔賢也〕：[《集韻》渠金切，平侵，羣。]1. 形容健康。2. 同"琴"。[按]聲、調不合，義亦不合。

⑥ 錦〔五采織~〕：[《廣韻》居飲切，上寢，見。]有彩色花紋的絲織品。《詩·鄭風·豐》："衣錦褧衣，裳錦褧裳。"（唐）孔穎達疏："言己衣則用錦爲之，其上復有禪衣矣；裳亦用錦爲之，其上復有禪裳矣。"[按]聲不合，應歸求母。今泉仍有兩讀[ᶜkim]、[ᶜgim]（俗讀，量詞，局）。

⑦ 噖〔首動貌〕:【集韻】宜禁切。顉噖,首動也。[按]調不合,應歸下去。

⑧ 祲〔精氣感祥〕:【集韻】咨林切。《説文》精氣感祥。又【集韻】千尋切。[按]原注“精氣感祥”,諸本均誤作“精氣盛祥”。

⑨ 諗〔謀也〕:【廣韻】式荏切。告也;謀也。[按]聲、調不合,應歸時母上上。

⑩ 撠〔歛也〕:【字彙】即葉切,音接。交也;持也;合也;會也。又側入切,音戢。撠,歛也。[按]該字音、義來自《字彙》。

⑪ 忻〔喜也〕:[《廣韻》許斤切,平欣,曉。]心喜。《墨子·經説上》:“譽之,必其行也,其言之忻,使人督之。”(清)孫詒讓間詁:“其言可忻悦也。”[按]今泉讀[꜀hin/꜀him]。

⑫ 欣〔同上〕:[《廣韻》許斤切,平欣,曉。]喜悦;欣幸。《左傳·昭公元年》:“諸侯其誰不欣焉望楚而歸之,視遠如邇。”[按]今泉通常讀[꜀hin/꜀həm]。

⑬ 廞:[《廣韻》許錦切,上寑,曉。]1. 陳設。《周禮·天官·司裘》:“大喪,廞裘飾皮車。”(清)孫詒讓正義:“凡器物之陳而不用者謂之廞,亦可謂之陳……其用者謂之陳,而不可謂之廞。”2. 怒貌。(漢)揚雄《太玄·衆》:“虎虓振廞,豹勝其私。”(晉)范望注:“振廞,盛怒貌也。”

⑭ 汔〔水涸〕:[《廣韻》許訖切,入迄,曉。]乾涸。《易·井》:“汔至亦未繘井,羸其瓶,凶。”李鏡池通義:“汔,《説文》:‘水涸也。’”[按]韻不合,應歸賓韻上入。

聲韻調	29 金 im/ip			
	下平˨˦ ^{24}	下上˨˨ ^{22}	下去˦˩ ^{41}	下入˨˦ $^{\underline{24}}$
文 b	(增)霠〔小雨〕① 霒	(增)䏽②		(增)椺③
語 ɡ	吟〔~咏也〕 齡〔同上〕 㕯〔助也〕④ 唫〔同吟〕 硂〔礆~：嵌嵓〕 砛〔磚~〕⑤	○	○	岌⑥
出 ts‘	(增)𥗁〔石山〕⑦	(增)蕈⑧	雺〔雲貌〕⑨ 沁〔小飲也；又水名〕⑩ 㾛〔大屋〕⑪ 𥶽〔~墨：文具〕⑫	湁〔水沸之貌〕⑬
喜 h	熊〔解，獸名：~掌〕⑭ 雄〔解，同上〕⑮	○	(增)歙⑯	翕〔合也〕⑰ 扱〔斂取也〕⑱

【校注】

① (增)霠〔小雨〕：[按]傳統辭書查無此字。與該字字形相近的有“霒”，【集韻】於金切。雲覆日。音、義均不合。

② (增)䏽：[按]傳統辭書查無此字。

③ (增)椺：同“栚”。【集韻】栚，直稔切。《説文》槌之横也。[按]聲、韻、調皆不合。

④ 㕯〔助也〕：【字彙】魚音切，音吟。助也。

⑤ 砛〔磚~〕：[按]傳統辭書查無此字。根據該字音[꜀ɡin]，疑“砛”爲方言字，表示“臺階”(《普通話閩南方言詞典》第七三頁、《閩南方言大詞典》第三二〇頁寫作“岑”)。但閩南的臺階通常採用石板材做成，故常用“石砛”一詞。

⑥ 岌：[《廣韻》魚及切，入緝，疑。]1. 高於；高聳。《爾雅·釋山》：“小山岌大山，峘。”(晉) 郭璞注：“岌，謂高過。”2. 危險；危急。《管子·小問》：“危哉！君之國岌乎？”

⑦ (增)𥗁〔石山〕：【集韻】子末切。麤石。[按]聲、韻、調皆不合，義亦不合。

⑧ (增)蕈：【集韻】楚錦切。覆也。[按]調不合，應歸上上。

⑨ 雬〔雲貌〕:【玉篇】七鴆切,侵去聲。雲行也。[按]調不合,應歸上去。

⑩ 沁〔小飲也;又水名〕:[《廣韻》七鴆切,去沁,清。]氣體、液體等滲入或透出。(唐) 唐彥謙《咏竹》:"醉卧涼陰沁骨清,石牀冰簟夢難成。"[按]調不合,應歸上去。原注"小飲也"來自《字彙》。

⑪ 㾛〔大屋〕:【集韻】式禁切。廞㾛,屋深。[按]調不合,應歸上去。

⑫ 篸〔~墨:文具〕:【集韻】七鴆切。墨漬筆也。[按]調不合,應歸上去。

⑬ 湁〔水沸之貌〕:[《廣韻》丑入切,入緝,徹。]參見"湁潗"。【湁潗】水沸涌貌。《文選・司馬相如〈上林賦〉》:"潏潏淈淈,湁潗鼎沸。"(唐) 李善注引(三國・魏) 周成《雜字》:"湁潗,水沸貌也。"[按]聲、調不合,應歸他母上入。

⑭ 熊〔解,獸名:~掌〕:[《廣韻》羽弓切,平東,匣。]獸名。頭大,四肢短而粗,形似大豬。脚掌大,能攀緣。冬多穴居,始春而出。《詩・小雅・斯干》:"吉夢維何? 維熊維羆,維虺維蛇。"[按]該字音[꜀him]爲白讀。

⑮ 雄〔解,同上〕:[《廣韻》羽弓切,平東,云。]禽類中能產生精細胞的。《説文・隹部》:"雄,鳥父也。"《詩・邶風・雄雉》:"雄雉于飛,泄泄其羽。"[按]原注"同上"有誤。"雄"無[꜀him]的讀法,其白讀爲[꜀hiŋ],意思與"熊"也完全不一樣。

⑯ ㊢欽:【集韻】巨禁切。闕。人名。漢有劉欽。[按]聲不合,應歸求母。

⑰ 㑥〔合也〕:【集韻】迄及切。合也。[按]調不合,應歸上入。

⑱ 扱〔斂取也〕:【集韻】迄及切。斂取也。[按]調不合,應歸上入。

30 鈎

聲 韻 調	30 鈎 ɯo/ɯoʔ			
	上平˧ 33	上上˥ 55	上去˦˩ 41	上入˥ 5
柳 l	猰〔犬怒〕①	塿〔培~：小阜也〕 簍〔竹器籠也〕 嶁〔山顛也；又山尖〕	槈〔田器也〕② 橋〔木名〕③ 獳〔怒犬也〕④	○
邊 p	○	麳〔~麩：餅也〕 篰〔牘也〕⑤	○	○
求 k	鉤〔曲可懸物〕 鈎〔俗鉤字〕 泃〔水名〕⑥ 韝〔射臂決也〕⑦ 篝〔燈罩〕 苟〔菜名〕 溝〔水瀆〕 畇〔畦也〕 勾⑧ 瓠〔王瓜〕	苟〔~且；誠也；草也〕 枸〔木曲枝；又~杞：藥名〕 珣〔玉石也〕 笱〔竹器取魚〕 耇〔老人面如凍黎〕 狗〔犬也〕	姤〔遇也；卦名〕	○
氣 k‘	○	口〔言語所出〕 訌〔笑也〕⑨ 釦〔金飾器口〕	○	○
地 t	兜〔不静也；又人名〕 篼〔飼馬籠〕 盁〔缽也〕⑩	斗〔量名；宿名〕 陡〔峻也；峭絶〕 蚪〔蝌~：蝦蟆所生〕 阧〔~峻也〕 枓〔栱~〕	鬬〔争~〕 涊〔水名〕⑪ 痘〔~瘡〕⑫	○
普 p‘	吥〔吸也〕 捊〔掬也〕	剖〔判也；破也〕 掊〔擊也〕 蔀〔《易》：豊其~〕	剖⑬	○
他 t‘	偷〔薄也；盜也〕 婾〔盜也；~合〕	黈〔黄色〕 杏〔唾不受語〕⑭ 妵〔好貌；人名〕 敨〔展也〕 鳿〔水鳥〕 麩〔~餅〕 鮏〔魚名〕	透〔通也；徹也〕	○

（續表）

聲韻調	30 鉤 ɯo/ɯoʔ			
	上平˧^{33}	上上˥^{55}	上去˦˩^{41}	上入˥^{5}
争 ts	鄹〔孔子之鄉〕 郰〔國名〕 諏〔諮~〕 棸〔木也〕⑮ 緅〔青赤色〕 陬〔聚居〕 陬〔阪隅也;又~邑〕	走〔去也〕	輳〔輻~〕⑯	○
入 dz	○	○	○	○
時 s	廋〔匿也;求也〕 痿〔同上〕 鱐〔幹魚〕⑰ 蒐〔土,聚人民;又治兵〕 筲〔土〕⑱ 捘〔索也〕 捜〔同蒐〕 搜〔求也〕 蛸〔蠨~:蜘蛛〕 颼〔颼~〕⑲	叟〔老人之稱〕 叜〔同叟〕 瞍〔蒙~:無目〕 棷〔同藪:郊~〕 藪〔大澤也:淵~〕 嗾〔使犬聲〕 溲〔糔~爲粥〕	○	○
英 ∅	謳〔~歌〕⑳ 歐〔~陽:複姓〕㉑ 篕〔竹器,以息小兒〕㉒ 鷗〔水鳥〕㉓ 熰〔炮~也〕㉔ 甌〔盌深爲~〕㉕ 漚〔浮~水上〕㉖ 嘔〔嬰兒聲〕 慪〔愁也〕㉗ 慪〔惜也〕㉘	毆〔擊也〕	○	○

【校注】

① 獳〔犬怒〕:【集韻】奴侯切,音羺。犬怒貌。[按]調不合,應歸下平。

② 槈〔田器也〕:同"耨"。除草農具。耨,[《廣韻》奴豆切,去候,泥。]小手鋤。《世本·作篇》:"垂作耨。"[按]調不合,應歸下去。

③ 檽〔木名〕:[《集韻》乃豆切,去候,泥。]1. 木名。2. 參見"欂檽"。【欂

糯】木茂盛貌。《古文苑·黄香〈九宮賦〉》:"即蹴縮以欇糯,坎熤援以湇熻。"(宋)章樵注:"欇糯,木之茂盛也。"[按]調不合,應歸下去。

④ 獳[怒犬也]:[《集韻》乃豆切,去候,泥。]犬怒貌。[按]調不合,應歸下去。

⑤ 箁[牘也]:[《廣韻》蒲口切,上厚,並。]1. 簡册;簡牘。2. 竹篾所編的簍子。[按]調不合,應歸下上。

⑥ 泃[水名]:【集韻】俱遇切。水名也。又【集韻】居侯切。水聲也。[按]根據《集韻》的音、義,"泃"之解釋應爲"水聲","水名"係因《字彙》而誤(音、義錯位)。【字彙】居侯切,音溝。水名。又九遇切,音屨。水名,在北地。

⑦ 韝[射臂決也]:[《廣韻》古侯切,平侯,見。]亦作"鞲"。臂套。用皮製成。射箭、架鷹時縛於兩臂束住衣袖以便動作。《漢書·東方朔傳》:"董君緑幘傅韝。"(唐)顔師古注引(三國·吴)韋昭曰:"韝形如射韝,以縛左右手,於事便也。"【説文】射臂決也。居侯切。(清)段玉裁認爲"射臂決也"應爲"臂衣也"。

⑧ 勾:[《篇海》古侯切。]"句"的今字。1. 彎曲。《尚書大傳》卷五:"古之人衣上有冒而勾領。"(漢)鄭玄注:"勾領繞頸也。"(晉)張協《七命》之四:"勾爪摧,鋸牙捭,瀾漫狼藉,傾榛倒壑。"2. 表示身體某一部位彎曲的動作。

⑨ 訋[笑也]:【集韻】去厚切。《説文》扣也。【字彙】苦偶切,音口。詳問也;一曰笑也。

⑩ 盀[鉢也]:【字彙補】丘娏切,音闚。鉢也。[按]音不合,應歸飛韻氣母上平。

⑪ 浢[水名]:[《廣韻》田候切,去候,定。]水名。源出中條山麓,南流經今山西省芮城縣,入黄河。[按]調不合,應歸下去。

⑫ 痘[~瘡]:[《字彙》大透切。]人和禽畜都患的一種接觸性傳染病。俗稱天花。《警世通言·桂員外途窮懺悔》:"此女自出痘時便與施氏有約,如今悔之無及。"[按]調不合,應歸下去。

⑬ 剖：[按]“剖”無去聲讀法。

⑭ 杏〔唾不受語〕：【字彙】天口切，偷上聲。相與語，唾而不受也。【集韻】普后切。唾也。相與語，唾而不受。【玉篇】他豆切。唾也。《説文》云：“相與語，唾而不受。”[按]此讀來自《字彙》。“杏”，樋新編本誤作“杏”，道光本、文德堂本、會文書莊本、市圖善本誤作“否”。

⑮ 棸〔木也〕：【字彙】側鳩切，音鄒。木名；又姓。

⑯ 輳〔輻~〕：[《廣韻》倉奏切，去候，清。]車輪的輻條内端聚集於轂上。參見“輻輳”。[按]聲不合，應歸出母。

⑰ 鱐〔幹魚〕：[《廣韻》息逐切，入屋，心。]乾鱼。《周禮·天官·庖人》：“夏行腒鱐，膳膏臊。”（漢）鄭玄注引（漢）鄭司農曰：“鱐，乾魚。”【集韻】思留切。義同。[按]據《集韻》反切，韻不合，應歸柳韻。

⑱ 筲〔土〕：[《廣韻》所交切，平肴，生。]竹製的盛器。容積有異説，或一斗二升，或一斗，一説容五升。《儀禮·既夕禮》：“苞二筲三。”（漢）鄭玄注：“筲，畚種類。”[按]韻不合，應歸郊韻。

⑲ 颼〔颼~〕：【玉篇】所流切。颼颼，風聲。

⑳ 謳〔~歌〕：[《廣韻》烏侯切，平侯，影。]1. 徒歌；齊聲歌唱。《左傳·宣公二年》：“城者謳曰：‘睅其目，皤其腹，棄甲而復。于思于思，棄甲復來。’”《漢書·高帝紀上》：“漢王既至南鄭，諸將及士卒皆歌謳思東歸。”（唐）顔師古注：“謳，齊歌也，謂齊聲而歌。” 2. 引申爲贊頌。[按]今泉常用白讀[꜀au]，文讀[꜀io]少用，常變讀[꜀o]。

㉑ 歐〔~陽：複姓〕：[《廣韻》烏侯切，平侯，影。][按]今泉常用白讀[꜀au]，文讀[꜀io]少用，常變讀[꜀o]。

㉒ 篼〔竹器，以息小兒〕：【集韻】烏侯切。竹器，以息小兒。[按]今泉常用俗讀“篼[꜀ɔ]籃”。

㉓ 鷗〔水鳥〕：[《廣韻》烏侯切，平侯，影。]水鳥名。頭大，嘴扁平，趾間有蹼，翼長而尖，羽毛多，灰白色。[按]今泉常變讀[꜀o]（海鷗）。

㉔ 熰〔炮~也〕：[《集韻》烏侯切，平侯，影。]極熱。《管子・侈靡》："古之祭有時而星，有時而星熺，有時而熰，有時而朐。"（唐）尹知章注："熰，熱甚也，謂旱熱甚而祭。"[按]今泉常用俗讀"熰[꜀o]傷"（燙傷）。

㉕ 甌〔盌深爲~〕：[《廣韻》烏侯切，平侯，影。]盆盂一類的瓦器。《方言》第五："自關而西謂之瓶，其大者謂之甌。"[按]今泉通常用白讀"[꜀au]"。

㉖ 漚〔浮~水上〕：[《廣韻》烏侯切，平侯，影。]水中浮泡。（宋）洪邁《夷堅志・九華天仙》："百歲還如電急，高名顯位瞬息爾。泛水輕漚霎那間，久難立。"[按]今泉通常用白讀"[꜀au]"。

㉗ 慪〔愁也〕："憂"之異體。

㉘ 慪〔惜也〕：【字彙】驅侯切，音摳。恪也；惜也。○又烏侯切，音鷗。義同。

聲韻調	30 鈎 ɯo/ɯoʔ			
	下平˨˦ 24	下上˨ 22	下去˦˩ 41	下入˨˦ 24
柳 l	樓〔重屋也〕 婁〔宿名;人名〕 螻〔~蛄:今謂土狗〕 摟〔牽也;聚也〕① 縷〔線也〕② 僂〔傴~:俯也〕③ 甊〔蓏~:土瓜〕	婁〔女肥貌〕④ 瞉〔乳子也〕 釦〔小貌〕⑤	陋〔鄙~;狹也〕 漏〔屋~;滲~〕 耨〔草器〕 㔷〔僻側也〕⑥ 屚〔屋穿~下〕⑦ 瘺〔~瘡〕 鏤〔雕刻也〕	○
邊 p	裒〔聚也;減也:~多益寡〕 抔〔引取也;手掬土也〕	○	○	○
求 k	○	○	搆〔牽也〕⑧ 構〔架也;成也〕⑨ 雊〔雌雄鳴也〕⑩ 覯〔見也〕⑪ 勾〔同彀〕⑫ 媾〔重婚也〕⑬ 詬〔~病;~辞〕⑭ 冓〔室深密也〕⑮ 購〔求也〕⑯ 彀〔弓滿也〕⑰ 遘〔遇也〕⑱	○
氣 k'	苢〔草也〕⑲ 齨〔~䶗:偃鉏〕⑳ 彄〔人名〕㉑ 芤〔草名〕㉒ 摳〔挈衣也〕㉓	○	叩〔答也;問也〕㉔ 寇〔~賊:仇也〕㉕ 蔻〔荳~:藥名〕㉖ 扣〔擊也〕㉗ 敂〔~關〕㉘	○
地 t	投〔擲也;贈也〕 䶗〔齨~:偃鉏〕㉙ 頭〔面折也〕㉚ 骰〔牙~;~子〕	○	豆〔木器〕 竇〔鑿垣爲孔;又穴也〕 梪〔禮器〕㉛ 筻〔祭器〕 荳〔~蔻:藥名〕 逗〔止也;住也〕㉜ 脰〔脛也〕㉝ 鬪〔同鬭〕㉞ 鬥〔相~〕㉟ 窬〔同竇〕	○
普 p'	○	○	蔀〔草名〕㊱ 僨〔仆也〕㊲	○
他 t'	頭〔土,首也;獨也〕 殳〔遙擊也〕 亠〔義闕〕㊳	○	哹〔與語不受〕㊴ 趦〔自投下也〕㊵ 綉〔綿一片〕㊶	○

（續表）

聲韻調	30　鈎 ɯo/ɯoʔ			
	下平˨˦ ^{24}	下上˨ ^{22}	下去˦˩ ^{41}	下入˨˦ $^{\underline{24}}$
争 ts	○	○	奏〔進上也〕[42] 腠〔水會也;輻~〕[43] 蔟〔太~:律名〕[44]　䠓〔進也〕[45] 縐〔~紗〕[46]　驟〔疾行也〕[47] 腠〔膚理〕[48]	○
入 dz	○	○	○	○
時 s	○	○	漱〔澼澼也;~口也〕[49] 瘦〔不肥〕[50]　嗽〔欬~〕[51] 瘶〔欬~〕[52]	○
英 ø	○	○	嘔〔暖也〕[53]　㧳〔地名〕[54] 漚〔久漬也〕[55]	○

【校注】

① 摟〔牽也;聚也〕:【字彙】盧侯切,音樓。牽也;摟取也;聚也。

② 縷〔線也〕:[《廣韻》力主切,上麌,來。]綫。《孟子·滕文公上》:"麻縷絲絮輕重同,則賈相若。"[按]韻、調不合,應歸珠韻上上。

③ 僂〔傴~:俯也〕:[《廣韻》力主切,上麌,來。]駝背;佝僂。《穀梁傳·成公元年》:"冬十月,季孫行父禿,晉郤克眇,衛孫良夫跛,曹公子僂,同時而聘於齊。齊使禿者御禿者,使眇者御眇者,使跛者御跛者,使僂者御僂者。"[按]韻、調不合,應歸珠韻上上。

④ 䋋〔女肥貌〕:【廣韻】乃后切。䋋㜌,女肥貌。

⑤ 䨲〔小貌〕:【廣韻】乃后切。小皃。【集韻】乃后切。乳子也。

⑥ 匧〔僻側也〕:【漢語大字典】匧,同"匧〔陋〕"。《集韻》郎豆切。《說文》側逃也。一曰箕屬。《玉篇》側也。亦作"陋"。

⑦ 屚〔屋穿~下〕：【漢語大詞典】“漏”的古字。液體或氣體從孔隙中滲過。

⑧ 搆〔牽也〕：【集韻】居侯切。牽也。[按]調不合,應歸上平。

⑨ 構〔架也;成也〕：[《廣韻》古候切,去候,見。]架木造屋。《書·大誥》:“厥子乃弗肯堂,矧肯構?”(宋)蔡沈集傳:“其子不肯爲之堂基,況肯爲之造屋乎。”[按]調不合,應歸上去。

⑩ 雊〔雌雄鳴也〕：[《廣韻》古候切,去候,見。]雉鳴叫。《詩·小雅·小弁》:“雉之朝雊,尚求其雌。”(漢)鄭玄注:“雊,雉鳴也。”【字彙】居候切,音姤。《説文》雌雉鳴也。《説文解字注》作“雄雉鳴也”。[按]調不合,應歸上去。原注除廖新校增本改作“雄雉鳴也”外,其餘諸本皆誤作“雌雄鳴也”。

⑪ 覯〔見也〕：[《廣韻》古候切,去候,見。]遇見;看見。《詩·豳風·伐柯》:“我覯之子,籩豆有踐。”[按]調不合,應歸上去。

⑫ 勾〔同彀〕：[《篇海》古候切。]“彀”的俗字。[按]調不合,應歸上去。

⑬ 媾〔重婚也〕：[《廣韻》古候切,去候,見。]親上加親;結爲婚姻。《説文·女部》:“媾,重婚也。”(清)段玉裁注:“重婚者,重叠交互爲婚姻也。”《易·屯》:“匪寇,婚媾。”(唐)孔穎達疏:“馬季長云:‘重婚曰媾。’鄭玄云:‘媾,猶會也。’”[按]調不合,應歸上去。

⑭ 詬〔~病;~誶〕：[《廣韻》古厚切,上厚,見。]辱駡;駡詈。《左傳·哀公八年》:“八年春,宋公伐曹,將還,褚師子肥殿。曹人詬之,不行。”(晉)杜預注:“詬,詈辱也。”[按]調不合,應歸上上。今泉習慣讀上去調[kioᵓ]或[kauᵓ]。

⑮ 寚〔室深密也〕：【集韻】古候切。《博雅》夜也。【字彙】古候切,音遘。室深密處。[按]調不合,應歸上去。

⑯ 購〔求也〕：[《廣韻》古候切,去候,見。]懸賞徵求;懸賞緝捕。《戰國策·韓策二》:“韓取聶政屍於市,縣購之千金。”[按]調不合,應歸上去。

⑰ 彀〔弓滿也〕：[《廣韻》古候切,去候,見。]張滿弓弩。《孟子·告子上》:“羿之教人射,必志於彀。”楊伯峻注:“羿教人射箭,一定拉滿弓;學習的人也一定要求努力拉滿弓。”[按]調不合,應歸上去。

⑱ 遘〔遇也〕：[《廣韻》古候切，去候，見。]遇；遭遇。《書·金縢》："惟爾元孫某，遘勵虐疾。"（唐）陸德明釋文："遘，遇也。"[按]調不合，應歸上去。

⑲ �〔草也〕：【字彙】驅侯切，音摳。草也。[按]調不合，應歸上平。

⑳ 㫀〔～斪：傴鉏〕：【集韻】墟侯切。剜也。又【集韻】烏侯切。㫀斪，傴鉏也。[按]調不合，應歸上平。

㉑ 彄〔人名〕：[《廣韻》恪侯切，平侯，溪。]弓弩兩端系弦處。《說文·弓部》："彄，弓弩耑，弦所凥也。"（清）段玉裁注："耑者，頭也。兩頭隱弦處曰彄。"[按]調不合，應歸上平。

㉒ 芤〔草名〕：【字彙】驅侯切，口平聲。草名。[按]調不合，應歸上平。

㉓ 摳〔挈衣也〕：[《廣韻》恪侯切，平侯，溪。]提起。（清）蒲松齡《聊齋志異·大力將軍》："見殿前有古鐘，大於兩石甕……使數人摳耳，力掀舉之，無少動。"（清）何垠注："摳，提也。"[按]調不合，應歸上平。

㉔ 叩〔答也；問也〕：[《集韻》丘候切，去候，溪。]1. 敲；打。《論語·憲問》："以杖叩其脛。"……3. 探問；詢問。《論語·子罕》："我叩其兩端而竭焉。"[按]調不合，應歸上去。傳統辭書查不到"叩"的"答"義，疑應爲"擊"。

㉕ 寇〔～賊：仇也〕：暴亂；爲害。《詩·大雅·桑柔》："民之未戾，職盜爲寇。"（漢）鄭玄箋："爲政者，主作盜賊爲寇害，令民心動摇不安定也。"[按]調不合，應歸上去。

㉖ 蔻〔荳～：藥名〕：【集韻】許候切。荳蔻。[按]調不合，應歸上去。[kʻioᵓ]可視作"蔻"的白讀（文讀爲[hioᵓ]）。[按]調不合，應歸上去。

㉗ 扣〔擊也〕：[《廣韻》苦候切，去候，溪。]同"叩"。敲擊。《墨子·公孟》："譬若鍾然，扣則鳴，不扣則不鳴。"[按]調不合，應歸上去。

㉘ 敂〔～關〕：[《集韻》丘候切，去候，溪。]"叩"的古字。敲擊。《說文·攴部》："敂，擊也。"[按]調不合，應歸上去。

㉙ 斪〔㫀～：傴鉏〕：【集韻】當侯切。㫀斪，傴鉏也。[按]調不合，應歸上平。

㉚ 頭〔面折也〕：【集韻】當侯切。顱頭，面折。[按]調不合，應歸上平。

㉛ 𧯠〔禮器〕:【集韻】鋀、𧯠、鋀,徒口切。《説文》酒器也。从金,𧯠象器形。［按］調不合,應歸下上。𧯠,同“𧯠”。除樋新編本外,其餘諸本皆誤作“豋”。

㉜ 逗〔止也;住也〕:［《廣韻》田候切,去候,定。］1. 止;停留。（漢）張衡《思玄賦》:“亂弱水之潺湲兮,逗華陰之湍渚。”……4. 句中的停頓。《宋書・樂志一》:“二代三京,襲而不變,雖詩章詞異,興廢隨時,至其韻逗曲折,皆繫於舊,有由然也。”［按］今泉變讀上去調［tioᄀ］。

㉝ 脰〔脛也〕:［《廣韻》田候切,去候,定。］頸項。《左傳・襄公十八年》:“射殖綽,中肩,兩矢夾脰。”楊伯峻注:“脰音豆,頸項。”［按］原注的“脛”應爲“頸”,諸本皆誤。

㉞ 鬦〔同鬭〕:［《廣韻》都豆切,去候,端。］戰鬥;争鬥。《論語・季氏》:“及其壯也,血氣方剛,戒之在鬭。”（宋）邢昺疏:“謂氣力方當剛强,喜於争鬭,故戒之。”［按］調不合,應歸上去。

㉟ 鬥〔相~〕:同“鬭”,［《廣韻》都豆切,去候,端。］［按］調不合,應歸上去。

㊱ 蔀〔草名〕:【字彙】普厚切,音剖。草名。［按］調不合,應歸上上。

㊲ 㤓〔仆也〕:【集韻】蒲候切。仆也。［按］原注“仆也”,除廖新校增本外,其餘諸本均誤作“什也”。

㊳ 亠〔義闕〕:［《龍龕手鑒》徒侯切。］部首用字。【字彙】徒鈎切,音頭。義闕。［按］原注“義闕”,樋新編本誤作“字闕”,大版式本、道光本、文德堂本、會文書莊本、市圖善本誤作“字闆”。

㊴ 咟〔與語不受〕:［《集韻》他候切,去候,透。］相與語,唾而不受也。［按］調不合,應歸上去。

㊵ 赹〔自投下也〕:【集韻】他候切。自投也。【字彙】他候切,音透。自投下也。［按］調不合,應歸上去。

㊶ 綉〔綿一片〕:【集韻】他候切。吴俗謂綿一片。【字彙】他候切,音透。綿一片。綿,［《廣韻》武延切,平仙,明。］亦作“緜”。絲棉。《戰國策・秦策一》:“〔蘇秦〕受相印,革車百乘,綿繡千純,白璧百雙,黄金萬溢,以隨其後,約從散

横,以抑强秦。”[按]調不合,應歸上去。原注“綿一片”,除廖新校增本正確外,樋新編本誤作“帛一片”,其餘諸本皆誤作“帛片”。

㊷ 奏〔進上也〕:[《廣韻》則候切,去候,精。]進;進獻。《書·益稷》:“予乘四載,隨山刊木,暨益奏庶鮮食。”孔傳:“奏謂進於民。鳥獸新殺曰鮮。”[按]調不合,應歸上去。[tsɯo⊃]的讀法今衹保留在南音中,泉文讀通常變讀[tso⊃],而白讀則爲[tsau⊃]。

㊸ 腠〔水會也;輻~〕:[《廣韻》倉奏切,去候,清。]指皮下肌肉之間的空隙。亦謂牲體。《儀禮·鄉射禮》:“賓俎脊脅肩肺,主人俎脊脅臂肺。肺皆離,皆右體也,進腠。”[按] 聲、調不合,應歸出母上去。根據原注的釋義,“腠”應寫作“湊”(古籍中有“輻輳”、“輻湊”,没有“輻腠”),除廖新校增本改正外,其餘諸本皆誤。【字彙】湊,千候切,音腠。水會也。湊,[《廣韻》倉奏切,去候,清。]亦作“凑”。1. 會合;聚集。《逸周書·作雒》:“乃作大邑成周于土中……以爲天下之大湊。”(晉) 孔晁注:“湊,會也。”《楚辭·劉向〈九歎·逢紛〉》:“赴江湘之湍流兮,順波湊而下降。”(漢) 王逸注:“湊,聚也。”……7. 通“腠”。肌肉的紋理。(宋) 葉適《題鄭大惠詩卷》詩:“要當醺酣活膚湊,不許雕刻妨肝脾。”[ts‘ɯo⊃]的讀法今衹保留在南音中,泉文讀通常變讀[ts‘o⊃]。

㊹ 蔟〔太~:律名〕:【字彙】千候切,音湊。太蔟,正月律名。言萬物始湊地而出也。[《廣韻》倉奏切,去候,清。]樂律名,古樂十二律中的第三律。[按]聲、調不合,應歸出母上去。今泉文讀通常衹用[ts‘o⊃]。原注“律名”,樋新編本、道光本誤作“得名”;“太蔟:律名”,其餘諸本誤作“犬蔟:寅律”(十二律對應的地支爲“寅”,故稱“寅律”,參見出母),廖新校增本改作“簇〔大~:律名〕”誤甚。

㊺ 鬷〔進也〕:【集韻】作弄切。釜屬。[《廣韻》子紅切,平東,精。][《廣韻》作孔切,上董,精。]1. 釜的一種。《説文·鬲部》:“鬷、釜屬。”(清) 龔自珍《〈漢器文録〉序》:“汪氏藏陵陽鬷一。”2. 通“奏”。奏進。參見“鬷假”。【鬷假】謂祭祀時精誠上達於神。鬷,通“奏”;假,通“格”,至,致。[按]“鬷”在傳統辭書中並無陰聲韻上去“倉奏切”一讀,之所以列在此,衹因它可以通“奏”。

“鬷假”語出《詩・商頌・烈祖》“鬷假無言”。《中庸》引《詩》作“奏假”。

㊻ 縐〔~紗〕:[《廣韻》側救切,去宥,莊。]1. 細葛布。《説文・糸部》:“縐,絺之細者也。”參見“縐絺”。2. 皺縮。《史記・司馬相如列傳》:“襞積褰縐。”(唐) 司馬貞索隱引(三國・魏) 蘇林曰:“褰縐,縮蹙之。”[按]調不合,應歸上去。[tsɯoᵓ]的讀法今衹保留在南音中,泉通常變讀[tsoᵓ]。

㊼ 驟〔疾行也〕:[《廣韻》鋤祐切,去宥,崇。]馬疾走;馬奔馳。《詩・小雅・四牡》:“駕彼四駱,載驟駸駸。”(清) 陳奐傳疏:“載驟,猶載馳。”[按]調不合,應歸上去。[tsɯoᵓ]的讀法今衹保留在南音中,泉通常變讀[tsoᵓ]。

㊽ 腠〔膚理〕:[按]聲、調不合,應歸出母上去。參見上㊸腠。

㊾ 漱〔澣滌也;~口也〕:[《廣韻》蘇奏切,去候,生。][《廣韻》所祐切,去宥,生。]含水洗蕩口腔。《管子・弟子職》:“少者之事,夜寐蚤作,既拚盥漱,執事有恪。”(唐) 尹知章注:“漱,滌口。”【字彙】先奏切,瘦去聲。澣滌;又漱口也。[按]聲、調不合,應歸時母上去。[sɯoᵓ]的讀法今衹保留在南音中,泉文讀通常變讀[soᵓ],而白讀則爲[siauᵓ](漱口水)。原注“澣滌”(澣,同“浣”),樋新編本誤作“澣滌”。

㊿ 瘦〔不肥〕:[《廣韻》所祐切,去宥,生。]肌肉不豐滿;脂肪少。《韓非子・内儲説下》:“中山有賤公子,馬甚瘦,車甚弊。”[按]調不合,應歸上去。[sɯoᵓ]的讀法今衹保留在南音中,泉文讀通常變讀[soᵓ],而俗讀則爲[ᶜso]。

51 嗽〔欬~〕:[《廣韻》蘇奏切,去候,心。]咳嗽。《周禮・天官・疾醫》:“冬時有嗽,上氣疾。”(漢) 鄭玄注:“嗽,欬也;上氣,逆喘也。”[按]調不合,應歸上去。[sɯoᵓ]的讀法今衹保留在南音中,泉文讀通常變讀[soᵓ],而白讀則爲[sauᵓ]。

52 瘶〔欬~〕:【漢語大詞典】【瘶】嗽,咳嗽。(唐) 張鷟《遊仙窟》:“兒近來患瘶,聲音不徹。”按,《廣韻・去候》:“瘶,欬瘶。”[按]調不合,應歸上去(參見注51)。

53 嘔〔暖也〕:【集韻】於候切。煖也。[按]調不合,應歸上去。

⑤④ 婺〔地名〕:【集韻】於候切。地名。[按]調不合,應歸上去。

⑤⑤ 漚〔久漬也〕:[《廣韻》烏候切,去候,影。]長時間浸泡。(北魏)賈思勰《齊民要術·種麻》:“穫欲净,漚欲清水,生熟合宜。”[按]調不合,應歸上去。該義今泉仍讀上平聲[꜀io/꜀au]。

聲 韻 調	30　鈎 ɯo/ɯoʔ			
	下平˨˦^{24}	下上˨˨^{22}	下去˦˩^{41}	下入˨˦$^{\underline{24}}$
文 b	○	母〔地名;父~〕　某〔~以代名〕 畝〔步百爲~〕　畆〔畎~;百~〕 晦〔古畆字〕　玬〔雲~:藥名〕①	茂〔草盛也;又勉也〕②	○
語 ŋ	齵〔齒參差也〕③	偶〔伉儷也〕　耦〔兩人爲~;又配~〕 藕〔荷根:~節,藥名〕	偶④	○
出 ts‘	㊫廄⑤	○	蔟〔太~:寅律〕⑥	○
喜 h	齁〔鼻息也〕	否〔土,不然也〕　吼〔牛鳴也;又怒聲〕 吽〔同上〕	復〔再也〕⑦	○

【校注】

① 玬〔雲~:藥名〕:即"雲母"之"母"。

② 茂〔草盛也;又勉也〕:[《廣韻》莫候切,去候,明。]草木繁盛。《詩·大雅·生民》:"茀厥豐草,種之黄茂。"(唐)孔穎達疏:"既去其草,於此地種之以黄色而茂盛者,謂黍稷之穀也。"[按]調不合,應歸下去。

③ 齵〔齒參差也〕:[《廣韻》五婁切,平侯,疑。]1. 牙齒不正。《説文·齒部》:"齵,齒不正。"2. 參差不齊。《周禮·考工記·輪人》:"察其菑蚤不齵,則輪雖敝不匡。"(唐)賈公彦疏:"人之牙齒參差謂之齵,此三十輻入轂與蚤入牙一一相當,不相佹戾,亦是不齵也。"(清)黄生《義府·齵》:"今謂木器不平整曰齵。"3. 不契合。(清)曾國藩《仁和邵君墓志銘》:"諸公貴人病其陗直,由是齵焉。"[按]調不合,應歸下平。

④ 偶:[《廣韻》五遘切,去候,疑。]偶然;偶爾。《列子·楊朱》:"鄭國之治,偶耳,非子之功也。"[按]調不合,應歸下去。

⑤ ㊫廄:【玉篇】七侯切。崩聲。

⑥ 蔟〔太~:寅律〕:[按]十二律對應的地支爲"寅",故稱"寅律"。原注

“太~”,廖新校增本作“大~”,誤。

⑦ 復〔再也〕: [《廣韻》房六切,入屋,奉。又扶富切,去宥,奉。]1. 還;返回。《易・泰》:“无往不復。”高亨注:“復,返也。”……8. 又;更;再。《左傳・僖公五年》:“晉侯復假道於虞以伐虢。”《史記・刺客列傳》:“於是遂誅高漸離,終身不復近諸侯之人。”【集韻】扶富切。又也。《古詩十九首・行行重行行》:“棄捐勿復道,努力加餐飯。”【集韻】方六切。重也。[按]調不合,應歸下去。“復”的文讀[hɯo⊇]今泉没有沿用,其白讀[hiu⊇]則祇保留在古詩吟誦中,故通常讀[hɔk⊃](《集韻》方六切。如“復習”)或[hɔk⊇](《廣韻》房六切。如“恢復”)。

聲韻調	30 鉤 ɯo/ɯoʔ			
	下平ʎ24	下上˧22	下去˩41	下入ʎ24
文 b	謀〔計~;~度〕 眸〔目瞳子〕 侔〔齊等也〕 牟〔地名;又大麥;又牛鳴〕 脢〔脊~也〕①	○	懋〔勉也;美也〕 貿〔交易〕 楙〔木盛也〕 麰〔大麥也〕 袤〔廣~:長也〕	懋②
語 g	○	○	䮷〔馳不齊也〕③	○
出 tsʻ	愁〔土,悲也;憂也〕	○	湊〔~合;~完〕④	○
喜 h	侯〔諸~;維也〕 矦〔古侯字〕 餱〔~糧:乾食也〕 喉〔咽也〕 鍭〔箭鏃〕 浮〔土,汎也;水上曰~〕⑤ 郈〔地名〕 蜉〔蚍~:大蟻〕 芣〔~苢:車前子〕 猴〔獸似猿〕	後〔前~:不先也〕 厚〔不薄也〕 郈〔姓也;邑名〕 后〔君也;~土〕 逅〔邂~:相遇〕 犼〔獸似犬〕⑥ 呴〔牛鳴〕⑦	候〔訪也;伺也〕	○

【校注】

① 脢〔脊~也〕:【集韻】迷浮切。脊也。

② 懋:【集韻】莫候切。勉也。[按]調不合,應歸下去(重現)。該字無入聲讀法。

③ 䮷〔馳不齊也〕:【字彙】五遘切,偶去聲。䮷,馳不齊也。

④ 湊〔~合;~完〕:[《廣韻》倉奏切,去候,清。]亦作"凑"。會合;聚集。《逸周書·作雒》:"乃作大邑成周于土中……以爲天下之大湊。"(晉)孔晁注:"湊,會也。"[按]重見。調不合,應歸上去。

⑤ 浮〔土,汎也;水上曰~〕:[按]原注"土",誤。[꜁hɯo]應屬文讀,今泉讀[꜁hio/꜁pʻu]。

⑥ 犼〔獸似犬〕:【集韻】許后切。北方獸名。似犬,食人。[按]調不合,應歸上上。

⑦ 㺅〔牛鳴〕:【字彙】許后切,音吼。牛鳴。[按]調不合,應歸上上。

31 川

聲韻調	31 川 uan/uat			
	上平˧ 33	上上˥ 55	上去˩ 41	上入˥ 5
柳 l	壖〔城下田也〕① 堧〔宫外垣〕② 擩〔~祭;葅~〕③ 瑌〔石次玉〕④ 瓀〔同上〕 畽〔城下田也;又隙地〕⑤	煖〔温也;火氣、日氣也〕 暖〔同上,柔貌〕 餪〔女家三日送食曰~女〕 煗〔同煖〕 愞〔怯也;弱也〕⑥ 瞑〔目垂也〕⑦ 卵〔無乳~生也〕 卵〔同上〕 渜〔湯也〕 軟〔弱也;柔也〕	亂〔治也;又不治也〕⑧	劣〔優~;弱也〕⑨ 捋〔撮取也〕⑩ 畤〔耕田起土〕⑪ 埒〔等也〕⑫ 愣〔優~〕⑬ 脟〔牛白脊也〕⑭
邊 p	般〔運也;移也〕 瘢〔瘡痕〕⑮ 搬〔~移;~演〕	粄〔屑米餅〕	半〔中分也〕 畔〔田界〕	撥〔挨開;轉也〕 鉢〔食器,盂屬〕 砵〔同上,俗字〕
求 k	官〔宦也;司也〕 關〔界止之門;又要會也〕 閞〔同上,省文〕 関〔同上,俗字〕 冠〔冕弁總名〕 棺〔~木〕 倌〔主駕者〕 菅〔草名:似茅〕 瘝〔病也〕 睊〔視貌〕 毌〔古冠字〕⑯ 觀〔視也〕 鰥〔老而無婦曰~〕 鱞〔同上〕 涫〔沸也〕	管〔樂器;筆彄也;又主當〕 筦〔~弦〕 館〔客舍也〕 舘〔同上,俗字〕 卷〔~帙;收也〕 蕃〔~耳:草名〕 痯〔罷貌〕 脘〔胃~〕⑰	貫〔通也;穿也〕 絹〔繒也〕	括〔包~;檢也〕 聒〔讙語也;無知貌〕 決〔繼也;絕也〕 刮〔削也〕 佸〔會也〕 玦〔逐臣賜之則絕〕 獗〔猖~〕 訣〔別也〕 獝〔鳥驚飛〕⑱ 觼〔環之有舌者〕 鴰〔鶬~〕 适〔疾也〕 眓〔視也〕⑲

（續表）

聲韻調	31 川 uan/uat			
	上平˧ 33	上上˥ 55	上去˨˩ 41	上入˥ 5
氣 k‘	寬〔~容;裕也〕 蠲〔明也;潔也;除也〕 娟〔嬋~:美好〕 涓〔潔也;擇也〕 睊〔側目相視〕 鐲〔手~〕⑳	款〔敬也;愛也〕 欵〔衷曲也;誠也〕 盥〔洗也〕㉑ 逭〔逃也〕㉒ 蔌〔~冬花:藥名〕	鐝〔燒鐵炙也〕㉓	闊〔廣也:契~〕 闋〔樂終曰~〕 闕〔宮門雙~;又失也〕 缺〔器破也;失也〕 瓻〔瓜也〕 抉〔挑也:~出也〕㉔ 蕨〔菜名〕㉕ 厥〔其也,語辭〕㉖ 缺〔欠~;空~〕 劂〔曲刀〕㉗ 蹶〔跌也〕㉘ 鴂〔子規鳥也〕㉙ 蕨〔俎名〕㉚ 濶〔廣也〕
地 t	端〔正也;始也;緒也〕 煓〔赫也〕 耑〔發~;~緒〕 團〔圜也;聚也〕㉛	短〔不長也;促也〕	鍛〔磨也;冶金〕	掇〔採也;拾也〕 裰〔補~破衣〕 涰〔泣也〕 敠〔敁~:知輕重也〕 剟〔削也〕 騣〔的盧也〕 叕〔聯也〕
普 p‘	潘〔姓也〕 拚〔棄也:~命〕㉜	坢〔平垣也〕	泮〔~宮:諸侯學名〕	潑〔澆~;散曰~〕 襏〔~襫:雨衣〕㉝
普 p‘	拌〔棄也〕㉞	○	判〔剖也;斷也〕 詊〔巧言也〕	潑〔水~〕 鏺〔刈禾器〕 帥〔~韎:淺白色〕 笩〔箄也〕
他 t‘	湍〔激~:急瀨〕 猯〔野豬〕	疃〔禽獸所踐處〕 畽〔鹿場舍傍隙地〕	彖〔《易》~〕 褖〔黑色〕㉟ 篆〔土,~刻文字〕㊱	脫〔剥皮也;輕易也〕 皱〔皮剥也〕

【校注】

① 壖〔城下田也〕:【集韻】而宣切。《説文》城下田也。[《集韻》而宣切,平仙,日。]亦作“堧”。空地;邊緣餘地。《史記·李將軍列傳》:“李蔡以丞相坐侵孝景園壖地,當下吏治。”[按]調不合,應歸下平。“壖”及以下四字(堧、擩、瑌、㬮),同屬中古日母,方言本應讀入母[dz],但因入母讀音開始分化,此時已經多出柳母[l]一讀,故此五字又都分别出現於本韻入母上平(可參見)。

② 堧〔宫外垣〕:【漢語大詞典】同“壖”。【壖垣】宫外的矮牆。《史記·五宗世家》:“四年,坐侵廟壖垣爲宫,上徵榮。”(唐)司馬貞索隱:“壖垣,牆外之短垣也。”[按]同“壖”,調不合,應歸下平。原注釋義不確。

③ 擩〔~祭;葅~〕:[《集韻》而宣切,平仙,日。]【擩祭】古代九種祭儀之一。《周禮·春官·大祝》:“辨九祭……六曰擩祭。”(漢)鄭玄注:“鄭司農云:‘擩祭,以肝肺菹擩鹽醢中以祭也。’……不食者擩而祭之。”[按]調不合,應歸下平。

④ 瑌〔石次玉〕:【集韻】而宣切。珉也。又【集韻】珉,眉貧切。《説文》石之美者。[按]調不合,應歸下平。

⑤ 㬮〔城下田也;又隙地〕:【集韻】而宣切。《説文》城下田也。[按]調不合,應歸下平。

⑥ 愞〔怯也;弱也〕:【集韻】乳兖切。弱也。[按]調不合,應歸下上。

⑦ 瞑〔目垂也〕:【玉篇】而緣切。目垂也。[按]調不合,應歸下平。

⑧ 亂〔治也;又不治也〕:【廣韻】郎段切。理也;又兵寇也;不理也。[按]調不合,應歸下去(已收,可參見)。

⑨ 劣〔優~;弱也〕:[《廣韻》力輟切,入薛,來。]弱;小;少。(三國·魏)曹植《辨道論》:“壽命長短,骨體强劣,各有人焉。”【字彙】劣,力輟切,音埒。優之反也。《説文》弱也。[按]調不合,應歸下入。今泉仍沿用[luat꜆]。

⑩ 捋〔掇取也〕:[《廣韻》郎括切,入末,來。]“寽”的今字。采;以手沿物摘

取。《詩·周南·芣苢》:"采采芣苢,薄言捋之。"毛傳:"捋,取也。"[按]調不合,應歸下入。今泉讀[luat꜆/lut꜆]。

⑪ 㽝〔耕田起土〕:【集韻】龍輟切。耕田起土也。[按]調不合,應歸下入。

⑫ 埒〔等也〕:同"埒"。埒,[《廣韻》力輟切,入薛,來。]等同;比並。《史記·平準書》:"故吴諸侯也,以即山鑄錢,富埒天子。"[按]調不合,應歸下入。

⑬ 㤡〔優~〕:【字彙】同"劣",參見⑨。

⑭ 𤛓〔牛白脊也〕:【集韻】龍輟切。《説文》牛白脊也。[按]調不合,應歸下入。

⑮ 瘢〔瘡痕〕:[《廣韻》薄官切,平桓,並。]創口或瘡口愈合後留下的痕迹。《漢書·朱博傳》:"長陵大姓尚方禁少時嘗盜人妻,見斫,創著其頰……博聞知,以它事召見,視其面,果有瘢。"(唐)顔師古注:"瘢,創痕也。"[按]聲、調不合,應歸普母下平。今泉仍讀阴平,但變開口[꜀pan]。

⑯ 毌〔古冠字〕:[《廣韻》古玩切,去换,見。]"貫"的古字。貫穿。《墨子·備城門》:"疏束樹木,令足以爲柴摶,毌前面樹,長丈七尺一,以爲外面。"【字彙】沽歡切,音官。古"冠"字。○"貫"字從此。[按]"毌"視作"冠",唯見於《字彙》。"毌〔古冠字〕"僅見於樋新編本、大版式本,而道光本、文德堂本、會文書莊本、市圖善本因局部漫漶顯示爲"母〔古母〕",廖新校增本改作"毌〔古貫字〕"。

⑰ 朊〔胃~〕:[按]原注"胃",樋新編本誤作"冐"。

⑱ 獝〔鳥驚飛〕:【集韻】休必切。驚遽貌。《禮》鳥不獝。或作"獝"。[按]聲、韻不合,應歸喜母賓韻上入。

⑲ 眂〔視也〕:【集韻】古活切。目暗也。又【集韻】呼八切。視也。

⑳ 鐲〔手~〕:[《廣韻》直角切,入覺,澄。]套在手腕或脚腕上的環形裝飾品。(明)陸容《菽園雜記》卷八:"今人名臂環爲鐲。"[按]聲、韻、調皆不合,應歸時母香韻下入,實爲"圈"的訓讀字。

㉑ 盥〔洗也〕:【集韻】古緩切。灌手。又【集韻】古玩切。《説文》澡手也。[按]聲不合,應歸求母。

㉒ 逭〔逃也〕:【集韻】古緩切。《爾雅》逃也。[《廣韻》胡玩切,去換,匣。]逃避。《書·太甲中》:"天作孽,猶可違;自作孽,不可逭。"孔傳:"孽,災;逭,逃也。言天災可避,自作災不可逃。"[按]聲不合,應歸求母;或聲、調不合,應歸喜母下去。

㉓ 鐝〔燒鐵炙也〕:【集韻】苦喚切……一曰灼鐵以識簡次。

㉔ 抉〔挑也:~出也〕:[《廣韻》古穴切,入屑,見。]挑開;撥開。《荀子·正論》:"若是,則有何尤扣人之墓、抉人之口而求利矣哉?"(唐)楊倞注:"抉,挑也。抉人口取其珠也。"[按]聲不合,應歸求母。

㉕ 蕨〔菜名〕:[《廣韻》居月切,入月,見。]多年生草本植物。生在山野。嫩葉可食,俗稱蕨菜;根莖含澱粉,俗稱蕨粉,可供食用或釀造;也供藥用,有清熱利尿之效。亦泛指蕨類植物。《詩·召南·草蟲》:"陟彼南山,言采其蕨。"(三國·吴)陸璣疏:"蕨,山菜也,周秦曰蕨,齊魯曰虌,初生似蒜,莖紫黑色,可食。"[按]聲不合,應歸求母。但該字今泉仍有不送氣與送氣兩讀[kuat꜀]、[k'uat꜀]。

㉖ 厥〔其也,語辭〕:[《廣韻》居月切,入月,見。]代詞。其。表示領屬關係。《書·伊訓》:"古有夏先后,方懋厥德,罔有天災。"[按]聲不合,應歸求母。但該字今泉仍有不送氣與送氣兩讀[kuat꜀]、[k'uat꜀]。

㉗ 剮〔曲刀〕:[《廣韻》居月切,入月,見。]刻鏤用的曲鑿。《楚辭·嚴忌〈哀時命〉》:"握剞剮而不用兮。"(宋)洪興祖補注引(漢)應劭曰:"剮,曲鑿。"[按]聲不合,應歸求母。但該字今泉仍有不送氣與送氣兩讀[kuat꜀]、[k'uat꜀]。

㉘ 蹶〔跌也〕:[《廣韻》居月切,入月,見。]顛仆;跌倒。《孟子·公孫丑上》:"今夫蹶者、趨者,是氣也,而反動其心。"(宋)朱熹集注:"如人顛躓趨走,則氣專在是而反動其心焉。"[按]聲不合,應歸求母。

㉙ 鴂〔子規鳥也〕:[《廣韻》古穴切,入屑,見。]鳥名。通稱伯勞。《大戴禮記·夏小正》:"鴂則鳴。鴂者,百鷯也。"[按]聲不合,應歸求母。

㉚ 嶡〔俎名〕:[《集韻》居月切,入月,見。]古代陳列祭品的木器。形如今之小方几,有四足,足間有横檔。《禮記·明堂位》:"俎用梡、嶡。"(漢)鄭玄注:

“梡始有四足也，嶡爲之距。”[按]聲不合，應歸求母。

㉛ 團〔圜也；聚也〕：[《廣韻》度官切，平桓，定。]1. 圓。《墨子・經下》：“鑑團景一。”《説文・囗部》：“團，圜也。”……7. 聚集；組織。（宋）林逋《小圃春日》詩：“草長團粉蝶，林暖墜青蟲。”[按]聲、調不合，應歸他母下平。

㉜ 拚〔棄也：~命〕：[按]“拚”雖有“棄”義，但並無[꜀p'uan]一讀，實通“拌”（詳見㉞）。

㉝ 襏〔~襫：雨衣〕：[《廣韻》北末切，入末，幫。]蓑衣之類的防雨衣。一説爲粗糙結實的衣服。《北齊書・文苑傳・祖鴻勳》：“首戴萌蒲，身衣緼襏。”參見“襏襫”。【襏襫】蓑衣之類的防雨衣。《國語・齊語》：“首戴茅蒲，身衣襏襫，霑體塗足，暴其髮膚，盡其四支之敏，以從事於田野。”（三國・吴）韋昭注：“茅蒲，簦笠也。襏襫，蓑襞衣也。”[按]聲不合，應歸邊母。

㉞ 拌〔棄也〕：[《廣韻》普官切，平桓，滂。]捨棄；豁出。《方言》第十：“拌，棄也。楚凡揮棄物謂之拌。”【拌命】豁出性命；拼命。《朱子語類》卷一一六：“如兩軍厮殺，兩邊擂起鼓了，只得拌命進前，有死無二，方有箇生路。”

㉟ 褖〔黑色〕：【集韻】吐玩切。黑衣，王后之服。【釋名】褖衣，褖然黑色也。[按]“褖”，樋新編本、道光本誤作“椽”。

㊱ 篆〔土，~刻文字〕：[《廣韻》持兖切，上獮，澄。]漢字書體名。《説文・竹部》：“篆，引書也。”（清）段玉裁注：“引書者，引筆而著於竹帛也，因之李斯所作曰篆書，而謂史籀所作曰大篆，既又謂篆書曰小篆。”[按]調不合，應歸下上。今泉有三讀[꜁tuan]、[꜁t'uan]、[t'uan꜄]。

聲 韻 調	31 川 uan/uat			
	下平⅄[24]	下上˧[22]	下去˩[41]	下入⅄[24]
柳 l	鸞〔~凰：神鳥〕 劆〔削也〕① 欒〔木似欄；~~：瘠貌〕② 巒〔峰~：小山〕 攣〔拘~：罪人〕 鑾〔金~：鈴也〕	○	戀〔眷念也〕 恋〔同上，俗字〕 敽〔煩也〕 孌〔美好也〕 𤔔〔治也〕 亂〔俗字〕 亂③	寽〔取之易也〕
邊 p	盤〔盛物之器〕 磐〔大石也：國安於~石〕 磻〔太公釣處〕 弁〔樂也〕④	伴〔侶也；依也〕	絆〔馬縶也〕 叛〔背~〕	跋〔~涉；本也〕 鈸〔銅~〕 拔〔抽也；擢也〕 軷〔祭道神〕 魃〔旱神〕 茇〔草舍也；草木根〕 犮〔犬走也〕 叐〔~除之也〕⑤ 癶〔足有所剌〕⑥ 扳〔同拔〕
求 k	權〔秤錘也；~柄也〕 顴〔頰骨也〕 拳〔屈手也；又~~：奉持之貌〕 攉〔變也；宜也〕⑦ 捲〔用力貌〕 蜎〔蟲行貌〕⑧ 鬈〔鬑鬖好貌〕 惓〔~~：不忘；謹也〕	○	祼〔酌鬯以灌地〕⑨ 慣〔習也〕⑩ 摜〔~攁也〕⑪ 倦〔懈怠也〕⑫ 懁〔辨急也〕⑬ 眷〔親屬也；顧念也〕⑭ 羂〔罥也〕⑮ 罥〔同上〕 矔〔轉目視也〕⑯ 爟〔取火於日〕⑰ 狷〔狂~：才不足而守有餘也〕⑱ 獧〔同上〕 鸛〔~鳴于垤〕⑲ 犈〔牛角曲也〕 縳〔十摶爲~〕⑳ 卝〔束髮也〕㉑ 灌〔~注；又~地：降神〕㉒	餂〔善自用也〕 橛〔門中~爲闑；又木杙也〕 橜〔同上〕 掘〔正，~井〕

（續表）

聲韻調	31　川 uan/uat			
	下平˨[24]	下上˧[22]	下去˦[41]	下入˨[24]
氣 k‘	圈〔屈木所爲;卮匜之屬〕㉓ 棬〔屈木烏盂〕㉔	○	券〔約也;契也〕㉕ 勸〔勉也;教也〕㉖ 桊〔牛鼻棬〕㉗	㊇艑〔船也〕㉘
地 t	傳〔授也：~世〕 椽〔屋~;~桷〕	斷〔截也;剪也〕 断〔同上,俗字〕	段〔~氏;體~〕　瑖〔石似玉〕㉙ 煅〔打鐵也;椎鍊也〕㉚ 腶〔~脩：脯加薑桂〕㉛ 腵〔~脩：脯加薑桂〕㉜ 鞁〔履後帖也〕㉝ 緞〔同上,綢~〕	奪〔強取也〕
普 p‘	胖〔安舒也;大也〕 蟠〔曲也;屈也〕	扶〔並行也〕 伴〔土,侶也;相也〕	頖〔~宮：班也〕㉞　泮〔水涯〕㉟	叭〔口開貌〕㊱
普 p‘	鞶〔大帶也〕 槃〔盤桓自得〕 縏〔小囊也〕 弁〔冠也〕㊲	○	炍〔煥也〕㊳　牉〔半也〕㊴	癹〔以足蹋夷草〕
他 t‘	鏄〔鐵塊〕 慱〔土,憂勞也〕 團〔土,~圓〕 漙〔土,~~：多露〕 摶〔土,以手圜之〕	懣〔心惛〕㊵	煅〔土,~鍊〕㊶	㊇隊㊷

【校注】

① 𡃇〔削也〕：【集韻】烏關切。削也。【字彙】烏還切,音彎。削也。［按］聲、調不合,應歸英母上平。

② 欒〔木似欄;~~：瘠貌〕：【集韻】盧官切。《說文》木似欄。［按］原注“木似

欄”,諸本皆誤作“木似蘭”。此誤源於《字彙》。【字彙】蘆官切,音鸞。木似蘭;又欒欒,瘠貌。“~~:瘠貌”,廖新校增本誤作“~瘠貌”。

③ 亂:[《廣韻》郎段切,去换,來。]1. 無秩序;混亂。《逸周書・武稱》:“岠嶮伐夷,并小奪亂。”(清)朱右曾校釋:“百事失紀曰亂。”……12. 治理。《書・顧命》:“其能而亂四方。”(宋)蔡沈注:“而,如;亂,治也。”

④ 弁〔樂也〕:[《集韻》蒲官切,平桓,並。]快樂。《詩・小雅・小弁》:“弁彼鸒斯,歸飛提提。”毛傳:“弁,樂也。”[按]聲不合,應歸普母。

⑤ 叐〔~除之也〕:【正字通】“犮”字之訛。“犮”與“拔”同。《周禮》“赤犮氏掌除牆屋”,注:蟲豸藏於牆屋者拔除之也。[按]原注“~除之也”,諸本皆誤作“~降之也”。

⑥ 癶〔足有所剌〕:[《廣韻》北末切,入末,幫。]1. 漢字部首之一。2. 兩脚相背。《説文・癶部》:“癶,足剌癶也。”(南唐)徐鍇繫傳:“兩足相不順,故剌癶也。”[按]調不合,應歸上入。

⑦ 擓〔變也;宜也〕:【字彙】渠員切,音權。權變也;宜也。

⑧ 蜎〔蟲行貌〕:[《廣韻》烏玄切,平先,影。]參見“蜎蜎”。【蜎蜎】昆蟲蠕動爬行的樣子。《詩・豳風・東山》:“蜎蜎者蠋,烝在桑野。”毛傳:“蜎蜎,蠋貌,桑蟲也。”(漢)鄭玄箋:“蠋蜎蜎然特行,久處桑野,有似勞苦者。”(宋)朱熹集傳:“蜎蜎,動貌。”[按]聲、調不合,應歸英母上平。

⑨ 祼〔酌鬯以灌地〕:[《廣韻》古玩切,去换,見。]祭名。以香酒灌地而求神。《書・洛誥》:“王入太室祼。”(唐)孔穎達疏:“王以圭瓚酌鬱鬯之酒以獻尸,尸受祭而灌於地,因奠不飲,謂之祼。”[按]調不合,應歸上去。

⑩ 慣〔習也〕:[《廣韻》古患切,去諫,見。]習慣;經常。《宋書・宗慤傳》:“宗軍人,慣噉粗食。”[按]調不合,應歸上去。

⑪ 摜〔~攛也〕:[《廣韻》古患切,去諫,見。]扔;摔掉。《水滸傳》第二六回:“武松……把那婦人頭望西門慶臉上摜將來。”[按]調不合,應歸上去。原注“摜攛”一詞見於《玉篇》、《字彙》。【玉篇・手部】攛,初患切。摜攛也。【字

彙】攥,初患切,音篡。掼攥也;奪也;逆也。【集韻】篡、攥,初患切。逆而奪取曰篡。或從手。

⑫ 倦〔懈怠也〕:[《廣韻》渠卷切,去線,羣。]1. 疲憊;勞累。《孫子·行軍》:"吏怒者,倦也。"2. 懈怠;厭煩。《易·繫辭下》:"通其變,使民不倦。"[按]調不合,應歸上去。

⑬ 懁〔辨急也〕:[《廣韻》古縣切,去霰,見。]性急。《莊子·列禦寇》:"人者厚貌深情,故有貌愿而益,有長若不肖,有順懁而達。"(唐)成玄英疏:"懁,急也。形順躁急而心達理也。"[按]調不合,應歸上去。

⑭ 眷〔親屬也;顧念也〕:[《廣韻》居倦切,去線,見。]1. 回視;返顧。《詩·大雅·皇矣》:"乃眷西顧,此維與宅。"……3. 顧念;關注。(晉)潘岳《哀永逝文》:"想孤魂兮眷舊宇,視倏忽兮若髣髴。"……5. 親屬;家屬。《新五代史·雜傳十九·裴皥》:"裴氏自晉魏以來,世爲名族,居燕者號'東眷',居涼者號'西眷',居河東者號'中眷'。"[按]調不合,應歸上去。

⑮ 罥〔罟也〕:[《廣韻》古縣切,去霰,見。]捕取鳥獸的網。(漢)蔡邕《琴操·思親操》:"深谷鳥鳴兮嚶嚶,設罝張罥兮思我父母力耕。"[按]調不合,應歸上去。

⑯ 矔〔轉目視也〕:[《廣韻》古玩切,去换,見。]環顧。《古文苑·劉歆〈遂初賦〉》:"空下時以矔世兮,自命己之取患。"(宋)章樵注:"矔,轉目視也。"[按]調不合,應歸上去。

⑰ 爟〔取火於日〕:[《廣韻》古玩切,去换,見。]1. 指祭祀中舉火。《周禮·夏官·司爟》:"司爟,掌行火之政令。"2. 古代祭祀用的火炬。參見"爟火"。3. 祭祀中最先使用火的人。《周禮·夏官·司爟》:"凡祭祀,則祭爟。"(唐)賈公彦疏:"祭爟,謂祭先出火之人。"4. 日常生活用火。《周禮·夏官·序官》:"司爟,下士二人,徒六人。"(漢)鄭玄注:"故書爟爲燋。杜子春曰:'燋,當爲爟,書亦或爲爟,爟爲私火。'"(唐)賈公彦疏:"民間理爨之火爲私火。"【字彙】古玩切,音貫。取火於日;又舉火也。[按]調不合,應歸上去。

⑱ 狷〔狂~：才不足而守有餘也〕：［《廣韻》古縣切，去霰，見。］拘謹無爲。引申爲孤潔。《論語·子路》："不得中行而與之，必也狂狷乎！狂者進取，狷者有所不爲也。"（宋）邢昺疏："狂者進取於善道，知進而不知退；狷者守節無爲，應進而退也。"【字彙】吉券切，音眷。褊急也。又才不足而守有餘也。［按］調不合，應歸上去。原注"守有餘"，諸本皆誤作"厚有餘"。

⑲ 鸛〔~鳴于垤〕：［《廣韻》古玩切，去换，見。］水鳥名。鸛科各種類的通稱。形似鶴，嘴長而直，翼大尾短，脚長而赤，捕魚蝦等爲食。《詩·豳風·東山》："鸛鳴于垤，婦歎于室。"毛傳："鸛好水，長鳴而喜也。"（漢）鄭玄箋："鸛，小鳥也。將陰雨則鳴。"［按］調不合，應歸上去。

⑳ 縳〔十摶爲~〕：【字彙】吉卷切，音絹。《周禮》十羽爲審，百羽爲摶，十摶爲縳。［按］調不合，應歸上去。

㉑ 丱〔束髮也〕：【集韻】古患切。束髮貌。《詩》總角丱兮。［按］調不合，應歸上去。

㉒ 灌〔~注；又~地：降神〕：［《廣韻》古玩切，去换，見。］1. 澆；灌溉。《莊子·天地》："鑿隧而入井，抱甕而出灌。"2. 用水冲、淹。《國語·晉語九》："晉師圍而灌之，沈竈産鼃，民無叛意。"3. 流注。《莊子·秋水》："秋水時至，百川灌河。"【灌地】古代祭祀的一種儀式。把酒灑在地上，求神降臨。（漢）班固《白虎通·考黜》："陽達于牆屋，陰入于淵泉，所以灌地降神也。"［按］調不合，應歸上去。

㉓ 圈〔屈木所爲；巵匜之屬〕：［《集韻》去爰切，平元，溪。］屈木做成的飲器。《禮記·玉藻》："母没而杯圈不能飲焉，口澤之氣存焉爾！"（漢）鄭玄注："圈，屈木所爲，謂巵匜之屬。"［按］調不合，應歸下平，實爲"環"的訓讀字。

㉔ 棬〔屈木烏盂〕：［《廣韻》丘圓切，平仙，溪。］曲木製成的杯盂。《孟子·告子上》："以人性爲仁義，猶以杞柳爲桮棬。"【字彙】驅圓切，音圈。屈木盂。《孟子》猶以杞柳爲桮棬。［按］調不合，應歸上平。原注"烏"（樋新編本，其餘諸本作"鳥"）疑爲"爲"之形誤；"屈木烏盂"，廖新校增本改作"屈木盂也"。

㉕ 券〔約也;契也〕:［《廣韻》去願切,去願,溪。］契据。古代常用竹木等刻成,分爲兩半,各執其一,合以徵信。後世多以紙爲之。《戰國策·齊策四》:“驅而之薛,使吏召諸民當償者,悉來合券。券徧合。”(宋) 鮑彪注:“凡券,取者、與者各收一。”［按］調不合,應歸上去。

㉖ 勸〔勉也;教也〕:［《廣韻》去願切,去願,溪。］1. 獎勉;鼓勵。《國語·越語上》:“國人皆勸,父勉其子,兄勉其弟,婦勉其夫。” 2. 勸導;勸説。《書·顧命》:“柔遠能邇,安勸大小庶邦。”孔傳:“勸使爲善。”(清) 孫星衍疏:“勸者,《廣雅·釋詁》云: 教也。”［按］調不合,應歸上去。

㉗ 桊〔牛鼻棬〕:［《集韻》區願切,去願,溪。］穿在牛鼻上的環。《玉篇·牛部》:“桊,牛鼻捲也。”［按］調不合,應歸上去。

㉘ ㊣欮〔船也〕:【字彙】其月切,音掘。欮頭船也。［按］聲不合,應歸求母。

㉙ 瑖〔石似玉〕:［《廣韻》丁貫切,去换,端。］似玉的石。［按］調不合,應歸上去。

㉚ 煅〔打鐵也;椎鍊也〕:［《字彙》都玩切。］鍛煉;燒製。(宋) 姚寬《西溪叢語》卷上:“孫仲益有王太傅《生日詩》云:‘了了三生夢,松根冷煅爐。’”［按］調不合,應歸上去。該字樋新編本誤歸下上,會文書莊本未收該字。

㉛ 腶〔~脩: 脯加薑桂〕:［《廣韻》丁貫切,去换,端。］【腶脩】擣碎加以薑桂的乾肉。《儀禮·有司》:“〔主婦〕入于房,取糗與腶脩,執以出。”(漢) 鄭玄注:“腶脩,擣肉之脯。”【字彙】都玩切,音鍛。腶脩,脯加薑桂也。［按］調不合,應歸上去。該字樋新編本誤歸下上,會文書莊本未收該字。

㉜ 腶〔~脩: 脯加薑桂〕:［按］重收,已見㉛(川韻地母下去),應删。

㉝ 鞎〔履後帖也〕:【字彙】杜管切,音段。履後帖也。［按］調不合,應歸下上。

㉞ 頖〔~宫: 班也〕:［《廣韻》普半切,去换,滂。］頒布;分判。《禮記·王制》:“大學在郊,天子曰辟廱,諸侯曰頖宫。”(唐) 孔穎達疏:“云‘頖之言班也,所以班政教也’者,頖是分判之義,故爲班。於此學中施化,使人觀之,故云‘所以班政教也’。”一説爲半。(清) 孫希旦集解:“頖,《詩·魯頌》作‘泮’,鄭云:‘泮

之言半也。半水者,蓋東西門以南通水,北無也。'辟廱、頖宫,天子、諸侯大學之異名也。鄭此注云:'辟,明也。廱,和也。所以明和天下。頖之言頒也,所以頒政教也。'蓋鄭注《禮記》時未見《毛詩》傳,當以毛傳及鄭箋《詩》之説爲確。朱子《詩集傳》亦用毛傳、鄭箋之説。"參見"頖宫"。[按]調不合,應歸上去。

㉟ 泮〔水涯〕:[《廣韻》普半切,去换,滂。]水邊;崖岸。(南唐)劉崇遠《金華子雜編》卷上:"端午習競渡于錢塘湖,每先數日即于湖泮排列舟舸。"[按]調不合,應歸上去。

㊱ 叭〔口開貌〕:【字彙】普活切,音錣。口開貌。[按]調不合,應歸上入。

㊲ 弁〔冠也〕:[《廣韻》皮變切,去線,並。]古代貴族的一種帽子,通常穿禮服時用之(吉禮之服用冕)。赤黑色的布做的叫爵弁,是文冠;白鹿皮做的叫皮弁,是武冠。《詩·小雅·頍弁》:"有頍者弁。"毛傳:"弁,皮弁也。"[按]誤讀,聲、韻、調皆不合。

㊳ 炍〔焕也〕:[《集韻》普半切,去换,滂。]光明。《篇海類編·天文·火》"炍"字下引《文選》:"炍赫戲以輝煌。"今本《文選·張衡〈西京賦〉》"炍"作"叛"。[按]調不合,應歸上去。

㊴ 胖〔半也〕:[《廣韻》普半切,去换,滂。]半分。謂一物中分爲二。《楚辭·九章·惜誦》:"背膺胖以交痛兮,心鬱結而紆軫。"(漢)王逸注:"胖,分也。"[按]調不合,應歸上去。

㊵ 憹〔心惛〕:【集韻】土緩切。悇憹,心惛。[按]調不合,應歸上上。

㊶ 煅〔土,~鍊〕:[按]該字已見上㉚。今泉仍有送氣與不送氣兩讀[tuanᒣ]、[tʻ uanᒣ](均歸上去)。

㊷ ㊕隊:【字彙】徒玩切,音段。道邊庳垣也。

聲韻調	31 川 uan/uat			
	下平˨˦^{24}	下上˨˨^{22}	下去˦˩^{41}	下入˨˦$^{\underline{24}}$
争 ts	專〔壹也;誠也〕 攢〔簇聚也〕① 顓〔~頊;~臾〕 欑〔叢木〕② 鱄〔魚名〕③ 甎〔甂~:甓也〕 磚〔同上〕 菆〔叢也〕④	轉〔輾~:連也〕 囀〔聲轉也〕⑤ 譐〔等也〕 纘〔繼也〕 纂〔似組而赤黑色〕 鐏〔戈戟鋭〕⑥	鑽〔穿物之錐〕 鑚〔同上,俗字〕	餟〔祭酹也〕⑦ 諁〔多言也〕⑧ 輟〔止也〕⑨ 啜〔多言不止〕⑩ 拙〔不巧也〕 畷〔田間道也〕⑪ 綴〔聯~;止也〕⑫ 茁〔草出地;又肥也〕 緅〔結也〕 罬〔捕鳥之具〕⑬ 梲〔梁上楹也〕 撮〔挽也;緇~〕
入 dz	抨〔煩~〕⑭ 撋〔擩~〕⑮ 輲〔無輻車〕⑯ 壖〔城下田〕⑰ 堧〔宫外垣〕⑱ 擩〔~祭〕⑲ 瞑〔隙地也〕⑳ 瑌〔石次玉〕㉑	輭〔柔也〕 軟〔同上〕	鐗〔銀也〕㉒	㉘膊〔人名〕㉓
時 s	宣〔布也;明也〕 諠〔~譁〕 喧〔聲~不止〕 諼〔忘也〕㉔ 咺〔宣著貌〕㉕ 烜〔曝也;明也〕㉖ 蕿〔忘憂草,宜男花,婦人宜佩之〕㉗ 嚾〔~囂也〕㉘ 昍〔明也〕㉙ 亘〔揚布也〕㉚ 萱〔同蕿,椿~〕㉛ 萲〔同上〕 暄〔暖也;温也〕㉜ 晅〔日氣〕㉝ 吅〔驚也〕㉞ 貆〔土,貆之子〕㉟ 揎〔引也〕㊱ 狻〔獸名〕 儇〔利也;疾也〕㊲ 煊〔温也〕㊳ 痠〔身體~疼〕 箮〔竹花〕㊴ 酸〔酢也:~苦〕	選〔土,~舉:擇也〕 褖〔黑衣后服〕㊵ 篹〔籩也〕	算〔計歷數也〕 筭〔同上〕 涮〔~洗也〕	雪〔霜~〕 趃〔走也〕 説〔辯也:~辭〕 刷〔刮也;拭也〕㊶

（續表）

聲韻調	31 川 uan/uat			
	下平ʎ24	下上˧22	下去˩41	下入ʎ24
英 ∅	彎〔曲也〕 灣〔水曲也〕 冤〔枉也;屈也〕 寃〔同上〕㊷ 淵〔止水也;水出不流曰~〕 㟁〔同上〕 㰹〔曲木〕 鴛〔~鴦:匹鳥〕 鳶〔鴟類〕㊸ 鍰〔六兩曰~〕㊹	綰〔繫也;貫也〕 遠〔不近也〕 婉〔順也;美也〕 唍〔微笑也〕㊺ 窛〔小孔也〕 腕〔掌後節中也〕㊻ 苑〔禦~:以養獸者〕 莞〔小笑貌〕㊼ 堅〔石似玉〕㊽ 婠〔好也〕㊾ 盌〔小盂也〕 㼝〔同上〕 碗〔同上〕 睆〔星明也;美好也〕㊿ 梡〔俎名〕(51) 睅〔大目也〕(52) 晼〔媚也〕 宛〔~然;依然〕	遠〔去也〕	乭〔手~爲穴〕 揞〔取也〕 斡〔轉也;旋也〕 烷〔煙火貌〕 䁾〔揞目〕 澣〔取水也〕 婠〔好貌〕
文 b	鰻〔無鱗魚〕 饅〔~頭〕 縵〔繒無文也〕(53) 謾〔欺也〕 糒〔粥凝也〕(54) 樠〔松心;木心〕 墁〔墻壁飾也〕 鏝〔鐵朽也〕 蔓〔菜名:~菁〕 鄤〔鄭地〕(55) 懣〔忘也〕	輓〔引車也〕 晚〔暮也;後也〕(56) 娩〔媚也;媛也〕 挽〔引也〕 滿〔多也;足也〕 懣〔憤~:怒也〕	萬〔十千曰~〕(57)	韈〔足衣也〕(58) 韤〔同上〕 袜〔同上〕 抹〔塗也〕(59) 絉〔~肚〕(60) 襪〔脚衣〕

【校注】

① 攢〔簇聚也〕:【韻會】徂丸切。族聚也。《韓非子·用人》:"三者立而上無私心,則下得循法而治,望表而動,隨繩而斲,因攢而縫。"陳奇猷集釋:"攢,簇聚也……謂法既立,則臣下依法而行,猶縫衣,因所簇聚者而縫之則成衣裾。"《文選·張衡〈西京賦〉》:"攢珍寶之玩好。"(三國·吴)薛綜注:"攢,聚也。"

[按]調不合,應歸下平。因《字彙》"徂官切,音欑"而誤。

② 欑〔叢木〕:【集韻】徂丸切。《説文》積竹杖也。一曰穿也。一曰叢木。[按]調不合,應歸下平。因《字彙》"徂官切,音鑽"而誤。

③ 鱄〔魚名〕:[《廣韻》職緣切,平仙,章。]魚名。《儀禮·士喪禮》:"陳三鼎于門外,北上,豚合升魚鱄鮒九。"[按]原注"魚名",樋新編本誤作"人名",大版式本、道光本、市圖善本誤作"人又",文德堂本漫漶不清。

④ 菆〔叢也〕:[《廣韻》在丸切,平桓,從。]堆聚。特指把木材堆聚在靈柩的周圍。《禮記·檀弓上》"天子之殯也",(唐)孔穎達疏:"菆,叢也,謂用木菆棺而四面塗之。"[按]調不合,應歸下平。因《字彙》"祖官切,音攢"而誤。

⑤ 嚩〔聲轉也〕:【集韻】株戀切。聲轉也。[按]調不合,應歸上去。

⑥ 鐏〔戈戟鋭〕:[《集韻》租昆切,平魂,精。]戈柄末圓球形金屬套。《禮記·曲禮上》:"進戈者前其鐏,後其刃。"(唐)孔穎達疏:"鐏在尾而鈍,鈍嚮人爲敬,所以前鐏後刃也。"【字彙】作管切,音纘。戈戟柄底鋭者曰鐏。[按]原注據《字彙》隨意省略導致不確。

⑦ 餟〔祭酹也〕:【廣韻】陟劣切。祭酹也。[按]聲不合,應歸地母。"餟",樋新編本誤作"錣";原注"祭酹也",會文書莊本誤作"祭酧也"。

⑧ 諁〔多言也〕:【集韻】株劣切。多言不止謂之諁。[按]聲不合,應歸地母。

⑨ 輟〔止也〕:【集韻】株劣切……一曰止也。[按]聲不合,應歸地母。

⑩ 啜〔多言不止〕:同⑧諁。

⑪ 畷〔田間道也〕:【集韻】株劣切。《説文》兩陌間道也。[按]聲不合,應歸地母。

⑫ 綴〔聯~;止也〕:【集韻】株劣切。《説文》綴聯也。[按]聲不合,應歸地母。

⑬ 罬〔捕鳥之具〕:【集韻】株劣切。罔名。《説文》捕鳥覆車也。[按]聲不合,應歸地母。

⑭ 撋〔煩~〕:【集韻】而宣切。煩撋,猶挼莎也。[按]調不合,應歸下平。

⑮ 擱〔撋~〕:同⑭撋。

⑯ 輲〔無輻車〕：[《廣韻》市緣切，平仙，禪。]没有輻條，以圓木作車輪的車子。【字彙】而宣切，輭平聲。無輻車。[按]調不合，應歸下平。“而宣切”，唯見《字彙》。

⑰ 壖〔城下田〕：[按]調不合，應歸下平。釋義詳見本韻柳母上平①。

⑱ 堧〔宫外垣〕：[按]調不合，應歸下平。釋義詳見本韻柳母上平②。

⑲ 擩〔~祭〕：[按]調不合，應歸下平。釋義詳見本韻柳母上平③。

⑳ 瞑〔隙地也〕：[按]調不合，應歸下平。釋義詳見本韻柳母上平⑤。

㉑ 瑌〔石次玉〕：[按]調不合，應歸下平。釋義詳見本韻柳母上平④。

㉒ 鐫〔銀也〕：【字彙】仁眷切，軟去聲。銀也。[按]調不合，應歸下去。

㉓ ㊔䏝〔人名〕：【集韻】豎兖切。《説文》上小巵有耳蓋者。[按]聲、韻、調皆不合。

㉔ 諼〔忘也〕：[《廣韻》況袁切，平元，曉。]通“萱”。忘記。《詩·衛風·淇奧》：“有匪君子，終不可諼兮。”毛傳：“諼，忘也。”[按]聲不合，應歸喜母。

㉕ 咺〔宣著貌〕：[《集韻》許元切，平元，曉。]通“宣”。顯著貌。《詩·衛風·淇奧》：“瑟兮僩兮，赫兮咺兮，有匪君子，終不可諼兮。”毛傳：“咺，威儀容止宣著也。”[按]聲不合，應歸喜母。

㉖ 烜〔曝也；明也〕：【集韻】火遠切。日氣也。【字彙】況遠切，暄上聲。曝也；又光明也。[按]聲、調不合，應歸喜母上上。

㉗ 蕿〔忘憂草，宜男花，婦人宜佩之〕：同“萱”。萱，[《廣韻》況袁切，平元，曉。]萱草。古人以爲萱草可以使人忘憂，故又稱忘憂草。《文選·謝靈運〈西陵遇風獻康樂〉詩》：“積憤成疢痗，無萱將如何。”（唐）劉良注：“言累積憤怨成其疢病，萱草可以忘憂也。”[按]聲不合，應歸喜母。

㉘ 嚾〔~囂也〕：[《集韻》呼官切，平桓，曉。]喧囂。（元）無名氏《耍孩兒·拘刷行院》套曲：“狐朋狗黨過如打擄，虎嚇狼飡勝似趁熟，嚾得十分透。”[按]聲不合，應歸喜母。

㉙ 昍〔明也〕：[《集韻》許元切，平元，曉。]明。

㉚ 亘〔揚布也〕：[《集韻》荀緣切，平仙，心。]1. 漩；回泉。2. 通“宣”。（南朝·宋）傅亮《策加宋公九錫文》：“王略所亘，九服率從。”今本《宋書·武帝紀中》引作“宣”。

㉛ 萱〔同藼，椿~〕：同㉗藼。[按]聲不合，應歸喜母。今泉常用俗讀[꜀suan]。

㉜ 暄〔暖也；温也〕：[《廣韻》況袁切，平元，曉。]温暖。《素問·五運行大論》：“東方生風……其性爲暄，其德爲和。”（明）張介賓注：“暄，温煖也。肝爲陰中之陽，應春之氣，故其性暄。”[按]聲不合，應歸喜母。今泉常用俗讀[꜀suan]。

㉝ 晅〔日氣〕：[《集韻》許元切，平元，曉。]曬乾。《易·説卦》：“雨以潤之，日以烜之。”烜，（唐）陸德明釋文作“晅”。[按]聲不合，應歸喜母。

㉞ 吅〔驚也〕：[《廣韻》況袁切，平元，曉。]驚呼。《説文·吅部》：“吅，驚嘑也。”[按]聲不合，應歸喜母。

㉟ 貆〔土，貈之子〕：[《廣韻》況袁切，平元，曉。]幼貉。《詩·魏風·伐檀》：“不狩不獵，胡瞻爾庭有縣貆兮？”（漢）鄭玄箋：“貉子曰貆。”[按]聲不合，應歸喜母。

㊱ 揎〔引也〕：【集韻】揎、揎，荀緣切。手發衣也。【字彙】先全切，音宣。引也；手發衣也。

㊲ 儇〔利也；疾也〕：[《廣韻》許緣切，平仙，曉。]1. 聰明。《説文·人部》：“儇，慧也。”2. 敏捷。《詩·齊風·還》：“並驅從兩肩兮，揖我謂我儇兮。”毛傳：“儇，利也。”[按]聲不合，應歸喜母。

㊳ 煊〔温也〕：[《集韻》許元切，平元，曉。]亦作“煖”。1. 同“煖”。温暖。2. 光明。[按]聲不合，應歸喜母。

㊴ 萲〔竹花〕：[《集韻》許元切，平元，曉。]竹花。[按]聲不合，應歸喜母。

㊵ 褖〔黑衣后服〕：[《廣韻》通貫切，去换，透。]王后燕居或進御時所穿之服。《周禮·天官·内司服》“掌王后之六服，褘衣、揄狄、闕狄、鞠衣、展衣、緣衣，素沙”，（漢）鄭玄注：“此緣衣者，實作褖衣也。褖衣，御于王之服，亦以燕居。”[按]聲、調不合，應歸他母上去。

㊶ 刷〔刮也;拭也〕:[《廣韻》所劣切,入薛,生。]1. 清除;除掉。《周禮·天官·凌人》:"秋,刷。"(漢)鄭玄注:"刷,清也。鄭司農云:'刷除冰室,當更内新冰。'玄謂:秋凉冰不用,可以清除其室。"《漢書·貨殖傳·范蠡》:"十年國富,厚賂戰士,遂報彊吴,刷會稽之耻。"(唐)顔師古注:"刷,謂拭除之也。"2. 刷子。塗抹、刷刮用具。《文選·嵇康〈養生論〉》:"勁刷理鬢,醇醴發顔。"(唐)李善注引《通俗文》:"所以理髮,謂之刷也。"(唐)吕向注:"勁刷,謂梳也。"[按]今泉常用俗讀[꜀sua]。

㊷ 淵〔止水也;水出不流曰~〕:[《廣韻》烏玄切,平先,影。]回水;回旋之水。《説文·水部》:"淵,回水也。"[按]該字今泉讀[꜀ian]。

㊸ 鳶〔鴟類〕:[《廣韻》與專切,平仙,以。]鳥名。鷙鳥。屬猛禽類。俗稱鷂鷹、老鷹。[按]該字今泉讀[꜀ian]。

㊹ 鍰〔六兩曰~〕:[《廣韻》户關切,平刪,匣。]古重量單位。《書·吕刑》:"墨辟疑赦,其罰百鍰,閲實其罪。"鍰重一説爲六兩,一説爲十銖二十五分之十三,一説爲六兩大半兩。[按]聲、調不合,應歸喜母下平。

㊺ 唍〔微笑也〕:[《集韻》户版切,上潸,匣。]參見"唍爾"。【唍爾】微笑貌。[按]聲、調不合,應歸喜母下上。今泉俗讀沿用英母上上[꜂uan]。

㊻ 腕〔掌後節中也〕:[《廣韻》烏貫切,去换,影。]臂下端與手掌相連可以活動的部分。《墨子·大取》:"斷指與斷腕,利於天下相若,無擇也。"[按]調不合,應歸上去。今泉沿用上上讀法[꜂uan]。

㊼ 莞〔小笑貌〕:[《廣韻》户板切,上潸,匣。]微笑貌。(唐)韓愈《贈張籍》詩:"薄暮歸見君,迎我笑而莞。"[按]聲、調不合,應歸喜母下上。今泉沿用英母上上讀法[꜂uan]。

㊽ 堅〔石似玉〕:【集韻】烏貫切。《説文》石之次玉者。[按]調不合,應歸上去。

㊾ 婠〔好也〕:【集韻】烏丸切。體德好也。[按]調不合,應歸上平。

㊿ 晥〔星明也;美好也〕:【集韻】鄔管切。小嫵媚也。【字彙】胡管切,音緩。窮

視貌;又星明貌。[按]原注“星明也”,除大版式本外,廖新校增本誤作“明星也”,其餘諸本皆誤作“皇明也”。

51 梡〔俎名〕:[《廣韻》苦管切,上緩,溪。]上古陳放全牲的禮器,木製,四足。《禮記·明堂位》:“俎,有虞氏以梡。”(漢)鄭玄注:“梡,斷木爲四足而已。”[按]聲不合,應歸氣母。

52 睅〔大目也〕:[《廣韻》户板切,上潸,匣。]鼓着眼睛;眼睛突出。《左傳·宣公二年》:“睅其目,皤其腹,棄甲而復。”(晉)杜預注:“睅,出目。”[按]聲、調不合,應歸喜母下上。

53 縵〔繒無文也〕:[《廣韻》莫半切,去换,明。]無文飾的繒帛。(漢)董仲舒《春秋繁露·度制》:“庶人衣縵。”[按]調不合,應歸下去。

54 糒〔粥凝也〕:【集韻】謨官切。粥凝。【字彙】母官切,音瞞。粥凝也。[按]“糒”,諸本皆誤作“糗”。【集韻】糗,謨官切。糗糗,飯澤。

55 鄤〔鄭地〕:[《集韻》莫半切,去换,明。]古地名。春秋鄭邑。在今河南省滎陽市境。《左傳·成公三年》:“鄭公子偃帥師禦之,使東鄙覆諸鄤。敗諸丘輿。”(晉)杜預注:“鄤、丘輿,皆鄭地。”[按]調不合,應歸下去。

56 晚〔暮也;後也〕:[《廣韻》無遠切,上阮,微。]日暮;黄昏。《詩·齊風·東方未明》:“不能辰夜,不夙則莫。”毛傳:“莫,晚也。”[按]今泉俗讀[ᶜuan]。

57 萬〔十千曰~〕:[《廣韻》無販切,去願,微。]數詞。千的十倍。《孟子·滕文公上》:“夫物之不齊,物之情也;或相倍蓰,或相什百,或相千萬。”[按]今泉讀[ban⊇],不讀[buan⊇]。

58 韈〔足衣也〕:同“襪”。襪,[《廣韻》望發切,入月,微。]襪子。(漢)張衡《南都賦》:“脩袖繚繞而滿庭,羅襪躡蹀而容與。”[按]調不合,應歸下入。

59 抹〔塗也〕:[《廣韻》莫撥切,入末,明。]塗敷;塗抹。(唐)杜甫《北征》詩:“學母無不爲,曉粧隨手抹。”[按]調不合,應歸下入。

60 絉〔~肚〕:【正字通】彌葛切,音抹。絉肚。[按]調不合,應歸下入。

聲韻調	31 川 uan/uat			
	下平⅄[24]	下上˧[22]	下去˩[41]	下入⅄[24]
争 ts	全〔備也；保~〕 牷〔祭祀之牛〕 鐫〔刻也；斲也〕① 泉〔源水：濫~〕	饌〔土，饗具；飲食〕 撰〔土，造也；事也〕 譔〔述也〕	纘〔土，繼也〕② 頙〔選具也〕	絶〔斷也；奇也〕
入 dz	㊪嫙〔人名〕③	○	䳠〔鳥名〕 鷒〔同上〕	㊪辿〔行皃〕④
時 s	旋〔周~；~轉〕 遄〔速也〕 㯿〔開閉門機〕⑤ 㞸〔門闔也〕⑥ 船〔舟也〕⑦ 揓〔引也〕 捉〔轉也〕 璿〔美玉，以齊七政〕⑧ 璇〔同上〕	○	颴〔風轉也〕 蒜〔大~：葷菜〕⑨ 祘〔明視以~之〕⑩ 𤳳〔面博也〕⑪ 纆〔索也〕⑫ 筭〔兵~：軍食〕⑬	㞋〔枯也〕
英 ∅	完〔全也；保守〕 猿〔似猴善援枝〕 萑〔細葦：~葦〕⑭ 猨〔同猿〕 猏〔同上〕 員〔周也；幅也〕 圓〔方~；又周也〕 圜〔轉~；又正視也〕 園〔所以樹果〕 轅〔車前曲木〕 汍〔~瀾：泣也〕⑮ 援〔引也；牽也〕 丸〔彈~；藥~〕 袁〔姓也；又長衣〕 媛〔美女也；牽引也〕 悁〔憂也〕⑯ 爰〔於也；引也；又去〕 眢〔目無明；井無泉〕⑰ 緣〔連絡也〕⑱ 貆〔貉之子〕⑲ 狟〔同上〕 紈〔素也；結也〕 芄〔蘭草〕 瓛〔桓圭，公所執者〕⑳ 薳〔即遠志也〕㉑ 洹〔水名〕 萓〔草名〕㉒ 捐〔棄也；除也〕㉓ 隕〔幅~：周也〕	緩〔舒遲也；縱也〕 澣〔濯垢也〕㉔ 漶〔難貌〕㉕ 浣〔同澣〕	怨〔讎也；恨也〕㉖	越〔過~；發~〕 閱〔閥~：官家〕㉗ 粤〔審察之辭〕 悦〔喜也〕 颰〔風聲；小風〕㉘ 鉞〔斧也〕 逑〔踰~〕㉙ 戉〔大斧也〕 樾〔檀~；樹陰〕 狘〔獸名；驚走〕㉚ 軏〔轅端〕㉛ 曰〔語也；謂也〕
文 b	瞞〔平目也〕 蹣〔踰也〕	㊪購㉜	漫〔~浮也；污也；偏也；且也〕㉝	末〔杪也；無也〕 沫〔水名：涎~〕 昧〔師~〕㉞

【校注】

① 鐫〔刻也;斲也〕:[《廣韻》子泉切,平仙,精。]鑿;雕刻。《淮南子·本經訓》:"鐫山石。"(漢)高誘注:"鐫,猶鑿也。"[按]調不合,應歸上平。

② 纘〔土,繼也〕:[《廣韻》作管切,上緩,精。]繼承。《詩·魯頌·閟宫》:"奄有下土,纘禹之緒。"[按]調不合,應歸上上。

③ ㊣㬉〔人名〕:【集韻】忍善切。《説文》柔皮也。[按]聲、韻、調皆不合。

④ ㊣遄〔行貌〕:【龍龕手鑒】音看。[按]聲、韻、調皆不合。

⑤ 攌〔開閉門機〕:【字彙】數還切⋯⋯木攌,關門、閉門機也。關門機也。[按]調不合,應歸上平。注:攌,同"閂"。

⑥ 闂〔門關也〕:【字彙】數還切,音栓。門關也。[按]調不合,應歸上平。闂,同"閂"。

⑦ 船〔舟也〕:[《廣韻》食川切,平仙,船。]水上主要運輸工具的總稱。《莊子·漁父》:"有漁夫者,下船而來。"[按][₍suan]爲文讀。

⑧ 璿〔美玉,以齊七政〕:【字彙】旬緣切,音旋。美玉。《虞書》在璿、璣、玉衡,以齊七政。[《廣韻》似宣切,平仙,邪。]1. 美玉。《集韻·平僊》:"璿,《説文》:美玉也。引《春秋傳》:璿弁玉纓⋯⋯或作琁、璇。"⋯⋯3. 北斗七星的第二星。《書·舜典》:"在璿、璣、玉衡,以齊七政。"

⑨ 蒜〔大~:葷菜〕:[《廣韻》蘇貫切,去换,心。]多年生草本植物。有大蒜、小蒜兩種。[按]調不合,應歸上去。

⑩ 祘〔明視以~之〕:[《廣韻》蘇貫切,去换,心。]"算"的古字。(明)楊慎《升庵經説·先其祘命》:"《漢書·律曆志》劉歆《條奏》引《書》曰'先其祘命',師古曰:'《逸書》也。言王者統業,先立算數以命百事也。'祘,古'算'字。"[按]調不合,應歸上去。

⑪ 雟〔面博也〕:【字彙】蘇貫切,音筭。面博也。[按]調不合,應歸上去。

⑫ 纙〔索也〕:【集韻】須絹切。緰纙,索也。[按]調不合,應歸上去。

⑬ 竿〔兵~：軍食〕：【集韻】蘇貫切。竹器。【字彙】與“筭”同。《史記·吴王濞傳》上方與鼂錯調兵竿。軍食。又竹器。[按]調不合,應歸上去。

⑭ 萑〔細葦：~葦〕：[《廣韻》胡官切,平桓,匣。]蘆類植物。初生名“菼”,幼小時叫“蒹”,長成後稱“萑”。《儀禮·特牲饋食禮》:“盛兩敦,陳于西堂,藉用萑,几席陳于西堂,如初。”(漢)鄭玄注:“萑,細葦。”[按]聲不合,應歸喜母。

⑮ 汍〔~瀾：泣也〕：[《廣韻》胡官切,平桓,匣。]參見“汍汍”、“汎瀾”。【汍瀾】亦作“汍蘭”。淚疾流貌。《隶釋·漢金鄉長侯成碑》:“號泣發哀,泣涕汍蘭。”[按]聲不合,應歸喜母。

⑯ 悁〔憂也〕：[《廣韻》於緣切,平仙,影。]1. 忿怒。《楚辭·東方朔〈七諫·謬諫〉》:“獨便悁而懷毒兮,愁鬱鬱之焉極。”(宋)洪興祖補注:“悁,忿也。”2. 憂愁。(漢)傅毅《七激》:“可以解煩悁,悦心意。”[按]調不合,應歸上平。

⑰ 眢〔目無明;井無泉〕：[《廣韻》於袁切,平元,影。]1. 眼枯不明。(清)惲敬《祭張皋文文》:“四瀛茫茫,日月何遒,目眢心忳,已矣誰儔。”按,《説文·目部》:“眢,目無明也。”2. 井枯無水。(宋)陸游《入蜀記》卷二:“一井已眢,傳以爲太武所鑿,不可知也。”[按]調不合,應歸上平。

⑱ 緣〔連絡也〕：[《廣韻》以絹切,去線,以。]衣服邊上的鑲緄;衣服的邊。《禮記·玉藻》:“緣廣寸半。”[按]今泉讀[꜀ian],不讀[꜀uan]。

⑲ 貆〔貈之子〕：[《廣韻》胡官切,平桓,匣。]幼貉。[按]又見前時母上平。聲不合,應歸喜母。

⑳ 瓛〔桓圭,公所執者〕：[《廣韻》胡官切,平桓,匣。]圭名。桓圭,古代公爵所執的玉圭。[按]聲不合,應歸喜母。

㉑ 蒬〔即遠志也〕：[《廣韻》於袁切,平元,影。]參見“棘蒬”。【棘蒬】即遠志。藥草名。[按]調不合,應歸上平。

㉒ 萱〔草名〕：[《廣韻》胡官切,平桓,匣。]草本植物,生山地,根莖肥大而短,葉叢生,長柄,葉片闊大端尖,呈心臟形。夏間開淡紫色花,瓣有綫紋。古人用

以調味。[按]聲不合,應歸喜母。

㉓ 捐〔棄也;除也〕:[《廣韻》與專切,平仙,以。]放棄;捨棄。《説文·手部》:“捐,棄也。”《莊子·在宥》:“黄帝退,捐天下,築特室,席白茅,閒居三月。”[按]今泉通常讀[꜀kuan]。

㉔ 澣〔濯垢也〕:同“浣”。

㉕ 漶〔難貌〕:【集韻】户管切。漫漶,難測也。【字彙】胡管切,音緩。漫漶:不分别貌;難測貌。[按]原注“難貌”應爲“難測貌”。

㉖ 怨〔讎也;恨也〕:[《廣韻》於願切,去願,影。]怨恨;仇恨。《易·繫辭下》:“益以興利,困以寡怨。”[按]調不合,應歸上去。

㉗ 閱〔閥~:官家〕:[《廣韻》弋雪切,入薛,以。]1. 逐一點數。《墨子·號令》:“擅離署,戮,門尉晝三閱之,莫,鼓繫門閉一閱。”(漢)王充《論衡·自紀》:“稻穀千鍾,糠皮太半,閱錢滿億,穿決出萬。”2. 檢閱。《書·多方》:“亦則以穆穆在乃位,克閱于乃邑謀介。”(宋)蔡沈集傳:“又能簡閱爾邑之賢者,以謀其助。”……9. 指仕宦人家自序功狀而樹立在門外右邊的柱子。後來亦稱名門巨室爲“閱”。《玉篇·門部》:“閥,在左曰閥,在右曰閱。”

㉘ 颫〔風聲;小風〕:【集韻】許月切。風也。[按]聲、調不合,應歸喜母上入。

㉙ 逝〔踰~〕:同“越”。

㉚ 狘〔獸名;驚走〕:[《廣韻》許月切,入月,曉。]獸疾走貌。《禮記·禮運》:“麟以爲畜,故獸不狘。”(漢)鄭玄注:“狘,飛走之皃。”(唐)孔穎達疏:“狘,驚走也。”[按]聲、調不合,應歸喜母上入。

㉛ 軏〔轅端〕:[《廣韻》魚厥切,入月,疑。]古代車轅與横木相連接的關鍵。《論語·爲政》:“大車無輗,小車無軏,其何以行之哉?”(三國·魏)何晏集解引(漢)包咸曰:“軏者,轅端上曲鉤衡。”[按]聲不合,應歸語母。

㉜ ㊕購:[《廣韻》無販切,去願,微。]1. 貨;貨多。2. 贈與貨物。[按]調不合,應歸下去。

㉝ 漫〔~浮也;污也;徧也;且也〕:[《廣韻》莫半切,去换,明。]1. 水盛大無際貌。《藝

文類聚》卷九引(三國·吴)楊泉《五湖賦》:“邈乎浩浩,漫乎洋洋。西合乎濛汜,東苞乎扶桑。”……6. 水滿溢出,流溢。(宋)王安石《白日不照物》詩:“婦子夜號呼,西南漫爲壑。”7. 泛指物滿溢出。[按]今泉讀[ban⊇],不讀[buan⊇]。

㉞ 眜〔眎~〕:[《集韻》莫葛切,入末,明。]淺白色。【字彙】莫葛切,音末。眎眜。

聲韻調	31　川 uan/uat			
	下平˨˦^{24}	下上˨^{22}	下去˦˩^{41}	下入˨˦$^{\underline{24}}$
語 g	岏〔高也〕①　刓〔圓削〕②　園〔圓也〕③ 骯〔骼~〕④	阮〔國名;又姓〕 翫〔遊~〕⑤ 晥〔視也〕	玩〔好也;美也〕⑥	枂〔樹皮〕⑦
出 ts‘	川〔泉流也〕　巜〔水會也〕　穿〔孔也;鑽也〕 串〔穿也;又音貫〕⑧　痊〔疾除也〕 瑏〔玉名〕　絟〔細布也〕 詮〔擇言也;評論事理〕　銓〔衡也;量也〕 刌〔剔也〕　村〔土,聚落也〕⑨ 竌〔安步也〕⑩	喘〔疾息也〕	爨〔炊也〕	歠〔大飲也〕
喜 h	歡〔喜也〕　璠〔璵~:魯之賓寶〕⑪ 蕃〔息也;多也〕⑫　番〔次也;更也〕 膰〔祭祀熟肉〕⑬　矲〔短也〕　翻〔反也〕 幡〔~然;又旛也〕　鄱〔邑名〕　懽〔悦喜也〕 讙〔譁也〕　驩〔~虞如也〕　繙〔繹也〕 旛〔旂也〕　拚〔飛貌〕　犿〔宛轉相從貌〕 鸛〔鳥名〕⑭　雚〔同上〕⑮　膰〔祭餘肉〕⑯ 蟠〔黍負也〕⑰	反〔不順也;覆也〕 阪〔澤障也;又山脅〕 返〔還也〕 坂〔坡~〕 岅〔大坡不平〕	飯〔炊穀爲~〕 患〔憂也〕 梵〔浮圖種號〕 擐〔貫也〕	發〔興也;起也〕 法〔度也:刑~〕 豁〔~然:通也〕 髮〔頭毛〕 灋〔古法字〕 頚〔古文,髮字〕

【校注】

① 岏〔高也〕:[《廣韻》五丸切,平桓,疑。]參見"岏岏"。【岏岏】山高貌。(宋)沈遼《零陵先賢贊》:"後數百年,故山岏岏,行朋乞福,乃其衣冠。"[按]調不合,應歸下平。

② 刓〔圓削〕:[《廣韻》五丸切,平桓,疑。]1. 削去棱角。(南朝・梁)任昉《天監三年策秀才文》:"斲雕刓方,經綸草昧。"2. 引申爲圓。(唐)白居易《大巧若拙賦》:"必將考廣狹以分寸,審刓方以規模。"[按]調不合,應歸下平。

③ 園〔圓也〕:【廣韻】雨元切。園圃。[按]調不合,應歸下平。

④ 骯〔骼~〕:【廣韻】五丸切。骱骯。【字彙】吾官切,玩平聲。骼骯。

[按]調不合,應歸下平。注:䏩,同“骼”。

⑤ 翫[遊~]:[《廣韻》五換切,去換,疑。]觀賞;欣賞。(漢)趙曄《吴越春秋·勾踐歸國外傳》:“吴王聞越王盡心自守,食不重味,衣不重綵,雖有五臺之游,未嘗一日登翫。”[按]調不合,應歸下去。今泉俗讀沿用[ᶜuan]。

⑥ 玩[好也;美也]:[《廣韻》五換切,去換,疑。]喜愛;愛好。(晉)陸機《〈豪士賦〉序》:“心玩居常之安,耳飽從諛之説。”[按]調不合,應歸下去。

⑦ 枂[樹皮]:[《廣韻》五活切,入末,疑。]刮去樹皮。[按]調不合,應歸下入。

⑧ 串[穿也;又音貫]:[《洪武正韻》樞絹切,去霰。]連貫;貫穿。(南朝)梁簡文帝《妾薄命》詩:“玉貌歇紅臉,長顰串翠眉。”[按]調不合,應歸上去。

⑨ 村[土,聚落也]:[《廣韻》此尊切,平魂,清。]村莊。(晉)陶潛《桃花源記》:“村中聞有此人,咸來問訊。”[按][꜀ts'uan]爲白讀,今泉沿用。

⑩ 延[安步也]:【集韻】抽延切。《説文》安步延延也。[按]聲、韻不合,應歸他母軒韻。

⑪ 璠[璵~:魯之寶寶]:[《廣韻》附袁切,平元,奉。]美玉。(晉)陸雲《答顧秀才》詩之五:“有斐君子,如珪如璠。”[按]調不合,應歸下平。

⑫ 蕃[息也;多也]:[《廣韻》附袁切,平元,奉。]1. 生息;繁殖。《易·坤》:“天地變化,草木蕃。”(唐)孔穎達疏:“謂二氣交通,生養萬物,故草木蕃滋。”《國語·魯語上》:“且夫山不槎蘖,澤不伐夭……蕃庶物也。”(三國·吴)韋昭注:“蕃,息也。”……3. 衆多。《易·晉》:“康侯用錫馬蕃庶,晝日三接。”[按]調不合,應歸下平。

⑬ 膰[祭祀熟肉]:【集韻】符袁切。《説文》宗廟火熟肉。[按]調不合,應歸下平。

⑭ 鸛[鳥名]:[《集韻》胡官切,平桓,匣。]參見“鸛鶇”。【鸛鶇】傳説中的鳥名。(唐)段成式《酉陽雜俎·羽篇》:“鸛鶇,一名墮羿,形似鵲,人射之則銜矢反射人。”[按]聲、調不合,應歸喜母下平。

⑮ 雚〔同上〕：［《廣韻》古玩切，去換，見。］同“鸛”。水鳥名。《説文·隹部》“雚”字下引《詩》：“雚鳴于垤。”今本《詩·豳風·東山》作“鸛”。［按］聲、調不合，應歸求母上去。

⑯ 膰〔祭餘肉〕：［《廣韻》附袁切，平元，奉。］古代祭祀用的熟肉。《周禮·春官·大宗伯》：“以脤膰之禮，親兄弟之國。”（漢）鄭玄注：“脤膰，社稷宗廟之肉以賜同姓之國，同福禄也。”［按］調不合，應歸下平。

⑰ 蟠〔黍負也〕：［《廣韻》附袁切，平元，奉。］小蟲名。《爾雅·釋蟲》：“蟠，鼠負。”（清）郝懿行義疏：“《詩》疏引陸璣疏云：伊威，一名委黍，一名鼠婦，在壁根下甕底土中生，似白魚者是也。今按鼠婦長半寸許，色如蚯蚓，背有橫文，腹下多足。生水瓨底或牆根濕處。此蟲名蟠，不名負蟠，《本草》：‘鼠婦，一名負蟠。’非也。”【字彙】符艱切，音煩。黍負别名。［按］調不合，應歸下平。原注“黍負也”（即“鼠婦也”），樋新編本誤作“黍也”，大版式本、道光本、文德堂本、會文書莊本、市圖善本誤作“變也”，廖新校增本删除該條。

聲韻調	31 川 uan/uat			
	下平˨˦ ^{24}	下上˧ ^{22}	下去˦˩ ^{41}	下入˨˦ $^{\underline{24}}$
語 ŋ	元〔始也;善之長也〕 原〔本也;平~〕 頑〔~梗:癡也〕① 源〔水之本也〕 芫〔菜名〕 沅〔水名〕 厵〔水泉本也〕② 嫄〔姜~:后稷母也〕 騵〔白腹馬〕 黿〔介蟲之長〕	○	願〔欲也;思也;羨慕也〕 愿〔謹也〕 瑗〔大孔璧;又人名〕③	月〔日~:太陰之精〕 刖〔斷足也〕 頢〔短面貌〕④
出 tsʻ	拴〔揀也〕⑤	㊧闋⑥	竄〔驅逐也;逃也〕⑦ 篡〔逆而奪取曰~〕⑧ 縓〔~緣〕⑨ 釧〔臂鐶〕⑩ 汌〔水名〕⑪ 爨〔炊~〕⑫ 攛〔攛~也〕⑬	皺〔皮斷也〕⑭ 礤〔石破也〕⑮
喜 h	寰〔~區〕 樊〔藩也;又姓〕 煩〔不簡也;勞也〕 礬〔~石〕 焚〔燒田也〕⑯ 環〔璧也;又回繞也〕 璟〔同上〕 圜〔~堵〕 繁〔多也;雜也〕 轘〔車裂人〕 凡〔皆也;庸常也〕 蹯〔熊掌也〕 鬟〔髻~〕 垣〔牆也〕 墦〔塚也〕 組〔緩也〕 莧〔山羊細角〕 藩〔~屏;~籬〕 帆〔舟上幔〕⑰ 笄〔竹器所以盛婦贄〕 馵〔一歲馬也〕 蠜〔蟲蠡〕 桓〔武貌;木名〕 還〔返也〕 袢〔衣無色也〕 蘩〔蓬蒿也〕 籓〔大箕;蔽也〕⑱ 燔〔熱也;炙也〕 鐶〔指~;耳~〕	範〔法也;式也〕 范〔草名;又蘦也〕 豢〔谷食曰~〕⑲ 圂〔同上;犬豕〕⑳ 犯〔觸也:干~〕 笵〔法也〕	煥〔光明也〕㉑ 喚〔呼也〕㉒ 奐〔輪~:大也〕㉓ 汎〔浮也〕㉔ 氾〔~濫;水名〕㉕ 販〔買賣曰~〕㉖ 渙〔流散也;水盛也〕㉗ 愌〔悍~:不順也〕 換〔易也〕 宦〔仕也;又官〕 芝〔草浮水貌〕㉘ 幻〔虛~〕㉙ 畈〔田平疇也〕㉚	伐〔征~;~木〕 罰〔賞~也〕 閥〔~閱〕 乏〔無也〕 橃〔海中大船〕 筏〔船也〕 活〔生也〕

【校注】

① 頑〔~梗:癡也〕:[《廣韻》五還切,平刪,疑。]愚妄;愚頑。《書·堯典》:"父

頑,母嚚,象傲。”孔傳:“心不則德義之經爲頑。”[按]今泉俗讀[ᶜuan]。

② 灥〔水泉本也〕:[《集韻》從緣切,平仙,從。]泉;水源。[按]聲不合,應歸争母。因《字彙》而誤。【字彙】遇玄切,音原。水泉本也;又三泉相通曰灥。(“遇玄切”唯見於《字彙》)。[按]原注“水泉本也”,大版式本、道光本、文德堂本、市圖善本誤作“水泉木也”。

③ 瑗〔大孔璧;又人名〕:[按]“璧”,除廖新校增本外,其餘諸本皆誤作“壁”。

④ 頢〔短面貌〕:[《廣韻》古活切,入末,見。]臉短窄。又【廣韻】下刮切。短面皃也。[按]聲不合,應歸求母或喜母。因《字彙》而誤。【字彙】五活切,玩入聲。短面貌。

⑤ 拴〔揀也〕:【集韻】逡緣切。揀也。

⑥ ㊇闖:【集韻】楚快切。石抑闖,穀名。[按]聲、韻、調皆不合。

⑦ 竄〔驅逐也;逃也〕:[《廣韻》七亂切,去換,清。]1. 伏匿;隱藏。《左傳 · 定公四年》:“天誘其衷,致罰於楚,而君又竄之。”(晉)杜預注:“竄,匿也。”2. 奔逃。《易 · 訟》:“不克訟,歸逋竄也。”(唐)陸德明釋文:“竄,逃也。”3. 放逐;驅逐。《書 · 舜典》:“流共工于幽州,放驩兜于崇山,竄三苗于三危,殛鯀于羽山,四罪而天下咸服。”(唐)孔穎達疏:“竄者,投棄之名。”[按]調不合,應歸上去。

⑧ 簒〔逆而奪取曰~〕:[《廣韻》初患切,去諫,初。]用强力奪取。《墨子 · 兼愛中》:“今家主獨知愛其家,而不愛人之家,是以不憚舉其家,以簒人之家。”[按]調不合,應歸上去。

⑨ 縓〔~緣〕:[《廣韻》七絹切,去線,清。]淺紅色。《儀禮 · 既夕禮》:“縓綼緆。”(漢)鄭玄注:“一染謂之縓,今紅也。”【縓緣】淺紅色的邊。《禮記 · 檀弓上》:“練衣黄裏縓緣。”[按]調不合,應歸上去。

⑩ 釧〔臂鐶〕:[《廣韻》尺絹切,去線,昌。]臂鐲的古稱。(南朝 · 宋)何偃《與謝尚書書》:“珍玉名釧,因物託情。”[按]調不合,應歸上去。

⑪ 汌〔水名〕:[《玉篇》尺戀切。]水名。[按]調不合,應歸上去。

⑫ 爨〔炊~〕:[《廣韻》七亂切,去換,清。]燒火煮飯。《左傳 · 宣公十五

年》:“易子而食,析骸以爨。”(晉) 杜預注:“爨,炊也。”[按]調不合,應歸上去。重收,參見川韻出母下去。

⑬ 攥〔攢~也〕:【玉篇】攥,初患切 。攢攥也。【字彙】攥,初患切,音篡。攢攥也;奪也;逆也。【集韻】篡、攥,初患切。逆而奪取曰篡。或從手。[按]調不合,應歸上去。參見川韻求母下去。

⑭ 皵〔皮斷也〕:【玉篇】七絶切。皮斷也。[按]調不合,應歸上入。

⑮ 磪〔石破也〕:【廣韻】七絶切。石破。[按]調不合,應歸上入。

⑯ 焚〔燒田也〕:[《廣韻》符分切,平文,奉。]燒;焚燒。《易・旅》:“旅焚其次,喪其童僕。”[按]韻不合,應歸春韻。

⑰ 帆〔舟上幔〕:[按]原注“舟上幔”,樋新編本、文德堂本誤作“舟上慢”,大版式本、市圖善本漫漶不清。

⑱ 籓〔大箕;蔽也〕:[《廣韻》甫煩切,平元,非。]屏蔽。《説文・竹部》:“籓,一曰蔽也。”(宋) 曾鞏《胡使》詩:“九州四海盡帝有,何不用胡籓北隅?”一本作“藩”。

⑲ 豢〔谷食曰~〕:[《廣韻》胡慣切,去諫,匣。]飼養牲畜。《禮記・樂記》:“夫豢豕爲酒,非以爲禍也。”(漢) 鄭玄注:“以穀食犬豕曰豢。”[按]調不合,應歸下去。

⑳ 圂〔同上;犬豕〕:[《集韻》胡慣切,去諫,匣。]通“豢”。指豬、犬。參見“圂腴”。【圂腴】豬狗的内臟。《禮記・少儀》:“君子不食圂腴。”(漢) 鄭玄注:“《周禮》‘圂’作‘豢’,謂犬豕之屬食米穀者也。”[按]調不合,應歸下去。

㉑ 焕〔光明也〕:[《廣韻》火貫切,去换,曉。]光亮;鮮明。《論語・泰伯》:“焕乎! 其有文章。”[按]調不合,應歸上去。

㉒ 唤〔呼也〕:[《廣韻》火貫切,去换,曉。]呼叫。(漢) 王褒《洞簫賦》:“哮呷呟唤,躋躓連絶,淈殄沌兮。”[按]調不合,應歸上去。

㉓ 奂〔輪~:大也〕:[《廣韻》火貫切,去换,曉。]衆多;盛大。《禮記・檀弓下》:“美哉輪焉,美哉奂焉。”(漢) 鄭玄注:“奂,言衆多。”[按]調不合,應歸上去。

㉔ 汎〔浮也〕：[《廣韻》孚梵切，去梵，敷。]亦作“氾”。亦作“泛”。漂浮；浮游。《詩·鄘風·柏舟》：“汎彼柏舟，在彼中河。”[按]調不合，應歸上去。

㉕ 氾〔~濫；水名〕：同“汎”。

㉖ 販〔買賣曰~〕：[《廣韻》方願切，去願，非。]賤價買進，然後加價賣出以獲利。《荀子·王霸》：“農分田而耕，賈分貨而販。”[按]調不合，應歸上去。

㉗ 渙〔流散也；水盛也〕：[《廣韻》火貫切，去換，曉。]1. 卦名。六十四卦之一。《易·渙》：“渙，亨。”(唐) 孔穎達疏：“渙，卦名也。”2. 離散。《詩·周頌·訪落》：“將予就之，繼猶判渙。”(宋) 朱熹集傳：“渙，散。”……5. 水流盛貌。[按]調不合，應歸上去。

㉘ 芝〔草浮水貌〕：【集韻】孚梵切。艸浮水上皃。[按]調不合，應歸上去。

㉙ 幻〔虛~〕：[《廣韻》胡辨切，去襇，匣。]假象；虛無。《列子·周穆王》：“昔者，老聃之徂西也，顧而告予曰：‘有生之氣，有形之狀，盡幻也。’”[按]今泉有上去、下去兩讀[huan⊃]、[huan⊇]。

㉚ 畈〔田平疇也〕：[《廣韻》方願切，去願，非。]成片的田。[按]調不合，應歸上去。

32 乖

聲韻調	32 乖 uai/uaiʔ			
	上平˧ ^{33}	上上˥ ^{55}	上去˦˩ ^{41}	上入˥ $^{\underline{5}}$
柳 l	㊫麢〔鹿仔〕①	㊫撘②	㊫娞〔女未嫁曰~〕③	○
邊 p	㊫錍〔小也〕④	㊫彼⑤	㊫嶏〔山形〕⑥	○
求 k	乖〔不和也;戾也〕 筷〔犬也〕⑦	拐〔~騙也〕 掛〔置而不用曰~〕⑧ 柺〔手後生〕⑨	砡〔石似玉〕 狭〔狡也〕 夬〔泱也〕	○
氣 k‘	咼〔口戾不正〕 搉〔揩摩也〕	㊫瘀〔冷~〕⑩	快〔稱意也〕 蒯〔草名:苕也〕	㊫秧⑪
地 t	㊫矸〔古~〕⑫	㊫鲞⑬	㊫剬〔斷也〕⑭	○
普 p‘	㊫玪〔美玉〕⑮	㊫跲⑯	○	㊫柠⑰
他 t‘	㊫彈⑱	㊫遳⑲	㊫鄯〔亭名〕⑳	○
争 ts	㊫依㉑	㊫偬〔空~〕㉒	㊫偬㉓	○
入 dz	㊫剠㉔	㊫餧㉕	㊫挼〔人名〕㉖	○
時 s	㊫颼㉗	㊫肩㉘	㊫栅㉙	㊫穫㉚
英 ∅	歪〔不正〕 威〔同上〕㉛ 竵〔不正也〕	㊫孬㉜	孬〔不好也〕㉝	㊫捼〔搖也〕㉞
文 b	㊫緋㉟	㊫侮㊱	㊫陻㊲	㊫殲㊳
語 g	詬〔惰也〕㊴	㊫佹〔古~〕㊵	外〔内~〕㊶	㊫瑅〔文玉〕㊷
出 ts‘	○	㊫痡㊸	○	○
喜 h	㊫偃〔~優〕㊹	㊫餂㊺	壞〔敗也;敝也〕㊻	○

【校注】

① ㊪麀〔鹿仔〕:［按］傳統辭書查無此字。

② ㊪揩:［按］傳統辭書查無此字。

③ ㊪娷〔女未嫁曰~〕:［按］傳統辭書查無此字音、義。

④ ㊪𥿄〔小也〕:【集韻】賓彌切。𥿄紕,短也。［按］韻不合。

⑤ ㊪佊:【集韻】補靡切。《埤蒼》邪也。［按］韻不合。

⑥ ㊪㟪〔山形〕:［按］傳統辭書查無此字。

⑦ 犬〔犬也〕:［按］傳統辭書查無此字。

⑧ 掛〔置而不用曰~〕:【字彙】古"拐"字,音拐。置而不用曰掛。

⑨ 胑〔手後生〕:［按］傳統辭書查無此字音、義。

⑩ ㊪瘀〔冷~〕:【字彙】香靳切,音釁。瘡中冷。［按］聲、韻、調皆不合。

⑪ ㊪秧:［按］傳統辭書查無此字。

⑫ ㊪矨〔古~〕:【字彙】古"知"字。［按］韻不合,應歸基韻。原注"古~"應爲"古知",除廖新校增本改作"古知字"外,其餘諸本皆誤。

⑬ ㊪巻:［按］傳統辭書查無此字。

⑭ ㊪剘〔斷也〕:【玉篇】口怪切。斷也。［按］聲不合,應歸氣母。

⑮ ㊪玱〔美玉〕:［按］傳統辭書查無此字音、義。

⑯ ㊪跉:【集韻】敷文切。蹷也。［按］聲、韻、調皆不合。

⑰ ㊪栫:［按］傳統辭書查無此字。

⑱ ㊪弴:［《廣韻》都聊切,平蕭,端。］［《廣韻》都昆切,平魂,端。］天子之弓。《玉篇·弓部》:"弴,天子弓也。"［按］音、義不合。

⑲ ㊪䟱:［按］傳統辭書查無此字。

⑳ ㊪䣐〔亭名〕:【廣韻】慈夜切。亭名。在貝丘。［按］聲、韻不合。

㉑ ㊪依:［《廣韻》於希切,平微,影。］倚;靠。《詩·小雅·采薇》:"駕彼四牡,四牡騤騤。君子所依,小人所腓。"［按］音、義不合。

㉒ ㊈傯〔空~〕：［《廣韻》作孔切，上董，精。］參見“倥傯”。【倥傯】亦作“倥偬”。困苦窘迫。《楚辭·劉向〈九歎·思古〉》：“悲余生之無歡兮，愁倥傯於山陸。”（漢）王逸注：“倥傯，猶困苦也。”［按］聲、韻不合。

㉓ ㊈㤲：［按］傳統辭書查無音、義。

㉔ ㊈㓢：［按］傳統辭書查無此字。

㉕ ㊈餧：［《廣韻》奴罪切，上賄，泥。］飢餓。《晏子春秋·外篇上八》：“［景公］謂晏子曰：‘此何爲而死？’晏子對曰：‘此餧而死。’公曰：‘嘻，寡人之無德也甚矣！’”吴則虞集釋引（清）蘇時學曰：“‘餧’與‘餒’同。”［按］聲、韻不合。

㉖ ㊈㤼〔人名〕：［按］傳統辭書查無此字。

㉗ ㊈颼：［《玉篇》所流切。］1. 小風。《初學記》卷一引（漢）應劭《風俗通》：“小風曰颼。”2. 象聲詞。風聲。（明）張鳳翼《紅拂紀·計就擒王》：“伐木四山幽，揮斧風颼。”［按］韻不合，應歸鈎韻或郊韻。

㉘ ㊈肙：【玉篇】火犬切。穴。［按］聲、韻不合。

㉙ ㊈䅮：［按］傳統辭書查無此字。

㉚ ㊈䅾：［按］傳統辭書查無此字。

㉛ 威〔同上〕：［《廣韻》於非切，平微，影。］顯示的使人畏懼懾服的力量。《老子》：“民不畏威，則大威至。”高亨正詁：“言民不畏威，則君之威權礙止而不通行也。”［按］誤，“威”、“歪”二字音、義不同，“威”應歸飛韻。

㉜ ㊈孬：［按］“孬”無上聲讀法，見下㉝。

㉝ 孬〔不好也〕：【字彙】烏怪切，歪去聲。不好也。

㉞ ㊈捼〔搖也〕：［按］傳統辭書查無此字音、義。

㉟ ㊈緋：［《廣韻》甫微切，平微，非。］紅色。（唐）段成式《酉陽雜俎·毛篇》：“狒狒……血可染緋。”［按］韻不合，應歸飛韻。

㊱ ㊈侮：侮，古作“侮”。【集韻】罔甫切。《説文》傷也。一曰慢也。［按］韻不合，應歸珠韻。

㊲ ㊕陻：[《廣韻》於真切，平真，影。]堵塞。《書·洪範》："我聞在昔，鯀陻洪水。"孔傳："陻，塞。"[按]聲、韻、調皆不合。

㊳ ㊕殲：[按]傳統辭書查無此字。

㊴ 詎〔惰也〕：【集韻】五咼切。謌詎，惰也。[按]韻、調不合，應歸花韻下平。"詎"，除樋新編本、大版式本外，其餘版本皆誤作"詭"；原注"惰也"，道光本、文德堂本、會文書莊本、市圖善本誤作"惰地"，廖新校增本誤作"責也"。

㊵ ㊕𠈃〔古~〕：【字彙】奴下切，拏上聲。皮寬也。【改併四聲篇海】引《川篇》，奴也切。皮寬。[按]聲、韻不合。"𠈃"，大版式本誤作"㐌"，樋新編本誤作"𠈃"，文德堂本、會文書莊本、市圖善本、廖新校增本均誤作"㞦"；原注"古~"，亦有誤。

㊶ 外〔内~〕：[《廣韻》五會切，去泰，疑。]外面。與"内"或"裏"相對。《莊子·天下》："至大無外，謂之大一；至小無内，謂之小一。"[按]韻、調不合，應歸杯韻或花韻下平。

㊷ ㊕斑〔文玉〕：俗"斑"。【可洪音義】斑駁：上布顏反，下布角反。[按]音、義不合。

㊸ ㊕痛：[按]傳統辭書查無音、義。

㊹ ㊕偓〔~僾〕：[按]傳統辭書查無音、義。

㊺ ㊕𦧇：【集韻】古活切。《説文》善自用之意也。[按]聲、韻、調皆不合。

㊻ 壞〔敗也；敝也〕：[《廣韻》胡怪切，去怪，匣。]敗壞；衰亡。《左傳·襄公十四年》："王室之不壞，繄伯舅是賴。"[按]調不合，應歸下去。今泉亦沿用上去調讀法[huai˒]。

聲韻調	32 乖 uai/uaiʔ			
	下平 24	下上 22	下去 41	下入 24
柳 l	(增)筴〔犬也〕①	○	○	○
邊 p	(增)譒②	○	○	○
求 k	(增)趹③	○	怪〔奇~;異也〕④ 恠〔同上〕 紩〔細絲也〕⑤ 圣⑥ 劌〔正,傷也;割也〕⑦	○
氣 k‘	勑〔劥~:人有力〕⑧	○	塊〔土~;大~〕⑨ 噲〔咽也〕⑩ 凷〔土塊〕⑪ 𠞊〔休息也〕⑫ 蔽〔菅~:草也〕⑬	○
地 t	(增)硊⑭	○	○	○
普 p‘	(增)䱹⑮	○	○	○
他 t‘	(增)綪⑯	○	○	○
争 ts	(增)鎆⑰	(增)頛⑱	○	○
入 dz	(增)徶⑲	○	○	○
時 s	(增)鑒⑳	○	○	○
英 ∅	(增)瓻㉑	○	黵〔淺黑色〕㉒ 鰫〔喘息聲〕㉓	○
文 b	(增)鉺㉔	○	○	○
語 g	(增)琱〔金~〕㉕	○	頛〔頭蔽~也〕㉖	○
出 ts‘	(增)啹㉗	○	○	○
喜 h	懷〔思念也〕 淮〔水名;山~:藥名〕 瀤〔北方水也〕 槐〔葉細花黃,可染〕	○	壞〔腐也〕㉘	○

【校注】

① (增)筴〔犬也〕:[按]傳統辭書查無此字。

② (增)譒:[《廣韻》補過切,去過,幫。]宣佈;傳佈。《説文·言部》:"譒,敷也,从言,番聲。《商書》曰:'王譒告之。'"按,今本《書·盤庚上》作"播"。

[按]韻、調不合。

③ ㊪趹：[《集韻》涓惠切，去霽，見。]騾馬等用後蹄踢。《淮南子·兵略訓》："有角者觸，有齒者噬，有毒者螫，有蹏者趹。"[按]韻、調不合，應歸飛韻上去。

④ 怪〔奇~；異也〕：[《廣韻》古壞切，去怪，見。]奇異；罕見。《山海經·南山經》："又東三百八十里曰猨翼之山。其中多怪獸，水多怪魚。"（晉）郭璞注："凡言怪者，皆謂貌狀倔奇不常也。"[按]調不合，應歸上去。

⑤ 紩〔細絲也〕：【玉篇】古邁切。細絲也。[按]調不合，應歸上去。

⑥ 圣：【字彙】古壞切，音怪。汝頼之間謂致力於地曰"圣"。注："古壞切"一讀衹見於《字彙》。"頼"爲"潁"之形誤。[按]調不合，應歸上去。

⑦ 劌〔正，傷也；割也〕：[《廣韻》居衛切，去祭，見。]割；刺傷。《老子》："廉而不劌。"馬王堆漢墓帛書《老子》乙本作"廉而不刺"。《禮記·聘義》："廉而不劌，義也。"（漢）鄭玄注："劌，傷也。"[按]韻、調不合，應歸杯韻上去。

⑧ 勑〔劥~：人有力〕：【廣韻】苦淮切。劥勑，人有力也。【集韻】枯懷切。勑劥，有力皃。

⑨ 塊〔土~；大~〕：[《集韻》苦怪切，去怪，溪。]土塊。《國語·晉語四》："〔重耳〕過五鹿，乞食於野人，野人與塊以與之。"（三國·吴）韋昭注："塊，墣也。"[按]調不合，應歸上去。

⑩ 噲〔咽也〕：【集韻】苦夬切。《説文》咽也。[按]調不合，應歸上去。

⑪ 凷〔土塊〕：同"塊"。參見⑨塊。

⑫ 㓣〔休息也〕：【玉篇】口怪切。斷也。[按]調不合，應歸上去。傳統辭書查無"休息"義。

⑬ 蒯〔菅~：草也〕：【集韻】苦怪切。《説文》艸也。[按]調不合，應歸上去。

⑭ ㊪磓：[《廣韻》都回切，平灰，端。]撞擊；冲擊。《文選·木華〈海賦〉》："岑嶺飛騰而反覆，五嶽鼓舞而相磓。"（唐）李善注："岑嶺、五嶽，言波濤之形。遞相觸激。故或反覆，故或相磓也。"[按]韻不合，應歸飛韻。

⑮ ㊥鮃:【字彙】符兵切,音平。魚名。[按]聲、韻不合。

⑯ ㊥絣:傳統辭書查無音、義。

⑰ ㊥鈅:【改併四聲篇海·金部】引《搜真玉鏡》鈅,音舟。[按]韻、調不合。

⑱ ㊥顡:[《廣韻》五罪切,上賄,疑。]癡呆。《說文·頁部》:"顡,癡顡,不聰明也。"[按]聲、韻、調皆不合。

⑲ ㊥徽:[《廣韻》許歸切,平微,曉。]標志;符號。《說文·巾部》:"徽,識也。以絳帛箸於背……《春秋傳》曰:'揚徽者公徒。'"按,徽,今本《左傳》作"徽"。[按]聲、韻、調皆不合。

⑳ ㊥鑒:[按]傳統辭書查無此字。

㉑ ㊥觚:[按]傳統辭書查無此字。

㉒ 黵〔淺黑色〕:【集韻】烏快切。黑皃。【字彙】烏怪切,歪去聲。淺黑色。[按]調不合,應歸上去。

㉓ 鱠〔喘息聲〕:【集韻】烏快切。臥息。【字彙】烏怪切,歪去聲。喘息聲。[按]調不合,應歸上去。

㉔ ㊥鉺:【字彙】而至切,音二。鈎也。[按]聲、韻、調皆不合。

㉕ ㊥珦〔金~〕:[按]傳統辭書查無音、義。

㉖ 顡〔頭蔽~也〕:【集韻】五怪切。《說文》頭蔽顡也。謂頭癡。

㉗ ㊥喎:[《廣韻》苦緺切,平佳,溪。]指嘴歪。《三國志·魏志·武帝紀》"故世人未之奇也",(南朝·宋)裴松之注引(三國·吴)無名氏《曹瞞傳》:"太祖少好飛鷹走狗,游蕩無度,其叔父數言之於嵩。太祖患之,後逢叔父於路,乃陽敗面喎口。"[按]聲不合,應歸氣母。

㉘ 壞〔腐也〕:【集韻】胡怪切。腐也。

33　兼

聲韻調	33　兼 iam/iap			
	上平˧ 33	上上˥ 55	上去˦˩ 41	上入˥ 5
柳 l	拈〔以指取物〕 鲇〔相謁食麥也〕① 搛〔~鬮〕②	斂〔收也；聚也〕 瀲〔~灩：水滿也〕 澰〔同上〕　罳〔魚網〕 黵〔草書勢也〕 蘞〔白~：藥名〕	悥〔謹也〕③	囁〔~嚅：口動〕④ 捏〔撚也；聚也〕⑤　埝〔益也〕⑥ 攝〔摠持也；兼也；假借也；收也〕⑦ 躡〔登也〕⑧ 疌〔機下足所履也〕⑨ 涅〔染也〕⑩　図〔私取也〕⑪ 聶〔附耳小語〕⑫　敜〔塞也〕⑬ 鬣〔馬~也〕⑭
邊 p	㊫黷⑮	㊫导〔人名〕⑯	㊫闍⑰	㊫讋〔人名〕⑱
求 k	兼〔並也；及也〕 縑〔絲絹也〕 蒹〔~葭：葦屬〕⑲ 緘〔索也；封也〕⑳	檢〔防範也；~點也〕 減〔損也：加~〕 减〔同上〕 臉〔面~：頰也〕	劍〔兵器也〕	頰〔面旁也〕　鋏〔劍把：彈~〕㉑ 愜〔快足也；~意也〕 峽〔交水曰~〕㉒　夾〔左右持也〕 莢〔萱~：瑞草〕　㥦〔志滿也〕 郟〔地名〕　蛺〔~蝶〕 匧〔藏物之器〕　詼〔妄語〕 甲〔十干之首；又長也〕㉓ 劫〔強取；奪去也〕 梜〔箸也；又挟門短限〕㉔ 刧〔~戮也〕　刦〔同上〕 袷〔曲領也〕　筴〔筯也；筴~〕 恢〔同愜〕　浹〔~洽；周~〕㉕ 砝〔硬也〕　呷〔衆聲〕㉖ 跲〔躓也；蹶也〕

（續表）

聲韻調	33 兼 iam/iap			
	上平˧ 33	上上˥ 55	上去˥˩ 41	上入˥ 5
氣 k‘	謙〔莊敬也〕 嗛〔古謙字;又歉也,厭也〕	歉〔不足也〕 慊〔快也;恨也;足也;不滿也〕	欠〔~伸;~數〕	犾〔多畏也〕　掐〔爪刺〕 鯜〔以竹貫魚爲乾〕
地 t	战〔~敠: 稱量〕㉗ 沾〔土,益也;濡也〕 砧〔土,鐵~〕 甛〔甘也;美也〕㉘	點〔~畫;人名〕㉙ 扂〔户牡所以閉户〕㉚ 点〔俗點字〕	墊〔下也;溺也〕㉛ 刮〔缺也〕 壍〔窮也〕㉜ 玷〔玉病;缺也〕 坫〔障也;反~〕	褡〔土褄,~背〕㉝
普 p‘	○	○	○	○
他 t‘	添〔益也;增也〕 忝〔即添字〕 覘〔視也〕 湉〔~灃: 音不和也〕㉞ 怗〔~滯〕㉟	忝〔~,辱也〕 忝〔同上,累也〕㊱ 諂〔~諛: 媚也〕 餂〔鈎取也〕 悿〔~弱〕㊲　讇〔同諂〕	标〔炊竈木也〕 閩〔小開門以候望〕	帖〔安也;簡~〕　貼〔附也〕 呫〔小貌;~囁: 多言〕
争 ts	詹〔省也;又姓〕 占〔測也;卜也〕 瞻〔仰視也;臨視也〕 尖〔鋭也;少也〕 霑〔漬也;濡也〕 襜〔土,蔽膝;又整貌〕㊳ 𢦏〔盡絶也〕	颭〔風吹浪動〕	占〔相~〕	接〔相續也;交~也〕 睞〔目旁毛也〕　睫〔同上〕 尖〔小也〕㊴

【校注】

① 餂〔相謁食麥也〕:【集韻】奴兼切。《説文》相謁食麥也。【字彙】奴兼切,音拈。相謁食麥也。[按]原注"相謁食麥也",樋新編本、大版式本、會文書莊本誤作"相謁食也;又麥也",道光本、文德堂本、市圖善本則誤作"相諿食也;又麥

也”,廖新校增本改作“相謁而食麥也”。

② 㨝〔~䦧〕:[按]“㨝〔~䦧〕”,除樋新編本外,其餘諸本均誤作“攝〔~閒〕”。

③ 㥏〔謹也〕:【字彙】奴店切,音念。謹也。[按]調不合,應歸下去。

④ 囁〔~嚅:口動〕:[《廣韻》而涉切,入葉,日。]1. 附耳小語。《史記·魏其武安侯列傳》:“生平毀程不識不直一錢,今日長者爲壽,乃效女兒呫囁耳語!”(唐)司馬貞索隱:“囁,音女輒反。《説文》‘附耳小語也’。”2. 説話吞吞吐吐。(宋)王安石《寄蔡天啓》詩:“或嗤元郎謾,或訕白翁囁。”參見“囁嚅”。【囁嚅】竊竊私語貌。《楚辭·東方朔〈七諫·怨世〉》:“改前聖之法度兮,喜囁嚅而妄作。”(漢)王逸注:“囁嚅,小語謀私貌也。”[按]調不合,應歸下入。

⑤ 捏〔撚也;聚也〕:[《廣韻》奴結切,入屑,泥。]1. 握。(清)李玉《清忠譜·創祠》:“拿與學生手内捏一捏,就知分兩了。”2. 引申爲拿住,抓牢。指抓住别人的短處而使其順從自己。(明)顧起元《客座贅語·詮俗》:“持人之陰事,使不敢肆焉,曰拿,或曰捏。”3. 用拇指和别的手指夾。(唐)慧琳《一切經音義》卷十八:“若使别人握搦身體,或摩或捏,即名按摩也。”[按]今泉有兩讀[liap꜀](捏造)、[liap꜁](捏依仔)。

⑥ 埝〔益也〕:【集韻】諸叶切。益也。[按]調不合,應歸下入。

⑦ 攝〔摠持也;兼也;假借也;收也〕:[《廣韻》書涉切,入葉,書。][《廣韻》奴協切,入帖,泥。]2. 執持。(漢)焦贛《易林·比之小畜》:“公子王孫,把彈攝丸,發輒有得,室家饒足。”……5. 假代;代理。《左傳·隱公元年》:“不書即位,攝也。”(晉)杜預注:“假攝君政,不脩即位之禮。”6. 兼職。《論語·八佾》:“管氏有三歸,官事不攝,焉得儉。”(宋)朱熹集注:“攝,兼也。”[按]今泉有兩讀[liap꜀]、[siap꜀]。

⑧ 躡〔登也〕:[《廣韻》尼輒切,入葉,娘。]攀登;登上。《史記·司馬相如列傳》:“然後躡梁父,登泰山,建顯號,施尊名。”[按]調不合,應歸下入。

⑨ 疌〔機下足所履也〕:【字彙】尼輒切,音聂。機下足所履者。[按]調不合,應歸下入。

⑩ 涅〔染也〕：［《廣韻》奴結切，入屑，泥。］染黑；染污。《論語·陽貨》："不曰白乎，涅而不緇。"［按］韻、調不合，應歸軒韻下入。今泉有兩讀［liat⊇］、［liap⊇］（俗讀）。

⑪ 㚔〔私取也〕：【集韻】昵洽切。《説文》私取物縮藏之。［按］調不合，應歸下入。

⑫ 聶〔附耳小語〕：［《廣韻》尼輒切，入葉，娘。］附耳小語。《説文·耳部》："聶，附耳私小語也。"（南唐）徐鍇繫傳："一耳就二耳也。"［按］調不合，應歸下入。今泉沿用［liap⊃］。

⑬ 敜〔塞也〕：［《廣韻》奴協切，入帖，泥。］填塞；掩蔽。《書·費誓》："敜乃穽。"孔傳："穽，穿地陷獸，當以土窒敜之。"（唐）孔穎達疏："敜，塞也。"［按］調不合，應歸下入。

⑭ 鬣〔馬~也〕：［《廣韻》良涉切，入葉，來。］馬頸上的長毛。《禮記·明堂位》："夏后氏駱馬黑鬣，殷人白馬黑首，周人黄馬蕃鬣。"［按］調不合，應歸下入。

⑮ ㊌黵：【集韻】諸深切。皙而有黑。又【集韻】居咸切。《説文》雖皙而黑。［按］聲、韻不合。

⑯ ㊌㝷〔人名〕：【集韻】悲檢切。《説文》傾覆也。

⑰ ㊌闟：【集韻】去劒切。小開户也。［按］聲不合，應歸氣母。

⑱ ㊌讋〔人名〕：【集韻】質涉切。《説文》失氣言。［按］聲不合，應歸争母。

⑲ 蒹〔~葭：葦屬〕：【廣韻】蒹，古甜切。荻未秀。【字彙】蒹，古嫌切，音兼。蒹葭，葦屬。［按］"蒹"，除廖新校增本外，其餘諸本皆誤作"簾"。【集韻】簾，詰念切。籠也。

⑳ 緘〔索也；封也〕：［《廣韻》古咸切，平咸，見。］1. 紮束器物的繩。《漢書·外戚傳下·孝成趙皇后》："帝與昭儀坐，使客子解篋緘。"（唐）顔師古注："緘，束篋之繩也。"2. 特指束棺之繩……4. 閉藏；封閉。《莊子·齊物論》："其厭也如緘，以言其老洫也。"（清）王先謙集解引（清）宣穎曰："厭然閉藏。"［按］韻不

合，應歸三韻。

㉑ 鋏〔劍把：彈～〕：[《廣韻》古協切，入帖，見。]劍。一説劍把。《管子·問》："衣夾鋏……其厲何若？"（唐）尹知章注："鋏，兩刃鈹也。"[按]"鋏"，樋新編本誤作"鋏"。

㉒ 峽〔交水曰～〕：[《廣韻》侯夾切，入洽，匣。]兩山夾水處。《文選·左思〈蜀都賦〉》："經三峽之峥嶸，躡五屼之蹇滻。"（宋）劉逵注："三峽，巴東永安縣，有高山相對，相去可二十丈左右，崖甚高，人謂之峽，江水過其中。"[按]聲、調不合，應歸喜母下入。[kiap˭]爲俗讀，今泉沿用。

㉓ 甲〔十干之首；又長也〕：[《廣韻》古狎切，入狎，見。]植物某些部分的外層，如種皮、花萼、果實外殼等。《易·解》："雷雨作而百果草木皆甲坼。"（清）孫星衍集解引（漢）鄭玄曰："皮曰甲。"[按]韻不合，應歸三韻上入。

㉔ 梜〔箸也；又挾門短限〕：[《廣韻》古協切，入帖，見。]筷子。《禮記·曲禮上》："羹之有菜者用梜，其無菜者不用梜。"[按]"梜"無"挾門短限"義。表示該義的字應是"梱"。【集韻】梱、閫，苦本切。《説文》門橛也。徐曰：門兩旁挾門短限也。古者多乘車，門限必去之也。

㉕ 浹〔～洽；周～〕：[《廣韻》子協切，入帖，精。]遍及；滿。《荀子·君道》："古者先王審禮，以方皇周浹於天下。"（清）王先謙集解引（清）郝懿行曰："周、浹，皆徧也。"[按]聲不合，應歸争母。

㉖ 呷〔衆聲〕：[《廣韻》呼甲切，入狎，曉。]1. 吸飲；喝。（唐）周曇《咏史·淳于髡》："穰穰何禱手何賫，一呷村漿與隻雞。"2. 參見"呷呷"。【呷呷】形容衆聲雜沓。（唐）李白《大獵賦》："喤喤呷呷，盡奔突于場中。"[按]聲、韻不合，應歸喜母三韻上入。

㉗ 敁〔～敠：稱量〕：[《廣韻》丁兼切，平添，端。]參見"敁敠"。【敁敠】用手估量物體輕重。（宋）趙叔向《肯綮録·俚俗字義》："稱量曰敁敠。"[按]"敁〔～敠：稱量〕"，樋新編本作"故〔～敠：稱量〕"（"故"、"敠"分别爲"敁"、"敠"之異體），大版式本、道光本、文德堂本、會文書莊本、市圖善本二字則均誤作"敁"、"敠"。

㉘ 甛〔甘也;美也〕:[《龍龕手鑒》徒兼切。]同"甜"。《廣雅·釋詁》:"甛,美也。"(清)王念孫疏證:"甛與甜同。"[按]調不合,應歸下平。

㉙ 點〔~晝;人名〕:[按]原注"晝",樋新編本誤作"晝"。

㉚ 扂〔户牡所以閉户〕:[《廣韻》徒玷切,上忝,定。]門閂。(唐)韓愈《進學解》:"椳、闑、扂、楔,各得其宜。"【字彙】徒點切,音簟。户牡,所以閉户。[按]調不合,應歸下上。"扂",樋新編本誤作"居",大版式本、道光本、文德堂本、會文書莊本、市圖善本、廖新校增本均誤作"居";原注"户牡",會文書莊本、廖新校增本誤作"户址",文德堂本、市圖善本誤作"户牡"。

㉛ 墊〔下也;溺也〕:[《廣韻》都念切,去㮇,端。]1. 陷没;下陷。《書·益稷》:"洪水滔天,浩浩懷山襄陵,下民昏墊。"孔傳:"言天下民昏瞀墊溺,皆困水災。"2. 下垂。(三國·魏)曹操《兵書接要》:"三軍將行,其旗墊然若雨,是謂天露。"[按]今泉通常變讀[tian⊇]。

㉜ 壂〔窮也〕:【集韻】㝪、壂,都念切。《説文》屋傾下也。一曰厭也。【廣韻】㝪,都念切。窮也。

㉝ 褡〔土姜,~背〕:[《廣韻》都合切,入合,端。]搭附在外或兩兩搭連的衣物。[按]韻不合,應歸三韻上入。今泉不用"褡背"一詞。原注"土姜"(即"土腔"),除樋新編本正確外,其餘諸本皆誤作"~姜"。

㉞ 沾〔~懘:音不和也〕:[《集韻》處占切,平鹽,昌。]不和諧;煩亂。《集韻·平鹽》:"沾,音敝不和。"(清)黄景仁《八月十四夜偕華峰放舟城東醉歸歌此》詩:"邇來風塵苦褦襶,朝吁暮唶心懷沾。"參見"沾懘"。【沾懘】聲音不和諧;煩亂不安。《史記·樂書》:"宫爲君,商爲臣,角爲民,徵爲事,羽爲物,五者不亂,則無沾懘之音矣。"(宋)裴駰集解引(漢)鄭玄曰:"沾懘,弊敗不和之貌也。"[按]聲不合,應歸出母。原注"~懘",樋新編本、大版式本、道光本、文德堂本、會文書莊本、市圖善本均誤作"~滯",廖新校增本作"~滞"("滞"爲"懘"之異體)。

㉟ 怗〔~懘〕:同"沾"。[按]"~懘"的"懘",樋新編本、廖新校增本作"滞"("懘"之異體),大版式本、文德堂本、會文書莊本、市圖善本均爲錯字。

㊱ 忝〔同上，累也〕：【字彙】他點切，音餂。玷辱也；累也。［按］原注“累也”（諸本皆同）祇見於《字彙》，應是“忝（忝）累”誤删“忝”字。【漢語大詞典】忝，［《廣韻》他玷切，上忝，透。］羞辱；有愧於。《書·堯典》：“否德，忝帝位。”孔傳：“忝，辱也。”【忝累】猶言不稱職，失職。（晉）傅咸《御史中丞箴》序：“余承先君之蹤，竊位憲臺，懼有忝累垂翼之責，且造斯箴，以自勖勵。”

㊲ 悿〔~弱〕：［《廣韻》他玷切，上忝，透。］1. 弱。2. 心惑。【字彙】他點切，音忝。悿弱。［按］原注“~弱”，樋新編本、道光本誤作“~辱”，廖新校增本誤作“弱也”，其餘諸本則誤作“~辱也”。

㊳ 襜〔土，蔽膝；又整貌〕：【集韻】蚩占切。衣蔽前。［按］聲不合，應歸出母。

㊴ 尖〔小也〕：［按］傳統辭書查無音、義。

聲韻調	33 兼 iam/iap			
	下平⅄[24]	下上˧[22]	下去˩[41]	下入⅄[24]
柳 l	廉〔不食也〕 鐮〔刈鉤也〕 鎌〔同上〕 搛〔打鼓也〕 蠊〔海蟲,可食〕 粘〔姓也〕 簾〔障蔽内外〕 帘〔青~〕 籢〔藏鏡匣也〕 鲇〔魚名〕 匳〔粧~:盛香器也〕 匲〔同上〕 㔸〔輕刺〕 奩〔鑑匣也〕 黏〔膠~:相着〕 濂〔~溪;薄也〕 臁〔脛~也〕 溓〔薄水也〕	歛〔俗,同斂字〕	念〔常思也〕 殮〔斂也;衣死也〕	臘〔歲終合祭諸神〕① 臈〔同上,十二月曰~〕 臈〔同上,俗字〕 菈〔草名〕② 捻〔指~也〕 拉〔折也;招也〕③ 爉〔火貌〕 爉〔同上〕 獵〔逐禽獸曰~〕 擸〔手不止也〕 蠟〔蜂液也〕④ 惗〔愛也〕 摺〔同拉〕 篜〔竹索也〕 躐〔~等〕 笠〔土,簑~〕⑤ 猟〔同獵〕 粒〔~米〕⑥
邊 p	㊫硣〔人名〕⑦	○	○	㊫悏〔人名〕⑧
求 k	鉗〔以鐵束物〕 拑〔~口:不言〕 箝〔~天下之口〕 鹹〔土,~味〕⑨ 鍼〔~虎〕⑩	○	鐱〔臿也〕⑪ 劍〔刀~〕 薊〔藥草〕 衱〔衣後裾也〕	衱〔衣後裾也〕⑫
氣 kʻ	嵌〔山險也;又山岩〕⑬	儉〔節制也〕	芡〔~實:藥名〕⑭	㊫衱⑮
地 t	佔〔~佢:輕薄也〕 髫〔髮踈薄貌〕 掂〔手~也〕 聑〔小耳垂貌〕 貼〔大糞也〕⑯ 烕〔鉗也〕⑰	○	店〔肆也〕⑱	牒〔札也;簡也〕 褋〔禪衣曰~〕 喋〔多言也〕 揲〔土,閱持也〕 氎〔細毛布〕 疊〔震懼也;重也〕 疊〔同上〕 褶〔有表裏而無著曰~〕 牊〔治也〕 韘〔決也〕⑲ 怗〔安也〕 蝶〔粉~〕 堞〔雉~〕 畳〔重也;累也〕 諜〔細作也〕 蹀〔踏也〕
普 pʻ	○	○	○	○

(續表)

聲韻調	33　兼 iam/iap			
	下平˨˦^{24}	下上˨˨^{22}	下去˦˩^{41}	下入˨˦$^{\underline{24}}$
他 t‘	恬〔静也;安也〕　婆〔喜笑也〕	簟〔竹席也〕⑳	忝〔草木長茂〕㉑ 蹧〔馬急行也〕㉒ 栝〔炊竈木〕㉓ 西〔以舌〕㉔ 銛〔火光也〕㉕	謵〔小語;又言不正也〕㉖
争 ts	潛〔涉水藏也〕　潜〔同上,俗字〕 熸〔火滅也〕　燂〔温也〕 燖〔以湯沃毛令脱也〕	漸〔稍也;進也〕	佔〔土,霸~〕㉗ 暫〔土,不久也〕㉘ 賺〔重賣也〕㉙	慴〔怖也;心伏也〕㉚ 輒〔車兩輢也;又忽然也〕㉛ 慴〔~:伏也〕㉜ 耴〔耳垂也〕㉝

【校注】

① 臘〔歲終合祭諸神〕:[《廣韻》盧盍切,入盍,來。]祭名。古代稱祭百神爲"蜡",祭祖先爲"臘";秦漢以後統稱"臘"。《禮記·月令》:"〔孟冬之月〕天子乃祈來年于天宗,大割祠于公社及門閭,臘先祖五祀,勞農以休息之。"(唐) 孔穎達疏:"臘,獵也。謂獵取禽獸以祭先祖五祀也。"[按]韻不合,應歸三韻下入。臘,【集韻】雖有"力涉切"一讀,但表示的是"劒兩刃也",義不合。但【字彙】臘,又力涉切,音列。《風俗通》臘者,獵也,獵取獸以祭其先祖也。

② 苶〔草名〕:[《廣韻》奴結切,入屑,泥。]草名。[按] 韻不合,應歸軒韻下入。

③ 拉〔折也;招也〕:[《廣韻》盧合切,入合,來。]亦作"搚"。1. 摧折;折斷。《漢書·鄒陽傳》:"范雎拉脅折齒於魏,卒爲應侯。"(唐) 顏師古注:"拉,摧也。"……11. 招邀;邀約。(唐) 杜荀鶴《李昭象云與二三同人見訪有寄》詩:"得君書後病顔開,云拉同人訪我來。"[按]韻不合,應歸丹韻下入。

④ 蠟〔蜂液也〕:[《廣韻》盧盍切,入盍,來。]指動物、植物或礦物所産生的油

質,具有可塑性,不溶於水。如蜂蠟、白蠟、石蠟等。(漢)王符《潛夫論·遏利》:"知脂蠟之可明鐙也,而不知其甚多則冥之。"[按]韻不合,應歸三韻下入。

⑤ 笠〔土,簑~〕:[《廣韻》力入切,入緝,來。]笠帽,用竹篾、箬葉或棕皮等編成,可以禦暑,亦可禦雨。《詩·小雅·無羊》:"爾牧來思,何蓑何笠。"毛傳:"笠所以禦暑。"[按]韻不合,應歸金韻下入。

⑥ 粒〔~米〕:[《廣韻》力入切,入緝,來。]穀米之粒。《穀梁傳·昭公十九年》:"〔許太子止〕哭泣,歠飦粥,嗌不容粒。"[按][liap⊇]爲白讀,文讀爲[lip⊇]。

⑦ ㊔酟〔人名〕:【字彙】口咸切,音謙。不平貌。[按]聲、韻、調皆不合。

⑧ ㊔惵〔人名〕:【正字通】同"慄"。【集韻】慄,達协切。安也。[按]聲不合,應歸地母。

⑨ 鹹〔土,~味〕:[《廣韻》胡讒切,平咸,匣。]像鹽那樣的味道。《書·洪範》:"土爰稼穡,潤下作鹹。"[按][⊆kiam]爲白讀,文讀爲[⊆ham]。

⑩ 鍼〔~虎〕:【集韻】其淹切。闕。人名。《春秋傳》秦有鍼虎。

⑪ 鐱〔臿也〕:【集韻】千廉切。臿也。[按]聲、調不合,應歸出母上平。

⑫ 衱〔衣後裾也〕:【集韻】訖業切。裾也。又【集韻】極曄切。交領謂之衱。【字彙】極葉切,箝入聲。衣後裾也。

⑬ 嵌〔山險也;又山岩〕:[《廣韻》口銜切,平銜,溪。]險峻。(唐)韋應物《遊西山》詩:"揮翰題蒼峭,下馬歷嵌丘。"[按]韻不合,應歸三韻。

⑭ 芡〔~實:藥名〕:[《廣韻》巨險切,上琰,羣。]水生植物名。又名鷄头。全株有刺,葉圓盾形,浮於水面。花單生,帶紫色,花托形狀像鷄头。種子稱"芡實",供食用,亦可入藥。《吕氏春秋·恃君覽》:"夏日則食菱芡,冬日則食橡栗。"(漢)高誘注:"芡,雞頭也。"[按]今泉變讀上去調[k'iam⊃]。

⑮ ㊔衱:俗"衱"字,参見⑫衱。【龍龕手鑒】衱,笈、刧二音。衣交領也。正從衣。[按]聲不合,應歸求母。

⑯ 胋〔大羹也〕:[《集韻》徒兼切,平沾,定。]1. 大羹,不和五味的肉汁。2. 肥。[按]調不合,應歸下平。

⑰ 㺂〔鉗也〕:【康熙字典】《五音集韻》直廉切,音㚅。鉗也。[按]調不合,應歸下平。

⑱ 店〔肆也〕:[《廣韻》都念切,去栝,端。]1. 放置貨物的棧房。(晉) 崔豹《古今注 · 都邑》:"肆,所以陳貨鬻之物也;店,所以置貨鬻之物也。肆,陳也;店,置也。"2. 商店。《唐律疏議 · 名例四 · 平贓者》:"居物之處爲邸,沽賣之所爲店。"[按]調不合,應歸上去。

⑲ 韘〔決也〕:【集韻】失涉。《説文》射決也。[《廣韻》書涉切,入葉,書。]古代射箭用具。象骨或晶玉製成,套在右手拇指上用以鈎弦。也稱玦、決,俗稱扳指。《詩 · 衛風 · 芄蘭》:"芄蘭之葉,童子佩韘。"毛傳:"韘,玦也。能射御則佩韘。"[按]聲不合,應歸時母。

⑳ 簟〔竹席也〕:【集韻】徒念切。《説文》竹席也。[按]調不合,應歸下去。

㉑ 菾〔草木長茂〕:【集韻】他念切。艸木長茂皃。[按]調不合,應歸上去。

㉒ 蹅〔馬急行也〕:【集韻】昌豔切。馬急行也。[按]聲不合,應歸出母。

㉓ 栝〔炊竈木〕:【唐韻】他念切。《説文》炊竈木也。[按]調不合,應歸上去。

㉔ 丙〔以舌〕:【集韻】他念切。《説文》舌皃。[按]調不合,應歸上去。

㉕ 烎〔火光也〕:【集韻】他念切。火行也。[按]調不合,應歸上去。

㉖ 謵〔小語;又言不正也〕:【集韻】敕涉切。謵讋,語不正。[按]調不合,應歸上入。

㉗ 佔〔土,霸~〕:即"占"。占,[《廣韻》章豔切,去豔,章。]據有;佔有。(唐) 羅隱《蜂》詩:"不論平地與山尖,無限風光盡被占。"(宋) 王十朋《宿大冶縣》詩:"小渡漁人占,中流縣界分。"[按]調不合,應歸上去。原注"霸",除廖新校增本外,其餘諸本皆誤作"壩"。【字彙】壩,必駕切,音霸。把也。

㉘ 暫〔土,不久也〕:[《廣韻》藏濫切,去闞,從。]須臾;短時間。《説文 · 日部》:"暫,不久也。"[按][tsiam⊇]爲白讀,文讀爲[tsam⊇]。

㉙ 賺〔重賣也〕:【集韻】直陷切。賣也。一曰市物失實。[按]聲、韻不合,應

歸地母三韻。今泉文、白讀分别爲[tam⁼/tã⁼]。

㉚ 慴〔怖也;心伏也〕:[《廣韻》之涉切,入葉,章。]1. 恐懼。《墨子·七患》:"君脩法討臣,臣慴而不敢拂。"……3. 威慴;使屈服。《淮南子·氾論訓》:"威動天地,聲慴海内。"(漢)高誘注:"慴,心服也。"【集韻】質涉切。《説文》失氣也。一曰服也。【字彙】慴……怖也;心伏也。[按]調不合,應歸上入。原注"心伏"(同"心服"),廖新校增本誤作"服",其餘諸本皆誤省作"伏"。

㉛ 輒〔車兩輢也;又忽然也〕:[《廣韻》陟葉切,入葉,知。]車耳。《説文·車部》:"輒,車兩輢也。"(清)段玉裁注:"按車必有兩輢,如人必有兩耳。故从耴。耴,耳垂也。"[按]聲、調不合,應歸地母上入。原注"車兩輢",除廖新校增本正確外,其餘諸本皆誤作"車相倚"。此誤源自《字彙》。【字彙】輒,質涉切,音慴。車相倚也;又忽然也。

㉜ 慴〔~:伏也〕:[《廣韻》之涉切,入葉,章。]1. 恐懼。《莊子·達生》:"死生驚懼不入乎其胸中,是故遻物而不慴。"2. 威慴;使慴服。(漢)枚乘《七發》:"恐虎豹,慴鷙鳥。"[按]調不合,應歸上入。

㉝ 耴〔耳垂也〕:【集韻】陟涉切。《説文》耳垂也。[按]聲、調不合,應歸地母上入。

聲 韻 調	33　兼 iam/iap			
	下平˨˦^{24}	下上˨˨^{22}	下去˦˩^{41}	下入˨˦$^{\underline{24}}$
入 dz	髯〔頰鬚〕① 袡〔衣緣也〕② 䄒〔同上〕	冉〔行貌;又姓〕　冄〔弱也〕 苒〔荏~：柔弱〕　䇂〔弱竹〕	染〔~色;柔也〕③	顳〔鬢骨〕④
時 s	繊〔細微〕⑤ 殲〔微也;盡也〕⑥ 韱〔山韮細也〕 苫〔編茅也;蓋也〕	閃〔躲避〕　陝〔地名〕 撊〔疾動也〕　菣〔舉手貌〕 夾⑦　广〔因巖爲屋〕⑧ 淰〔群魚驚散〕　誸〔誘言〕 睒〔~~：目貌〕　覢〔暫見〕	掞〔疾動〕	霎〔小雨：~雨〕 翣〔棺飾也〕　蓮〔瑞草〕 箑〔扇也〕　澀〔不滑也〕 澁〔同上，俗字〕
英 Ø	奄〔國名;留也〕 閹〔~官：宦人〕 厭〔足也;飽也〕⑨ 猒〔同上，斁也〕 檿〔山桑〕⑩ 淹〔留也;没也〕	掩〔遮蓋也;襲取也〕 揜〔同上〕　渰〔雲興貌〕 埯〔土覆物也〕　弇〔蓋也〕 扊〔~扅：門關〕	燄〔火~也〕⑪ 焱〔火光也〕⑫	瞱〔目動也〕⑬ 曄〔光耀也〕⑭　燁〔同上〕 爗〔雷光也;明盛也〕⑮ 擪〔持也;按也〕　擫〔同上〕 皣〔明也〕⑯
文 b	㊪黵〔人名〕⑰	㊪顩〔人名〕⑱	○	㊪稔〔人名〕⑲
語 g	㊪讝〔人名〕⑳	儼〔恭也;~然;又昂頭也〕	驗〔效~〕㉑	㊪擛㉒
出 tsʻ	僉〔衆言也;皆也〕 籤〔驗也;竹~〕 簽〔~書：文字也〕 櫼〔薯~〕㉓	釄㉔	塹〔坑~也〕 槧〔斷木爲~〕	妾〔女婢：侍~〕 緁〔縫衣;又與捷同〕㉕ 緝〔緹~：采色鮮也〕 竊〔私也〕㉖
喜 h	忺〔青齊呼意所好爲~〕 杴㉗	險〔~阻：危也〕 獫〔犬長喙也〕 玁〔~狁：北狄號〕	嬐〔好貌〕	脅〔左右腋下也〕㉘

【校注】

① 髯〔頰鬚〕：[《廣韻》汝鹽切，平鹽，日。]頰毛。亦泛指胡鬚。《莊子·列

禦寇》："美髯長大，壯麗勇敢，八者俱過人也，因以是窮。"[按]調不合，應歸下平。

② 袡〔衣緣也〕：[《廣韻》汝鹽切，平鹽，日。]衣服的邊緣。《儀禮・士昏禮》："純衣纁袡。"[按]調不合，應歸下平。

③ 染〔~色；柔也〕：[《廣韻》而琰切，上琰，日。][《廣韻》而豔切，去豔，日。]用染料着色。《周禮・天官・染人》："染人，掌染絲帛。"《墨子・所染》："染於蒼則蒼，染於黄則黄。"[按]原注"柔也"，除大版式本、廖新校增本外，其餘諸本皆誤作"桑也"。【字彙】而剡切，音冉。以繒染爲色，又柔木也。《詩・小雅》荏染柔木。

④ 顳〔鬢骨〕：[《廣韻》而涉切，入葉，日。]參見"顳骨"。【顳骨】顳顬部的頭骨。位於頂骨的下方，形狀扁平。[按]調不合，應歸下入。

⑤ 綫〔細微〕："纖"的俗寫。

⑥ 殲〔微也；盡也〕：[《廣韻》子廉切，平鹽，精。]殺盡；消滅。《書・胤征》："殲厥渠魁，脅從罔治。"《左傳・莊公十七年》："夏，齊人殲於遂。"【集韻】思廉切。盡也。

⑦ 夾：【集韻】失冉切。《説文》盜竊懷物也。【廣韻】失冉切。盜竊懷物。【字彙】失冉切，音閃。盜竊攘物。[按]"夾"，廖新校增本作"夾〔藏物於懷〕"（注文不確），其餘諸本皆誤作"夾"，且均缺注。

⑧ 广〔因巖爲屋〕：[《廣韻》魚檢切，上琰，疑。]依山崖建造的房屋。（唐）韓愈《陪杜侍御遊湘西兩寺》詩："剖竹走泉源，開廊架崖广。"【集韻】魚檢切。《説文》因广爲屋。【字彙】以冉切，音剡。因巖爲屋。[按]聲不合，應歸疑母或英母。疑因《字彙》同音字"剡"而誤。"剡"有[《廣韻》時染切，上琰，禪]和[《廣韻》以冉切，上琰，以]兩讀。原注"因巖爲屋"，除樋新編本外，大版式本、道光本、文德堂本、市圖善本誤作"同若~屋"，會文書莊本誤作"同吉~屖"，廖新校增本誤改作"小屋"。

⑨ 厭〔足也；飽也〕：[《廣韻》於豔切，去豔，影。]2. 吃飽；飽足。《老子》："帶利

劍，厭飲食，財貨有餘，是謂盜竽。”……4. 滿足。《左傳·僖公三十年》：“夫晉何厭之有！既東封鄭，又欲肆其西封。”［按］調不合，應歸上去。“厭”雖還有平聲一讀（《集韻》於鹽切，平鹽，影），但所對應的義項是：1. 安然。2. 和悦。3. 微弱；不振。4. 疲倦；困倦。此音源於《字彙》。【字彙】……又衣炎切，音淹。飽也；足也。

⑩ 檿〔山桑〕：【集韻】於琰切。《説文》山桑也。［按］調不合，應歸上上。

⑪ 餤〔火~也〕：炎，［《集韻》以贍切，去豔，以。］通“餤”。通“焰”。火光；火焰。《書·洛誥》：“無若火始餤餤。”唐石經作“炎炎”。［按］調不合，應歸下去。

⑫ 爓〔火光也〕：［《廣韻》以贍切，去豔，以。］光華；火焰。《楚辭·劉向〈九歎·遠遊〉》：“日暾暾其西舍兮，陽爓爓而復顧。”（宋）洪興祖補注：“爓，火華也。”［按］調不合，應歸下去。

⑬ 睫〔目動也〕：［《廣韻》筠輒切，入葉，云。］目轉動貌。［按］調不合，應歸下入。

⑭ 曄〔光耀也〕：［《廣韻》筠輒切，入葉，云。］閃光貌。《楚辭·遠遊》：“恐天時之代序兮，耀靈曄而西征。”［按］調不合，應歸下入。

⑮ 爗〔雷光也；明盛也〕：［《廣韻》筠輒切，入葉，云。］同“燁”（曄）。《詩·小雅·十月之交》：“爗爗震電，不寧不令，百川沸騰。”［按］調不合，應歸下入。

⑯ 皣〔明也〕：［《廣韻》筠輒切，入葉，云。］草木白花貌。（晉）左思《白髮賦》：“子觀橘柚，一皜一皣，貴其素華，匪尚緑葉。”【字彙】弋涉切，音葉。明也；又草木白華。［按］調不合，應歸下入。

⑰ ㊪黵〔人名〕：［《廣韻》都敢切，上敢，端。］蒼黑貌。（唐）李德裕《劍門銘》：“翠嶺中横，黵然黛色。”［按］聲、韻、調皆不合。

⑱ ㊪頾〔人名〕：【集韻】士痒切。頾顲，醜貌。［按］聲、韻、調皆不合。

⑲ ㊪稔〔人名〕：【篇海類編】同稔。【集韻】稔，忍甚切。《説文》穀孰也。［按］聲、韻、調皆不合。

⑳ ⓩ讝〔人名〕：【集韻】之廉切。疾而寐語也。又【集韻】女監切。病人自語也。[按]聲、韻、調皆不合。"讝"，樋新編本誤作"黵"（已見文母上平）。

㉑ 驗〔效~〕：同"驗"。[《廣韻》魚窆切，去豔，疑。]指有功效；靈驗。（宋）蘇軾《東坡志林・王元龍治大風方》："王斿元龍言錢子飛有治大風方，極驗。"[按]調不合，應歸下去。

㉒ ⓩ摌：【集韻】色責切。罧摌，捕鳥用具。[按]聲、韻、調皆不合。

㉓ 䉴〔薯~〕：【字彙補】丘殮切。粉䉴也。[按]聲、調不合，應歸下氣母上去。

㉔ 醶：【集韻】七漸切。《博雅》酢也。

㉕ 緁〔縫衣；又與捷同〕：【字彙】七接切，音妾。縫衣。又與"捷"同。揚子雲《校獵賦》鴻絧緁獵。

㉖ 竊〔私也〕：[《廣韻》千結切，入屑，清。]1. 盜賊。《莊子・天道》："邊竟有人焉，其名爲竊。"（唐）成玄英疏："竊，賊也。"參見"草竊"。2. 偷盜。《左傳・僖公二十四年》："竊人之財，猶謂之盜，況貪天之功以爲己力乎？"……7. 私下；私自。多用作謙詞。《戰國策・趙策四》："老臣病足，曾不能疾走，不得見久矣，竊自恕，恐太后玉體之有所郄也，故願望見。"[按]韻不合，應歸軒韻上入。但今泉俗讀仍爲[ts'iap⊃]。

㉗ 杴：[《廣韻》虛嚴切，平嚴，曉。]農具名。似鍬，而鏟較方闊，柄端無短拐。有鐵杴、木杴等。用於挖土、築畦及播撒肥料、拋揚穀物等。（宋）陸游《紙閣午睡》詩："紙閣甎爐火一杴，斷香欲出礙蒲簾。"

㉘ 脅〔左右腋下也〕：[《廣韻》虛業切，入業，曉。]身軀兩側自腋下至腰上的部分。亦指肋骨。《儀禮・特牲饋食禮》："長脅二骨短脅。"（清）胡培翬正義："脊兩旁之肋，謂之脅。"[按]今泉俗讀[hiap⊇]。

聲韻調	33 兼 iam/iap			
	下平⅄24	下上˧22	下去˩41	下入⅄24
入 dz	衻〔衣之下曰~〕 髯〔鬚也〕	㊌姎①	○	㊌瑆②
時 s	蟾〔~光;~蠩〕 暹〔日光升也〕③ 簷〔屋~;茅~〕④ 銛〔利也〕⑤ 憸〔利口也〕⑥ 笘〔折竹箠也〕⑦ 嬐〔疾也〕⑧ 靏〔靁~〕⑨ 燂〔火熱也〕⑩	籲〔竹也〕	贍〔足也〕 炶〔火光也〕⑪ 痁〔瘧疾〕⑫	涉〔跋~〕 楙〔~水〕
英 ∅	炎〔火光上也〕 閻〔閭~;又里門也〕⑬ 鹽〔煮海爲~〕 塩〔同上,俗字〕	琰〔璧上起美色也〕⑭	豔〔美也〕 豔〔同上〕⑮ 饜〔飫也;飽也〕 灩〔瀲~:水貌〕 灩〔同上〕 艷〔~冶〕	葉〔枝~;又姓〕 緤〔臭衣〕⑯ 旃〔手網也〕⑰ 擖〔箕舌也〕
文 b	㊌䭑〔香~〕⑱	○	○	㊌讈〔人名〕⑲
語 g	嚴〔戒~;莊也〕 巖〔土,山~〕⑳ 岩〔同上,俗字〕	○	驗〔徵也;試~〕	業〔基~;創~〕 鄴〔地名〕 牒〔築墻版〕㉑ 楪〔牖也〕 鱟〔魚盛也〕 夻〔大聲也〕㉒
出 ts‘	㊌韂㉓	○	僭〔土,假也;差也〕㉔	㊌怗〔心~〕㉕

（續表）

聲韻調	33 兼 iam/iap			
	下平˩˨24	下上˨22	下去˦˩41	下入˩˨24
喜 h	嫌〔土,疑也〕 杴〔鍫屬〕㉖	鼸〔田鼠也〕	㊕喊〔~聲〕㉗	協〔合也;同力也〕 劦〔同上〕 脅〔~肩〕㉘ 陜〔~隘:不廣也〕㉙ 狹〔同上〕 趚〔走也〕㉚ 叶〔合也:~韻〕 旪〔和也;合也〕 搚〔拉也〕㉛ 恰㉜ 洽〔土,浹~〕 祫〔~祭:三年一~〕㉝ 挾〔持也;帶也〕 綊〔紐~也〕 脇〔迫~〕㉞ 匣〔箱也〕㉟ 柙〔藏獸也〕㊱

【校注】

① ㊕媣:【集韻】而琰切。《説文》以繒染爲色。

② ㊕翣:【類篇】與"踕"、"倿"同。[按]"踕"、"倿","睫"之異體。睫,[《廣韻》即葉切,入葉,精。]眼瞼邊緣的細毛。《韓非子·喻老》:"智如目也,能見百步之外,而不能自見其睫。"[按]聲、調不合,應歸争母上入。

③ 暹〔日光升也〕:[《廣韻》息廉切,平鹽,心。]太陽昇起。《廣韻》:"暹,日光進也。"[按]調不合,應歸上平。

④ 簷〔屋~;茅~〕:[《廣韻》余廉切,平鹽,以。]屋檐,屋瓦邊滴水的部分。(晉)陶潛《歸園田居》詩之一:"榆柳蔭後簷,桃李羅堂前。"[按]聲不合,應歸英母。

⑤ 銛〔利也〕:[《廣韻》息廉切,平鹽,心。]指磨礪使鋭利。(唐)李匡乂《資暇集》卷下:"一日,所由㔉刀忽折,不餘寸許,吏乃銛以應急,覺愈於全時。"[按]調不合,應歸上平。

⑥ 憸〔利口也〕:【字彙】思廉切,音暹。利口也。[按]調不合,應歸上平。

⑦ 笘〔折竹箠也〕:【集韻】詩廉切。《説文》折竹箠也。[按]調不合,應歸上平。

⑧ 𡡏〔疾也〕:【集韻】思廉切。《説文》敏疾也。[按]調不合,應歸上平。

⑨ 霵〔纖~〕:【集韻】思廉切。微雨。[按]調不合,應歸上平。

⑩ 燂〔火熱也〕:[《集韻》徐心切,平侵,邪。]燒熱;熱。《禮記·内則》:"五日則燂湯請浴。"(漢)鄭玄注:"燂,温也。"[按][꜀siam]爲白讀,文讀爲[꜀sim]。

⑪ 炶〔火光也〕:【集韻】舒贍切。《説文》火行也。[按]調不合,應歸上去。

⑫ 痁〔瘧疾〕:【字彙】詩廉切,闪平聲。瘧疾……又去聲,舒贍切。義同。[按]調不合,應歸上去。

⑬ 閻〔閭~;又里門也〕:[《廣韻》余廉切,平鹽,以。]里巷内的門。《文選·班固〈西都賦〉》:"内則街衢洞達,閭閻且千。"(唐)李善注引《字林》:"閭,里門也。閻,里中門也。"[按]今泉俗讀爲[꜀giam]。

⑭ 琰〔璧上起美色也〕:[《廣韻》以冉切,上琰,以。]美玉。(南朝)梁簡文帝《謝敕賚善勝威勝刀啓》:"冰鍔含彩,雕琰表飾。"《龍龕手鑒·玉部》:"琰,玉名也。"[按]調不合,應歸上上。

⑮ 豔〔同上〕:[《廣韻》以贍切,去豔,以。]亦作"艶"、"艷"、"豓"。豔麗。特指人的容色美好動人。《左傳·桓公元年》:"宋華父督見孔父之妻于路,目逆而送之,曰:'美而豔。'"(晉)杜預注:"色美曰豔。"[按]今泉俗讀上去調[iam꜄]。

⑯ 裺〔臭衣〕:【篇海】於業切。臭衣。[按]調不合,應歸上入。

⑰ 㨗〔手網也〕:【集韻】益涉切。手網。[按]調不合,應歸上入。"網",樋新編本誤作"綱",大版式本、道光本、文德堂本、會文書莊本、市圖善本誤作"絅"。

⑱ ㊇馦〔香~〕:[《廣韻》許兼切,平添,曉。]香氣充溢。[按]聲、韻、調皆不合。

⑲ ㊇讘〔人名〕:【集韻】失涉切。讋讘,言失也。[按]聲、調不合。

⑳ 巖〔土,山~〕:[《廣韻》五銜切,平銜,疑。]崖岸,山或高地的邊。《文選·司馬相如〈上林賦〉》:"潛處乎深巖。"(晉)郭璞注:"隱岸坻也。"[按][꜀giam]爲白讀,文讀爲[꜀gam]。

㉑ 牃〔築墻版〕:【字彙】魚怯切,音業。築牆版。

㉒ 傘〔大聲也〕:【集韻】昵輒切。《説文》所以驚人也。一曰大聲也。【字彙】魚怯切,音業。所以驚人也;一曰大聲。[按]“魚怯切”衹見於《字彙》。“傘”,樋新編本、會文書莊本誤作“傘”。

㉓ ㊪韂:[《廣韻》昌豔切,去豔,昌。]墊在馬鞍下,垂於馬背兩旁,以擋泥土的馬具。(唐)李賀《馬詩》之一:“無人織錦韂,誰爲鑄金鞭。”[按]調不合,應歸上去。

㉔ 僭〔土,假也;差也〕:【集韻】子念切。《説文》假也。[《廣韻》子念切,去栝,精。]超越本分,冒用在上者的職權、名義行事。《公羊傳・隱公五年》:“初獻六羽,何以書?譏。何譏爾?譏始僭諸公也。”(漢)何休注:“僭,齊也,下傚上之辭。”[按]聲不合,應歸争母。今泉有[tsiam⊃]、[ts‘iam⊃]兩讀。

㉕ ㊪鮎〔心~〕:【集韻】達協切。安也。[按]聲不合,應歸地母。

㉖ 杴〔鍫屬〕:[《廣韻》虚嚴切,平嚴,曉。]農具名。已見上平聲。[按]調不合,應歸上平。

㉗ ㊪喊〔~聲〕:[《廣韻》呼覽切,上敢,曉。][《廣韻》下斬切,上豏,匣。]大聲呼叫。(宋)陳亮《又甲辰答朱元晦書》:“〔亮〕只是口嘮噪,見人説得不切事情,便喊一響。”《水滸傳》第四六回:“〔楊雄〕將朴刀望草裏便戳,發聲喊,都走了。”[按]据兩个反切,“喊”可以讀[⊂ham]、[⊆ham/⊆k‘am],[hiam⊇]當爲俗讀。今泉讀[⊂ham]、[⊆ham/⊆k‘am]([⊆k‘am]嗽),俗讀則爲[hiam⊃](喊[hiam⊃]鷄)、[⊂han](依喊[⊂han]綴依喊[⊂han])。

㉘ 胎〔~肩〕:【集韻】迄業切。竦肩也。通作“脇”。[按]調不合,應歸上入。[hiap⊇]爲俗讀,今仍沿用。

㉙ 陜〔~隘:不廣也〕:[《廣韻》侯夾切,入洽,匣。]同“狹”。《墨子・親士》:“是故谿陜者速涸,逝淺者速竭。”(清)孫詒讓間詁:“《説文・𨸏部》云:陜,隘也。”[按]“陜”,樋新編本誤作“陝”。

㉚ 䞼〔走也〕:【集韻】虚欠切。走貌。[按]韻、調不合,應歸兼韻上去。

㉛ 拹〔拉也〕:【集韻】迄業切。《説文》摺也。一曰拉也。[按]調不合,應歸上入。

㉜ 恰:[《廣韻》苦洽切,入洽,溪。]1. 用心。《玉篇·心部》:"恰,用心也。"2. 正好。(北周)庾信《後堂望美人山銘》:"恰對妝臺,諸窗併開。"【集韻】迄洽切。《説文》用心也。[按]聲、調不合,應歸氣母上入。

㉝ 祫〔~祭;三年一~〕:[《廣韻》侯夾切,入洽,匣。]古代天子、諸侯宗廟祭禮之一。集合遠近祖先的神主於太祖廟大合祭。三年喪畢時舉行一次,次年禘祭後又舉行一次,以後每五年一次。《公羊傳·文公二年》:"大事者何?大祫也。大祫者何?合祭也。其合祭奈何?毁廟之主陳于大祖,未毁廟之主皆升,合食于大祖。五年而再殷祭。"(漢)何休注:"殷,盛也。謂三年祫,五年禘。"【字彙】胡夾切,音洽。大合祭,三年一祫,五年一禘。[按]原注"~祭",樋新編本誤作"祭";"三年一~",道光本、文德堂本、會文書莊本、市圖善本、廖新校增本誤作"三年~"。

㉞ 脇〔迫~〕:參見本韻喜母下入"脅"。

㉟ 匣〔箱也〕:[《廣韻》胡甲切,入狎,匣。]盛物器具。大的叫箱,小的叫匣。一般呈方形,有蓋。《書·禹貢》"包匭菁茅",孔傳:"匭,匣也。"(唐)孔穎達疏:"匣是匱之别名,匱之小者。"[按]韻不合,應歸三韻。

㊱ 柙〔藏獸也〕:[按]誤入兼韻,參見三韻英母下平。

34 管

聲韻調	34 管 uẽ〔漳腔,有音無字〕			
	上平˧ 33	上上˥ 55	上去˨ 41	上入˥ 5
柳 l	○	○	○	○
邊 p	○	○	○	○
求 k	○	○	○	○
氣 k‘	○	○	○	○
地 t	○	○	○	○
普 p‘	○	○	○	○
他 t‘	○	○	○	○
争 ts	○	○	○	○
入 dz	○	○	○	○
時 s	○	○	○	○
英 ø	○	○	○	○
文 b	○	○	○	○
語 g	○	○	○	○
出 ts‘	○	○	○	○
喜 h	○	○	○	○

聲 韻 調	34　管 uẽ〔漳腔，有音無字〕			
	下平˩˧ 24	下上˨ 22	下去˦˩ 41	下入˩˧ 24
柳 l	○	○	○	○
邊 p	○	○	○	○
求 k	○	○	○	○
氣 k‘	○	○	○	○
地 t	○	○	○	○
普 p‘	○	○	○	○
他 t‘	○	○	○	○
争 ts	○	○	○	○
入 dz	○	○	○	○
時 s	○	○	○	○
英 ∅	○	○	○	○
文 b	○	○	○	○
語 g	○	○	○	○
出 ts‘	○	○	○	○
喜 h	○	○	○	○

35 生

聲韻調	35 生 ɯəŋ/ɯək			
	上平˧ 33	上上˥ 55	上去˩ 41	上入˥ 5
柳 l	檸〔吳俗謂木榫曰~頭〕①	嚨〔多言也〕② 檸〔木皮入酒浸之可治風病〕	○	慝〔内愧也〕③ 眤〔小目〕④
邊 p	堋〔喪葬下土〕⑤	誁〔説也〕⑥ 傡〔詐僞人也〕⑦	○	棘〔偪也〕⑧
求 k	更〔改也;代也〕 庚〔十干名;又更也〕 觥〔酒器〕 賡〔續也: ~歌〕 肱〔股~: 臂上一節也〕 絚〔大索〕	骾〔骨~〕 郠〔地名〕 鯁〔魚骨〕 哽〔語爲舌礙〕 梗〔木名: 桔梗〕	更〔再也〕	格〔至也〕⑨
氣 k‘	坑〔山~;~儒〕 摼〔撞也〕 樫〔人名〕⑩	頃〔~刻;萬~〕 肯〔許也;不~〕 肻〔同上〕	○	客〔賓~;寄也〕 刻〔時~;雕~〕 克〔能也;勝也〕 剋〔殺也;~期〕 尅〔刑~;相~〕
地 t	登〔禮器〕 登〔升也;成也〕 燈〔~燭〕 灯〔同上,俗字〕 鐙〔豆之下附也〕 橙〔似柚,桔屬〕⑪ 簦〔笠有柄者〕 鐙〔錠中置燭~〕	等〔齊也: ~級〕	嶝〔小阪〕	德〔行道而有得於心曰~〕 得〔獲也: 相~〕 淂〔水名〕 罘〔兔罟也〕⑫ 㝵〔得本字〕
普 p‘	鞃〔刀鞘下飾曰~〕⑬ 烹〔土,煮也〕 崩〔土,壞也〕⑭ 怦〔心急也〕	崩〔國名〕 皏〔白貌〕	鰟〔大魚也〕	○
他 t‘	鼟〔~~: 鼓聲〕 瞠〔直視貌〕 棠〔邪柱也〕 樘〔橙也〕 撐〔邪柱也〕	○	○	慝〔惡也: 淑~〕 忒〔差也〕

（續表）

聲韻調	35 生 wəŋ/wək			
	上平˧ ^{33}	上上˥ ^{55}	上去˦˩ ^{41}	上入˥ ^{5}
争 ts	曾〔乃也;~孫;又姓〕 僧〔~家:和尚也〕 增〔加也;益也〕 争〔鬬也:~競〕 綪〔屈也〕 箏〔樂器〕 憎〔惡也〕 橧〔巢類〕 繒〔~繳〕 峥〔~嶸〕 繒〔結縈也〕	糽〔絲繩緊直也〕⑮	䰝〔鬵屬〕 浄〔清潔也〕⑯	則〔法也;即也〕 ⿰鼎刂〔則古字〕 萴〔~子:藥名〕
入 dz	○	○	○	○
時 s	生〔産也:先~〕 笙〔~簧:樂器〕 牲〔祭天地宗廟之牛曰~〕 甥〔姊妹之子〕 珄〔金色〕 鉎 湦〔人名〕 狌〔鼠屬〕⑰ 㞷〔古生字〕	眚〔過也〕	⿰貝生〔財富也〕	索〔繩也〕⑱ 塞〔滿也;窒也〕 ⿱𡨄心〔實也〕⑲ ⿱𡨄乂〔實也;安也〕 ⿱𡨄目〔視無所見〕⑳ 縤〔繩也〕 僿〔細碎也〕㉑
英 ∅	○	○	○	○
文 b	○	○	○	○
語 g	○	○	○	○
出 ts'	⿰曾彡〔毛張貌〕	⿺辶兹〔盡也〕㉒	○	測〔度也〕 惻〔愴也;痛也〕 側〔旁也〕㉓ 仄〔平~〕㉔
喜 h	○	○	○	黑〔北方色也〕 赫〔赤色〕 肸〔佛~〕㉕

【校注】

① 檸〔吳俗謂木榫曰~頭〕:【集韻】尼庚切。又吳俗謂木榫曰檸頭。[按]調不合,應歸下平。除了廖新校增本外,其餘原注“榫”均誤作“椎”。

② ⿰口能〔多言也〕:【集韻】奴等切。多言。

③ 愊〔内愧也〕:【集韻】昵力切。慙也。[按]調不合,應歸下入。

④ 昵〔小目〕:[《龍龕手鑒》尼乙切。]親熱;親近。(元) 馬致遠《漢宮秋》楔子:"我又學的一個法兒,只是教皇帝少見儒臣,多昵女色。"【字彙】尼乙切,音匿。小目。[按]韻、調不合,應歸賓韻下入。

⑤ 堋〔喪葬下土〕:[《廣韻》方隥切,去嶝,幫。]亦作"塴"。葬時下棺於壙中。《左傳·昭公十二年》:"司墓之室,有當道者。毀之,則朝而塴;弗毀,則日中而塴。"(晉) 杜預注:"塴,下棺。"【字彙】蒲庚切,音彭。《説文》喪葬下土。[按]調不合,應歸上去;或聲、調不合,應歸普母下平。

⑥ 誁〔説也〕:[《字彙》補梗切。]1. 説。2. 助言,在一旁幫着説話。[按]調不合,應歸上上。

⑦ 㑟〔詐僞人也〕:【集韻】百猛切。詐僞。【字彙】補梗切,祊上聲。詐僞人也。

⑧ 僰〔偪也〕:[《廣韻》蒲北切,入德,並。]逼迫。《禮記·王制》:"屏之遠方,西方曰棘,東方曰寄,終身不齒。"(漢) 鄭玄注:"棘,當爲僰。僰之言偪,使之偪寄於夷戎。"【字彙】步黑切……《禮·王制》屏之遠方,西曰僰。注:僰,偪也。[按]調不合,應歸下入。

⑨ 格〔至也〕:[《廣韻》古伯切,入陌,見。]來;至。《書·舜典》:"帝曰:格汝舜,詢事考言,乃言底可績。三載汝陟帝位。"孔傳:"格,來。"[按]"格",樋新編本誤作"袥",大版式本誤作"袼",其餘版本誤作"硌"。

⑩ 牼〔人名〕:【集韻】丘耕切。《説文》牛膝下骨。

⑪ 橙〔似柚,桔屬〕:[《廣韻》宅耕切,平耕,澄。]果木名。亦指它的果實。常綠喬木或灌木,葉長卵形。果圓球形,皮紅黄色,多汁,味酸甜。《文選·司馬相如〈上林賦〉》:"黄甘橙楱。"(唐) 李善注:"《説文》曰:橙,橘屬也。"[按]調不合,應歸下平。

⑫ 罦〔兔罟也〕:[《廣韻》縛謀切,平尤,奉。]捕兔網。泛指狩獵用的網。《禮記·月令》:"〔季春之月〕田獵,罝、罘、羅、罔、畢、翳、餧獸之藥,毋出九門。"

（漢）鄭玄注："獸罟曰罝、罘。"［按］聲、韻、調皆不合，應歸喜母燒韻下平。

⑬ 鞛〔刀鞘下飾曰~〕：【集韻】補孔切。《説文》佩刀下飾。［按］聲、韻、調皆不合，應歸普母東韻上上。

⑭ 崩〔土，壞也〕：［《廣韻》北滕切，平登，幫。］倒塌。《詩·小雅·十月之交》："百川沸騰，山冢崒崩。"［按］聲不合，應歸邊母。今泉仍有不送氣及送氣兩讀[꜀piŋ]、[꜀p'iŋ]，白讀則爲[꜀paŋ]。

⑮ 紾〔絲繩緊直也〕：［《集韻》張梗切，上梗，知。］絲繩緊直貌。（宋）王安石《移桃花》詩："晴溝漲春緑周遭，俯視紾影移漁舠。"［按］聲不合，應歸地母。

⑯ 净〔清潔也〕：［《廣韻》疾政切，去勁，從。］乾净；清潔。亦用於形容抽象事物。（南朝·宋）劉義慶《世説新語·言語》："卿居心不净，乃復强欲滓穢太清邪？"［按］調不合，應歸下去。

⑰ 狌〔鼠屬〕：［《廣韻》所庚切，平庚，生。］同"鼪"。俗稱黄鼠狼。《莊子·秋水》："騏驥驊騮，一日而馳千里，捕鼠不如狸狌，言殊技也。"【集韻】息正切。鼠屬。《莊子》捕鼠不如狸狌。或从鼠。［按］原注"鼠屬"，樋新編本、大版式本、道光本、文德堂本、市圖善本誤作"貓屬"，會文書莊本誤作"貓名"。此誤源自《字彙》。【字彙】師庚切，音生。貓屬。廖新校增本改作"黄鼠狼"。

⑱ 索〔繩也〕：［《廣韻》蘇各切，入鐸，心。］［《廣韻》山戟切，入陌，生。］粗繩。泛指繩索。《書·五子之歌》："予臨兆民，懔乎若朽索之馭六馬。"

⑲ 𡫼〔實也〕：【字彙】悉則切，音塞。實也。【正字通】同"寋"。［按］該字衹有大版式本及樋新編本正確，道光本、文德堂本、會文書莊本、市圖善本均作"寋"（與下一字同）。

⑳ 寋〔視無所見〕：【集韻】悉則切。瞾寋，視無見也。

㉑ 僿〔細碎也〕：【集韻】相吏切。無悃誠皃。一曰細碎。［按］韻、調不合，應歸居韻上去。

㉒ 逘〔盡也〕：【集韻】丈梗切。盡也。［按］聲不合，應歸地母。

㉓ 側〔旁也〕：［《廣韻》阻力切，入職，莊。］旁邊。《詩·召南·殷其靁》："殷

其霝,在南山之側。"[按]聲不合,應歸争母。今泉一般仍沿用送氣讀法[tsʻiak꜀]。

㉔ 仄〔平~〕:[《廣韻》阻力切,入職,莊。]傾斜;偏斜。《逸周書·周祝》:"故日之中也仄,月之望也食。"[按]聲不合,應歸争母。

㉕ 肸〔佛~〕:【集韻】黑乙切。《説文》響布也。肸,同"肹"。【正韻】佛肸,大貌。【字彙】肹,同上(注:即同"肸")。佛肹,大貌。[按]韻不合,應歸賓韻上入。"肸",道光本誤作"肸";原注"佛~",樋新編本、大版式本、道光本、文德堂本誤作"拂~"。

聲韻調	35 生 ɯəŋ/ɯək			
	下平˨˦ 24	下上˨ 22	下去˦˩ 41	下入˨˦ 24
柳 l	能〔有才者〕 薴〔草亂也〕 耐〔同能〕	○	○	惄〔飢意〕 溺〔沉~;又小便〕① 𡕲〔人在水下爲~〕②
邊 p	朋〔同類也〕	○	○	○
求 k	○	恆〔道路也〕③ 亘④	○	○
氣 k'	○	○	○	○
地 t	騰〔升也〕 滕〔國名〕 謄〔鈔也:~寫〕 螣〔蛇似龍,能興雲霧而遊其中〕 藤〔葛屬〕 滕〔波浪也〕 縢〔緘繩;約也〕 籐〔蔓生似竹〕	蹬〔行貌〕 蹬〔困頓也〕⑤	鄧〔國名;又姓〕 登〔牀~〕⑥	特〔獨也;一牲曰~〕 犆〔~牛〕 螣〔食禾蟲〕 蟘〔食苗葉蟲〕⑦ 螣〔同上〕
普 p'	鵬〔大~鳥也〕 彭〔土,行也;人名〕	○	○	匐〔匍~:伏地〕
他 t'	○	○	○	○
争 ts	層〔累也〕	○	贈〔送遺也;~答也〕⑧ 諍〔諫~〕⑨ 竲〔人名〕⑩	賊〔害也;盜也〕 鰂〔烏~;目~〕 鯽〔同上〕 蠈〔食苗節蟲〕
入 dz	仍〔因也〕 阞〔地名〕 陾〔土,築牆聲〕⑪ 𤥓〔玉器〕 扔〔強牽引也〕 紾〔見集韻〕⑫	○	○	○
時 s	○	○	○	○
英 ∅	○	○	○	○

（續表）

聲韻調	35 生 ɯəŋ/ɯək			
	下平⅄24	下上˧22	下去˩41	下入⅄24
文 b	○	○	○	陌〔阡~：田間也〕 默〔不言也〕 寞〔寂也〕⑬ 麦〔同麥〕 墨〔筆~;黑也〕 貊〔蠻~：狄名〕 貉〔同上〕 纆〔索也〕 嚜〔~~：不自得〕 麥〔穀名,秋種夏熟〕 嘿〔~~：不自安〕 霢〔~霂：小雨〕 霡〔同上〕 脉〔血~〕 瞽〔聽~〕⑭
語 g	○	○	○	○
出 tsʻ	棖〔~闑;人名〕⑮ 棠〔距也〕⑯	○	鋥〔磨也〕⑰	○
喜 h	○	○	○	○

【校注】

① 溺〔沉~;又小便〕：[《廣韻》奴歷切,入錫,泥。]亦作“㲻”。沉於水;水淹。《孟子·離婁上》:“嫂溺不援,是豺狼也。男女授受不親,禮也;嫂溺,援之以手者,權也。”[按]“溺”是個多音多義字,“小便”義與“沉溺”義讀音有别,應讀柳母朝韻下去,不能混爲一談。溺,[《廣韻》奴弔切,去嘯,泥。]尿;小便。《莊子·知北遊》:“東郭子問於莊子曰:‘所謂道,惡乎在?’莊子曰:‘無所不在。’東郭子曰:‘期而後可。’莊子曰:‘在螻蟻’……‘在屎溺’。”

② 㲻〔人在水下爲~〕：同“溺”。【字彙】與“溺”同。《字林撮要》人在水上爲氽,人在水下爲溺。[按]原注除廖新校增本改作“人在水下爲~”外,其餘諸本皆誤作“人在水上爲~”,因引用《字彙》誤省而致誤。

③ 恆〔道路也〕：[《集韻》居鄧切,去嶝,見。]1. 月上弦之貌。《詩·小雅·天

保》:“如月之恆,如日之升。”毛傳:“恆,弦。”(漢)鄭玄箋:“月上弦而就盈。”2. 周遍。3. 通“亘”。綿延;連續。《漢書·叙傳上》:“潛神默記,恆以年歲。”(唐)顏師古注引(三國·魏)如淳曰:“恆,音亘境之亘。”[按]調不合,應歸上去。

④ 亘:【字彙】居鄧切,庚去聲。極也;通也;遍也。從二從舟。《説文》亙,竟也。象舟竟兩岸。[《廣韻》古鄧切,去嶝,見。]亦作“亙”。1. 窮盡;終極。《文選·班固〈典引〉》:“扇遺風,播芳烈,久而愈新,用而不竭,汪汪乎丕天之大律,其疇能亘之哉?”(唐)李善注:“言誰能竟此道。”《文選·張衡〈南都賦〉》:“貯水渟洿,亘望無涯。”(唐)李善注引《方言》曰:“亘,竟也。”2. 綿長;綿延。《文選·左思〈蜀都賦〉》:“經途所亘,五千餘里。”(唐)吕向注:“亘,長也。”3. 遍。《文選·王巾〈頭陀寺碑文〉》:“亘丘蔽陵,因高就遠,層軒延袤,上出雲霓。”(唐)李周翰注:“亘,徧也。”[按]調不合,應歸上去。

⑤ 蹬〔困頓也〕:【集韻】唐亙切。《説文》蹭蹬也。木華《海賦》或乃蹭蹬窮波。注:蹭蹬,失勢貌。[按]調不合,應歸下去。

⑥ 登〔牀~〕:[《集韻》丁鄧切,去嶝,端。]通“凳”。《釋名·釋牀帳》:“榻登,施大牀之前,小榻之上,所以登牀也。”[按]調不合,應歸上去。

⑦ 螣〔食苗葉蟲〕:【集韻】敌德切。蟲食苗葉者。【字彙】敌德切,音特。食苗葉蟲。[按]原注除大版式本、道光本、市圖善本、廖新校增本正確外,其餘諸本均誤作“食苗菜蟲”。

⑧ 贈〔送遺也;~答也〕:[《廣韻》昨亘切,去嶝,從。]送給。《詩·鄭風·女曰鷄鳴》:“知子之來之,雜佩以贈之。”(漢)鄭玄箋:“贈,送也。”[按][tsan꜄]爲白讀。今泉同[tsŋ꜄/tsan꜄]。

⑨ 諍〔諫~〕:[《廣韻》側迸切,去諍,莊。]直言規勸。(漢)劉向《説苑·臣術》:“有能盡言於君,用則留之,不用則去之,謂之諫;用則可生,不用則死,謂之諍。”[按]今泉無此讀,文、白讀分別爲[tsiŋ꜄/tsĩ꜄]。

⑩ 竧〔人名〕:[《字彙補》從性切。]人名用字。[按]調不合,應歸下去。

⑪ 陾〔土，築牆聲〕：［《集韻》如蒸切，平蒸，日。］参見“陾陾”。【陾陾】衆多貌。《詩・大雅・緜》：“捄之陾陾，度之薨薨。築之登登，削屢馮馮。”毛傳：“陾陾，衆也。”（清）陳奐傳疏：“陾陾，當依《玉篇》引《詩》作‘陑陑’。《廣雅》：‘仍仍、登登、馮馮，衆也。’《毛詩》：‘陑陑，《三家詩》作仍仍。’”一説爲築牆聲。（元）王惲《玉堂嘉話》卷三：“爰構爰締，築之陾陾。”

⑫ 紒〔見集韻〕：［按］《集韻》查無該字，疑爲“礽”、“朷”或“秎”之形誤。【集韻】礽，如蒸切。福也。【集韻】朷，如蒸切。《説文》木也。【集韻】秎，如蒸切。禾名。除樋新編本外，其餘諸本均作“紒”，誤。

⑬ 寞〔寂也〕：［《廣韻》慕各切，入鐸，明。］安静；冷落。参見“寞寂”。【寞寂】寂寞。孤單冷清。《警世通言・玉堂春落難逢夫》：“二人一晚叙話，正是‘歡娛嫌夜短，寞寂恨更長’。”

⑭ 瞀〔聽~〕：【集韻】密北切。聽瞀，目欲卧皃。［按］韻不合，應歸江韻下入。原注除大版式本、廖新校增本作“聽”正確外，其餘諸本皆誤。文德堂本、市圖善本作“聽”，實爲譌字；樋新編本、會文書莊本誤作“聽”，道光本誤作“听”。

⑮ 棖〔~闑；人名〕：［《廣韻》直庚切，平庚，澄。］古代門兩旁豎的木柱。《禮記・玉藻》：“君入門，介拂闑，大夫中棖與闑之間，士介拂棖。”（漢）鄭玄注：“棖，門楔也。”（唐）孔穎達疏：“謂門之兩旁長木，所謂門楔也。”【棖闑】亦作“棖臬”。古代門兩旁的長木和門中間的豎木。（清）黄景仁《大雨宿青山僧寺》詩：“始知此山高，群峰等棖臬。”［按］聲不合，應歸地母。

⑯ 敞〔距也〕：【集韻】除庚切。距也。［按］聲不合，應歸地母。

⑰ 鋥〔磨也〕：【集韻】除更切。磨也。［按］聲不合，應歸地母。

36 基

聲韻調	36 基 i/iʔ			
	上平˧ 33	上上˥ 55	上去˨˩ 41	上入˥ 5
柳 l	剹〔剥也〕① 刕〔同上〕 剺〔割也〕② 蜊〔蛤~〕③ 鯬〔~魚〕④ 離〔别~;流~〕⑤ 離〔同上,俗字〕 莉〔茉~:花名〕⑥ 䍦〔羃~:婦人所戴〕⑦ 郦〔邑名〕⑧	理〔治民也;道~〕 里〔鄉~〕 李〔果名;又姓〕 履〔足所依也;又禮〕 裏〔表~:内也〕 娌〔妯~〕 梩〔土,轝也〕 澧〔水出衡山〕 俚〔聊也;鄙俗也〕 伱〔汝也〕 蠡〔蚌屬;又齧木蟲〕⑨ 鯉〔~,魚也〕 醴〔甘酒也〕 邐〔~迤:行貌;又連接也〕 杍〔古李字〕⑩	利〔宜也;財~〕⑪ 詈〔駡也〕⑫ 涖〔臨也;又水聲〕⑬ 㕫〔不正也〕⑭	力〔正,勇~也〕⑮
邊 p	卑〔下也:尊~〕 𢀩〔同上,俗字〕 碑〔竪石紀功曰~〕 䃾〔同上,俗字〕 萆〔~薢:藥名〕 埤〔汙下也〕⑯ 悲〔慼也:傷~〕 裨〔益也;助也〕 陂〔畜水曰~;又澤障也〕 屄〔女人陰户〕 螕〔牛~〕 犤〔牛之卑小〕⑰ 波〔~池〕⑱	比〔密也;量也〕 彼〔伊也:~此〕 妣〔殁母也〕 朼〔明白也〕 沘〔水名〕 秕〔不成穀也〕 粃〔同上〕 朼〔所以載牲〕 祉〔以豚祀司命〕 匕〔匙也:~箸〕⑲ 俾〔使也;益也〕 俾〔同上〕 髀〔股骨〕	閉〔闔門也〕 閇〔同上〕 閟〔閉也;止也〕 泌〔水俠流也〕 祕〔神也;密也〕 秘〔同上,俗字〕 畀〔付與也〕 贔〔壯也〕⑳ 備〔具也〕㉑ 偹〔同上,俗字〕 紕〔織組也〕㉒ 糒〔糗糧也;乾飯也〕㉓ 篦〔竹器,去頭垢也〕㉔ 紴〔車~也〕㉕ 芘〔同庇〕 飶〔香也〕㉖	必〔正,期~也〕㉗ 鱉〔龜~〕

(續表)

聲韻調	36 基 i/iʔ			
	上平˧33	上上˥55	上去˦˩41	上入˥5
求 k	基〔~業;~比〕 姬〔美女;又姓〕 娃〔吳~:美女〕㉘ 機〔樞~;巧也;會也;~關〕 朞〔周年也〕 期〔同上〕 饑〔穀不熟曰~〕 飢〔同上;古字〕 譏〔誹也;諫也;又伺察也〕 箕〔宿名:~帚〕 璣〔璿~:以齊七政〕 畿〔天子之地〕 磯〔石激水也〕 吱〔咟~〕㉙ 綦〔蒼艾色〕㉚ 羇〔旅寓也;寄也〕 羈〔馬絡頭也;又不~之士〕 幾〔危也;微也;期也;~會〕 畸〔~零;又殘田〕 鸂〔~鶒:水鳥〕㉛	己〔身也:自~〕 几〔案也〕 圮〔覆也;壞也〕㉜ 紀〔維也;綱~〕 機〔木名〕 踦〔脛也;蹇也〕㉝ 攱〔閣藏食物〕㉞ 跽〔長跪也〕㉟	寄〔寓也;附托也〕 髻〔總髮爲~〕㊱ 廏〔馬~〕㊲ 廐〔同上〕 厩〔同上,俗字〕 痣〔解,黑~〕㊳	吉〔正,祥也:~凶〕㊴ 甲〔正,長也〕㊵

【校注】

① 剺〔剥也〕:同"剺"。

② 剺〔割也〕:[《廣韻》里之切,平之,來。]亦作"剺"。割;劃開。《文選·揚雄〈長楊賦〉》:"分剺單于,磔裂屬國。"(唐)李善注引(三國·吴)韋昭曰:"剺,割也。"[按]調不合,應歸下平。

③ 蜊〔蛤~〕:[《廣韻》力脂切,平脂,來。]蛤蜊。(宋)梅堯臣《前日》詩:"前日揚州去,酒熟美蟹蜊。"

④ 鰲〔~魚〕:【集韻】陵之切。魚名。[按]調不合,應歸下平。

⑤ 離〔别~;流~〕:[《廣韻》吕支切,平支,來。]離開;分開。《墨子·辭過》:“男子離其耕稼而脩刻縷,故民飢。”[按]調不合,應歸下平。

⑥ 莉〔茉~:花名〕:【集韻】憐題切。艸名。[按]調不合,應歸下平。今泉變讀[li˨]或[˓li]。

⑦ 纚〔羃~:婦人所戴〕:【集韻】鄰知切。接纚,白帽也。[按]調不合,應歸下平。

⑧ 酈〔邑名〕:[《廣韻》吕支切,平支,來。]春秋時魯地名。《左傳·僖公元年》:“冬十月壬午,公子友帥師敗莒師于酈,獲莒挐。”(晉)杜預注:“酈,魯地也。”[按]調不合,應歸下平。

⑨ 蠡〔蚌屬;又齧木蟲〕:【集韻】里弟切。《説文》蟲齧木中。[按]韻不合,應歸西韻。且“蠡”是個多音多義字,“齧木蟲”與“蚌屬”音不同,不能合用一音。【集韻】蠡,盧戈切。蚌屬,大者如斗……或作“螺”。此誤源於《字彙》。【字彙】蠡,良以切,音里。蚌屬。《説文》蟲齧木中也。

⑩ 杍〔古李字〕:【集韻】李,兩耳切。《説文》果也。亦姓。古書作“杍”。[按]“杍”,樋新編本、大版式本、文德堂本、會文書莊本、市圖善本均誤作“孶”,實爲張冠李戴:“孶”爲“季”的古字,“杍”方爲“李”的古字。【玉篇·子部】孶,音季。古文。

⑪ 利〔宜也;財~〕:[《廣韻》力至切,去至,來。]5. 方便;適宜。《國語·魯語下》:“子股肱魯國,社稷之事,子實制之。唯子所利。”(三國·吴)韋昭注:“利,猶便也。”……8. 贏利;利息。《韓非子·顯學》:“無豐年旁入之利而獨以完給者,非力則儉也。”[按]調不合,應歸下去。

⑫ 詈〔罵也〕:[《廣韻》力智切,去寘,來。]罵;責備。《書·無逸》:“小人怨汝詈汝。”[按]調不合,應歸下去。

⑬ 涖〔臨也;又水聲〕:[《廣韻》力至切,去至,來。]到;來臨。《詩·小雅·采芑》:“方叔涖止,其車三千。”毛傳:“涖,臨。”[按]韻、調不合,應歸西下去。

⑭ 庲〔不正也〕:【字彙補】力計切,音利。不正也。[按]韻、調不合,應歸下去。

⑮ 力〔正,勇~也〕:[《廣韻》林直切,入職,來。]力量;力氣。《詩·邶風·簡兮》:“有力如虎,執轡如組。”[按]所謂“正”,即帶有方言腔的官話,此處讀作[liʔ꜄]。今泉仍有人這樣讀。

⑯ 埤〔汙下也〕:【字彙】布眉切,音悲。與“卑”同。污下也。[按]汙,同“污”。原注樋新編本作“汙”,大版式本、道光本、會文書莊本、市圖善本作“污”,文德堂本誤作“活”,廖新校增本改作“低”,亦誤。

⑰ 犤〔牛之卑小〕:[《廣韻》符羈切,平支,並。]參見“犤牛”。【犤牛】矮小的牛。(明)李時珍《本草綱目·獸一·牛》:“又廣南有稷牛,即果下牛,形最卑小,《爾雅》謂之犤牛,《王會篇》謂之紈牛是也。”[按]調不合,應歸下平。

⑱ 波〔~池〕:[《集韻》班糜切,平支,幫。]通“陂”。池塘。《漢書·貨殖傳·巴寡婦清》:“水居千石魚波,山居千章之萩。”(唐)顔師古注:“波讀曰陂。言有大陂養魚,一歲收千石魚也。”

⑲ 匕〔匙也:~箸〕:[《廣韻》卑履切,上旨,幫。]古代取食的用具,曲柄淺斗,有飯匕、牲匕、疏匕、挑匕之分。狀類後代的羹匙。《儀禮·公食大夫禮》:“雍人以俎入陳于鼎南,旅人南面加匕于鼎,退。”[按]原注“匙也:~箸”,諸本皆誤作“匙也;箸也”。【漢語大詞典】【匕箸】亦作“匕筯”。食具,羹匙和筷子。《三國志·蜀志·先主傳》:“先主方食,失匕箸。”

⑳ 㪐〔壯也〕:【集韻】平祕切。《博雅》挾也。一曰壯也。[按]調不合,應歸下去。

㉑ 備〔具也〕:[《廣韻》平秘切,去至,並。]1. 完備;齊備。《詩·小雅·楚茨》:“禮儀既備,鍾鼓既戒。”2. 儲備。《墨子·七患》:“故倉無備粟,不可以待凶饑;庫無備兵,雖有義不能征無義。”[按]調不合,應歸下去。

㉒ 紕〔織組也〕:【集韻】必至切。飾也;理也。【漢語大詞典】【織組】謂經緯相交,織爲布帛。組,編織。《詩·鄘風·干旄》“素絲紕之”,毛傳:“紕,所以織組也。”《韓非子·外儲説右上》:“〔吴起〕使其妻織組而幅狹於度。吴子使更之,其妻曰:‘諾。’”

㉓ 糒〔糗糧也;乾飯也〕:[《廣韻》平祕切,去至,並。]乾飯;乾糧。《史記·李將軍列傳》:"大將軍使長史持糒醪遺廣。"(南朝·陳)徐陵《長干寺衆食碑》:"升堂濟濟,無勞四輩之頻;高廩峨峨,恒有千食之糒。"《新唐書·逆臣傳下·黄巢》:"駢以蜀兵萬五千齎糒糧,期三十日至。"[按]原注"糗糧",衹有大版式本、廖新校增本正確,樋新編本誤作"糗量",其餘諸本均誤作"糗根"。

㉔ 篦〔竹器,去頭垢也〕:[《字彙》毗意切。]一種比梳子密的梳頭用具。亦指用篦梳頭,剔除髮垢。(唐)李賀《秦宫》詩:"鸞篦奪得不還人,醉睡氍毹滿堂月。"王琦彙解:"篦,所以去髮垢,以竹爲之。鸞篦,必鸞形象之也。"[按]調不合,應歸下去。

㉕ 紕〔車~也〕:【集韻】平祕切。車紕也。[按]調不合,應歸下去。

㉖ 飶〔香也〕:【集韻】薄必切。《説文》食之香也。引《詩》有飶其香。[按]"飶"無去聲讀法,應歸下入。

㉗ 必〔正,期~也〕:[《廣韻》卑吉切,入質,幫。]肯定;斷定。《韓非子·顯學》:"無參驗而必之者,愚也。"[按]帶有方言腔的官話,此處讀作[piʔ⊃]。

㉘ 娃〔吴~:美女〕:【字彙】又叶涓畦切,音基。江文通《空青賦》楚之夏姬,越之西施。趙妃燕后,秦娥吴娃。[按][⊂ki]一讀來自《字彙》。

㉙ 吱〔咟~〕:[《集韻》章移切,平支,章。]象聲詞。[按][⊂ki]爲白讀,文讀爲[⊂tsi]。咟吱,今一般寫作"哔叽"(用精梳毛紗織製的一種素色斜紋毛織物。呢面光潔平整,紋路清晰,質地较厚而軟,緊密適中,懸垂性好)。原注"咟~",大版式本、樋新編本正確,廖新校增本誤改作"聲也",其餘諸本多誤作"嗔~"。

㉚ 綦〔蒼艾色〕:[《廣韻》渠之切,平之,羣。]指蒼白色或青黑色。《逸周書·王會》:"天玄駈宗馬十二,玉玄繚璧綦十二。"朱右曾校釋:"綦,帛蒼艾色。"[按]調不合,應歸下平。

㉛ 鸂〔~鶒:水鳥〕:【集韻】牽奚切。鸂鶒,水鳥。[按]聲、韻不合,應歸氣母西韻。原注"鸂鶒",除廖新校增本改作"鸂鷘"("鶒"、"鷘"均爲"鶆"之異體)外,其餘諸本皆誤作"~鵝"。

㉜ 圮〔覆也;壞也〕:[《廣韻》符鄙切,上旨,並。]毀壞;坍塌。《書·咸有一德》:"祖乙圮于耿 。"孔傳:"河水所毀曰圮。"[按]聲、調不合,應歸邊母下上。

㉝ 踦〔脛也;蹇也〕:【中華大字典】踦,舉綺切。脛也;蹇也。[按]原注"蹇",除廖新校增本外,其餘諸本皆誤作"塞",因《字彙》而誤。【字彙】居里切,音紀。脛也;塞也。

㉞ 攱〔閣藏食物〕:[《廣韻》過委切,上紙,見。]擱置。《淮南子·時則訓》"〔夏〕行冬令,格",(漢)高誘注:"格,攱也。象冬斷刑,恩澤致格不得下。"[按]韻不合,應歸飛韻。

㉟ 跽〔長跪也〕:[《廣韻》暨几切,上旨,羣。]兩膝着地,上身挺直。《莊子·人間世》:"擎跽曲拳,人臣之禮也。"(清)王先謙集解引(清)宣穎曰:"擎,執笏。跽,長跪。曲拳,鞠躬。"[按]調不合,應歸下上。

㊱ 髻〔總髮爲~〕:[《廣韻》古詣切,去霽,見。]在頭頂或腦後盤成各種形狀的髮髻。《後漢書·馬廖傳》:"長安語曰:'城中好高髻,四方高一尺。'"[按]韻不合,應歸西韻。今泉變讀[kəᵓ]。

㊲ 廄〔馬~〕:【集韻】居又切。馬舍也。[按]韻不合,應歸秋韻。

㊳ 痣〔解,黑~〕:[《廣韻》職吏切,去志,章。]人體皮膚所生的有色的斑點或小疙瘩。《梁書·皇后傳·高祖丁貴嬪》:"初,貴嬪生而有赤痣在左臂,治之不滅。"[按][kiᵓ]爲白讀,文讀爲[tsiᵓ](參見争母下去)。今泉讀音同。

㊴ 吉〔正,祥也:~凶〕:[《廣韻》居質切,入質,見。]善;美。《書·盤庚上》:"汝不和吉言于百姓,惟汝自生毒。"(唐)孔穎達疏:"責公卿不能和喻善言於百官……是公卿自生毒害。"[按][kiʔ꜇]爲帶有方言腔的官話讀法,今泉仍有人這樣讀。

㊵ 甲〔正,長也〕:【字彙】古洽切,音夾……又長也。《詩·衛風》能不我甲。言其才能不足以長於我也。[按]此處讀音[kiʔ꜇]存疑。雖《韻補》"葉,訖立切,音急。揚雄《長楊賦》今樂遠出以露威靈,數動搖以疲車甲",但義不合。今泉讀[kap꜇/kaʔ꜇]。

<table>
<tr><th rowspan="2">聲
韻
調</th><th colspan="4">36　基 i/iʔ</th></tr>
<tr><th>下平⅄[24]</th><th>下上˧[22]</th><th>下去˩[41]</th><th>下入⅄[24]</th></tr>
<tr><td>柳 l</td><td>尼〔聖人字;又和也〕　籬〔竹~;菊~〕
篱〔笊~:竹杓〕　縭〔綏也;帶也〕
藜〔草似蓬爲杖〕①
䨻〔風而雨土曰~〕②　嫠〔寡婦也〕
酟〔~酟:乳腐名〕　纚〔綏也〕
蘺〔蒺~:藥名〕③　狸〔狐~〕
鸝〔黄鶯;倉庚〕　褵〔褘也;又衣帶〕
驪〔馬純黑色〕
离〔明也;又猛獸也〕④
螭〔似蛟無角〕⑤　呢〔言不了也〕
氂〔牛尾也;又十毫爲~〕⑥
釐〔理也;予也〕⑦　怩〔忸~:心慙〕
㒧〔忮~:多端也〕
犂〔雜色牛也;又耕具〕⑧　漓〔淋~〕
棃〔果名〕⑨　梨〔同上〕⑩
黎〔~民:黑髪之民〕⑪　貍〔狐~〕
離〔别~:卦名〕</td><td>○</td><td>吏〔治人也〕　涖〔臨也;治也〕
莅〔同上〕　痢〔瀉也〕
㤡〔惡~:恐人也〕⑫</td><td>裂〔解,物~也〕</td></tr>
<tr><td>邊 p</td><td>脾〔屬土,在胃下,主化穀也〕
琵〔~琶〕　羆〔獸似熊〕
枇〔~杷:果名〕　郫〔地名〕
毗〔厚也;輔也〕　犘〔使牛聲〕
蚍〔~蜉:大蟻〕⑬
膍〔厚也;又牛百葉也〕
陴〔城上女牆〕　痺〔鳥名〕⑭
肶〔同脾〕　貔〔猛獸〕</td><td>陛〔升堂之階級也〕⑮
婢〔奴~;女~〕
跛〔有司~倚以臨祭〕⑯
詖〔險~:不平之言;又辟也〕⑰
敝〔毁也〕⑱
梐〔行馬〕⑲</td><td>備〔具也;足也〕　庇〔廕也〕⑳
髩〔弦也〕㉑
鼻〔口~:引氣也〕㉒
避〔逃也;避也〕　辟〔同上〕
賁〔飾也〕㉓
毖〔勞也;謹也〕㉔
潷〔水名〕㉕　奰〔壯大也;怒也〕
贔〔有力也〕　駜〔馬肥〕
轡〔馬~〕㉖　鄪〔魯邑名〕㉗
臂〔自肘下至腕曰~〕㉘
痹〔脚冷濕病〕㉙　疪〔同上〕
葡〔具也〕㉚　敝〔敗衣也〕㉛
弊〔困也;敗壞也〕㉜
芆〔劈麻苧~頭也〕㉝
濞〔涕也〕㉞　泌〔水侠流也〕㉟</td><td>弼〔正,良~〕㊱</td></tr>
</table>

（續表）

聲韻調	36 基 i/iʔ			
	下平⅄[24]	下上˨[22]	下去˩[41]	下入⅄[24]
求 k	奇〔異也；詭～〕 岐〔山名〕 頎〔長貌〕 琦〔瑋～：玉名〕 沂〔土，水出泰山〕 祁〔大也；衆也〕 祈〔禱也；告也；求福也〕 麒〔～麟：仁獸〕 軝〔車長轂也〕㊲ 酟〔酸～：乳腐名〕㊳ 䓫〔祥鳥〕㊴ 衹〔大也：地～；又適也〕㊵ 騎〔跨馬也〕 騏〔馬青黑色〕 旂〔交龍爲～〕 旗〔熊虎爲～〕 𣪠〔弓硬也〕 祺〔吉也〕 𣏌〔木別生也〕 祇〔同衹〕㊶ 碕〔曲岸頭〕㊷ 琪〔玉也〕 鬐〔馬項上鬣〕 帆〔伊～：天子號〕 其〔指物之辭〕 淇〔水名〕 錡〔三足釜也〕	技〔藝也；巧也〕㊸ 妓〔女樂也〕㊹	記〔～，書也，誌也〕㊺ 冀〔欲也；望也〕㊻ 兾〔同上，俗字〕 旣〔小食也；盡也〕㊼ 既〔已也，同上〕 瘈〔狂也〕㊽ 畁〔舉也〕㊾ 刉〔刲也〕㊿ 覬〔～覦：希幸也〕51 忌〔畏也；怨也；又～諱〕 彑〔彙頭〕52 旡〔飲食逆氣〕53 驥〔千里馬也〕54 驥〔同上，俗字〕 溉〔灌也〕55 芰〔水果四角曰～〕 萁〔草名〕56 蔇〔至也〕57 薊〔幽州〕58	及〔正，逮也〕59

【校注】

① 藜〔草似蓬爲杖〕：［《廣韻》郎奚切，平齊，來。］稱灰藋、灰菜。一年生草本植物。嫩葉可食，老莖可爲杖。《左傳・昭公十六年》："斬之蓬、蒿、藜、藋，而共處之。"［按］韻不合，應歸西韻。因《字彙》所注同音字而誤。【字彙】鄰溪切，音離。草似蓬……初生可食，大可爲杖。

② 霾〔風而雨土曰～〕：［《廣韻》莫皆切，平皆，明。］飛沙蔽天、日色無光貌。《爾雅・釋天》："風而雨土爲霾。"（宋）邢昺疏引（三國・魏）孫炎曰："大風揚塵土從上下也。"《詩・邶風・終風》："終風且霾，惠然肯來。"毛傳："霾，雨土

也。”[按]聲、韻不合,應歸文母開韻。[꜀li]音來自《字彙》。【字彙】霾,謨皆切,音埋。《釋名》風而雨土曰霾……又叶鄰溪切,音離。

③ 蔾〔蒺~:藥名〕:[《廣韻》郎奚切,平齊,來。]同“藜”。蒺藜。《易·困》:“困于石,據于蒺蔾。”[按]韻不合,應歸西韻。因《字彙》所注同音字而誤。【字彙】鄰溪切,音離。蒺蔾。

④ 离〔明也;又猛獸也〕:【康熙字典】《韻會》鄰知切。同“離”。明也;麗也。【集韻】鄰知切。山神,獸也。

⑤ 螭〔似蛟無角〕:[《廣韻》丑知切,平支,徹。]古代傳説中無角的龍。《楚辭·九歌·河伯》:“乘水車兮荷蓋,駕兩龍兮驂螭。”(漢)王逸注:“驂駕螭龍。”[按]聲、調不合,應歸他母上平。

⑥ 氂〔牛尾也;又十毫爲~〕:【字彙】鄰溪切,音離。牛尾也。牛曰犛,尾曰氂……又十毫曰氂。别作“釐”,理也。

⑦ 釐〔理也;予也〕:【集韻】陵之切。《説文》全家福也。一曰理也。[按]“釐”爲多音多義字,“給予”義的“釐”不讀“陵之切”。【集韻】落蓋切。《説文》賜也。應歸開韻下去。

⑧ 犂〔雜色牛也;又耕具〕:[按]韻不合,應歸西韻。因《字彙》所注同音字而誤。【字彙】鄰溪切,音離。牛駁文;又耕具;又耕也。

⑨ 棃〔果名〕:[按]傳統辭書查無此字,應爲“梨”或“棃”的訛字。【集韻】棃,鄰題切。果名,或作“梨”。除廖新校增本改作“棃”外,其餘諸本皆誤。韻不合,應歸西韻。

⑩ 棃〔同上〕:[按]韻不合,應歸西韻。因《字彙》所注同音字而誤。【字彙】鄰溪切,音離。果名。

⑪ 黎〔~民:黑髮之民〕:[《廣韻》郎奚切,平齊,來。]衆;衆多。《詩·大雅·桑柔》:“民靡有黎,具禍以燼。”毛傳:“黎,齊也。”(唐)孔穎達疏:“黎,衆也。衆民皆然,是齊一之義。”[按]韻不合,應歸西韻。

⑫ 㑩〔惡~;恐人也〕:【集韻】力制切。驚也。[按]韻不合,應歸西韻。因《字

彙》注音而誤。【字彙】力至切,音利。恐懾;又恐人也。

⑬ 蚍〔~蜉：大蟻〕：[按]原注“~蜉：大蟻”,樋新編本誤作“蜉：大蟻”。

⑭ 痺〔鳥名〕：[《廣韻》府移切,平支,幫。]鳥名。《爾雅·釋鳥》：“鶅鵖：其雄鵲,牝痺。”[按]調不合,應歸上平。

⑮ 陛〔升堂之階級也〕：[《廣韻》傍禮切,上薺,並。]臺階。《墨子·備城門》：“陛高二尺五,廣長各三尺,遠廣各六尺。”[按]韻不合,應歸西韻。

⑯ 跛〔有司~倚以臨祭〕：[《廣韻》彼義切,去寘,幫。]站立時重心偏於某一足上。古時認爲是一種不恭敬的舉止。《禮記·曲禮上》：“遊毋倨,立毋跛。”(漢)鄭玄注：“跛,偏任也。”[按]調不合,應歸上去。

⑰ 詖〔險~：不平之言；又辟也〕：[《廣韻》彼義切,去寘,幫。]偏頗;不正。《説文·言部》：“詖,古文以爲頗字。”(南朝·宋)謝靈運《佛影銘》：“動不傷寂,行爲乖止。曉爾長夢,貞爾沈詖。”[按]調不合,應歸上去。

⑱ 軙〔毀也〕：“鞁”的異體字。【廣韻】鞁,補米切。鞁敀,毀也。[按]調不合,應歸上平。

⑲ 梐〔行馬〕：[《廣韻》傍禮切,上薺,並。]參見“梐枑”。【梐枑】用木條交叉製成的柵欄,置於官署前遮攔人馬。又稱行馬。《周禮·天官·掌舍》：“掌王之會同之舍,設梐枑再重。”(漢)鄭玄注引(漢)杜子春曰：“梐枑,謂行馬。”[按]韻不合,應歸西韻。

⑳ 庇〔廕也〕：[《廣韻》必至切,去至,幫。]遮蔽;覆蓋。《左傳·文公七年》：“葛藟猶能庇其本根。”(唐)杜甫《茅屋爲秋風所破歌》：“安得廣廈千萬間,大庇天下寒士俱歡顔。”[按]調不合,應歸上去。

㉑ 彏〔弶也〕：【集韻】蒲計切。弶也。[按]韻不合,應歸西韻。

㉒ 鼻〔口~：引氣也〕：[《廣韻》毗至切,去寘,並。]呼吸兼嗅覺的器官。《易·噬嗑》：“噬膚滅鼻。”[按]今泉通常讀送氣[pʻi⊇]。

㉓ 賁〔飾也〕：[《廣韻》彼義切,去寘,幫。]文飾;裝飾。《易·賁》：“賁其趾,舍車而徒。”高亨注：“‘賁其趾’者,謂文其足也。”[按]調不合,應歸上去。

㉔ 毖〔勞也;謹也〕:[《廣韻》兵媚切,去至,幫。]1. 謹慎;戒慎。《書·畢命》:“惟周公左右先王,綏定厥家,毖殷頑民,遷于洛邑 。”(唐)孔穎達疏:“慎彼殷之頑民,恐其或有叛逆,故遷於洛邑。”……3. 勞苦。《書·大誥》:“無毖于恤。”(唐)孔穎達疏:“言無勞于征伐之憂也。”[按]調不合,應歸上去。

㉕ 獘〔水名〕:【字彙】必至切,音避。水名。[按]調不合,應歸上去。

㉖ 轡〔馬~〕:[《廣韻》兵媚切,去至,幫。]駕馭馬的繮繩。《詩·邶風·簡兮》:“有力如虎,執轡如組。”(宋)朱熹集傳:“轡,今之韁也。”[按]調不合,應歸上去。

㉗ 鄪〔魯邑名〕:[《廣韻》兵媚切,去至,幫。]古邑名。春秋魯邑。在今山東省費縣境。[按]調不合,應歸上去。

㉘ 臂〔自肘下至腕曰~〕:[《廣韻》卑義切,去寘,幫。]胳膊。《左傳·襄公十四年》:“公孫丁授公轡而射之,貫臂。”[按]調不合,應歸上去。

㉙ 痹〔腳冷濕病〕:[《廣韻》必至切,去至,幫。]中醫指風、寒、濕侵襲肌體導致肢節疼痛、麻木、屈伸不利的病症。《素問·痺論》:“黄帝問曰:‘痺之安生?’岐伯對曰:‘風、寒、濕三氣雜至,合而爲痺也。’”[按]調不合,應歸上去。

㉚ 葡〔具也〕:【集韻】平祕切。《説文》具也。[按]調不合,應歸上去。

㉛ 敝〔敗衣也〕:[《廣韻》毗祭切,去祭,並。]破爛;破舊。《易·井》:“甕敝漏。”[按]韻不合,應歸西韻。

㉜ 獘〔困也;敗壞也〕:[《廣韻》毗祭切,去祭,並。]死亡;滅亡。《説文·犬部》:“《春秋傳》曰:‘與犬,犬獘。’”[按]韻不合,應歸西韻。

㉝ 菝〔劈麻苧~頭也〕:【康熙字典】《篇海》兵媚切,音祕。劈麻苧菝頭也。[按]調不合,應歸上去。

㉞ 濞〔涕也〕:[《廣韻》匹備切,去至,滂。]象聲詞。《文選·宋玉〈高唐賦〉》:“濞洶洶其無聲兮,潰淡淡而並入。”(唐)李善注引《字林》:“濞,水暴至聲也。”[按]聲、調不合,應歸普母上去。傳統辭書上查無“涕”義。

㉟ 泌〔水俠流也〕:[《廣韻》兵媚切,去至,幫。]泉水涓流貌。亦指涓流之泉

水。《詩·陳風·衡门》:"衡門之下,可以棲遲。泌之洋洋,可以樂飢。"(唐)孔穎達疏:"泌者,泉水涓流不已。"[按]調不合,應歸上去。

㊱ 弼〔正,良~〕:[《廣韻》房密切,入質,並。]指輔佐天子的大臣。《書·益稷》:"惟幾惟康,其弼直。"孔傳:"念慮幾惟,以保其安,其輔臣必用直人。"[按][pi/꜂]爲帶有方言腔的官話讀法,今泉仍有人這樣讀。

㊲ 軝〔車長轂也〕:[《廣韻》巨支切,平支,羣。]車轂兩端有皮革裝飾的部分。《詩·小雅·采芑》:"方叔率止,約軝錯衡,八鸞瑲瑲。"毛傳:"軝,長轂之軝也,朱而約之。"(唐)孔穎達疏:"言'朱而約之',謂以朱色纏束車轂以爲飾。"【集韻】翹移切。《説文》車長轂之軝也。[按]原注不確。【字彙】渠宜切,音奇。車長轂也……轂之旁出者爲軝。

㊳ 酟〔酦~:乳腐名〕:【字彙】渠宜切,音其。酦酟,乳腐名。【康熙字典】《五音集韻》章移切,音支。乳腐名。[按]"渠宜切"之"酟",唯見【字彙】。

㊴ 祈〔祥鳥〕:[按]重收(本韻)。傳統辭書查無"祥鳥"義。"祥鳥"疑爲"~祥"之誤。【漢語大詞典】【祈祥】烹羊以祭。古代祭山的一種祭儀。《管子·國准》:"立祈祥以固山澤。"《管子·輕重甲》:"此之謂設之以祈祥,推之以禮義也。"參見"祈羊"。【祈羊】烹羊以祭。古代祭山的一種祭儀。《管子·形勢》:"山高而不崩,則祈羊至矣;淵深而不涸,則沈玉極矣。"

㊵ 祇〔大也:地~;又適也〕:[《廣韻》巨支切,平支,羣。]1. 地神。(漢)揚雄《甘泉賦》:"集虖禮神之囿,登乎頌祇之堂。"(唐)顏師古注:"地神曰祇。"2. 大。[按]"祇"爲多音多義字,"適"義與"大"義不同音,應歸争母基韻上平。祇,[《集韻》章移切,平支,章。]適;恰。《詩·小雅·我行其野》:"成不以富,亦祇以異。"毛傳:"祇,適也。"(清)陳奐傳疏:"成,即誠之假借字……馬習《毛詩》,訓祇爲詞,與傳訓祇爲適,其義相通。"

㊶ 衹〔同祇〕:【漢語大詞典】用同"祇"。(唐)韓愈《與孟尚書書》:"天地神衹,昭布森列。"

㊷ 碕〔曲岸頭〕:[《廣韻》渠羈切,平支,羣。][《廣韻》渠希切,平微,羣。]曲折

的河岸。（漢）袁康《越絶書・荆平王内傳》:“漁者知其非常人也,欲往渡之,恐人知之,歌而往過之曰:‘日昭昭,侵已施,與子期甫蘆之碕。’”（漢）揚雄《羽獵賦》:“探巖排碕,薄索蛟螭。”《文選・謝靈運〈富春渚〉詩》“臨圻阻參錯”,（唐）李善注引《埤蒼》:“碕,曲岸頭也。碕與圻同。”【玉篇】渠衣切。曲岸頭。【字彙】渠宜切,音奇。曲岸頭。［按］原注“曲岸頭”,除廖新校增本改作“曲岸”外,其餘諸本皆誤作“石岸頭”。

㊸ 技〔藝也;巧也〕:［《廣韻》渠綺切,上紙,羣。］才能;技巧。《書・秦誓》:“如有一介臣,斷斷猗無他技,其心休休焉,其如有容。”《禮記・王制》:“凡執技以事上者,祝、史、射、御、醫、卜及百工。”《後漢書・文苑傳下・邊讓》:“築乾谿之室,窮木工之技。”（唐）李賢注:“技,巧也。”［按］今泉俗讀作［꜀ki］。

㊹ 妓〔女樂也〕:［《廣韻》渠綺切,上紙,羣。］歌舞女藝人。（唐）韓愈《順宗實録二》:“癸酉,出後宮并教坊女妓六百人。”（宋）張邦幾《侍兒小名録・拾遺》:“真娘,吳中樂妓,墓在虎丘山路傍。”［按］今泉俗讀作［꜀ki］。

㊺ 記〔~,書也;誌也〕:［《廣韻》居吏切,去志,見。］不忘;把印象保持在腦中。《書・益稷》:“撻以記之。”孔傳:“笞撻不是者,使記識其過。”［按］調不合,應歸上去。

㊻ 冀〔欲也;望也〕:［《廣韻》几利切,去至,見。］1. 企圖;非分地謀求。《左傳・僖公三十三年》:“鄭有備矣,不可冀也。”（三國・魏）嵇康《釋私論》:“公私交顯,則行私者無所冀,而淑亮無所負矣。行私者無所冀,則思改其非。”2. 希望;盼望。《楚辭・離騷》:“冀枝葉之峻茂兮,願竢時乎吾將刈。”［按］調不合,應歸上去。

㊼ 旣〔小食也;盡也〕:同“既”。既,［《集韻》居氣切,去未,見。］亦作“旣”。1. 食盡。指日全食或月全食。《左傳・桓公三年》:“秋七月壬辰朔,日有食之,既。”楊伯峻注:“既,盡也。日全食也。”2. 窮盡;終盡。《莊子・應帝王》:“吾與汝既其文,未既其實。”（唐）成玄英疏:“既,盡也。”［按］調不合,應歸上去。

㊽ 瘈〔狂也〕:【集韻】吉詣切。狂也。【字彙】吉器切,音記。狂也。《左

傳》國人逐瘈狗。[按]據《集韻》,韻、調不合,應歸西韻上去;據《字彙》,調不合,應歸上去。

㊾ 畁〔舉也〕:【集韻】吉詣切。《説文》舉也。[按]韻、調不合,應歸西韻上去。“畁”,諸本皆誤作“畀”。

㊿ 刉〔刲也〕:【字彙】刉,同“钊”。【集韻】钊,其既切。刲也。[按]原注“刲”,大版式本、文德堂本、會文書莊本、市圖善本均誤作“封”。

51 覬〔~覦:希幸也〕:[《廣韻》几利切,去至,見。]希望;企圖。《楚辭·九辯》:“事亹亹而覬進兮,蹇淹留而躊躇。”[按]調不合,應歸上去。

52 彑〔彙頭〕:【字彙】吉器切,音季。彙頭。【集韻】居例切。《説文》豕之頭,象其鋭而上見也。[按]韻、調不合,應歸西韻上去。據《字彙》,調不合,應歸上去;據《集韻》,韻、調不合,應歸西韻上去。

53 旡〔飲食逆氣〕:[《集韻》居氣切,去未,見。]飲食引起的氣逆哽塞。《説文·旡部》:“旡,飲食氣屰不得息曰旡。”徐灝注箋:“飲食氣屰蓋哽咽之義。”【廣韻】居豙切。飲食逆氣不得息也。[按]調不合,應歸上去。原注“飲食逆氣”,除廖新校增本改作“飲食氣逆”外,其餘諸本皆誤作“飲食迎氣”。

54 驥〔千里馬也〕:[《廣韻》几利切,去至,見。]駿馬。《論語·憲問》:“驥不稱其力,稱其德也。”[按]調不合,應歸上去。

55 漑〔灌也〕:[《廣韻》古代切,去代,見。][《集韻》居氣切,去未,見。]灌漑;澆灌。《史記·河渠書》:“西門豹引漳水漑鄴,以富魏之河内。”[按]調不合,應歸上去。

56 葟〔草名〕:【集韻】官吏切。艸名。[按]調不合,應歸上去。

57 蔇〔至也〕:[《集韻》居氣切,去未,見。]及;至。《左傳·隱公六年》:“善鄭以勸來者,猶懼不蔇,况不禮焉。”楊伯峻注:“蔇同‘暨’,及也,至也。”[按]調不合,應歸上去。

58 薊〔幽州〕:[《廣韻》古詣切,去霽,見。]多年生草本植物。有大薊、小薊兩種。大薊莖高四五尺,小薊莖高僅尺餘。全草可供藥用,嫩葉和莖皆可食,亦可作飼料。《爾雅·釋草》:“朮,山薊。”(晉)郭璞注:“《本草》云:朮,一名山薊。今朮似薊而生山中。”[按]韻、調不合,應歸西韻上去。

59 及〔正,逮也〕:[《廣韻》其立切,入緝,羣。]追上;趕上。《論語·顔淵》:“子貢曰:‘惜乎!夫子之説君子也。駟不及舌。’”[按][kiʔ꜄]爲帶有方言腔的官話讀法,今泉仍有人這樣讀。

聲韻調	36 基 i/iʔ			
	下平ʎ^{24}	下上⊣^{22}	下去˩^{41}	下入ʎ$^{\underline{24}}$
求 k	僟〔謹也〕 㑟〔參差也〕① 譏〔語相戲也〕 谿〔澗也〕② 溪〔同上，~圳〕 枝〔解，樹~〕③ 羈 羇〔同俗，羈字〕 禨〔祥也；又祟也〕 雞〔知時畜，能叫更〕④ 肌〔~膚〕	○	諠〔許也〕⑤	戛〔正，戟也：大~〕⑥
氣 k‘	欺〔詐也；妄也〕 䫏〔~頭〕 崎〔~嶇：險也〕 僛〔~~：醉舞貌〕 攲〔扱取也〕 䱦〔禮器〕 𨀉〔~䟁：不正也〕 敧〔傾低，不正〕 攲〔~斜〕 犄〔牛名〕	起〔興~；早~〕 屺〔山有草木〕⑦ 豈〔焉也，反語之辭〕 綺〔細綾也；繒也〕 杞〔柳屬；又枸~：藥名〕 芑〔藥草〕 棨〔~戟：兵欄也〕⑧ 玘〔佩玉〕 綮〔戟衣；信也〕⑨ 繁〔同上〕 芑〔白梁粟；又草名〕 齒〔解，嘴~〕 荳〔菜名〕 裿〔衣好貌〕	器〔~皿；~具；~量；~品〕 飽〔食怒也〕 䊭〔多也〕	乞〔正，求也〕⑩ 缺〔正，失也〕⑪
地 t	知〔~識；覺也〕 蜘〔~蛛〕 䵷〔同上〕 茹〔~母：藥名〕	諟〔言也〕 底〔下也〕 弤〔弓名〕 觝〔觸也〕 詆〔訶也〕 邸〔舍也〕 砥〔磨石也〕 牴〔相觸也〕 薙〔芟草〕 坻〔隴也〕 坻〔同上〕 抵〔觸也；大~〕 疷〔同疷〕⑫ 觗〔~觸〕⑬ 堤〔壅也〕⑭ 䟡〔隱也〕 疷〔滯之病也〕⑮	智〔心所知也〕 值〔遇也；當也〕⑯ 滯〔沉~：留也〕⑰ 知〔同智：~識〕	質〔正，~朴〕⑱ 滴〔水~〕

（續表）

聲韻調	36 基 i/iʔ			
	下平˨˦ 24	下上˨ 22	下去˦˩ 41	下入˨˦ 24（短）
普 p‘	披〔旁持曰~;開也;散也〕 批〔准也;示也〕 丕〔姓也〕 駓〔馬黃白色〕 坯〔未燒陶瓦〕⑲ 丕〔大也〕 伾〔有力也;山名〕 鉟〔旂名〕 秛〔禾租〕 秠〔黑黍種也〕	痞〔氣隔不通也〕⑳ 否〔不善也;又卦名〕㉑ 鄙〔劣也;陋也〕㉒ 啚〔嗇也〕㉓ 庀〔毀也〕㉔	譬〔~諭〕	匹〔正,偶也〕㉕
普 p‘	翍〔張羽也〕 旇〔開張也〕 邳〔下~: 地名〕	嚭〔人名〕 仳〔離也〕 訛〔具也〕㉖ 庀〔治也〕 嚭〔大也〕 圮〔毀也〕㉗	○	㊅ 㕡㉘
他 t‘	笞〔捶擊也〕 梯〔正,階~也〕 摛〔布也;舒也〕 鴟〔~鴞: 惡鳥〕㉙ 雎〔怪鳥〕㉚ 瞝〔歷視也〕 絺〔葛之細者〕 褫〔土,革也〕㉛ 螭〔似蛟無角〕 癡〔~癃: 不達之貌〕㉜	耻〔俗恥字〕 體〔正,身~〕 搋〔析也〕㉝ 褫〔同上〕㉞ 恥〔慙也;辱也〕 醍〔酒赤色也〕㉟ 鬀〔削也〕 杝〔~棺: 椑也〕㊱ 恀〔恃也〕㊲ 庢〔廣也〕㊳	替〔正,衰也〕	剔〔正,削去毛也〕㊴ 鐵〔解,銅~〕
争 ts	支〔~持;分也〕㊵ 之〔適也;語助也;有所指也〕 骪〔~膚〕㊶	趾〔足也〕 阯〔交~: 郡名〕 黹〔刺繡〕 祉〔福也;喜也〕 只〔語辭〕 汷〔水名〕 咫〔~尺〕 尺〔同上〕㊷ 晧〔訐也〕㊸ 枳〔似橘有刺〕 沚〔小渚也〕 夂〔從後至也〕㊹ 扺〔側手擊也〕	志〔心之所之也;又記也〕	接〔土解,相~〕

【校注】

① 庈〔參差也〕:【廣韻】巨支切。參差也。[按]調不合,應歸下平。

② 谿〔澗也〕:[《廣韻》苦奚切,平齊,溪。]1. 深山中不與外界相通的溝瀆。2. 山間的水流。《左傳·隱公三年》:"澗谿沼沚之毛,蘋蘩蘊藻之菜……可薦於鬼神,可羞於王公。"(晉)杜預注:"谿,亦澗也。"[按]聲、韻不合,應歸氣母西韻。因《字彙》所注同音字而誤。【字彙】牽雞切,音欺。水注川曰谿。(晉)杜預曰:"澗也。"

③ 枝〔解,樹~〕:[《廣韻》章移切,平支,章。]植物主幹旁生的莖條。《詩·檜風·隰有萇楚》:"隰有萇楚,猗儺其枝。"[按][꜀ki]爲白讀,今泉讀音同。

④ 雞〔知時畜,能叫更〕:[《廣韻》古奚切,平齊,見。]家禽之一種。品種極多。《書·牧誓》:"牝雞無晨。牝雞之晨,惟家之索。"[按]韻不合,應歸西韻。因《字彙》所注同音字而誤。【字彙】堅雞切,音幾。《説文》知時畜。

⑤ 䛅〔許也〕:【集韻】几利切。許也。[按]"䛅",樋新編本誤作"䛅"。

⑥ 戛〔正,戟也;大~〕:[《廣韻》古黠切,入黠,見。]戟。《説文·戈部》:"戛,戟也。"[按][kiʔ꜆]爲帶有方言腔的官話讀法,但韻不合。今泉無此讀法。

⑦ 屺〔山有草木〕:[《廣韻》墟里切,上止,溪。]不長草木的山。《説文·山部》:"屺,山無草木也。"【説文解字注】(屺)山無屮木也。"無"當作"有"。《詩·魏風·陟岵》:"陟彼屺兮,瞻望母兮。"毛傳:"山有草木曰屺。"

⑧ 棨〔~戟:兵欄也〕:[《廣韻》康禮切,上薺,溪。]有繒衣的戟。爲古代官吏出行時用作前導的一種儀仗。《漢書·韓延壽傳》:"延壽衣黄紈方領,駕四馬,傅總,建幢棨,植羽葆,鼓車歌車。"(唐)顔師古注:"棨,有衣之戟也。其衣以赤黑繒爲之。"[按]韻不合,應歸西韻。因《字彙》注音而誤。【字彙】區里切,音起。棨戟,兵欄也。

⑨ 綮〔戟衣;信也〕:同⑧棨。

⑩ 乞〔正,求也〕:[《廣韻》去訖切,入迄,溪。]求討;祈求;請求。《左傳·定公

二年》:“邾莊公與夷射姑飲酒,私出。閽乞肉焉,奪之杖以敲之。”[按][k‘iʔ꜀]爲帶有方言腔的官話讀法,今泉仍有人這樣讀。

⑪ 缺〔正,失也〕:[《廣韻》傾雪切,入薛,溪。]1. 破損;殘缺。《詩·豳風·破斧》:“既破我斧,又缺我斨。”……12. 短少。《醒世恒言·施潤澤灘闕遇友》:“今因缺了桑葉,再往洞庭山去買。”[按]“缺”讀[k‘iʔ꜀],符合泉州話文、白對應規律,應屬白讀,並非帶有方言腔的官話讀法。“缺”,大版式本誤作“鈌”,其餘諸本誤作“缺”,唯樋新編本無誤。

⑫ 疧〔同疷〕:[按]原注“同疷”,樋新編本誤作“月疷”。

⑬ 觝〔~觸〕:同“牴”。

⑭ 堤〔壅也〕:【集韻】典禮切。滯也。【字彙】典禮切,音邸。壅也;滯也;塞也。[按]韻不合,應歸西韻。

⑮ 疷〔滯之病也〕:【集韻】典禮切。病也。【字彙】都禮切,音邸。滯之病也。[按]韻不合,應歸西韻。

⑯ 值〔遇也;當也〕:[《廣韻》直吏切,去志,澄。]遇到;碰上。《莊子·知北遊》:“明見無值。”(唐) 成玄英疏:“值,會遇也。”[按]調不合,應歸下去。

⑰ 滯〔沉~:留也〕:[《廣韻》直例切,去祭,澄。]積聚;凝結;積壓。《周禮·地官·廛人》:“凡珍異之有滯者,斂而入于膳府。”(漢) 鄭玄注引(漢) 鄭司農曰:“謂滯貨不售者,官爲居之。”[按]調不合,應歸下去。[ti꞊]爲白讀,文讀爲[te꞊]。

⑱ 質〔正,~朴〕:[《廣韻》之日切,入質,章。][《廣韻》陟利切,去至,知。]樸實;淳樸。《論語·雍也》:“質勝文則野,文勝質則史。”[按]或聲、韻不合,應歸争母賓韻上入;或韻、調不合,應歸基韻上去。

⑲ 坯〔未燒陶瓦〕:【字彙】坯,同“坏”。又【字彙】坏,鋪杯切,音丕。未燒陶瓦。[按]今泉變讀[꜀p‘ue/꜀p‘ə],不讀[꜀p‘i]。

⑳ 痞〔氣隔不通也〕:[《廣韻》方美切,上旨,幫。]指胸腹内鬱結成塊的病。(漢) 張仲景《傷寒論·太陽病中》:“傷寒大下後,復發汗,心下痞,惡寒者,表未解也,不可攻痞,當先解表,表解乃可攻痞。”[按]聲不合,應歸邊母。今泉仍

沿用此讀[ᶜp'i]。

㉑ 否〔不善也;又卦名〕:【集韻】補美切。惡也。【字彙】補美切,音鄙。臧否;惡也;不善也。○又普弭切,批上聲。塞也;隔也;又卦名。[按]據《集韻》,聲不合,應歸邊母。但據《字彙》"否"之聲母,則有不送氣與送氣兩讀。今泉仍沿用送氣一讀[ᶜp'i/ᶜpa'i]。樋新編本原注没有"又卦名"。

㉒ 鄙〔劣也;陋也〕:[《廣韻》方美切,上旨,幫。]淺陋;低賤。《左傳・莊公十年》:"肉食者鄙,未能遠謀。"[按]聲不合,應歸邊母。今泉仍沿用此讀[ᶜp'i]。

㉓ 啚〔嗇也〕:【集韻】補美切。《説文》嗇也。[按]聲不合,應歸邊母。今泉仍沿用此讀[ᶜp'i]。

㉔ 庀〔毀也〕:【康熙字典】《字彙補》補美切。毀。

㉕ 匹〔正,偶也〕:[《廣韻》譬吉切,入質,滂。]1. 相配;相比;相當。《詩・大雅・文王有聲》:"築城伊淢,作豐伊匹。"毛傳:"匹,配也。"2. 匹敵;對手。《左傳・僖公二十三年》:"秦、晉匹也,何以卑我?"(晉)杜預注:"匹,敵也。"3. 志同道合的人;伴侣;配偶。《詩・大雅・假乐》:"無怨無惡,率由羣匹。"(漢)鄭玄箋:"循用羣臣之賢者,其行能匹耦己之心。"(唐)孔穎達疏:"其行能匹耦己之心者,謂舉事允當,與己志合也。"[按][p'i/꜀]爲帶有方言腔的官話讀法,今泉仍有人這樣讀。

㉖ 訿〔具也〕:【集韻】普弭切。言具也。

㉗ 圮〔毀也〕:【字彙】普弭切,音痞。覆也;又毀也。

㉘ ㊟奤:【漢語大詞典】1. 俗謂交媾。通常指男性主動對女性所施的性行爲。《金瓶梅詞話》第四回:"婆子駡道:'賊奤娘的小猢猴,你敢高則聲,大耳刮子,打出你去。'"2. 俗謂兩性交媾。多用作詈詞。[按]聲、韻、調皆不合,此處讀[p'iʔ꜀],實爲訓讀字,《閩南方言大詞典》第六三六頁寫作音近借字"躄"。

㉙ 鴟〔~鴞:惡鳥〕:[《廣韻》處脂切,平脂,昌。]鳶屬;鷂鷹。《詩・大雅・瞻卬》:"懿厥哲婦,爲梟爲鴟。"[按]聲不合,應歸出母。

㉚ 雎〔怪鳥〕:同㉙鴟。

㉛ 褫〔土，革也〕：【字彙】褫，同“褫”。[《廣韻》敕里切，上止，徹。][《廣韻》直離切，平支，澄。]1. 奪去或解下衣服。《易·訟》：“上九，或錫之鞶帶，終朝三褫之。”（唐）李鼎祚集解引（唐）侯果曰：“褫，解也。”《文選·謝惠連〈雪賦〉》：“顧低帷以昵枕，念解珮而褫紳。”（唐）李善注：“褫，奪衣也。”（宋）沈遘《謝春服表》：“服之不稱，寔畏詩人之譏；褫於終朝，益思《易》象之戒。”2. 泛指奪去。（金）元好問《感事》詩：“神聖定須償宿業，債家猶足褫驚魂。”參見“褫魄”。3. 革除。《宋書·謝莊傳》：“張勃進陳湯而坐以褫爵。”【集韻】陳知切。《説文》奪衣也。[按]聲、調不合，應歸地母下平。“褫”，道光本誤作“褫”；樋新編本作“褫”，與下重。

㉜ 癡〔~瘢：不達之貌〕：[《廣韻》丑之切，平之，徹。]不聰慧；愚笨。（漢）牟融《理惑論》：“聖人云：食穀者智，食草者癡，食肉者悍，食氣者壽。”[按]今泉該字有兩讀[꜀tʻi]、[꜀tsʻi]。

㉝ 搋〔析也〕：【集韻】丑豸切。析也。[按]“搋〔析也〕”，樋新編本誤作“搋〔奪也〕”（“搋”無“奪”義，當屬形、義張冠李戴），大版式本誤作“榹〔奪也〕”，道光本誤作“榹〔余也〕”，文德堂本、市圖善本誤作“榹〔杂也〕”，會文書莊本未收，廖新校增本將“搋〔奪也〕”改作“褫〔福也〕”（音不符。褫，[《廣韻》息移切，平支，心。]福）。

㉞ 褫〔同上〕：【集韻】丑豸切。奪衣也。【字彙】尺里切，音耻。奪也。[按]“褫”爲多音字，原注“同上”應指注㉝，誤，“搋”與“褫”音同義不同。樋新編本、文德堂本、會文書莊本、市圖善本誤作“褫”，大版式本誤作“褫”（《改併四聲篇海》引《搜真玉鏡》褫，醜禮切。又醜弟切。祭名。禘祭）。

㉟ 醍〔酒赤色也〕：[《廣韻》他禮切，上薺，透。]淺紅色的清酒。《禮記·禮運》：“醴醆在户，粢醍在堂，澄酒在下。”（元）陳澔集説：“粢醍即《周禮》醍齊，酒成而紅赤色也。”[按]韻不合，應歸西韻。

㊱ 杝〔~棺：椑也〕：【字彙】尺里切，音耻。杝棺，即椑也。[按]聲不合，應歸出母。因【字彙】同音字“耻”而誤。

㊲ 恀〔恃也〕：[《廣韻》尺氏切，上紙，昌。]憑藉；依賴。《爾雅·釋言》：“恀，

恃也。"《荀子·非十二子》:"儉然,恀然。"【字彙】尺里切,音恥。恃也。[按]聲不合,應歸出母。因《字彙》同音字"恥"而誤。

㊳ 庌〔廣也〕:【集韻】敞爾切。《説文》廣也。【字彙】同"庈"。【字彙】庈,尺里切,音恥。《説文》廣也。[按]聲不合,應歸出母。因《字彙》同音字"恥"而誤。

㊴ 剔〔正,削去毛也〕:同"剃"。[《集韻》他計切,去霽,透。]用刀刮去毛髮。《韓非子·顯學》:"夫嬰兒不剔首則腹痛。"[按]韻不合,應歸西韻上去。[tʻiʔ꜆]爲帶有方言腔的官話讀法,今泉仍有人這樣讀。

㊵ 支〔~持;分也〕:[《廣韻》章移切,平支,章。]3. 一本旁出或一源而分流;分支。《詩·大雅·文王》:"文王孫子,本支百世。"毛傳:"本,本宗也;支,支子也。"……7. 支撑;維持。《左傳·定公元年》:"天之所壞,不可支也;衆之所爲,不可奸也。"[按][꜀ki]爲白讀,今泉同。

㊶ 肌〔~膚〕:同"肌"。

㊷ 尺〔同上〕:[按]原注"同上"(即同"咫"),但"尺"、"咫"二字音不同。疑應作"呎"。【漢語大詞典】呎,同"咫"。(宋)蘇舜欽、蘇舜元《丙子仲冬紫閣寺聯句》:"昏明呎尺變,身世逗留增。"

㊸ 詣〔訐也〕:【集韻】軫視切。《説文》訐也。[按]原注除樋新編本、廖新校增本正確外,其餘諸本皆誤作"詳也"。

㊹ 夂〔從後至也〕:[《廣韻》豬几切,上旨,知。]從後送到。《説文·夂部》:"夂,從後至也。象人兩脛,後有致之者。"(清)段玉裁注:"至,當作致;致,送詣也。"【字彙】諸氏切,音止。從後至也。[按]據《廣韻》反切,聲不合,應歸地母。

聲韻調	36　基 i/iʔ			
	下平˨˦^{24}	下上˨^{22}	下去˦˩^{41}	下入˨˦^{24}
求 k	棊〔圍~〕　棋〔同上〕 碁〔同上〕　蚔〔土蝱也〕 耆〔八十曰~;又指也〕 萁〔豆幹〕　肵〔敬也〕 秖〔赤米〕　綦〔蟛~〕 祺〔吉也〕 芪〔黄~:藥名〕 蕲〔山~:當帰〕	○	忌〔~辰〕	○
氣 k'	蜞〔解,蜞~〕　蚑〔同上〕	柿〔~果〕	氣〔元~;~稟〕① 棄〔捐也:廢~〕② 弃〔同上,古字〕　憩〔息也〕③ 餂〔同上〕　跂〔坐舉足望也〕④ 企〔舉踵而望〕⑤　攲〔頃也〕⑥ 臮〔與也;及也〕⑦ 愒〔恐也〕⑧　褀〔繫也〕 跂〔同企〕　跿〔~慕也〕⑨ 盵〔姓也〕⑩　炁〔同氣〕 气〔雲~也〕⑪　洎〔及也〕⑫ 悸〔心動也;又帶下垂也〕⑬ 惎〔教也;毒也〕　罊〔皿也〕⑭ 忌〔土,憚也〕⑮　暨〔及也〕⑯	○
地 t	池〔穿地鍾水〕　蚳〔螘子〕 踟〔~蹰〕　馳〔疾驅也〕 墀〔丹~:階上地也〕 箎〔樂器:仲氏吹~〕 篪〔同上〕　鞮〔單履〕⑰ 趍〔走也〕　遲〔緩也;延~〕 篨〔~簧〕⑱ 茌〔草盛貌〕⑲　泜〔水名〕	治〔天下平也〕 雉〔野鷄長尾〕　彘〔豕也〕⑳ 庤〔具也〕　疷〔下部病〕 峙〔峻~;具也〕 擳〔持物相當〕㉑ 痔〔後病也〕 痸〔久痢也〕㉒ 稚〔同穉〕㉓ 稺〔幼小皆曰~〕 穉〔同上;又驕也〕	致〔推而極也;又造詣也〕㉔ 軰〔立也〕㉕ 置〔措~;安~;棄~〕㉖ 眡〔~滌濯也〕㉗　緻〔密也〕㉘	碟〔解,碗~〕

（續表）

聲韻調	36 基 i/iʔ			
	下平˨˦ 24	下上˨ 22	下去˦˩ 41	下入˨˦ 24
普 pʻ	疲〔勞力也;倦也〕 皮〔土,膚也;被也〕	被〔覃及也;覆~也〕㉙	嬖〔~幸: 愛也〕㉚ 睥〔~睨: 傍視也〕㉛	㊫ 㑟㉜
普 pʻ	砒〔~霜: 毒藥〕 磇〔同上〕 鈹〔兵器〕	仳〔劣也〕	辟〔同譬〕㉝ 淠〔~~; 動貌〕㉞ 鼻〔解,~目〕 屁〔下氣也〕㉟	○
他 tʻ	啼〔正,小兒哭也〕 苔〔解,青~〕	弟〔正,兄~〕㊱	地〔正,天~〕㊲ 趩〔超特也〕㊳ 滯〔敗也〕㊴	狄〔正,夷~〕㊵
争 ts	祑〔福也〕	舐〔土,以舌取食物也〕	至〔到也;極也〕㊶ 寘〔廢也〕㊷ 鋕〔銘也〕㊸ 觶〔酒器〕㊹ 輊〔軒~〕㊺ 躓〔跲也;頓也〕㊻	舌〔解,口~〕

【校注】

① 氣〔元~;~稟〕:［《廣韻》去既切,去未,溪。］1. 雲氣。《墨子・號令》:“巫祝史與望氣者,必以善言告民,以請上報守。”……16. 指人的元氣,生命力。《墨子・辭過》:“古之民未知爲飲食時,素食而分處,故聖人作,誨男耕稼樹藝,以爲民食,其爲食也,足以增氣充虛,彊體適腹而已矣。”［按］調不合,應歸上去。

② 棄〔捐也: 廢~〕:［《廣韻》詰利切,去至,溪。］抛棄。《書・大誥》:“厥考翼,其肯曰:‘予有後,弗棄基。’”孔傳:“其肯言我有後不棄我基業乎?”［按］調不合,應歸上去。

③ 憩〔息也〕:［《廣韻》去例切,去祭,溪。］休息;歇息。《舊唐書・劉總傳》:“每公退,則憩于道場。”［按］韻、調不合,應歸西韻上去。

④ 跂〔坐舉足望也〕:【字彙】去冀切,音器。垂足坐,舉足望也。原注除廖新校

增本正確、大版式本基本正確（“坐舉足望也”）外，其餘諸本皆不辭或苟簡致誤。樋新編本誤作“坐與足望也”，道光本、文德堂本、會文書莊本、市圖善本誤作“坐𡴘足𡈼也”。

⑤ 企〔舉踵而望〕：［《廣韻》去智切，去寘，溪。］踮起脚。《老子》：“企者不立，跨者不行。”《漢書・高帝紀》：“吏卒皆山東之人，日夜企而望歸。”（唐）顏師古注：“企謂舉足而竦身。”［按］調不合，應歸上去。

⑥ 跂〔頃也〕：【集韻】去智切。《説文》頃也。［按］調不合，應歸上去。

⑦ 息〔與也；及也〕：【廣韻】具冀切。及也；至也；與也。［按］大版式本等作“泉”。【中華字海】泉，“息”的譌字。見《篇海》。

⑧ 愒〔恐也〕：【集韻】去例切。恐也。［按］韻、調不合，應歸西韻上去。

⑨ 企〔~慕也〕：同“企”。

⑩ 䒗〔姓也〕：［《廣韻》去既切，去未，溪。］姓。［按］調不合，應歸上去。

⑪ 气〔雲~也〕：［《廣韻》去既切，去未，溪。］“氣”的古字。《説文》：“气，雲气也。”［按］調不合，應歸上去。

⑫ 洎〔及也〕：［《廣韻》其冀切，去至，羣。］通“暨”。和；與。《書・無逸》：“其在高宗，時舊勞于外，爰洎小人。”洎，一本作“暨”。［按］聲不合，應歸求母。

⑬ 悸〔心動也；又帶下垂也〕：［《廣韻》其季切，去至，羣。］1. 驚懼。（漢）王逸《九思・悼亂》：“惶悸兮失氣，踊躍兮距跳。”2. 心跳。《素問・氣交變大論》：“歲水太過，寒氣流行，邪害心火。民病身熱，煩心躁悸。”3. 帶下垂貌。《詩・衛風・芄蘭》：“容兮遂兮，垂帶悸兮。”（宋）朱熹集傳：“悸，帶下垂貌。”一説顫動貌。［按］聲、韻不合，應歸求母飛韻。

⑭ 噐〔皿也〕：同“器”。［按］調不合，應歸上去。

⑮ 忌〔土，憚也〕：［《廣韻》渠記切，去志，羣。］1. 憎惡；怨恨。《詩・大雅・瞻卬》：“舍爾介狄，維予胥忌。”毛傳：“忌，怨也。”……3. 顧忌；忌憚。《左傳・昭公十四年》：“己惡而掠美爲昏，貪以敗官爲墨，殺人不忌爲賊。”［按］該字今泉亦有［ki²］、［k‘i²］兩讀。

⑯ 暨〔及也〕：［《廣韻》其冀切，去至，羣。］連詞。與；及；和。《書·堯典》："帝曰：'咨，汝羲暨和。'"孔傳："暨，與也。"［按］聲不合，應歸求母。

⑰ 鞮〔單履〕：【集韻】田黎切。革履。［按］韻不合，應歸西韻。

⑱ 箷〔~簀〕：同"篪"。

⑲ 茬〔草盛貌〕：同"茌"。【集韻】仕之切。《説文》艸貌。【字彙】仕之切，音池。草盛貌。［按］聲、韻不合，應歸時母居韻。

⑳ 彘〔豕也〕：［《廣韻》直例切，去祭，澄。］猪。《孟子·盡心上》："五母雞，二母彘，無失其時，老者足以無失肉矣。"《方言》第八："豬……關東西或謂之彘，或謂之豕。"［按］韻、調不合，應歸西韻下去。因《字彙》注音而誤。【字彙】彘，直意切，音治。豕也。原注"豕也"，樋新編本誤作"豖也"。

㉑ 撴〔持物相當〕：【集韻】直利切。持物使相當也。［按］調不合，應歸下去。

㉒ 瘴〔久痢也〕：【集韻】直例切。久痢也。［按］韻、調不合，應歸西韻下去。因《字彙》注音而誤。【字彙】瘴，直意切，音治。久痢也。

㉓ 稚〔同穉〕：［《廣韻》直利切，去至，澄。］亦作"稺"。亦作"穉"。1. 晚種的糧食作物；幼禾。《詩·魯頌·閟宮》："黍稷重穋，稙稺菽麥。"毛傳："後種曰稺。"2. 幼小；年幼。《易·序卦》："物生必蒙，故受之以蒙。蒙者，蒙也，物之稺也。物稺不可不養也。"（唐）陸德明釋文："稺，本或作'稚'。"［按］調不合，應歸下去。

㉔ 致〔推而極也；又造詣也〕：［《廣韻》陟利切，去至，知。］送達；使達到。《漢書·終軍傳》："軍自請，願受長纓，必羈南越王而致之闕下。"［按］調不合，應歸上去。

㉕ 量〔立也〕：【正字通】"置"字之譌。

㉖ 置〔措~；安~；棄~〕：［《廣韻》陟吏切，去志，知。］1. 赦免；釋放。《國語·鄭語》："褒人褒姁有獄，而以爲入於王，王遂置之。"（三國·吴）韋昭注："置，赦褒姁。"2. 豁免。（明）李贄《史綱評要·後梁紀·太祖皇帝》："晉王歸晉陽，休兵行賞，命州縣舉賢才，黜貪殘，置租賦，撫孤窮。"3. 廢棄；捨棄。《國語·周語

中》:"今以小忿棄之,是以小怨置大德也。"(三國·吴)韋昭注:"置,廢也。"4. 擱置;放下。《韓非子·十過》:"子置勿復言。"《東觀漢記·趙咨傳》:"〔咨〕先至門迎盜,因請爲設食,謝曰:'老母八十,疾病須養,居貧無儲,乞少置衣糧,妻子餘物無所惜。'"……6. 設立;設置。《周禮·天官·太宰》:"三曰廢置,以馭其吏。"(清)孫詒讓正義:"《廣雅·釋詁》云:'置,立也。'鄭以此經廢置對文,廢爲退去其不能者,明置爲舉其賢者而置立之於位也。"【集韻】直吏切。樹也。

㉗ 眂〔~滌濯也〕:【集韻】都黎切。視皃。《周禮·天官·太宰》:"及執事,眂滌濯。"(漢)鄭玄注:"眂音視,本又作'視'。"[按]韻、調不合,應歸西韻上平。

㉘ 緻〔密也〕:[《廣韻》直利切,去至,澄。]細密;精密。《詩·小雅·都人士》"綢直如髮",(漢)鄭玄箋:"其情性密緻,操行正直,如髮之本末無隆殺也。"

㉙ 被〔覃及也;覆~也〕:【集韻】部靡切。寢衣。一曰及也。【字彙】部靡切,音陛。寢衣也。又毗意切,音避。覃及也;覆也;蒙被也。[按]聲不合,應歸邊母。原注據樋新編本,大版式本、道光本、文德堂本、會文書莊本、市圖善本作"覃也;覆~也",廖新校增本作"覃也;覆也",均可。

㉚ 嬖〔~幸;愛也〕:【集韻】卑義切。賤而得幸曰嬖。[按]聲、調不合,應歸邊母上去。

㉛ 睥〔~睨;傍視也〕:[《廣韻》匹詣切,去霽,滂。]視。(唐)顧況《行行遊且獵》詩:"引燭窺洞穴,凌波睥天琛。"(宋)蘇舜欽《藍田悟真寺作》詩:"貪奇戀景不知倦,側睥又復心瑟縮。"[按]韻、調不合,應歸西韻上去。

㉜ ㊕偭:[按]傳統辭書查無此字。

㉝ 辟〔同譬〕:同"譬"。【集韻】譬,匹智切。《説文》諭也。[按]調不合,應歸上去。

㉞ 淠〔~~:動貌〕:[《廣韻》匹備切,去至,滂。]參見"淠淠"。【淠淠】飄動貌。《詩·小雅·采菽》:"其旂淠淠,鸞聲嘒嘒。"毛傳:"淠淠,動也。"【字彙】匹智切,音譬。舟行貌……又淠淠,動貌。[按]調不合,應歸上去。

㉟ 屁〔下氣也〕：[《廣韻》匹寐切，去至，滂。]由肛門排出的臭氣。《儒林外史》第六回："〔嚴貢生〕剥着吃了幾片，將肚子揉着，放了兩個大屁，登時好了。"[按]調不合，應歸上去。

㊱ 弟〔正，兄~〕：[《廣韻》徒禮切，上薺，定。]稱同父母、同父或同母而後生的男子，對兄而言。《書·金縢》："武王既喪，管叔及其羣弟乃流言於國。"[按]聲不合，應歸地母。因《字彙》同音字而誤。【字彙】待禮切，題上聲。《爾雅》男子先生爲兄，後生爲弟。

㊲ 地〔正，天~〕：[《廣韻》徒四切，去至，定。]大地。與"天"相對。《易·繫辭下》："仰則觀象於天，俯則觀法於地。"[按]聲不合，應歸地母。

㊳ 趩〔超特也〕：【集韻】丑例切。《説文》超特也。[按]韻、調不合，應歸西韻上去。

㊴ 懘〔敗也〕：[《廣韻》尺制切，去祭，昌。]不流暢；不和諧。[按]聲、韻、調不合，應歸出母西韻上去。因《字彙》注音而誤。【字彙】懘，醜吏切，笞去聲。敗也。[按]聲不合，應歸地母。

㊵ 狄〔正，夷~〕：[《廣韻》徒歷切，入錫，定。]我國古代民族名。春秋前，長期活動於齊、魯、晉、衛、宋、邢等國之間，與諸國有頻繁的接觸。公元前七世纪時，分爲赤狄、白狄、長狄三部，各有支系。因爲他們主要居住在北方，故又稱北狄。[按]聲不合，應歸地母。

㊶ 至〔到也；極也〕：[《廣韻》脂利切，去至，章。]1. 到；達到。《詩·秦風·渭陽》："我送舅氏，曰至渭陽。"……9. 達到極點。《國語·越語下》："陽至而陰，陰至而陽。"（三國·吳）韋昭注："至，謂極也。"[按]調不合，應歸上去。

㊷ 寘〔廢也〕：[《廣韻》支義切，去寘，章。]1. 放置；安置。《詩·魏風·伐檀》："坎坎伐檀兮，寘之河之干兮。"毛傳："寘，置也。"……4. 棄置；放棄。《詩·大雅·生民》："誕寘之隘巷，牛羊腓字之。"[按]調不合，應歸上去。

㊸ 銡〔銘也〕：[《集韻》職吏切，去志，章。]銘記；記録。[按]調不合，應歸上去。

㊹ 觶〔酒器〕：[《廣韻》支義切，去寘，章。]古代飲酒器。圓腹，侈口，圈足，或有蓋，形似尊而小。青銅製，盛行於殷代和西周初期。陶製者多爲明器。[按]調不合，應歸上去。

㊺ 輊〔軒~〕：[《廣韻》陟利切，去至，知。]車頂前傾之貌。《詩·小雅·六月》："戎車既安，如輊如軒。"（宋）朱熹集傳："輊，車之覆而前也。"高亨注："輊，車向下俯。"[按]聲、調不合，應歸地母上去。因《字彙》注音而誤。【字彙】支義切，音至。

㊻ 躓〔跲也；頓也〕：[《廣韻》陟利切，去至，知。]跌倒；絆倒。《左傳·宣公十五年》："杜回躓而顛，故獲之。"楊伯峻注："躓，謂行時足遇阻礙而觸之也。"[按]聲、調不合，應歸地母上去。因《字彙》注音而誤。【字彙】躓，同"疐"。碍也；頓也；跲也。又【字彙】疐，支義切，音至。頓也。

聲 韻 調	36 基 i/iʔ			
	下平˨˦^{24}	下上˨˨^{22}	下去˦˩^{41}	下入˨˦$^{\underline{24}}$
争 ts	肢〔~骵〕 胑〔四~五藏〕① 脂〔膏~;胭~〕 芝〔瑞草〕 枝〔~柯;荔~〕 菑〔不耕田〕 巵〔玉~〕 巵〔酒~〕 汥〔水派流貌〕 梔〔黄~：可染〕 卮〔酒器〕 秖〔穀始熟者〕② 錙〔~銖〕 禔〔福也;安也〕 胝〔皮厚也〕③	芷〔香草;白~：藥名〕 址〔基~〕 指〔大~;手~;~示〕 旨〔美味：~趣〕 砋〔礪石〕 紙〔楮也〕 茋〔羹菜也〕 畤〔五~：祭地〕 沶〔沇也〕④ 止〔已也;至也〕 秭〔十億曰~〕 蘞〔紫芓：火草名〕⑤ 抵〔側手擊也：~掌而談〕	鷙〔猛鳥〕	摺〔土解,卷~也〕
入 dz	㊮骑⑥	○	二〔一之對〕⑦ 弍〔古二字〕 貳〔不一也〕⑧ 樲〔~棘：小棗〕⑨ 膩〔肥~〕⑩ 刵〔削也〕⑪ 聏〔和萬物也〕⑫ 聑〔神欲聽之〕⑬	㊮ 咠⑭
時 s	詩〔~以理性情〕 施〔用也;加也〕 葹〔卷~：拔心不死〕 蓍〔~草：用之以卜筮〕 鳲〔~鳩：布穀也〕 蕬〔菟~：藥名〕 吚〔呻吟也〕 螄〔螺~〕 尸〔主也;陳也〕 覗⑮ 絲⑯ 屍〔死也〕 釃〔美酒〕 邿〔地名〕 鷥〔鷺~〕	始〔初也：~終〕 矢〔箭也;直也〕 弛〔癈~：釋也〕 阤〔壞也〕 葸〔畏懼也〕 菡〔糞也〕 豕〔犬~〕⑰ 死〔解,亡也〕 枲〔麻~〕 乩〔初也〕 狏〔獸似狐〕⑱	恃〔依怙也〕⑲ 弑〔下殺上也〕 牭〔四歲牛〕 肆〔作也〕	雹〔解,~嫣〕⑳ 薛〔解,姓也〕

(續表)

聲韻調	36 基 i/iʔ			
	下平˨˦ 24	下上˨˨ 22	下去˦˩ 41	下入˨˦ 24
英 Ø	衣〔身所依也〕 蕕〔禾茂也〕	倚〔依也：偏～〕 矣〔語已之辭；又決辭也〕	意〔心所向也〕 易〔不難也；又治也〕	一〔正，數之始〕㉑
英 Ø	伊〔彼也；又發語辭〕 依〔憑也；倚也〕 噫〔恨聲也〕 欹〔歎美辭〕 咿〔喔～〕 醫〔治病也〕 鷖〔水鳥，鷗也〕㉒ 㕑〔歸也〕㉓ 譩〔痛聲〕 洢〔水名〕 漪〔水波也；水文也〕 悘〔審也〕 猗〔歎辭〕 禕〔美也；珍也〕㉔ 緊〔發語辭；又惟也〕㉕ 旖〔～旎〕	已〔止也〕 顗〔謹莊也〕 褷〔衣緣也〕㉖ 迆〔邪行也；連接也〕 椅〔坐凳爲～〕 欯〔～欯：驢鳴〕㉗ 掎〔引也：～角〕 苢〔～米；芣～：車前子〕 扆〔畫斧屏風〕 痔〔瘞也〕 醷〔梅漿〕 以〔用也〕	隶〔本也；及也〕㉙ 瞖〔眼疾曰～〕㉚	壹〔正，專一也〕㉛

【校注】

① 胑〔四～五藏〕：同“肢”。

② 秖〔穀始熟者〕：【正字通】章移切。秖，穀始熟也。

③ 胝〔皮厚也〕：【集韻】張尼切。《説文》腄也。一曰繭也。【正韻】旨而切，音支。義同。【字彙】章移切，音支……《廣韻》皮厚也。又跰也。

④ 泲〔沇也〕：［《集韻》子禮切，上薺，精。］過濾。《周禮・天官・酒正》“一曰清”，（漢）鄭玄注：“清，謂醴之泲者。”（清）孫詒讓正義：“凡泲皆謂去汁滓。”［按］韻不合，應歸西韻。

⑤ 薾〔紫芊：火草名〕：【集韻】展里切。艸名，紫芊也。【字彙】陟里切，音止。紫芊，《玉篇》火草名。［按］聲不合，應歸地母。因《字彙》所注同音詞而誤。原注各種版本皆有差錯：樋新編本、大版式本、道光本、文德堂本、會文書莊本、

市圖善本原注"~芋",但傳統辭書查無"薇芋"一詞,"~芋"應爲"紫芋"之誤;廖新校增本改作"紫芋也",正確,但其後缺"草名"或"火草名";"芋",文德堂本作"芼",大版式本、市圖善本、會文書莊本作"芼",均誤;原注"火草名",大版式本、文德堂本、會文書莊本、市圖善本均作"草名",亦可。

⑥ ㊪骩:【集韻】巨綺切。小骨。[按]聲、調不合,應歸求母下上。

⑦ 二〔一之對〕:[《廣韻》而至切,去至,日。]數詞;一加一所得。《易·繫辭上》:"二人同心,其利斷金。"[按]調不合,應歸下去。

⑧ 貳〔不一也〕:[按]調不合,應歸下去。

⑨ 樲〔~棘:小棗〕:[按]調不合,應歸下去。

⑩ 膩〔肥~〕:[《廣韻》女利切,去至,娘。]肥厚;油膩。(北魏)賈思勰《齊民要術·脯腊》:"每取時,先取肥者。肥者膩,不耐久。"[按]聲、調不合,應歸柳母下去。

⑪ 刵〔削也〕:[按]調不合,應歸下去。

⑫ 咡〔和萬物也〕:[按]調不合,應歸下去。

⑬ 聑〔神欲聽之〕:[按]調不合,應歸下去。

⑭ ㊪㤮:"㥷"的譌字。【集韻】㥷,失涉切。怪也。[按]聲、韻不合。

⑮ 䚦:【廣韻】式支切。誘䚦。【字彙】式支切,音詩。誘也。

⑯ 絲:[《廣韻》息兹切,平之,心。]蠶絲。《書·禹貢》:"厥貢漆絲,厥篚織文。"

⑰ 豖〔犬~〕:[按]"豖",樋新編本誤作"豕"。

⑱ 狏〔獸似狐〕:【集韻】上紙切。狼屬。似狐,白色,尾長。[按]調不合,應歸下上。因《字彙》注音而誤。【字彙】上紙切,音矢。獸如狐,白尾。

⑲ 恃〔依怙也〕:[《廣韻》時止切,上止,禪。]依賴;憑藉。《左傳·僖公二十六年》:"室如懸罄,野無青草,何恃而不恐?"[按]調不合,應歸下上。因《字彙》注音而誤。【字彙】時吏切,時去聲。依怙也;恃賴也。

⑳ 雹〔解,~媽〕:[按]聲、韻、調皆不合,實爲訓讀字。今泉常説"吡[ts'iʔ꜀]媽"或"吡[ts'iʔ꜀]㨿"。

㉑ 一〔正,數之始〕:[《廣韻》於悉切,入質,影。]數詞;大寫作"壹";最小的正整數;常用以表示人或事、物的最少數量。[按][iʔ˯]爲帶有方言腔的官話讀法,今泉仍有人這樣讀。

㉒ 鷖〔水鳥,鷗也〕:【集韻】煙奚切。《説文》凫屬。[按]韻不合,應歸西韻。因《字彙》注音而誤。【字彙】於宜切,音衣。水鳥,即鷗也。

㉓ 㐆〔歸也〕:同"㐆"。【集韻】於希切。《説文》歸也。从反身。[按]除樋新編本外,其餘諸本皆作"㐆"。

㉔ 禕〔美也;珍也〕:【集韻】於宜切。《爾雅》美也。

㉕ 繄〔發語辭;又惟也〕:[《廣韻》烏奚切,平齊,影。]3. 惟。《左傳·襄公十四年》:"王室之不壞,繄伯舅是賴。"(唐)孔穎達疏:"王室之不傾壞者,唯伯舅大公是賴也。"……5. 語氣助詞。《左傳·隱公元年》:"爾有母遺,繄我獨無。"(晉)杜預注:"繄,語助。"[按]韻不合,應歸西韻。因《字彙》注音而誤。【字彙】於宜切,音衣……語助辭;又發語辭。

㉖ 裿〔衣緣也〕:同"袘"。【集韻】袘,演爾切。衣緣也。

㉗ 歖〔~欯:驢鳴〕:【集韻】隱幾切。歖欯,驢鳴。[按]"歖",樋新編本誤作"歖"。

㉘ 掎〔引也:~角〕:【集韻】舉綺切。《説文》偏引也。又【集韻】隱綺切。掎匜,不正也。

㉙ 隶〔本也;及也〕:【廣韻】羊至切。本也;及也。[按]調不合,應歸下去。

㉚ 瞖〔眼疾曰~〕:[《廣韻》於計切,去霽,影。]眼病。白内障,俗稱白翳。(宋)梅堯臣《別張景嵩》詩:"猶能洗君目,病瞖雲銷岑。"[按]韻不合,應歸西韻。因《字彙》注音而誤。【字彙】於計切,音医。眼疾,目瞖也。

㉛ 壹〔正,專一也〕:[《廣韻》於悉切,入質,影。]專一。《左傳·昭公二十六年》:"今王室亂,單旗、劉狄,剥亂天下,壹行不若。"(晉)杜預注:"壹,專也。"[按][iʔ˯]爲帶有方言腔的官話讀法,今泉仍有人這樣讀。

聲韻調	36 基 i/iʔ			
	下平˨˦^{24}	下上˨˨^{22}	下去˦˩^{41}	下入˨˦$^{\underline{24}}$
争 ts	糍〔~粿〕	○	摯〔至也〕① 恙〔遠~：藥名〕② 忮〔害也〕③ 敍〔多也〕④ 懫〔忿也；恨也〕⑤ 懥〔同上，怒也〕⑥ 撴〔刺也；刼也〕⑦ 痣〔黑子〕⑧ 疐〔頓也；跲也〕⑨	折〔土解，木~也〕
入 dz	而〔承上起下之辭；又汝也〕 兒〔嬰~〕 婗〔媚也〕 胹〔爛也；煮也〕 咒〔多言也；又笑貌〕 臑〔熟也〕 檽〔木耳〕 耏〔古而字〕 栭〔小栗〕	○	餌〔粉餅也〕 衈〔羽牲曰~〕⑩ 咡〔口旁也〕 刵〔截耳也〕⑪ 珥〔瑱也，耳璫〕	廿〔土字，二十也〕
時 s	時〔一日一夜十二~〕 鰣〔~魚〕 匙〔湯~〕 峕〔歲~〕 蒔〔種也；植也〕 塒〔鑿垣爲鷄棲之〕	是〔~非；正也〕 諟〔猶此也；審也〕 氏〔姓~〕 戺〔堂廉曰~；砌也〕 柹〔赤實果〕 昰〔同是，古字〕	示〔告也；教也〕 寺〔~人；浮屠所居也〕 試〔用也；嘗也〕⑫ 豉〔豆~〕 敊〔同上〕 閹〔~人：閹官〕 四〔解，數名〕⑬ 侍〔從也；隨~〕 嗣〔繼也〕 視〔瞻也〕	蝕〔解，削~；~本〕 食〔解，日月之~〕⑭
英 ∅	移〔易也；徙也〕 荑〔芟刈也；又藥名〕 訑〔~~：自足之意〕 痍〔瘡~：傷也〕	以〔用也；與也〕	異〔奇也；殊也〕 饐〔飯傷熱濕也〕⑮ 瘞〔埋也；藏也〕⑯	逸〔正，放~〕⑰

（續表）

聲韻調	36 基 i/iʔ			
	下平ʎ^{24}	下上˧^{22}	下去˩^{41}	下入ʎ$^{\underline{24}}$
英 ø	維〔土,繫也：四~〕 惟〔土,獨也;謀也;思也〕 姨〔妻之姊妹曰~〕 桋〔赤楝〕 恞〔悦也〕 怡〔悦樂也〕 扅〔扊~：門關也〕 椸〔~架〕 扆〔同扅〕 扅〔~外也〕⑱ 唯〔獨也〕 濰〔水出琅琊〕 酏〔饘~;又酒也〕 詒〔貺也;遺也〕 夷〔等也;傷也;東~;又~狄〕 迤〔逶~：行貌;又上聲〕 迻〔遷徙也〕 貽〔遺也〕 虵〔即蝼蛇〕 胰〔夾脊肉也〕 餳〔~餹〕⑲ 彝〔常也;又酒尊〕 臣〔顧也〕 匜〔洗手器〕 箷〔衣架〕 頤〔頷也;養也〕 頥〔同上〕 峓〔嵎~：地名〕 貤〔移與;爵賞〕 圯〔橋也〕 眙〔舉目貌〕 頣〔好也〕⑳ 飴〔餳餹;米蘖〕	苡〔薏仁：可食〕㉑ 訑〔自得之語〕㉒	肄〔~業;習也;勞也〕 薏〔蓮的也〕㉓ 异〔舉也〕 瘞〔静也〕㉔ 勩〔勞也〕 劓〔截鼻也〕㉕ 懿〔專心也;~美〕㉖ 欭〔聲不平也〕㉗ 隸〔及也〕㉘ 貄〔狸子〕 泄〔~~：怠緩;悦從;又~~飛〕㉙ 噫〔榜人歌聲〕㉚ 殪〔殺也;死也〕㉛ 医〔盛弓;弩矢〕㉜ 諮〔痛聲〕㉝	飴〔土解,蜂~〕㉞

【校注】

① 摯〔至也〕：[《廣韻》脂利切，去至，章。] 至；到。《書·西伯戡黎》："天曷不降威，大命不摯。"孔傳："摯，至也。言……有大命宜王者，何以不至。"[按]調不合，應歸上去。

② 恙〔遠~：藥名〕：【康熙字典】《唐韻》職吏切，音志。遠恙，藥草，本作"志"。[按]調不合，應歸上去。

③ 忮〔害也〕:［《廣韻》支義切,去寘,章。］嫉妒;忌恨。《詩 · 邶風 · 雄雉》:"不忮不求,何用不臧?"毛傳:"忮,害。"［按］調不合,應歸上去。

④ 敍〔多也〕:【集韻】支義切。《博雅》多也。［按］調不合,應歸上去。

⑤ 懫〔忿也;恨也〕:［《集韻》脂利切,去至,章。］忿戾。《書 · 多方》:"亦惟有夏之民叨懫。"孔傳:"貪叨忿懫而逆命。"(唐) 孔穎達疏:"忿懫,言忿怒違理也。"［按］調不合,應歸上去。

⑥ 懥〔同上,怒也〕:［《廣韻》脂利切,去至,章。］憤怒;憤恨。《禮記 · 大學》:"身有所忿懥,則不得其正。"(漢) 鄭玄注:"懥,怒貌也。"［按］調不合,應歸上去。

⑦ 摰〔刺也;刼也〕:【集韻】陟利切。《説文》刺也。一曰刺之財至也。［按］聲、調不合,應歸地母上去。

⑧ 痣〔黑子〕:［按］此爲文讀(白讀已見求母上去),但調不合,應歸上去。

⑨ 疐〔頓也;跲也〕:［《廣韻》陟利切,去至,知。］牽絆;顛仆。《詩 · 豳風 · 狼跋》:"狼跋其胡,載疐其尾。"毛傳:"疐,跲也。"［按］聲、調不合,應歸地母上去。

⑩ 毦〔羽牲曰~〕:【字彙】而至切,音二。毛牲曰衈,羽毛曰毦。

⑪ 刵〔截耳也〕:【集韻】仍吏切。《説文》斷耳也。【字彙】而至切,音二。截耳。［按］"耳",樋新編本誤作"取"。

⑫ 試〔用也;嘗也〕:［《廣韻》式吏切,去志,書。］1. 任用;使用;運用。《詩 · 小雅 · 大東》:"私人之子,百僚是試。"毛傳:"是試,用於百官也。"……4. 嘗試。《易 · 无妄》:"无妄之藥,不可試也。"［按］調不合,應歸上去。

⑬ 四〔解,數名〕:［《廣韻》息利切,去至,心。］數詞;三加一所得。《書 · 文侯之命》:"用賚爾秬鬯一卣,彤弓一,彤矢百,盧弓一,盧矢百,馬四匹。"［按］調不合,應歸上去。

⑭ 食〔解,日月之~〕:［《廣韻》乘力切,入職,船。］通"蝕"。特指日蝕、月蝕。《詩 · 小雅 · 十月之交》:"日有食之。"(唐) 孔穎達疏:"日食者,月掩之也。"［按］今泉一般讀［sit$_{⊇}$］,不讀［siʔ$_{⊇}$］。

⑮ 饐〔飯傷熱濕也〕：[《廣韻》乙冀切，去至，影。]食物經久腐臭。《論語・鄉黨》："食饐而餲，魚餒而肉敗，不食。"（三國・魏）何晏集解引（漢）孔安國曰："饐餲，臭味變。"[按]調不合，應歸上去。

⑯ 瘞〔埋也；藏也〕：[《廣韻》於罽切，去祭，影。]埋物祭地。《詩・大雅・雲漢》："旱既大甚，蘊隆蟲蟲；不殄禋祀，自郊徂宮；上下奠瘞，靡神不宗。"毛傳："上祭天，下祭地，奠其幣，瘞其物。"高亨注："把祭品埋在地下以祭地神爲瘞。"[按]韻、調不合，應歸西韻上去。

⑰ 逸〔正，放～〕：[《廣韻》夷質切，入質，以。]超逸；閑放。（南朝・梁）劉勰《文心雕龍・才略》："景純豔逸，足冠中興。"[按][i/ɔ]爲帶有方言腔的官話讀法，今泉仍有人這樣讀。

⑱ 戹〔～外也〕：【漢語大字典】"屋"的譌字。《玉篇・户部》："戹，戹外也。"《正字通・户部》："戹，'屋'字之譌。舊注音移，訓戹外，誤。"【玉篇】屋，古文"居"字。[按]聲、韻、調皆不合。

⑲ 餳〔～餹〕：【漢語大字典】同"餳"。……《説文・食部》："餳，飴和饊者也。从食，易聲。"（清）鈕樹玉校録："此即'糖'之正文，當從易作'餳'。"（清）程際盛《駢字分箋》卷上"飴餳"注："餳、餳一物，初無二義。"

⑳ 頠〔好也〕：【字彙】於宜切，音猗。好也。[按]調不合，應歸上平。

㉑ 苡〔薏仁：可食〕：[《廣韻》羊已切，上止，以。]即薏苡。參見"苡仁"。【苡仁】薏苡之仁。薏苡，禾本科一年生草本植物，葉狹長，實橢圓，仁白色，可作粥飯，或磨粉、釀酒，又可入藥，能理濕下氣。[按]調不合，應歸上上。

㉒ 訑〔自得之語〕：【集韻】演爾切。自得之語。[按]調不合，應歸上上。

㉓ 薏〔蓮的也〕：[《廣韻》於力切，入職，影。]蓮子的心。《爾雅・釋草》："〔荷〕其實蓮，其根藕，其中的，的中薏。"（宋）邢昺疏引（三國・吴）陸璣曰："蓮青皮，裏白，子爲的；的中有青爲薏，味甚苦。"【集韻】於記切。薏苡，艸也。一曰蓮的中。[按]調不合，應歸上去。

㉔ 窫〔静也〕：【集韻】壹計切。[按]韻、調皆不合，應歸西韻上去。

㉕ 劓〔截鼻也〕:[《廣韻》魚器切,去至,疑。]割鼻。古代五種酷刑之一。《書・吕刑》:"惟作五虐之刑曰法,殺戮無辜,爰始淫爲劓刵椓黥。"(唐)孔穎達疏:"劓,截人鼻。"[按]聲不合,應歸語母。因《字彙》注音而誤。【字彙】以智切,音異。刑截其鼻。

㉖ 懿〔專心也;~美〕:[《廣韻》乙冀切,去至,影。]美;美德。《易・小畜》:"君子以懿文德。"(唐)孔穎達疏:"懿,美也。"[按]調不合,應歸上去。

㉗ 欭〔聲不平也〕:【集韻】乙異切。《說文》嚘也。嚘,語未定皃。【正字通】舊注,音意。聲不平。[按]調不合,應歸上去。

㉘ 隸〔及也〕:【康熙字典】《正字通》同"肄"。【字彙】羊至切,音異。習也;又嫩條也;餘也。《六書正譌》從隸及也,習而及之。

㉙ 泄〔~~:怠緩;悦從;又~~飛〕:[《廣韻》餘制切,去祭,以。]參見"泄泄"。【泄泄】1. 鼓翼貌;一説緩飛貌。《詩・邶風・雄雉》:"雄雉于飛,泄泄其羽。"毛傳:"雄雉見雌雉飛,而鼓其翼泄泄然。"(宋)朱熹集傳:"泄泄,飛之緩也。"2. 閒散自得貌;和樂貌。《詩・魏風・十畝之間》:"十畝之外兮,桑者泄泄兮。"(宋)朱熹集傳:"泄泄,猶閑閑也。"3. 弛緩;懈怠。《詩・大雅・板》:"天之方蹶,無然泄泄。"(宋)朱熹集傳:"泄泄,猶沓沓也;蓋弛緩之意。"[按]韻不合,應歸西韻。

㉚ 喝〔榜人歌聲〕:【字彙】又叶一既切,音意。司馬長卿《子虛賦》榜人歌,聲流喝,水蟲駭,波鴻沸。[按]調不合,應歸上去。

㉛ 殪〔殺也;死也〕:[《廣韻》於計切,去霽,影。]1. 殺死。《書・康誥》:"天乃大命文王殪戎殷。"2. 死亡;絶滅。《左傳・定公八年》:"〔顔高〕偃,且射子鉏,中頰,殪。"(晉)杜預注:"殪,於計反,死也。"[按]韻、調皆不合,應歸西韻上去。

㉜ 医〔盛弓;弩矢〕:[《廣韻》於計切,去霽,影。]古時盛弓弩矢的器具。《説文・匚部》:"医,臧弓弩矢器也。从匚,从矢。《國語》曰:'兵不解医。'"今本《國語・齊語》作"兵不解翳",(三國・吴)韋昭注:"翳,所以蔽兵也。"[按]

韻、調皆不合,應歸西韻上去。

㉝ 譩〔痛聲〕:【集韻】乙冀切。痛聲。[按]調不合,應歸上去。

㉞ 飴〔土解,蜂~〕:[《廣韻》與之切,平之,以。]飴糖。《詩·大雅·緜》:"周原膴膴,堇荼如飴。"[按]韻、調不合,"飴"無入聲讀法,應歸基韻下平。

聲韻調	36 基 i/iʔ			
	下平˨˦ 24	下上˨˨ 22	下去˦˩ 41	下入˨˦ $\underline{24}$
文 b	迷〔正,~亂〕①	米〔穀實〕 靡〔無也;~色也;奢侈也〕② 彌〔久也:~月〕 弭〔止也〕 美〔土,好也;嘉也〕 羙〔同上,俗字〕 敉〔撫也;安也〕 芈〔楚姓〕 瀰〔水流貌〕 浼〔~~:水流平貌〕③ 亹〔~~:不倦也〕 娓〔順也;勉也〕 濔〔水貌〕 洱〔水貌;浴也〕④	媚〔親順也;諂也〕	密〔正,細~〕⑤
語 g	倪〔正,小兒也〕⑥	擬〔像也;議也〕 儗〔僭也;比也〕 蟻〔蚍蜉之小者〕 螘〔同上〕 薿〔茂也〕 礒〔山峻貌〕	詣〔正,至也〕⑦ 忕〔狃~:過度也〕⑧	逆〔正,不順也〕⑨
出 ts‘	癡〔不慧也;又病也〕 蚩〔~~:愚貌〕 嗤〔笑也〕 媸〔醜也〕 翨〔羽盛貌〕⑩	侈〔奢也:~肆〕 齒〔牙~〕 茝〔香草〕 敪〔齧也〕 薾〔馬~菜〕 扡〔伐木~矣〕⑪ 扯〔同上〕⑫	饎〔酒食也;又熟食〕	叱〔正,~咤:發怒也〕⑬
喜 h	希〔少也〕 熈〔光明也;和也〕 𤋮〔古熈字〕 僖〔樂也;~公〕 晞〔乾也〕 醯〔酸也〕 嬉〔~戲:遊也〕 禧〔福也;吉也〕 稀〔疏也;少也〕 郗〔骨節〕⑭ 羲〔伏~氏〕 糦〔黍稷也〕⑮ 莃〔地名〕 瀻〔水名〕 熹〔人名;炙也〕 曦〔目動也〕 俙〔依~:仿佛〕 犧〔包~氏:教民養六牲〕 唏〔笑聲〕 欷〔戲~〕	喜〔欣~:悦也〕 霼〔雲貌〕	戲〔謔也;歌~〕 戱〔同上,~弄〕⑯	肹⑰

（續表）

聲韻調	36　基 i/iʔ			
	下平˨˦ 24	下上˨ 22	下去˦˩ 41	下入˨˦ 24
喜 h	悕〔悲也〕 屎〔糞也;呻吟也〕⑱ 曦〔日光〕　虘〔古陶器〕 嘻〔噫~:歎聲〕			

【校注】

① 迷〔正,~亂〕:[《廣韻》莫兮切,平齊,明。]迷惑;辨别不清。《易·坤》:“先迷後得,主利。”(唐)孔穎達疏:“凡有所爲,若在物之先即迷惑,若在物之後即得。”[按]韻、調不合,應歸西韻下平。

② 靡〔無也;~色也;奢侈也〕:[按]原注“~色也”,樋新編本誤作“~色~”。

③ 浼〔~~:水流平貌〕:【字彙】莫委切,音美。污也;又浼浼,水流平貌。[按]韻不合,應歸關韻。

④ 濔〔水貌;浴也〕:【字彙】莫禮切,音米。水貌……又浴也。【類篇】母婢切。《説文》飲也。《周禮》大濔謂浴屍也。[按]韻不合,應歸西韻。原注“浴也”不够準確。

⑤ 密〔正,細~〕:[《廣韻》美畢切,入質,明。]嚴密;緊密。《史記·高祖功臣侯者年表序》:“至太初百年之間……罔亦稍密焉。”[按][biʔ꜆]爲帶有方言腔的官話讀法,今泉仍有人這樣讀。

⑥ 倪〔正,小兒也〕:[《廣韻》五稽切,平齊,疑。]幼兒。《孟子·梁惠王下》:“反其旄倪。”(宋)朱熹集注:“旄,老人也;倪,小兒也。”[按]韻、調不合,應歸西韻下平。今泉無[꜀gi]的讀法,祇讀[꜁ge/꜁gue]。

⑦ 詣〔正,至也〕:[《廣韻》五計切,去霽,疑。]前往;到。《史記·孝文本紀》:“乃命宋昌參乘,張武等六人乘傳詣長安。”[按]韻、調不合,應歸西韻下去。今泉無[gi꜄]的正讀,祇讀[ge꜅]。

⑧ 忕〔狃~：過度也〕：【字彙】餘制切，音義。狃忕，過度也。"忕"亦可作"怢"。【集韻】怢，以制切。狃怢，過度。［按］聲不合，應歸英母。"忕"，除大版式本正確外，其餘諸本均誤作"怽"，傳統辭書查無此字，誤。原注"狃~"，道光本、廖新校增本誤作"忸~"；"過度也"，諸本均誤作"度也"。

⑨ 逆〔正，不順也〕：［《廣韻》宜戟切，入陌，疑。］倒向；反向。《西京雜記》卷二："瓠子河決，有蛟龍從九子自決中逆上入河，噴沫流波數十里。"今泉無［giʔ˲］的正讀。

⑩ 翄〔羽盛貌〕：【集韻】充之切。翄翄，羽翼盛也。［按］"翄"，樋新編本誤作"翃"。

⑪ 扡〔伐木~矣〕：［《集韻》丑豸切，上紙，徹。］順着紋理劈析。《詩·小雅·小弁》："析薪扡矣。"毛傳："析薪者隨其理。"［按］聲不合，應歸他母。

⑫ 扯〔同上〕：［《正字通》昌者切。］拉；牽引。（宋）華岳《田家》詩之四："良人猶恐催耕早，自扯篷窗看曉星。"［按］扯，同"撦"，應歸出母嗟韻上上，音不同於"扡"，因《字彙》而誤。【字彙】扯，俗"扡"字。

⑬ 叱〔正，~咜：發怒也〕：［《廣韻》昌栗切，入質，昌。］責罵；呵斥。《公羊傳·莊公十二年》："手劍而叱之。"（漢）何休注："手劍，持技（拔）劍叱罵之。"［按］［tsʻiʔ˲］爲帶有方言腔的官話讀法，今泉仍有人這樣讀。原注"~咜"，樋新編本誤作"~吒"。

⑭ 郗〔骨節〕：【集韻】香依切。骨節間。［按］原注釋義"骨節"不確。

⑮ 糦〔黍稷也〕：【玉篇】充志切。酒席也；黍稷也。［《廣韻》昌志切，去志，昌。］古代大祭時所供黍稷稻粱之屬。《詩·商頌·玄鳥》："龍旂十乘，大糦是承。"（漢）鄭玄箋："糦，黍稷也。"［按］聲、韻不合，應歸喜母上去。

⑯ 戱〔同上，~弄〕：［按］"戱"，樋新編本誤作"戲"，與上重。

⑰ 肸：［《廣韻》許訖切，入迄，曉。］謂聲響振起或傳播。（漢）揚雄《甘泉賦》："薌呹肸以棍批兮，聲駍隱而歷鍾。"

⑱ 屎〔糞也；呻吟也〕：［《廣韻》喜夷切，平脂，曉。］呻吟聲。（元）王惲《送成耀卿尹温縣》詩："邑古仍卿采，民屎待尹蘇。"［按］表示"糞"義的"屎"不讀"喜夷切"，應歸時母基韻上去。［《廣韻》式視切，上旨，書。］糞便。《莊子·知北遊》："〔東郭子〕曰：'何其愈甚邪？'［莊子］曰：'在屎溺。'"

聲韻調	36 基 i/iʔ			
	下平˩˨ 24	下上˨ 22	下去˦˩ 41	下入˨˦ 24
文 b	微〔土,細也;衰也〕 微〔同上,俗字〕 薇〔菜名;又花名〕 糜〔粥也;爛也〕 麋〔鹿屬〕 郿〔土,地名〕 醾〔醿~:花名〕① 蘼〔蘪草,即蛇牀〕② 縻〔繫也〕 楣〔土,門上横梁〕 眉〔土,目上毛〕 溦〔小雨〕 蘼〔薔~:花名〕 湄〔水草之交〕	媚〔土,愛也〕③	未〔六月之辰;又~已也〕 味〔五~:酸鹹甘苦辛也〕 菋〔五~:藥名〕 寐〔寢也;息也〕	篾〔解,竹~〕
語 g	疑〔土,不定也;惑也〕 宜〔適理也;當也〕 宜〔同上〕 兓〔未定也〕 嶷〔九~:山名〕 儀〔法也〕	○	義〔事之宜也〕 誼〔同誼,俗字〕 誼〔情~:同義〕 議〔謀也:~論〕 觑〔虎息也〕 毅〔果敢也;強忍也〕 藙〔茱萸〕	㊧曦〔口~〕④
出 ts'	持〔執也:~守〕 茬〔即五味子〕	市〔買賣所也〕	熾〔昌~:火盛也〕⑤ 啻〔至切也〕⑥ 狿〔人名〕⑦ 莿〔草木針也〕⑧ 蛩〔忿戾也〕⑨ 痓〔惡也〕⑩ 刺〔土,譏也〕⑪ 飼〔~牛馬〕 翅〔翼也;又言不止;如是也〕⑫ 翨〔《周禮》:~氏掌攻猛鳥〕⑬ 幟〔旗~〕⑭ 饎〔~人掌祭共盛〕⑮	蠘〔蟳~〕
喜 h	○	耳〔解,~仔〕	屭〔大力也〕⑯ 餼〔饋客生食及芻米〕⑰ 愾〔太息也〕⑱ 塈〔取也;息也〕⑲ 墍〔泥飾屋也〕⑳ 譩〔語氣〕㉑ 摡〔取也;拭也〕㉒ 犔〔牛病〕㉓ 憩〔息也〕㉔ 禧〔人名〕㉕ 咥〔笑也〕㉖	㊧炁〔人名〕㉗

【校注】

① 醿〔醿~：花名〕：【字彙】忙皮切，音縻。酴醿，重釀酒；又花名。《歲時記》本酒名，以花色似之，故名。［按］醿，同"酴"。原注"醿~：花名"（見於大版式本、廖新校增本），樋新編本作"醿~：酒名"，道光本、文德堂本、會文書莊本、市圖善本誤作"醿~：花名"。

② 蘪〔藥草，即蛇牀〕：【集韻】旻悲切。蘪蕪，香艸。【字彙】忙皮切，音縻。《爾雅》草從水生曰蘪。又蘪蕪，蘄茝也。根曰芎藭，苗曰蘪蕪。《爾雅翼》葉似蛇牀而香，故曰蛇牀亂蘪蕪。［按］諸本原注"藥草，即蛇牀"皆誤。蘪，古同"蘼"。【漢語大詞典】【蘼蕪】草名。芎藭的苗，葉有香氣。《山海經·西山經》："〔浮山〕有草焉，名曰薰草，麻葉而方莖，赤華而黑實，臭如蘼蕪，佩之可以已癘。"

③ 媚〔土，愛也〕：［《廣韻》明祕切，去至，明。］愛；喜愛。《詩·大雅·下武》："媚兹一人，應侯順德。"（漢）鄭玄箋："媚，愛。"［按］調不合，應歸下去。

④ ㊟曦〔口~〕：［按］"曦"當爲方言字，讀［gi?꜊］。"口曦"表示開口笑，今泉仍沿用。

⑤ 熾〔昌~：火盛也〕：［《廣韻》昌志切，去志，昌。］火旺盛。（漢）王充《論衡·論死》："火熾而釜沸，沸止而氣歇，以火爲主也。"［按］調不合，應歸上去。

⑥ 啻〔至切也〕：［《廣韻》施智切，去寘，書。］但；僅；止。常用在表示疑問或否定的字後，組成"不啻"、"匪啻"、"何啻"、"奚啻"等詞，在句中起連接或比況作用。《書·多士》："爾不啻不有爾土，予亦致天之罰於爾躬。"［按］調不合，應歸上去。今泉讀［si꜄/ts'i꜄］。

⑦ 翄〔人名〕：同"翅"。【集韻】施智切。《說文》翼也。［按］調不合，應歸上去。

⑧ 莿〔草木針也〕：［《廣韻》七賜切，去寘，清。］草木的芒刺。《說文·艸部》："莿，莢也。"［按］調不合，應歸上去。

⑨ 鼜〔忿戾也〕:【集韻】丑吏切。忿戾也。[按]聲、調不合,應歸他母上去。因《字彙》同音字而誤。【字彙】丑吏切,音熾。忿戾也。

⑩ 痓〔惡也〕:[《廣韻》充自切,去至,昌。]風病。指筋脉拘攣强直一類病症。《素問·氣厥論》:"肺移熱於腎,傳爲柔痓。"(唐)王冰注:"柔,謂筋柔而無力。痓,謂骨痓而不隨。氣骨皆熱,髓不内充,故骨痓强而不舉,筋柔緩而無力也。"【博雅】痓,惡也。[按]調不合,應歸上去。

⑪ 刺〔土,譏也〕:[《廣韻》七賜切,去寘,清。]以劍矛之刃向前直戳。《周禮·考工記·廬人》:"去一以爲刺圍。"(漢)鄭玄注引(漢)鄭司農云:"刺,謂矛刃胸也。"[按]調不合,應歸上去。

⑫ 翅〔翼也;又言不止;如是也〕:[《廣韻》施智切,去寘,書。]鳥類和昆蟲等動物用以飛行的羽翼。通稱"翅膀"。《楚辭·嚴忌〈哀時命〉》:"爲鳳皇作鶉籠兮,雖翕翅其不容。"(漢)王逸注:"翅,一作'翼'。"[按]調不合,應歸上去。

⑬ 翨〔《周禮》:~氏掌攻猛鳥〕:[《廣韻》施智切,去寘,書。]同"翅"。《周禮·秋官·序官》:"翨氏下士二人。"(漢)鄭玄注引(漢)鄭司農曰:"翨讀爲翅翼之翅。"[按]調不合,應歸上去。

⑭ 幟〔旗~〕:[《廣韻》昌志切,去志,昌。]旗幟。《墨子·旗幟》:"亭尉各爲幟,竿長二丈五,帛長丈五,廣半幅者大。"[按]調不合,應歸上去。

⑮ 饎〔~人掌祭共盛〕:【正韻】同"饎"。《周禮·地官》:饎人掌凡祭祀共盛共王及后之六食。饎,[《廣韻》昌志切,去志,昌。]酒食。《詩·小雅·天保》:"吉蠲爲饎,是用孝享。"毛傳:"饎,酒食也。"[按]調不合,應歸上去。

⑯ 贔〔大力也〕:同"屓"。[《廣韻》虛器切,去至,曉。]壯大貌。(宋)梅堯臣《寄題絳守園池》詩:"蒼官贔槐朋在庭,風蟲日鳥聲嚶嚀。"參見"屓贔"。【屓奰】同"贔贔"。强大有力貌。(唐)韓愈《月蝕詩效玉川子作》:"森森萬木夜僵立,寒氣屓奰頑無風。"[按]調不合,應歸上去。

⑰ 餼〔饋客生食及芻米〕:[《廣韻》許既切,去未,曉。]贈送人的糧食。《國語·周語中》:"膳宰致饔,廩人獻餼。"(三國·吴)韋昭注:"生曰餼,禾米也。"[按]

調不合,應歸上去。

⑱ 愾〔太息也〕:[《廣韻》許既切,去未,曉。]歎息。《詩・曹風・下泉》:"愾我寤歎,念彼周京。"(漢)鄭玄箋:"愾,歎息之意。"[按]調不合,應歸上去。

⑲ 塈〔取也;息也〕:[《廣韻》許既切,去未,曉。]3. 休息。《詩・大雅・假樂》:"百辟卿士,媚于天子,不能于位,民之攸塈。"毛傳:"塈,息也。"4. 取。《詩・召南・摽有梅》:"摽有梅,頃筐塈之。"(宋)朱熹集傳:"塈,取也。"[按]調不合,應歸上去。

⑳ 墍〔泥飾屋也〕:【廣韻】許既切。仰塗也。墍,同"塈"。【字彙】塈,奇寄切,音忌。泥飾屋也……○又許意切,音戲。義同。[按]調不合,應歸上去。

㉑ 譩〔語氣〕:【字彙】許意切,音戲。語氣。[按]調不合,應歸上去。

㉒ 摡〔取也;拭也〕:[《廣韻》許既切,去未,曉。]取。《玉篇・手部》"摡"字下引《詩》:"傾筐摡之。"今本《詩・召南・摽有梅》作"頃筐塈之"。毛傳:"塈,取也。"(清)馬瑞辰通釋:"塈者,'摡'之假借。《玉篇》引《詩》:'頃筐摡之。'蓋本三家《詩》。《廣雅》:'摡,取也。'"【博雅】取也。一曰拭也。[按]調不合,應歸上去。

㉓ 㤤〔牛病〕:[《廣韻》許既切,去未,曉。]牛病。[按]調不合,應歸上去。

㉔ 憠〔息也〕:【集韻】許既切。息也。[按]調不合,應歸上去。

㉕ 㜎〔人名〕:【康熙字典】《字彙補》音未詳。人名。《册府元龜》周懿王名囏。注:一作"㜎"。【中華大字典】按,"囏"爲籀文"艱",㜎亦當音艱。[按]聲、韻、調皆不合。

㉖ 咥〔笑也〕:[《集韻》虛器切,去至,曉。]笑;譏笑。《詩・衛風・氓》:"兄弟不知,咥其笑矣。"[按]調不合,應歸上去。

㉗ ㊛炨〔人名〕:[《廣韻》陟駕切,去禡,知。]火聲。[按]聲、韻、調皆不合。

37 貓

聲韻調	37 貓 iãu(**土解**,有音無字)			
	上平˧33	上上˥55	上去˦˩41	上入˥5
柳 l	貓〔解,食鼠〕①	鳥② 了③	○	○
邊 p	○	○	○	○
求 k	○	○	○	○
氣 k	○	○	○	○
地 t	○	○	○	○
普 p‘	○	○	○	○
他 t‘	○	○	○	○
争 ts	○	○	○	○
入 dz	○	○	○	○
時 s	○	○	○	○
英 ø	○	○	○	○
文 b	○	○	○	○
語 g	○	○	○	○
出 ts‘	○	○	○	○
喜 h	○	○	○	○

【校注】

① 貓〔解,食鼠〕:[《廣韻》莫交切,平肴,明。][《廣韻》武瀌切,平宵,明。]稱家貓。哺乳動物。《禮記・郊特牲》:"迎貓,爲其食田鼠也。"[按]"貓"是個多音字,今有多種讀法:[⊆bau/⊆ba]、[⊆biau/⊂liãu]。

② 鳥:【正字通】乃了切,音嬝。羽禽總名。[《廣韻》都了切,上篠,端。]古指尾羽長的飛禽。今爲脊椎動物的一綱。(唐) 韓愈《鄆州溪堂詩》:"流有跳魚,岸有集鳥。"[按]又見柳母朝韻上上。除樋新編本外,其餘諸本該字皆誤列上入。

③ 了:[《廣韻》盧鳥切,上篠,來。]1. 手彎曲。2. 決斷;決定。《尹文子·大道上》:"然則是非隨衆賈而爲正,非己所獨了。"3. 完畢;結束。(漢) 王褒《僮約》:"晨起早掃,食了洗滌。"(南唐) 李煜《虞美人》詞:"春花秋月何時了,往事知多少?"[按]韻不合,應歸朝韻上上(已見柳母朝韻上上)。除樋新編本外,其餘諸本該字皆誤列上入。

聲韻調	37　貓 iãu(土解,有音無字)			
	下平˨˦ 24	下上˨˨ 22	下去˦˩ 41	下入˨˦ 24
柳 l	○	○	○	○
邊 p	○	○	○	○
求 k	○	○	○	○
氣 k‘	○	○	○	○
地 t	○	○	○	○
普 p‘	○	○	○	○
他 t‘	○	○	○	○
争 ts	○	○	○	○
入 dz	○	○	○	○
時 s	○	○	○	○
英 ∅	○	○	○	○
文	○	○	○	○
語 g	○	○	○	○
出 ts‘	○	○	○	○
喜 h	○	○	○	○

38 刀

聲韻調	38 刀 o/oʔ(解,此一音俱從土解)			
	上平˧ 33	上上˥ 55	上去˦˩ 41	上入˥ 5
柳 l	囉〔~唆〕 哪① 嗦②	腦〔頭~〕 瑙〔瑪~〕 箸〔土解,箣~〕③ 惱〔患~〕④ 嫋〔恨痛也〕⑤	(增)髝⑥	(增)藞⑦
邊 b	波〔水~〕 褒〔~貶〕 玻〔~璃〕	寶〔~貝〕 保〔~守〕 堡〔~社〕	報〔~答〕	○
求 k	哥〔兄~〕⑧ 羔〔羊~〕⑨ 糕〔米~〕 膏〔~藥;脂~〕 篙〔船~〕 歌〔謳~〕 高〔解,姓也〕	稿〔禾~〕 稾〔草~〕	告〔~狀〕 個〔几~〕	閣〔樓~〕
氣 k‘	科〔~場;~甲〕	考〔稽~〕⑩ 可〔許也〕⑪ 薧〔乾也〕 洘〔水乾也〕	(增)㕸⑫	(增)㔲⑬
地 t	刀〔兵器:鎗~〕 哆〔~囉哰〕⑭	倒〔僕也〕 垛〔城~子〕	○	卓〔姓也〕 棹〔椅~〕
普 p‘	波〔土,風~〕	○	(增)吥⑮	粕〔糟~〕 朴〔~實〕 樸〔米~〕 樸〔~素〕
他 t‘	(增)叨⑯	討〔~罪;~物〕	妥〔~當〕⑰	托〔~起〕⑱
争 ts	(增)遭	棗〔果名:紅~〕	○	作〔~穡〕
入 dz	○	○	○	○
時 s	梭〔~仔〕 鮻〔魦~〕 騷〔風~〕 搔〔~首〕	嫂〔兄~〕 鎖〔~鑰〕	㲊⑲	索〔麻~;棕~〕
英 ∅	荷⑳	襖〔裘~〕	○	惡〔~辨〕㉑

（續表）

聲韻調	38　刀 o/oʔ（解，此一音俱從土解）			
	上平˧ 33	上上˥ 55	上去˦˩ 41	上入˥ 5
文 b	㊕朒㉒	○	㊕餢〔人名〕㉓	卜〔～也〕㉔
語 g	○	○	○	○
出 ts‘	葷〔～莿〕㉕	草〔甘～〕	藺〔藥草〕㉖	○
喜 h	○	好〔～歹〕	○	○

【校注】

① 哪：【字彙】奴何切，音那。哪哪，儺人之聲。［按］調不合，應歸下平。

② 㖠：【集韻】乃箇切。語助。［按］調不合，應歸下去。

③ 箞〔土解，笳～〕：同“栳”。【集韻】魯皓切。栲栳，柳器，或从竹。［按］笳箞，即“箞箞”。

④ 惱〔患～〕：［按］患惱，今一般寫作“煩惱”。

⑤ 嫐〔恨痛也〕：同“惱”。［《廣韻》奴晧切，上晧，泥。］怨恨；發怒。《百喻經·共相怨害喻》：“用惱於彼，竟未害他。”

⑥ ㊕䯻：［《集韻》郎到切，去號，來。］身長貌。［按］今泉一般讀［lioᵓ］。

⑦ ㊕蘋：【集韻】博毛切。荒也。［按］聲、調不合，應歸邊母上平。

⑧ 哥〔兄～〕：【字彙】古“歌”字……又今呼兄爲哥。［按］原注“兄～”，樋新編本誤作“只～”。“兄哥”不辭，顯然爲“呼兄爲哥”苟省所致。

⑨ 羔〔羊～〕：原注“羊～”，樋新編本誤作“羊”。

⑩ 考〔稽～〕：［《廣韻》苦浩切，上晧，溪。］省察；察考。《易·復》：“敦復無悔，中以自考也。”（唐）李鼎祚集解引（唐）侯果曰：“能自考省，動不失中。”［按］今泉一般讀［ᶜk‘ɔ̃］。

⑪ 可〔許也〕：［《廣韻》枯我切，上哿，溪。］表示同意，許可。《左傳·桓公十六年》：“宣姜與公子朔構急子，公使諸齊，使盜待諸莘，將殺之。壽子告之，使

行,不可,曰:'棄父之命,惡用子矣?'"[按]今泉一般讀[ᶜk'ɔ̃]。

⑫ ㊕咼:【集韻】口箇切。船著沙不行也。

⑬ ㊕㔖:【集韻】苦骨切。勞極貌。[按]韻不合,應歸春韻上入。

⑭ 哆〔~囉哖〕:即"哆囉呢"。清朝初期,西歐國家使節來中國時,常向清帝進獻哆囉呢絨。《白雪遺音·玉蜻蜓·戲芳》:"身穿羊皮大襖青蓮色,外罩一件紫色哆囉呢小嵌肩。"

⑮ ㊕吥:【集韻】普溝切。吸也。[按]韻、調不合,應歸鈎韻上平。

⑯ ㊕叨:[《廣韻》土刀切,平豪,透。]同"饕"。貪。《莊子·漁父》:"好經大事,變更易常,以掛功名,謂之叨。"

⑰ 妥〔~當〕:[《廣韻》他果切,上果,透。]適當;合適。《紅樓夢》第十七回:"只管題了,若妥便用;若不妥,將雨村請來,令他再擬。"[按]調不合,應歸上去。今泉仍沿用上去,讀[t'oᵓ]。

⑱ 托〔~起〕:[《集韻》闥各切,入鐸,透。]用手掌附着或承着。(唐)韓偓《咏手》:"悵望昔逢褰繡幔,依稀曾見托金車。"[按]韻不合,應歸東韻上入或春韻上入。今泉讀[t'ɔk꜆/t'uʔ꜆]。

⑲ 䵺:【集韻】苏卧切。䴭䵺,粟粥。

⑳ 荷:[《廣韻》胡歌切,平歌,匣。]植物名。蓮。[按]聲、調不合,應歸喜母下平。

㉑ 惡〔~辨〕:[《廣韻》烏各切,入鐸,影。]粗劣;不好。(唐)杜甫《峽中覽物》詩:"形勝有餘風土惡,幾時回首一高歌。"[按]今泉沿用,讀[oʔ꜆]。惡辨,即難以分辨。

㉒ ㊕脄:[《廣韻》莫厚切,上厚,明。]同"拇"。大拇指。[按]韻、調不合,應歸鈎韻下平。

㉓ ㊕餶〔人名〕:[按]傳統辭書查無此字。

㉔ 卜〔~也〕:[《廣韻》博木切,入屋,幫。]古人用火灼龜甲,根據裂紋來預測吉凶,叫卜。後泛稱用各种形式(如用銅錢、牙牌等)預測吉凶。《書·洛誥》:

"予惟乙卯,朝至于洛師。我卜河朔黎水。"孔傳:"卜,必先墨畫龜,然後灼之,兆順食墨。"[按]聲、韻不合,應歸邊母東韻上入。"卜"應爲方言詞,表示"要"。

㉕ 車〔~葥〕:[《集韻》昌遮切,平麻,昌。]參見"車葥"。【車葥】草名。即車前草。[按]韻不合,應歸嗟母。

㉖ 蔏〔藥草〕:【集韻】詩箇切。蔞蔏,艸名。[按]聲不合,應歸時母。

聲韻調	38 刀 o/oʔ(解,此一音俱從土解)			
	下平˨˦ 24	下上˨˨ 22	下去˦˩ 41	下入˨˦ 24
柳 l	羅〔~布;又姓〕 鑼〔銅~〕 籮〔米~〕 欏〔~木〕 騾〔~駝〕	懦〔柔弱〕①	啰〔助語辭〕②	落〔花~;雨~〕 駱〔姓也〕 漉〔~米〕③
邊 p	婆〔老~;公~〕	○	謈〔喜言人惡爲~〕	薄〔厚~〕 箔〔金~〕
求 k	笴〔魚~〕④	(增)撰〔~去〕⑤	過〔~去〕⑥ 個〔偏也〕⑦ 箇〔數也;枚也〕⑧	○
氣 k‘	(增)胢〔臭也〕⑨	(增)哎⑩	犒〔勞也〕⑪ 庫〔倉~〕⑫	(增)汥⑬
地 t	躲〔~閃〕⑭ 逃〔避也〕 萄〔葡~〕 朵〔花成~〕⑮ 淘〔~井〕 馱〔騾~〕	道〔~理〕	到〔~來〕⑯	着〔火~〕
普 p‘	(增)吥⑰	抱〔懷~;~子〕	○	○
他 t‘	桃〔~李〕	○	套〔長也;外~〕⑱	○
争 ts	槽〔馬~〕 曹〔姓也〕 皂〔~隸〕⑲ 嘈〔囉~〕⑳ 嘈〔嘲~〕	造〔創~〕	做〔~事〕㉑	(增)弋㉒
入 dz	○	○	○	○
時 s	甸〔~匐:手行〕㉓	唆〔使~〕㉔	燥〔乾~〕㉕ 躁〔~性〕㉖	銖〔手~〕㉗ 釧〔手飾也〕㉘
英 ∅	蠔〔蚌屬〕	○	澳〔深也〕㉙	學〔入~〕
文 b	無〔有~〕	○	帽〔頭~〕	膜〔肉~〕

（續表）

聲韻調	38　刀 o/oʔ（解，此一音俱從土解）			
	下平˩˨˦ 24	下上˨˨ 22	下去˦˩ 41	下入˨˦ 24
語 g	廒〔倉~〕	○	餓〔饑~〕	㊉愕
出 ts‘	○	○	剉〔刀~〕	○
喜 h	河〔~海〕　和〔~好〕 毫〔分~〕　何〔奈~〕	○	賀〔恭~〕	鶴〔白~〕

【校注】

① 懦〔柔弱〕：［《集韻》奴卧切，去過，泥。］1. 畏怯軟弱。《左傳·僖公二年》："宫之奇之爲人也，懦而不能强諫。"（晉）杜預注："懦，弱也。"2. 懦夫。（唐）杜甫《舟中苦熱遣懷》詩："聲節哀有餘，夫何激衰懦！"［按］韻、調不合，應歸莪韻下去。今泉讀莪韻上上［⊆lɔ̃］。

② 哰〔助語辭〕：【集韻】乃箇切。語助。［按］重收（本韻）。

③ 漉〔~米〕：［《廣韻》盧谷切，入屋，來。］使乾涸；竭盡。《禮記·月令》："［仲春之月］毋竭川澤，毋漉陂池，毋焚山林。"（唐）陸德明釋文："漉，竭也。"［按］韻不合，應歸東韻下入。

④ 笱〔魚~〕：［《廣韻》古厚切，上厚，見。］竹製的捕魚器；魚籠。《詩·邶風·谷風》："毋逝我梁，毋發我笱。"【康熙字典】又音鈎，見《莊子音義》。

⑤ ㊉擙〔~去〕：【字彙】於到切，音奥。磨也。［按］聲、韻、調皆不合，實爲［⊆ko］的訓讀字，表示"滚動"，本字不明。

⑥ 過〔~去〕：［《廣韻》古卧切，去過，見。］1. 經過。《論語·憲問》："子擊磬於衛，有荷蕢而過孔氏門者。"（唐）杜甫《送蔡希魯都尉》詩："身輕一鳥過，槍急萬人呼。"2. 渡過。《書·禹貢》："北過降水，至于大陸。"3. 過去。（三國·魏）曹操《精列》詩："年之暮奈何，時過時來微。"［按］韻、調不合，應歸科韻上去。

⑦ 個〔偏也〕：[《廣韻》古賀切，去箇，見。]量詞。用於没有專用量詞的事物。《儀禮·士虞禮》“俎釋三个”，（漢）鄭玄注：“个猶枚也，今俗或名枚曰個，音相近。”（唐）賈公彥疏：“人傍著固，字雖不同，音聲相近，同是一个之義。”[按]調不合，應歸上去。

⑧ 箇〔數也；枚也〕：[《廣韻》古賀切，去箇，見。]1. 竹一枝。《説文·竹部》：“箇，竹枚也，从竹，固聲。”《方言》第十二：“箇，枚也。”（晉）郭璞注：“謂枚數也。”2. 引申爲量詞。《禮記·少儀》：“其禮，大牢則以牛左肩臂臑折九箇，少牢則以羊左肩七箇，犆豕則以豕左肩五箇。”[按]調不合，應歸上去。

⑨ ㊪眮〔臭也〕：【正字通】同“䯊”。【廣韻】苦何切。膝骨。[按]音（韻、調）、義皆不合。

⑩ ㊪吙：【集韻】許我切。擊也。[按]調不合，應歸上上。

⑪ 犒〔勞也〕：[《廣韻》苦到切，去號，溪。]犒賞；以酒食財物慰勞。《左傳·僖公三十三年》：“寡君聞吾子將步師出於敝邑，敢犒從者。”[按]調不合，應歸下去。今泉讀[k'ɔ꜄]。

⑫ 庫〔倉~〕：[《廣韻》苦故切，去暮，溪。]1. 儲藏戰車兵甲的屋舍。《管子·七患》：“庫無備兵。”《禮記·曲禮下》：“在府言府，在庫言庫。”（漢）鄭玄注：“庫謂車馬兵甲之處也。”2. 泛指貯物的屋舍。《釋名·釋宫室》：“庫，舍也，物所在之舍也。”[按]韻、調不合，應歸高韻下去。今泉讀[k'ɔ꜄]。

⑬ ㊪洨：[《廣韻》奇寄切，去寘，羣。]水分流。[按]韻、調不合。

⑭ 躱〔~閃〕：[《字彙》丁可切。]亦作“躲”。避開；避讓。（宋）陸游《沁園春》詞：“躱盡危機，消殘壯志，短艇湖中閑採蒓。”[按]調不合，應歸上上。今泉讀[꜂tɔ]或[꜂to]。

⑮ 朵〔花成~〕：[《廣韻》丁果切，上果，端。]樹木枝葉花實下垂貌。後多指花朵。《説文·木部》：“朶，樹木垂朶朶也。”（清）段玉裁注：“凡枝葉華實之垂者皆曰朶朶，今人但謂一華爲一朶。”[按]調不合，應歸上上。今泉讀[꜂tɔ]或[꜂to]。

⑯ 到〔~來〕：[《廣韻》都導切，去號，端。]至；來到；到達。《論語·季氏》：

"民到於今稱之。"[按]調不合,應歸上去。今泉讀[tɔ⊃]。

⑰ ㊕吥:【集韻】普溝切。吸也。[按]韻、調不合,應歸鉤韻上平。重收。

⑱ 套〔長也;外~〕:【字彙】他到切,滔去聲。長也。[《集韻》叨號切,去號,透。]6. 罩在外面。《兒女英雄傳》第四回:"只見一個人……下邊穿着條香色洋布夾褲,套着雙青緞子套褲。"7. 指罩在外面的東西。如手套、筆套、套鞋。[按]調不合,應歸上去。

⑲ 皂〔~隸〕:[《廣韻》昨早切,上晧,從。]1. 古代賤等人之稱。《左傳·昭公七年》:"人有十等……故王臣公,公臣大夫,大夫臣士,士臣皂,皂臣輿,輿臣隸,隸臣僚,僚臣僕,僕臣臺,馬有圉,牛有牧,以待百事。"2. 專稱下吏或雜役。(南朝·宋)鮑照《謝秣陵令表》:"臣負鍤下農,執羈末皂。"[按]調不合,應歸下上。今泉仍有人讀[⊆tso],如"藥皂"。

⑳ 唣〔囉~〕:同"啅"。【中華大字典】啅,讀若"皁"。俗字。囉唣,一作"囉啅"。[按]調不合,應歸下上。

㉑ 做〔~事〕:[《字彙》子賀切。]製造;製作。《紅樓夢》第三二回:"前日我聽見把我做的扇套兒拿着和人家比,賭氣又鉸了。"[按]調不合,應歸上去。

㉒ ㊕弋:[《廣韻》與職切,入職,以。]木樁。《爾雅·釋宮》:"鷄棲于弋爲榤,鑿垣而棲爲塒。"[按]聲、韻、調皆不合,應爲[tsoʔ⊇]("奔走"義)的訓讀字,本字未明。

㉓ 匍〔~匐:手行〕:[《廣韻》薄胡切,平模,並。]爬行。《説文·勹部》:"匍,手行也。"[按]聲、韻不合,應歸邊母高韻,實爲[⊆so](表示慢慢地爬行或蠕動)的訓讀字。[⊆so]的本字,《閩南方言大詞典》第一三七頁寫作"趖",但調不合。【集韻】趖,蘇禾切。《説文》走意。

㉔ 唆〔使~〕:[《廣韻》蘇禾切,平戈,心。]慫慂;嗾使。(元)劉廷信《新水令·秋怨》套曲:"空寫下舊事兩三行,故紙百十張,把些個謊鬼瞞神誓,番做了唆奏騙趙謊。"【字彙】桑何切,音梭。使唆。[按]調不合,應歸上平。今泉亦讀"使唆[⊆so]"(唆使)。

㉕ 燥〔乾~〕：[《集韻》先到切，去號，心。] 缺少水分；乾燥。《易 · 乾》："同聲相應，同氣相求。水流濕，火就燥。"（唐）孔穎達疏："火焚其薪，先就燥處。"[按] 調不合，應歸上去。

㉖ 躁〔~性〕：[《廣韻》則到切，去號，精。] 1. 急疾；迅速。《易 · 説卦》："爲決躁。"（清）王引之《經義述聞 · 周易下》："決、躁皆疾也。象雷之迅，故爲決躁。《説文》：'趮，疾也。'趮與躁同。"2. 急躁；浮躁。《論語 · 季氏》："侍於君子有三愆：言未及而言謂之躁，言及之而不言謂之隱，未見顏色而言謂之瞽。"[按] 聲、調不合，應歸争母上去。今泉讀[sɔᵓ]，亦寫作"素性"。

㉗ 錸〔手~〕：[《玉篇》蘇禄切。] 鐲子。（宋）趙汝適《諸蕃志 · 南毗國》："臂繫金纏，足圈金錸。"[按] 韻、調不合，應歸東韻上入，實爲"鋜"[soʔ⊇]（今習慣寫作"鐲"）的訓讀字。《普通話閩南方言詞典》第一〇三八頁寫作"鐲（鋜）"。【字彙】鋜，食角切，音浞。足鈴。《廣韻》足鎖。鋜，[《廣韻》士角切，入覺，崇。] 1. 鎖足。（唐）韓愈、孟郊《納涼聯句》："青雲路難近，黄鶴足仍鋜。"錢仲聯集釋："魏本引孫汝聽曰：'鋜，《玉篇》云：鎖足也。'"2. 指鎖足的器具。（清）朱彝尊《畢上舍大生止酒經年冬夜枉過勸之復飲賦三十韻》："有如魚含鈎，又如鶴受鋜。"3. 鐲子。套在脚腕上的裝飾品。（宋）吴自牧《夢粱録 · 嫁娶》："且論聘禮，富貴之家當備三金送之，則金釧、金鋜、金帔墜者是也。"

㉘ 釧〔手飾也〕：[《廣韻》尺絹切，去線，昌。] 臂鐲的古稱。（南朝 · 宋）何偃《與謝尚書書》："珍玉名釧，因物託情。"[按] 聲、韻、調皆不合，實爲"鋜"[soʔ⊇]（今習慣寫作"鐲"）的訓讀字（參見㉗）。泉州話手鐲、臂鐲、脚鐲都可用"鋜"。

㉙ 澳〔深也〕：[《廣韻》烏到切，去號，影。] 深。[按] 調不合，應歸上去。

39 科

聲 韻 調	39 科 ə / əʔ(解,此音俱從俗解)			
	上平˧33	上上˥55	上去˥˩41	上入˥5
柳 l	○	儡〔傀~〕	○	撚〔土解,手~也〕①
邉 p	飛〔鳥~也〕	○	褙〔~套〕②	○
求 k	○	果〔~子〕 粿〔~食〕	○	郭〔姓也〕
氣 k‘	科〔~塲〕 窠〔~籐〕	○	○	缺〔欠~〕 闕〔~額〕
地 t	○	短〔長~〕③	袋〔布~〕④	啄〔鳥~〕
普 p‘	朊〔開張〕	○	○	○
他 t‘	推〔~托〕	○	○	○
争 ts	○	○	○	○
入 dz	○	○	○	○
時 s	○	○	○	雪〔霜~〕 説〔~話〕
英 ∅	罌〔~瓮〕⑤ 甇〔長頸甕也〕⑥	○	○	○
文 b	○	尾〔頭~〕 鮇〔~鮫〕⑦	未〔~已也〕	卜〔~也〕
語 g	○	○	○	○
出 ts‘	吹〔~簫;風~〕 炊〔~飯〕	髓〔骨~〕	○	撮〔一~仔〕⑧ 嘬〔~糜〕⑨
喜 h	灰〔石~;壳~〕	火〔水~〕 夥〔~記〕	○	○

【校注】

① 撚〔土解,手~也〕:[《廣韻》乃殄切,上銑,泥。]執;持取。《説文·手部》:

"撚,執也。"(唐) 杜牧《重送》詩:"手撚金僕姑,腰懸玉轆轤。"[按]韻、調不合,應歸軒韻上上,實爲[ləʔ꜀]的訓讀字,表示"用拇指和食指取東西"(《閩南方言大詞典》第六九六頁寫作"捩")。

② 褙〔~套〕:[《集韻》補妹切,去隊,幫。]褙子。《宣和遺事》後集:"〔徽宗〕將龍袍卸却,把一領皂褙穿着,上面著一領紫道服。"[按]不知"褙套"爲何物。褙,同"綃"。【字彙】綃,邦妹切,音背。襦也。

③ 短〔長~〕:[《廣韻》都管切,上緩,端。]謂兩端距離小。與"長"相對。指空間。《左傳·昭公三年》:"彼其髮短而心甚長,其或寢處我矣。"[按]韻不合,應歸川韻。此讀[꜂tə]爲俗讀,今沿用。本字不明。

④ 袋〔布~〕:[《廣韻》徒耐切,去代,定。]囊。用軟薄材料製成的有口盛器。《玉篇·衣部》:"袋,囊也。"《隋書·食貨志》:"有司嘗進乾薑,以布袋貯之,常用爲傷費,大加譴責。"[按]調不合,應歸下去。

⑤ 罌〔~瓮〕:[《廣韻》烏莖切,平耕,影。]古代盛酒或水的瓦器,小口大腹,較缶爲大。亦有木製者。《墨子·備城門》:"用瓦木罌,容十升以上者,五十步而十,盛水且用之。"(清) 孫詒讓閒詁:"《史記·韓信傳》以木罌缻渡軍,是罌或瓦或木,皆可以盛水者也。"[按]韻不合,應歸卿韻,實爲[꜀ə]的訓讀字。

⑥ 嵦〔長頭甕也〕:[按]傳統辭書查無此字。

⑦ 鰢〔~鮁〕:[《廣韻》莫下切,上馬,明。]海馬。俗名水馬。(清) 李元《蠕範·物匹》:"䰳,鰢也,水馬也,海馬也,水鼈也,水蛆也,水爬蟲也,鰕扒蟲也。馬首鰕身,大腹硬背,背傴僂有竹節文,其尾刺人如蝎。雄者黄,雌者黑。長二三寸。"[按]韻不合,應歸西韻。今泉讀[꜂be]。

⑧ 撮〔一~仔〕:[《廣韻》倉括切,入末,清。]以三指一次抓取的量。泛指少量。《禮記·中庸》:"今夫地,一撮土之多,及其廣厚,載華嶽而不重,振河海而不洩,萬物載焉。"[按]韻不合,應歸川韻上入。今泉俗讀[tsʻiɔk꜁]。

⑨ 嘬〔~糜〕:【集韻】楚快切。一舉盡臠也。[按]音、義不合。應作"歠"或

“啜”。歠,[《廣韻》昌悦切,入薛,昌。]飲;喝。《國語·越語上》:“勾踐載稻與脂于舟以行,國之孺子之遊者,無不餔也,無不歠也。”啜,[《廣韻》昌悦切,入薛,昌。]食;飲。《墨子·節用中》:“飲於土塯,啜於土形。”(唐)韓愈《送窮文》:“子飯一盂,子啜一觴。”

聲 韻 調	39 科 ə /əʔ(解,此音俱從俗解)			
	下平˨˦ 24	下上˨˨ 22	下去˦˩ 41	下入˨˦ 24
柳 l	螺〔蚌屬；~片〕	○	○	○
邊 p	賠〔~補〕	倍〔加~也〕	焙〔火~〕 垻〔壅水〕①	○
求 k	○	○	髻〔束髮爲~〕② 過〔往也〕③	○
氣 k'	葵〔土解,~扇〕	○	課〔試也；文~〕④	○
地 t	○	○	戴〔姓也〕⑤ 埭〔海~〕⑥	奪〔搶~也〕
普 p'	皮〔~膚；肉~〕	被〔覆也：~席〕	○	○
他 t'	○	○	退〔進~〕⑦	○
争 ts	○	○	○	絶〔無之盡〕
入 dz	○	○	○	○
時 s	○	○	税〔租~〕⑧ 賽〔相~〕⑨	○
英 ø	○	禍〔作~；~端〕	○	○
文 b	糜〔粥也：~飯〕	○	妹〔兄~；小~〕	韈〔鞋~〕 袜〔同上〕
語 g	○	○	○	月〔日~〕
出 ts'	尜〔土字,火~〕⑩ 箠〔竹~；火~〕	○	尋〔~物；相~〕⑪	○
喜 h	回〔往~〕 茴〔~香〕	○	貨〔~物〕⑫ 歲〔年~〕⑬	○

【校注】

① 垻〔壅水〕：[《廣韻》必駕切,去禡,幫。]同"壩"。攔截水流的建築物。黄侃《蕲春語》:"溪上隄亦曰壩;亦並作垻。"[按]調不合,應歸上去。

② 髻〔束髮爲~〕：《五侯鯖字海》:"髻,音記。綰髮爲髻。又作髻,从吉。"【字彙】髻,吉詣切,音計。綰髮也。[按]韻不合,應歸西韻。今泉沿用,讀[kəᵓ]。

③ 過〔往也〕：[《廣韻》古卧切,去過,見。]經過。《論語·憲問》:"子擊磬於

衛，有荷蕢而過孔氏門者。"[按]調不合，應歸上去。

④ 課〔試也；文~〕：[《廣韻》苦卧切，去過，溪。]檢驗；試用。《管子·七法》："成器不課不用，不試不藏。"（唐）尹知章注："兵器雖成，未經課試，則不用不藏。"[按]韻、調不合，應歸高韻或刀韻上去。今泉讀[k'ɔ˭]或[k'ə˭]。

⑤ 戴〔姓也〕：[《廣韻》都代切，去代，端。]姓。[按]調不合，應歸上去。

⑥ 埭〔海~〕：[《廣韻》徒耐切，去代，定。]堵水的土壩。古時於水淺不利行船處，築土遏水，兩岸樹立轉軸，遇有船過，以纜繫船，用人或畜力挽之而渡。《晉書·謝安傳》："及至新城，築埭於城北，後人追思之，名爲召伯埭 。"[按]調不合，應歸上去。

⑦ 退〔進~〕：[《廣韻》他内切，去隊，透。]退却；後退。《易·大壯》："羝羊觸藩，不能退，不能遂。"[按]調不合，應歸上去。

⑧ 税〔租~〕：[《廣韻》舒芮切，去祭，書。]賦税；税收。《老子》："民之饑，以其上食税之多，是以饑。"[按]調不合，應歸上去。

⑨ 賽〔相~〕：[《廣韻》先代切，去代，心。]比；比賽。《魏書·任城王澄傳》："特令澄爲七言連韻，與高祖往復賭賽，遂至極歡。"[按]調不合，應歸上去。

⑩ 尜〔土字，火~〕：[按]方言字，音、義同"箠"。"火~"，即撥火棍。

⑪ 尋〔~物；相~〕：[《廣韻》徐林切，平侵，邪。]尋找；謀求。《墨子·修身》："思利尋焉。"高亨《諸子新箋·墨子·修身》："尋，求也。"[按]聲、韻、調皆不合，實爲[ts'ə˭]的訓讀字，本字不明。

⑫ 貨〔~物〕：[《廣韻》呼卧切，去過，曉。]財物；金錢、珠玉、布帛的總稱。《書·洪範》："一曰食，二曰貨。"（唐）孔穎達疏："貨者，金玉、布帛之總名。"[按]調不合，應歸上去。

⑬ 歲〔年~〕：[《廣韻》相鋭切，去祭，心。]年；一年爲一歲。《爾雅·釋天》："載，歲也。夏曰歲，商曰祀，周曰年，唐虞曰載。"（宋）邢昺疏："取歲星行一次。"[按]調不合，應歸上去。

40 梅

聲韻調	40 梅 m(解,有音無字)			
	上平˧33	上上˥55	上去˨41	上入˥5
柳 l	○	○	○	○
邊 p	○	○	○	○
求 k	○	○	○	○
氣 k‘	○	○	○	○
地 t	○	○	○	○
普 p‘	○	○	○	○
他 t‘	○	○	○	○
争 ts	○	○	○	○
入 dz	○	○	○	○
時 s	○	○	○	○
英 ø	○	姆〔土音〕	○	○
文 b	○	○	○	○
語 g	○	○	○	○
出 ts‘	○	○	○	○
喜 h	○	○	○	○

聲韻調	40 梅 m(**解**,有音無字)			
	下平˩˦ 24	下上˨ 22	下去˦˩ 41	下入˩˦ 24
柳 l	○	○	○	○
邊 p	○	○	○	○
求 k	○	○	○	○
氣 k‘	○	○	○	○
地 t	○	○	○	○
普 p‘	○	○	○	○
他 t‘	○	○	○	○
争 ts	○	○	○	○
入 dz	○	○	○	○
時 s	○	○	○	○
英 Ø	梅〔~花〕	○	不〔土話,~也〕①	○
文 b	○	○	○	○
語 g	○	○	○	○
出 ts‘	○	○	○	○
喜 h	○	○	○	○

【校注】

① 不〔土話,~也〕:[《廣韻》分勿切,入物,非。]無;没有。《詩・王風・君子于役》:“君子于役,不日不月。”(漢) 鄭玄箋:“行役反無日月。”[按]聲、韻、調皆不合,實爲訓讀字。本地常寫作“呣”或“伓”。

41 京

聲韻調	41 京 iã/iãʔ(iaʔ)(解,此一字音俱從俗解)			
	上平˧ 33	上上˥ 55	上去˨ 41	上入˥ 5
柳 l	○	嶺〔山~〕 領〔衣~〕	○	○
邊 p	兵〔土話,放~〕	餅〔糕~〕	○	壁〔牆~〕①
求 k	京〔~城〕 驚〔~恐〕	子〔~兒〕②	○	挌〔擊也〕③
氣 k'	○	○	○	曲〔屈~〕④ 隙〔空~〕⑤
地 t	○	鼎〔炊飯也〕	○	摘〔~花〕⑥
普 p'	棚〔棧也〕⑦	○	○	僻〔偏~〕⑧
他 t'	聽〔~話〕 廳〔~堂〕	○	○	徹〔~開〕⑨ 拆〔~起〕⑩
争 ts	○	淡〔鹹~〕⑪	○	雀〔俗語,~仔〕⑫ 跡〔足~〕⑬
入 dz	○	○	○	○
時 s	聲〔~音〕	○	聖〔~佛〕	削〔~仔〕⑭ 錫〔打~〕⑮
英 ø	纓〔笠~〕 英〔金~〕	影〔日~;火~〕	○	益〔土話,進~〕⑯
文 b	○	○	○	○
語 g	○	仔〔乜~〕⑰	○	○
出 ts'	○	且〔發語也〕⑱ 請〔~人〕	○	赤〔~色〕⑲
喜 h	兄〔~弟〕	○	○	○

【校注】

① 壁〔牆~〕:[按]該字無鼻化韻讀法,已見邊母嗟韻上入。

② 子〔~兒〕:[《廣韻》即里切,上止,精。]古代兼指兒女。《詩·小雅·斯

干》:“乃生男子,載寢之牀……乃生女子,載寢之地。”[按]聲、韻不合,應歸争母居韻,實爲“囝”的訓讀字。(唐)顧況《囝》詩:“囝生閩方,閩吏得之……囝别郎罷,心摧血下。”原題解:“閩俗呼子爲囝,父爲郎罷。”(宋)陸游《戲遣老懷》詩:“阿囝略如郎罷老,稚孫能伴太翁嬉。”原注“~兒”,道光本、會文書莊本、廖新校增本誤作“~皃”。

③ 挌〔擊也〕:[《廣韻》古伯切,入陌,見。]擊;格鬥。《説文·手部》:“挌,擊也。”(宋)王觀國《學林·格》:“史書言格殺、格鬬者,當用從手之‘挌’,而亦或用從木之‘格’,蓋古人於從木、從手之字,多通用之。”[按]韻不合,應歸卿韻上入。

④ 曲〔屈~〕:[《廣韻》丘玉切,入燭,溪。]彎曲;不直。《荀子·勸學》:“其曲中規。”[按]韻不合,應歸香卿或卿韻上入。

⑤ 隙〔空~〕:[按]該字無鼻化韻讀法,已見氣母嗟韻上入。

⑥ 摘〔~花〕:[按]該字無鼻化韻讀法,已見地母嗟韻上入。

⑦ 棚〔棧也〕:[《廣韻》薄庚切,平庚,並。]棧;閣。《説文·木部》“棚,棧也”,(清)朱駿聲通訓:“今蘇俗諺語曰‘搭棚’,蓋空中樓閣之謂。”[按]聲、韻、調皆不合,應歸邊母青韻下平。

⑧ 僻〔偏~〕:[按]該字無鼻化韻讀法,已見普母嗟韻上入。

⑨ 徹〔~開〕:[《廣韻》丑列切,入薛,徹。]撤除;撤去。《詩·小雅·楚茨》:“諸宰君婦,廢徹不遲。”(漢)鄭玄箋:“諸宰徹去諸饌。”[按]韻不合,應歸軒韻上入。

⑩ 拆〔~起〕:[按]該字無鼻化韻讀法,已見他母嗟韻上入。

⑪ 淡〔鹹~〕:[《廣韻》徒敢切,上敢,定。]味不濃;濃度不高。《管子·水地》:“淡也者,五味之中也。”(唐)尹知章注:“無味謂之淡。”[按]聲、韻、調皆不合,實爲“饗”(或饗)的訓讀字。【集韻】饗饗,子冉切。嘗食也。一曰饗餂,味醎。

⑫ 雀〔俗語,~仔〕:[按]該字無鼻化韻讀法,應歸普母嗟韻上入。

⑬ 礍〔足~〕：同“跡(迹)”。[按]該字無鼻化韻讀法，已見争母嗟韻上入。“足”，樋新編本誤作“定”。

⑭ 削〔~仔〕：[按]該字無鼻化韻讀法，已見普母嗟韻上入。

⑮ 錫〔打~〕：[按]該字無鼻化韻讀法，已見普母嗟韻上入。

⑯ 益〔土話，進~〕：[按]該字無鼻化韻讀法，已見普母嗟韻上入。

⑰ 仔〔乜~〕：[《廣韻》即里切，上止，精。]幼小的。多指牲畜家禽等。參見“仔雞”、“仔猪”、“仔畜”。[按]泉州話中讀[ᶜŋã]或[ᶜa]的“仔”，實由“囝”[ᶜkiã/ᶜkã]弱化而成。

⑱ 且〔發語也〕：[《廣韻》七也切，上馬，清。]副詞。姑且；暫且。《詩·唐風·山有樞》：“且以喜樂，且以永日。”[按]韻不合，應歸嗟韻。但該字有[ᶜts‘ia](已見嗟韻)、[ᶜts‘iã]兩讀，今泉州話一樣。

⑲ 赤〔~色〕：[按]該字無鼻化韻讀法，已見普母嗟韻上入。

聲韻調	41 京 iã/iãʔ(iaʔ)(**解**,此一字音俱從俗解)			
	下平ʎ 24	下上⊣ 22	下去ᐯ 41	下入ʎ 24
柳 l	娘〔土姜,俗叫母：引～〕	○	○	掠〔土音,～人〕① 力〔俗解〕②
邊 p	○	○	○	○
求 k	行〔～路〕	件〔物～〕	鏡〔鑑也：寶～〕③	屐〔木～〕④
氣 k‘	○	○	慶〔～賀〕⑤	○
地 t	庭〔門～〕 埕〔同上〕	錠〔金～〕 椗〔船～〕⑥	定〔安也：平～〕	糴〔～穀〕⑦
普 p‘	砰〔石～〕⑧	○	○	甓〔磚～〕⑨
他 t‘	程〔～工;姓也〕 呈〔奉～〕	○	痛〔腹～〕⑩ 疼〔同上〕⑪	○
争 ts	成〔事～了〕 筬〔織具〕	○	正〔平～〕⑫	食⑬
入 dz	○	○	○	○
時 s	城〔～郭〕	○	檻〔粟～〕⑭	石⑮
英 ∅	贏〔輸～〕 營〔～寨〕	颺〔土解,～米〕⑯	○	易〔～經〕⑰ 蝶〔粉～〕⑱ 驛〔～站〕⑲
文 b	名〔～聲〕	○	命〔性～〕	○
語 g	迎〔接也：相～〕	○	○	額〔有～;無～〕⑳
出 ts‘	成〔土姜〕㉑	○	倩〔～人做工〕㉒	○
喜 h	顔〔土話,～厝〕㉓	○	艾〔草也：火～〕㉔	額〔額也〕㉕

【校注】

① 掠〔土音,～人〕：[《廣韻》離灼切,入藥,來。]擄掠;奪取。《左傳·襄公二十一年》:“欒盈過于周,周西鄙掠之。”(晉)杜預注:“劫掠財物。”[按]該字無鼻

化韻讀法,已見柳母卿韻下入。

② 力〔俗解〕:[《廣韻》林直切,入職,來。]力量;力氣。《詩·邶風·簡兮》:"有力如虎,執轡如組。"[按]閩南古戲文常用"力"表示"捉"(同"掠")。該字無鼻化韻讀法,已見柳母嗟韻下入。

③ 鏡〔鑑也:寶~〕:[《廣韻》居慶切,去映,見。]鏡子。《莊子·天下》:"其動若水,其静若鏡,其應若響。"[按]調不合,應歸上去。

④ 屐〔木~〕:[《廣韻》奇逆切,入陌,羣。]木製的鞋,底大多有二齒,以行泥地。《晉書·五行志上》:"初作屐者,婦人頭圓,男子頭方,圓者順之義,所以别男女也。至太康初,婦人屐乃頭方,與男無别。"[按]該字無鼻化韻讀法,已見見母嗟韻下入。

⑤ 慶〔~賀〕:[《廣韻》丘敬切,去映,溪。]祝賀;慶賀。《周禮·春官·大宗伯》:"以賀慶之禮,親異姓之國。"(唐)賈公彦疏:"言賀慶者,謂諸侯之國有喜可賀可慶之事,王使大夫往,以物慶賀之。"《公羊傳·昭公二十五年》:"慶子免君於大難矣。"(漢)何休注:"慶,賀也。"[按]調不合,應歸上去。白讀[k'iã˒]今基本不用。

⑥ 椗〔船~〕:同"碇"。【集韻】丁定切。錘舟石也。[按]調不合,應歸上去。

⑦ 糴〔~穀〕:[《廣韻》徒歷切,入錫,定。]買進穀物。《公羊傳·莊公二十八年》:"臧孫辰告糴于齊。"(漢)何休注:"買穀曰糴。"[按]該字無鼻化韻讀法,已見地母嗟韻下入。

⑧ 砰〔石~〕:【集韻】披耕切。《廣韻》砰磅,聲也。[按]韻、調不合,疑"砰"爲"坪"之誤,諸本皆然。坪,[《廣韻》符兵切,平庚,並。]平地。多指山區和丘陵區局部的平地或平原。《説文·土部》:"坪,地平也。"

⑨ 甓〔磚~〕:[《集韻》蒲歷切,入錫,並。]磚。《詩·陳風·防有鵲巢》:"中唐有甓,邛有旨鷊。"(清)馬瑞辰通釋:"甓爲磚。"[按]該字無鼻化韻讀法,已見普母嗟韻下入。

⑩ 痛〔腹~〕:[《廣韻》他貢切,去送,透。]疼痛,疾病、創傷等引起的難受的感覺。《易·説卦》:"坎爲水……其於人也,爲加憂,爲心病,爲耳痛。"[按]韻、調不合,應歸東韻或江韻上入,實爲訓讀字,本字不明。

⑪ 疼〔同上〕:[《廣韻》徒冬切,平冬,定。]痛。《宋書·顔延之傳》:"頭齒眩疼,根痼漸劇。"[按]韻、調不合,應歸卿韻下平,實爲訓讀字,本字不明。

⑫ 正〔平~〕:[《廣韻》之盛切,去勁,章。]當中;不偏。《文選·張衡〈東京賦〉》:"及至農祥晨正,土膏脉起,乘鑾輅而駕蒼龍,介馭問以剡耜。"(三國·吴)薛綜注:"農祥,天駟,即房星也。晨時正中也。"[按]調不合,應歸上去。

⑬ 食:[《廣韻》乘力切,入職,船。]吃飯;進餐。《書·無逸》:"自朝至于日中昃,不遑暇食。"[按]該字無鼻化韻讀法,已見争母嗟韻下入。

⑭ 櫼〔粟~〕:同"墘",一種木製的長方形器具,舊時閩南地區用以盛嫁妝或禮物。【集韻】時正切。器也。

⑮ 石:[《廣韻》常隻切,入昔,禪。]巖石;石頭。《詩·小雅·漸漸之石》:"漸漸之石,維其高矣。"[按]該字無鼻化韻讀法,已見時母嗟韻下入。

⑯ 颺〔土解,~米〕:[《廣韻》餘亮切,去漾,以。]飛揚;飄揚。《楚辭·九辯》:"何曾華之無實兮,從風雨而飛颺。"[按]調不合,應歸下去,實爲[ˉiã]的訓讀字。

⑰ 易〔~經〕:[《廣韻》羊益切,入昔,以。]書名。古代卜筮之書。有《連山》、《歸藏》、《周易》三種,合稱三《易》,今僅存《周易》,簡稱《易》。《周禮·春官·大卜》:"掌三《易》之灋,一曰《連山》,二曰《歸藏》,三曰《周易》。"[按]該字無鼻化韻讀法,已見時母嗟韻下入。

⑱ 蝶〔粉~〕:[《廣韻》徒協切,入帖,定。]蝴蝶。(南朝·齊)謝朓《和王主簿怨情》:"花叢亂數蝶,風簾入雙燕。"[按]該字無鼻化韻讀法,已見時母嗟韻下入。

⑲ 驛〔~站〕:[《廣韻》羊益切,入昔,以。]1. 驛馬。《吕氏春秋·士節》:"齊君聞之,大駭,乘驛而自追晏子,及之國郊,請而反之。"2. 驛站。(唐)韓愈《記

宜城驛》:“此驛置在古宜城内,驛東北有井,傳是昭王井,有靈異。”[按]該字無鼻化韻讀法,已見時母嗟韻下入。

⑳ 額〔有～;無～〕:[《廣韻》五陌切,入陌,疑。]規定的數目。《舊唐書·孝友傳·崔衍》:“舊額賦租,特望蠲減。”[按]該字無鼻化韻讀法,已見時母嗟韻下入。

㉑ 成〔土姜〕:[《廣韻》是征切,平清,禪。]完成;實現;成功。《詩·大雅·靈臺》:“庶民攻之,不日成之。”[按]原注“土姜”即“土腔”。“成”讀作[⊆ts‘iã]時,今泉表示“成全、完成”或“送嫁妝”,如“成尾”(把收尾工作做完)、“成查某仔”(給女兒送嫁妝)。

㉒ 倩〔～人做工〕:[《廣韻》七政切,去勁,清。]請;懇求。(漢)王褒《僮約》:“蜀郡王子淵以事到煎上寡婦楊惠舍,有一奴名便了,倩行酤酒。”[按]調不合,應歸上去。

㉓ 顔〔土話,～厝〕:[《廣韻》五姦切,平刪,疑。]姓。[按]今泉無[⊆hiã]一讀,衹讀[⊆gan]。

㉔ 艾〔草也:火～〕:[《廣韻》五蓋切,去泰,疑。]植物名。一名冰臺,又名艾蒿。菊科。多年生草本。《詩·王風·采葛》:“彼采艾兮,一日不見,如三歲兮。”[按]今泉仍存此讀[gai⊇/hiã⊇]。

㉕ 顙〔額也〕:[《廣韻》蘇朗切,上蕩,心。]額頭。《易·説卦》:“其於人也,爲寡髮,爲廣顙,爲多白眼。”(唐)孔穎達疏:“爲廣顙,額闊爲廣顙。”《孟子·滕文公上》:“其顙有泚,睨而不視。”(漢)趙岐注:“顙,額也。”[按]聲、韻、調皆不合,實爲“額”的訓讀字。額,[《廣韻》五陌切,入陌,疑。]額頭。眉上髮下部位。(漢)張衡《西京賦》:“偹額短項,大口折鼻,詭類殊種。”《北齊書·平秦王歸彦傳》:“文宣嘗見之,怒,使以馬鞭擊其額。”

42 雞

聲韻調	42 雞 ɯe/ɯeʔ(解,此一字音俱從俗解)			
	上平˧ 33	上上˥ 55	上去˦˩ 41	上入˥ 5
柳 l	○	奶〔~母〕①	○	○
邊 p	○	○	○	○
求 k	雞〔~犬〕② 圭〔水~〕③ 堦〔土~〕④ 街〔~市〕	改〔易也〕 解〔~説〕	○	鋏〔草~〕⑤ 夾〔~衣〕⑥ 莢〔豆~〕⑦
氣 k‘	溪〔衆川所歸〕	○	○	○
地 t	○	底〔下也〕	○	○
普 p‘	○	○	○	○
他 t‘	刣〔~刀〕⑧ 釵〔金~〕⑨	咤〔叱~〕	○	帖〔~物〕⑩ 屜〔鞍~〕⑪
争 ts	○	○	做〔~事〕	節〔~氣〕
入 dz	○	○	○	○
時 s	疎〔不密也〕 疏〔親~〕 梳〔木~〕	黍〔土音,~仔〕 洗〔去垢也〕	小〔大~〕⑫	○
英 ∅	挨〔~去也〕⑬	矮〔~小也〕	○	○
文 b	○	○	○	○
語 g	○	○	○	○
出 ts‘	初〔始也〕⑭	○	○	切〔~苦〕⑮
喜 h	○	○	○	○

【校注】

① 奶〔~母〕:【漢語大詞典】“嬭”的今字。1. 母。参見“奶口”、“奶母”。

2. 乳房。3. 乳汁。嬭,[《廣韻》奴蟹切,上蟹,娘。又奴禮切,上薺,泥。]亦作"妳"。後通作"奶"。[按]今泉無[ᶜlɯe]一讀。"奶",除了樋新編本外,其餘諸本均誤作"扔"。

② 雞[~犬]:[按]原注"~犬",除樋新編本、會文書莊本、廖新校增本外,其餘諸本均誤作"~大"。

③ 圭[水~]:[《廣韻》古攜切,平齊,見。]古代帝王諸侯朝聘、祭祀、喪葬等舉行隆重儀式時所用的玉製禮器。長條形,上尖下方。其名稱、大小因爵位及用途不同而異。[按]原注"水圭"一詞,傳統辭書均未收,"水圭"應即"水雞"的同音借字。今泉用"水雞"表示"田雞"。

④ 堦[土~]:同"階"。階,[《廣韻》古諧切,平皆,見。]亦作"堦"。臺階。《書·大禹謨》:"帝乃誕敷文德,舞干羽于兩階。"【土階】亦作"土堦"。土臺階。指居室簡陋。《子華子·晏子問黨》:"嬰聞之,堯不以土階爲陋,而有虞氏怵戒於塗髹,其尚儉之謂歟?"[按]今泉已不讀[꜀kɯe],衹讀[꜀kai]。原注"土~"(樋新編本),文德堂本、會文書莊本、市圖善本誤作"吟~"(大版式本"吟"字左邊漫漶而成"今")。廖新校增本改作"砛堦",是。"砛"爲本地方言字(《普通話閩南方言詞典》第七三頁、《閩南方言大詞典》第三二〇頁均用同音字"岑"),表示"臺階",清代已流行。《彙音妙悟》金韻語母下平:砛,礴砛。今泉"土堦"、"砛堦"皆不用,衹説"砛棧"(臺階)或"礴砛"(磚砌臺階)、"石砛"(石砌臺階)。

⑤ 鋏[草~]:[《廣韻》古協切,入帖,見。]劍。一説劍把。《管子·問》:"衣夾鋏……其厲何若?"(唐)尹知章注:"鋏,兩刃鈹也。"[按]韻不合,應歸兼韻上入,實爲"鍥"的訓讀字。【集韻】鍥,詰結切。《説文》鎌也。今泉衹説"鍥仔",不説"草鍥"。

⑥ 夾[~衣]:[按]現一般説"夾[kueʔ꜆]裘"(夾襖),不説"夾衣"。

⑦ 莢[豆~]:[《廣韻》古協切,入帖,見。]豆類植物的果實。《吕氏春秋·審時》:"得時之菽,長莖而短足,其莢二七以爲族。"[按]聲、韻不合,應歸求母兼

韻上入。[gueʔ˯]爲俗讀,今沿用。

⑧ 刣〔~刀〕:【集韻】乞洽切。陷也。[按]音、義均不合。疑爲“刣”的形誤。【字彙】刣,之容切,音鍾。刮削物也。義雖合,聲韻不合,當是個訓讀字。刣刀,即“刨刀”,與今泉説法同。《閩南方言大詞典》第一九七頁該義寫作“推”,音近,但義不合。

⑨ 釵〔金~〕:[《廣韻》楚佳切,平佳,初。]釵子。(漢)司馬相如《美人賦》:“玉釵挂臣冠,羅袖拂臣衣。”[按]聲、韻不合,應歸出母開韻,實爲訓讀字。《普通話閩南方言詞典》第七六二頁以“箟”爲本字,但“【集韻】箟,田黎切。竹名。一曰竹器”,又“【集韻】笄箟,堅奚切。《説文》簪也”,義雖合,但聲不合。

⑩ 帖〔~物〕:補償;添補。(唐)白居易《追歡偶作》詩:“追歡逐樂少閑時,補帖平生得事遲。”[按]今泉仍沿用。《普通話閩南方言詞典》第七六五頁寫作“替”(音[t‘ueʔ˯])。

⑪ 屜〔鞍~〕:[《集韻》他計切,去霽,透。]鞋墊。《集韻·去霽》:“屟,履中薦。或作屜。”後用以指物體上片形的附件,如窗屜、鞍墊、椅屜等。(清)吴熾昌《客窗閑話·淮南宴客記》:“窗以鐵線紗爲屜,延入荷香,清芬撲鼻。”(清)劉獻廷《廣陽雜記》卷一:“屜,馬背之藉韋者。”[按]今泉仍沿用。

⑫ 小〔大~〕:[《廣韻》私兆切,上小,心。]形容事物在體積、面積、數量、力量、强度等方面不及一般的或不及比較的對象。與“大”相對。《詩·小雅·吉日》:“發彼小豝,殪此大兕。”[按]韻、調不合,應歸朝韻上上,實爲“細”的訓讀字。細,[《廣韻》蘇計切,去霽,心。]微小。與“大”相對。《左傳·襄公四年》:“吾子舍其大而重拜其細,敢問何禮也?”

⑬ 挨〔~去也〕:【字彙】因皆切,矮平聲。推也;擊也。【正字通】烏開切,矮平聲。《六書故》旁排也。又《方言》强進曰挨。今俗凡物相近謂之挨。[按]“挨”,諸本皆誤作“掺”。

⑭ 初〔始也〕:[按]“初”,道光本、大版式本、文德堂本、市圖善本誤作“初”。

⑮ 切〔~苦〕:[《廣韻》千結切,入屑,清。]憂傷悲凄貌。(晉)潘岳《笙賦》:

"訣厲悄切,又何磬折?"(唐)杜甫《吹笛》詩:"風飄律呂相和切,月傍關山幾處明。"(清)仇兆鰲注:"切,謂其音悽切。"《古今小説・羊角哀捨命全交》:"設祭於享堂,哭泣甚切。"[按]原注"~苦",除樋新編本外,大版式本、道光本、文德堂本、會文書莊本、市圖善本、廖新校增本均誤作"~亞"。從明代至今,泉州話都以"切"表示"哭泣"或"抽泣",但不用"切苦",衹用"苦切",表示悲哀哽咽(見《普通話閩南方言詞典》第三十頁"悲咽")。《明刊閩南戲曲弦管選本三種》(下簡稱《明刊三種》)之《朱弁別公主》:"從今後,秦樓不用吹玉簫;從今後,琴瑟倆彈别音調。倆不苦切,倆不川(割)吊?"《明刊三種・相國寺遇醉不諧》:"倒拖弓鞋,脱落腳下繡弓鞋,心頭暗苦切。"

聲韻調	42 雞 ɯe/ɯeʔ(解,此一字音俱從俗解)			
	下平˨˦ 24	下上˨˨ 22	下去˦˩ 41	下入˨˦ 24
柳 l	犁〔~耙〕	鱺〔~魚〕①	鑢〔鋸~〕② 銼③	笠〔熱~;箬~〕
邊 p	○	○	○	○
求 k	鮭〔~魚〕④	○	易〔無難也〕⑤ 疥〔~癬〕⑥	挾〔以腋持物〕
氣 k'	○	○	契〔田~〕⑦	○
地 t	題〔~目;~名〕 蹄〔腳~〕	苧〔~布〕 紵〔績~〕	地〔土~〕	○
普 p'	○	○	○	○
他 t'	○	○	替〔~人〕⑧	○
争 ts	齊〔~整也〕	○	衆〔多也;不少也〕⑨	截〔~物〕
入 dz	○	○	○	○
時 s	○	○	細〔精~〕⑩	○
英 ø	鞋〔足所穿也〕	能〔有才也〕⑪	○	狹〔不闊也〕 窄〔闊~〕⑫
文 b	○	○	○	○
語 g	倪〔姓也〕	○	藝〔做~〕	○
出 ts'	○	○	㊪粽〔米~〕⑬	○
喜 h	○	蟹〔田~〕⑭	○	○

【校注】

① 鱺〔~魚〕:[《集韻》力制切,去祭,來。]方言。鱧魚。(明)屠本畯《閩中海錯疏·鱗下》:"鱺,大者長五六寸,白質黑章,味美少鯁。"[按]調不合,應歸下去。泉州話中的"[⊆lue]魚"應寫作"鱧魚"。鱧,[《廣韻》盧啟切,上薺,來。]鱧魚。俗稱黑魚、烏鱧,亦名鮦。

② 鑢〔鋸~〕:[《廣韻》良倨切,去御,來。]磋磨。《詩·大雅·抑》"白圭之

玷”,(漢)鄭玄箋:“玉之缺尚可磨鑢而平。”[按]今泉變讀上去調[lue⊇],如“鑢仔”(銼刀)。

③ 銼:[《廣韻》麤臥切,去過,從。]2. 銼刀。(明)金鉉《除戎記》卷三:“復以鐵銼細爲磋琢,銹將去八九矣。”3. 用銼刀磋磨。(清)紀昀《閱微草堂筆記·如是我聞一》:“取驗,果適所持人。乃銼而焚之,呦呦有聲,血出如縷。”[按]聲、韻不合,實爲“鑢”的訓讀字。

④ 鮭〔~魚〕:[《廣韻》户佳切,平佳,匣。]古代魚類菜肴的總稱。(宋)司馬光《九月十一日夜雨宿南園》詩:“沼中數寸魚,烹煎足爲鮭。”原注:“吴人謂魚肉爲鮭。”[按]鮭,應作“膎”。【集韻】膎,户佳切。《説文》脯也。一曰吴人謂腌魚爲膎腼。今泉用“膎”表示“醃製的水産品”。樋新編本原注“~魚”,則應爲“魚~”之顛倒,其餘諸本均作“魚~”。今泉有“魚膎”一詞,没有“膎魚”的説法。

⑤ 易〔無難也〕:[《廣韻》以豉切,去寘,以。]容易。與“難”相對。《詩·大雅·文王》:“宜鑒于殷,駿命不易。”(宋)朱熹集傳:“不易,言其難也。”[按]聲、韻不合,應歸英母基韻,實爲[kue⊇]訓讀字。本地有人寫作“噲”,音近義不合。

⑥ 疥〔~癬〕:[《廣韻》古拜切,去怪,見。]疥瘡。《莊子·則陽》:“漂疽疥癰,内熱溲膏是也。”[按]調不合,應歸上去。

⑦ 契〔田~〕:[《廣韻》苦計切,去霽,溪。]符節、凭證、字據等信物。古代契分爲左右兩半,雙方各執其一,用時將兩半合對以作徵信。後泛指契約。《老子》:“是以聖人執左契而不責於人,故有德司契,無德司徹。”[按]調不合,應歸上去。

⑧ 替〔~人〕:[《廣韻》他計切,去霽,透。]代替。《宋書·廬陵王義真傳》:“高祖遣將軍朱齡石替義真鎮關中。”[按]調不合,應歸上去。

⑨ 衆〔多也;不少也〕:[《廣韻》之仲切,去送,章。]多。《左傳·哀公十一年》:“魯之羣室衆於齊之兵車。”[按]韻、調不合,應歸香韻上去,實爲訓讀字。有人

認爲本字是“穧”，音準義不合；亦有人認爲本字是“濟”，義對音不合。

⑩ 細〔精~〕：[《廣韻》蘇計切，去霽，心。]微小。與“大”相對。《左傳·襄公四年》：“吾子舍其大而重拜其細，敢問何禮也？”[按]調不合，應歸上去。

⑪ 能〔有才也〕：[《廣韻》奴登切，平登，泥。]在某方面見長；有才能；有本領。《易·繫辭上》：“乾知大始，坤作成物；乾以易知，坤以簡能。”（唐）孔穎達疏：“坤以簡能者，簡謂簡省凝静，不須繁勞。以此爲能，故曰坤以簡能也。”[按]聲、韻、調皆不合，實爲“解”的訓讀字。【集韻】解，下買切。曉也。（晉）陶潛《九日閑居》詩：“酒能祛百慮，菊解制頽齡。”（南朝）梁簡文帝《棹歌行》：“風生解刺浪，水深能捉船。”

⑫ 窄〔闊~〕：[《廣韻》側伯切，入陌，莊。]狹隘；狹小。（唐）白居易《題新昌所居》詩：“院窄難栽竹，牆高不見山。”[按]聲、韻、調皆不合，實爲“狹”的訓讀字。狹，[《廣韻》侯夾切，入洽，匣。]窄。横的距離小。與“寬”、“廣”相對。《墨子·備突》：“維置突門内，使度門廣狹。”

⑬ ㊇糅〔米~〕：[按]傳統辭書查無此字，該字當是方言字，表示水磨米粉或糯米粉。現通常寫作“粞”，應歸上去調。【集韻】粞，思計切。米屑。

⑭ 蠏〔田~〕：同“蟹”。[《廣韻》胡買切，上蟹，匣。]螃蟹。節肢動物，全身有甲殼，前面的一對脚成鉗狀，横着爬行。《易·説卦》：“離，爲蟹。”

43 毛

聲韻調	43 毛 ŋ/ŋʔ(解,此音俱從俗解)			
	上平˧ 33	上上˥ 55	上去˦˩ 41	上入˥ 5
柳 l	○	軟〔~弱〕①	○	○
邊 p	楓〔木名〕	榜〔~文〕 本〔~錢〕	○	○
求 k	光〔明也〕 扛〔兩人相~〕 甌〔大罌〕②	廣〔~東;~西〕 卷〔~書〕 捲〔~起;~簾〕	○	○
氣 k‘	康〔姓也〕 糠〔米~;糟~〕	○	勸〔相~〕	○
地 t	當〔輪~〕	返〔~來也〕③	○	○
普 p‘	妨〔相~〕④	○	○	○
他 t‘	湯〔菜~;水~〕	○	○	○
争 ts	莊〔姓也〕 磚〔~甓〕 贜〔賊~〕 粧〔梳~〕	○	○	○
入 dz	○	○	○	○
時 s	霜〔~雪〕 孫〔姓也〕 酸〔~苦〕 桑〔木名;又姓〕 喪〔~孝〕 痠〔腳~〕	磉〔珠~〕 損〔~子〕	○	○
英 ø	秧〔~針〕	影〔人~〕	瞈〔土字,~望〕⑤	○
文 b	毛〔土字,~仔〕⑥	晚〔早~〕	○	○
語 g	○	○	○	○
出 ts‘	村〔鄉~;~僕〕⑦ 倉〔粟~〕 瘡〔疥~〕 穿〔~空〕 川〔山~〕⑧ 艙〔船~〕	○	○	○
喜 h	坊〔造~〕 方〔四~〕 荒〔~廢〕	○	○	○

【校注】

① 軟〔~弱〕:[《廣韻》而兖切,上獮,日。]柔軟。(唐)元稹《送嶺南崔侍御》詩:"火布垢塵須火浣,木綿温軟當綿衣。"[按]聲不合,應歸入母。

② 甌〔大罌〕:同"瓬"。【集韻】居郎切。《博雅》瓶也。一曰大瓮。又同"缸"字。缸,[《中原音韻》音岡,平江,陽。]亦作"鋼"。1. 古代瓦製長頸容器。腹大口小,容十升。《説文・缶部》:"缸,瓨也。"(清)段玉裁注:"《瓦部》曰:'瓨,似罌,長頸。'……缸與瓨音、義皆同也。"(唐)李商隱《因書》詩:"海石分碁子,郫筒當酒缸。"(宋)張泌《酒泉子》詞:"酒香噴鼻懶開缸,惆悵更無人共醉。"(宋)陸游《閑遊》詩之一:"肺腸自與人間别,堪笑醅缸與飯囊。"2. 用陶、瓷、搪瓷、玻璃等製成的容器,底小口大,較深。《警世通言・鈍秀才一朝交泰》:"長老將缸内所積飯乾,浸軟蒸而饋之。"

③ 返〔~來也〕:[《廣韻》府遠切,上阮,非。]還;回歸。《莊子・逍遥遊》:"大而無當,往而不返。"[按]聲、韻不合,應歸喜母川韻,實爲"轉"的訓讀字。[《廣韻》陟兖切,上獮,知。]返回。(宋)馬子嚴《賀聖朝・春遊》詞:"遊人拾翠不知遠,被子規呼轉。"

④ 妨〔相~〕:[《廣韻》敷方切,平陽,敷。]1. 傷害;損害。《老子》:"難得之貨令人行妨。"(漢)河上公注:"妨,傷也。"2. 阻礙;妨礙。(唐)韓愈《岳陽樓别竇司直》詩:"軒然大波起,宇宙隘而妨。"《二刻拍案驚奇》卷十三:"我身子已倦,不要妨了我睡覺。"【相妨】互相妨礙、抵觸。(漢)董仲舒《春秋繁露・竹林》:"《春秋》之道,固有常有變。變用於變,常用於常,各止其科,非相妨也。"[按]今泉通常變讀上上調[ᶜhɔŋ],没有[꜀p‘ŋ]一讀。

⑤ 瞈〔土字,~望〕:【集韻】鄔孔切。瞈曚,日未明。[按]"瞈",廖新校增本改作"瞈",是,其餘諸本皆誤。"瞈"、"瞈"二字音同形近。瞈,[《字彙》烏孔切。]【瞈曚】視力不好,看不清。據注解"土字"可知,"瞈"應是方言字,表示"盼望",今泉沿用,亦讀[ŋᵓ]。

⑥ 芼〔土字,~仔〕:【集韻】謨袍切。艸也。通作"毛"。[按]調不合,應歸下平。今泉沿用[꜀bŋ]。

⑦ 村〔鄉~;~僕〕:[按]原注"~僕"當爲"~漢"之形誤,諸本皆然。【村漢】村夫,鄉下人。(唐)李商隱《雜纂》:"村漢著新衣。"廖新校增本將"~僅"改作"~校",欠妥。

⑧ 川〔山~〕:[《廣韻》昌緣切,平仙,昌。]河流。《周禮·地官·遂人》:"凡治野,夫間有遂,遂上有徑;十夫有溝,溝上有畛;百夫有洫,洫上有涂;千夫有澮,澮上有道;萬夫有川,川上有路,以達于畿。"(漢)鄭玄注:"萬夫,四縣之田。遂、溝、洫、澮,皆所以通水於川也。"[按]"山川"的"川"今泉通常用文讀[꜀ts'uan],[꜀ts'ŋ]衹用於"尻川"。

聲韻調	43 毛 ŋ/ŋʔ(解,此音俱從俗解)			
	下平˨[24]	下上˧[22]	下去˨˩[41]	下入˨[24]
柳 l	郎〔稱人也〕	卵〔羽禽所生也〕 二〔一~〕①	弄〔波~〕②	○
邉 p	○	○	傍〔~人〕 飯〔人所吃也〕	○
求 k	○	○	鑛〔鐵~〕③ 牶〔牛~〕④ 串〔~銭〕⑤ 貫〔銭~〕⑥ 桊〔牛~〕⑦	○
氣 k‘	○	○	藏〔~物〕⑧	○
地 t	唐〔姓也〕 塘〔水~〕 堂〔廳~〕 長〔~短〕 腸〔心~〕	斷〔不連也〕 丈〔十尺曰~〕	撞〔~着〕 頓〔幾~〕⑨	○
普 p‘	○	○	坋⑩	○
他 t‘	糖〔飴也;甘也〕 餹〔同上〕	○	脱〔~衣〕⑪	○
争 ts	全〔備也〕	○	臟〔五~;小~〕 鑽〔~仔〕⑫ 𢤱〔返~〕⑬	○
入 dz	○	○	○	○
時 s	甑〔所以炊也〕⑭	○	蒜〔菜名:葸~〕⑮ 算〔~數〕⑯	○
英 ø	黄〔中央土;又姓〕	○	○	○
文 b	毛〔髮也〕 門〔户也〕	○	問〔相~〕	物〔凡可食可用可玩者爲~〕
語 g	○	○	○	○
出 ts‘	床〔榻也〕 牀〔同上〕	○	串〔成~;~珠〕⑰	○
喜 h	園〔田~;花~〕	遠〔~近〕	○	○

【校注】

① 二〔一~〕:[《廣韻》而至切,去至,日。]數詞。一加一所得。《易·繫辭上》:“二人同心,其利斷金。”[按]聲、韻、調皆不合,實爲“兩”的訓讀字。

② 弄〔波~〕:[《廣韻》盧貢切,去送,來。]用手把玩;舞弄。《詩·小雅·斯干》:“載衣之裳,載弄之璋。”[按]韻不合,應歸東韻或江韻。若非專有名詞,“波弄”不成詞。

③ 鑛〔鐵~〕:[《廣韻》古猛切,上梗,見。]同“礦”。礦石、礦牀等的統稱。(唐)司空圖《二十四詩品·洗煉》:“如鑛出金,如鉛出銀。”[按]聲、韻、調皆不合,音變同普通話。今泉仍讀[k‘ɔŋ⊃/k‘ŋ⊃](應歸上去調),白讀同音。

④ 牬〔牛~〕:【集韻】古倦切。《爾雅》黑脚,牬。[按]調不合,應歸上去。今泉無此用法。

⑤ 串〔~錢〕:[《廣韻》古患切,去諫,見。]連貫;貫穿。(南朝)梁簡文帝《妾薄命》詩:“玉貌歇紅臉,長顰串翠眉。”(清)李漁《閑情偶寄·詞曲·音律》:“音調雖協,亦須文理貫通,始可串離使合。”[按]調不合,應歸上去。今泉無此讀,隨普通話讀作[ts‘uan⊃/ts‘ŋ⊃]。

⑥ 貫〔錢~〕:[《廣韻》古玩切,去换,見。]串錢的繩索。(南朝)梁簡文帝《菩提樹頌》:“紅粒盈箱,青蚨委貫。”[按]調不合,應歸上去。

⑦ 犈〔牛~〕:同“牬”。牬,[《廣韻》巨員切,平仙,羣。]1. 脚黑的牛。2. 牛耳黑。

⑧ 藏〔~物〕:[《廣韻》昨郎切,平唐,從。]隱藏;潛匿。《易·繫辭上》:“顯諸仁,藏諸用,鼓萬物而不與聖人同憂。”[按]聲、韻、調皆不合,實爲“囥”的訓讀字。囥,[《集韻》口浪切,去宕,見。]方言。隱藏。[按]調不合,應歸上去。

⑨ 頓〔幾~〕:【字彙】都困切,敦去聲……又食一次。(南朝·宋)劉義慶《世説新語·任誕》:“聞卿祠,欲乞一頓食耳。”[按]調不合,應歸上去。

⑩ 坋:[《廣韻》扶問切,去問,奉。]塵埃;粉塵。(明)歸有光《李南樓行

狀》:"衣裳整潔,皎然不染坋埃。"按,《説文・土部》:"坋,塵也。"[按]今泉無此説法。

⑪ 脱〔~衣〕:[《廣韻》他括切,入末,透。]脱掉(穿戴的衣帽鞋襪等物);解下。《莊子・寓言》:"脱屨户外。"[按]韻、調不合,應歸川韻上入,實爲"褪"的訓讀字。褪,[《字彙》吐困切。]衣裝、服飾等穿着或套着的東西因寬鬆而脱出。(宋)歐陽修《浣溪沙》詞之一:"束素美人羞不打,卻嫌裙慢褪纖腰。"調不合,應歸上去。

⑫ 鑽〔~仔〕:[《廣韻》子筭切,去换,精。]穿孔的工具。《管子・輕重乙》:"一車必有一斤、一鋸、一釭、一鑽、一鑿、一銶、一軻,然後成爲車。"[按]調不合,應歸上去。

⑬ 㦾〔返~〕:[按]除樋新編本用"藏"外,其餘諸本均用"㦾",但傳統辭書查無此字。泉州現一般用方言字"轙[tsŋ ᒧ]"("㦾"、"藏"或"狀"均可視作同音字)。轙是閩南民間用來引魂的器具,以竹篾編紮成圓柱狀三層平頂塔,再糊上淺淡花紙,中心通連一根竹竿爲柱軸,底部置於石臼上。所謂"牽轙"、"返轙"(即轉轙),就是由孝眷們牽著轙之邊緣走動,邊牽轉邊號哭,呼喚死者來享受功德,並祈禱將亡魂從地獄中超度出來。超度因水災罹難的先人則叫"牽水轙"。

⑭ 甑〔所以炊也〕:【集韻】慈陵切。炊器。[按]今泉習慣寫作"床"[꜀sŋ],如"炊床"。原注"炊",樋新編本誤作"坎"。

⑮ 蒜〔菜名:蔥~〕:[《廣韻》蘇貫切,去换,心。]多年生草本植物。有大蒜、小蒜兩種。(明)李時珍《本草綱目・菜一・蒜》:"家蒜有二種:根莖俱小而瓣少,辣甚者,蒜也,小蒜也;根莖俱大而瓣多,辛而帶甘者,葫也,大蒜也。"[按]調不合,應歸上去。

⑯ 算〔~數〕:祘,[《廣韻》蘇貫切,去换,心。]"算"的古字。(明)楊慎《升庵經説・先其祘命》:"《漢書・律曆志》劉歆《條奏》引《書》曰'先其祘命',師古曰:'《逸書》也。言王者統業,先立算數以命百事也。'祘,古'算'字。"[按]

調不合，應歸上去。"算數"意爲算賬。

⑰ 串〔成~；~珠〕：【康熙字典】《正韻》樞絹切，音釧。物相連貫也。與穿讀去聲通。穿，亦作"串"。【漢語大詞典】量詞。用於連貫一起的事物。（唐）李肇《翰林志》："其日尚食供素饌，賜茶十串。"《儒林外史》第二一回："桌上擺著一座香爐，一箇燈盞，一串念珠。"

44　青

聲 韻 調	44　青ĩ /ĩʔ(iʔ)(此字只有耳字一聲屬土音,餘俱從俗解)			
	上平˧ 33	上上˥ 55	上去˦˩ 41	上入˥ 5
柳 l	○	染〔~色〕	○	鑷〔土話,摘~〕①
邊 p	邊〔旁~〕　鞭〔馬~〕	扁〔不員也〕　匾〔同上〕	柄〔斧~〕	鱉〔魚~〕②
求 k	更〔一夜五~〕 羹〔肉~〕　經〔羅~〕	梗〔桔~：藥名〕	○	結〔土解,~石〕③
氣 k‘	坑〔山~〕	○	○	缺〔~角〕④
地 t	甘〔美也〕⑤	○	○	滴〔水~也〕⑥
普 p‘	篇〔兆~〕	○	○	劈〔刀~〕⑦
他 t‘	天〔~地〕　添〔加也〕	○	○	鐵〔銅~〕⑧ 削〔~頭〕⑨
争 ts	笙〔樂器〕　晶〔水~〕 精〔妖~〕	井〔汲水~也〕	○	接〔迎~也〕⑩
入 dz	○	禰〔父廟曰~;祖~也〕 耳〔可聽也;又木~〕　爾〔汝也;與也〕⑪ 叕〔文理交互之形也〕⑫　你〔汝也〕⑬ 緝〔~~：譖盛貌〕　尒〔詞之必然也〕⑭ 邇〔近也〕　駬〔駿馬〕 栮〔木~：生枯木〕　薾〔花草盛也〕	○	○
時 s	生〔~死〕	○	姓〔字~〕 槅〔門~;車~〕⑮	薛〔姓也〕⑯

（續表）

聲韻調	44 青ĭ /ĭʔ(iʔ)（此字只有耳字一聲屬土音，餘俱從俗解）			
	上平˧ 33	上上˥ 55	上去˨ 41	上入˥ 5
英 ø	英〔稱子曰阿～〕⑰	○	院〔寺～〕	○
文 b	○	○	○	乜⑱
語 ɡ	○	○	○	○
出 tsʻ	星〔天上～〕 青〔～色〕 菁〔用以染布〕⑲ 腥〔未熟也〕	醒〔睡～;點～〕 淺〔～布〕	○	○
喜 h	○	○	○	○

【校注】

① 鑷〔土話，摘～〕：[《廣韻》尼輒切，入葉，娘。] 鑷子。（晉）左思《白髮賦》："願戢子之手，攝子之鑷。"[按] 調不合，應歸下平。今泉沿用，讀[lĭʔ˼]。

② 鱉〔魚～〕：鼈，[《廣韻》並列切，入薛，幫。] 亦作"鱉"。甲魚。俗稱團魚。[按] 韻不合，已見邊母基韻上入。

③ 結〔土解，～石〕：[《廣韻》古屑切，入屑，見。] 聚合；凝聚。《淮南子·氾論訓》："不結於一迹之塗，凝滯而不化。"[按] 韻不合，應歸軒韻上入。

④ 缺〔～角〕：[《廣韻》傾雪切，入薛，溪。] 破損；殘缺。《詩·豳風·破斧》："既破我斧，又缺我斨。"[按] 韻不合，已見氣母基韻上入。

⑤ 甘〔美也〕：[《廣韻》古三切，平談，見。] 1. 美味；美味的食物。《書·洪範》："稼穡作甘。"孔傳："甘味生於百穀。"《莊子·盜跖》："必持其名，苦體絶甘，約養以持生，則亦久病長阨而不死者也。"2. 甜。《詩·邶風·谷風》："誰謂荼苦？其甘如薺。"[按] 聲、韻不合，應歸求母三韻，實爲"珍"的訓讀字。珍，[《廣韻》陟鄰切，平真，知。] 精美的食物。《禮記·王制》："八十常珍。"（唐）

孔穎達疏:“珍,謂常食之皆珍奇美食。”

⑥ 滴〔水~也〕:[《廣韻》都歷切,入錫,端。]液體一點一點地下落。(晉)潘岳《悼亡詩》之一:“春風緣隟來,晨霤承檐滴。”[按]韻不合,已見地母基韻上入。

⑦ 劈〔刀~〕:[《廣韻》普擊切,入錫,滂。]1. 破開。(唐)白居易《自蜀江至洞庭湖有感而作》詩:“長波逐若瀉,連山鑿如劈。”2. 裂;裂開。(唐)張孜《雪詩》:“豈知饑寒人,手腳生皴劈。”3. 割;劃破。[按]韻不合,應歸普母基韻上入。

⑧ 鐵〔銅~〕:[《廣韻》他結切,入屑,透。]黑色金屬。有延展性,顯磁性,質地堅硬,在濕空氣中容易生銹。可以煉鋼,製造各種器械、用具等。《書·禹貢》:“厥貢璆、鐵、銀、鏤、砮、磬。”[按]韻不合,已見他母基韻上入。

⑨ 削〔~頭〕:[《廣韻》息約切,入藥,心。]剃;刮。(金)董解元《西厢記諸宫調》卷二:“好雄强,似出家的子路,削了髮的金剛。”[按]聲、韻不合,應歸時母香韻或嗟韻上入,實爲“剃”的訓讀字。剃,[《廣韻》他計切,去霽,透。]用刀刮去毛髮。《淮南子·説山訓》:“刀便剃毛,至伐大木非斧不剋。”已見他母基韻上入。

⑩ 接〔迎~也〕:[《廣韻》即葉切,入葉,精。]迎接。《漢書·韋賢傳》:“故動作接神,必因古聖之經。”[按]韻不合,應歸争母基韻上入。

⑪ 爾〔汝也;與也〕:[《廣韻》兒氏切,上紙,日。]1. 代詞。你們;你。《書·盤庚》:“凡爾衆,其惟致告:自今至于後日,各恭爾事。”……8. 助詞。用於句末。表疑問。猶乎。《公羊傳·隱公元年》:“然則何言爾?”

⑫ 叕〔文理交互之形也〕:[《廣韻》陟劣切,入薛,知。]聯綴。《説文·叕部》:“叕,綴聯也。”[按]音、義皆不合,“叕”實爲“㸚”之形誤,諸本皆然。【字彙】㸚,忍氏切,音爾。《六書正譌》即古“爾”字。○从二爻,象文理交互之形。

⑬ 你〔汝也〕:[《集韻》乃里切,上止,泥。]代詞。稱對方(一個人)。《周書·異域傳下·突厥》:“拜訖,乃扶令乘馬,以帛絞其頸,使纔不至絶,然後釋

而急問之曰：'你能作幾年可汗？'"[按]聲不合，應歸柳母，實爲"爾"的訓讀字。

⑭ 尒〔詞之必然也〕：【廣韻】兒氏切。義與"爾"同。《説文》曰詞之必然也。

⑮ 槅〔門~；車~〕：俗"扇"。（清）光緒刻本《淳安縣志》卷一《方輿志·山川·山·乳洞》："房宇几槅，潔幽可憩。"

⑯ 薛〔姓也〕：[《廣韻》私列切，入薛，心。]姓。[按]韻不合，已見時母基韻上入。

⑰ 英〔稱子曰阿~〕：[《廣韻》於驚切，平庚，影。]花。《詩·鄭風·有女同車》："有女同行，顔如舜英。"毛傳："舜，木槿也；英，猶華也。"[按]"嬰"的近音字。嬰，[《廣韻》於盈切，平清，影。]泛指初生兒。《釋名·釋長幼》："人始生曰嬰。""阿嬰"一詞今泉仍常用，用於稱呼心愛的晚輩。

⑱ 乜：[《廣韻》彌也切，上馬，明。][《字彙》彌耶切。]方言。什麽。《太平天國文選·太平天日》："爺爺生爾是乜名。"[按]韻、調不合，應歸京韻上上或下平，實爲方言字。今泉仍沿用，讀作[biʔ꜀]，亦可寫作"物"。

⑲ 菁〔用以染布〕：[《集韻》倉經切，平青，清。]1. 韭菜的花。（漢）張衡《南都賦》："春卵夏筍，秋韭冬菁。"2. 泛指花。《文選·宋玉〈高唐賦〉》："秋蘭茝蕙，江離載菁。"（唐）李善注："《廣雅》曰：'菁，華也。'"……4. 即蔓菁。菜名。又名蕪菁。《周禮·天官·醢人》："菁菹。"（漢）鄭玄注："菁，蔓菁也。"《急就篇》卷二："老菁蘘荷冬日藏。"（唐）顔師古注："菁，蔓菁也……亦曰蕪菁。"[按]音準義不合，應爲"綪"。綪，[《廣韻》倉甸切，去霰，清。]草名。可以染紅。引申爲大紅色。參見"綪茷"。【綪茷】紅旗。《左傳·定公四年》："分康叔以大路、少帛、綪茷、旃旌、大吕。"（晉）杜預注："綪茷，大赤，取染草名也。"（唐）孔穎達疏："《釋草》云：'茹藘茅蒐。'（晉）郭璞曰：'今之蒨也，可以染絳。'則綪是染赤之草，茷即旆也……知綪茷是大赤，大赤即今之紅旗，取染赤之草爲名也。"又【集韻】倉經切。浅碧色。[按]音、義錯位。

<table>
<tr><td rowspan="2">聲
韻
調</td><td colspan="4">44　青ĩ /ĩʔ(iʔ)(此字只有耳字一聲屬土音,餘俱從俗解)</td></tr>
<tr><td>下平ʎ 24</td><td>下上˧ 22</td><td>下去˩ 41</td><td>下入ʎ 24</td></tr>
<tr><td>柳 l</td><td>年〔十二月爲一~〕　蓮〔黄~:藥名〕
哖〔哆囉~〕①　鐮〔~刀〕
簾〔箴~〕</td><td>○</td><td>企〔強~〕②</td><td>○</td></tr>
<tr><td>邉 p</td><td>平〔正也〕　並〔齊也〕③
枰〔搭~〕④</td><td>○</td><td>病〔疾~〕
變〔~弄〕⑤</td><td>○</td></tr>
<tr><td>求 k</td><td>墘〔土字,不中也〕⑥</td><td>○</td><td>見〔相~〕⑦</td><td>○</td></tr>
<tr><td>氣 k‘</td><td>鉗〔鐵~〕</td><td>○</td><td>○</td><td>○</td></tr>
<tr><td>地 t</td><td>纏〔維繫也〕</td><td>滿〔土解,盈也〕⑧</td><td>鄭〔國名,姓也〕</td><td>碟⑨</td></tr>
<tr><td>普 p‘</td><td>彭〔姓也〕　澎〔~湖〕</td><td>○</td><td>片〔土解,成~〕⑩</td><td>○</td></tr>
<tr><td>他 t‘</td><td>○</td><td>○</td><td>○</td><td>○</td></tr>
<tr><td>争 ts</td><td>錢〔~銀〕　刅〔俗字,十分爲~〕⑪</td><td>静〔不閙也;又風~〕</td><td>箭〔弓~〕⑫</td><td>舌〔齒~〕⑬</td></tr>
<tr><td>入 dz</td><td>○</td><td>○</td><td>○</td><td>廿〔二十也〕⑭</td></tr>
<tr><td>時 s</td><td>○</td><td>○</td><td>扇〔用以颺風也〕⑮</td><td>蝕〔消~〕⑯</td></tr>
<tr><td>英 ø</td><td>員〔無角也〕　圓〔同上,團~〕
櫞〔~梅〕⑰　丸〔藥~;香~〕</td><td>○</td><td>燕〔~子〕⑱</td><td>○</td></tr>
<tr><td>文 b</td><td>綿〔絲~;~尾〕⑲　暝⑳</td><td>○</td><td>麵〔麥~;~干〕</td><td>○</td></tr>
<tr><td>語 g</td><td>○</td><td>硬〔凡物~也〕</td><td>○</td><td>○</td></tr>
<tr><td>出 ts‘</td><td>○</td><td>○</td><td>○</td><td>蠘〔蟳~〕㉑</td></tr>
<tr><td>喜 h</td><td>弦〔布~〕㉒</td><td>○</td><td>硯〔筆~〕</td><td>○</td></tr>
</table>

【校注】

① 哖〔哆囉~〕:[按]哖,今一般寫作“呢”。哆囉哖,即“哆囉呢”。清朝初期,西歐國家使節來中國時,常向清帝進獻哆囉呢絨。

② 企〔強~〕:[《廣韻》去智切,去寘,溪。]踮起脚。《老子》:“企者不立,跨

者不行。"[按]聲、韻不合,應歸氣母基韻上去。但南音唱詞及閩南古戲文均慣用此字。《望吾鄉》:"不見花形影,強企起來月下行。"《明刊三種·粹玉奉湯藥》:"力只湯藥輕輕捧到口,強企且食些兒,捍蔔性命好。""企"實爲"躡"的訓讀字。躡,[《廣韻》尼輒切,入葉,娘。]擡起腳後跟,用腳尖走路。泉由上入聲變讀上去聲,今沿用。

③ 並〔齊也〕:[《廣韻》蒲迥切,上迥,並。]平列。《左傳·昭公二十六年》:"禮之可以爲國也久矣,與天地並。"[按]音、義均不合,"並"無下平讀法,亦無"齊"義,唯"平"有此義,故"並"仍應作"平"。【玉篇】平,齊等也。

④ 枰〔搭~〕:[《廣韻》符兵切,平庚,並。]1. 木名。《文選·司馬相如〈上林賦〉》:"沙棠櫟櫧,華楓枰櫨。"(晉)郭璞注:"枰,平仲木也。"《史記·司馬相如列傳》作"檘"。2. 古代的博局。亦指棋盤;棋局。《方言》第五:"所以投簙謂之枰。"[按]義不合,應爲"棚"的音近借字。棚,[《廣韻》薄庚切,平庚,並。]用竹、木等材料搭起的篷架或簡陋小屋。(前蜀)貫休《上馮使君山水障子》詩:"柴棚坐逸士,露茗煮紅泉。"3. 謂搭棚。

⑤ 變〔~弄〕:[《廣韻》彼眷切,去線,幫。]和原來不同;變化;改變。《書·畢命》:"既歷三紀,世變風移。"孔傳:"言殷民遷周已經三紀,世代民易,頑者漸化。"[按]調不合,應歸上去。

⑥ 墘〔土字,不中也〕:方言字。1. 旁邊;附近。如"海墘"、"溪墘"。2. 器物的邊沿。如"碗墘"。《普通話閩南方言詞典》第八四一頁認爲本字爲"舷"。舷,[《廣韻》胡田切,平先,匣。]船或飛機的邊沿。(晉)郭璞《江賦》:"忽忘夕而宵歸,詠採菱以叩舷。"

⑦ 見〔相~〕:[《廣韻》古電切,去霰,見。]看見;看到。《易·艮》:"行其庭,不見其人。"[按]調不合,應歸上去。

⑧ 滿〔土解,盈也〕:[《廣韻》莫旱切,上緩,明。]充滿;布滿。《莊子·天運》:"在谷滿谷,在阬滿阬。"(唐)成玄英疏:"乃谷乃阬,悉皆盈滿。"[按]聲、韻、調皆不合,實爲訓讀字。《普通話閩南方言詞典》第一六五頁認爲本字爲"滇",但

調不合。【集韻】滇,堂練切。大水皃。

⑨ 碟:【中華大字典】讀若牒。盤之小者俗呼爲碟。古作“疊”。[《廣韻》徒協切,入帖,定。]盛食物的小盤。《北齊書·祖珽傳》:“性不羈放縱,曾至膠州刺史司馬世雲家飲酒,遂藏銅疊二面。”[按]韻不合,已見地母基韻下入。

⑩ 片〔土解,成~〕:[《廣韻》普麵切,去霰,滂。]1. 剖開的樹木之類。《説文·片部》:“片,判木也。”(清)段玉裁注:“謂一分爲二之木。”2. 指扁而薄的東西。《南史·齊武陵昭王曄傳》:“〔曄〕少時又無棊局,乃破荻爲片,從横以爲棊局。”(唐)杜甫《寄楊五桂州譚》詩:“梅花萬里外,雪片一冬深。”[按]調不合,應歸上去。

⑪ 氻〔俗字,十分爲~〕:[按]本地“錢”字的方言寫法,十氻爲一兩。閩南明刊古戲文及早期中藥處方常見此字。《明刊三種·招商店》:“當初李太白、賀知章二人在酒店中飲酒,酒保不共伊討氻。”又《明刊三種·郭華買胭脂》:“那是别人卜賣半艮,今囝秀才主顧,那一氻。”“氻”,樋新編本誤作“匁”,會文書莊本、廖新校增本誤作“[illegible]”,祇有大版式本、道光本、文德堂本、市圖善本正確。

⑫ 箭〔弓~〕:[《廣韻》子賤切,去線,精。]搭在弓上發射的武器。古代一般用竹製,尖端有金屬的頭。《史記·平津侯主父列傳》:“今天下鍛甲砥劍,橋箭累弦,轉輸運糧,未見休時,此天下之所共憂也。”[按]調不合,應歸上去。

⑬ 舌〔齒~〕:[《廣韻》食列切,入薛,船。]舌頭。《詩·小雅·雨無正》:“哀哉不能言,匪舌是出,維躬是瘁。”[按]韻不合,已見争母基韻下入。

⑭ 廿〔二十也〕:[《廣韻》人執切,入緝,日。]數詞。二十的合體。漢《石經論語·八佾》:“‘人而不仁,如禮何……觀之哉?’凡廿六章。”[按]韻不合,已見入母基韻下入。

⑮ 扇〔用以颺風也〕:[《廣韻》式戰切,去線,書。]1. 用竹或葦編的門。《禮記·月令》:“〔仲春之月〕是月也,耕者少舍,乃脩闔扇,寢廟畢備。”(漢)鄭玄注:“用木曰闔,用竹葦曰扇。”2. 泛指門扇、門扉。(北魏)楊衒之《洛陽伽藍記·法雲寺》:“重門啓扇,閣道交通。”[按]調不合,應歸上去。

⑯ 蝕〔消~〕：[《廣韻》乘力切，入職，船。]損失；虧耗。昆曲《十五貫》第一場："吃酒愈多愈妙，本錢越蝕越少，停業多日心内焦，爲借債東奔西跑。"[按]韻不合，已見時母基韻下入。

⑰ 椽〔~桷〕：[《廣韻》直攣切，平仙，澄。]椽子。《左傳・桓公十四年》："宋人以諸侯伐鄭……以大宫之椽歸爲盧門之椽。"《漢書・藝文志》："茅屋采椽，是以貴儉。"（唐）韓愈《雜詩》之三："截橑爲欂櫨，斲楹以爲椽。"【椽桷】泛指椽子。椽，圓形；桷，方形。《西京雜記》卷一："〔昭陽殿〕椽桷皆刻作龍蛇，縈繞其間，鱗甲分明，見者莫不兢慄。"[按]聲、韻不合，應歸他母川韻，實爲"楹"的訓讀字。楹，[《廣韻》以成切，平清，以。]廳堂的前柱。《詩・小雅・斯干》："殖殖其庭，有覺其楹。"（唐）孔穎達疏："有覺然高大者，其宫寢之楹柱也。"《左傳・莊公二十三年》："秋，丹桓宫楹。"（晉）杜預注："楹，柱也。"泉州話以"楹"表示檩子，如"楹仔"（横梁）、"楹仔桷枝"（檩和椽）。

⑱ 燕〔~子〕：[《廣韻》於甸切，去霰，影。]鳥綱燕科各種類的通稱。《詩・邶風・燕燕》："燕燕于飛，差池其羽。"（唐）孔穎達疏："此燕即今之燕也，古人重言之。"[按]調不合，應歸上去。

⑲ 綿〔絲~；~尾〕：[《廣韻》武延切，平仙，明。]亦作"緜"。絲棉。《戰國策・秦策一》："〔蘇秦〕受相印，革車百乘，綿繡千純，白璧百雙，黄金萬溢，以隨其後，約從散横，以抑强秦。"[按]傳統辭書查無"綿尾"一詞，不知何義。

⑳ 瞑：[《廣韻》莫經切，平青，明。]1. 閉；合上。2. 閉目。[按]樋新編本作"瞑"，誤；其餘均作"暝"，是。[《廣韻》莫經切，平青，明。]昏暗。（戰國・楚）宋玉《神女賦》："闇然而暝，忽不知處。"（唐）孟浩然《宿業師山房期丁大不至》詩："夕陽度西嶺，羣壑倏已暝。"

㉑ 蠘〔蟳~〕：[《字彙補》疾屑切。]蟹的一種。俗稱梭子蟹。《通志・昆蟲草木》："蠘如升大，頗似蝤蛑而殼鋭。"[按]韻不合，已見争母基韻下入。

㉒ 弦〔布~〕：[《廣韻》胡田切，平先，匣。]亦作"絃"。1. 弓背兩端之間繫着的繩狀物，用牛筋等製成，有彈性，能發箭。《儀禮・鄉射禮》："有司左執弣，右

執弦而授弓。"2. 安上弓弦。《易·繫辭下》:"弦木爲弧,剡木爲矢。"3. 指弓弩。《文選·班固〈西都賦〉》:"鳥驚觸絲,獸駭值鋒,機不虚掎,弦不再控。"(唐)李善注:"匈奴名引弓曰控。控,引也。"……5. 樂器上用以發聲的綫。一般用絲綫、銅絲或鋼絲製成。《禮記·樂記》:"昔者舜作五弦之琴以歌《南風》。"6. 安裝琴弦。(三國·魏)嵇康《琴賦》:"弦以園客之絲,徽以鍾山之玉。"[按]今泉無此讀法,傳統辭書也查無"布弦"一詞,不知何義。疑爲"弓弦"的形誤。【集韻】胡千切。《説文》弓弦也。【字彙】胡田切,音賢。弓弦也。

45 燒

聲韻調	45 燒 io/ioʔ(解，此音俱從俗解)			
	上平˧ 33	上上˥ 55	上去˦˩ 41	上入˥ 5
柳 l	○	○	○	○
邊 p	○	表〔~文〕	○	○
求 k	○	○	○	腳〔~仔〕①
氣 k‘	○	○	○	卻〔~着〕②
地 t	○	○	瘀〔白~〕③	○
普 p‘	○	○	漂〔~布〕	○
他 t‘	○	○	○	○
争 ts	招〔~人〕 蕉〔芭~〕 椒〔椒~〕	少〔不多也〕	炤〔同照〕	借〔~物〕
入 dz	○	○	○	○
時 s	蕭〔姓也〕 燒〔火~〕 鏁〔急~〕④	小〔~豆〕	○	惜〔愛也〕
英 ∅	邀〔相~〕 幺〔小也〕 腰〔身~〕	搵〔土字，打也〕⑤	○	勺〔合~〕⑥ 約〔相~〕⑦
文 b	○	○	茂〔盛也〕⑧	○
語 g	○	○	○	○
出 ts‘	○	○	○	尺〔寸~〕
喜 h	○	○	○	宿〔~倦也；止也〕⑨ 歇〔止也〕

【校注】

① 腳〔~仔〕:[《廣韻》居勺切,入藥,見。]擔任傳遞、運輸的人及牲口。《文獻通考·田賦三》:"近者多是權要富豪,悉請留縣輔納,致使貧單之人,却須雇腳搬載。"【腳子】1. 腳夫。《儒林外史》第三四回:"莊紹光悄悄叫了一乘小轎,帶了一箇小廝,腳子挑了一擔行李,從後門老早就出漢西門去了。"2. 專門代人長途送信或捎帶東西的人。

② 卻〔~着〕:[《廣韻》去約切,入藥,溪。]退;使退。《戰國策·秦策一》:"棄甲兵,怒戰慄而却。天下固量秦力二矣。"[按]原注"~着"義應爲"撿到",然"卻"無此義,應是借音字。本地常有人寫作"拾",但聲、韻、調皆不合,屬於訓讀字;也有人寫作"抾"(【集韻】抾,乞業切。持也;挹也),義近韻不合;也有人寫作"揭"(【廣韻】揭,丘謁切。高舉也;又擔也),義近韻亦不合。

③ 痆〔白~〕:[按]傳統辭書查無此字,當屬方言字。調不合,應歸下去。白痆,即"白斑",也叫汗斑或花斑癬。

④ 鐎〔急~〕:[《廣韻》即消切,平宵,精。]即鐎斗。軍中也用以打更。參見"鐎斗"。【鐎斗】一種温器。三足有柄,用以煮物。[按]聲不合,應歸争母,義亦不准,屬於音近借字。應作"急燒",專門用於熬中藥的藥罐子。

⑤ 摳〔土字,打也〕:[《集韻》於口切,上厚,影。]同"毆"。叩擊。《集韻·上厚》:"毆,《説文》:'捶擊物也。'或从攴从手。"(明)陳繼儒《珍珠船》卷一:"趙璧彈五弦曰:'吾始則心摳之,中則神遇之,終則天隨之。'"毆,[《廣韻》烏後切,上厚,影。]擊打。《尹文子·大道下》:"吏因毆之幾殪。"《史記·留侯世家》:"〔老父〕顧謂良曰:'孺子,下取履!'良鄂然,欲毆之。"

⑥ 勺〔合~〕:[《廣韻》市若切,入藥,禪。]舀東西的用具,有柄。古代多用以從樽中舀酒。《周禮·考工記·梓人》:"梓人爲飲器,勺一升。"[按]音、義均不合,應爲"約"之省筆。【合約】猶訂立同盟。《漢書·趙充國傳》:"往三十餘歲,西羌反時,亦先解仇合約攻令居 。"(唐)顏師古注:"合約,共爲要契也。"

⑦ 約〔相~〕:[《廣韻》於略切,入藥,影。]以語言或文字訂立共同應遵守的條件。《荀子·正名》:"名無固宜,約之以命。"《漢書·高帝紀上》:"初,懷王與諸將約,先入定關中者王之。"【相約】互相約定。《後漢書·周黃徐姜申屠傳序》:"王莽末,匈奴寇其本縣廣武,聞恁(荀恁)名節,相約不入荀氏閭。"(清)俞樾《右臺仙館筆記》卷一:"後有女子六人,守志不嫁,相約赴橋畔投水死,蓋粤俗然也。"[按]"相約"的"約",今泉一般用文讀[iɔk꜀],不讀[ioʔ꜀]。

⑧ 茂〔盛也〕:[《廣韻》莫候切,去候,明。]草木繁盛。《詩·大雅·生民》:"茀厥豐草,種之黄茂。"(唐)孔穎達疏:"既去其草,於此地種之以黄色而茂盛者,謂黍稷之穀也。"[按]調不合,應歸下去。

⑨ 宿〔~倦也;止也〕:[《廣韻》息逐切,入屋,心。]住宿;過夜。《詩·邶風·泉水》:"出宿於泲,飲餞於禰。"[按]聲、韻不合,應歸時母香韻,實爲"歇"的訓讀字。

聲韻調	45 燒 io/ioʔ(解,此音俱從俗解)			
	下平ʎ24	下上˧22	下去˩41	下入ʎ24
柳 l	○	○	○	○
邊 p	○	鰾〔魚~〕	○	○
求 k	橋〔水梁也〕 茄〔菜名〕	○	叫〔呼也〕① 轎〔佛~;肩行之~〕	○
氣 k'	○	○	叩〔~答〕②	○
地 t	○	趙〔姓也〕	釣〔~魚〕③ 銚〔鐵~〕	着〔~了〕
普 p'	瓢〔椰~〕	○	票〔牌~;出~〕④	○
他 t'	頭〔土姜〕⑤	○	糶〔~五谷〕⑥	○
争 ts	○	○	照〔日~〕⑦	石〔沙~〕
入 dz	○	○	尿〔小便也〕	○
時 s	○	○	紹〔姓也〕⑧ 邵⑨	俗〔不貴也〕⑩ 芍〔白~〕
英 ∅	摇〔~動;~鼓〕 窑〔瓦~〕	○	○	藥〔病人所食〕 鑰〔~門〕
文 b	謀〔計也〕	○	廟〔宫~〕	○
語 g	蚵〔蛤~〕⑪	○	○	○
出 ts'	○	○	笑〔喜也〕⑫	席〔被~〕
喜 h	○	○	○	葉〔花~〕⑬

【校注】

① 叫〔呼也〕:[《廣韻》古弔切,去嘯,見。]呼喊;喊叫。《左傳·襄公三十年》:"或叫于宋大廟,曰:'譆譆,出出。'"(晉)杜預注:"叫,呼也。"[按]調不合,應歸上去。

② 叩〔~答〕:[《集韻》丘候切,去候,溪。]探問;詢問。《論語·子罕》:"我叩其兩端而竭焉。"[按]調不合,應歸上去。

③ 釣〔~魚〕:[《廣韻》多嘯切,去嘯,端。]以釣具獲取水生動物。《詩·衛風·竹竿》:“籊籊竹竿,以釣于淇。”[按]調不合,應歸上去。

④ 票〔牌~;出~〕:[《集韻》毗召切,去笑,並。]1. 指適用於一定範圍的紙片狀的凭證。如車票;門票;選票。……4. 票寫;票行。(明)劉若愚《酌中志·内臣職掌紀略》:“凡每日奏文書,自御筆親批數本外,皆衆太監分批,遵炤閣中票來字樣,用硃筆楷書批之。”[按]今泉讀[p‘iau⊃],不讀[p‘iau⊇]。【字彙】批招切,音飄。摇動也;輕舉也。○又去聲,匹妙切。義同。《中華大字典》:“今世通稱信券曰票。亦取輕票之義。”

⑤ 頭〔土姜〕:“頭”[⊆t‘io]在今泉州話中屬文讀(如“帶頭”),白讀爲[⊆t‘au](參見郊韻他母下平),還有古讀[⊆t‘ɯo](參見鉤韻他母下平)。

⑥ 糶〔~五谷〕:[《廣韻》他弔切,去嘯,透。]賣出穀物。《管子·輕重丁》:“齊西水潦而民飢,齊東豐庸而糶賤。”[按]調不合,應歸上去。原注“~五谷”(見於樋新編本、大版式本、文德堂本),道光本作“~粟穀”,會文書莊本、市圖善本、廖新校增本作“~出穀”。

⑦ 照〔日~〕:[《廣韻》之少切,去笑,章。]光綫照射;照耀。《易·恒》:“日月得天而能久照。”(唐)韓愈《山石》詩:“僧言古壁佛畫好,以火來照所見稀。”[按]調不合,應歸上去。

⑧ 紹〔姓也〕:[《廣韻》市沼切,上小,禪。]介紹。《晏子春秋·問下十六》:“諸侯之交,紹而相見。”《孟子·滕文公下》:“綏厥士女,篚厥玄黄,紹我周王見休,惟臣附于大邑周。”[按]調不合,應歸下上。

⑨ 邵:[《廣韻》寔照切,去笑,禪。]1. 古地名。周初召伯采邑。故地在今陝西省岐山南。周東遷後,在今山西省垣曲縣東……4. 姓。

⑩ 俗〔不貴也〕:[《廣韻》似足切,入燭,邪。]庸俗;不高雅。《警世通言·唐解元一笑姻緣》:“解元道:‘到了這裏,若不取惠山泉也就俗了。’”[按]今泉仍用“俗”表示“不貴”,但讀[siɔk⊇],而[sioʔ⊇]則表示“乏味”或“單調、冷清”。

⑪ 蜊〔蛤~〕:[《廣韻》力脂切,平脂,來。]蛤蜊。(宋)梅堯臣《前日》詩:

“前日揚州去,酒熟美蟹蜊。”[按]聲、韻、調皆不合,實爲訓讀字。《普通話閩南方言詞典》第五五八頁寫作“蟯”,應爲同音替代字。【集韻】蟯,倪么切。蟲名,在人腹。

⑫ 笑〔喜也〕:[《廣韻》私妙切,去笑,心。]顯露愉悦的表情,發出欣喜的聲音。《易・同人》:“同人先號咷而後笑。”[按]調不合,應歸上去。今泉沿用去聲讀法,且有[siau⊇](紹興)、[siau⊃](介紹)兩讀。

⑬ 葉〔花~〕:[《廣韻》與涉切,入葉,以。]植物營養器官之一。斜生於枝莖之上,以司同化、呼吸、蒸發等作用。《詩・小雅・苕之華》:“苕之華,其葉青青。”[按]聲、韻不合,應歸英母兼韻,實爲“箬”的訓讀字。[《廣韻》而灼切,入藥,日。]竹筍外殼。《説文・竹部》:“箬,楚謂竹皮曰箬。”(清)段玉裁注:“今俗云筍籜箬是也。”(晉)王彪之《閩中賦》:“緗箬素筍,彤竿緑筒。”

46 風

聲韻調	46 風 uaŋ /(uak)(解,此一音有聲無字)			
	上平˧ 33	上上˥ 55	上去˨˩ 41	上入˥ 5
柳 l	○	○	○	○
邊 p	○	○	○	○
求 k	光①	○	○	○
氣 k‘	○	○	○	○
地 t	○	○	○	○
普 p‘	○	○	○	○
他 t‘	○	○	○	○
争 ts	○	○	○	○
入 dz	○	○	○	○
時 s	○	○	○	○
英 ø	○	○	○	○
文 b	○	○	○	○
語 g	○	○	○	○
出 ts‘	○	○	○	○
喜 h	風〔解,陰陽之氣〕	○	○	○

【校注】

① 光:[《廣韻》古黄切,平唐,見。]光綫。《詩・齊風・鷄鳴》:"匪東方則鳴,月出之光。"[按]韻、調不合,應歸東韻上平(已見求母東韻上平)。該音[꜀kuaŋ]應屬於帶有方言腔的官話讀法。

聲韻調	46 風 uaŋ ╱(uak)(**解**,此一音有聲無字)			
	下平˩˨ 24	下上˨ 22	下去˥˩ 41	下入˩˨ 24
柳 l	○	○	○	○
邊 p	○	○	○	○
求 k	○	○	○	○
氣 k‘	○	○	○	○
地 t	○	○	○	○
普 p‘	○	○	○	○
他 t‘	○	○	○	○
争 ts	○	○	○	○
入 dz	○	○	○	○
時 s	○	○	○	○
英 ø	○	○	○	○
文 b	○	○	○	○
語 g	○	○	○	○
出 ts‘	○	○	闖〔土音〕①	○
喜 h	○	○	放〔~動〕②	伏③ 袱〔俱土〕④

【校注】

① 闖〔土音〕:[按]《集韻》有“癡林切”、“醜甚切”、“醜禁切”三個反切,義爲“馬出門貌”或“出頭貌”,但韻均不合。《普通話閩南方言詞典》第一一五頁標音爲“㊗ còng cuàn”,韻亦不合。[ts‘uaŋ˨]的讀音當是根據當時的官話音折合而成,但應讀上去。

② 放〔~動〕:[《廣韻》甫妄切,去漾,非。]驅逐;流放。《書・舜典》:“流共工于幽洲,放驩兜于崇山。”[按]韻、調不合,應歸東韻上去(已見喜母東韻下去)。該音[huaŋ˨]應屬於帶有方言腔的官話讀法。

③ 伏：[《廣韻》房六切，入屋，奉。]面向下、背朝上俯卧着。《荀子·仲尼》："志不免乎姦心，行不免乎姦道，而求有君子聖人之名，辟之是猶伏而咶天。"[按]韻不合，應歸東韻下入(已見喜母東韻下入)。

④ 袱〔俱土〕：[《字彙》房六切。]1. 包頭巾。參見"袱子 "。2. 包裹、遮蓋衣物用的布單。(宋) 陳鵠《耆舊續聞》卷六："僧又恐其疑己，謂曰：'我即坐此，汝自往吾卧内，取一箱袱來。'"[按]韻不合，應歸東韻下入(已見喜母東韻下入)。原注"俱土"應是表示"伏"、"袱"二字的讀法[huaká]均爲土音。今泉無此讀法。

47　箱

聲韻調	47　箱 iũ/iũʔ(iuʔ)(解,此一字俱從俗解)			
	上平˧ 33	上上˥ 55	上去˩ 41	上入˥ 5
柳 l	忈〔土字〕①	兩〔十六爲斤〕　刄〔十夂成~〕②	○	○
邊 p	○	○	○	○
求 k	薑〔菜名：辛味〕	○	○	○
氣 kʻ	姜〔姓也〕③　腔〔~口〕	○	○	○
地 t	張〔姓也〕	長〔鄉~；~房〕	○	○
普 pʻ	○	○	○	○
他 tʻ	○	○	○	○
争 ts	章〔文~〕　樟〔木名〕　蟑〔~魚〕	蔣〔姓也〕　掌〔手~〕　槳〔船~〕	○	㖄〔呼雞也〕④
入 dz	○	○	○	○
時 s	箱〔竹~〕　廂〔~籠〕　傷〔刀~〕⑤	賞〔玩~〕	○	啉〔吸也〕⑥
英 ∅	鴦〔鴛~〕	養〔安~〕	○	○
文 b	○	○	○	○
語 g	○	瓨〔瓦~〕⑦	○	○
出 tsʻ	創〔~刀〕⑧　鯧〔~魚〕　鎗〔鐵~〕	搶〔争取也〕	○	○
喜 h	香〔~燭〕　鄉〔~里〕	響〔應聲也〕　朽〔腐也〕⑨　缶〔陶器〕⑩	○	○

【校注】

① 乑〔土字〕:[按]傳統辭書查無此字,應爲本地獨創的方言字,表示“小小的”或“極小”。如“咬乑”,一小口一小口地咬着吃。今泉仍沿用,讀[꜀liũ]。“乑”,樋新編本誤作“Ꜳ”,道光本、文德堂本、會文書莊本、市圖善本、廖新校增本誤作“Ꜳ”,唯大版式本正確。

② 丹〔十夕成~〕:[按]本地重量單位“兩”字的方言寫法,亦可作“丹”、“刄”。《明刊三種・招商店》:“十杯一丹。”“夕”,樋新編本錯寫成“未”,會文書莊本錯爲“分”,廖新校增本則錯爲“[illegible]”。

③ 姜〔姓也〕:【集韻】居良切。神農居姜水,以爲姓。[按]“姜”與“薑”同讀居良切,因區别意義的需要,“薑”讀作不送氣的[꜀kiɔŋ/꜀kiũ],而“姜”讀作送氣的[꜀k‘iɔŋ/꜀k‘iũ]。今泉沿用。

④ 喌〔呼雞也〕:[《廣韻》職流切,平尤,章。][《廣韻》之六切,入屋,章。]呼鷄聲。(宋)宋祁《宋景文公筆記・雜説》:“喌于場者雞至,嗟于牢者豕集,惠于國者天下來。”【喌喌】呼鷄聲。《全唐詩》引《野客叢談》(唐)施肩吾句:“遺却白雞呼喌喌。”《京本通俗小説・拗相公》:“婢又呼雞:‘喌喌,喌喌,王安石來!’羣雞俱至。”[按]韻、調不合,應歸秋韻上平。今泉讀[꜁tsu],“喌喌”仍常用。

⑤ 傷〔刀~〕:[《廣韻》式羊切,平陽,書。]1. 創傷。《書・説命上》:“若跣弗視地,厥足用傷。”……11. 太;過度。(唐)杜甫《曲江》詩之一:“且看欲盡花經眼,莫厭傷多酒入唇。”(唐)李商隱《俳諧》詩:“柳訝眉傷淺,桃猜粉太輕。”(唐)齊己《野鴨》詩:“長生緣甚瘦,近死爲傷肥。”[按]此處的[꜀siũ]爲白讀,今泉衹用來表示“太;過度”,如“傷大”、“傷肥”,“傷口”的“傷”則讀[꜀siɔŋ]。

⑥ 啾〔吸也〕:【集韻】輸玉切。吸也;吮也。又色角切。《説文》吮也。[按]韻不合,應歸香韻或東韻上入。今泉俗讀[suʔᵓ],亦可作“嗍”。

⑦ 瓬〔瓦~〕:[按]傳統辭書查無此字,應爲獨創的方言字,讀作[꜂giũ],表

示“望磚”(亦叫“平瓦”,鋪在椽子上的薄磚。用以承受瓦片，阻擋瓦楞中漏下的雨水和防止透風落塵，並使室内的頂面外觀平整)。今泉變讀[ᶜliũ]。《普通話閩南方言詞典》第九六〇頁寫作“瓮”,讀作[ᶜiũ],蔣欽全《建築技藝》寫成同音的“養”。

⑧ 創〔~刀〕:【集韻】千羊切。《説文》玉聲也。又[《廣韻》初良切,平陽,初。]創傷。《戰國策・燕策三》:“秦王復擊軻,被八創。”[按]音、義易位。傳統辭書查無“創刀”一詞,疑爲“創刃”之形誤。【創刃】爲刀劍之類所傷。(漢)司馬相如《上林賦》:“不被創刃而死者,他他籍籍,填阬滿谷,掩平彌澤。”《後漢書・儒林傳下・周澤》:“王莽末,兵革並起,宗族老弱在營保間,堪常力戰陷敵,無所迴避,數被創刃,宗族賴之。”

⑨ 朽〔腐也〕:[《廣韻》許久切,上有,曉。]腐爛;腐朽。《書・五子之歌》:“予臨兆民,懔乎若朽索之馭六馬。”孔傳:“朽,腐也。”[按]韻不合,應歸秋韻(已見喜母秋韻上上)。

⑩ 缶〔陶器〕:[《廣韻》方久切,上有,非。]1. 盛酒漿的瓦器。亦有用銅製造者。《易・坎》:“樽酒簋貳用缶。”《禮記・禮器》:“五獻之尊,門外缶,門内壺。”(唐)孔穎達疏:“缶,尊名也。列尊之法,缶盛酒在門外。”2. 汲水或盛水的瓦器。亦作“缻”。《墨子・備城門》:“水缻,容三石以上,大小相雜。”[按]韻不合,應歸燒韻。

聲韻調	47 箱 iũ/iũʔ(iuʔ)(解,此一字俱從俗解)			
	下平˨˦ 24	下上˨˨ 22	下去˦˩ 41	下入˨˦ 24
柳 l	糧〔~草;錢~〕 粮〔同上,俗字〕 樑〔棟~〕 娘〔小女之稱;又~~〕	○	量〔丈尺也;又大度也〕	○
邊 p	○	○	○	○
求 k	強〔~骨;~企〕	○	○	○
氣 k‘	○	○	○	○
地 t	塲〔~圃〕	丈〔姑~;姨~〕	脹〔腫也〕① 帳〔蚊~〕②	○
普 p‘	○	○	○	○
他 t‘	長③	○	○	○
争 ts	○	上〔~下〕 癢〔痛~〕	醬〔豆~〕④ 漿〔酒~〕⑤	○
入 dz	○	○	○	○
時 s	常〔平~〕⑥	鯗〔魚~〕⑦ 想〔心思~〕⑧	相〔~公;丞~〕⑨	○
英 ∅	楊〔姓也〕 羊〔牛~〕 洋〔田~;海~〕 鎔〔~金〕	○	樣〔模~〕⑩	○
文 b	○	○	○	○
語 g	○	○	○	○
出 ts‘	牆〔~壁〕	象〔獅~〕 像〔親~〕	唱〔~曲〕⑪ 匠〔土木~〕⑫	○
喜 h	○	○	向〔相對也〕⑬	○

【校注】

① 脹〔腫也〕:[《廣韻》知亮切,去漾,知。]身體内壁受到壓迫而産生的不適之感。亦泛指充塞難受的感覺。《素問·平人氣象論》:"〔脈〕盛而緊曰脹。"(唐)王冰注:"寒氣否滿,故脈盛緊也。盛緊,盛滿。"[按]調不合,應歸上去。

② 帳〔蚊~〕:[《廣韻》知亮切,去漾,知。]一種張挂或支架起來作爲遮蔽用

的器物。通常用布帛毡革製成。用途不同,質料亦異。常指帷幔。《文選・班固〈東都賦〉》:"供帳置乎雲龍之庭。"(唐)李善注引(三國・魏)張晏曰:"帳,帷幔也。"[按]調不合,應歸上去。

③ 長:[《廣韻》直良切,平陽,澄。]2. 指時間相隔距離大。《孫子・虛實》:"日有短長,月有死生。"3. 長久;永久。《書・盤庚中》:"汝不謀長。"孔傳:"汝不謀長久之計。"4. 常常;經常。《莊子・秋水》:"吾長見笑於大方之家。"[按][⊆t'iũ]爲較古老的白讀,今泉南音唱詞中仍保留。《南音套曲・爲人情》:"爲人情忘餐廢寢,長[⊆t'iũ]挂念在心内,有誰知機?"

④ 醬〔豆~〕:[《廣韻》子亮切,去漾,精。]用鹽、醋等調料腌製而成的肉醬。《周禮・天官・膳夫》:"凡王之饋,食用六穀……醬用百有二十甕。"(漢)鄭玄注:"醬,謂醢醢也。"[按]調不合,應歸上去。

⑤ 漿〔酒~〕:[《廣韻》即良切,平陽,精。]1. 古代一種微酸的飲料。《詩・小雅・大東》:"或以其酒,不以其漿。"2. 借指賣漿之家。《莊子・則阳》:"孔子之楚,舍於蟻丘之漿。"(唐)陸德明釋文引(晉)李頤曰:"漿,賣漿家。"3. 汁液。《楚辭・招魂》:"胹鼈炮羔,有柘漿些。"(漢)王逸注:"取藷蔗之汁爲漿飲也。"4. 指水或其他食物湯汁。(金)高仲常《貧也樂》詩:"黄埃赤日長安道,倦客無漿馬無草。"[按]調不合,應歸上平。今泉讀[꜀tsiɔŋ/꜀tsiũ]。

⑥ 常〔平~〕:[《廣韻》市羊切,平陽,禪。]1. 固定不變。《左傳・昭公元年》:"疆場之邑,一彼一此,何常之有?"2. 長久;永遠。《書・咸有一德》:"天難諶,命靡常。常厥德,保厥位。"3. 經常;常常。《莊子・天地》:"三患莫至,身常無殃,則何辱之有?"[按]該音[⊆siũ]今泉基本不用,"平常"的"常"讀[⊆siɔŋ]。

⑦ 鮝〔魚~〕:[《集韻》寫兩切,上養,心。]乾魚;腌魚。(晉)王羲之《蘄茶帖》:"石首鮝食之消瓜成水。"《吴郡志・雜志》引(唐)陸廣微《吴地記》:"吴王回軍,會羣臣,思海中所食魚,問所餘何在,所司奏云:並曝乾。吴王索之,其味美,因書美下着魚,是爲'鮝'字。"[按]調不合,應歸上上。[꜂siũ]應屬俗讀,今泉沿用。

⑧ 想〔心思~〕:[《廣韻》息兩切,上養,心。]思考;思索。《楚辭·九章·悲回風》:“入景響之無應兮,聞省想而不可得。”(宋)朱熹集注:“省想,聞見所不能接,而但可省記思想者也。”[《廣韻》息兩切,上養,心。][按]調不合,應歸上上。[⊆siũ]應屬俗讀,今泉沿用。

⑨ 相〔~公;丞~〕:[《廣韻》息亮切,去漾,心。]古官名。百官之長。後通稱宰相。《荀子·王霸》:“相者,論列百官之長,要百事之聽,以飾朝廷臣下百事之分,度其功勞,論其慶賞,歲終奉其成功以效於君。”《史記·魏世家》:“家貧則思良妻,國亂則思良相。”[按]調不合,應歸上去。

⑩ 樣〔模~〕:[《集韻》弋亮切,去漾,以。]形狀。(清)王謨輯(漢)崔寔《四民月令》:“齊人呼寒食爲冷節,以麵爲蒸餅樣,團棗附之,名曰棗糕。”(唐)杜甫《楊監又出畫鷹十二扇》詩:“近時馮紹正,能畫鷙鳥樣。”[按]調不合,應歸上去。

⑪ 唱〔~曲〕:[《廣韻》尺亮切,去漾,昌。]領唱;領奏。《韓非子·解老》:“竽也者,五聲之長者也,故竽先則鍾瑟皆隨,竽唱則諸樂皆和。”[按]調不合,應歸上去。

⑫ 匠〔土木~〕:[《廣韻》疾亮切,去漾,從。]木工。亦泛指工匠。《孟子·告子上》:“大匠誨人必以規矩,學者亦必以規矩。”《説文·匚部》:“匠,木工也。从匚,从斤。斤,所以作器也。”

⑬ 向〔相對也〕:[《廣韻》許亮切,去漾,曉。]面對;朝着。《莊子·秋水》:“〔河伯〕望洋向若而歎曰:‘野語有之曰:聞道百以爲莫己若者,我之謂也。’”[按]調不合,應歸上去。

48 三

聲韻調	48 三 ã/ãʔ(aʔ)(解，此一字母祇有文語二韻從土音，餘皆俗解)			
	上平˧33	上上˥55	上去˦˩41	上入˥5
柳 l	哪〔~~：儺人之聲〕①	欖〔橄~〕 挪〔~來〕② 娜〔婀~：美貌〕③	○	凹〔不凸也〕④
邊 p	○	○	○	百〔滿數也〕⑤
求 k	柑〔桔屬〕	敢〔果也〕	○	甲〔十干名；兵~〕⑥
氣 k‘	坩〔飯~〕	○	○	闔〔開~〕⑦
地 t	擔〔挑也〕 今〔到~〕⑧ 檐〔檳~〕⑨	膽〔肝~〕	○	搭〔相~〕⑩
普 p‘	○	○	○	打〔擊也〕⑪
他 t‘	○	○	○	塔〔石~〕⑫
争 ts	○	○	○	○
入 dz	○	○	○	○
時 s	三〔數名〕 叁〔同上〕 衫〔身所衣也〕	○	○	○
英 ∅	○	○	○	○
文 b	○	馬〔牛~；又姓〕 媽〔祖母曰~〕 碼〔~瑙〕	○	○
語 g	○	雅〔正也；閑~〕 厊〔厏~：不合〕 疋〔正也〕⑬	○	○
出 ts‘	○	謯	○	插〔栽~〕⑭
喜 h	○	○	○	噏〔吸也〕⑮

【校注】

① 哪〔~~：儺人之聲〕：【集韻】哪，囊何切。哪哪，儺人之聲。【字彙】哪，奴何切，音那。哪哪，儺人之聲。［按］調不合，應歸下平。“哪〔~~：儺人之聲〕”，樋新編本、大版式本、文德堂本、市圖善本均誤作“那〔~儺：人聲〕”（傳統辭書查無“那儺”一詞），道光本誤作“那〔人聲〕”，會文書莊本誤作“那〔人聲〕”，廖新校增本則誤改作“那〔多也；又去聲〕”。

② 挪〔~來〕：［《廣韻》諾何切，平歌，泥。］移動；移用。《西遊記》第七七回：“行者叩頭，啟上如來：‘千萬望挪玉一降。’”《儒林外史》第五二回：“我要會令叔，也無甚話説，他向日挪我的五十兩銀子，得便叫他算還給我。”［按］韻、調不合，應歸莪韻下平。

③ 娜〔婀~：美貌〕：［《廣韻》奴可切，上哿，泥。］【娜婀】猶婀娜。纖長柔美貌。（漢）陳琳《迷迭賦》：“立碧莖之娜婀，鋪綵條之蜿蟺。”婀娜，同“婀娜”。［按］韻不合，應歸莪韻。

④ 凹〔不凸也〕：［《集韻》於交切，平爻，影。］周圍高，中間低。與“凸”相對。《藝林伐山》卷十八引（南朝・宋）盛弘之《荆州記》：“山脅漫衍無垤凹，湖面平滿無高低。”［按］聲、韻、調皆不合，應歸英母郊韻上平（已見）。［lãʔ꜆］爲訓讀（今泉沿用），本字未明，疑爲“塌”［t‘ap꜆/lap꜆］的白讀音變［lap꜆→lãʔ꜆］。

⑤ 百〔滿數也〕：［按］韻不合，已見邊母嘉韻上入。

⑥ 甲〔十干名；兵~〕：［按］韻不合，已見求母嘉韻上入。

⑦ 闔〔開~〕：［《廣韻》胡臘切，入盍，匣。］閉合。《易・繫辭上》：“一闔一闢謂之變。”《文選・潘岳〈哀永逝文〉》：“户闔兮燈滅。”（唐）吕向注：“闔，閉也。”［按］韻、調不合，已見氣母嘉韻上入。今泉亦沿用上入，讀［k‘aʔ꜆］。

⑧ 今〔到~〕：［《廣韻》居吟切，平侵，見。］現在。《詩・魯頌・有駜》：“自今以始，歲其有。”［按］聲、韻不合，實爲訓讀字，《普通話閩南方言詞典》第一七四頁作“丁”，《閩南方言大詞典》第五〇八頁作“當”，但此二字韻不合，義亦不

準,疑非本字。“到~”,除樋新編本外,其餘諸本皆誤作“我~”。

⑨ 檐〔檳~〕:[《集韻》都濫切,去闞,端。]扁擔。(晉)常璩《華陽國志·大同志》:“惟漢國功曹毋建荷檐杖曰:‘吾雖不肖,一國大夫,國亡不能存,終不屬賊也。’”[按]調不合,應歸上去。但今泉沿用上平[꜀tã],“檳檐”[꜀pin꜀tã](即“扁擔”的俗寫)讀音亦同。原注“檳~”,大版式本誤作“稽~”,道光本、文德堂本、會文書莊本、市圖善本均誤作“積~”,廖新校增本誤作“楠也”。

⑩ 搭〔相~〕:搭,[《集韻》德合切,入合,端。]亦作“搭”。擊;打。《魏書·李彪傳》:“〔彪〕高聲大呼云:‘南臺中取我木手去,搭奴肋折!’”[按]韻不合,已見地母嘉韻上入。

⑪ 打〔擊也〕:[按]聲、韻、調皆不合,應歸地母三韻上上,實爲“拍”的訓讀字。又見普母嘉韻上入。

⑫ 塔〔石~〕:[《廣韻》吐盍切,入盍,透。]“佛塔”的簡稱。佛塔起源於印度,梵語爲“窣堵坡”(stūpa),(晉)宋譯經時造爲“塔”字,見於(晉)葛洪《字苑》、(南朝·梁)顧野王《玉篇》等書。用以收藏舍利。後亦用於收藏經卷、佛像、法器,莊嚴佛寺等。[按]韻不合,已見他母嘉韻上入。

⑬ 疋〔正也〕:[《廣韻》五下切,上馬,疑。]“雅”的古字。純正的、合乎規範的。《説文·疋部》:“疋……古文以爲《詩·大疋》字。”

⑭ 插〔栽~〕:[《廣韻》楚洽切,入洽,初。]刺入;穿入。《吕氏春秋·貴卒》:“〔吴起〕拔矢而走,伏尸插矢而疾言曰:‘羣臣亂王。’”[按]韻不合,應歸嘉韻上入。

⑮ 噏〔吸也〕:[《廣韻》許及切,入緝,曉。]吸。《漢書·揚雄傳上》:“噏青雲之流瑕兮,飲若木之露英。”[按]韻、調不合,應歸金韻上入。此“噏”[hãʔ꜆]應是訓讀字,表示“日光曬人”或“熱氣熏人”之意,《閩南方言大詞典》第七一五頁寫作“暍”。【集韻】暍,許葛切。熱也。

聲韻調	48 三 ã/ãʔ(aʔ)(解,此一字母祇有文語二韻從土音,餘皆俗解)			
	下平˨˦ 24	下上˨˨ 22	下去˦˩ 41	下入˨˦ 24
柳 l	藍〔木~:染草〕 林〔樹~〕 籃〔大~〕	○	那〔~事:何也〕①	蠟〔蜂飴也〕②
邉 p	○	○	○	○
求 k	○	○	○	○
氣 k‘	○	○	○	○
地 t	○	○	担〔挑~〕③	踏〔腳~〕④
普 p‘	○	○	冇〔冇~〕⑤	○
他 t‘	○	○	○	疊〔成~〕⑥
争 ts	○	○	乍〔忽也〕⑦	截〔~人〕⑧
入 dz	○	○	○	○
時 s	○	○	○	○
英 ∅	○	○	○	匣〔鏡~〕⑨ 盒〔盛物〕⑩
文 b	麻〔皮績爲布〕	○	罵〔詈也〕 禡〔出征;祭名〕	○
語 g	○	○	○	○
出 ts‘	○	○	○	○
喜 h	○	○	○	箬〔竹~〕⑪

【校注】

① 那〔~事:何也〕:[《廣韻》奴可切,上哿,泥。]同"哪"。1. 疑問代詞。如何;怎麽。《東觀漢記·劉玄載記》:"更始韓夫人曰:'莽(王莽)不如此,帝那得爲之。'"2. 疑問代詞。哪裏;何處。(宋)張先《卜算子慢》詞:"恨私書,又逐東風斷。縱西北層樓萬尺,望重城那見。"[按]韻、調不合,應歸我韻上上。今泉沿用,但聲調變讀上去[lã˥],表示"怎麽"。

② 蠟〔蜂飴也〕:[《廣韻》盧盍切,入盍,來。]指動物、植物或礦物所産生的油

質，具有可塑性，不溶於水。如蜂蠟、白蠟、石蠟等。（漢）王符《潛夫論・遏利》："知脂蠟之可明鐙也，而不知其甚多則冥之。"［按］韻不合，已見嘉韻下入。

③ 担〔挑~〕：同"擔"。【集韻】擔，都濫切。負也。

④ 踏〔腳~〕：【集韻】達合切。踐也。［按］韻不合，已見他母嘉韻上入。

⑤ 冇〔冇~〕：［按］方言俗寫字，本字爲"泛"（"堅實"的反義詞。見《普通話閩南方言詞典》第二〇九頁）。【集韻】泛，孚梵切。《説文》浮也。"冇"，樋新編本誤作"有"。

⑥ 疊〔成~〕：［《廣韻》徒協切，入帖，定。］《説文・日部》："疊，揚雄説以爲古理官決罪，三日得其宜乃行之。从晶、宜。亡新以从三日太盛，改爲三田。"

⑦ 乍〔忽也〕：［《廣韻》鋤駕切，去禡，崇。］突然；忽然。《孟子・公孫丑上》："今人乍見孺子將入於井，皆有怵惕惻隱之心。"［按］韻不合，已見嘉韻下去。

⑧ 截〔~人〕：［《廣韻》昨結切，入屑，從。］阻擋；阻攔。《穆天子傳》卷四："東北還至於羣玉之山，截春山以北。"（晉）郭璞注："截，猶阻也。"［按］韻不合，已見嘉韻下入。

⑨ 匣〔鏡~〕：［《廣韻》胡甲切，入狎，匣。］盛物器具。大的叫箱，小的叫匣。一般呈方形，有蓋。《書・禹貢》"包匭菁茅"，孔傳："匭，匣也。"（唐）孔穎達疏："匣是匱之别名，匱之小者。"［按］韻不合，已見嘉韻下入。

⑩ 盒〔盛物〕：［《廣韻》侯閤切，入合，匣。］一種由底蓋相合而成的盛器。也有呈抽屜式的，如火柴盒。（唐）白居易《長恨歌》："惟將舊物表深情，鈿盒金釵寄將去。"［按］韻不合，應歸嘉韻下入。

⑪ 箬〔竹~〕：［《廣韻》而灼切，入藥，日。］竹筍外殼。《説文・竹部》："箬，楚謂竹皮曰箬。"［按］義對韻不合，已見入母香韻下入，又喜母嘉韻下入。實爲"箳"（《普通話閩南方言詞典》第八三五頁）的訓讀字。【集韻】箳，轄甲切。竹名。

49 熋

聲韻調	49 熋 ãi/ãiʔ(此字母祇有柳字平上二聲及文字上去二聲從土音,餘俱俗解)			
	上平˧ 33	上上˥ 55	上去˨˩ 41	上入˥ 5
柳 l	熋〔熱也〕①	乃〔難辭也;又轉字〕 迺②	○	○
邊 p	○	反〔~正〕 捭〔兩手擊也〕③	○	○
求 k	間〔屋~〕 肩〔~頭〕	繭〔結~〕 揀〔~擇〕	○	○
氣 kʻ	○	○	○	○
地 t	○	○	店〔~舖〕	○
普 pʻ	○	○	○	○
他 tʻ	○	○	○	○
争 ts	○	掌〔土話,~頭仔〕④ 宰〔邑~〕⑤	○	○
入 dz	○	○	○	○
時 s	先〔~後〕 删〔除也〕⑥	○	曬〔日暴物也〕⑦ 灑〔灑掃〕⑧ 洒〔同上〕	○
英 ø	○	○	○	○
文 b	粥〔俗話,食~〕⑨	買〔~賣〕	賣〔買~〕⑩ 邁〔遠行也〕⑪	○
語 g	○	研〔~破〕⑫ 眼〔土姜,龍~〕	○	○
出 tsʻ	千〔十百爲~〕 仟〔同上〕	○	○	○
喜 h	○	○	○	喝〔土話,~啞〕⑬

【校注】

① 㷱〔熱也〕：[《集韻》囊來切，平咍，泥。]炎熱。《集韻・平咍》："㷱，熱也。"[按]調不合，應歸下平。

② 迺：[《廣韻》奴亥切，上海，泥。]在判斷句中，相當於係詞"是"。《史記・魏公子列傳》："臣迺市井鼓刀屠者，而公子親數存之。"

③ 捭〔兩手擊也〕：[《廣韻》北買切，上蟹，幫。]兩手橫向對外而擊。《戰國策・秦策五》："將軍爲壽於前，而捭匕首，當死！"[按]韻不合，應歸開韻。

④ 掌〔土話，~頭仔〕：[《廣韻》諸兩切，上養，章。]手掌。《禮記・中庸》："治國其如示諸掌乎！"[按]今泉讀[ᶜtsŋ]。從古今對應關係看，讀[ᶜtsãi]的"掌"也有可能是"指"(今泉讀[ᶜtsuĩ])的訓讀字。

⑤ 宰〔邑~〕：[《廣韻》作亥切，上海，精。]古代奴隸主家中掌管家務的奴隸或奴隸總管。《儀禮・公食大夫禮》："宰右執鐙，左執蓋。"(漢) 鄭玄注："宰謂太宰，宰夫之長也。"[按]韻不合，已見開韻。

⑥ 删〔除也〕：[《廣韻》所姦切，平删，生。]削除；去掉。《漢書・律曆志上》："删其僞辭，取正義，著於篇。"[按]韻不合，應歸丹韻。

⑦ 曬〔日暴物也〕：[《廣韻》所賣切，去卦，生。]暴曬；曬乾。[按]韻不合，應歸開韻上上(參見開韻時母下上)。

⑧ 灑〔灑掃〕：[《廣韻》所蟹切，上蟹，生。]把水潑散開來。[按]韻、調不合，應歸開韻上上(參見開韻時母下上、嘉韻時母上上)。

⑨ 粥〔俗話，食~〕：[《廣韻》之六切，入屋，章。]用糧食或糧食加其他東西煮成的半流質食物。《禮記・檀弓上》："饘粥之食。"(唐) 孔穎達疏："厚曰饘，稀曰粥。"[按]聲、韻、調皆不合，實爲"糜"[꜀bi/꜀bə ꜀bãi]的訓讀字。糜，[《廣韻》靡爲切，平支，明。]粥。(三國・魏) 曹操《苦寒行》："擔囊行取薪，斧冰持作糜。"

⑩ 賣〔買~〕：[《廣韻》莫懈切，去卦，明。]以貨物换錢。與"買"相對。《左

傳·昭公二十九年》:“公執歸馬者賣之,乃不歸馬。”(晉)杜預注:“賣其馬。”[按]調不合,應歸下去。

⑪ 邁〔遠行也〕:[《廣韻》莫話切,去夬,明。]遠行;行進。《詩·王風·黍離》:“行邁靡靡,中心摇摇。”[按]調不合,應歸下去。

⑫ 研〔~破〕:[《廣韻》五堅切,平先,疑。]亦作“揅”。研磨;研細。(南朝·梁)徐悱《白馬篇》:“研蹄飾鏤鞍,飛鞚度河干。”[按]調不合,應歸下平。[⊆gãi]屬於俗讀(今泉讀[⊂gian/⊂guĩ]),另見語母軒韻上上。

⑬ 喝〔土話,~啞〕:[《廣韻》許葛切,入曷,曉。]大聲喊叫。多用於使令、呼唤、制止等。《晉書·劉毅傳》:“既而四子俱黑,其一子轉躍未定,裕厲聲喝之,即成盧焉。”[按]韻、調不合,應歸丹韻或川韻上入,實爲“嗐”的訓讀字,表示“遺憾”(參見開韻喜母下入“嗐”)。【集韻】嗐,下蓋切。大開口。一曰聲也。上入調[hãiʔ⊃]屬於變讀,今泉沿用。

聲韻調	49 嫛 ãi/ãiʔ(此字母祇有柳字平上二聲及文字上去二聲從土音,餘俱俗解)			
	下平˨˦ 24	下上˨˨ 22	下去˦˩ 41	下入˨˦ 24
柳 l	蓮〔~花〕	○	○	○
邊 p	排〔對~〕①	○	○	○
求 k	○	○	間〔~斷〕②	○
氣 k‘	○	○	蓋〔~子〕③	○
地 t	還〔~他〕	閬〔門~〕④	有〔~冇〕⑤ 黛〔青~〕⑥	○
普 p‘	○	○	○	○
他 t‘	○	○	○	○
争 ts	前〔~後〕	○	○	○
入 dz	○	○	○	○
時 s	○	○	𤡫〔猛獸牙之纖利也〕⑦	○
英 ∅	閒〔~暇〕 閑〔~~:無事〕	○	餲〔食敗也〕⑧	○
文 b	○	○	勱〔勉力也〕	○
語 g	○	○	○	○
出 ts‘	蚕〔羌~:藥名;又沙~〕⑨	○	跐〔行貌〕⑩	○
喜 h	○	○	莧〔~菜〕	○

【校注】

① 排〔對~〕:[《廣韻》步皆切,平皆,並。]推開;推擠。《楚辭·遠遊》:"命天閽其開關兮,排閶闔而望予。"(宋)洪興祖補注:"排,推也。"[按]韻不合,已見邊母開韻下平。"排"應是"爿"的音近借字。【字彙】爿,蒲閑切,音瓣。爿片。【龍龕手鑒】爿,疾羊切。剖木爲二,左半爲爿。"對爿"就是"對半、各半"的意思,今泉沿用。

② 間〔~斷〕:[《廣韻》古莧切,去襇,見。]阻隔;間隔。《穆天子傳》卷三:

"道里悠遠,山川間之。"(唐)柳宗元《李赤傳》:"其友與俱遊者有姻焉。間累日,乃從之館。"[按]調不合,應歸上去。

③ 蓋〔~子〕:[《廣韻》古太切,去泰,見。]器物上部有遮蓋作用的東西。《禮記·少儀》:"器則執蓋。"《百喻經·寶篋鏡喻》:"有一明鏡,著珍寶上,以蓋覆之。"[按]聲、韻、調皆不合,應歸求母開韻上去(另見求母開韻下去)。原注"~子",除樋新編本外,其餘諸本均誤作"~了"。

④ 閬〔門~〕:[《廣韻》來宕切,去宕,來。][《廣韻》魯當切,平唐,來。]門高。《説文·門部》:"閬,門高也。"[按]音、義皆不合,應爲訓讀字,但本字不明。《普通話閩南方言詞典》第一六九頁作"槙"([《集韻》堂練切,去霰,定。]槙,木理堅密),《閩南方言大詞典》第一六九頁作"填"([《廣韻》堂練切,去霰,定。]填塞),民間亦有人作"墊"([《廣韻》都念切,去桥,端。]用别的東西襯在下面,使物加高、加厚或起隔離作用),但音、義皆不完全吻合。

⑤ 冇〔~冇〕:[按]閩南方言字(見《閩南方言大詞典》第四三二頁),本字爲"槙"(見《普通話閩南方言詞典》第一六九頁)。【集韻】槙,堂練切。木理堅密。

⑥ 黛〔青~〕:[《廣韻》徒耐切,去代,定。]青黑色的顏料。古時女子用以畫眉。《韓非子·顯學》:"故善毛嗇、西施之美,無益於面;用脂澤粉黛,則倍其初。"[按]韻、調不合,已見地母開韻上去。實爲"靛"的訓讀字。靛,[《集韻》堂練切,去霰,定。]靛藍。深藍色的染料。【靛花】即青黛。中藥名。將藍草浸漚攪起的浮沫掠出陰乾即成。可入藥,多作解熱、消毒、殺蟲等劑。(明)李時珍《本草綱目·草五·藍靛》:"以藍浸水一宿,入石灰攪至千下……其攪起浮沫,掠出陰乾,謂之靛花,即青黛。"

⑦ 煞〔猛獸牙之纖利也〕:[《廣韻》所拜切,去怪,生。]1. 削減;衰減。《周禮·考工記·匠人》:"凡爲防,廣與崇方,其煞參分去一。"(漢)鄭玄注:"煞者,薄其上。"……3. 凶神。(清)范寅《越諺》卷中:"煞神,人死必如期至,犯之輒死。有雌煞、雄煞之説。"【字彙】與"殺"同。山戛、所賣二切。《考工記》"凡攫煞援

簪之類”,注：𤝞,猛獸牙之纖利也。[按]韻、調不合,應歸開韻上去。

⑧ 餲〔食敗也〕：[《廣韻》於犗切,去夬,影。]食物經久而腐臭變味。《論語·鄉黨》:“食不厭精,膾不厭細,食饐而餲。”(三國·魏) 何晏集解引(漢) 孔安國曰:“饐、餲,臭味變也。”[按]韻、調不合,應歸開韻上去。

⑨ 蚕〔羌~：藥名;又沙~〕：同“蠶”。【集韻】蠶,徂含切。蟲名。《說文》任絲也。[按]文讀[꜀ts‘am]已見出母三韻下平,[꜀ts‘ãi]應是白讀(今泉無此白讀)。原注“羌~：藥名;又沙~”,除樋新編本外,大版式本可見“羌~：藥”,其餘漫漶不清;道光本、會文書莊本、廖新校增本誤作“羌~：衣築沙~”,文德堂本、市圖善本誤作“羌~：藥築沙~”。

⑩ 跐〔行貌〕：【字彙】初買切,釵上聲。行貌;又蹈也。[按]韻、調不合,應歸開韻上上。又【集韻】仄蟹切。蹋也。音、義略有別。

50 嘐

聲韻調	50 嘐 ãu(土姜,有音無字)			
	上平˧ 33	上上˥ 55	上去˨˩ 41	上入˥ 5
柳 l				
邊 p				
求 k				
氣 k‘				
地 t				
普 p‘				
他 t‘				
争 ts				
入 dz				
時 s				
英 Ø				
文 b				
語 g				
出 ts‘				
喜 h				

聲韻調	50　嘐 ãu(土姜,有音無字)			
	下平⅄24	下上˧22	下去˨41	下入⅄24
柳 l				
邊 p				
求 k				
氣 k‘				
地 t				
普 p‘				
他 t‘				
争 ts				
入 dz				
時 s				
英 ø				
文 b				
語 g				
出 ts‘				
喜 h				

主要參考文獻

梅膺祚:《字彙》,大開本萬曆四十三年(一六一五)版。

《康熙字典》,中華書局,一九五八年版。

許慎:《説文解字》,中華書局,一九六三年版。

《中華大字典》,中華書局,一九七八年版。

《十三經注疏》,中華書局,一九八〇年版。

《宋本廣韻》,中國書店,一九八二年版。

厦門大學中國語言文學研究所漢語方言研究室主編:《普通話閩南方言詞典》,福建人民出版社,一九八二年版。

《宋本玉篇》,中國書店,一九八三年版。

《集韻》,上海古籍出版社,一九八五年版。

《漢語大字典》,湖北辭書出版社、四川辭書出版社,一九八六年版。

《類篇》,上海古籍出版社,一九八八年版。

龍彼得輯:《明刊閩南戲曲弦管選本三種》,中國戲曲出版社,一九九五年版。

《漢語大詞典》(縮印本),漢語大詞典出版社,一九九七年版。

周長楫、王建設、陳榮翰:《閩南方言大詞典》,福建人民出版社,二〇〇六年版。

附録

漢語拼音與國際音標對照表

聲母

漢語拼音	國際音標	漢語拼音	國際音標
b	[p]	c	[ts‘]
p	[p‘]	s	[s]
/	[b]	/	[dz]
m	[m]	g	[k]
d	[t]	k	[k‘]
t	[t‘]	/	[g]
n	[n]	ng	[ŋ]
l	[l]	h	[h]
z	[ts]	/	[ø]

韻母

漢語拼音	國際音標	漢語拼音	國際音標
a	[a]	m	[m]
/	[ɔ]	n	[n]
o(u)	[o]	ng	[ŋ]
e	[ə]	/	[ã]
e(i)	[e]	/	[ɔ̃]
/	[ɯ]	/	[ẽ]
i	[i]	/	[ĩ]
u	[u]	/	[ũ]
ao	[au]	/	[ʔ]

校點後記

《彙音妙悟》全稱《新鐫彙音妙悟全集》，清嘉慶五年(一八〇〇)黄謙撰。

黄謙，字思遜，號柏山主人，今南安市水頭鎮星輝村人。

黄謙生於乾隆年間(一七三六—一七九五)，一生蟄居鄉里，教書爲業，業餘潛心研究韻書。據其叔父、陝西興安府學官黄大振(字瞻二)爲《彙音妙悟》所作序言稱，"吾阿宜(按：侄之代稱)思遜因念功令歲科兩試以及鄉會諸試，皆不能離韻學，著爲《彙音妙悟》，其苦心用功，閱幾寒暑而成……"，是書"平仄無訛，有互通而義同與不同者，各爲指出。至以類推之，有聲無字者，亦有字焉。蓋不獨學士大夫執筆爲詩，有所補益，即農工商賈閱之，於俗語俗字所不經見者，亦出其中。則是書之爲用，寔韻學之指南"。

黄謙自序則云：閩省"山陬海澨與中州之聲韻迥殊……輕脣、正齒、撮口之音並缺，故臨文操觚，聲律不諧，應酬失次。吾泉富知園(按：即貢生富允諧，字信和)先生，少熟《等韻》之書，壯遊燕遼之地，諸任既該，群音悉解，爰輯爲《閩音必辯》一書，於脣喉齒舌，分别釐然……予喜其見解之闢，輯成一編：以五十字母爲經，以十五音爲緯，以四聲爲梳櫛。俗字土音，皆載其中，以便村塾事物什器之便。……藏之家塾，爲子侄之用。親友見之，以爲有裨於初學不淺，慫慂付梓，以公同人"。

《彙音妙悟》問世後，廣受歡迎，民間不斷翻刻，流傳至今的版本多達數十種。其中泉州市圖書館所藏的薰園藏版《新鐫彙音妙悟全集》被列入中國善本書目録。而據日本學者樋口靖先生在《新編擬音對照〈彙音妙悟〉》(二〇〇七年臺灣語言與語文教育研究所油印本)中介紹，福建省圖書館所收藏的嘉慶六年版的《彙音妙悟》爲目前所能見到的最佳版本。遺憾的是，二〇一八年福建省圖書館因改擴建外遷，所有古籍封存，至今未能一睹真容。

鑒於黄謙自創的以五十字母爲經，以十五音爲緯，以四聲爲梳櫛的“三推成字法”，在兩百多年後的今天，已經很少有人懂得使用了。四十年前，厦門大學閩南語專家黄典誠教授一再呼籲泉州有關文化單位組織力量整理《彙音妙悟》，務使其“分韻無誤，誤植得正”，將已經瀕於“銀鈎創閲，晉豕成群”，幾乎不能翻檢使用的《彙音妙悟》搶救過來。

這次校注整理，由華僑大學王建設教授負責。以泉州歷史文化中心二十世紀九十年代收藏的《新鐫彙音妙悟全集》（即大版式本《彙音妙悟》）爲底本，參校廖木能《新校增彙音妙悟》（中國文史出版社，二〇一五年版）、日本樋口靖《新編擬音對照〈彙音妙悟〉》等六個版本。在整理過程中，得到賈志峰、梅琪兩位同志的大力幫助。

編　者

二〇二二年八月

圖書在版編目(CIP)數據

彙音妙悟校注新編／(清)黄謙著；王建設，張甘荔校注. —北京：商務印書館，2023
(泉州文庫)
ISBN 978-7-100-22098-9

Ⅰ. ①彙… Ⅱ. ①黄… ②王… ③張… Ⅲ. ①等韵學②《彙音妙悟》─注釋 Ⅳ. ①H113.9

中國國家版本館 CIP 數據核字(2023)第043304號

權利保留，侵權必究。

責任編輯 閻海文
特約審讀 李夢生

彙音妙悟校注新編
(清)黄 謙 著

商 務 印 書 館 出 版
(北京王府井大街36號 郵政編碼100710)
商 務 印 書 館 發 行
山東韻傑文化科技有限公司印刷
ISBN 978-7-100-22098-9

2023年4月第1版　　開本 705×960　1/16
2023年4月第1次印刷　　印張 47.75　插頁 4
定價：350.00元(全二册)